Das Weltall und unsere Erde

DANKSAGUNG

Der Autor des Teiles Weltall (J. Kleczek) dankt Herrn Dr. Klaus Lindner für die sorgfältige Durchsicht des Manuskriptes.

Außerdem sind die Autoren folgenden Institutionen und Kollegen für die freundliche Überlassung der Fotos zur Reproduktion zu Dank verpflichtet:

WELTALL: Dr. D. E. Blackwell, Oxford University, Großbritannien, 112; CERN, Genf, 57; Dudley Observatory, Shenectady (USA), 111; European Space Agency, Paris, 389, 390; Enrico Fermi – National Laboratory, Batavia (USA), 16, 17; Dr. Eleanor Helin, California Institute of Technology, Pasadena (USA), 106; Harvard College Observatory, Cambridge (USA), 175, 179; High Altitude Observatory, Boulder (USA), 174, 192; JPL/NASA, Pasadena (USA), 73, 75, 76, 78, 80, 81, 82, 83, 84, 85, 86, 87, 88, 89, 90, 91, 92, 95, 96, 97, 98, 99, 100, 101, 102, 103, 104, 384, 385; Kiew – Astronomisches Observatorium (SU), 190; National Radioastronomy Observatory, Charlottesville (USA), 137, 138; Dr. Gordon Newkirk, Boulder (USA), 174, 192; Dr. Gennadi Nikolskij, Izmiran, Moskau, 190; Observatorium in Ondřejov (ČSSR), 169, 180; Oxford University, Astronomy Department, Großbritannien, 112; Palomar Observatory, Pasadena (USA), 113, 117, 125, 126, 127, 129, 130, 131, 132, 133, 134, 135, 136, 139, 140, 148, 149, 154, 155, 156; Philips, Eindhoven, Niederlande, 402; Dr. C. F. Powel, Großbritannien, 43; Dr. A. Rots, Radiosterrenwacht, Dwingeloo, Niederlande, 137, 138; Sacramento Peak Observatory, Sunspot (USA), 161, 172, 176, 178; Dr. E. H. Schröter, Kiepenheuer Institut, Izaña, Tenerifa, 167; Solar Physics Group, American Science and Engineering Inc., Cambridge (USA), 173; Dr. J. Suda, Ondřejov (ČSSR), 169; Westerborg Synthesis Radio Telescope, Niederlande 137, 138; Mt Wilson Observatory, Pasadena (USA), 166, 177, 191.

ERDE: World Data Center for Rockets and Satellites, Houston, Goddard (USA), 204, 206, 238, 239, 242, 244, 247, 255, 264; JPL/NASA, Pasadena (USA), 243, 253, 254, 257, 258, 259; Scripps Institution of Oceanography, Deep Sea Drilling Project, 232, 233, 234; Agentur APN, 169; Hawai National Parks, 272.

2. Auflage 1987
WELTALL (Kap. I–IV, X–XI)
Text: Josip Kleczek
Deutsche Textredaktion: Dr. K. Lindner, Leipzig
Illustrationen von Teodor Rotrekl, Pavel Rajský und
Vladimír Rocman

ERDE (Kap. V–IX)
Text: Petr Jakeš
Deutsche Textredaktion: O. Werdau
Illustrationen von Adolf Absolon, Teodor Rotrekl und
Hedvika Vilgusová

Ins Deutsche übertragen von Ema Echsnerová
Graphische Gestaltung von Karel Vilgus
© Artia Verlag, Praha 1986

VERLAG WERNER DAUSIEN · HANAU/M
ISBN 3-7684-2673-4
1/19/02/52-02

DAS WELTALL UND UNSERE ERDE

Text von J. Kleczek und P. Jakeš

DAUSIEN

INHALT

DER MENSCH UND DAS WELTALL

Unser ganzes Leben lang sind wir an den Planeten Erde durch eine Kraft — die Gravitationskraft — gebunden. Nur die Astronauten, die auf dem Mond landeten, hatten sich dort aus den Fesseln der Erde befreit. Sie sahen und fotografierten den durch die Sonnenstrahlung halbbeleuchteten Planeten, wie er sich in der eindrucksvollen schwarzen Leere und absolut still auf seiner jährlichen Wanderung langsam um die Sonne dreht. In dem bodenlosen eisigkalten Raum trägt er vier Milliarden intelligente Wesen samt ihren Problemen und ihrem unstillbaren Wissensdurst mit sich.

Die Erde ist nur einer der neun Planeten, die die Sonne umkreisen, ein ganz winziges Teilchen des Weltalls. Weltall sind alle Dinge auf und außerhalb der Erde. Weltall sind die weitentfernten Sterne, die nahen Planeten und die unendlich weiten Galaxien. Auch alles um uns herum ist Weltall — die lebende und die unbelebte Natur auf dem Festland und im Meer; der Walfisch ebenso wie die Bakterie, der Stein auf dem Weg und der Tautropfen auf der Blume. Auch unser Körper ist ein Teil des Weltalls und ein kleines Glied in seiner Entwicklung, denn wir bestehen aus den gleichen Elementarteilchen wie die Sterne, der Stein oder die Pflanze.

In diesem Buch sind die verschiedenen Einzelheiten aus dem Weltall — von den Elementarteilchen bis zu den Supergalaxien, ihre Eigenschaften, ihre Entstehung, Verwandlungen und ihr Untergang verzeichnet. Es informiert über das Weltall in seiner Gesamtheit, seinen Aufbau und das Geschehen in ihm wie auch über die Stellung, die das Leben einschließlich des intelligenten Lebens in ihm einnimmt.

Der Mensch ist ein geistig hochstehendes, intelligentes Lebewesen. Das bedeutet, daß er wahrnehmen und im „Innern der Dinge" lesen kann (lateinisch bedeutet inter legere = innen lesen). Er nimmt das Weltall etwa so wahr, wie sich die ihn umgebende Landschaft in einem Wassertropfen widerspiegelt. Die Freude über das Erkennen ist eines der schönsten Geschenke, das der Mensch erhielt.

Die Wissenschaft hilft uns vor allem, daß sie das Staunen, wozu wir von Natur berufen sind, einigermaßen erleichtere; sodann aber, daß sie dem immer gesteigerten Leben neue Festigkeiten erwecke, zu Abwendung des Schädlichen und Einleitung des Nutzbaren.
Johann Wolfgang von Goethe

1 Der menschliche Organismus ist ein System, das sich aus Organen **(1)** zusammensetzt. Die Organe bestehen aus Geweben und das Gewebe aus Zellen **(2)**. Die Zelle ist aus Molekülen **(3)** aufgebaut. Das Molekül ist ein System von Atomen **(4)**. Das Atom wird aus einem Kern **(5)** und aus Elektronen **(6)** gebildet; der Kern ist ein Komplex von Protonen und Neutronen **(7)**. Die lebenden Organismen bilden die Biosphäre **(8)**, und die Biosphäre ist ein

Teil des Planeten Erde (9), der seinerseits ein Glied des die Sonne (11) umkreisenden Planetensystems (10) ist. Die Sonne ist ein Teil der Milchstraße (12), und die Milchstraße ist eine der vielen Galaxien (13) in einem Galaxienhaufen (14). Der Mensch hat die Fähigkeit, den Makrokosmos (15) ebenso wie den Mikrokosmos (16) zu erkennen, denn sein Gehirn ist das vollkommenste System des Weltalls

2 Unser Körper besteht aus Organen, die Organe aus Geweben, das Gewebe aus Zellen, die Zellen aus Organellen, die Organellen aus Makromolekülen, die Makromoleküle aus Atomen, die Atome aus Elektronen und Kernen und die Kerne aus Protonen und Neutronen. Der Mensch selbst ist ein sehr kompliziertes System aus Elementarteilchen

Der Mensch und der Mikrokosmos

Das Weltall ist nach Gesetzen aufgebaut, es herrschen in ihm Ordnung und Hierarchie. Die alten Griechen nannten es Kosmos. Das griechische Wort mikros bedeutet klein, winzig, und Mikrokosmos sind kleine Dinge (Elementarteilchen, Atomkerne, Atome, Moleküle). Der Mikrokosmos ist mit bloßem Auge nicht wahrnehmbar. Der Makrokosmos ist dagegen alles, was wir mit bloßem Auge sehen können (Steine, Ameisen) sowie sämtliche Dinge im Weltall.

Unser Körper besteht aus verschiedenen Organen, z. B. aus dem Gehirn, dem Herzen, der Lunge, dem Magen usw. Die Organe ergänzen einander. Eines könnte ohne das andere nicht arbeiten. Zusammen bilden sie eine Einheit, die wir System nennen. Unser Körper ist demnach ein Organsystem.

Jedes Organ unseres Körpers besteht aus Geweben. Die Gewebe setzen sich aus Zellen zusammen, die die gleiche Funktion erfüllen. Die Zellen bestehen ihrerseits aus Organellen, und die Organellen aus Molekülen. Das Molekül ist ein Atomsystem. Die Zahl der Atome im Molekül ist nicht gleich; das Wassermolekül z. B. hat drei Atome, ein Eiweißmolekül kann bis eine Million Atome aufweisen.

Auch das Atom ist ein System, bestehend aus einem Kern, um den sich die Elektronen bewegen. Der Atomkern ist das kleinste bekannte System. Es ist aus Protonen und Neutronen zusammengesetzt. Die Protonen, Neutronen und Elektronen sind die einfachsten Bausteine nicht nur des menschlichen Körpers, sondern auch aller anderen Körper im Weltall. Sie heißen deshalb **Elementarteilchen.** Ob die Elementarteilchen wirklich die einfachsten, nicht mehr teilbaren Bausteine des Weltalls darstellen, ist noch nicht sicher. Eines wissen wir jedoch bestimmt, nämlich, daß das Atom, das Molekül, die Zelle, die Pflanze, das Tier und der Mensch ebenso wie das Uhrwerk, die Erde und die Sonne Systeme von Elementarteilchen, also harmonische Gruppierungen von Protonen, Neutronen und Elektronen sind.

Die Dinge unterscheiden sich voneinander durch die Menge der Elementarteilchen, aus denen sie bestehen, sowie durch deren Anordnung (Organisation). Eine Quadrillion (10^{24}) Protonen, die gleiche Zahl von Elektronen und eine etwas kleinere Zahl von Neutronen sind die Bausteine eines Sandkorns oder einer Ameise. Die Elementarteilchen in der Ameise sind aber weit besser geordnet als die in einem Steinchen.

Die Anordnung der Elementarteilchen ist die Haupteigenschaft der Dinge. Ein Stein mit einer Masse von 1 1/2 kg besteht aus 10^{27} Elementarteilchen. Die gleichen Teilchen können auch zu einem sehr vollendeten System – dem menschlichen Gehirn – organisiert sein. Nach einer Schätzung enthält das menschliche Gehirn ungefähr hundert Milliarden Nervenzellen, die miteinander durch verästelte faserige Ausläufer (Axone und Dendriten) verbunden sind. Die Gesamtlänge dieser verbindenden Fasern, die, ähnlich dem Telefonnetz, zur Übertragung von Informationen dienen, entspricht ungefähr der Entfernung von der Erde zum Mond. Für seine Arbeit benötigt das Gehirn eine Leistung von etwa 25 Watt, während ein Rechner für dieselbe Arbeit eine weit größere Energiemenge erfordern würde. Allerdings waren auch drei Milliarden Jahre notwendig, bis sich aus dem einzelligen lebenden Organismus der Mensch mit seinem wunderbar organisierten Gehirn entwickelte.

Der Mensch ist das komplizierteste Elementarteilchen-System in der Entwicklung des Weltalls. Bisher ist es uns Menschen trotz intensivster Bemühungen nicht gelungen, im Kosmos vollkommenere oder irgendwelche anderen Wesen zu finden.

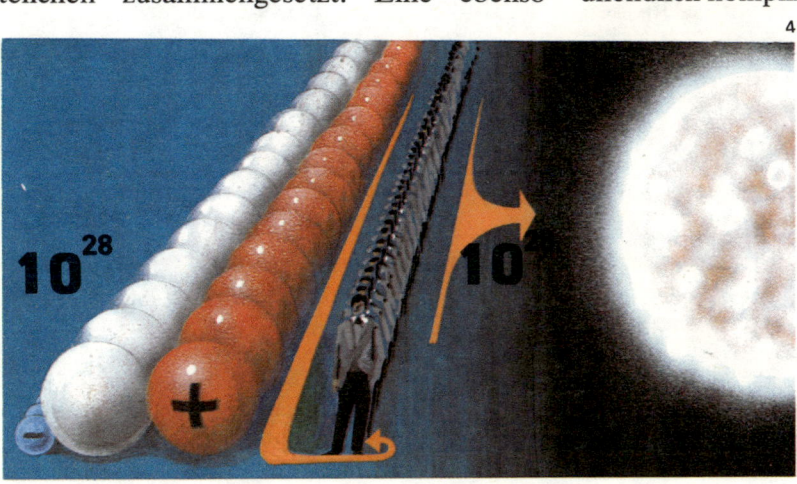

3

Der Mensch und der Makrokosmos

Der Mensch steht seiner Größe nach irgendwo zwischen dem Elementarteilchen und dem Stern. Die Elementarteilchen sind für uns so unvorstellbar klein wie der menschliche Organismus im Vergleich zum Stern. Unser Körper ist aus Zehntausenden von Quadrillionen ($10^{28} - 10^{29}$) Elementarteilchen zusammengesetzt. Eine ebenso

große Zahl menschlicher Körper würde den Ausmaßen unserer Sonne entsprechen, die aus einer $10^{28} - 10^{29}$ fach größeren Menge von Elementarteilchen besteht als der menschliche Organismus.

Unser Körper ist zwar, verglichen mit einem Stern, klein, aber dafür ein viel perfekteres Elementarteilchen-System. Das unendlich komplizierte und dabei am vollen-

4

4 Der menschliche Organismus besteht aus einigen Zehntausenden Quadrillionen Protonen und Elektronen

3 Das menschliche Gehirn und ein gleichschwerer Stein haben dieselbe Protonen-, Elektronen- und Neutronenzahl. Dennoch ist das Gehirn um vieles besser organisiert als der Stein. Die Nervenfasern, die die Nervenzellen des menschlichen Gehirns (1) verbinden, haben eine Länge, die ungefähr der Entfernung des Mondes von der Erde (2) entspricht

detsten organisierte System – das menschliche Gehirn – ermöglicht dem Menschen, mit Hilfe seiner Sinne und dank seiner Fähigkeit zu denken, sich selbst, den Mikrokosmos und den Makrokosmos zu erkennen.

Mensch und Tier sind Teil der Biosphä-

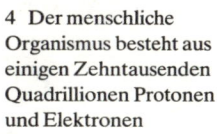

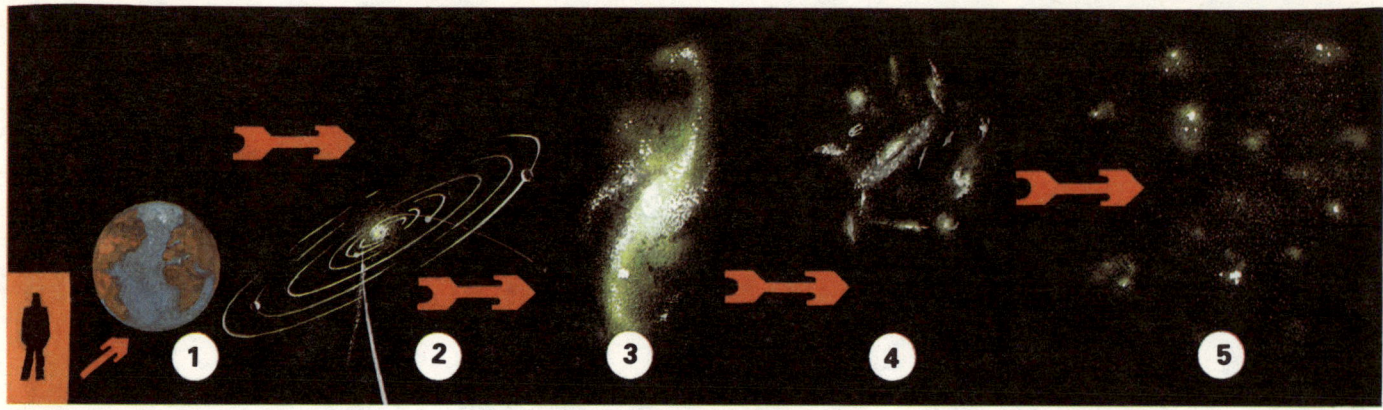

5 Der Mensch ist ein Teil der Biosphäre, die Biosphäre eine Schicht der Erde (1), die Erde ein Teil des Sonnensystems (2), das Sonnensystem ein Teil der Milchstraße (3), die Milchstraße ist ein Glied eines Galaxienhaufens (4), der seinerseits einer Supergalaxie angehört (5)

re, das ist jene Schicht an der Erdoberfläche, in der Leben herrscht. Die Biosphäre, ebenso wie die Lithosphäre (feste Erdkruste), die Hydrosphäre (Wasserhülle der Erde) oder die Atmosphäre (Gashülle der Erde) sind Teile der Erde. Im Erdinneren ist der vom äußeren Kern umgebene Innenkern. Zwischen Kern und Lithosphäre ist der Mantel. Wir sprechen darüber ausführlicher noch in Kapitel VII. Die einzelnen Teile der Erde wirken aufeinander ein. Unser Organismus ist aus Atomen der Erde aufgebaut. Wir atmen die Moleküle ihrer Atmosphäre, nutzen ihre Energiequellen und ihre Rohstoffvorkommen, leben in ihrer Anziehungskraft, beeinflussen ihre Erdoberfläche sowie die Atmosphäre u.a.m.

Die Erde selbst ist ein Teil eines höheren Systems, des Planetensystems, das einen Teil des Sonnensystems darstellt. Außer den neun großen Planeten gehören zu ihm noch die Kometen, die Asteroiden und unzählige kleine Himmelskörper von Staubkörnchen bis zu großen Gesteinstücken (der sog. meteoroide Komplex). Im Mittelpunkt des Sonnensystems ist ein Stern, Sonne genannt. Durch die Anziehungskraft hält die Sonne alle genannten Körper in ihrer Nähe und bildet aus ihnen ein System – das Sonnensystem. Über den Aufbau des ganzen Sonnensystems werden wir eingehender in den Kapiteln II und VI sprechen. Hier schildern wir nur kurz das uns umgebende Weltall, um darzustellen, wo wir leben.

Die Sonne ist ein gewöhnlicher Stern in der Milchstraße, die wir in mondlosen Nächten mit bloßem Auge gut sehen können. Sie ist ein ungeheures System von etwa zweihundert Milliarden Sternen, von denen einer unsere Sonne ist. Derartig riesige Systeme heißen Galaxien. Die Milchstraße ist unsere, von innen gesehene Galaxie. Sie ist ein Glied der lokalen Galaxiengruppe, zu der insgesamt 21 Galaxien gehören. Diese lokale Gruppe bildet einen Teil eines Galaxienhaufens mit tausenden Galaxien. Mehrere Hundert Galaxienhaufen bilden eine sog. Supergalaxie, es ist ein so riesiges System, daß das Licht hundertfünfzig Millionen Jahre braucht, um von einem Ende der Supergalaxie zum anderen zu gelangen. Im Weltall gibt es viele Supergalaxien. Alle sind aus Elementarteilchen, vor allem aus Protonen, Neutronen und Elektronen, aufgebaut.

Das bisher bekannte Weltall besteht aus rund 10^{82} Elementarteilchen, vor allem Protonen, Elektronen und Neutronen. Seine Struktur von den Atomkernen bis zur Supergalaxie wird durch Kräfte gebildet, mit denen die Teilchen einander anziehen oder abstoßen. Es sind die Kernkraft, die elektrische Kraft und die Gravitationskraft. Der Mensch, nur ein Glied der Entwicklung des Weltalls, stellt einen winzigen Teil dieses riesenhaften Systems dar.

6 Das Proton (+), das Elektron (−) und das Neutron sind Elementarteilchen, aus denen unser Körper und alle Dinge aufgebaut sind. Außer der gewöhnlichen Materie gibt es noch Antimaterie aus Antiprotonen (−), Positronen (+) und Antineutronen (rechts unten). Der ganze Raum zwischen den Teilchen ist mit Strahlung (Photonen) verschiedener Art ausgefüllt: mit Licht aller Farben (1), Röntgenstrahlung (3) und Radiowellen (2). Das Weltall besteht aus Materie und Strahlung, und beide Komponenten wirken aufeinander ein. Die Strahlung geht von der Materie aus und wird von ihr wieder aufgenommen (Absorption) (5); sie wird von ihr zurückgeworfen (4), durchdringt sie (6), wird gebrochen (7), in die einzelnen Farben zerlegt (8) und richtet in der Materie ihre Schwingungen aus (Polarisation) (9)

I DER CHARAKTER DER DINGE

7 Die zweckmäßige
Ordnung ist die
wichtigste Eigenschaft
eines Systems. Auf
diesem Haufen liegen
alle Teile eines
Kraftwagens, und doch
bilden sie keinen
Kraftwagen. Es fehlt
ihnen die zweckmäßige
Ordnung

Die Zusammensetzung
der Dinge

Die Dinge setzen sich aus einfacheren Teilen zusammen. Diese wichtige Erkenntnis bringen wir uns am nachfolgenden Beispiel in Erinnerung.

Jede Maschine besteht aus Teilen: der Kraftwagen hat einen Motor, eine Karosserie, Räder, eine Lenkung, Bremsen, eine

7

Federung, Getriebe und Zubehör. Diese Teile sind ihrerseits aus kleineren, einfacheren, zusammengesetzt. Der Motor besteht aus den Zylindern, den Kolben, den Kolbenbolzen, den Ventilen, dem Vergaser usw. Die einzelnen Teile eines Kraftwagens sind durch

Lager, Gelenke, Niete, Schrauben u.a. zu einem Ganzen, dem Automobil, verbunden. Die Verbindung ist sehr zweckvoll: Das Lenkrad hängt also nicht an der Auspuffleitung, und die Räder sind nicht am Dach befestigt. Einen so zweckvoll zusammengefügten Komplex, wie das Automobil, nennen wir gleichfalls System.

Jedes Ding kann in immer kleinere, einfachere Teilchen zerlegt werden. Wo hört diese Zerlegung auf? Wir zeigen dies an einem so einfachen System, wie es die Wassertropfen sind: der Tau auf der Blume oder die Tröpfchen, aus denen die Wolke besteht.

Die Wassertröpfchen in den Wolken sind sehr klein — ihr Durchmesser beträgt ungefähr 1/100 mm. Eine Milliarde Tröpfchen in der Wolke haben zusammen eine Masse von nur einem Gramm. Obwohl der Tropfen so klein ist, besteht er aus einer riesigen Menge von Molekülen. Das Molekül ist die kleinste Wassermenge; eine kleinere gibt es nicht. Auf Abb. 8 ist ein Wassertropfen etwa auf das 10fache vergrößert. Seine Masse beträgt etwa ein hundertstel Gramm. Im Tropfen sind nur einige Moleküle eingezeichnet. Die Moleküle sind in Wirklichkeit weit kleiner als auf dem Bild, denn in einem einzigen Tröpfchen befinden sich rund hundertbillionen (10^{14}) Moleküle. Sie einzuzeichnen ist nicht möglich, dafür fehlt es uns an Raum und Zeit. Wenn alle Deutschen dem Autor und dem Leser helfen würden, die Moleküle in unser Tröpfchen einzuzeichnen, und wenn jeder von ihnen nur ein Molekül in der Sekunde eintragen würde, dann würden wir alle Tag und Nacht ein Jahr malen — so viele Moleküle sind in einem einzigen winzigen Wassertröpfchen in der Wolke über unserem Kopf. Um die Moleküle in einem Tautropfen zu zählen, würde man Jahrtausende brauchen.

Auf Abb. 8 ist das Wassermolekül stark

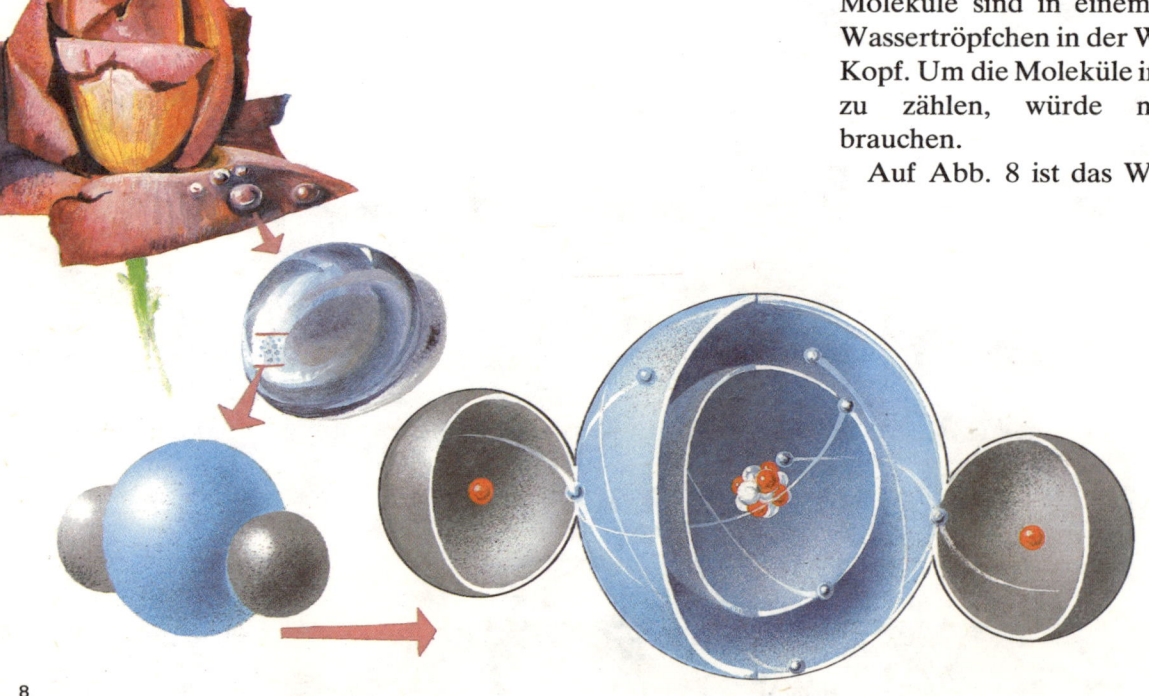

8 Ein kleiner
Wassertropfen besteht
aus einer riesigen Zahl
von Molekülen (10^{14}).
Ein Wassermolekül,
etwa einmilliardenmal
vergrößert, ist unten
abgebildet

8

vergrößert. Es besteht aus einem Sauerstoffatom und zwei Wasserstoffatomen. Die Wasserstoffatome sind an das Sauerstoffatom durch elektrische Kräfte gebunden.

Das Wasserstoffatom ist das einfachste und kleinste Atom. Zehn Millionen aneinandergereihte Atome bilden eine einen Millimeter lange Reihe. Früher nahmen die Wissenschaftler an, daß das Atom der kleinste Teil sei und sich nicht weiter teilen lasse. Daher gaben sie ihm die griechische Bezeichnung atomos — das Unteilbare. Die Untersuchungen des Atoms in unserem Jahrhundert zeigten jedoch, daß jedes Atom aus zwei Teilen besteht, aus einem unvorstellbar kleinen Kern und aus ihn umlaufenden Elektronen. Die Atome ähneln dem Sonnensystem, in dem um die schwere Sonne die leichteren Planeten laufen. Aber die Kraft, die die Planeten an die Sonne fesselt, ist eine ganz andere als jene, die die Elektronen am Atomkern festhält. Das Sonnensystem wird durch die Gravitationskraft (Schwerkraft) zusammengehalten, während die Elektronen an den Kern durch elektrische Kräfte gefesselt sind. Der Kern ist nämlich positiv und die Elektronen sind negativ geladen (Abb. 12).

Der Kern des einfachsten Atoms — des Wasserstoffatoms — enthält nur ein Proton. Er ist so einfach, daß er nicht mehr zerlegt werden kann. Die Kerne der übrigen Elemente (des Heliums, des Kohlenstoffs, des Stickstoffs, des Sauerstoffs … bis zum Uran) haben sich im Innern der Sterne aus Protonen gebildet. Der Kern des Heliums entsteht in der Sonne und in vielen anderen Sternen durch Verbindung von vier Protonen. Dabei verlieren zwei Protonen ihre positive Ladung (Kapitel IV). Ein solches „Proton ohne elektrische Ladung" heißt Neutron. Der Kern des Heliums besteht somit aus zwei

Protonen und zwei Neutronen. Alle Atomkerne, die schwerer sind als der Wasserstoffkern, sind aus Protonen und Neutronen zusammengesetzt. Im Kern sind die Protonen und die Neutronen mit einer riesigen Kraft aneinandergefesselt, die wir Kernkraft nennen. Unter normalen Bedingungen umkreisen den Kern so viele Elektronen wie Protonen im Kern sind.

Der Atomkern ist viele tausend Mal

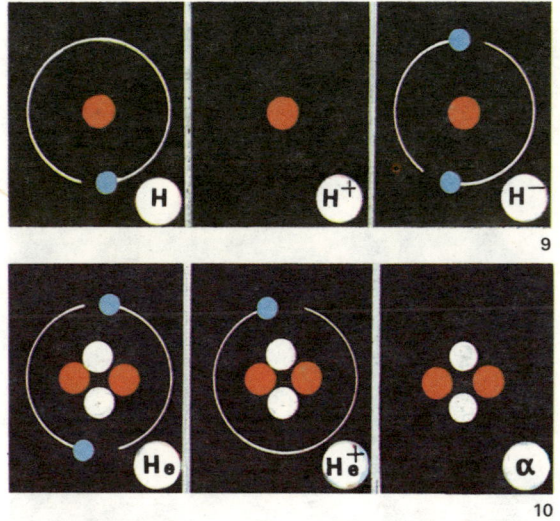
9

10

schwerer als seine Elektronen. Fast die gesamte Masse des Atoms ist in seinem winzigen Kern konzentriert. Etwa hunderttausend Kerne würden im Atomdurchmesser Platz finden. Obgleich die Protonen so unendlich klein sind, entscheiden sie über das Leben der Sonne und aller übrigen Sterne.

Vergessen wir nicht, daß alle Atome nur aus drei Arten von Elementarteilchen bestehen: aus Protonen, Neutronen und Elektronen. Aus den Protonen und Neutronen sind

9 Das neutrale Wasserstoffatom (H) besteht aus einem Proton und einem Elektron. H⁺ ist ein positives Ion — ein Wasserstoffatom ohne Elektron. H⁻ ist ein negatives Wasserstoffion mit zwei Elektronen

10 Das Alphateilchen ist der Kern des Heliumatoms. He⁺ ist das Heliumion und He das neutrale Heliumatom

11

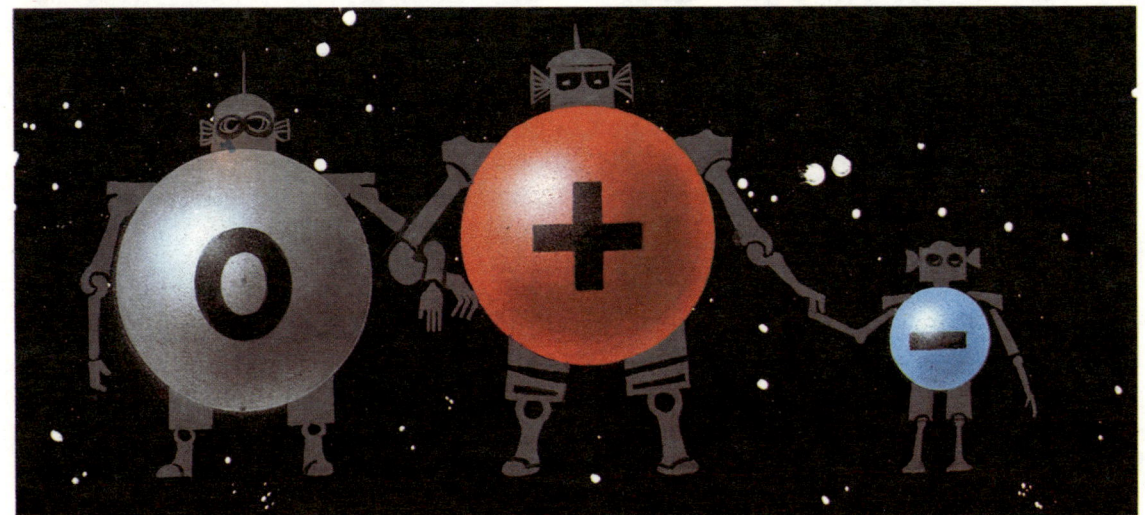

11 Das Proton ist mit Kern-, elektrischer und Gravitationskraft ausgestattet. Das Neutron ist gezwungen, mit dem Proton im Kern zusammenzuleben — allein auf sich gestellt, zerfällt es. Das Elektron hat nur elektrische Kraft; seine Gravitation ist unbedeutend. Es ist bestrebt, immer in der Nähe des Protons zu bleiben

die Kerne zusammengesetzt, aus den Kernen und den Elektronen die Atome, aus den Atomen die Moleküle und aus den Molekülen der schon erwähnte Wassertropfen oder was sonst immer auf der ganzen Erde. Auch die Sonne besteht aus einer unermeßlichen Menge von Protonen (insgesamt $45 \cdot 10^{55}$), Neutronen ($7 \cdot 10^{55}$) und der entsprechenden Menge von Elektronen ($45 \cdot 10^{55}$).

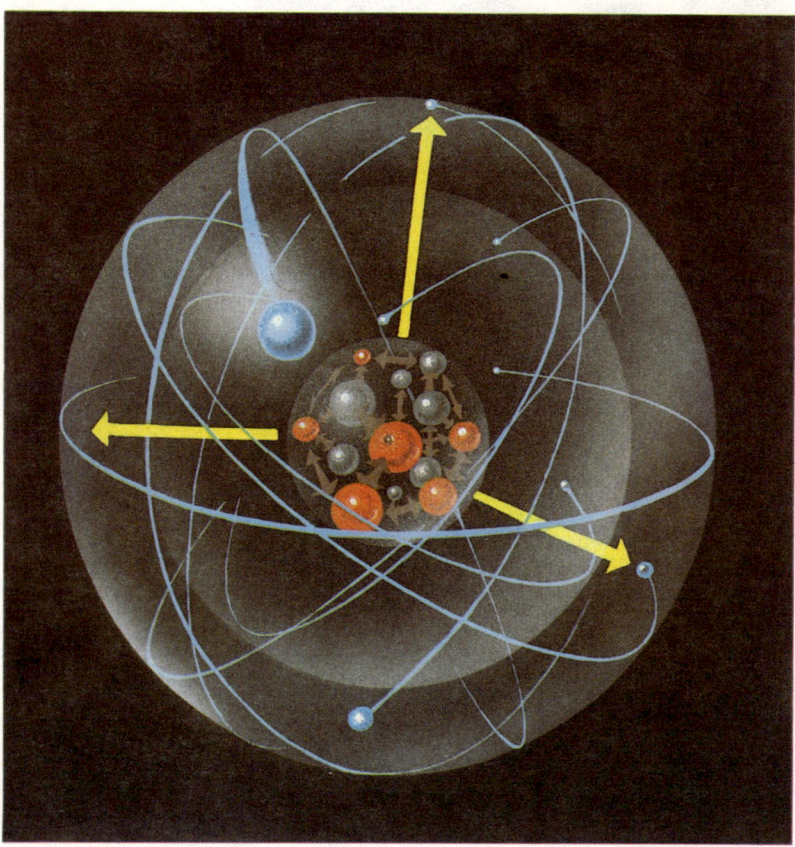

12 Die Protonen und die Neutronen werden im Kern von Kernkräften zusammengehalten (braune Pfeile). Die Elektronen sind an den Kern durch elektrische Kraft gebunden (gelbe Pfeile)

Die Elementarteilchen

Nach dem heutigen Stand der Wissenschaft sind das Proton, das Neutron und das Elektron so einfach, daß sie sich nicht in noch einfachere Teile zerlegen lassen. Dagegen wäre allerdings ganz zu Recht einzuwenden: Wird das mit den Elementarteilchen in Zukunft nicht ähnlich ausfallen, wie mit den Atomen? Im vergangenen Jahrhundert waren die Wissenschaftler überzeugt, die Atome seien die einfachsten Bauteile, und heute wissen wir, daß sie ein System von Elementarteilchen darstellen. Sind nicht vielleicht auch die Elementarteilchen aus irgendwelchen subfundamentalen Teilchen zusammengesetzt, z. B. aus Quarks oder aus Partonen? Diese Zweifel sind begründet,

und wir werden uns mit ihnen in Kap. II befassen. Hier werden wir uns nur mit den Haupteigenschaften des Protons, des Neutrons und des Elektrons sowie der übrigen bekannten Elementarteilchen befassen.

Die Größe der Elementarteilchen. Wie groß sind die Elementarteilchen? Eigentlich sollten wir besser fragen: Wie klein sind sie? Eine Billion (10^{12}) aneinandergereihte Elementarteilchen bilden eine 1 mm lange Reihe. Der Durchmesser der Elementarteilchen beträgt also ein Billionstelmillimeter oder 10^{-15} m. Das ist ein Maß, das man sich schlecht merken kann und das sich schlecht aussprechen läßt. Deshalb haben die Wissenschaftler anstatt eines Billionstelmillimeters den Wert „ein Fermi" zur Erinnerung an den italienischen Physiker Enrico Fermi eingeführt, der zur Erkenntnis der Elementarteilchen viel beigetragen hat.

Die Masse der Elementarteilchen. Einstweilen weiß noch niemand auf der Welt, woraus die Elementarteilchen bestehen. Wir können aber die Menge dieses unbekannten „Etwas" in einem Teilchen bestimmen. Diese Menge nennen wir Teilchenmasse.

Je größer die Masse eines Körpers ist, um so größer ist auch seine Schwere (sein Gewicht). Und je größer die Masse eines Körpers ist, um so schwerer gelingt es, ihn in Bewegung zu versetzen oder ihn anzuhalten, wenn er sich bewegt. Diese Unwilligkeit des Körpers, seine Bewegung zu ändern, heißt Trägheit oder Beharrungsvermögen. Die Elementarteilchen haben eine sehr kleine Masse und somit auch ein sehr kleines Beharrungsvermögen. Sie können deshalb schnell bis zu einer Geschwindigkeit nahe der des Lichtes beschleunigt werden. Einige Teilchen haben sogar eine Masse gleich Null (z. B. das Photon – Abb. 14). Teilchen mit Nullmasse bewegen sich gleich nach ihrem Entstehen mit der Geschwindigkeit des Lichtes, d. h. mit der größtmöglichen Geschwindigkeit, fort.

Die Masse ist eine sehr wichtige Eigenschaft der Elementarteilchen. Wir sprechen zuerst von der Masse im Ruhezustand, der Ruhmasse, wenn die Teilchen bewegungslos sind. Später werden wir sehen, daß die Masse des Teilchens davon abhängt, wie schnell es sich bewegt. Je schneller das ist, um so größer ist die Teilchenmasse. Die Ruhmasse des einzelnen Teilchens ist immer und überall gleich. So ist z. B. die Ruhmasse des Elektrons auf der Erde gleich groß wie seine Ruhmasse in der entferntesten Galaxie.

Sonstige Elementarteilchen. Bei der Untersuchung der Protonen, der Elektronen und der Neutronen in den Beschleunigern entstehen für kurze Zeit auch andere Teilchen. Die Beschleuniger (Abb. 16) sind mächtige „Mikroskope", mit denen die Wissenschaftler die Eigenschaften der Elementarteilchen studieren. Dabei werden immer neue Teilchenarten entdeckt, etwa so, wie die Zoologen bisher unbekannte Tierarten und die Botaniker neue Pflanzenarten aufspüren. Auf Abb. 14 sind die bekanntesten Teilchenarten angegeben, die im Weltall wenigstens kurze Zeit (rund eine Milliardstelsekunde) vorhanden sein können. Außer ihnen fand man eine ganze Reihe von Teilchen mit ungemein kurzer Lebensdauer, einer noch billionenfach kürzeren als die der Teilchen in der Tabelle. Sie leben nur 10^{-20} bis 10^{-24} Sekunden, und man nennt sie Resonanzen. Wir wissen einstweilen noch nicht zuverlässig, ob es überhaupt wirkliche Elementarteilchen sind. Anscheinend sind sie für das Weltall nicht wichtig, und wir haben sie deshalb auch nicht in unsere Abbildung aufgenommen.

Die Teilchen sind in der Abbildung nach ihrer Ruhmasse geordnet. Je größer die Ruhmasse eines Teilchens ist, um so höher ist es eingestuft. Betrachten wir einmal die rechte Hälfte der Abbildung 14 (mit der linken Seite werden wir uns später befassen). Das Proton und das Neutron sind verhältnismäßig schwere Teilchen, und deshalb sind sie in der Tabelle oben angeführt. Da das Elektron ein leichtes Teilchen ist, befindet es sich im unteren Teil der Tabelle. Die Zahlen an der Seite der Tabelle sagen uns, wie groß die Ruhenergie (in MeV) des zugehörigen Teilchens ist. Beim Elektron finden wir z. B. 0,51 MeV und beim Proton 938,25 MeV. Die Ruhenergie der schweren Bosonen W^+ und W^- wurde erst vor kurzer Zeit bestimmt, sie ist ca. hundertmal größer als die des Protons. Die beiden Teilchen im grünen Band müßten sich deshalb noch weit über dem oberen Rand der Tabelle befinden. Graviton g und Photon γ haben keine Ruhmasse und somit keine Ruhenergie. Man weiß noch nicht, ob das Neutrino eine Ruhmasse (und Ruhenergie) besitzt. Falls es eine Ruhmasse hat, müßte sie viele tausendmal kleiner sein als die des Elektrons.

Die Drehbewegung der Elementarteilchen. Viele Körper im Weltall drehen sich um die eigene Achse. Eine solche Bewegung heißt Rotation. Es rotieren die Planeten, die Sterne, die Satelliten und die Galaxien ebenso wie die Moleküle, die Atome und die

320 m

13

Elementarteilchen. Die Rotation der Elementarteilchen heißt **Spin**. In manchem ähnelt der Spin der Rotation großer Körper, andererseits unterscheidet er sich von ihr jedoch stark. Die Teilchen mit Spin können wir uns etwa als kleinen Kreisel vorstellen. Im Unterschied zu den großen Körpern kann die Drehbewegung der Elementarteilchen weder verlangsamt noch beschleunigt werden. Der Spin ist eine unveränderliche Eigenschaft aller Elementarteilchen.

Je nach der Größe des Spins teilen wir die Elementarteilchen in zwei Gruppen. Die sich gar nicht oder rasch drehenden Teilchen (sie haben einen Null- oder ganzzahligen Spin) heißen Bosonen nach dem indischen Physiker Bose. Die sich mittelschnell drehenden

13 Die kleinen Erbsen, die um die Spitze des Eiffelturms kreisen, vermitteln uns das Bild von den den Kern umlaufenden Elektronen

14 Tabelle der Elementarteilchen. Nach neuesten Erkenntnissen ist die Ruhenergie der Bosonen W^+ und W^- ca. hundertmal größer als die des Protons; deshalb sollte sich das grüne Band ganz oben befinden ▷

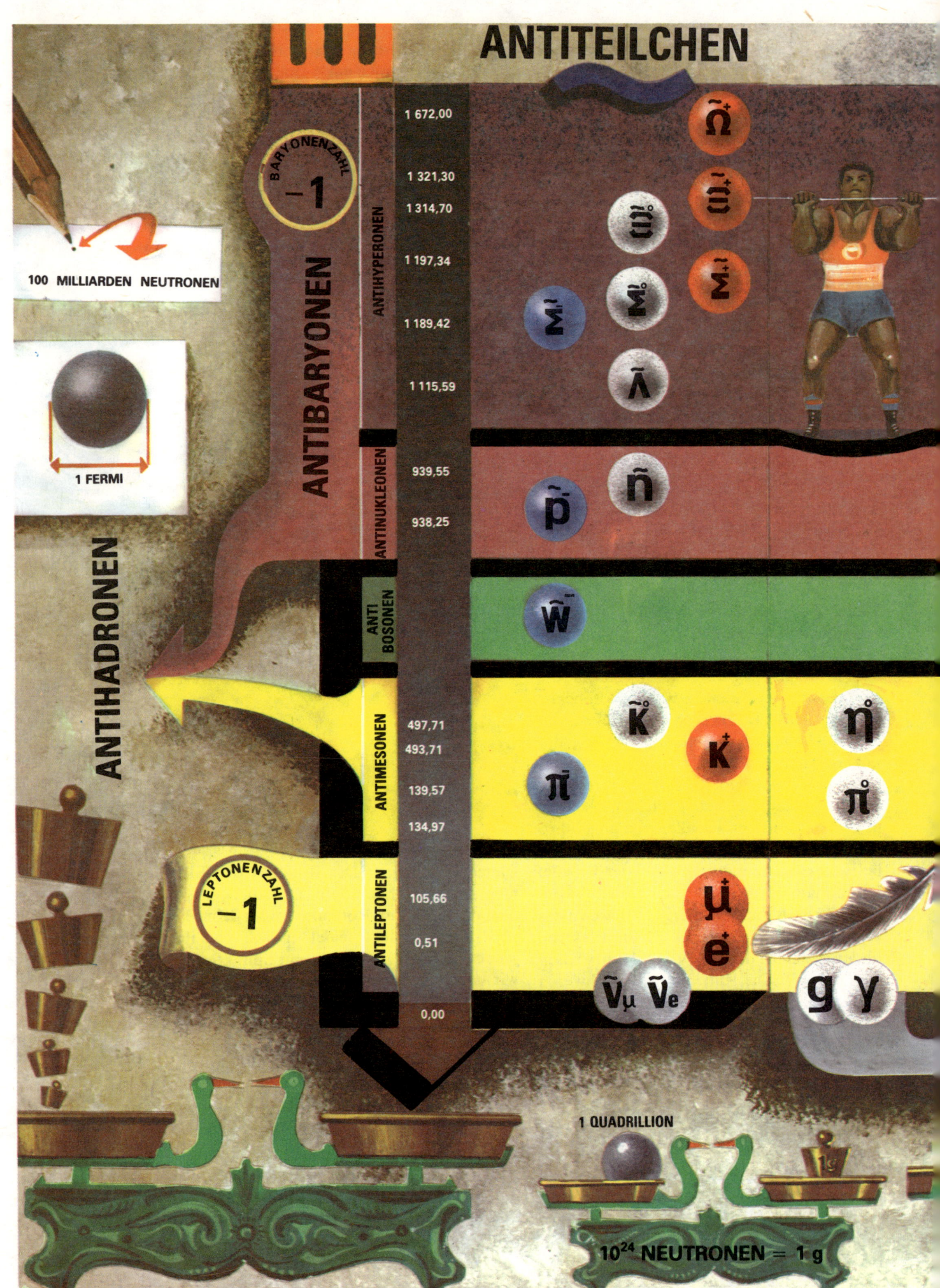

ANTITEILCHEN

100 MILLIARDEN NEUTRONEN

1 FERMI

ANTIHADRONEN

ANTIBARYONEN

BARYONENZAHL −1

ANTIHYPERONEN

ANTINUKLEONEN

ANTI BOSONEN

ANTIMESONEN

ANTILEPTONEN

LEPTONENZAHL −1

1 672,00	$\tilde{\Omega}^+$
1 321,30	$\tilde{\Xi}^+$
1 314,70	$\tilde{\Xi}^0$
1 197,34	$\tilde{\Sigma}^+$
1 189,42	$\tilde{\Sigma}^-$ $\tilde{\Sigma}^0$
1 115,59	$\tilde{\Lambda}$
939,55	$\tilde{n}$
938,25	$\tilde{p}$
	$\tilde{W}^-$
497,71	$\tilde{K}^0$ η^0
493,71	K^+
139,57	π^- π^-
134,97	
105,66	μ^+
0,51	e^+
0,00	$\tilde{\nu}_\mu$ $\tilde{\nu}_e$ g γ

1 QUADRILLION

10^{24} NEUTRONEN = 1 g

16

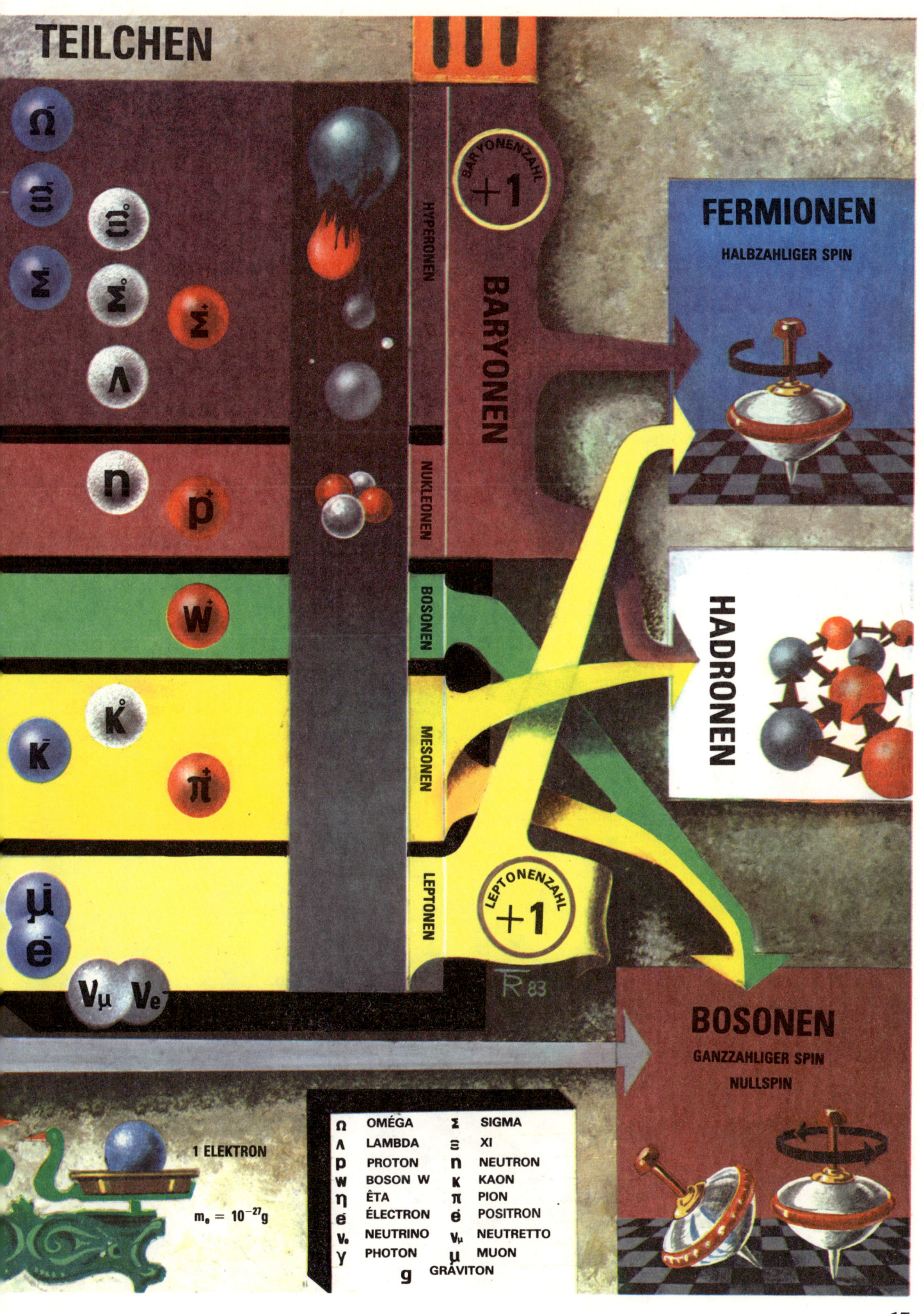

TEILCHEN

FERMIONEN
HALBZAHLIGER SPIN

HADRONEN

BOSONEN
GANZZAHLIGER SPIN
NULLSPIN

BARYONENZAHL +1

LEPTONENZAHL +1

HYPERONEN

BARYONEN

NUKLEONEN

BOSONEN

MESONEN

LEPTONEN

1 ELEKTRON

$m_e = 10^{-27}g$

Ω	OMÉGA	Σ	SIGMA
Λ	LAMBDA	Ξ	XI
p	PROTON	n	NEUTRON
w	BOSON W	K	KAON
η	ÊTA	π	PION
é	ÉLECTRON	é	POSITRON
ν	NEUTRINO	$ν_μ$	NEUTRETTO
γ	PHOTON	μ	MUON
		g	GRAVITON

15 Protonmasse
$m_p = 10^{-24}$ g

15

16 Teilchenbeschleuniger (in Batavia, Illinois, USA), Luftbild. Die Teilchen (Protonen) werden in einem kreisförmigen Tunnel unter der Erdoberfläche beschleunigt (großer Kreis). Vom Hauptgebäude (links) führen drei Prüfkanäle (dunkelgrüne Streifen links aufwärts). Die aus dem Tunnel in die Kanäle abgelenkten Protonen haben eine Energie von 400 GeV ($4 \cdot 10^{11}$ eV)

Teilchen (also solche mit halbzahligem Spin) nennen wir Fermionen, nach dem italienischen Physiker Fermi. Beide Teilchenarten unterscheiden sich stark voneinander. (Der Unterschied zwischen den Bosonen und den Fermionen ist auf Abb. 18 gut zu sehen.)

Der Anschaulichkeit wegen benutzen wir zum Vergleich einen Zug. Im ersten Waggon, dessen Schaffner Fermi heißt, gilt die Vorschrift, daß in einem Abteil nicht mehr als zwei Personen sitzen dürfen, einer in der Fahrtrichtung und einer gegen die Fahrtrichtung. Ganz anders sind die Verhältnisse im zweiten Waggon, dessen Schaffner Herr Bose ist. Dort ist die Zahl der Reisenden in keiner Weise beschränkt. Die geselligen Reisenden verhalten sich wie die Teilchen mit Null- oder ganzzahligem Spin. In einem sehr kleinen Raum läßt sich eine große Zahl

von Bosonen, z. B. Photonen, unterbringen.

Elektrische Ladung der Elementarteilchen. Auf der Abbildung 14 sind die Teilchen mit positiver Ladung rot, die Teilchen mit negativer Ladung blau und die neutralen Teilchen, d. h. die Teilchen ohne elektrische Ladung, weiß bezeichnet.

Die Bewegung der elektrisch geladenen Elektronen nennen wir elektrischen Strom. Durch den Metallfaden der Glühlampe fließen ungefähr zehn Trillionen (10^{19}) Elektronen in einer Sekunde. Eine Ladung von 10^{19} Elektronen heißt 1 Coulomb. Ein Coulomb pro Sekunde ergibt eine Stromstärke von einem Ampere.

Die Ladung des Elektrons beträgt also 10^{-19} Coulomb. Es ist dies die kleinste elektrische Ladung überhaupt. Sie läßt sich nicht mehr in kleinere Einheiten teilen. Die Ladung des Protons (und aller positiv geladenen Teilchen) ist ebenso groß wie die Ladung des Elektrons, nur mit entgegengesetztem Vorzeichen (Abb. 14).

In einem elektrisch positiv geladenen Körper (z. B. in einer Gewitterwolke, im positiven Pol (+) einer Akkumulator-Batterie oder in einem Kondensator) besteht Mangel

16

an Elektronen, und es herrschen in ihm Protonen vor. Umgekehrt ist in einem negativ geladenen Körper Überschuß an Elektronen. Ein Körper ist elektrisch neutral, wenn die Gesamtzahl der Protonen gleich der Zahl der Elektronen ist.

Die elektrisch geladenen Teilchen erzeugen in dem sie umgebenden Raum Kräfte. Sie wirken auf andere elektrisch geladene Teilchen ein, die sich in ihrer Nähe befinden. Der Raum um die elektrisch geladenen Teilchen heißt **elektrisches Feld.** Wenn sich das geladene Teilchen bewegt, ruft es in seiner Umgebung **magnetische Kräfte** (ein Magnetfeld) hervor. Ein geladenes Teilchen, das beschleunigt oder verlangsamt wird, sendet elektromagnetische Strahlung (Photonen) aus. Die elektrische Ladung kann weder zerstört noch aus nichts geschaffen werden. Das besagt das **Gesetz der Erhaltung der elektrischen Ladung.**

Aus Abb. 14 geht hervor, daß das Elektron das leichteste Teilchen mit elektrischer Ladung ist. Das heißt, daß das Elektron nicht in leichtere Teilchen zerfallen kann, an die es seine Ladung abgeben könnte. Das Elektron ist also ein stabiles Teilchen.

Eine sehr wichtige Gruppe der Elementarteilchen sind die Baryonen. Ihre Haupteigenschaft ist die **Baryonenladung** (Baryonenzahl). Das griechische Wort barys heißt schwer, massiv; die Baryonen sind daher schwere Teilchen. In der Tabelle sind

17 Das Tunnelinnere des Beschleunigers vom vorangehenden Bild. In der blauen Verkleidung befindet sich ein luftleeres Rohr von 5 cm . 12 cm Querschnitt. Längs des Rohres sind insgesamt 1014 Magnete (auf den gelben Ständern) angeordnet, die von dem durch die obere Rohrleitung zugeführten Wasser gekühlt werden. Das Rohr bildet einen geschlossenen Kreis, und darin kreisen die Protonen etwa fünfzigtausendmal in der Sekunde. Bei jeder Umrundung gewinnt das Proton eine Energie von 2,8 MeV

HALBZAHLIGER SPIN

FERMIONEN

NULLSPIN   GANZZAHLIGER SPIN

BOSONEN

18 Das Verhalten der Fermionen und Bosonen ist mit dem der Zugreisenden vergleichbar

sie oben. Die Baryonengruppe ist eine geschlossene Familie. Ein Baryon kann sich immer nur in ein anderes Baryon verwandeln. Aus einem Neutron kann dagegen ein Proton und aus dem Proton ein Neutron werden. Das Proton und das Neutron sind die Elementarteilchen des Atomkerns. Man nennt sie deshalb Nukleonen oder Atomkernteilchen (das lateinische Wort nucleus bedeutet Kern).

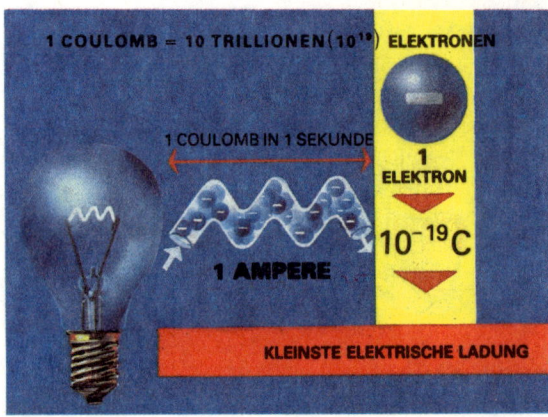

Die Baryonen, die schwerer sind als die Nukleonen, werden mit griechischen Großbuchstaben bezeichnet (Lambda Λ, Xi Ξ, Sigma Σ und Omega Ω). In der Abbildung sind sie über den Nukleonen und heißen Hyperonen. Alle Hyperonen sind instabil und zerfallen kurz nach ihrem Entstehen. Auch ein einzelnes Neutron zerfällt (etwa innerhalb von zehn Minuten) in ein Proton. Jedes Baryon ist bestrebt, in der Abbildung möglichst tief „herunterzufallen". Das „tiefste" Baryon ist das Proton. Dieses kann nicht mehr zerfallen, denn dann würde aus dem Weltall ein Baryon verloren gehen. Und die Natur wacht sehr aufmerksam darüber, daß so etwas nicht eintritt.

Die Physiker schrieben jedem Baryon eine positive Ladung (+1) zu. Alle übrigen Teilchen haben eine Baryonenladung mit dem Wert Null (z. B. das Elektron, das Photon und die anderen Bosonen). Die Summe aller Baryonen wird mit N bezeichnet und heißt Baryonen-Gesamtladung oder Baryonenzahl. Die Baryonen-Gesamtladung bleibt ohne Rücksicht auf die im Weltraum verlaufenden Prozesse unverändert, besagt das **Gesetz über die Erhaltung der Baryonenladung.**

Das Proton selbst kann nicht zerfallen, denn dann würde das Gesetz über die Erhaltung der Baryonenladung gestört. Auch das Elektron kann nicht zerfallen, da (wie wir schon sagten) das Gesetz der Erhaltung der elektrischen Ladung verletzt würde. Beide Weltallgesetze (die Erhaltung der elektrischen und der Baryonenladung) sind ohne Ausnahme gültig, denn auf der Stabilität des Protons und des Elektrons ist das Aussehen unseres Weltalls gegründet. Wenn diese beiden Größen (die elektrische und die Baryonenladung) nicht streng eingehalten würden, zerfielen das Proton und das Elektron in leichtere Teilchen. Dann könnten im Weltall weder Atome noch Moleküle existieren, und das Weltall hätte einen ganz anderen Charakter.

Leptonenladung oder **Leptonenzahl.** Die leichtesten Teilchen in unserer Abbildung sind aus der Familie der Leptonen. Das griechische Wort leptos bedeutet leicht oder klein. Zur Familie der Leptonen gehören die Elektronen (sie tragen die Bezeichnung e^-), das negative Myon (μ^-) und zwei unterschiedliche Neutrinos, das Elektronneutrino (ν_e) und das Myonneutrino oder Neutretto (ν_μ). Wie bei den Baryonen achtet die Natur streng darauf, daß sich auch die Leptonen nicht verlieren. Jedes Lepton hat eine Leptonenladung (+1). Alle übrigen Teilchen (Baryonen und Bosonen) haben die Leptonenladung Null. Die Summe der Leptonenladungen bleibt bei allen Veränderungen gleich, denn sie unterliegt dem **Gesetz der Erhaltung der Leptonenladung.**

Der Vollständigkeit halber führen wir noch drei weitere Eigenschaften der Elementarteilchen an: Isospin, Seltsamkeit und Parität. Ihre Erklärung würde zu viel Raum einnehmen, und da sie für den weiteren Inhalt bedeutungslos sind, werden wir uns mit ihnen nicht weiter befassen.

Damit schließen wir unsere Beschreibung der Eigenschaften der Elementarteilchen aus der rechten Hälfte der Abb. 14. Wir sahen, daß jedes von ihnen mehrere Werte aufweist (Masse, Spin, elektrische Ladung, Baryonenladung, Leptonenladung), die die Eigenschaften der Teilchen beschreiben.

Der linke Teil der Abb. 14 ist das Spiegelbild der rechten Seite. Jedem Teilchen auf der rechten Seite entspricht sein Bild auf der linken Seite. Es handelt sich hierbei um Antiteilchen, von denen wir noch auf S. 27 sprechen werden.

Elementarteilchen-Gruppen

Wir teilen die Elementarteilchen in mehrere Gruppen (Abb. 14).

Nach ihrem Spin bilden die Teilchen zwei große Gruppen: Fermionen mit halbzahligem Spin und Bosonen mit Null- oder ganzzahligem Spin. Darüber sprachen wir auf S. 18.

Die Fermionen. Nach ihrer Ruhmasse

Die Bosonen sind ganz rechts. Man nennt sie manchmal auch Feldteilchen oder Feldquanten. Sie übertragen die Kräfte, mit denen die Teilchen aufeinander einwirken. Über die Kräfte zwischen den Teilchen (Kernkräfte, elektrische Kräfte, schwache und Gravitationskräfte) erfahren wir mehr auf S. 28.

Die Bosonen, die zu diesen Kräften gehören, sind die Pionen und die Kaonen, die

20

20 Beim Kämmen gehen Elektronen aus dem Kamm in die Haare über. Der Kamm ist positiv, die Haare sind negativ geladen. Die Elektronen springen auf den Kamm zurück. Bei diesem Vorgang werden Funken sichtbar

unterscheiden wir zwei Gruppen von Fermionen: Die Gruppe der schweren Fermionen (Baryonen) ist im oberen Teil der Abbildung dargestellt. Das leichteste Baryon heißt Proton (p). Nur um weniges größer ist die Masse des Neutrons (n). Der Heliumkern besteht aus zwei Protonen und zwei Neutronen, also insgesamt aus vier Nukleonen, der Kohlenstoffkern aus zwölf Nukleonen usw. Baryonen, die schwerer sind als die Nukleonen, heißen Hyperonen (das griechische „hyper" bedeutet „über"). Hyperonen sind also Teilchen über den Nukleonen. Es sind unstabile Teilchen, die in Nukleonen zerfallen.

Die zweite Gruppe der Fermionen bilden leichte Teilchen (Leptonen). Zu ihnen gehören das Elektron (e^-), das negative Myon (μ^-), auch schweres Elektron oder unrichtig μ-Meson genannt, das Elektronneutrino (ν_e) und das Myonneutrino (ν_μ) oder auch Neutretto genannt.

Zu jedem dieser vier Leptonen gehört eine Leptonenladung + 1. (Die Antileptonen auf der linken Seite der Abbildung haben also die Leptonenladung −1. Zu ihnen gehören: das Positron (das positive Elektron, e^+), das positive Myon (μ^+), das Elektron-Antineutrino ($\tilde{\nu}_e$) und das Myon-Antineutrino ($\tilde{\nu}_\mu$) oder auch Antineutretto genannt.)

Photonen, die W-Bosonen und die Gravitonen. Die letzten Gravitonen sind einstweilen hypothetisch, denn sie wurden noch bei keinem Versuch festgestellt.

Die Pionen bzw. π-Mesonen und die Kaonen bzw. K-Mesonen sind für die Kernkräfte sehr wichtig. Alle Teilchen, die aufeinander mit Kernkräften einwirken, heißen Hadronen. In die Gruppe der Hadronen gehören die Baryonen und die Mesonen. (Die Hadronengruppe ist auf Abb. 14 bezeichnet).

Sehr wichtig unter den Bosonen ist das Photon. Seine Ruhmasse hat den Wert Null. Das Photon kann nämlich nie in Ruhe sein. Nach seinem Entstehen eilt es ständig mit der höchstmöglichen Geschwindigkeit c (300 000 km/s) durch das Weltall. Die Photonen sind sehr wichtig für die Übertragung von Energie und Information. Wir widmen ihnen das nachfolgende Kapitel.

Photonen — die Teilchen der elektromagnetischen Strahlung

Das Wissen über das Weltall ebenso wie über unsere irdische Umgebung verdanken wir dem Licht. Licht, das sind elektromagnetische Wellen (elektromagnetische Strahlung), ähnlich den Wellen auf dem Wasser. Während die bewegte Wasseroberfläche in den Wellen auf und ab schwankt, schwingt die elektrische Kraft und senkrecht zu ihr die magnetische Kraft (Abb. 22). Das Licht ist eine solche elektromagnetische Strahlung (elektromagnetische Wellen), die für das menschliche Auge sichtbar ist. Die Wellenlängen des sichtbaren Lichtes liegen zwischen

21 Elektromagnetische Wellenbewegung

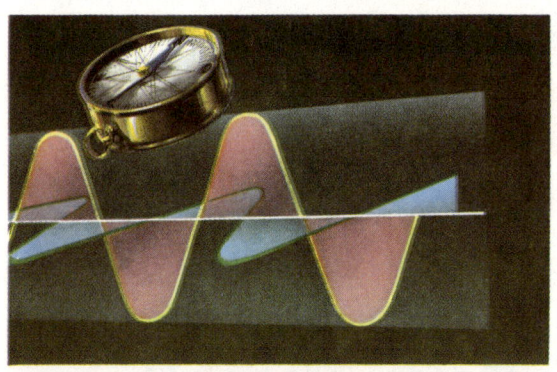

22 Die elektromagnetische Strahlung besteht aus Photonen. Es sind Energieanhäufungen, in denen die elektrische Kraft und senkrecht zu ihr die magnetische Kraft schwingen. Die Geschwindigkeit der Photonen im Vakuum beträgt 300 000 km/s

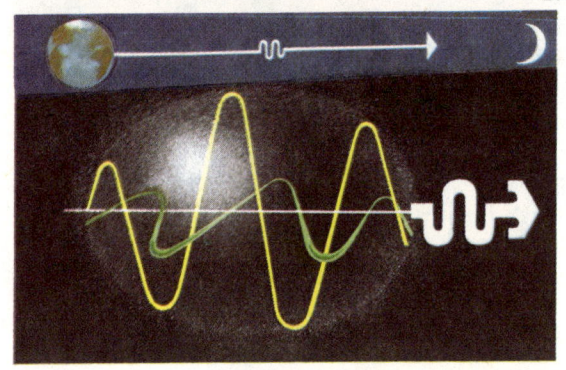

400 und 700 nm. Die Wellenlängen des Lichtes sind so kurz, daß es notwendig war, eine besondere Einheit, das Nanometer (nm), einzuführen: $1\,\text{nm} = 10^{-9}\,\text{m} = 10^{-6}\,\text{mm}$.

Eine Million Nanometer sind somit 1 Millimeter. Die 400 bis 450 nm langen Wellen erscheinen uns als blaues Licht. Die Wellen von 650−700 nm nehmen wir als rotes Licht wahr. Zwischen dem blauen und dem roten Licht ist das grüne, gelbe und orange Licht (Abb. 161). In einen Millimeter gehen zweieinhalbtausend Wellen des blauen Lichtes, und tausendvierhundert Wellen des roten Lichtes hinein.

Außer den elektromagnetischen Lichtwellen gibt es noch viele andere Arten von Wellen, die auf unsere Augen − häufig sogar ungünstig − einwirken, von uns aber nicht wahrgenommen werden. Wir nennen die Wellen zwischen 10 nm und 400 nm, die kürzer als die des sichtbaren Lichtes sind, ultraviolette Strahlung. Noch kürzere Wellen als die UV-Wellen − von 0,001 nm bis 10 nm − sind als Röntgenstrahlung bekannt. Elektromagnetische Strahlung mit kürzeren Wellen als 0,001 nm heißt Gammastrahlung.

Strahlungen mit größeren Wellenlängen als das rote Licht, d. i. von 700 nm bis 0,3 mm, heißen Infrarotstrahlung. Wir sehen sie nicht, spüren sie aber als Wärme. Elektromagnetische Wellen von 1 Millimeter bis vielen Kilometern Länge nennt man Radiowellen. Sie werden von den Fernseh- und Rundfunksendern ausgestrahlt. Auch viele kosmische Objekte, so z. B. unsere Sonne und viele Sterne, Planeten, Galaxien, strahlen Radiowellen aus, ebenso wie Gewitterblitze. Die Radiowellen der Gewitterblitze nennen wir den atmosphärischen Störpegel. Es ist wichtig, sich zu vergegenwärtigen, daß alle genannten Strahlungsarten − also

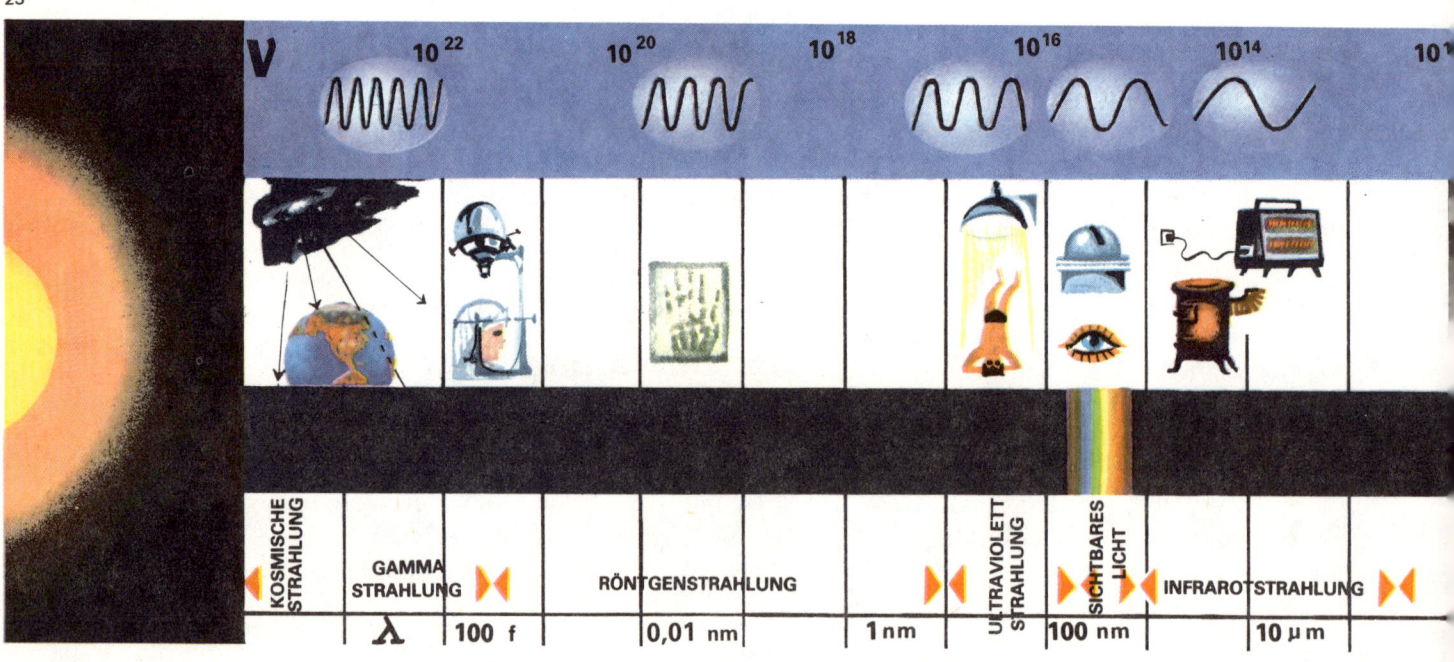

Gamma-, Röntgen-, Ultraviolett-, Infrarot- und Radiofrequenzstrahlung — elektromagnetische Wellen sind, die sich voneinander nur durch die Wellenlänge unterscheiden.

Wir haben schon erfahren, daß alle Objekte aus Elementarteilchen (Protonen, Neutronen und Elektronen) zusammengesetzt sind. Ähnlich ist es auch mit der elektromagnetischen Strahlung, die aus Photonen besteht. Photonen sind kleine „Energieflöckchen", in denen die elektrische Kraft und senkrecht zu ihr die magnetische Kraft schwingen. Wir wissen schon, daß das Photon nicht stillstehen kann, sondern ständig mit der größtmöglichen Geschwindigkeit forteilt und dabei schwingt. Im luftleeren Raum (Vakuum) bewegen sich alle Photonen gleich schnell — jede Sekunde dreihunderttausend Kilometer; also ungefähr siebenmal um die Erde, bevor wir „einundzwanzig" sagen. Das Licht legt in einer Sekunde die Entfernung von der Erde bis fast zum Mond zurück. Diese große Geschwindigkeit von 300 000 km/s nennt man Lichtgeschwindigkeit im Vakuum und bezeichnet sie mit dem Symbol c. Im Glas, im Wasser, in der Luft und in anderen Stoffen bewegen sich das Licht und andere elektromagnetische Strahlungsarten langsamer, mit einer kleineren Geschwindigkeit als c. Dies bedeutet, daß die Bewegung der Photonen in einem Stoff langsamer ist als im Vakuum. Das ist auch die Ursache dafür, warum das Licht und die übrigen elektromagnetischen Strahlungsarten gebrochen werden, wenn sie von einem Stoff in einen anderen übergehen (Abb. 27).

Die elektromagnetische Strahlung können wir uns auf zwei Arten vorstellen — entweder als Wellenbewegung der elektrischen und magnetischen Kraft oder als Strom schwingender Photonen (Abb. 21, 22). Im ersten Fall — bei der Wellenbewegung — wird die Wellenlänge der Strahlung angegeben. Man wählte dazu das griechische Zeichen Lambda λ. Bei den Photonen ist es die Anzahl der Schwingungen pro Sekunde, also die Schwingungszahl der Strahlung, und dafür das griechische Zeichen Ny ν. Das orangefarbene Photon hat z. B. die Wellenlänge $\lambda = 600$ nm und schwingt $5 \cdot 10^{14}$ mal in der Sekunde (mit der Frequenz $\nu = 5 \cdot 10^{14}\,\mathrm{s}^{-1}$). Bei einer Schwingung bildet das Photon eine Welle — es legt die Entfernung von einer Wellenlänge λ zurück. Da es in der Sekunde ν-mal schwingt, legt es eine ν-mal größere Entfernung als die Wellenlänge zurück, d. i.

24 Eine Beobachtung des Weltalls in verschiedenen Wellenbereichen elektromagnetischer Strahlung läßt sich mit den verschiedenen Tonhöhen von Instrumenten in einem Orchester vergleichen

24

23 Erst seit wenigen Jahrzehnten können die Astronomen das Weltall in allen Frequenzen der elektromagnetischen Strahlung beobachten. Die Skala zeigt ganz oben die Strahlungsfrequenz in Hertz an, und unten sind die entsprechenden Wellenlängen angeführt

| 10^{10} | 10^{8} | 10^{6} | 10^{4} | 10^{2} |

KROWELLEN   RADIOWELLEN

| mm | 1 dm | 1 m | 1 km | 100 km | |

$\nu \lambda$. Wir wissen schon, daß die Geschwindigkeit jedes Photons im Vakuum 300 000 km/s beträgt (c = 300 000 km s^{-1}). Es gilt, daß

$$c = \nu \cdot \lambda$$

Überprüfen wir das am orangefarbenen Photon:

$$5 \cdot 10^{14} \text{ s}^{-1} \cdot 600 \text{ nm} = 3 \cdot 10^{17} \text{ nm s}^{-1}$$
$$= 300\,000 \text{ km s}^{-1}$$

Daraus geht klar hervor, daß die Welle um so die Lichtphotonen. Seine Wellenlänge ist tausendmal kürzer als die Wellenlänge des Lichtes. Umgekehrt schwingen die Radiophotonen rund eine Million Mal langsamer als die Lichtphotonen, und die Radiowellen sind etwa eine Million Mal länger als die Lichtwellen. Die Schwingungszahlen der Photonen erinnern an die Tonhöhen der einzelnen Instrumente im Orchester. Die hohen Töne der Pikkoloflöte entsprechen

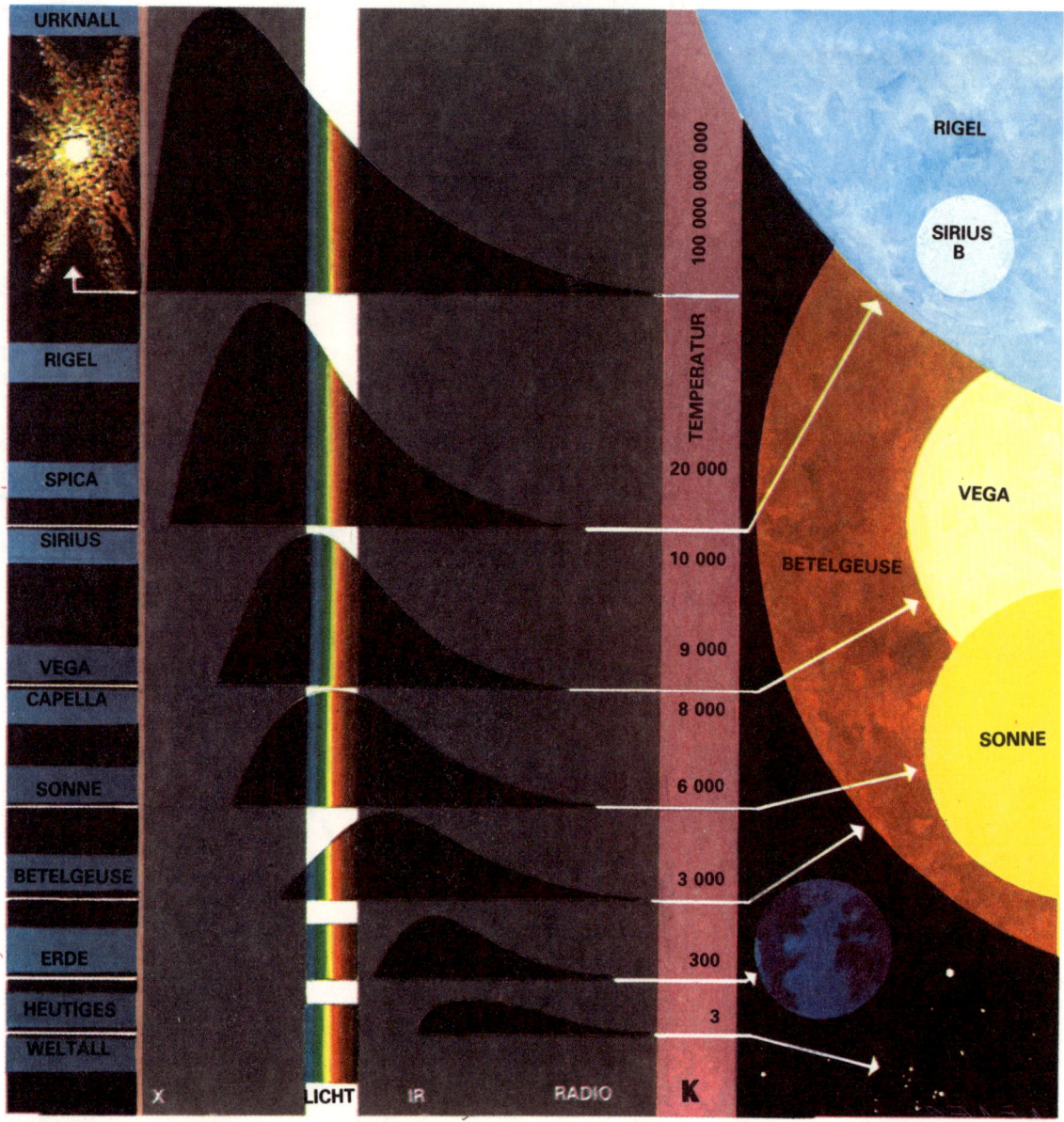

25 Die Strahlung der Himmelskörper hängt von ihrer Temperatur ab. Die Temperatur wird in Kelvin angegeben. Die Größe der verschiedenen Sterne ist hier dargestellt; die Kurve zeigt an, welche Wellenlängen ein Stern vorwiegend ausstrahlt

kürzer wird, je mehr die Schwingungszahl der elektromagnetischen Strahlung ansteigt. Das Photon des violetten Lichts schwingt doppelt so schnell wie das Photon des dunkelroten Lichtes. Das heißt, das violette Licht hat nur die halbe Wellenlänge gegenüber dem roten Licht. Das Röntgenphoton schwingt ungefähr tausendmal schneller als den Gamma-Photonen, der Ton der Violine ist mit dem Licht vergleichbar und die tiefen Töne des Kontrabasses entsprechen der Radiostrahlung.

Noch vor einem halben Jahrhundert beobachteten die Astronomen das Weltall nur im Licht — das ist etwa so, als ob eine Melodie nur auf der Violine gespielt würde. Im letzten

Jahrzehnt haben sie es jedoch gelernt, das Weltall in allen Schwingungsbereichen der elektromagnetischen Strahlung zu beobachten. Das ist so ähnlich, als ob nun alle Instrumente der Philharmonie zu hören wären.

Jedes Objekt auf der Erde und überhaupt im Weltall sendet elektromagnetische Strahlung (Photonen) verschiedener Wellenlängen aus. Je höher die Temperatur des Objektes ist, um so mehr Photonen mit höherer

Masse und die Energiemenge, die er in Form von Strahlung abgibt. Das Spektrum der Sterne und der übrigen Objekte ist sehr wichtig für das Kennenlernen des Weltalls.

Wenn die Photonen auf ein Medium auffallen, ist eine der nachstehenden Erscheinungen feststellbar:

a) Auf eine glatte Fläche (z. B. einen Spiegel) auffallende Strahlung wird zurückgeworfen (reflektiert). Dabei ändert die

26 Lichtdiffusion an den Luftmolekülen. Zerstreut wird vor allem das blaue Licht, während das rote durchgeht. Deshalb sind der Himmel und der Planet Erde blau, während die Sonne am Horizont uns rot erscheint

Frequenz strahlt es aus. Auf Abbildung 25 ist dargestellt, welche Strahlungsmengen die sich durch ihre Temperatur unterscheidenden Objekte aussenden. Außerdem geht aus der Abbildung hervor, welche Strahlungsarten die häufigsten sind, bzw. für welche Frequenz der Kurvenscheitel am höchsten ist. Je höher die Temperatur des Objektes ist, um so höher ist auch die Frequenz des Strahlungsmaximums. Diese Abhängigkeit heißt **Wiensches Verschiebungsgesetz.** Die Astronomen messen das Strahlungsmaximum eines Sterns mit Spektrographen. Aufgrund des Wienschen Gesetzes läßt sich dann leicht die Temperatur an der Sternoberfläche feststellen.

Die Strahlung der Sterne (wie auch die anderer Objekte) enthält Photonen verschiedenster Frequenzen. Der Spektrograph sortiert die Photonen nach ihrer Frequenz. Eine solche Zerlegung der Strahlung heißt **Sternspektrum** (Abb. 25, 161). Aus dem Sternspektrum kann nicht nur die Temperatur des Sternes, sondern auch die Geschwindigkeit bestimmt werden, mit der er sich uns nähert oder sich von uns entfernt, sowie seine chemische Zusammensetzung, seine Rotationsgeschwindigkeit, seine Größe, seine

27 Lichtbrechung beim Durchgang von einem Stoff in den anderen. Der Indianer zielt aus Erfahrung etwas tiefer als er den Fisch sieht — und trifft ihn, da der Fisch dort wirklich schwimmt

Strahlung ihre Richtung, ruft aber keine Veränderung im Stoff hervor.

b) Beim Auffallen auf eine schwarze Fläche werden alle Strahlungen absorbiert. Das bedeutet, daß die gesamte auftreffende Strahlung sich im schwarzen Medium in Wärme verwandelt.

c) Durch ein durchsichtiges Medium (z. B. Glas) geht die Strahlung ungehindert durch, ohne vom Medium absorbiert zu werden. Von farbigem Glas werden jedoch einige Strahlungsarten absorbiert. So geht beispielsweise durch rotes Glas nur rotes Licht, alle anderen Farben werden absorbiert und in Wärme verwandelt.

d) Diffusion ist die Streuung des Lichtes in alle Richtungen. Sie findet unter anderem an den Luftmolekülen oder an Staubkörnchen statt. An den Luftmolekülen wird vor allem das blaue Licht zerstreut, während das rote Licht durch Diffusion fast nicht beeinflußt wird. Diese Erscheinung erklärt den

das Licht einer Glühlampe ist natürliches, nichtpolarisiertes Licht. Seine Photonen schwingen nach verschiedenen Richtungen. Den Durchgang durch ein Kristall schaffen aber nur Photonen, die in einer Richtung schwingen. Polarisierte Strahlung ist also eine geordnete, gleichgerichtete Strahlung. Im natürlichen, nichtpolarisierten Licht wird keine Schwingungsrichtung bevorzugt.

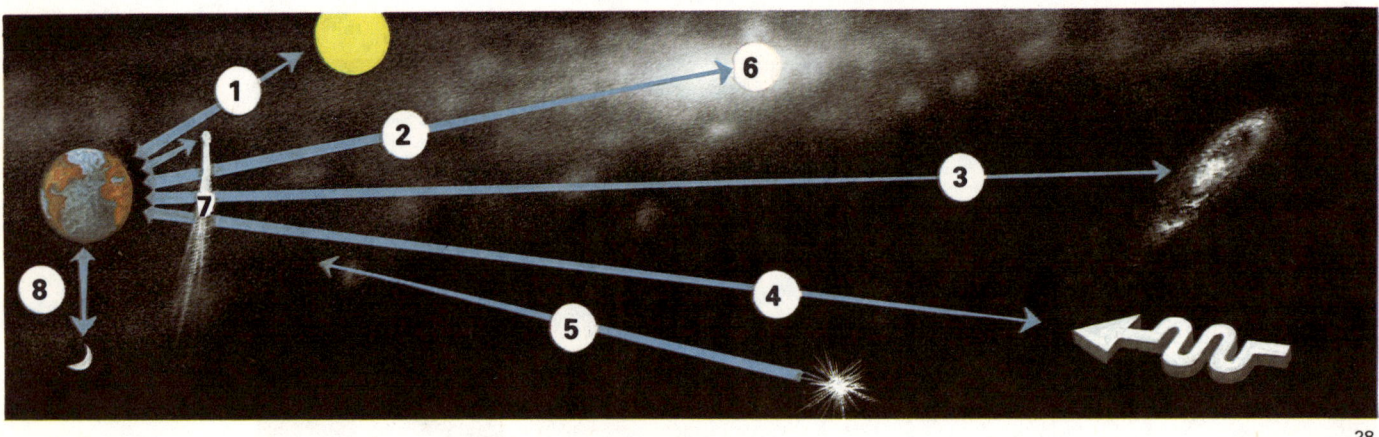

28

28 Die Photonen, die auf die Erde treffen, sind um so älter, je weiter der Körper entfernt ist, der sie ausgestrahlt hat.
1 − Sonne (8 Min.)
2 − Sagittariusarm der Milchstraße im Schützen (Sagittarius), 10 000 Lichtjahre entfernt
3 − Galaxie in der Andromeda (Andromeda-Nebel), 2 Millionen Lichtjahre entfernt
4 − Fossile Photonen (10 Milliarden Lichtjahre)
5 − Quasare (7−10 Milliarden Lichtjahre)
6 − Zentrum der Milchstraße (30 000 Lichtjahre)
7 − Komet (5−30 Minuten)
8 − Mond (1 Sekunde)

blauen Himmel und die rote Sonne bei Sonnenuntergang (Abb. 26).

e) Wenn ein Strahl auf die Oberfläche durchsichtiger Medien schräg einfällt, wird er gebrochen. Die Strahlung wird aus ihrer ursprünglichen Richtung um so mehr abgelenkt, je langsamer sie sich im durchsichtigen Medium verbreitet (Abb. 27).

f) Wenn das weiße Licht auf die Wand eines Glasprismas auffällt, wird es gebrochen. Das weiße Licht setzt sich aus allen Regenbogenfarben zusammen. Das rote Licht breitet sich im Glas schneller aus als das blaue, und deswegen wird das blaue Licht stärker gebrochen als das rote (Abb. 6). Das ist auch der Grund, weshalb das weiße Licht im Prisma in die einzelnen Farben zerlegt wird, wie Isaac Newton schon um 1700 feststellte. Das mit dem Prisma zu einem farbigen Band zerlegte Licht heißt Spektrum. Etwa ähnliches findet in den Eiskristallen in hohen Wolken statt. Es entsteht am Himmel eine wunderschöne Lichterscheinung, der Sonnenhalo (Abb. 411). Die Zerlegung des Sonnenlichtes im Regen, der Regenbogen (Abb. 412), ist ein anderes Beispiel.

g) Beim Durchgang durch ein Medium, z. B. durch bestimmte Kristalle, wird die Strahlung polarisiert. Das Sonnenlicht oder

Im Weltall bewegen sich Photonen der verschiedensten Energien. Sie kommen nicht nur im ungeheuren Raum zwischen den Sternen und zwischen den Galaxien vor, sondern auch in den Sternen selbst. Im Innern unserer Sonne befindet sich z. B. eine riesige Menge von Röntgenphotonen. Im Innern der Sterne, deren Masse zehnmal und mehr größer ist als die Masse unserer Sonne, gibt es enorme Mengen von Gamma-Photonen. Dies geht aus dem Wienschen Gesetz hervor. Wir können sagen, daß das ganze Weltall und alle Himmelskörper von Photonen durchsetzt sind. Sie alle stellen zusammen die sog. Photonenkomponente des Weltalls dar. Früher, ganz in den Urzeiten des Weltalls, waren die Photonen wichtiger als alle übrigen Teilchen. Wir werden darüber in Kap. III sprechen. Aber auch im heutigen Weltall kommt den Photonen eine wichtige Aufgabe zu: Sie übertragen die Energie, z. B. vom Sonnenzentrum zur Sonnenoberfläche und dann auf die Erde, Photonen informieren uns über die Himmelskörper, wo sie entstanden sind, sowie über den Raum, den sie durchliefen. Daß wir auf der Erde leben, verdanken wir den Sonnenphotonen, und wir kennen das Weltall durch die verschiedensten Photonen, die zu uns aus allen Richtungen auf die Erde auftreffen.

Alle Photonen bewegen sich im Weltraum mit der gleichen Geschwindigkeit. Deshalb erreichen sie uns von den nahen Sternen eher als von den entfernten Galaxien. Die gerade jetzt auf die Erde aus dem ganzen Weltall auffallenden Photonen sind also verschieden alt – sie sind um so älter, je weiter entfernt der Himmelskörper ist, der sie aussandte. Die Photonen von einem Meteor sind etwa

Spiegel bin nicht ich, auch wenn wir uns sehr ähnlich sehen. Ich trage den Scheitel links, er rechts. Mein Muttermal sitzt auf der einen Wange, bei ihm auf der anderen. Wenn ich die rechte Hand auf mein Herz lege, legt er die linke Hand auf die rechte Seite. Auch sein Herz befindet sich auf seiner rechten Seite. Der Mensch im Spiegel hat entgegengesetzte Merkmale und Bewegungen. Man

29

29 Stellen wir uns vor, daß es möglich wäre, mit einem sehr leistungsfähigen Fernrohr einen 80 Lichtjahre entfernten Planeten und auf ihm einen fünfjährigen Jungen zu beobachten. Dieser Junge wäre in Wirklichkeit schon 85 Jahre alt. Wir jedoch würden ihn um 80 Jahre jünger sehen, also so, wie er zu der Zeit aussah, als von diesem Planeten die Strahlen ausgingen, die uns gerade erreichten

eine Tausendstelsekunde alt, von der Sonne acht Minuten, von den nahen Sternen mehrere Jahre und aus der Milchstraßenmitte dreißigtausend Jahre. Die von der Galaxie in der Andromeda zu uns gelangten Photonen sind zwei Millionen Jahre alt, und von noch weiteren Galaxien kommen zu uns Photonen im Alter von mehreren Milliarden Jahren. Die ältesten Photonen sind zehn Milliarden Jahre alt. Wir nennen sie **fossile Photonen**. Sie erlebten die Entstehung des Weltalls.

Der Blick in das Weltall ist ein Blick in die Vergangenheit. Wir blicken in eine um so weiter zurückliegende Vergangenheit, je entfernter die Körper sind, die wir beobachten. Das ergibt sich aus der Laufzeit des Lichtes. Was z. B. in der benachbarten Galaxie M 31 im Sternbild der Andromeda gerade jetzt geschieht, würden unsere in zwei Millionen Jahren lebenden Nachkommen erfahren. So lange braucht der Lichtstrahl, um von der Galaxie M 31 in unsere Galaxie zu gelangen. Trotz der unermeßlichen Entfernung ist die Galaxie M 31 am Herbsthimmel mit bloßem Auge sichtbar (Abb. 133). Sie ist das entfernteste Objekt im Weltall, das man ohne Fernrohr sieht.

kann sagen, er ist mein Antimensch (Abb. 30).

Nicht nur mein Antimensch, auch die ganze umgebende Welt erscheint mir im Spiegel mit entgegengesetzten Merkmalen: Die Zeiger meiner Armbanduhr bewegen sich in der entgegengesetzten Richtung, alle Rechtshänder werden im Spiegel zu Linkshändern und umgekehrt. Die Welt, die wir im Spiegel sehen, ist die Antiwelt.

30

30 Die Antiwelt ist eine Umkehrung unserer Welt

Die Antiteilchen

Um das Wort „Anti" besser zu verstehen, sehen wir in den Spiegel. Der Mensch im

Jetzt können wir besser begreifen, daß die Antiteilchen Elementarteilchen mit entgegengesetzten Eigenschaften sind, wie sie das Proton, das Neutron, das Elektron und weitere Elementarteilchen haben. Die Antiteilchen weisen entgegengesetzte elektrische, Baryonen- und Leptonenladungen auf. Das Antiproton hat z. B. die elektrische Ladung −1, die Baryonenladung −1 und die Leptonenladung 0. Jedem Teilchen (Abb. 14, auf der rechten Seite) entspricht ein Antiteilchen (auf der linken Seite), und umgekehrt. Die Antiteilchen sind als „Spiegelbilder" der Teilchen zu verstehen.

Was Antiteilchen sind, ist geklärt. Jetzt bleibt nur noch die Frage offen, wie sie entstehen und wie sie sich beim Zusammentreffen mit ihren Teilchen verhalten (was geschieht z. B., wenn das Elektron mit dem Positron in Berührung kommt) und welche Bedeutung sie für die Entwicklung des Weltalls haben. Die Forschungsarbeiten mit Be-

zum Thema haben, das die Teilchen zusammenhält.

In den Dingen sind die Elementarteilchen durch vier Kräfte aneinander gefesselt: Kernkraft, elektrische Kraft, schwache Wechselwirkung und Gravitationskraft. Gerade diese vier Kräfte sind jenes „Bindemittel des Weltalls", ohne das kein Ding, kein Atom, keine Pflanze und kein Stern bestehen könnte. Jedem Elementarteilchen ist wenigstens eine Kraft zu eigen, mit welcher es auf die anderen Teilchen in seiner Umgebung einwirkt. Der das Teilchen umgebende Raum, in dem seine Kraft wirkt, heißt Kraftfeld des Teilchens. Die Größe des Feldes hängt von der Art der Kraft ab: Das Kernkraftfeld ist sehr klein, denn die Kernkraft wirkt nur auf die nächste Umgebung des Teilchens (bis in die „Entfernung" von einem Fermi). Das Gravitationsfeld eines Teilchens dagegen reicht bis in riesige Entfernungen. Die Gravitationskraft wirkt bis in

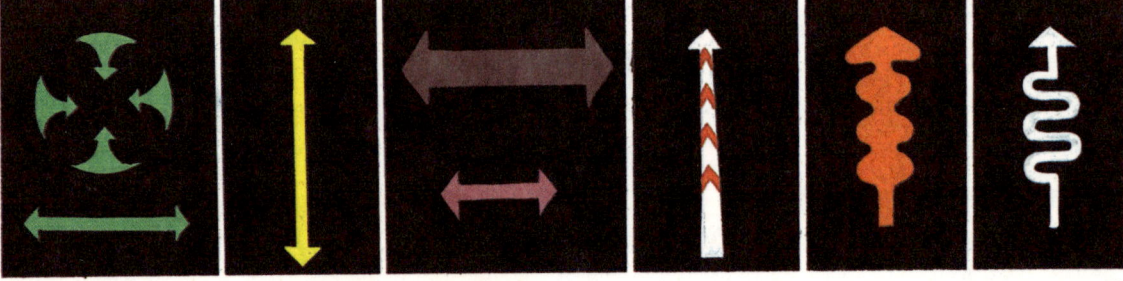

31

schleunigern zeigten, daß sich die Antiteilchen bei der Begegnung mit ihren Teilchen in Gamma-Strahlung verwandeln. Dieser Vorgang heißt Annihilation (S. 40). Aus den Antiprotonen, Antineutronen und Positronen sind die Antiatome aufgebaut und aus ihnen der Antistoff (Abb. 30). Eine sehr wichtige Rolle spielte der Antistoff bei der Entstehung unseres Weltalls.

Die Kräfte zwischen den Teilchen sind das Bindemittel des Weltalls

Auf den vorangegangenen Seiten befaßten wir uns mit den Elementarteilchen. Aus ihnen ist das Weltall und alles in ihm — von den Atomen bis zur Supergalaxie — aufgebaut. Wir lernten die Eigenschaften der einzelnen Elementarteilchen kennen. Dieses Kapitel wird das „Bindemittel des Weltalls"

eine Entfernung von vielen Millionen Lichtjahren. Jede Kraft scheint aus ihren Elementarteilchen emporzuquellen. Man sagt deshalb, daß das Elementarteilchen eine Kraftquelle oder Feldquelle ist. So sind beispielsweise die Teilchen mit elektrischer Ladung von einem elektrischen Feld umgeben; dies bedeutet, daß die elektrische Ladung der Teilchen die Quelle ihres **elektrischen Feldes** ist. Analog sind die Hadronen (Baryonen und Mesonen) die Quelle des **Kernkraftfeldes.** Alle Teilchen sind Quellen des **Gravitationsfeldes.**

In jedem Feld um das Teilchen ist Energie vorhanden. Stellen wir uns vor, daß wir das Teilchen ganz plötzlich entfernen würden. Das Feld macht sich für einen Moment selbständig und breitet sich dann unabhängig von dem Teilchen, das seine Quelle war, aus. Es schließt sich zu „Flöckchen" zusammen, die wir Quanten des Feldes oder Teilchen des Feldes nennen. Aus dem Kernfeld entstehen

Mesonen, aus dem elektrischen Feld Photonen, aus dem schwachen Feld W-Bosonen und aus dem Gravitationsfeld Gravitonen. Wir können feststellen, daß alle vier Quanten des Feldes Bosonen sind. Die Quanten des Feldes haben also entweder einen Nullspin oder einen ganzzahligen Spin. Sie können eine elektrische Ladung haben (W^+, W^-, die Mesonen π^+, π^-, K^+, K^-) oder sie sind ladungslos (z. B. die Mesonen π°, K°, $\bar{K}^\circ$ und das Photon). Ihre Ruhmasse ist entweder gleich Null (Photon, Graviton) oder ein Vielfaches der Elektronmasse (Mesonen, W-Bosonen).

Erwähnenswert ist noch, daß das Graviton bisher noch nicht beobachtet wurde. Aber es bestehen berechtigte Gründe anzunehmen, daß es wirklich existiert.

Die Haupteigenschaften der vier Kräfte, die das Weltall bilden, sind auf der Abbildung 32 übersichtlich angeführt und verglichen. Die Abbildung vermittelt eine Vorstellung über die einzelnen Kräfte (Interaktionen), die zwischen den Elementarteilchen wirken.

a) **Die Kernkraft** ist von allen Kräften die stärkste. Allerdings wirkt sie nur auf eine ganz kleine Entfernung (10^{-15} m, also ein Fermi, bzw. ein Billionstelmillimeter). Ihre Quelle sind die Hadronen − das heißt die Baryonen und die Mesonen. Sobald sie sich einander auf die Entfernung von einem Fermi, was ihrem Durchmesser gleich ist, nähern, beginnen sie einander mit der machtvollen Kernkraft anzuziehen (Abb. 33). Die Anziehungs-Kernkraft zwischen den Protonen ist auf diese so kleine Entfernung weit größer als ihre elektrische Abstoßungskraft.

Die Kernkraft bindet die Nukleonen und bildet aus ihnen den Atomkern. Sie sichert die Beständigkeit des Kerns gegenüber äußeren Einflüssen, z. B. gegen Stöße. Die Kernkraft baute aus den Nukleonen die Kerne aller komplizierteren Elemente auf. Auch in der Gegenwart verläuft der Bau der schwereren Atomkerne im Innern der Sterne. Auf diese Weise nimmt der Wasserstoff ab und die schwereren Elemente zu. Diese durch die Kernkraft hervorgerufene Veränderung heißt **chemische Alterung des Weltalls** (Kap. III).

Bei der Entstehung schwererer Kerne aus Protonen wird Energie frei, die die Sterne ausstrahlen. Die Sterne sind riesige Kernre-

aktoren. Fast die gesamte Energie an der Oberfläche unseres Planeten stammt von der Sonne. Die Energie wurde im Inneren der Sonne durch die Kernkraft bei der Umwandlung des Wasserstoffs in Helium freigesetzt (Kap. IV).

b) **Die elektrische Kraft.** Die wichtigsten Teilchen, aus denen das Weltall aufgebaut ist − die Protonen und die Elektronen − haben eine elektrische Ladung. Aus Abb. 14 erse-

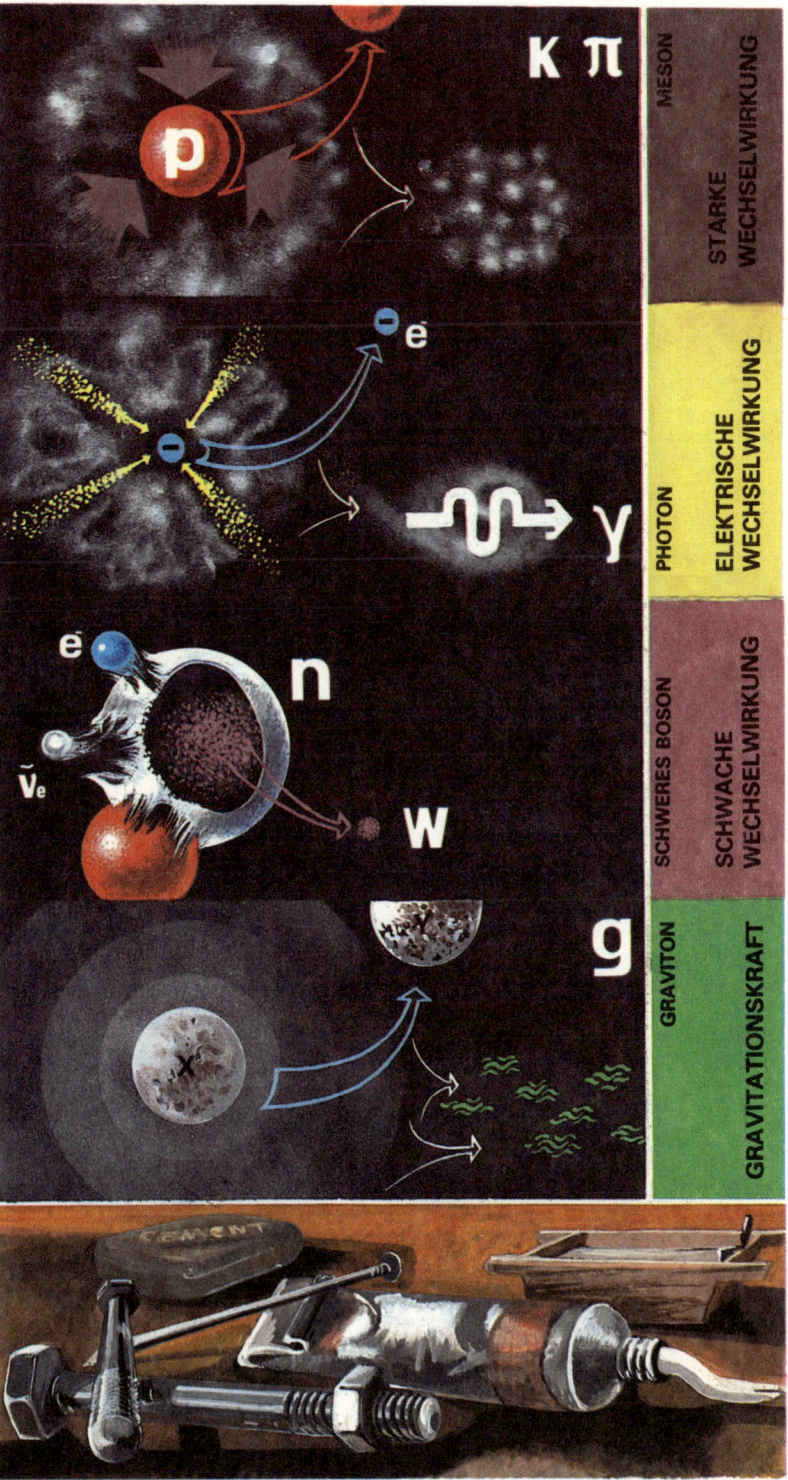

32 Das Bindeglied aller Systeme im Weltall sind die Grundkräfte (die Interaktionen). Auf dem Bild sind die einzelnen Feldteilchen (π, γ, W, g) der verschiedenen Interaktionen dargestellt

MESON

STARKE WECHSELWIRKUNG

PHOTON

ELEKTRISCHE WECHSELWIRKUNG

SCHWERES BOSON

SCHWACHE WECHSELWIRKUNG

GRAVITON

GRAVITATIONSKRAFT

32

hen wir jedoch, daß auch noch andere Teilchen und Antiteilchen elektrisch geladen sind. Ihre elektrische Ladung kann nur zwei Werte aufweisen, entweder $1,6 \cdot 10^{-19}$ Coulomb (z. B. die Ladung des Protons oder des Positrons) oder $-1,6 \cdot 10^{-19}$ Coulomb (z. B. die Ladung des Elektrons oder des Antiprotons). Bei gleicher Größe der Ladung kann die Ruhmasse stark variieren. Es ist beachtlich, mit welcher Genauigkeit die gleiche

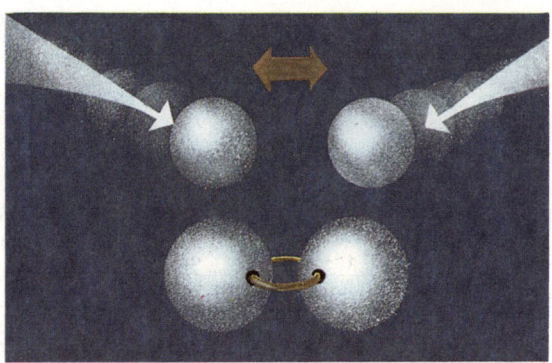

33

Elementarladung allen geladenen Teilchen ohne Rücksicht auf ihre Masse im Weltall zugeteilt ist.

Die Elektronen lassen sich von einem Körper auf andere übertragen. Wenn beispielsweise ein Glasstab auf einem Seidentuch gerieben wird, gehen die Elektronen in das Seidentuch über. Im Stab herrscht dann Elektronenmangel. Es sind in ihm mehr Protonen als Elektronen − er ist also positiv geladen. Das Seidentuch dagegen hat mehr Elektronen als Protonen − seine Ladung ist negativ. Wird jedoch das Tuch mit dem Glasstab berührt, so laufen die Elektronen zurück in den Stab, so daß jedes Proton wieder ein Elektron hat. Tuch und Glasstab sind daher wieder ladungslos (neutral).

Die elektrische Ladung des Elementarteilchens ist die Quelle elektrischer Kräfte und des elektrischen Feldes. Die geladenen Teilchen wirken aufeinander mit der elektrischen Kraft ein (Abb. 35). Wenn sie die gleiche Ladung haben, stoßen sie einander ab, bei entgegengesetzter Ladung ziehen sie einander an. Bewegt sich ein geladenes Teilchen, dann bildet es um sich herum ein Magnetfeld, in dem eine magnetische Kraft wirkt. Jede magnetische Kraft wird durch die Bewegung geladener Teilchen, gewöhnlich Elektronen, hervorgerufen (Abb. 36). Wenn wir ein geladenes Teilchen beschleunigen oder verlangsamen, sendet es Photonen

− Quanten des elektromagnetischen Feldes − aus. Der Strom der elektrisch geladenen Teilchen, z. B. der Elektronen in einem Kupferdraht, heißt elektrischer Strom.

Die elektrische Kraft ist sehr wichtig für den Aufbau der Dinge. Der positive Kern fesselt mit Hilfe elektrischer Kraft die negativen Elektronen an sich. Es entsteht das Atom. Die elektrische Kraft bindet die Atome aneinander und bildet so Moleküle,

34

35

aus den Molekülen Kristalle, Staubkörnchen und Wassertröpfchen ebenso wie lebende Organismen – von den einzelligen bis zum Menschen. Auch in größeren Körpern, z. B. in Felsen, Kometen, kleinen Planeten, in einem nicht zu großen Mond (bis 500 km) sind die Moleküle vor allem durch elektrische Kräfte aneinander gebunden. Ihre Form ist deshalb häufig unregelmäßig (Abb. 48). Die Moleküle ziehen einander zwar auch mit

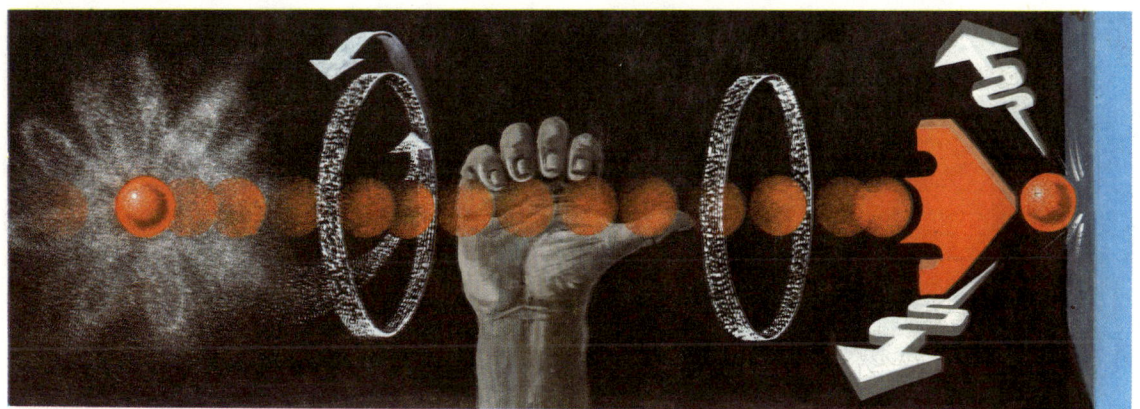

zwei Beispiele an, die als Beta-Radioaktivität bekannt sind.

Ein freies Neutron (n) zerfällt infolge der schwachen Wechselwirkung in drei Teilchen: in ein Proton (p), ein Elektron (e^-) und ein Antineutrino ($\tilde{\nu}_e$). Dieser Zerfall wird folgendermaßen ausgedrückt:

$$n \rightarrow p + e^- + \tilde{\nu}_e.$$

Die Elektronen hießen früher Beta-Teilchen, und deshalb heißt dieser Neutronen-

36 Entstehung des elektromagnetischen Feldes. Das geladene Teilchen (z. B. das Proton) ist von einem elektrischen Kraftfeld umgeben (nur beim Proton links als weiße Umgebung eingezeichnet). Beim Bewegen bildet sich ein Magnetfeld (nur durch zwei volle Kreislinien dargestellt). Wenn das geladene Teilchen aufgehalten wird, sendet es Photonen aus (rechts durch wellige Pfeile angezeigt)

der Gravitationskraft an, aber diese Kraft genügt bei diesen Körpern noch nicht dazu, ihnen Kugelform zu verleihen.

Die elektrische und die mit ihr zusammenhängende magnetische Kraft machen sich auf die verschiedenste Weise bemerkbar. Der Bau der Elektronenhülle im Atom, die Eigenschaften der Moleküle und die Bindung der Moleküle im Kristall, verschiedene chemische und physikalische Eigenschaften der Gase, Flüssigkeiten und festen Stoffe, Härte, Durchsichtigkeit bzw. Undurchsichtigkeit, Sinneseindrücke, Nervenerregungen, Gehirn- und Muskelarbeit und viele weitere Erscheinungen und Prozesse auf der Erde und im ganzen Weltall werden durch die elektrische Kraft zwischen dem Elektron und dem Proton hervorgerufen.

c) **Schwache Wechselwirkungen.** Während die Kernkraft auf die nächste Umgebung der Hadronen beschränkt ist, spielen sich schwache Wechselwirkungen im Innern der Teilchen ab. Ihre Reichweite (10^{-17} m) ist noch hundertmal kleiner als die Reichweite der Kernkräfte (10^{-15} m). Da die Größe der Teilchen bei 10^{-15} m liegt, ist offensichtlich, daß die schwache Wechselwirkung direkt in ihrem Zentrum verläuft.

Am bekanntesten sind solche schwachen Wechselwirkungen, bei denen Neutrinos und Antineutrinos entstehen. Wir führen hier

zerfall Beta-Zerfall (β^--Zerfall). Ein freies Neutron zerfällt auf diese Art in etwa 10 Minuten. Das Neutron in einem Atomkern kann dagegen im Bruchteil einer Sekunde oder aber in einer sehr langen Zeit, je nach der Kernart, zerfallen.

Einige radioaktive Kerne senden Positronen (β^+-Teilchen) aus. In solchen Kernen zerfällt durch schwache Wechselwirkung das Proton in ein Neutron (n), ein Positron (e^+) und ein Neutrino (ν_e):

$$p \rightarrow n + e^+ + \nu_e \text{ (nur im Kern)}.$$

Das einzelne (im Kern nicht gebundene) Proton kann nicht spontan zerfallen.

Im Kern jedoch kann das Proton zerfallen, denn dort erhält es die erforderliche Masse und Energie von den übrigen Nukleonen. Ein Beispiel für den Protonzerfall im Kern ist der Beta-Zerfall (oder genauer der β^+-Zerfall):

$$^{11}_{6}\text{C} \rightarrow {}^{11}_{5}\text{B} + e^+ + \nu_e.$$

C bedeutet den Kohlenstoffkern mit seinen 11 Nukleonen (obere Zahl), davon 6 Protonen (untere Zahl). B ist der Bor-Kern mit fünf Protonen und sechs Neutronen bzw. mit insgesamt elf Nukleonen. Im Beta-Zerfall des Kohlenstoffkerns verwandelte sich ein Proton durch schwache Wechselwirkung in ein Neutron, ein Positron und ein Neutrino.

Aber kehren wir zu den durch die schwache Wechselwirkung hervorgerufenen Verwandlungen zurück. Wir stellen fest, daß das Neutrino mit dem Symbol ν_e bezeichnet wird. Sein Antiteilchen, das Antineutrino, wird auf die gleiche Art bezeichnet, nur mit einer Linie über dem Symbol, das „Anti" bedeutet, also $\tilde{\nu}_e$. Diese Wellenlinie wird auch für andere Antiteilchen benutzt.

Beide Zerfallsprozesse sind ein gutes Beispiel für die Erhaltung der elektrischen,

eine am Positron), und die Summe der Leptonenladungen (-1 am Positron und $+1$ am Neutrino) ist gleich Null.

Und noch etwas ist erwähnenswert. Beim Zerfall des Neutrons bzw. des Protons entstanden ein Elektron bzw. ein Positron, und was sehr wichtig ist, auch ein Elektronneutrino bzw. ein Elektron-Antineutrino. In allen Fällen gilt, daß an der Entstehung und am Zerfall des Elektrons oder Positrons das

37 Neutronenzerfall (Beta-Zerfall)

38 Protonenzerfall durch schwache Interaktion, X bezeichnet die Teilchen individuell. Die elektrische Ladung Q und die Baryonenzahl N bleiben erhalten. Ebenso die Leptonenzahl L

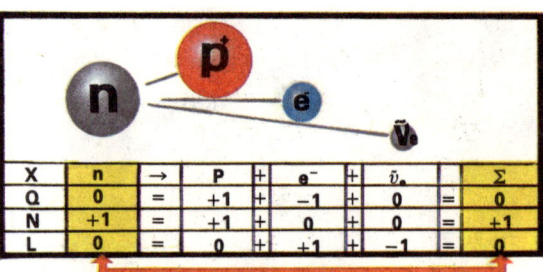

X	n	→	P	+	e⁻	+	$\tilde{\nu}_e$		Σ
Q	0	=	+1	+	−1	+	0	=	0
N	+1	=	+1	+	0	+	0	=	+1
L	0	=	0	+	+1	+	−1	=	0

37

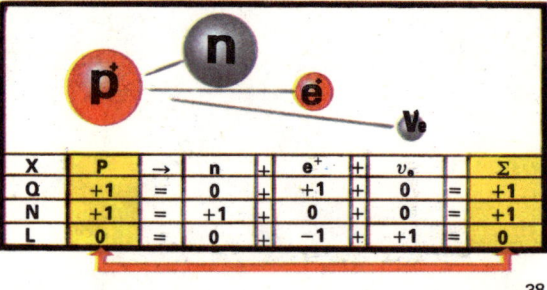

X	P	→	n	+	e⁺	+	ν_e		Σ
Q	+1	=	0	+	+1	+	0	=	+1
N	+1	=	+1	+	0	+	0	=	+1
L	0	=	0	+	−1	+	+1	=	0

38

der Baryonen- und der Leptonenladung. Das Neutron ist ladungslos, und die bei seinem Zerfall entstehenden Teilchen (die hinter dem Pfeil) haben die elektrische Ladung $+1$ (Proton p), -1 (Elektron e^-) und 0 (Antineutrino $\tilde{\nu}_e$). Die Summe der elektrischen Ladungen hinter dem Pfeil ist also gleich Null. Für den Zerfall des Protons gilt dasselbe Prinzip. Bei allen Umwandlungen im Weltall bleibt die Summe der elektrischen Ladungen immer streng gewahrt.

Das gleiche gilt auch für die Baryonen- und Leptonenladungen. Wir wissen, daß das Neutron und das Proton die Baryonenladung $+1$ und die Leptonenladung Null haben. Das Elektron und das Neutrino haben die Leptonenladung $+1$, während ihre Baryonenladung gleich Null ist. Beide Antileptonen $\tilde{\nu}$ (Antineutrino) und e^+ (Positron) sind elektrisch neutral, und ihre Leptonenladung ist -1. In beiden radioaktiven Zerfällen ist also die Baryonenladung vor dem Zerfall $+1$ und nach dem Zerfall gleichfalls $+1$. Auch die Leptonenladung ändert sich bei dem Zerfall nicht.

Alle drei Ladungen der Elementarteilchen bleiben natürlich auch beim Zerfall des Kohlenstoffkerns erhalten. Wir können uns leicht davon überzeugen, daß vor dem Pfeil elf Baryonenladungen, sechs positive elektrische und keine Leptonenladung stehen. Auch nach dem Zerfall sind elf Baryonenladungen (im Bor-Kern), sechs positive elektrische Ladungen (fünf im Bor-Kern und

Elektronneutrino bzw. das Elektron-Antineutrino beteiligt sind. Andererseits kommen bei der Entstehung oder beim Zerfall der Myonen (d. i. μ^- und μ^+) ein Neutretto und ein Antineutretto (d. i. ν_μ und $\tilde{\nu}_\mu$), das heißt Myonenneutrinos, vor.

Wir führen als Beispiel den Zerfall von π-Mesonen an:

$$\pi^- \rightarrow \mu^- + \tilde{\nu}_\mu$$
$$\pi^+ \rightarrow \mu^+ + \nu_\mu.$$

Die Leptonenladung bleibt bei diesen Verwandlungen erhalten, wie wir leicht feststellen können. Die π^- und π^+ − Mesonen haben keine Leptonenladung, die μ^- und ν_μ haben die Leptonenladung $+1$, während die μ^+ und $\tilde{\nu}_\mu$ Antileptonen sind; ihre Leptonenladung ist demnach -1.

Noch interessanter ist der Myonenzerfall. Bei ihm muß ein Neutretto oder ein Antineutretto vorkommen (ν_μ und $\tilde{\nu}_\mu$). Da durch den Zerfall ein Elektron oder ein Positron entsteht, müssen ein Elektronneutrino oder ein Elektron-Antineutrino (ν_e, $\tilde{\nu}_e$) vorhanden sein. Also:

$$\mu^- \rightarrow e^- + \tilde{\nu}_e + \nu_\mu$$
$$\mu^+ \rightarrow e^+ + \nu_e + \tilde{\nu}_\mu.$$

Auch hier können wir uns leicht von der Erhaltung der Leptonenladung beim Myonenzerfall überzeugen. Es bleibt sogar eine gesonderte Leptonenladung in der Elektronengruppe (e^-, e^+, ν_e, $\tilde{\nu}_e$) und unabhängig davon in der Myonengruppe (μ^-, μ^+, ν_μ, $\tilde{\nu}_\mu$) erhalten.

Alle vier Neutrinoarten entstehen auf der

Erde, in der Erdatmosphäre durch den π-Mesonen- und den Myonenzerfall in der kosmischen Strahlung, durch thermische Kernreaktionen in der Sonne und den übrigen Sternen, im glühenden Innern schwerer und superschwerer Sterne (S. 118), wie auch in den weiten Räumen zwischen den Sternen beim Aufeinandertreffen von kosmischer Strahlung und interstellaren Atomen.

Anderseits senden die aus Antiprotonen, Antineutronen und Positronen bestehenden Antisterne Elektron-Antineutrinos aus, denn in ihnen zerfallen die negativen Antiprotonen ($\bar{p}$) in Antineutronen ($\bar{n}$), Elektronen und Antineutrinos:

$$\bar{p} \rightarrow \bar{n} + e^- + \bar{\nu}_e.$$

Auch hier findet die Gültigkeit des Gesetzes der Erhaltung der elektrischen, der Baryonen- und der Leptonenladung ihre Bestätigung.

39 Zerfall der π⁻-Mesonen

40 Myonenzerfall

41 Zerfall der π⁺-Mesonen

42 Antiprotonenzerfall

X	π⁻	→	μ⁻	+	$\bar{\nu}_\mu$		Σ
Q	-1	→	-1	+	0	=	-1
N	0	→	0	+	0	=	0
L	0	→	+1	+	-1	=	0

39

X	π⁺	→	μ⁺	+	ν_μ		Σ
Q	+1	→	+1	+	0	=	+1
N	0	→	0	+	0	=	0
L	0	→	-1	+	+1	=	0

41

X	μ⁺	→	e⁺	+	$\bar{\nu}_\mu$	+	ν_e		Σ
Q	+1	→	+1	+	0	+	0	=	+1
N	0	→	0	+	0	+	0	=	0
L_μ	-1	→	0	+	-1	+	0	=	-1
L_e	0	→	-1	+	0	+	+1	=	0

40

X	$\bar{p}$	→	$\bar{n}$	+	$\bar{\nu}_e$	+	e⁻		Σ
Q	-1	→	0	+	0	+	-1	=	-1
N	-1	→	-1	+	0	+	0	=	-1
L	0	=	0	+	-1	+	+1	=	0

42

Wir führten einige Beispiele schwacher Wechselwirkungen (schwacher Kräfte) an, bei denen ein Neutrino entsteht. Einige andere Möglichkeiten lernen wir noch auf S. 118 kennen. Das Neutrino verhält sich zu allen übrigen Teilchen sehr passiv. Das ist sein Mangel und zugleich sein Vorzug. Sobald es einmal bei schwacher Wechselwirkung geboren wurde, fliegt es durch das Weltall, und sein eiliger Flug findet fast kein Ende. Es durchdringt Sterne, Planeten und Galaxien, ohne sie zur Kenntnis zu nehmen. Die Neutrinos sind deshalb unsere einzige Hoffnung, daß wir in Zukunft direkt das Innere der Sonne und der übrigen Sterne werden vergleichen können.

Wenn die Wissenschaftler genügend empfindliche Neutrino- und Antineutrino-Detektoren entwickelt haben, wird man feststellen können, wieviele Antisterne und Antigalaxien im Weltall vorhanden sind. Die Sterne aus gewöhnlichen Teilchen (Protonen, Elektronen und Neutronen) sind Quellen der Elektronneutrinos, da die Protonen in ihnen in Neutronen (Abb. 38) zerfallen.

Das Photon kann uns niemals verraten, ob es aus einem Stern oder einem Antistern kommt, denn die von einem Stern ausgestrahlten Photonen gleichen denen des Antisterns. Das Photon und das Antiphoton sind nämlich absolut identische Teilchen. Nur die Neutrinos und die Antineutrinos zeigen an, ob wir einen Stern oder einen Antistern beobachten.

d) **Die Gravitationskraft** wirkt zwischen allen Teilchen. Mit ihr sind auch alle Antiteilchen ausgestattet. Immer ist es eine Anziehungskraft. Unter den Bedingungen der Mikrowelt ist die Gravitationskraft ungemein schwach (etwa 10^{40} mal schwächer als die Kernkraft). Deshalb ist sie weder am Bau der Atomkerne und der Moleküle noch der Gesteine und lebenden Organismen beteiligt. Erst beim Bau der Planeten, der Sterne und überhaupt aller jener Himmelskörper, die aus mehr als 10^{46} Elementarteilchen bestehen, spielt sie eine wichtige Rolle. Jene Körper haben Durchmesser von rund

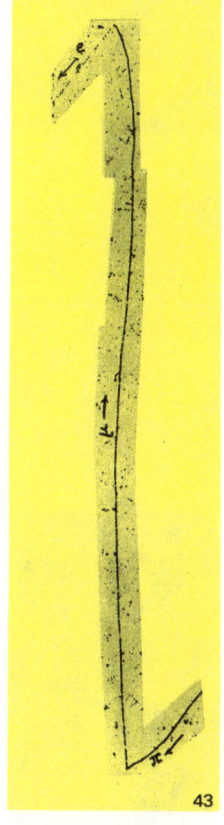

43

43 Das π⁻-Meson zerfiel unten in ein μ⁻ (Bahn herauf) und in ein Antineutretto $\bar{\nu}_\mu$. Oben zerfiel μ⁻ in ein Elektron e⁻, ein Neutretto ν_μ und ein Antineutrino $\bar{\nu}_e$. Diese Teilchen sind elektrisch nicht geladen und hinterließen in der fotografischen Emulsion keine Spur. (Eine alte Aufnahme, noch ohne Hilfe des Magnetfeldes. Daher ist die Ladung der Teilchen nicht erkennbar. Analogisch würde beim Zerfall von π⁺ das Teilchen e⁺ entstehen)

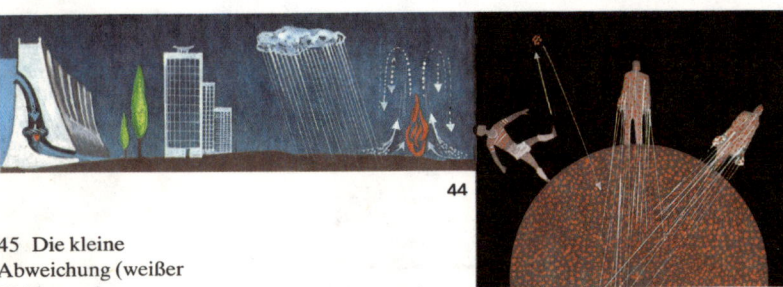

44

46

500 km oder mehr. Jedes Teilchen im Körper zieht alle übrigen Teilchen durch die Gravitation an (Eigengravitation des Körpers). Die Eigengravitation des Körpers ist bestrebt, dem Körper Kugelform zu verleihen. Bei kleineren Körpern, die aus 10^{45} oder weniger Teilchen bestehen und Dutzende Kilometer Durchmesser haben, genügt die Eigengravitation nicht, den kristallinen Bau des Körpers zu zerstören. Bei größeren

45

Körpern als 500 km Durchmesser überwindet die Eigengravitation die elektrische Kraft in den Kristallen, der feste Stoff im Inneren wird nachgiebig, und der Körper nimmt Kugelform an. Deshalb ist der Mond (Durchmesser 3 476 km) eine Kugel, während die kleinen Planeten und kleinen Monde (z.B. die Marsmonde Phobos und Deimos) unregelmäßige Felsen sind.

Die Gravitation ist die verbreitetste Kraft, denn sie wirkt zwischen je zwei beliebigen Teilchen. Auf der Erde nennt man sie Schwerkraft. Sie hält uns alle auf der Erdoberfläche fest. Wenn es keine Schwerkraft gäbe, würden wir in den Weltraum wegfliegen. Aber jedes Teilchen der Erde — es gibt ihrer etwa 10^{51} — zieht jedes Teilchen unseres Körpers — etwa 10^{29} — an. Es sind dies insgesamt 10^{80} sehr schwache Kräfte, die verursachen, daß wir von der Erde angezogen werden (Abb. 44).

Auf der Erde ist die Gravitation eine sehr wichtige Kraft. Ohne sie gäbe es keine Bewegungen auf der Erdoberfläche. Die erwärmte Luft ist leicht und steigt nach oben. An ihre Stelle strömt kalte schwere Luft. Es entsteht Wind. In der aufsteigenden Luft schlägt sich der Wasserdampf in Tröpfchenform nieder und bildet Wolken. Die Tröpfchen verbinden sich zu größeren Tropfen, die dann als Regen auf die Erde fallen. Da auf den Regentropfen die Gravitationskraft der Erde wirkt, fallen die Tropfen auf die Erde, bilden Bäche und Ströme, die in die Meere fließen, da auch sie von der Erde angezogen werden.

Ohne Gravitation könnte das Feuer nicht brennen, denn die heiße Luft würde nicht aufsteigen („hinauf" bedeutet gegen die Schwerkraft, „herunter" in Richtung der Schwerkraft). Anstelle der heißen Luft strömt in das Feuer schwere, kühle und, was sehr wichtig ist, sauerstoffreiche Luft, so daß das Feuer weiter brennen kann.

Sie haben sicher schon beobachtet, daß die Maurer die Wände eines Hauses mit dem Senkblei bauen. Es ist ein an einer Schnur befestigtes Gewicht, das die Richtung der Schwerkraft genau anzeigt. Aber schon lange vorher lehrte die Natur die Pflanzen, in Richtung des Schwerefeldes der Erde zu wachsen (diese Reaktion der Pflanzen heißt Geotropismus). Dem Menschen hat die Natur ins Innenohr (Labyrinth) winzige Kristalle gesetzt, die ihm helfen zu gehen und — in der Richtung der Schwerkraft — aufrecht zu stehen.

Der Genauigkeit wegen sei noch hinzugefügt, daß ein kleiner Unterschied zwischen der Erdgravitation und der Schwerkraft besteht. Wenn sich die Erde nicht drehen

34

würde, wären Erdgravitation und Schwerkraft ganz gleich. Da sich die Erde aber dreht, entsteht eine schwache Zentrifugalkraft, die von der Gravitation substrahiert werden muß. Diese Abweichung ist so klein, daß sie von unseren Sinnen nicht wahrgenommen werden kann.

Im Weltraum ist die Gravitation die wichtigste Kraft. Sie formte aus den formlosen Gaswolken Galaxien, Sterne, Planeten und große Monde und verlieh ihnen regelmäßige Formen (Kap. III). Die Gravitation erwärmte die entstehenden Sterne, so daß in ihnen die thermischen Kernreaktionen verlaufen konnten. Der Umlauf der Planeten und Kometen um die Sonne, die Bewegung der Monde um ihre Planeten, der Flug der künstlichen Erdsatelliten und der Raumsonden, all das wird durch die Gravitation bestimmt. Der Umlauf des Sonnensystems, der Sterne, aller interstellaren Materie und der Sternhaufen um das Zentrum unserer

beider Körper (Abb. 46). Das Newtonsche Gesetz ermöglicht uns, die Masse der Sonne und anderer Himmelskörper zu bestimmen.

Die allgemeine Relativitätstheorie erklärt die Gravitation als Krümmung des Raumes um die Körper. Da die Erde verhältnismäßig massearm und der Raum um sie nur unbedeutend gekrümmt ist, läßt sich das zitierte Newtonsche Gravitationsgesetz gut anwenden.

47

47 In einem ebenen Raum (in der Ebene) bewegen sich zwei zweidimensionale Gestalten parallel. Auf der Oberfläche einer Kugel bewegen sie sich anfangs gleichfalls parallel (vom Äquator längs der Meridiane), später nähern sie sich jedoch immer mehr, als ob zwischen ihnen die Anziehungskraft wirken würde. Ähnlich läßt sich die Raumkrümmung durch die Gravitation erklären

500 km

48

48 Kleine Körper werden durch die elektromagnetische Kraft, große Körper durch die Eigengravitation zusammengehalten

Galaxie, sind die Folge der Gravitationskraft, die alle Elementarteilchen (ihre Zahl bewegt sich um 10^{69}) anzieht, aus denen die Milchstraße aufgebaut ist.

wobei $G = 6{,}67 \cdot 10^{-11} \, \text{Nm}^2 \, \text{kg}^{-2}$.

Der erste, der die Gravitationskraft genau berechnete, war Isaac Newton. Stellen wir uns zwei Körper mit den Massen m_1 und m_2 Kilogramm vor, die voneinander r Meter entfernt sind. Nach dem Newtonschen Gravitationsgesetz ziehen zwei Körper einander mit der Kraft F an. Für sie gilt:

$$F = G \cdot \frac{m_1 \cdot m_2}{r^2}.$$

Gemäß dem Newtonschen Gesetz ist die Gravitationskraft proportional dem Produkt der Massen beider Körper und indirekt proportional dem Quadrat ihrer Entfernung. Die auf den anderen Körper einwirkende Kraft ist gleich jener Kraft, mit der dieser Körper den ersten anzieht. Beide Kräfte wirken in Richtung der Verbindungsgerade

Die Gravitation beeinflußt in entscheidendem Maß den Aufbau der großen Körper und ihrer Systeme sowie ihre Entwicklung. Sie entschied über die Entstehung der Supergalaxien, der Galaxien und der Sterne. Im Kapitel über die Entwicklung des Weltalls erfahren wir, daß die Gravitation auch das Ende der Sterne bewirkt. In ihren Händen liegt das Schicksal des ganzen Weltalls. Die Gravitation verlangsamt nämlich seine Ausdehnung, bis sie sie ganz anhält. Infolge der Gravitations-Anziehungskraft zwischen allen Galaxien tritt aber danach eine Schrumpfung des Weltalls ein, die bis zum „Großen Zusammenbruch" führen wird, in dem alle Galaxien, Sterne, Planeten und Monde sowie alle Moleküle, Atome und Atomkerne untergehen. Unter riesigen Drücken und Temperaturen wird ein völliger Zerfall aller Dinge in die einzelnen Elementarteilchen (Kap. III) das Ende des Weltalls herbeiführen.

Abschließend fassen wir die wichtigsten Erkenntnisse über die Kräfte zwischen den einzelnen Teilchen nochmals zusammen. In der Teilchenmitte herrscht schwache Wechselwirkung, die den Zerfall der Teilchen verursacht. Dabei entstehen Neutrinos aller vier Arten. Die Kernkraft (oder starke Wechselwirkung) fesselt die Hadronen aneinander. Sie bildet aus den Protonen und den Neutronen Atomkerne. Die Kernkraft wirkt zwar nur in nächster Umgebung der Hadronen (Baryonen und Mesonen), ist aber sehr mächtig.

Die Quelle elektrischer Kraft ist die elektrische Ladung der Teilchen. Die elektrische Kraft verbindet die Kerne und die Elektronen zu Atomen, die Atome zu Molekülen, die Moleküle zu Kristallen, Felsen und kleineren Himmelskörpern mit bis ca. 500 km Durchmesser. In der Biosphäre bildet die elektrische Kraft Organellen, Zellen, Organe und Organismen. Die schwache Wechselwirkung wirkt nur auf eine ungemein kleine Entfernung in der Teilchenmitte (10^{-17} m), die starke Wechselwirkung (Kernkraft) dagegen auf eine Entfernung von einem Fermi (10^{-15} m), und dabei entstehen Atomkerne. Die elektrische Kraft bildet Systeme von den Atomen bis zu kleinen Planeten und kleinen Monden – von 10^{-10} m (ein Zehnmillionstelmillimeter) bis zu fünfhundert Kilometern (oder, mit anderen Worten, von einem System, bestehend aus zwei Teilchen, bis zu Systemen von 10^{46} Teilchen in kleinen Planeten und Monden).

Für eine größere Teilchenzahl als 10^{46} ist die vorherrschende Kraft die Gravitation. Die Struktur der großen Planeten (z. B. der Erde mit 10^{51} Teilchen), der Sterne und ihrer Systeme im Weltall ist ausschließlich von der Gravitationskraft abhängig und beherrscht.

Energie

Die Energie ist eine sehr wichtige Eigenschaft der Elementarteilchen. Jedes Teilchen und jedes Antiteilchen enthält Energie, die es verlieren kann, indem es sie an andere Teilchen abgibt. Anderseits können sich Teilchen auch mit Energie anreichern, die sie von anderen Teilchen übernehmen. Darin unterscheidet sich die Energie von den anderen Eigenschaften, die unverändert bleiben. Die Energie eines Elementarteilchens ist abhängig von seiner Ruhmasse m_o (sog. Ruheenergie der Teilchen), von der Geschwindigkeit, mit der sich das Teilchen gegenüber seiner Umgebung bewegt (kinetische Energie) und gleichfalls davon, ob das Teilchen frei ist oder zu einem System gehört (Bindungsenergie).

Auf Abb. 14 (links) ist bei jedem Teilchen seine Ruheenergie $m_o c^2$ in MeV angeführt. So ist die Ruheenergie des Elektrons $m_e c^2 = 0,51$ MeV, die des Protons $m_p c^2$ dann 938,25 MeV usw. Zu den bahnbrechenden Erkenntnissen unseres Jahrhunderts zählt die Entdeckung, daß die Teilchen mit Ruhmasse m_o die Energie $m_o c^2$ haben. Da m_o die Ruhmasse der Teilchen ist, nennen wir auch die Energie $m_o c^2$ Ruheenergie.

Die Zahl c^2 ist riesig groß. Sie stellt das Quadrat der Lichtgeschwindigkeit dar. Die Lichtgeschwindigkeit c (300 000 000 m/s) ist die größtmögliche Geschwindigkeit überhaupt. Ein Teilchen mit einer beliebigen Ruhmasse kann sich nicht mit einer solchen Geschwindigkeit bewegen. Nur die Photonen ohne Ruhmasse bewegen sich mit dieser Geschwindigkeit. Das Quadrat der Lichtgeschwindigkeit bedeutet, daß wir die Lichtgeschwindigkeit mit ihr selbst multiplizieren, also $c^2 = 90\ 000\ 000\ 000\ 000\ 000$ m²/s² $= 9 \cdot 10^{16}$ m²/s². Für die Beziehung zwischen der Masse des Teilchens und seiner Energie gilt:

$$E_o = m_o c^2$$

wobei m_o die Ruhmasse des Teilchens in Kilogramm bedeutet und c^2 gleich $9 \cdot 10^{16}$ m²/s² ist. Wenn wir mit m_o das Teilchen in Kilogramm ausdrücken, erhalten wir seine Ruheenergie in Joule (J). Ist m_o in Gramm und c^2 als $9 \cdot 10^{20}$ cm²/s² angegeben, dann erhalten wir die Teilchenenergie in erg. Am häufigsten jedoch wird die Teilchenenergie in Elektronenvolt (1 eV = $1,6 \cdot 10^{-12}$ erg) oder in Megaelektronenvolt (1 MeV $= 1,6 \cdot 10^{-6}$ erg) ausgedrückt. (1 eV $= 1,6 \cdot 10^{-19}$ J, 1 MeV $= 1,6 \cdot 10^{-13}$ J, 1 erg $= 10^{-7}$ J).

Als Beispiel für die Gleichung $E_o = m_o c^2$ können wir die Ruheenergie des Elektrons $m_e c^2$ und die Ruheenergie des Protons $m_p c^2$ errechnen. Ihre Ruhmassen m_e und m_p haben wir schon angeführt. Nach ihrer Multiplizierung mit dem Quadrat der Lichtgeschwindigkeit erhalten wir 0,5 MeV für die Ruheenergie des Elektrons und 938,26 MeV für die Ruheenergie des Protons.

Die Ruhenergie des Photons ist gleich Null, denn auch seine Ruhmasse ist gleich Null.

Vom Neutrino wissen wir einstweilen nur, daß seine Ruhenergie, die wir heute noch nicht bestimmen können, ganz gering, ja vielleicht sogar Null ist. Wenn das zutrifft, würde sich das Neutrino ebenso wie das Photon mit Lichtgeschwindigkeit fortbewegen. Aber das wissen wir heute noch nicht. Die Ruhenergie der Antiteilchen ist immer gleich der Ruhenergie der entsprechenden Teilchen.

Ein Teilchen kann Energie von den es umgebenden Teilchen übernehmen. Wird es beschleunigt, gewinnt es kinetische Energie (Abb. 49). Die gesamte Energie des Teilchens besteht dann aus der Ruhenergie und der kinetischen Energie, oder anders ausgedrückt:

$$E = m_0 c^2 + 1/2\, m_0 v^2.$$

Hier bedeutet v die Geschwindigkeit, mit der sich das Teilchen relativ zu seiner Umgebung fortbewegt. Je schneller diese Bewegung ist, um so größer ist auch die kinetische Energie und somit auch die Gesamtenergie des Teilchens.

Jene Teilchen, die sich sehr schnell fortbewegen (ihre Geschwindigkeit ist höher als 100 000 km/s), heißen relativistische Teilchen. Die Gesamtenergie der relativistischen Teilchen ist größer als der oben angeführte Ausdruck angibt. Die spezielle Relativitätstheorie hat statt dessen einen genauen Ausdruck für die Gesamtenergie der Teilchen eingeführt:

$$E = \frac{m_0\, c^2}{\sqrt{1 - \dfrac{v^2}{c^2}}} = \frac{m_0}{\sqrt{1 - \dfrac{v^2}{c^2}}} \cdot c^2 = mc^2$$

Aus den letzten beiden Gliedern sehen wir, daß die Masse m des Teilchens von seiner Geschwindigkeit v abhängig ist. Die kleinste Masse hat das Teilchen in Ruhe; seine Geschwindigkeit ist v = 0 und seine Masse m_0 (Ruhmasse). Die Masse (m) und die Gesamtenergie der Teilchen (E) sind um so größer, je schneller sich das Teilchen fortbewegt. Je größer v ist, um so mehr nähert sich der Bruch v^2/c^2 dem Wert 1. Der Unterschied $1 - \dfrac{v^2}{c^2}$ und deshalb auch der ganze Nenner $\sqrt{1 - \dfrac{v^2}{c^2}}$ nähern sich Null. Dies bedeutet jedoch, daß der Bruch hohe Werte

annimmt, denn in seinem Zähler steht die konstante Größe m_0. Je näher die Geschwindigkeit v der Lichtgeschwindigkeit c ist, um so mehr nähern sich die Masse und die Gesamtenergie des Teilchens dem Unendlichen. Um das Teilchen bis auf Lichtgeschwindigkeit zu beschleunigen, wäre eine unendlich große Energie erforderlich. Die steht jedoch im ganzen bekannten Weltall

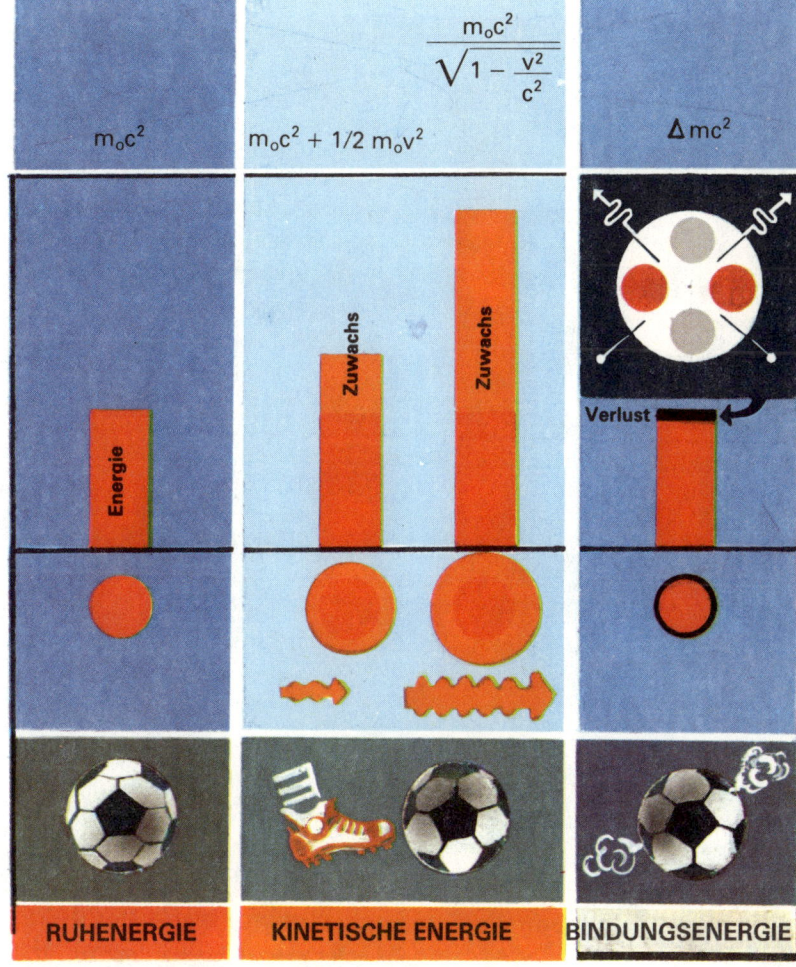

RUHENERGIE   KINETISCHE ENERGIE   BINDUNGSENERGIE

49

49 Die Teilchen in Ruhe besitzen nur Ruhenergie, die ihre Fundamentalenergie darstellt. Bei Bewegung sind sie um die kinetische Energie reicher. Im System dagegen sind sie um die Bindungsenergie ärmer

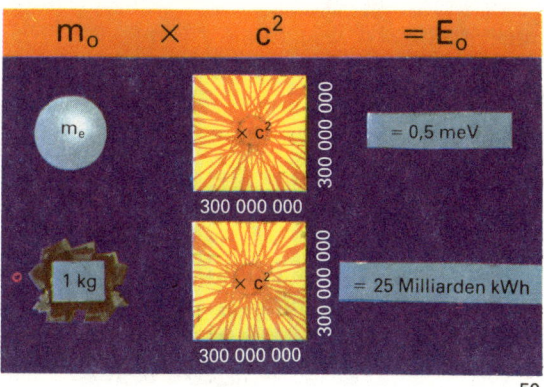

50

50 Die Masse m_0 multipliziert mit dem Quadrat der Lichtgeschwindigkeit (c^2), ergibt die Ruhenergie

nicht zur Verfügung. Deshalb können sich die Teilchen nicht mit Lichtgeschwindigkeit fortbewegen. Das gilt für alle Teilchen mit irgendeiner Ruhmasse.

Die kinetische Energie bedeutet also Massenzunahme des Elementarteilchens. Wir berechnen sie, indem wir von der Gesamtenergie des Teilchens seine Ruhenergie m_0c^2 abziehen (Abb. 49). Wenn die Geschwindig-

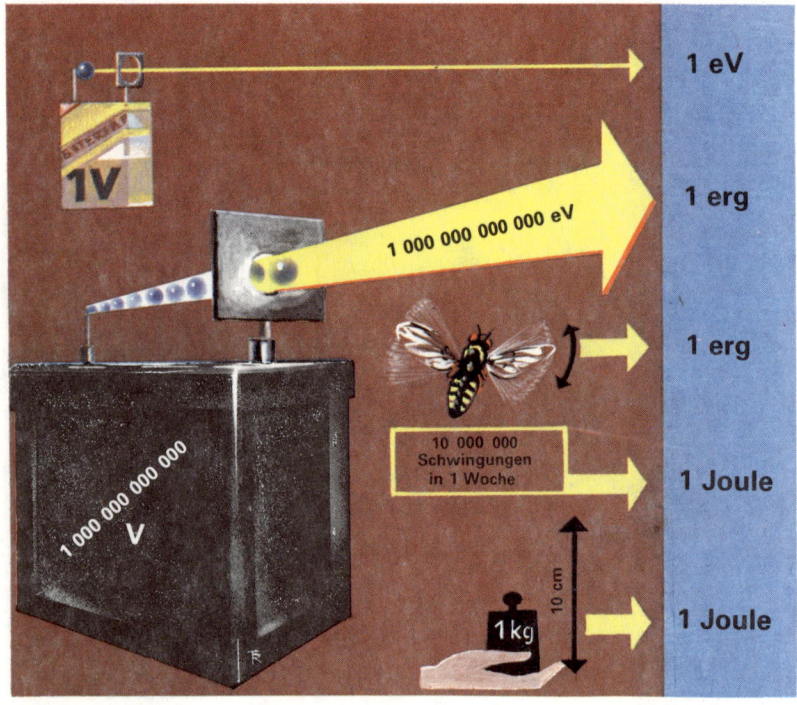

51

keit des Teilchens klein ist, dann ist ihre kinetische Energie $1/2\ m_0v^2$.

Das Teilchen übernimmt von den übrigen Teilchen auf verschiedene Arten Energie: durch Zusammenstoß, durch das elektrische Feld (z. B. in der Röntgenröhre), im Gravitationfeld (z. B. durch freien Fall), im veränderlichen Magnetfeld, im Teilchenbeschleuniger (Abb. 16, 17), bei der Explosion einer Supernova (S. 118), in Pulsaren (Kap. III), bei Zusammenstößen des Teilchens mit einer Sternwolke (sog. Fermimechanismus), bei radioaktivem Zerfall usw.

Bindungsenergie. Wir sprachen davon, wie das Teilchen seine Energie vergrößert. Das Teilchen kann aber auch seine Ruhenergie verkleinern, es kann sie abgeben. Dabei verringert sich natürlich die Masse des Teilchens. Das Teilchen verliert an Masse und somit gleichfalls an Ruhenergie. Wir nennen dieses „Abmagern" Massendefekt und den Ruhenergieverlust Bindungsenergie des

Teilchens. Das Teilchen gibt sie an seine Umgebung ab. Es ist also eine Energie, die aus dem Teilchen freigesetzt werden kann.

Einen Teil seiner Ruhenergie m_0c^2 gibt das Elementarteilchen dann frei, wenn es mit anderen Teilchen ein System (z. B. einen Atomkern, ein Atom, ein Molekül usw.) bildet. Das freie Teilchen muß „Eintrittsgeld" bezahlen, damit es in das System aufgenommen wird. Dieses „Eintrittsgeld" kann das Teilchen jedoch nur von seiner Ruhenergie, bzw. von seiner Ruhmasse, abgeben. Dies bedeutet, daß die zwischen den Elementarteilchen wirkenden Kräfte aus diesen einen Teil der Ruhenergie freisetzen können. Wie groß dieser Teil ist, hängt davon ab, ob es sich um Kernkräfte, elektrische Kräfte oder Gravitationskräfte handelt.

Jedes Kilogramm eines Stoffes, z. B. Kohle, Erdöl oder Uran hat die Ruhenergie

$$E_0 = 1\ kg \cdot 9 \cdot 10^{16}\ m^2/s^2 = 9 \cdot 10^{16}\ J$$
$$= 25\ 000\ 000\ 000\ kWh.$$

Diese riesige Ruhenergie in einem Kilogramm eines beliebigen Stoffes vermochte der Mensch bisher nur zu einem ganz geringen Teil, und zwar mit Hilfe von elektrischen, Kern- und Gravitationskräften, freizusetzen. Wie machen die einzelnen Kräfte die Energie aus den Stoffen frei?

Jede chemische Reaktion bedeutet eine Umgruppierung der Atome in den Molekülen. Sie wird durch die elektrischen Kräfte zwischen den Atomen hervorgerufen. Die chemische Hauptreaktion für alles Lebende ist die Oxydation. Durch die Atmung nimmt der Organismus Sauerstoff aus der Luft auf. In der Nahrung erhält er in organischen Molekülen gebundenen Kohlenstoff und Wasserstoff (Zucker, Eiweißstoffe u. a.). Bei der Oxydation des Kohlenstoffes und des Wasserstoffes wird die für alle Lebensprozesse im Organismus notwendige Energie frei. Ähnlich bedeutet die Verbrennung (Oxydation) von Kohle, Benzin, Holz und anderen Brennstoffen einstweilen die Hauptmöglichkeit, aus diesen Stoffen Energie zu gewinnen. Diese Art ist jedoch sehr wenig wirksam, weil dabei nicht einmal ein Milliardstel (10^{-9}) Ruhenergie des Stoffes frei wird. So werden aus 1 kg Kohle etwa 5000 kcal Wärme, also ungefähr 5 kWh Energie, frei. Da jedoch, wie schon gesagt, in 1 kg jedes Stoffes − also auch in der Kohle − insgesamt 25 Milliarden kWh enthalten sind, wird durch Verbrennung weniger als ein Milliardstel der Ruhenergie genutzt, und die ganze übrige Ruhenergie bleibt in der Asche und im Rauch zurück. Die Verbrennung, die heute die Hauptenergiequelle der Menschheit darstellt, ist somit eine sehr unwirksame Art, Energie aus einem Stoff freizusetzen. Sehr wenig wirksam sind auch die anderen Verfahren, wo elektrische Kräfte am Werk sind (z. B. die Verbindung der Elektronen mit den Kernen oder die Verbindung der Moleküle in den Kristallen).

Die Kernkräfte sind viel mächtiger als die elektrischen Kräfte. Sie bringen es zuwege, aus einem Stoff mehrere Millionen Mal größere Energiemengen freizusetzen als die elektrischen Kräfte. In einem Kernkraftwerk setzen Kernkräfte etwa ein Tausendstel der Ruhenergie des Urans frei. Den Sternen gelingt das noch besser als dem Menschen. Bei der Umwandlung des Wasserstoffes zu Eisen, die sich im Innern der schweren Sterne abspielt, wird fast ein Prozent der Ruhenergie des Wasserstoffes frei.

Die Sonne gibt Energie nach einem ähnlichen Prinzip frei, wie das, auf dem die Wasserstoffbombe beruht. Der Unterschied besteht darin, daß die Sonne das weit vollendeter, reiner und ausschließlich zur Erhaltung des Lebens tut, nicht aber, um es zu zerstören.

Bei der Freigabe von Energie kann auch die Gravitationskraft sehr wirksam sein. Allerdings trifft das nur für Himmelskörper mit ungeheurer Masse zu (z. B. schwere Sterne, kompakte Kerne von Galaxien u. ä.). Dort vermag die Gravitationskraft aus dem Stoff bis die Hälfte seiner Ruhenergie „herauszuquetschen". Die Erde ist ein verhältnismäßig kleiner Körper, deshalb kann aus ihr keine große Energie mit Hilfe der Gravitation gewonnen werden.

Auf dem Bild 52 ist noch ein anderer Prozeß veranschaulicht, bei dem der Stoff seine gesamte Ruhenergie freigibt. Es ist die Annihilation der Teilchen mit den Antiteilchen bzw. der Materie mit der Antimaterie. Die Annihilation kam in großem Maß in den Anfangsstadien des Weltalls vor. Das nächstfolgende Kapitel behandelt eingehend die Annihilation und den entgegengesetzten Prozeß, die Materialisierung der Teilchen und der Antiteilchen aus der Energie.

Wir sprachen bisher über die Energie der

Teilchen mit Ruhenergie und Ruhmasse. Ein Photon ist niemals in Ruhe, und hat keine Ruhenergie. Seine Energie ist nur von der Frequenz abhängig. Je höher diese Frequenz ist, um so größer ist seine Energie. Wenn wir die Schwingungsfrequenz des Photons mit dem griechischen Buchstaben ν (Ny) und die Energie des Photons mit E bezeichnen, dann gilt die Beziehung

$$E = h\nu,$$

52 Freisetzung der Ruhenergie durch elektrische, Kern- und Gravitationskraft sowie durch Annihilation. Links in Prozenten die Menge der freigewordenen Ruhenergie, rechts der ungenutzte Rest

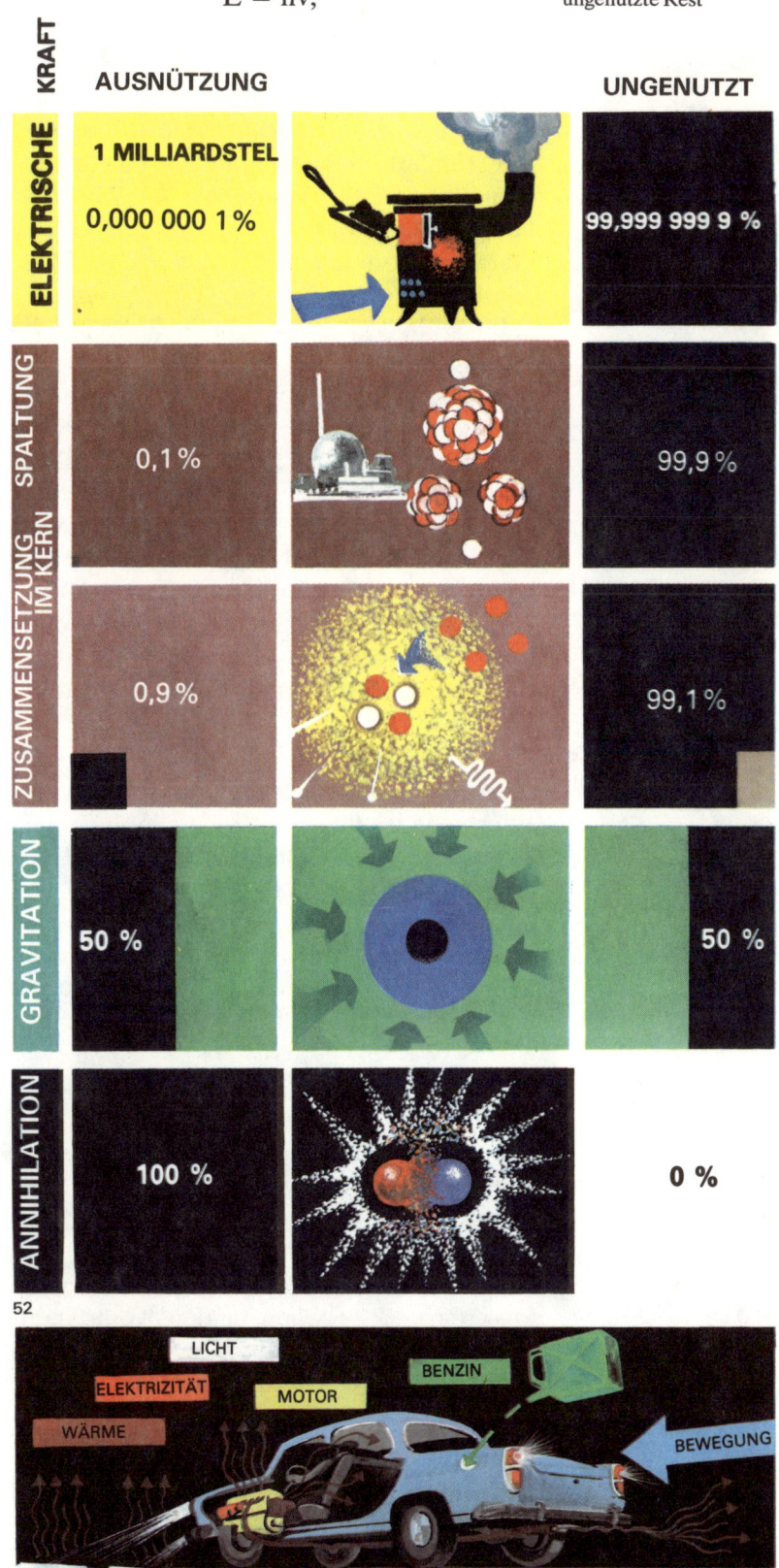

52

53

wo das Formelzeichen h die Plancksche Konstante bedeutet. Sie hat den Wert $6,6 \cdot 10^{-34}$ Js $(= 6,6 \cdot 10^{-27}$ erg s$)$. Während die Frequenz verschiedene Größen haben kann, ist die Größe h immer konstant. Sie wurde nach dem deutschen Physiker Max Planck benannt, der sie entdeckte. Für das Weltall ist sie sehr wichtig. Mit ihrer Hilfe wird die Energie von Photonen mit verschiedener Frequenz errechnet. So z. B. hat Radiostrahlung mit einer Frequenz von 150 Kilohertz Photonen mit einer Energie von $6 \cdot 10^{-10}$ eV, während die Photonen der Röntgenstrahlung eine Energie von mehreren Hundert bis mehreren Tausend Elektronenvolt aufweisen. Die größte Energie überhaupt stellten die Wissenschaftler bei den Gamma-Photonen aus dem Weltall fest, nämlich 10^{17} eV.

Im Weltall gibt es viel mehr Photonen als Teilchen mit Ruhenergie (Protonen, Elektronen und Neutronen). (Anstatt „Elementarteilchen mit Ruhenergie" heißt es im weiteren Text kurz „Teilchen". Obwohl das Photon gleichfalls ein Elementarteilchen, allerdings ohne Ruhenergie ist, werden wir der Einfachheit halber im Text jetzt nur mehr von Photonen und von Teilchen sprechen.) Auf ein Teilchen entfallen im Weltall etwa zwei Milliarden Photonen. Es sind in der Mehrzahl Photonen mit Energien von 10^{-4} eV bis 10^{-3} eV, also sog. fossile Photonen. Mit der Expansion des Weltalls sinkt die Frequenz und somit auch die Energie jedes Photons. Irgendeinmal in den Uranfängen des Weltalls (im sog. Big Bang oder Urknall) hatten die Photonen eine weit größere Energie – viele Milliarden und Millionen Elektronenvolt – als die Teilchen. Diese Übermacht der Photonen dauerte etwa 300 000 Jahre.

Das Weltall besteht aus Teilchen und Photonen. Wir sprechen jetzt von der Photonen- und der Teilchenkomponente des Weltalls. Zwischen beiden findet ein ununterbrochener Energieaustausch statt. Ein Stoff strahlt z. B. ständig Photonen aus, verschluckt sie aber auch gleichzeitig – er absorbiert sie. Ein anderer Energieaustauschprozeß zwischen beiden Komponenten ist die Annihilation bzw. Materialisierung, über die wir im nächsten Kapitel sprechen werden. Wie immer sich die Energieumwandlungen im Weltall vollziehen, Energie kann weder verschwinden noch aus dem Nichts heraus entstehen. Die Energie ändert nur ihre Form, aber ihre Menge bleibt unverändert. Diese wichtige Erkenntnis heißt **Energieerhaltungssatz.**

Die Energie spielt bei jeder Veränderung im Weltall eine wichtige Rolle. Sie ändert ständig ihre Form: Beim Verbrennen des Kraftstoffgemisches im Kraftfahrzeug wird ein geringer Teil der Ruhenergie des Gemisches in Wärme verwandelt, d. i. die Bewegung der Teilchen. Die Wärme wird mit Hilfe der Kolben in kinetische Energie des Kraftwagens umgesetzt. Im Drehstromgenerator wird aus der kinetischen elektrische Energie und in den Lampen der Scheinwerfer aus der elektrischen Energie Photonenenergie, also Licht. Das Licht wird von der Fahrbahn absorbiert und verwandelt sich in Wärme – in kinetische Energie der Teilchen dieser Fahrbahn. Und so könnten wir das Spiel fortsetzen.

Das Energieerhaltungsgesetz sagt, daß jede Energie um uns aus einer anderen entstanden ist: unsere Körperwärme und die Arbeit unserer Muskeln sind umgesetzte chemische Energie, die wir mit der Nahrung aufgenommen haben (Kap. X). Die Energie in der Nahrung hat ihren Ursprung in der Sonne und wurde durch Photosynthese von den grünen Pflanzen festgehalten. Die Sonnenstrahlung erhielt ihre Energie aus der Ruhenergie der Protonen im Innern der Sonne. Dort wird sie durch die zwischen den Protonen wirkenden Kernkräfte frei (mehr S. 130). Die Ruhenergie ist in den Protonen aus den Uranfängen des Weltalls gelagert. So könnten wir die Geschichte jeder Energie auf der Erde und außerhalb der Erde wiedergeben. In jedem Fall ist sie sehr spannend und eng verbunden mit der Entstehung und Entwicklung des Weltalls.

Annihilation und Materialisierung der Teilchen

Das Proton und das Elektron sind stabile Teilchen. Ebenso wie das Antiproton und das Positron (Antielektron) zerfallen auch sie nicht, im Unterschied zu den meisten Antiteilchen, die in kürzester Zeit von allein zerfallen.

Die einzige Art, wie ein Proton und ein Elektron vernichtet werden können, kommt beim Zusammenstoß mit einem Antiproton oder Positron vor. Es kommt zu einer Annihilation, bei der sich beide Teilchen in Gamma-Photonen verwandeln. Das lateinische Wort „nihil" bedeutet „nichts". Annihilation sollte also eigentlich „Vernichtung" heißen. In Wirklichkeit handelt es sich um keine Vernichtung, sondern nur um eine Umsetzung. Die Teilchen mit Ruhmasse (Proton, Antiproton, Elektron und Positron) verwandeln sich in Photonen ohne Ruhmasse. Die gesamte Energiemenge bleibt jedoch erhalten, ebenso die gesamte elektrische, die Baryonen- und die Leptonenladung sowie weitere Größen. Ein wichtiges Beispiel für die Annihilation ist

$$e^- + e^+ \rightarrow 2\gamma,$$

wo das griechische Zeichen γ (Gamma) das Gamma-Photon mit einer Energie von 1/2 MeV (Ruhenergie des Elektrons bzw. des Positrons) bedeutet. Ähnlich annihiliert das Proton mit dem Antiproton:

$$p + \bar{p} \rightarrow 2\gamma.$$

Mit $\bar{p}$ ist das Antiproton und mit γ das Photon mit einer Energie von 938 MeV bezeichnet. Das ist die Ruhenergie des Protons bzw. des Antiprotons. Auch das Neutron annihiliert mit dem Antineutron $\bar{n}$ zu zwei Gamma-Photonen

$$n + \bar{n} \rightarrow 2\gamma.$$

Hier ist die Energie der Gamma-Photonen 939,5 MeV. Wenn sich jedoch die stoßenden Teilchen und Antiteilchen schnell bewegen, ist die Gesamtenergie größer als die Ruhenergie, und auch die Energie der entstandenen Gamma-Photonen wird größer sein.

Warum die auf der Erde oder auf der Sonne entstandenen Antiprotonen, Positronen oder Antineutronen eine sehr kurze Lebensdauer haben, ist jetzt klar.

Die Sonne und die Erde bestehen aus einem „gewöhnlichen" Stoff, und zwar aus Protonen, Elektronen und Neutronen. Deshalb annihilieren die Antiteilchen mit den Teilchen sofort beim ersten Aufeinandertreffen. Die Materie unserer Erde (oder griechisch die Koinomaterie) ist ein sehr unfreundliches Milieu für die Antiteilchen. Deshalb können Koinomaterie und Antimaterie nicht in engster Nähe nebeneinander bestehen.

Einstweilen wissen wir noch nicht, wo sich die Antimaterie im Weltall befindet. Wie wir schon sagten, verrät uns der Lichtstrahl das nicht, denn die von der „gewöhnlichen" Materie ausgestrahlten Photonen sind den von der Antimaterie ausgestrahlten Photonen absolut gleich.

Die **Materialisierung** ist ein der Annihilierung entgegengesetzter Prozeß. Beide Prozesse, die Annihilierung und die Materialisierung, waren wichtig für den Uranfang des Weltalls. Wir betrachten ein Beispiel dafür, was Materialisierung ist: Wenn das Gamma-Photon mit einer Energie von wenigstens 1 MeV an einem Atomkern vorbeikommt, verwandelt es sich in ein Elektron und ein

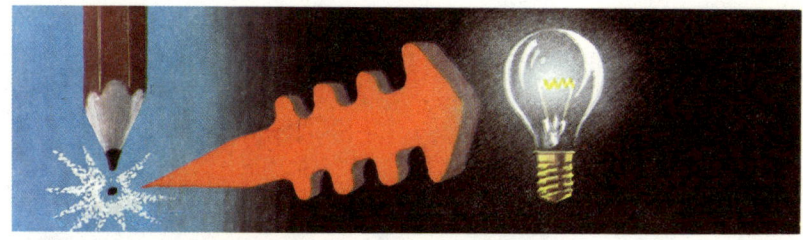

54 Die in einem Punkt enthaltene Ruhenergie würde genügen, um eine 100 W-Lampe 100 Stunden zum Leuchten zu bringen

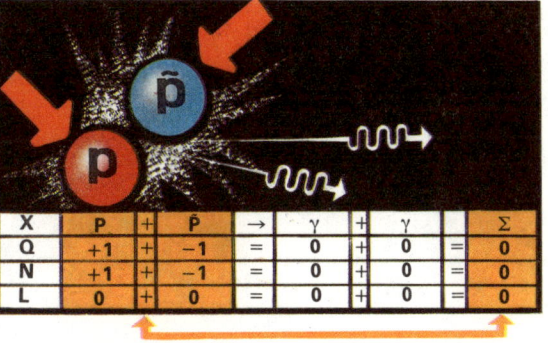

X	e^-	+	e^+	$\rightarrow$	γ	+	γ		Σ
Q	-1	+	+1	=	0	+	0	=	0
N	0	+	0	=	0	+	0	=	0
L	+1	+	-1	=	0	+	0	=	0

55 Annihilation (Zerstrahlung) des Ruhelektrons mit dem Ruhpositron. Die Energie der entstandenen Gamma-Photonen gleicht der Ruhenergie des Elektrons (und somit auch des Positrons)

X	P	+	$\bar{P}$	$\rightarrow$	γ	+	γ		Σ
Q	+1	+	-1	=	0	+	0	=	0
N	+1	+	-1	=	0	+	0	=	0
L	0	+	0	=	0	+	0	=	0

56 Annihilation des Protons mit dem Antiproton. Die Ruhenergie und die kinetische Energie beider Teilchen verwandeln sich in Energie der Gamma-Photonen. Sie können sich jedoch auch in Teilchen- und Antiteilchenenergie umsetzen (Abb. 57)

Positron. Dieser bekannteste Materialisierungsprozeß wird folgendermaßen dargestellt:

$$\gamma \rightarrow e^+ + e^-.$$

Wir sehen, daß die elektrische Ladung erhalten bleibt. Die Ladung des Photons ist gleich Null, und die Summe der Ladungen der beiden entstandenen Teilchen ist ebenfalls Null. Ähnlich verhält sich bei der Materialisierung auch die Leptonenladung. Wenn die Energie des γ-Photons größer ist als die Summe der Ruhenergien beider Teilchen, wandelt sich der Energieüberschuß des Photons in kinetische Energie der beiden entstandenen Teilchen um. Ähnlich muß bei der Entstehung des Protons und des Antiprotons

$$\gamma \rightarrow p + \tilde{p}$$

das Photon eine Energie von 1876 MeV oder mehr haben, da die Ruhenergie des Protons wie des Antiprotons 938 MeV beträgt.

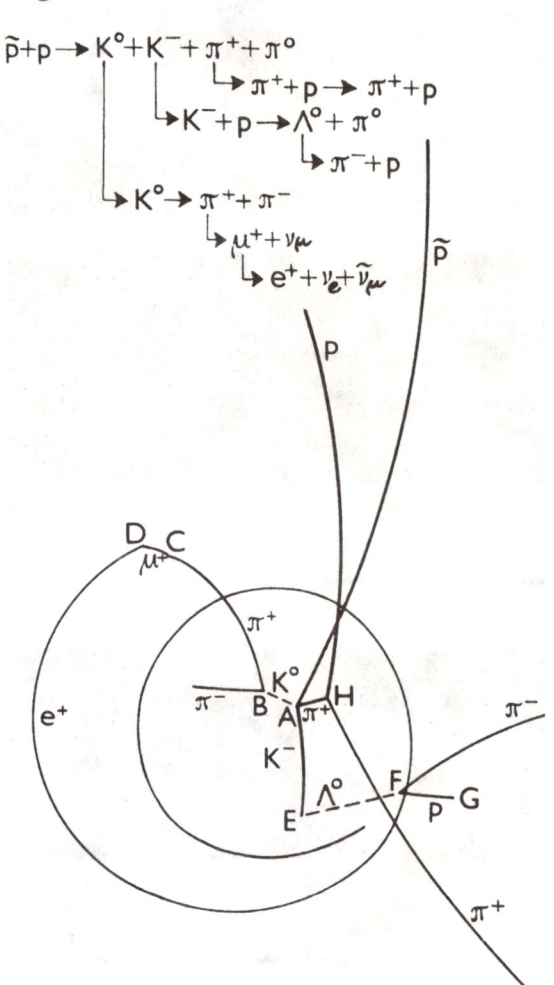

Energie kann in Form eines Photons vorhanden sein, das in der Nähe eines Atomkerns vorbeifliegt. Materialisieren kann aber auch die kinetische Energie der Protonen der kosmischen Strahlung. Das aus den Tiefen des Weltalls heranfliegende Proton kann eine bis eine billionmal größere kinetische Energie aufweisen als seine Ruhenergie ist. Und gerade diese enorme kinetische Energie läßt eine große Menge der verschiedensten

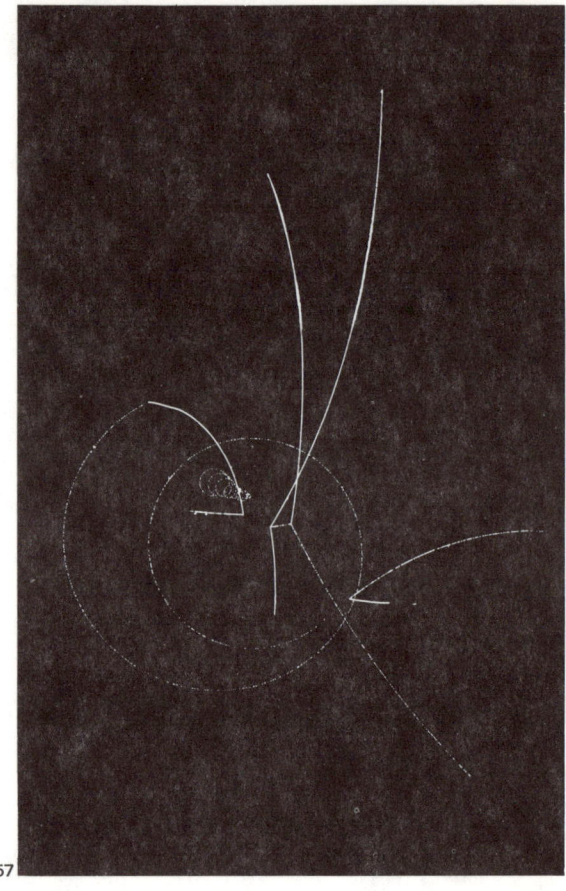

57

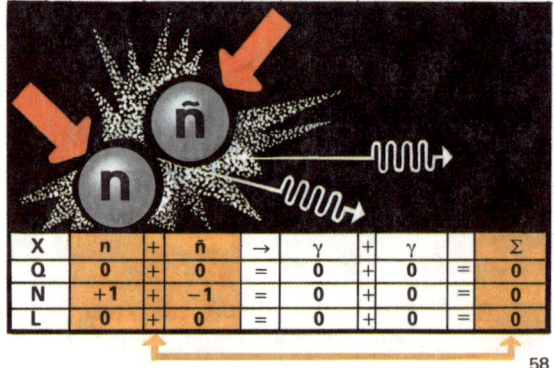

X	n	+	ñ	→	γ	+	γ		Σ
Q	0	+	0	=	0	+	0	=	0
N	+1	+	−1	=	0	+	0	=	0
L	0	+	0	=	0	+	0	=	0

58

Teilchen und Antiteilchen in der Erdatmosphäre entstehen. Ein solches ultraenergiereiches Proton aus dem weiten Weltall (man nennt es Primärproton) stößt in der Erdatmosphäre mit einem Stickstoff- oder Sauerstoffkern zusammen. Bei dieser Kollision zerschlägt es den Kern, und die ungeheure kinetische Energie des Protons bewirkt die Entstehung vieler Millionen von Teilchen und Antiteilchen verschiedenster Art (Baryonen und Antibaryonen, Leptonen und Antileptonen, Mesonen und Photonen). Alle diese Teilchen zusammen heißen Schauer der kosmischen Strahlung. Er ist ein

Allgemein gesagt, bedeutet Materialisierung die Umwandlung der Energie in Teilchen und Antiteilchen mit Ruhmasse. Die

Beispiel für eine Materialisierung in großem Maßstab.

Aber auch im Teilchenbeschleuniger auf der Erde verlaufen die verschiedensten Materialisierungsprozesse. Das sehr schnelle Proton prallt z.B. in der Wasserstoffkammer mit dem Wasserstoffkern, also mit einem Proton, zusammen, und seine kinetische Energie verwandelt sich in ein Neutron, ein Antiproton und ein Meson (Abb. 61):

als die Summe der Ruhenergien der entstandenen Teilchen (des Neutrons, des Antiprotons und des positiven Pions). Sie war also gleich groß oder größer als 939,5 MeV + 938,2 MeV + 139,6 MeV = 2017,3 MeV. Die kinetische Energie von 2017,3 MeV wurde materialisiert, d.h. umgesetzt in Ruhenergie des Neutrons, des Antiprotons und des Pions. Der Überschuß an kinetischer Energie des Protons im Beschleuniger ver-

59 Das hochenergetische Proton der kosmischen Strahlung zerschlägt den Stickstoff- oder den Sauerstoffkern in der oberen Atmosphäre. Dabei entsteht eine große Zahl von Teilchen und Antiteilchen, die wir sekundäre kosmische Strahlung nennen

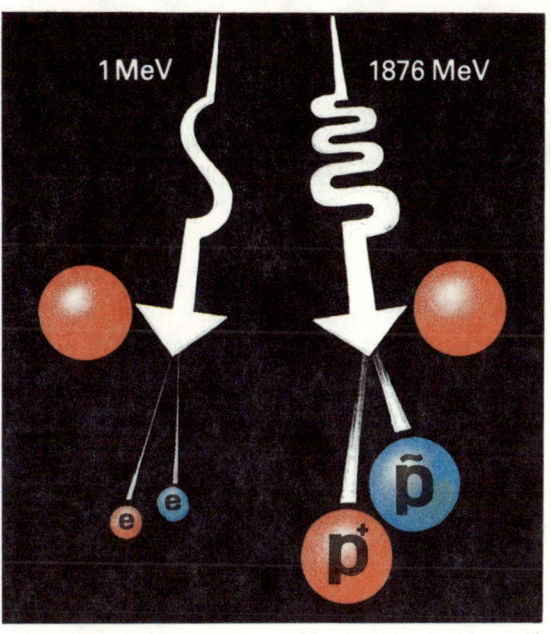

15 – 20 km

SCHAUER DER KOSMISCHEN STRAHLUNG

59

1 MeV   1876 MeV

e   e   p̄

p⁺

60

60 Materialisierung der Gamma-Photonen in der Nähe des Protons (oder eines anderen Teilchens). Das Photon muß eine Energie von wenigstens 1 MeV bzw. 1876 MeV haben, damit sie für die Ruhmasse der entstehenden Teilchen ausreicht

20 16 MeV

p

p̄   π̄

p   p   n

X	P	+	P	→	P	+	P	+	n	+	p̄	+	π⁺	Σ
Q	+1	+	+1	=	+1	+	+1	+	0	+	−1	+	+1	+1 +1
N	+1	+	+1	=	+1	+	+1	+	+1	+	−1	+	0	+1 +1
L	0	+	0	=	0	+	0	+	0	+	0	+	0	0
E	938	+	938	→	938	+	938	+	939	+	938	+	139	2 016

61

61 Materialisierung der kinetischen Energie zweier Protonen in Neutron n, Antiproton p̄ und positiven Pion. Die Gesamtenergie (Ruhenergie und kinetische Energie) beider Protonen vor dem Zusammenstoß gleicht der Gesamtenergie aller Teilchen nach der Materialisierung

$$p + p \rightarrow p + p + n + \tilde{p} + \pi^+;$$
dabei ist die elektrische Ladung
$(+1) + (+1) = (+1) + (+1) + 0 + (-1) + (+1)$
und die Baryonenladung
$(+1) + (+1) = (+1) + (+1) + (+1) + (-1) + 0$.
Wir sehen, daß die elektrische und die Baryonenladung bei dieser Materialisierung erhalten bleiben. Die kinetische Energie des in die Wasserstoffkammer hineinfliegenden Protons mußte gleich groß oder größer sein

teilt sich als kinetische Energie zwischen den entstandenen Teilchen.

Die Materialisierung spielte eine wichtige Rolle in den Uranfängen des Weltalls, etwa vor zehn Milliarden Jahren. Heute kommt sie überall dort zur Geltung, wo hochenergetische Teilchen vorkommen, deren kinetische Energie materialisiert werden kann: bei Zusammenstößen kosmischer Strahlung im interstellaren Raum, in den Schauern der

62 Die Schicksale des Protons nach dem großen Knall (1). Das Proton kann annihilieren (5), es verbindet sich mit dem Elektron zu einem neutralen Wasserstoffatom (2), wird ein Teil einer Globule (6) bzw. eines Sterns (7—9) und verbindet sich allmählich mit anderen Protonen zu einem Heliumkern (9), zu Kohlenstoff, Sauerstoff usw. bis zu Eisen (10). Diese Verwandlung ist die Strahlungsquelle des Sterns (11). Dann stürzt der Stern in sich zusammen und verwandelt sich in einen Neutronenstern — einen Pulsar (12). Dabei wird eine riesige Energiemenge in Form einer Supernova (13) frei. Die Protonen verwandeln sich dabei in Neutronen (12). Der Neutronenstern rotiert sehr schnell und beschleunigt die Protonen zu kosmischer Strahlung (14)

kosmischen Strahlung in der Atmosphäre der Erde und der anderen Planeten, in den Teilchenbeschleunigern u. ä.

Das Leben der Elementarteilchen

Nicht nur Lebewesen und Dinge haben ihr Schicksal, sondern auch die Elementarteilchen. Sie entstehen, wirken auf andere Teilchen ein und bilden mit ihnen Systeme, bewegen sich und nehmen kinetische Energie auf oder werden umgekehrt ihrer eigenen Ruhenergie beraubt, um nach einer bestimmten (kurzen oder langen) Zeit zu zerfallen und ihre Eigenschaften (Energie, Spin, elektrische Ladung sowie Baryonen- und Leptonenladung) ihren Nachkommen zu übergeben, in die sie zerfielen.

Entstehung der Elementarteilchen. Alle Teilchen und Antiteilchen können durch Materialisierung der Photonen oder Materialisierung der kinetischen Energie ultraenergetischer Teilchen entstehen. Die dritte Entstehungsart der Teilchen ist durch Zerfall z.B. des Neutrons in ein Proton, ein Elektron und ein Antineutrino oder durch Zerfall der Pionen in Myonen, Neutrettos und Antineutrettos und endlich durch Zerfall der Myonen in Elektronen, Positronen, Neutrinos, Antineutrinos, Neutrettos und Antineutrettos.

Bei allen Zerfallsprozessen teilt sich die Ruhenergie der Teilchen (des Neutrons, Pions, Myons) in die Ruhenergie der zwei oder drei neuentstandenen Teilchen. Die restliche Ruhenergie des zerfallenden Teilchens erhalten die entstehenden Teilchen als kinetische Energie.

Die Schicksale der Elementarteilchen. In diesem Weltall hat jedes Ding seine Zeit – auch die Elementarteilchen. Gleich nach ihrem Entstehen zerfallen sie auch schon wieder. Sie heißen deshalb instabile Teilchen. Alle instabilen Teilchen zerfallen in stabile: Protonen, Elektronen, Neutrinos, Neutrettos und Photonen.

Die wichtigsten Teilchen in unserer Umgebung im Weltall sind die Protonen und die Elektronen. Einige entferntere Teile des Weltalls können aus Antimaterie bestehen. Dort sind die wichtigsten Teilchen das Antiproton und das Antielektron. Wir werden uns nur mit den Teilchen unserer näheren Umgebung befassen; aber diese Erwägungen lassen sich leicht auf die Antimaterie in den entfernteren Teilen des Weltalls ausdehnen.

Die Protonen, die Elektronen und Teile der Neutronen stammen aus der Zeit des Urknalls und sind daher etwa 10 Milliarden Jahre alt. Die für den Aufbau des uns umgebenden Weltalls wichtige dritte Teilchenart sind die Neutronen. Einzelne Neutronen sind instabil und zerfallen nach etwa zehn Minuten. Stabil sind nur die Neutronen im Atomkern. Sie entstehen in großer Zahl ständig im Innern der Sterne, wo sich die Atomkerne aus den Protonen bilden .

Die Neutrinos und Neutrettos entstehen im Weltall ohne Unterlaß: bei der Umwandlung der Protonen in Neutronen im Sterninnern, bei der Materialisierung der Photonen im Inneren sehr schwerer Sterne und beim Zerfall vieler instabiler Teilchen (Seite 118) ebenso wie in den Schauern der kosmischen Strahlung in unserer Atmosphäre oder bei Zusammenstößen kosmischer Strahlung im interstellaren Raum. In ungeheuren Mengen entstanden Neutrinos und Neutrettos beim Urknall (Kap. III). Da die Neutrinos praktisch von keinem Stoff absorbiert werden, wächst ihre Zahl im Weltall unaufhörlich. Ähnlich wie die Photonen füllen auch die Neutrinos das ganze Weltall. Diese Erscheinung heißt Neutrino-Meer.

Aus der Zeit des Urknalls blieb eine enorme Menge von Photonen zurück. Sie heißen fossile oder Reliktphotonen und füllen das ganze Weltall. Da sie sich im Weltall aber immer weiter ausbreiten, sinkt ihre Frequenz (und deshalb auch ihre Energie) ständig. Gegenwärtig tragen im Weltall alle Körper, vor allem die Sterne, zur Photonenkomponente bei. Die Photonen entstehen aus der Energie der Elektronen (Abb. 182) auf ihrer Oberfläche.

Zu Beginn des Weltalls waren alle Teilchen frei. Es gab also keine Atomkerne, keine Planeten und keine Sterne. Diese Systeme entstanden später, als das Weltall etwa 300 000 Jahre alt war und die glühende Materie sich bei der Ausdehnung genügend abgekühlt hatte (Kap. III).

Nur die Neutrinos, die Neutrettos und die Photonen bildeten kein System, denn ihre wechselseitigen Anziehungskräfte waren zu schwach. Sie blieben bis heute ungebunden.

Die freien Protonen und Elektronen verbanden sich schon in der Frühzeit des Weltalls, 300 000 Jahre nach seiner Entstehung, zu Wasserstoffatomen (d. h. zu einem durch elektrische Kraft gebundenen System aus einem Proton und einem Elektron). Ihre Ruhenergie (938,2 MeV + 0,5 MeV = 938,7 MeV) verringerte sich dabei nur um 13 eV. Hierfür entnahm die elektrische Anziehungskraft den Teilchen etwa ein Hundertmillionstel ihrer Ruhenergie. Die Protonen, die in die massereicheren Sterne gelangten, verwandelten sich dort allmählich, bis aus ihnen Eisen wurde. Dabei gab jedes Proton ein Prozent seiner Ruhenergie ab (9 MeV von 938 MeV). Das Proton in einem sehr massereichen Stern, der am Ende seines Lebens durch die eigene Gravitation auf einen kleinen Umfang zusammenschrumpft, kann bis ein Fünftel seiner Ruhenergie (und somit auch ein Fünftel seiner Ruhmasse) freisetzen. Und schließlich entsteht bei der Begegnung eines Protons mit einem Antiproton kein System, sondern ihre ganze Ruhenergie wird in Form von Photonen frei (Annihilation).

Wir haben erfahren, daß die Elementarteilchen den verschiedensten Veränderungen unterliegen. Sie können durch die Bewegung ihre Energie vergrößern oder aber beim Eintritt in ein System ihre Energie verringern. Instabile Teilchen (z. B. das Neutron oder das Hyperon) zerfallen von allein in leichtere Teilchen, werden aber bei hoher Dichte wieder stabil (z. B. die Neutronen im

Kern oder in einem Neutronenstern bzw. die Hyperonen in einem Hyperonenstern, s. S. 48). Dagegen annihiliert ein stabiles Teilchen (Proton, Elektron) beim Zusammenprall mit seinem Antiteilchen. Wie wir sehen, ist nichts im Weltall beständig, denn selbst die Existenz der stabilen Elementarteilchen, dieser grundlegenden Struktureinheiten, ist durch nichts gesichert.

Materie — eine Anhäufung von Elementarteilchen

Die Materie ist eine Anhäufung großer Mengen von Protonen, Neutronen und Elektronen. Es muß zwischen ihnen keine Ordnung bestehen. Die Elementarteilchen können ungebunden sein und sich „auf eigene Faust", unabhängig von den anderen Teilchen, frei bewegen. Die sehr heiße dichte Materie zu Beginn des Weltalls bestand z. B. nur aus Elementarteilchen (Kap. III). Bei niedrigen Temperaturen und ebensolchen Dichten haben die Teilchen die Tendenz, einfache Systeme zu bilden: Kerne, Atome, Moleküle und Kristalle.

Die Gruppierung der Elementarteilchen zu einfachsten Systemen ist die natürliche Folge der elektrischen und der Kernkräfte, mit denen benachbarte Teilchen aufeinander einwirken. Diese Kräfte sind den Teilchen „angeboren". Die Protonen und die Neutronen sind mit Kernkraft, die Protonen und die Elektronen mit elektrischer Kraft ausgestattet. Wie die Kräfte zwischen den Teilchen in der Materie wirken, hängt unter anderem auch von der gegenseitigen Entfernung der Teilchen, also von der Dichte der Materie, ab sowie von der Geschwindigkeit, mit der sich die Teilchen in der Materie bewegen, d.h. von der Temperatur der Materie.

Erwärmung eines Stoffes

Die Erwärmung eines Stoffes bedeutet eine Steigerung der kinetischen Energie seiner Teilchen. Auf Abb. 63 bedeutet Erwärmung die Bewegung nach oben. Werden Wasserkristalle, z.B. Schneeflocken, erwärmt, dann wird ihre Kristallstruktur zerstört und der Stoff geht aus dem festen Zustand in den flüssigen über. Die Entfernung zwischen den Wassermolekülen ist sehr klein, ebenso klein wie sie im Kristall war. Die Moleküle ziehen einander mit einer genügend großen Kraft an; sie bleiben beieinander, und die Flüssigkeit dehnt sich nicht nennenswert aus. Die Wärmebewegung der Moleküle gestattet jedoch ihre relative Bewegung. Sie sind aneinander nicht so fest gebunden, wie sie es im Kristall waren.

Durch weitere Erwärmung wird die Geschwindigkeit der Wassermoleküle gesteigert. Die schnellsten Moleküle überwinden die Anziehungskraft der benachbarten Moleküle in der Flüssigkeit und entweichen aus der Flüssigkeit. Durch Verdunstung verwandelt sich die Flüssigkeit in ein Gas. Die Wärmebewegung der Moleküle überwindet deren Anziehungskraft. Die Gasmoleküle bewegen sich ganz unabhängig von den anderen Molekülen. Ihre Bewegung ist völlig chaotisch. Deshalb hat das Gas die Tendenz sich auszudehnen. Die Moleküle treffen aufeinander und ändern bei diesen Zusammenstößen die Richtung und die Geschwindigkeit ihrer Bewegung.

Wird Gas noch weiter erwärmt, dann werden die Zusammenstöße der Moleküle immer heftiger, bis die Moleküle bei genügend hoher Temperatur einander in einzelne Atome zerschlagen. Die kinetische Energie der Moleküle ist höher als die Bindungsenergie zwischen ihren Atomen. Diese Aufspaltung der Moleküle in Atome heißt Dissoziation. Wird beispielsweise Wasser über 2000 Grad erhitzt, dann wird es in Wasserstoff und Sauerstoff zerlegt. Die Molekularstruktur geht verloren. Wasser ist nicht mehr Wasser, sondern es verwandelt sich in ein Gemisch aus Wasserstoff und Sauerstoff.

Bei weiterer Erhitzung des Gases auf eine Temperatur von vielen Tausenden Kelvin bewegen sich die Atome schneller und schneller. Sie stoßen mit ihren Elektronenhüllen heftig aneinander. Bei Temperaturen über 10 000 Grad sind die Zusammenstöße der Elektronenhüllen so stark, daß aus ihnen Elektronen frei werden. Von den Atomen, die vor dem Zusammenstoß neutral waren (denn die Zahl der Elektronen in der Hülle war ebenso groß wie die Protonenzahl im Kern), bleiben nur Atome mit unvollständiger Elektronenhülle zurück. Ein solcher Atomtorso, in dem ein oder mehrere Elektronen fehlen, heißt Kation. Es ist ein positiv geladenes Ion, denn die Zahl der Protonen im Kern ist größer als die Zahl der in der Hülle verbleibenden Elektronen. In einem sehr heißen Gas bewegen sich viele positive Ionen und freie Elektronen. Ein solches − teilweise oder ganz − ionisiertes Gas heißt Plasma. Die Sonne und alle am Himmel sichtbaren Sterne bestehen aus Plasma. Die Sterne sind riesige Plasmakugeln. Im Plasma ist die kinetische Energie der Elektronen größer als ihre Bindungsenergie im Atom. Deshalb sind die Atome in Ionen und Elektronen gespalten.

Bei einer weiteren Erwärmung des Plasmas tritt ein vollkommener Zerfall der Atome in „nackte" Atomkerne und freie Elektronen ein. Bei Temperaturen von vielen Milliarden Kelvin finden im Plasma so heftige Zusammenstöße statt, daß die Atomkerne in einzelne Nukleonen zertrümmert werden. Die kinetische Energie der Teilchen ist bei so ungeheuren Temperaturen höher als die Bindungsenergie der Nukleonen in den Atomkernen. Ein solcher Stoff heißt Nukleonengas. Er ist aus sich heftig bewegenden Protonen, Neutronen und Elektronen zusammengesetzt und kommt in der Endphase der schweren Sterne vor, in der der Stern unter dem eigenen Gewicht zusammenbricht (Gravitationskollaps) und sich auf viele Milliarden Kelvin erwärmt.

Abschließend kann gesagt werden, daß mit wachsender Temperatur der Stoff zunehmend einfacher wird, um schließlich bei extrem hohen Temperaturen die einfachste Form zu erreichen. Er besteht dann nur aus sich sehr schnell bewegenden Elementarteilchen. Von einer Struktur (dem Kern, dem Atom oder dem Molekül) ist keine Spur mehr vorhanden.

Verdichtung der Materie

Wenn die Dichte der Materie ansteigt, enthält jeder Kubikzentimeter mehr und mehr Teilchen. In einem Kubikzentimeter kann sich nur ein Teilchen befinden (wie es auch irgendwo im interstellaren Raum der Fall ist), oder auch zehn Trillionen (10^{19}), wie in der Luft, die wir atmen. In den als Weiße Zwerge bezeichneten Sternen sind mehr als 10^{27} Teilchen in einem Kubikzentimeter, und in den ungemein dichten Neutronensternen sind in dem gleichen Volumen sogar über 10^{35} Teilchen. Aber nehmen wir

63

uns die Abb. 64 und betrachten, wie sich die Eigenschaften der Materie verändern, wenn sie auf ein immer kleineres Volumen zusammengedrückt wird. Dieses Zusammendrükken (das Anwachsen der Dichte) ist im Bild durch die Bewegung von links nach rechts dargestellt.

Wenn wir einen Kübel Wasser in einen Fingerhut drücken würden, wären die Wassermoleküle so eng aneinander gepreßt, daß die Elektronen nicht „erkennen" würden, zu

63 Wenn wir einen Stoff erwärmen, wächst seine Temperatur (links in Kelvin, rechts in Celsius-Grad). Durch die Erwärmung ändert sich die Anordnung der Teilchen im Stoff (Mitte). Ganz rechts die Bezeichnungen des Aggregatzustandes und links die Übergänge zwischen den Aggregatzuständen

63a Das Stabilitätstal stellt die Struktur und Bindungsenergie der Nuklide dar (siehe Text auf S. 53—55). Es besteht aus einer Reihe von „Terrassen", die in Abhängigkeit von der Bindungsenergie *eines* Nukleons im Nuklid in verschiedener Tiefe liegen. Die Protonen (oben) und alle Nuklide sind bestrebt, möglichst tief zur Talsohle zu gelangen. Deshalb verwandeln sich im Inneren der Sterne Wasserstoff-Kerne in immer schwerere, bis zu den Eisenatomkernen (Abb. 151). Bei einer Supernova-Explosion (Abb. 152) entstehen auch schwerere Kerne

welchem Atom sie gehören, und zwischen den Sauerstoff- und Wasserstoffkernen herumirren. Bei so hohen Dichten sind in einem Kubikzentimeter viele tausendmal mehr Teilchen (Elektronen, Protonen und Neutronen) als im gewöhnlichen Wasser vorhanden. In einem solchen „Gedränge" können sich die Atome keine luftige Elektronenhülle erlauben. Deshalb lösen sich Elektronen aus der Hülle — ähnlich wie bei Zusammenstößen bei hohen Temperaturen. Allerdings ist diesmal die Freisetzung der Elektronen (bzw. die Ionisierung) die Folge großer Dichte, nicht hoher Temperaturen, und kann deshalb auch bei sehr tiefen Temperaturen

verlaufen. Die freien Elektronen gehören keinen bestimmten Kernen mehr an, sondern sind das gemeinsame Eigentum aller Kerne in der Materie. Eine solche Materie ähnelt also vollkommen dem ionisierten Plasma, in dem alle Kerne „nackt" und alle Elektronen frei sind. Einen wesentlichen Unterschied stellen gerade die Elektronen dar. Die Elektronen sind Fermionen, und wir wissen, daß in einer „Abteilung" nur zwei Fermionen sein können (Abb. 18). Man nennt dies das Pauli-Verbot nach dem Physiker Wolfgang Pauli. In einem sehr kleinen Raum finden nur zwei Elektronen mit der gleichen Geschwindigkeit Platz, die sich je-

als die des Eisens (unten rechts, eingehender auf S. 110—113). Der Anschaulichkeit halber wurde das Stabilitätstal

an der tiefsten Stelle (um − 10 MeV), zwischen Eisen (Fe) und Kobalt (Co), aufgeschnitten

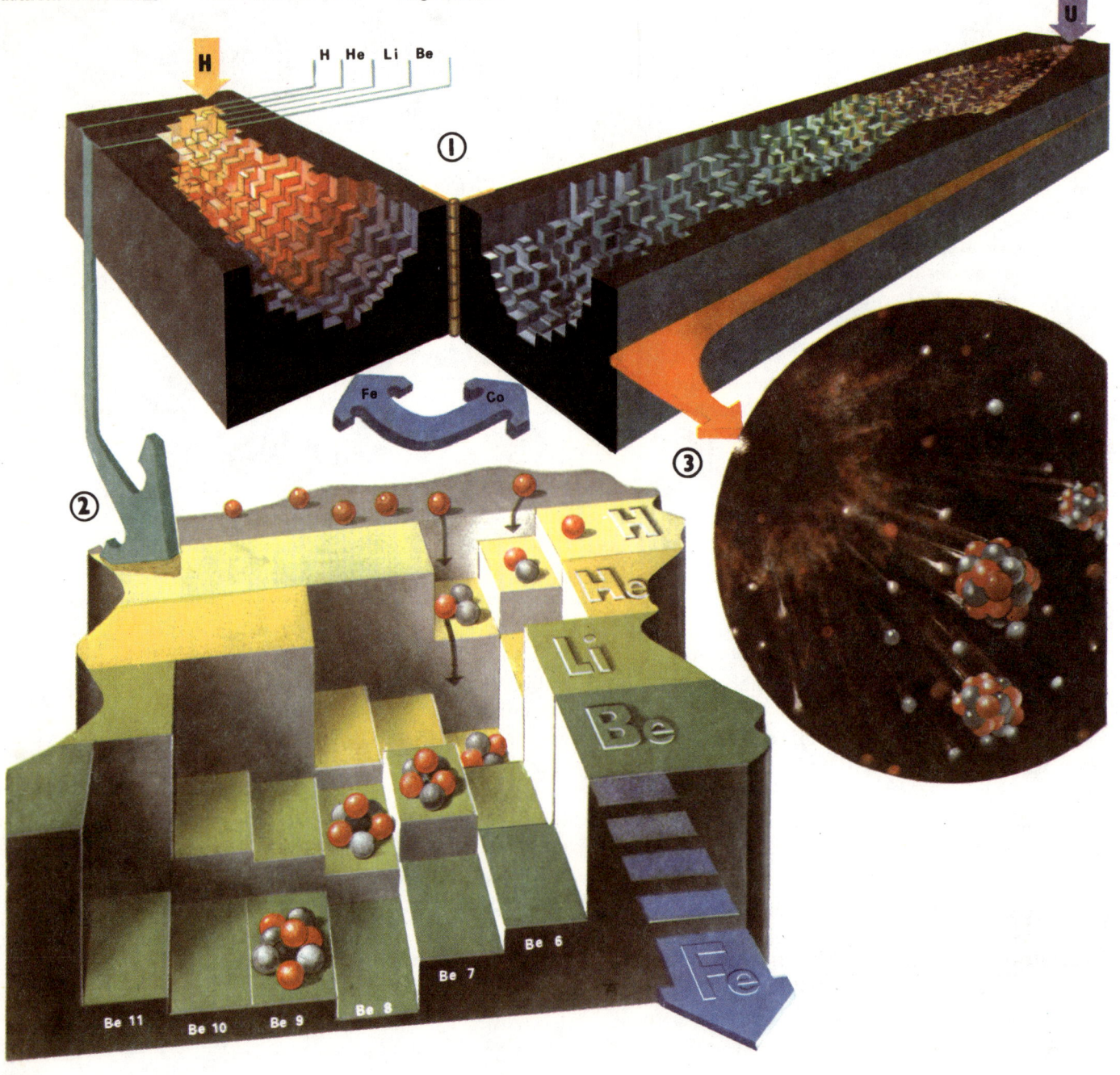

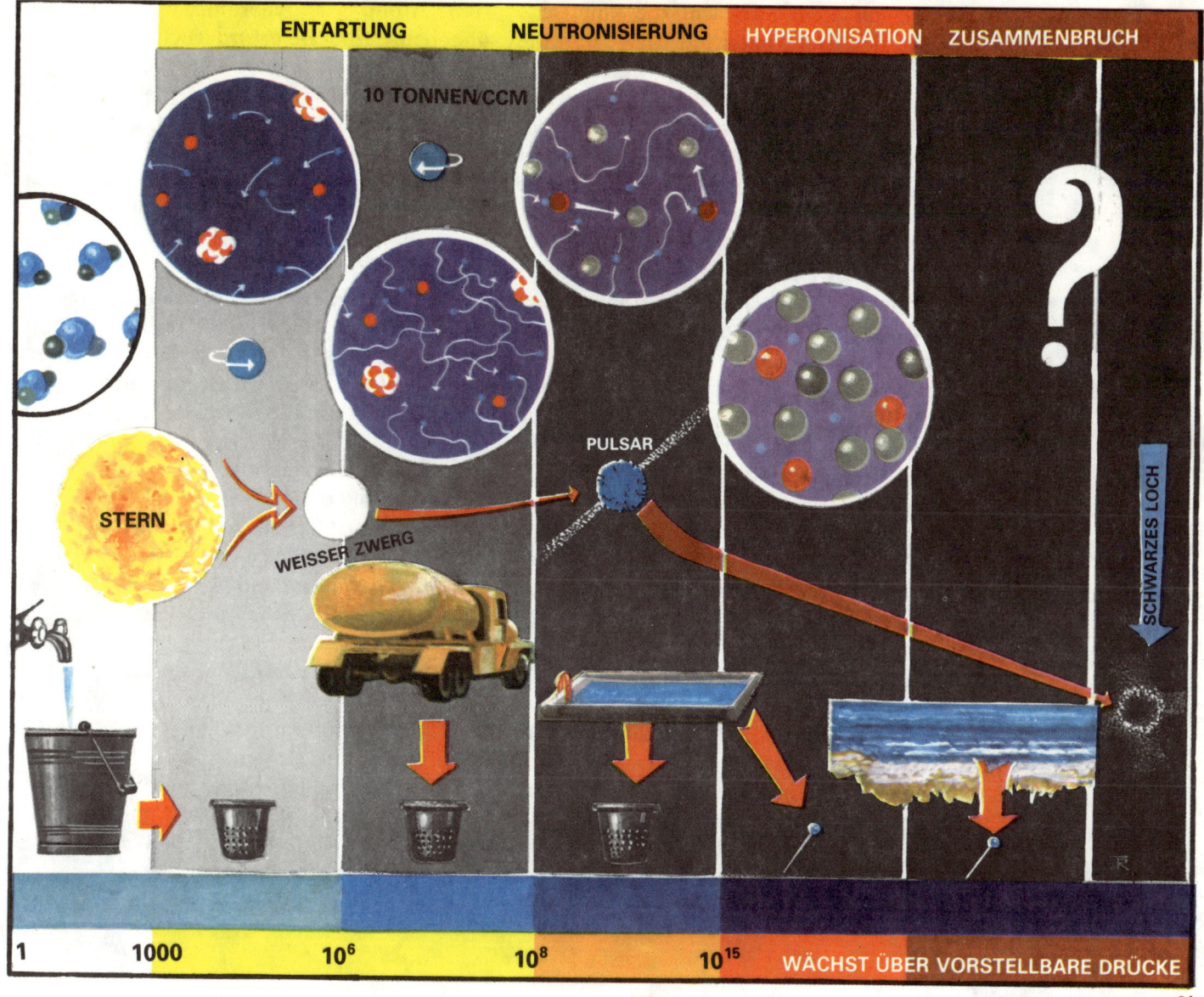

10 TONNEN/CCM

STERN

WEISSER ZWERG

PULSAR

SCHWARZES LOCH

?

| 1 | 1000 | 10^6 | 10^8 | 10^{15} | WÄCHST ÜBER VORSTELLBARE DRÜCKE |

64

doch in entgegengesetzter Richtung drehen müssen (d. h. sie haben einen entgegengesetzten Spin, Abb. 18). Jedes weitere in diesen Raum gedrückte Elektron muß sich von den schon vorhandenen beiden Elektronen unterscheiden. Es unterscheidet sich von ihnen durch höhere Geschwindigkeit und somit auch höhere Energie. (Der erwähnte „sehr kleine Raum" mit zwei Elektronen wird mit der dritten Potenz der Planckschen Konstante – h^3 – bestimmt). Mit zunehmender Dichte wächst die Geschwindigkeit der Elektronen. Bei sehr niedriger Temperatur einer sehr dichten Materie müssen sich die freien Elektronen sehr schnell bewegen. Die schnellen Elektronen wirken mit einer Kraft, die Druck genannt wird. Der Druck in einer sehr dichten Materie hängt nur von ihrer

Dichte ab. Eine solche sehr dichte Materie nennt man entartet. (Der Druck im Plasma, z. B. in der Sonne, ist dagegen nicht nur von seiner Dichte, sondern auch von seiner Temperatur abhängig).

Bevor unsere Sonne ihr Leben beendet, wird aus ihr ein kleiner Weißer Zwerg in der Größe unserer Erde, mit einer Dichte von etwa 1 Million g/cm³. Das Sonnenplasma verwandelt sich dabei in entartete Materie. Die Weißen Zwerge sind „Sternrentner", die von der in ihrem früheren Leben durch thermonukleare Reaktionen angehäuften Wärme leben.

Wenn wir entartete Materie (z.B. ein Stückchen eines Weißen Zwerges) weiter zusammendrückten, wüchse die Dichte weiter an. Bei Dichten um 10^8 g/cm³ (100

64 Die Eigenschaften der Stoffe ändern sich mit ihrer Dichte. Wenn Wasser aus einem Eimer, einer Zisterne oder einem Bassin in einen Fingerhut zusammengedrückt wird, wird es in entartetes oder Neutronengas umgewandelt. Das in einen Stecknadelkopf zusammengedrückte Wasser aus einem Bassin wird zu Hyperonengas

Tonnen auf 1 cm³) erreicht die kinetische Energie der Elektronen 0,8 MeV, und die Gesamtenergie 1,3 MeV. Dann gleicht bereits die Energie der Protonen in den Kernen (938,2 MeV) und die Gesamtenergie der Elektronen (1,3 MeV) der Energie der Neutronen (939,5 MeV). Die Elektronen verbinden sich mit Protonen, und so entstehen Neutronen. Bei weiter ansteigender Dichte wächst auch die Gesamtenergie der Elektronen, so daß bei einer Verbindung des Elektrons mit dem Proton zu einem Neutron Energie frei wird. Unter solchen Bedingungen werden die Neutronen stabile Teilchen, denn zu ihrer Aufspaltung in ein Proton und ein Elektron wäre eine Energiezufuhr erforderlich. In der Materie verwandeln sich die Protonen in den Kernen und die freien Elektronen in Neutronen. Dieser Prozeß heißt Neutronisation. Bei höheren Dichten als 10^8 g/cm³ verändert sich also die Materie in Neutronengas. Die Atomkerne hören auf zu bestehen, denn aus den Protonen sind Neutronen geworden. Die Pulsare (Kap. III) sind aus Neutronengas aufgebaut. Wenn wir das Wasser aus einer Zisterne auf Stecknadelkopfgröße oder das Wasser aus einem Schwimmbassin in einen Fingerhut zusammendrücken würden, erhielten wir Neutronengas — ohne Moleküle, ohne Atome und ohne Atomkerne. Allerdings wäre dazu eine ungeheure Energie erforderlich.

Wenn es uns gelänge, das Neutronengas noch weiter zu verdichten, erhielten wir bei Dichten um 10^{15} g/cm³ (eine Milliarde Tonnen in 1 cm³ — als wenn wir das Wasser eines Schwimmbassins auf Stecknadelkopfgröße zusammendrückten) das sog. Hyperonengas, da in ihm außer Neutronen auch Hyperonen vorkommen würden.

Bei noch höherer Kompression des Hyperonengases als auf 10^{15} g/cm³ würde ein Stoff entstehen, dessen Eigenschaften uns unbekannt sind. Etwas derartiges gibt es im Weltall in den sog. Schwarzen Löchern (S. 118). Wie diese Materie beschaffen ist, wissen wir nicht, denn keine Teilchen, auch keine Photonen, können von dort heraus, um uns näheres zu berichten.

Wir kommen zu folgendem Schluß: Je dichter die Materie und je höher die Temperatur, um so einfacher ihre Zusammensetzung. Bei hohen Dichten bzw. hohen Temperaturen kann Materie nur in Form freier Elementarteilchen bestehen. Auf der Erde sind die Temperaturen und die Dichten niedrig, und deshalb sind hier die Elementarteilchen zu Systemen geordnet. Nur bei so niedrigen Temperaturen und Dichten wie auf der Erde, ist Leben möglich.

65 Das Weltall besteht aus dreierlei Elementarteilchen: aus Protonen, Elektronen und Neutronen. Aus den Protonen und den Neutronen sind die Kerne aufgebaut, aus den Kernen und den Elektronen die Atome (1), aus den Atomen die Moleküle (2), aus den Molekülen die Kristalle (3), aus den Kristallen die Gesteine und aus den Gesteinen Planeten und Satelliten (4). Auch die Sterne (5) sind Systeme vieler Atome, in ihrem Inneren entstanden aus den Wasserstoffatomen alle Elemente, die schwerer sind als Wasserstoff. Sie bildeten später komplizierte Moleküle (6) und auf der Erde lebende Zellen (7) sowie alle lebenden Organismen — die Biosphäre (8)

II AUFBAU DES WELTALLS

66 Im Atomkern sind die Nukleonen (ganz unten ein Neutron und Proton) durch starke Interaktion (1) gebunden. Vom Atom bis zu einem kleineren Körper des Planetensystems (gelber Pfeil) wirken elektromagnetische Kräfte (2–4). Die Planeten, die Sterne

Von den Quarks zu den Supergalaxien

Hier werden verschiedene Objekte im Weltall — von den Quarks bis zu den Supergalaxien — behandelt. Um eine bessere Vorstellung von ihrer Größe zu vermitteln, ist das Bild 66 beigefügt, in dem die linken Stufen nach oben bedeuten, daß die Abmessungen zehnmal, zwei Stufen hundertmal usw. größer sind.

Das Nukleon — ein Quarksystem?

Aus den ersten Kapiteln ging hervor, daß alle Körper im Weltall um uns herum aus Nukleonen und Elektronen bestehen. Bisher hatte man angenommen, daß dies die einfachsten, die fundamentalsten Teilchen seien, die sich nicht mehr aufspalten ließen. Es ist auch wirklich noch nicht gelungen, das

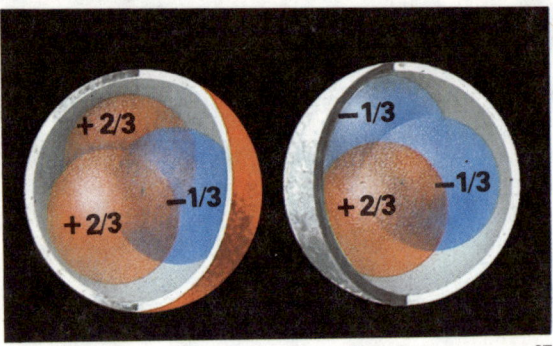

67 So könnte der Aufbau des Protons und des Neutrons aus den hypothetischen Quarks $d\left(-\frac{1}{3}\right)$ und $u\left(+\frac{2}{3}\right)$ aussehen. Das Proton bestände aus der Triade **u u d**, und das Neutron aus der Triade **d d u**

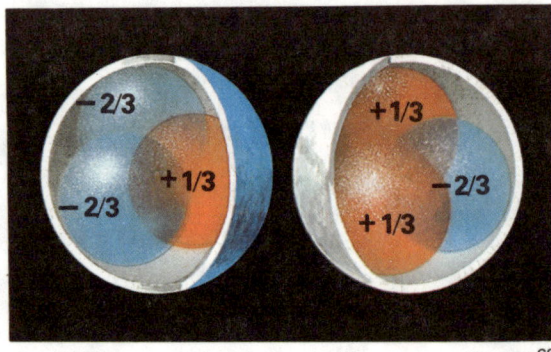

68 Der Aufbau des Antiprotons und des Antineutrons aus den hypothetischen Antiquarks $\bar{u}\left(-\frac{2}{3}\right)$ und $\bar{d}\left(+\frac{1}{3}\right)$. Das Antiproton sollte aus der Triade $\bar{u}\bar{u}\bar{d}$, das Antineutron aus der Triade $\bar{d}\bar{d}\bar{u}$ sein

Proton, das Neutron oder das Elektron in einfachere Teilchen zu zerlegen.

Diese Ansicht über die Unteilbarkeit der Teilchen wurde in letzter Zeit in Zweifel gezogen. Viele Fachleute sind der Meinung, daß auch die Elementarteilchen aus einfacheren subelementaren Teilchen bestehen könnten. Wenn das zutreffen sollte, wären nicht nur das Proton und das Neutron, sondern auch alle Hadronen aus sogenannten Quarks aufgebaut. Die Baryonen bestännden aus drei Quarks, die Mesonen nur aus zwei (Abb. 67, 68).

Bildlegende 66:

WELTALL
10^{82}
10^{80}
10^{70}
10^{60}
10^{50}
10^{40}
10^{30}
10^{28}
10^{20}
10^{10}
1

SUPERGALAXIE
GALAXIENHAUFEN
GALAXIE
STERNE
PLANETEN
KLEINER PLANET
KOMETEN
BIOSPHÄRE
MENSCH
KRISTALLE
ZELLEN
VIRUS
MAKROMOLEKÜL
MOLEKÜL
KERN ATOM

P N e ELEMENTARTEILCHEN

66
und ihre Systeme sind durch die Gravitationskraft (5) gebunden. Auf der senkrechten Achse ist die Zahl der Elementarteilchen aufgetragen, aus denen das System zusammengesetzt ist. Von links nach rechts nimmt die Organisation (zweckmäßige Ordnung) der Systeme zu

Die Quarks hätten Drittelladungen (−1/3 und 2/3) und könnten nur im Inneren der Hadronen existieren.

Wir müssen uns aber dessen bewußt sein, daß die Quarks nur hypothetische Teilchen sind, deren Existenz bisher durch keinen Versuch bewiesen werden konnte.

Der Atomkern — ein Nukleonensystem

Das kleinste Elementarteilchen-System ist der Atomkern. Er besteht aus Nukleonen, die durch die mächtige Kernkraft aneinander gebunden sind. Der Atomkern ist ein Gebilde mit dem Durchmesser mehrerer Fermi, aber von ungeheurer Dichte (10^{14} g/cm³ oder 10^{17} kg/m³). Nach der Zahl der Nukleonen unterscheiden wir verschiedene Arten von Atomkernen bzw. Nukliden. Jedes Nuklid wird mit zwei Zahlen bezeichnet: mit der Protonenzahl Z und der Neutronenzahl N. Die Anzahl der Nukleonen in den Nukliden ist also Z + N. Sie wird mit dem Buchstaben A bezeichnet und heißt Nukleonen- oder Massenzahl. Sie gibt die Masse des Nuklids an.

Heute sind über 1400 Nuklide bekannt. Die Anzahl der Protonen in den Nukliden bewegt sich von 1 bis 105, die Anzahl der Neutronen in den Nukliden variiert von 0 bis 157. Die meisten Nuklide sind radioaktiv und zerfallen mit der Zeit. Aber es gibt auch über 280 stabile Nuklide. Viele Nuklide wurden künstlich gebildet; diese sind instabil und zerfallen.

Der Kern ist das „Herz" des Atoms. Deshalb benutzt man für ein Nuklid das Zeichen des chemischen Elements. Dem Zeichen werden zwei kleine Zahlen angefügt: die untere gibt die Zahl Z der Protonen im Kern an. Oben steht die Massenzahl A. $^{1}_{1}$H ist der Kern des Wasserstoffes (ein Proton) und $^{4}_{2}$He der Kern des Heliums mit zwei Protonen und zwei Neutronen, also insgesamt vier Nukleonen (Abb. 69–71).

Das Nukleon wird in seinem Nuklid durch die große Bindungsenergie gehalten. Diese Energie gab das Nukleon ab, als es in das Nuklid eintrat. Je höher die Bindungsenergie der verschiedenen Nukleonen im Nuklid, um so stabiler das Nuklid. Zum Vergleich der Bindungsenergie der verschiedenen Nuklide benutzen wir ein Modell. Wir stellen uns vor, daß die Karte der Nuklide auf

der oberen Fläche eines Würfels eingezeichnet ist. Der Würfel besteht aus einer weichen Masse, so daß in ihn jedes der Vierecke aus der Nuklidenkarte eingepreßt werden kann. Für jedes Nuklid stellen wir die Bindungsenergie fest, die auf eines seiner Nukleonen entfällt. (Solche Nuklidentabellen wurden von den Physikern zusammengestellt.) Ein Nuklid mit der Bindungsenergie 3 MeV pro Nukleon wird 3 cm tief eingedrückt, ein

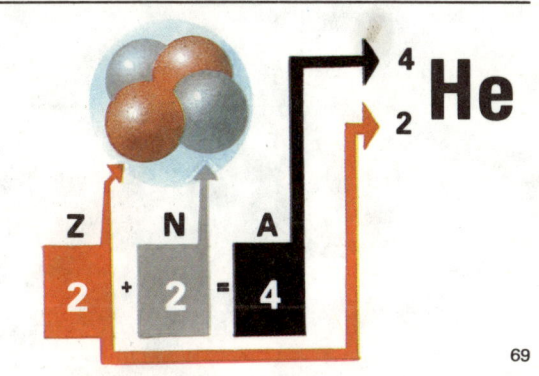

69 Der Heliumkern (Alphateilchen) besteht aus zwei Protonen (Z) und zwei Neutronen (N), also insgesamt aus vier Nukleonen (A)

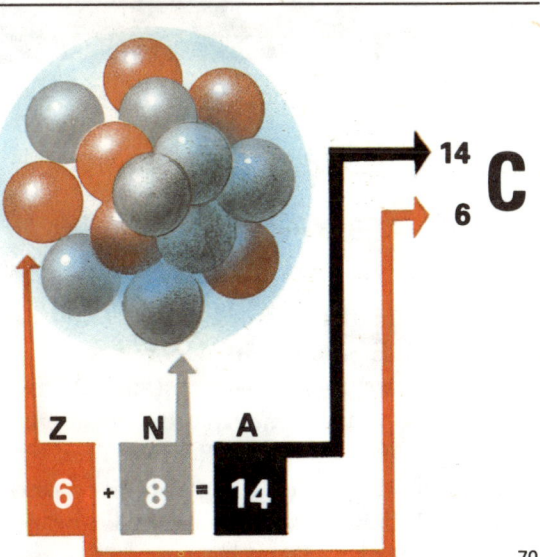

70 Der Kern des radioaktiven Kohlenstoffes mit sechs Protonen und acht Neutronen (6 + 8 = 14) ist instabil. Im Verlaufe von etwa 5000 Jahren zerfällt in ihm ein Neutron, und es entsteht der Stickstoffkern $^{14}_{7}$N (7 + 7 = 14)

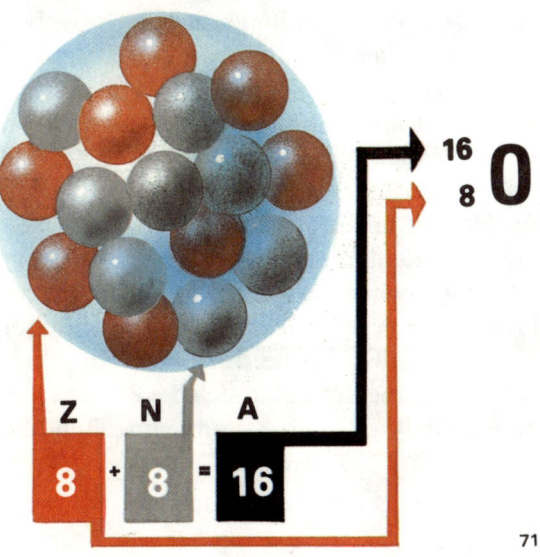

71 Der Sauerstoffkern mit acht Protonen (Z) und acht Neutronen (N)

Nuklid mit der Bindungsenergie 7 MeV 7 cm tief usw. Dadurch erhält man ein terrassenförmiges Tal auf der Nuklidenkarte. In diesem Tal entspricht jede quadratische Terrasse drei Zahlen: der Neutronenzahl, der Protonenzahl und der Bindungsenergie. Dieses Modell nennen wir Stabilitätstal. In ihm sind über 1400 quadratische Terrassen möglich, denn so viele Nuklide sind bekannt.

überwanden und einander bis auf die kleine Entfernung eines Fermi näherten. Dann wurden sie von den Kernkräften angezogen und miteinander in ein System verschmolzen. Es entstand der Kern – mit anderen Worten: Die Protonen fielen in das Stabilitätstal in dem Augenblick, als sie die Kernkraft zu einem Kern verband. Je älter das Weltall ist, um so mehr Protonen gelangen in die Kerne. Deshalb nimmt mit der Zeit die Zahl der

72 Der Saturnring besteht aus einer großen Zahl von Eisstücken, kleinen Steinen und feinem Staub

72

73

73 Der größte Saturn-Mond Titan hat einen Durchmesser von 5 800 km und ist größer als Merkur (4 850 km). Die Oberfläche des Titans ist von einer undurchsichtigen Atmosphäre (aus Stickstoff, Wasserstoff, Methan, Ammoniak und verschiedenen organischen Verbindungen) verhüllt

Am Stabilitätstal ist die Entstehung der chemischen Elemente aus Wasserstoff in den Sternen (Kap. III) leicht verständlich. Das Nuklid, das auf die niedrigere Terrasse gelangt, gibt Energie frei. So bedeutet beispielsweise die Verbindung von vier Protonen im Heliumkern oder die Spaltung des Urankerns mit 235 Nukleonen $^{235}_{92}$U in zwei leichtere Nuklide, daß die Nukleonen in den Nukliden ihre Bindungsenergie freigeben müssen, denn sie „fallen hinunter".

Zu Beginn des Weltalls gab es nur Protonen und Elektronen. Freie Protonen haben keine Bindungsenergie. In unserem Modell sind sie am höchsten angeordnet, so als wenn sie auf der höchsten Ebene lägen, jederzeit bereit, hinunter ins Tal zu kugeln und auf einem terrassenförmigen Viereck liegenzubleiben. Gelegenheit dazu bot sich bei der Entstehung der Sterne. Im glühenden Inneren der Sterne bewegten sich die Protonen so heftig, daß sie bei Zusammenstößen die gemeinsame elektrische Abstoßungskraft

Protonen oben ab und auf den Terrassen im Tal zu. Von der freigewordenen Bindungsenergie „leben" die Sterne. Die Elektronen sind bei diesen Verwandlungen unwichtig, denn es handelt sich um Kernreaktionen. Anstatt zu sagen, daß sich die Wasserstoffkerne zu Kernen schwererer Elemente zusammenschließen, kann es kurz heißen: Der Wasserstoff verwandelt sich in schwerere Elemente.

Astronomen konnten bestimmen, wieviele Atome (oder besser gesagt ihre Kerne) verschiedener Elemente schon im Weltall aus Wasserstoff entstanden sind. Am zahlreichsten sind die Wasserstoffatome. Sie hatten noch keine Möglichkeit, sich in schwerere Atome zu verwandeln, also ins Stabilitätstal zu fallen. Lithium, Beryllium und Bor sind verhältnismäßig selten – diese Atome verwandelten sich gleich zu Beginn der Sternentwicklung in Helium (Kap. III). Dagegen sind die Elemente um Eisen relativ häufig. Ihre Kerne sind von allen Kernen die stabilsten (sie befinden sich am Boden des Stabilitätstales).

Trotz der großen Vielfalt der Atomkerne bzw. der Nuklide sind diese Systeme nur aus zwei Teilchenarten aufgebaut — aus Protonen und aus Neutronen. Viel weiter als die Kernkraft zwischen den Protonen und Neutronen wirkt die elektrische Kraft der Protonen. Sie zieht die Elektronen an und stößt die übrigen Nuklide ab. Das kompliziertere System, das Atom, ist also mit Hilfe der elektrischen Kraft aus Nukliden und Elektronen aufgebaut.

Das Atom
— ein System aus einem
Nuklid und Elektronen

Das positiv geladene Nuklid (der Kern) bindet durch die elektrische Anziehungskraft so viele Elektronen an sich, wie Protonen im Nuklid vorhanden sind. Wenn wir das Atom eine Billion Mal (10^{12}mal) vergrößerten, würden wir in der Mitte einen Kern von mehreren Millimetern Durchmesser sehen. Um diesen Kern würden in einer Entfernung von hundert Metern die sehr leichten Elektronen von etwa einem Millimeter Durchmesser kreisen. Der Kern ist positiv geladen (in unserem Modell rot), während alle leichten Elektronen negative Ladung aufweisen (in unserem Modell blau). Der Kern ist mehrere tausendmal schwerer als alle Elektronen zusammen.

Wie schon gesagt, sind die Elektronen vom Kern ziemlich weit entfernt. Im Raum zwischen dem Kern und den Elektronen wirken elektrische Kräfte. Die Elektronen sind um den Kern nach bestimmten Regeln angeordnet. Wir nennen diese Anordnung Elektronenhülle. Sie ist etwa 100 000mal größer als der Kern. Die Bindungsenergie der Elektronen beträgt mehrere Elektronenvolt. Die Elektronen im Innern der Hülle — in nächster Nähe des Kerns — können Bindungsenergien bis zu tausend Elektronenvolt aufweisen. Auch das ist, verglichen mit der Bindungsenergie der Nukleonen im Kern (rund 8 Millionen Elektronenvolt), sehr wenig. Das erklärt uns auch, warum das Atom bei weitem nicht so konstant und widerstandsfähig gegen äußere Stöße und andere Einflüsse ist wie sein Kern.

Ein großer Teil der Materie im Weltall befindet sich im glühenden Innern der Sterne. Durch heftige Zusammenstöße werden dort die Atome ganz zerstört (ionisiert). In vielen Sternen (z. B. in den Weißen Zwergen) ist die Dichte so hoch, daß ihre Materie entartet ist (Abb. 64). Es gibt nur wenige Stellen im Weltall, wo Dichte und Temperatur so niedrig sind, daß die Kerne ihre Elektronenhülle behalten. Auf der Oberfläche unseres Planeten ist dies zum

74

74 Der Komet ist ein etwa 1 km großes, von einer dicken Eis- und Schneeschicht umgebenes Felsstück. Wenn sich der Komet bis auf 200—300 Millionen Kilometer der Sonne nähert, sublimiert seine Oberfläche und es entstehen eine ausgedehnte Gashülle (die Koma) und ein langer Schweif

Glück der Fall — dank der Atmosphäre und der Magnetosphäre, die alle Atome auf der Erdoberfläche vor den zerstörenden Photonen und schnellen Teilchen aus dem Weltraum schützen.

Das Molekül
— ein Atomsystem

Aus Atomen bestehen höhere, die Molekülsysteme. Das Molekül ist der kleinste Bestandteil eines chemischen Stoffes (z.B. ist die kleinste Wassermenge das aus zwei Wasserstoffatomen und einem Sauerstoffatom bestehende Wassermolekül). Die Eiweißmoleküle sind aus vielen tausenden Kohlenstoff-, Wasserstoff-, Stickstoff-, Sauerstoff-, Phosphor- und Schwefelatomen zusammengesetzt. Aus nicht ganz hundert Sorten von Atomen kann eine fast unbegrenzte Menge der verschiedensten Molekülarten aufgebaut werden. Die Chemiker kennen über eine Million verschiedene Moleküle. Die Atome im Molekül sind räumlich genau angeordnet.

So ist beispielsweise im Äthylalkohol (C_2H_5OH) das eine Kohlenstoffatom durch die elektrische Kraft an drei Wasserstoffatome und an das andere Kohlenstoffatom gebunden. Das andere Kohlenstoffatom ist noch an zwei Wasserstoffatome und an ein Sauerstoffatom gebunden.

Bei der Entstehung der Moleküle aus Atomen wird ein winziger Teil (rund ein Milliardstel) Ruhenergie aller ihrer Atome frei. Diese Energie heißt, wie bei den Kernen und Atomen, auch hier Bindungsenergie. Einige häufige Bindungsenergien sind in der folgenden Tabelle angeführt.

$C - C$ 2,56 eV
$N = N$ 6,8 eV (im Molekül N_2)
$O - O$ 1,52 eV (im Wasserstoffsuperoxid H_2O_2)
$O = O$ 4,17 eV (im Molekül O_2)
$O - H$ 4,78 eV (im Wassermolekül H_2O)
$C - O$ 3,04 eV (im Alkoholmolekül C_2H_5OH)

75

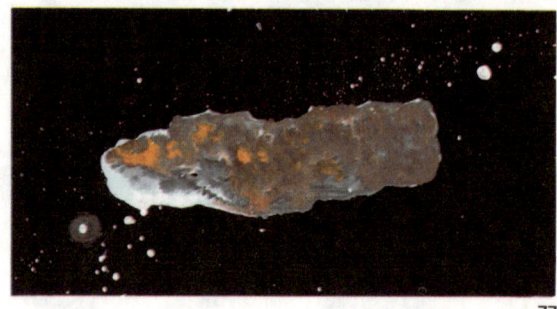
77

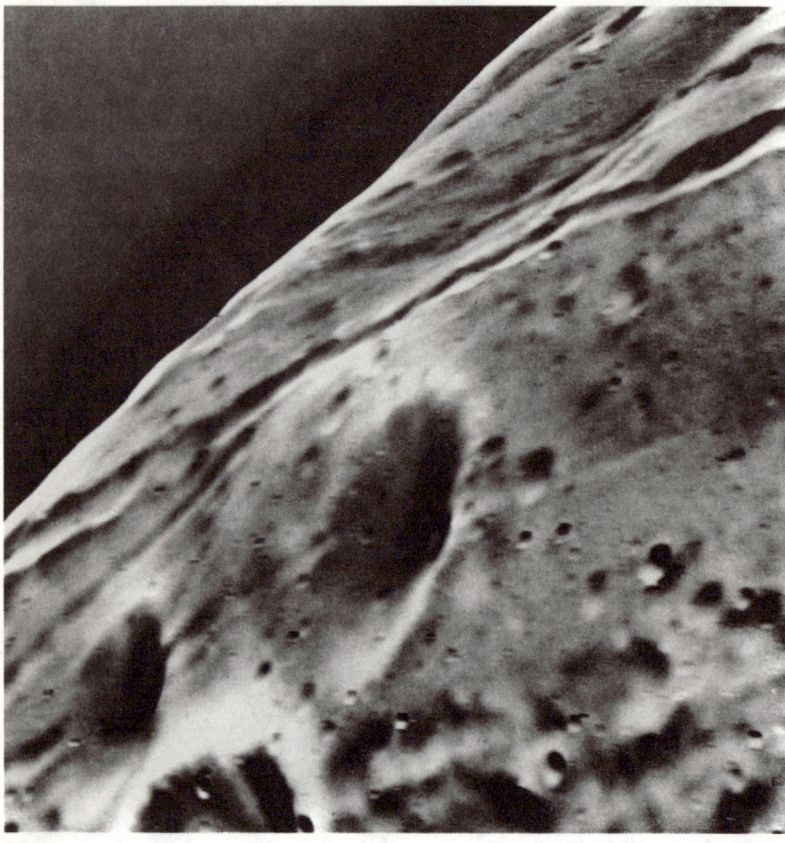
76

Bei den chemischen Reaktionen ändert sich der Molekülbau. Man gewinnt dabei Energie (exotherme Reaktion), oder es muß Energie zugesetzt werden (endotherme Reaktion), damit die Reaktion verläuft.

Moleküle sind im Weltall überall dort vorhanden, wo keine zu hohe Temperatur oder Dichte herrscht, wie z.B. in der Erdkruste, in der Erdatmosphäre, auf den übrigen Planeten und den Monden, in den Kometen, in den Staubwolken im interstellaren Raum. Einfache Moleküle lassen sich mit Hilfe des Spektrums auch in kühleren Sternen feststellen, aber natürlich nur an ihrer kälteren Oberfläche, denn in ihrem glühenden Inneren gibt es keine Atome. Etwa 40 Sorten von Molekülen wurden mit Hilfe von Radiowellen in den interstellaren Staubwolken entdeckt. Dort sind die Moleküle vor den Photonen der ultravioletten und der Röntgenstrahlung, aber auch vor den Teilchen der kosmischen Strahlung geschützt.

Der Kristall und die Zelle
— Molekülsysteme

Wir sprachen bisher von der elektrischen Kraft, die die Elektronen an den Kern und die Atome an das Molekül bindet. Auch zwischen den Molekülen wirkt die elektrische Anziehungskraft. Sie bildet aus den

Molekülen komplizierte Systeme. Wir erkannten schon, wie alles im Weltall aus Elementarteilchen mit Hilfe dreier Hauptkräfte aufgebaut ist. Nun betrachten wir eine weitere Stufe der Weltallhierarchie – den Übergang von den Molekülen zu ihren Systemen. Über drei Milliarden Jahre lang organisierten sich auf der Oberfläche unserer Erde die Moleküle zu immer komplizierteren und vollkommeneren Systemen: Moleküle – große Moleküle – Zellen – vielzellige Organismen (Abb. 66). Im Laufe der Entwicklung des Lebens erschienen auf der Erde allmählich immer vollendetere Molekülsysteme. Da für die Entwicklung lebender Organismen geeignete Bedingungen sehr wahrscheinlich auch in vielen anderen Planetensystemen in unserer Galaxis bestehen, können wir annehmen, daß es Leben auch an vielen anderen Orten der Milchstraße und in weiteren Galaxien gibt. Mit diesen Fragen befaßt sich ein neues Fachgebiet, die Exobiologie.

Die Moleküle jeder Materie sind ständig in ungeordneter Bewegung. Sie bewegen sich um so schneller, je höher die Temperatur der Materie ist. Bei Abkühlung verlangsamt sich ihre Bewegung. Bei einer bestimmten Temperatur ist die Anziehungskraft zwischen den Molekülen stärker als ihre Bewegung und bindet sie zu regelmäßigen Strukturen. Es entsteht ein fester Stoff. Bei genügend niedriger Temperatur erstarren fast alle Stoffe zu Kristallen.

Der Kristall ist ein System vieler Moleküle. Im Unterschied zu den Gasen und den Flüssigkeiten sind die Moleküle in ihm regelmäßig angeordnet. Sie bilden ein Raumgitter, das auch Kristallgitter heißt. Die Kristalle der verschiedenen Moleküle unterscheiden sich durch Farbe und Form voneinander. Die Vielfalt in der Kristallwelt ist eine Folge der elektrischen Kräfte, die zwischen den Molekülen und ihren Atomen wirken. Die Kristalle sind weit einfacher aufgebaut als das einfachste lebende Molekülsystem, die Zelle. Sie kommen jedoch viel häufiger vor und sind im Weltall überall dort vorhanden, wo Materie in festem Zustand existiert (Erdkruste, interstellarer Staub, Kometen, Monde usw.)

Die Kristalle unterscheiden sich wesentlich von der lebenden Zelle. Eine wichtige Eigenschaft ist ihnen beiden jedoch gemeinsam – das Wachstum. Die Kristalle wachsen in einer gesättigten Lösung, d. h. sie vergrößern ihren Umfang. So bilden sich in Salzwasser kleine Salzkristalle, die sich in dem Maß vergrößern, wie das Wasser verdampft.

Der Kristall nimmt an seinen Wänden weitere Moleküle so auf, daß sie eine Fortsetzung seines Gitters bilden. Sobald ein Molekül an der Kristallwand festgewachsen ist, gibt es einen ganz kleinen Teil seiner

78 Vergleich der galileischen Monde: **(1)** Io – 3 600 km, **(2)** Europa – 3 100 km, **(3)** Ganymed – 5 270 km, **(4)** Callisto – 5 000 km

78

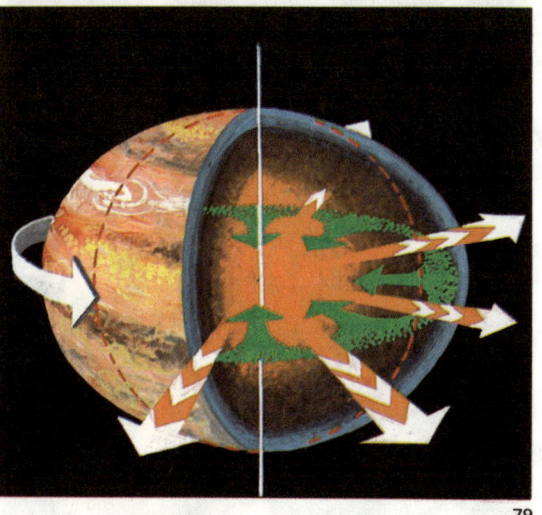

79

79 Die großen Himmelskörper (Planeten, Sterne) haben infolge der Eigengravitation eine runde Form. Wenn sie schnell rotieren, flacht sie die Zentrifugalkraft ab. Ein Beispiel dafür ist der Jupiter

Ruhenergie frei. Die elektrische Kraft ordnet die Moleküle so an, daß eine möglichst große Energie frei wird. Damit erklären wir uns, daß die verschiedenen Stoffe Kristalle verschiedener Formen bilden. Die bei der Entstehung des Kristalls freiwerdende Energie heißt auch hier wieder Bindungsenergie. Je größer sie ist, um so stabiler und widerstandsfähiger ist das Molekülsystem Kristall gegen äußere Eingriffe, und um so stärker muß es erwärmt werden, damit es schmilzt.

Das Gestein — ein Kristallsystem

Von Beginn dieses Kapitels an verfolgten wir, wie sich aus den Elementarteilchen

80 Der Planet Mars, von der Sonde Viking 2 aus 419 000 km Entfernung fotografiert. Die Sonde näherte sich dem Mars von der Nachtseite. Von der Mitte nach Osten (rechts unten) zieht sich der lange Cañon Valles Marineris (Abb. 83). Der Nordpol ist oben, der Südpol unten im Dunkeln (denn auf der südlichen Halbkugel ist zu dieser Zeit Winter). Beim Südpol befindet sich ein großer, mit Rauhreif und Nebel bedeckter Krater. Die weißen, langen Streifen hinter dem Vulkan (oben) sind Wolken aus Eiskristallen

allmählich höhere und kompliziertere Systeme bildeten. Die Abb. 66 zeigt diesen sukzessiven Zusammenschluß der Elementarteilchen zu Kern, Atom, Molekül, Kristall und Gestein bis schließlich zu einem Himmelskörper. Gewöhnlich heißt eine solche Anordnung Hierarchie-Struktur. Jedes Ding ist aus einfacheren Teilen zusammengesetzt, die wir Subsysteme nennen. So ist z. B. der

Meteoriten im Museum ist ein aus einer ganzen Reihe von Kristallen bestehendes Gestein (z. B. Troilit, Taenit, Pigeonit usw.).

Die Geologen unterscheiden die Gesteine lieber nach ihrem Ursprung als nach den Kristallen (Mineralien), aus denen das Gestein besteht. Gesteine, die durch Abkühlung und Auskristallisierung des heißen

81 Farbaufnahme der Marsoberfläche, von der automatischen Sonde Viking 1 fotografiert. Das orangerote Oberflächenmaterial (mit Limonit – Eisenoxid – gefärbt) bedeckt den größten Teil der Marsoberfläche. Unter ihm ist eine dunklere Unterlage (in der rechten unteren Ecke)

81

Kristall ein System von Molekülen bzw. das Molekül ein Subsystem des Kristalls. Aber das Molekül selbst ist ein System von Atomen, so daß das Atom ein Subsystem des Moleküls ist.

Das Gestein ist eine Gruppierung verschiedener Kristalle, die aneinander durch elektromagnetische Kräfte gebunden sind. Es kann ausgedehnt sein und ganze Gebirgszüge bilden. Aber auch ein Stückchen eines

Magmas entstanden, heißen vulkanische oder Eruptivgesteine. Sie bilden zum überwiegenden Teil die Erdkruste, auch wenn sie nicht überall an die Oberfläche treten. Den kleineren Teil bilden Sediment- und metamorphe Gesteine. Eingehender werden die Gesteine und ihre Struktur in Kap. VII behandelt. Wir fügen hier nur hinzu, daß die Gesteine der Erdkruste, auf denen wir herumgehen, vor allem aus Kristallen verschiedener Silikate bestehen. Im oberen Teil herrschen Aluminiumsilikate, im unteren Teil Eisen- und Magnesiumsilikate vor.

Planetare Körper
– Systeme von Gesteinen

82 Die Sanddünen auf dem Mars lassen auf starke Winde schließen

Die kompliziertesten Systeme in festem Zustand sind kleine Planeten, Monde oder

82

83

83 Der riesige Cañon (Valles Marineris) ist 6 km tief, etwa 100 km breit und etwa 5 000 km lang. An seiner Bildung war Wasser beteiligt, das früher einmal in großer Menge vorhanden gewesen ist

Planeten. Es sind Gesteinssysteme. Die Planeten, aber auch der Saturnmond Titan, sind von einer Gasatmosphäre umgeben, ihren Mittelteil bilden jedoch immer Gesteine. Dies trifft auch für den größten Planeten, den Jupiter, zu, dessen Kern wahrscheinlich aus Eisensilikaten besteht. Der Kern des Jupiter und der übrigen großen Planeten (Saturn, Uranus und Neptun) ist von einer ausgedehnten Gashülle – vor allem Wasserstoff (H_2), Helium (He), Methan (CH_4) und Ammoniak (NH_3) – umgeben. Zwischen der gasförmigen Hülle und dem Kern befindet sich eine dicke Schicht von metallischem Wasserstoff. Der Druck und die Dichte sind in ihr so hoch, daß sich die Elektronen zwischen den Protonen frei bewegen. Bei höheren Drücken als 2,5 Millionen Atmosphären nimmt der Wasserstoff die Eigenschaften von flüssigem Metall an, ähnelt also dem Quecksilber. Der Kern der Riesenplaneten ist von einer festen Schicht metallischen Wasserstoffs umgeben, über der sich flüssiger metallischer Wasserstoff befindet. Wasserstoff kann unter extrem hohem Druck ein Gestein bilden.

Nicht nur Wasserstoff, auch Eis kann ein Gestein bilden und am Bau planetarer Körper beteiligt sein. Viele Saturnmonde bestehen aus Eis. Auch der Titan ist z.B. mit Eis bedeckt, und seine niedrige Dichte (nur 1,6 mal größer als die Dichte des Wassers) läßt darauf schließen, daß dieser größte Saturnmond einen kleinen Kern aus siliziumhaltigem Gestein hat, der von einer ausgedehnten Eisschicht umgeben ist. Und schließlich sind ja auch die Polarzonen unseres Planeten mit einer dicken Schicht ewigen Eises bedeckt.

Das Studium des Saturnringes aus der Nähe (mit Hilfe der Raumsonden Voyager) zeigte, daß der Ring eigentlich aus einer ungeheuren Menge kleiner Eisblöcke und Staubteilchen besteht, die wie kleine Monde um ihren Riesenplaneten kreisen. Ihre Bahnen liegen in einer Ebene, und deshalb bilden sie einen Ring.

Einen ähnlichen Bau wie der Titan haben die Kometen – also weit kleinere Himmelskörper. Der Titan hat eine Masse von $9 \cdot 10^{21}$ kg, während die Masse des Halleyschen Kometen nur $2,5 \cdot 10^{16}$ kg beträgt. Die Kometen kommen, wie bekannt, aus den kalten äußeren Bereichen des Sonnensytems. Sie sind aus Eis und Schnee – verschmutzt durch Staub. Es sind Schnee- und Eisbälle von 1 bis 10 Kilometer und mehr Durchmesser. In der Mitte ist ein kleiner felsiger Kern von etwa 1 km Durchmesser verborgen. Wenn sich ein solcher Schneeball der Sonne nähert, sublimiert das Eis durch die Sonnenwärme und verwandelt sich in Gas. In einer Sekunde kann der Schneeball Dutzende von Tonnen verschiedener Gase (CO, CO_2, NH_3, O_2 u.a.) freigeben, die davon zeugen, daß der Kometenkern nicht bloß aus Wassereis und -schnee, sondern auch aus anderen festen Stoffen, wie Methan- und Ammoniakeis besteht. Die freigewordenen Gase bilden um den Kern eine ausgedehnte Hülle, die sog. Koma. Die Koma (griechisch „Haar") ist sehr dünn, weit dünner als die Luft, die wir atmen. Sie ist viel größer als unsere Erde, manchmal sogar größer als die Sonne. Der Sonnenwind bläst die Koma von der Sonne fort, und es entsteht der oft viele Millionen Kilometer lange Schweif.

Kleine, feste Körper aus Gesteinen, wie Meteoroide, Kometenkerne, kleine Monde und die große Mehrzahl der kleinen Planeten (Planetoiden), werden durch die elektrische Kraft zusammengehalten. Da sie, wie wir schon sagten, eine nur kleine Masse haben, ist ihre Gravitationskraft klein. Die Form dieser kleinen Körper ist deshalb unregelmäßig. So hat der Marsmond Deimos die Ausmaße 11 km . 12 km . 15 km. Auch der größere Phobos sieht wie eine Kartoffel aus: 19 km . 22 km . 28 km sind seine Abmessungen. Unter den Planetoiden ragt Geographos hervor, dessen langgestreckte Form an eine Zigarre erinnert (Abbildung 77).

Je größer Masse und Volumen eines festen Körpers sind, um so stärker macht sich seine Gravitation bemerkbar — sie wirkt nicht nur auf die übrigen Körper, sondern auch auf ihn selbst (Eigengravitation). Im Inneren der festen Körper, deren Durchmesser größer als 500 km sind, ist die Eigengravitation schon so groß, daß sie die kristalline Struktur der Gesteine zermalmt. Das feste Gestein im Inneren wird zu einer nachgiebigen teigigen Masse, in der sich die Drücke aus den verschiedenen Richtungen ausgleichen. Auf diese Weise verschwinden die Unregelmäßigkeiten des Körpers: Die höheren Erhebungen sind schwer und sinken nach der Mitte zu, und die leichteren Teile werden in dem teigigen Stoff heraufgedrückt. Ein solcher Ausgleich heißt isostatisches Gleichgewicht. Der Körper ist bestrebt, mit Hilfe der Eigengravitation Kugelform anzunehmen.

Die Kugelform schnell rotierender Körper wird aber durch die Zentrifugalkraft abgeflacht (Abb. 79).

Das Sonnensystem

Unsere Sonne ist von einer großen Zahl von Körpern verschiedener Größe umgeben

84

— von mikroskopisch kleinen Mikrometeoroiden (Körnchen von der Größe eines Tausendstelmillimeters) bis zum Riesenplaneten Jupiter. Alle diese Körper bilden das Sonnensystem, denn die Sonne hält sie durch die Gravitationskraft in ihrer Nähe und zwingt sie, sie in elliptischen Bahnen zu umkreisen.

Die Hauptglieder des Sonnensystems sind die Sonne und die neun Planeten. Um einige dieser Planeten (Erde, Mars, Jupiter, Saturn, Uranus und Neptun) kreisen Monde. Heute sind im Sonnensystem insgesamt etwa vierzig Monde bekannt. Mit Hilfe interplanetarer Sonden werden aber immer noch neue kleinere entdeckt. Zu diesen natürlichen Monden, die zugleich mit den Planeten vor etwa 4,6 Milliarden Jahren entstanden, fügte der Mensch in letzter Zeit künstliche Satelliten hinzu. Er bestückt sie mit wissenschaftlichen Instrumenten, um die Planeten und ihre

84 Unter den Marsvulkanen ist Olympus Mons der größte und jüngste. Sein Durchmesser am Fuß beträgt 600 km, seine Höhe 25 km. Die runden Krater sind Reste der Öffnungen, aus denen die Lava floß. Der größte Krater hat einen Durchmesser von 80 km. Die Wolken um den Vulkan bedecken auch seinen Fuß

85

86

natürlichen Monde besser kennenzulernen.

Zu den Monden kann auch die ungeheure Menge sehr kleiner Körper gerechnet werden, die um den Jupiter, den Saturn und den Uranus laufen und die sog. Ringe bilden. Die Monde und die Ringe bewegen sich in der Nähe ihrer Planeten, d. h. in jenem Raum, in dem die Gravitationskraft des Planeten größer ist als die der Sonne. Ein Mond, der aus der „Gravitationsgrube" eines Planeten (Abb. 93) entweicht, hört auf, dessen Mond zu sein; er wird selbst ein Planetoid, und seine Bewegung ist von der Sonne bestimmt. Das geschah einst wahrscheinlich mit einem Neptunmond – dem Pluto (Abb. 94).

Schon seit Kopernikus ist bekannt, daß sich die Planeten um die Sonne in Bahnen bewegen, die bei allen in ungefähr gleicher Ebene – der ekliptikalen Ebene – liegen. Der Prager Astronom Johannes Kepler leitete aus den von Tycho Brahe angestellten Beobachtungen ab, daß die Planetenbahnen Ellipsen sind, in deren einem Brennpunkt sich die Sonne befindet. Je näher sich der Planet (oder ein anderer Körper) bei der Sonne befindet, um so schneller umkreist er sie. Von der Erde aus sehen wir die Planeten auf dem Hintergrund der zodiakalen Sternbilder, die sich längs der Ekliptik erstrecken. Wenn wir den Himmel längere Zeit (Tage oder Wochen) beobachten, stellen wir fest, daß sich die Planeten gegenüber den Tierkreissternbildern bewegen, von einem zum anderen überwechseln. Wir nennen sie deshalb Wandelsterne oder (nach dem griechischen Wort planetein – irregehen) Planeten (Abb. 107).

Viel kleiner als ein Planet sind die Planetoiden (kleine Planeten oder Asteroiden genannt). Sie sind mit bloßem Auge unsichtbar, und um manche von ihnen zu sehen, bedarf es der größten Fernrohre der Welt. Im Fernrohr erscheinen die Planetoiden als Sterne, aber schon wenige Stunden später können wir feststellen, daß sie sich den wirklichen Sternen gegenüber bewegen. Die Zahl der Planetoiden wird mit vierhunderttausend angenommen, doch wurden bisher nur einige Tausend beobachtet. Die Gesamtmasse aller Planetoiden beträgt etwa ein Tausendstel der Erdmasse. Der Durchmeser des größten Planetoiden, Ceres, ist 1020 km, der des zu den kleinsten zählenden Adonis 300 m. Die meisten Planetoiden bewegen sich im Raum zwischen den Bahnen des Mars und des Jupiter. Nur selten nähert sich einer der Erde (z. B. Adonis) oder verirrt sich bis hinter die Bahn des Saturns (Chiron). Heute wird auch Pluto mit seinem Mond Charon als ein Doppelplanetoid betrachtet. Einige Planetoiden haben Namen, die ihnen ihre Entdecker gaben. Wahrscheinlich sind die Planetoiden, die ins Innere der Marsbahn gelangen, erloschene Kometen mit erschöpfter Eis- und Schneehülle, die kleinen Kerne kurzperiodischer Kometen (aus Gestein), die nie mehr Koma und Schweif bilden können.

Die kleinsten Mitglieder des Sonnensystems sind die Gesteinsstückchen und -körnchen, die wir Meteoroiden nennen. Wie die großen Himmelskörper umkreisen auch sie die Sonne in elliptischen Bahnen. Die kleinsten Meteoroiden bestehen aus nur einigen Hundert Molekülen, die größten haben einen Durchmesser von einem Bruchteil eines Kilometers und nähern sich der Größe der Planetoiden. Alle Meteoroiden zusammen heißen Meteoroidenkomplex. Er weist Linsenform auf und zieht sich längs der Ekliptikebene hin. Das durch den Meteoroidenkomplex gestreute und von ihm reflektierte Licht können wir im Herbst vor Sonnenaufgang und im Frühjahr nach Sonnenuntergang beobachten. Es zeigt sich uns als leuchtender Kegel im Bereich der Tierkreissternbilder, und heißt daher Zodiakallicht oder Tierkreislicht.

Der im Sonnensystem am weitesten entfernte Planet ist Pluto (manche Astronomen zählen ihn zu den Planetoiden). Er ist 40mal weiter von der Sonne entfernt als die Erde

87 Der Jupiter und seine vier größten Monde Ganymed, Callisto, Io und Europa. Sie heißen nach ihrem Entdecker galileische Monde

87

88 Der Saturn und seine Monde: Dione vorn, Thetys und Mimas rechts, und links von den Ringen Enceladus und Rhea. Bis auf die von Enceladus sind alle Oberflächen mit Kratern bedeckt. Hinten rechts der größte Saturn-Mond Titan

oder, wissenschaftlich ausgedrückt, von der Sonne 40 astronomische Einheiten entfernt. Eine astronomische Einheit ist die durchschnittliche Entfernung zwischen Erde und Sonne; sie beträgt 149,6 Millionen Kilometer. Pluto kann zwar der sonnenentfernteste Planet sein (gegenwärtig ist es Neptun), aber mit ihm endet das Planetensystem nicht. Die Anziehungskraft der Sonne reicht viel weiter. Bis zu einer Entfernung von rund 100 astronomischen Einheiten reicht der Sonnenwind (Abb. 185). Dort ist also die Grenze der Heliosphäre. Noch einige hundert Mal weiter kann ein Komet vorkommen. Aber das ist bereits ein Drittel der Entfernung zum nächsten Stern (Proxima Centauri), der von der Sonne 4,25 Lichtjahre, d.h. 269 000 astronomische Einheiten, entfernt ist. Viele Milliarden von Kometen in Entfernungen von 30 000 bis 100 000 astronomischen Einheiten bilden die Außenhülle des Sonnensystems.

Sicher ist nicht nur unser Stern – die Sonne – von einem ausgedehnten Planetensystems begleitet. Wahrscheinlich gibt es im Milchstraßensystem Milliarden von Sternen

89 Der Nordteil des Saturns, fotografiert aus einer Entfernung von 9 Millionen Kilometern. Im mittleren dunklen Streifen sind weiße Wolken (ähnlich wie unsere Gewitterwolken). Das kleinste Detail mißt 175 km. Bild von Voyager 1 vom 5. November 1980

90

mit eigenen Planetensystemen. Direkt können wir sie selbst mit den größten Fernrohren nicht sehen, denn das von ihnen reflektierte Licht ist zu schwach.

Der Stern — ein riesiges, aber einfaches System

Ein Stern ist ein Himmelskörper, der eigenes Licht ausstrahlt. Dadurch unterscheidet er sich von den Planeten, den Kometen, den Monden und den Nebeln, die von der Sonne oder von einem nahen Stern beleuchtet werden. Die Materie, aus der die Sterne bestehen, ist ein sehr heißes Plasma. Die niedrigsten Temperaturen auf den Sternoberflächen liegen bei 1000 K, die höchsten erreichen hundertfünfzigtausend Kelvin (an der Oberfläche neuentstandener Weißer Zwerge). Diese Temperaturen wurden durch Analyse der von der Sternoberfläche kommenden Strahlung gemessen. Aus dem Inneren der Sterne entweicht kein Photon, und deshalb können wir das Sterninnere nicht direkt kennenlernen.

Immerhin ist es uns aber möglich, die Temperatur an jeder Stelle des Sterninnern zuverlässig zu errechnen. Im Zentrum der Sonne herrscht z.B. eine Temperatur von dreizehn Millionen Kelvin. Die Sterne, die aus einer größeren Menge von Nukleonen als die Sonne bestehen (Sterne mit größerer Masse), haben in ihrem Innern höhere Temperaturen (bis Hunderte Millionen Kelvin). Die Temperaturen im Innern der Sterne mit der größten Masse erreichen über drei Milliarden Kelvin.

Der Stern ist ein riesiges, aber sehr einfaches System von Elementarteilchen. Die Zahl der Nukleonen, aus der ein normaler Stern aufgebaut ist, ist unvorstellbar groß. Sie ließe sich durch eine Zahl mit 57 Nullen ausdrücken. Die Nukleonenzahl der Sonne ist dreihunderttausendmal größer als die, aus der die Erde besteht. Die Zahl der Nukleonen in einem Stern gibt Aufschluß über seine Masse. Die Masse eines Nukleons beträgt rund 10^{-24} g.

Obgleich die Sonne ein viel größeres System ist als die Erde, ist sie weit einfacher aufgebaut als unser Planet. Davon überzeugt

91

91 Die Zeichnung veranschaulicht die künftige Begegnung von Voyager 2 mit dem Planeten Neptun und seinem Mond Triton. Sie soll am 24. August 1989 stattfinden

92 Die Weltraumsonde Voyager, die zum Studium des Jupiters, des Saturns und ihrer Monde wesentlich beigetragen hat. Oben die Antenne mit dem auf die Erde gerichteten Spiegel. Links der Generator, in dem durch Isotopenzerfall Wärme gewonnen wird. Diese wird dann in Thermoelementen in elektrischen Strom verwandelt. Rechts sind verschiedene Meßgeräte (zum Messen des Plasmas, der kosmischen Strahlungen sowie des ultravioletten und infraroten Spektrums) und die Fernsehkameras

92

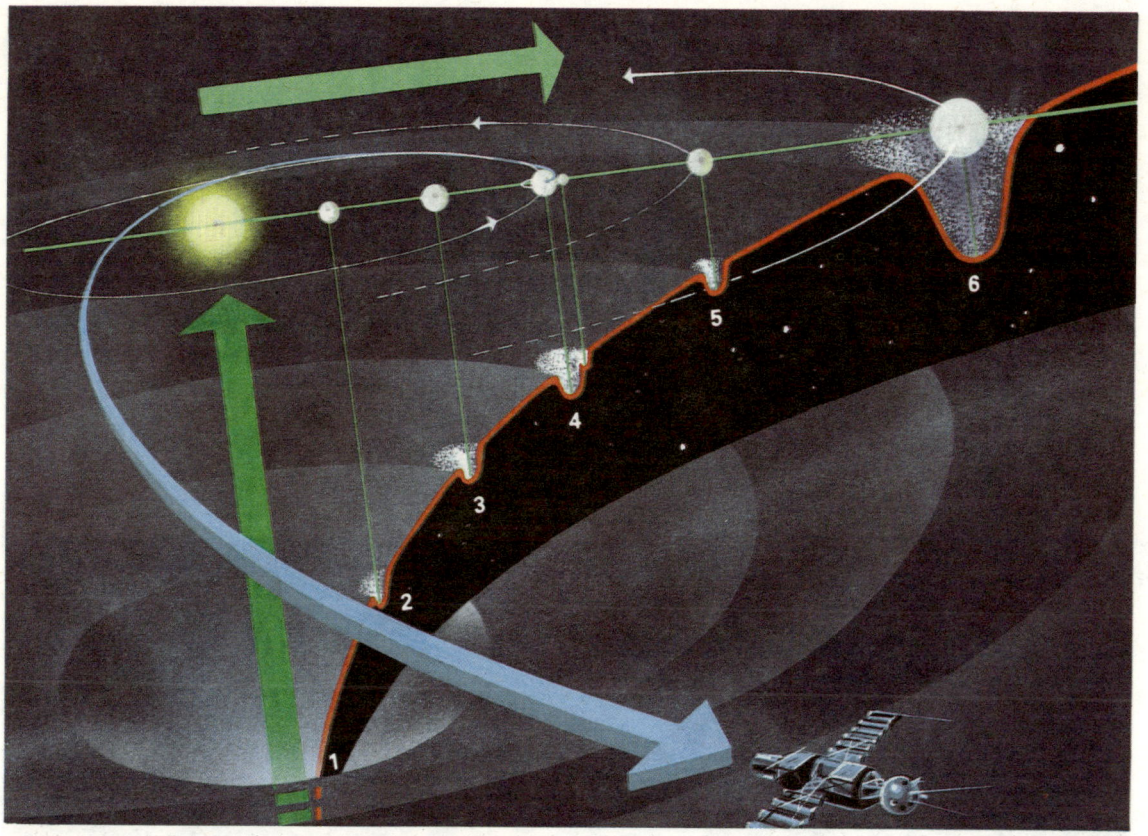

93

93 Die Planeten umkreisen die Sonne wie ein Radfahrer auf einer geneigten Bahn. Wenn die Planeten stillstünden, würden sie in die Sonne fallen. Um die Sonne (1) ebenso wie auch um die Planeten (2 – Merkur bis 6 – Jupiter) sind sog. Gravitationsgruben. Je schwerer und zugleich kleiner (also dichter) der Körper ist, um so tiefer ist seine Gravitationsgrube. Die tiefsten Gravitationsgruben sind demnach die schwarzen Löcher

uns Abb. 65 und 66. Die Erde besteht wie die übrigen planetarischen Körper aus Gesteinen, die Gesteine aus Kristallen, die Kristalle aus Molekülen, die Moleküle aus Atomen, die Atome aus Kernen und Elektronen. Aus den Abbildungen geht hervor, daß ein Stern nur aus Atomkernen (vor allem aus Protonen und Alpha-Teilchen) und Elektronen zusammengesetzt ist. Moleküle und Atome sind im Stern nur in einer vernachlässigbar kleinen Menge vorhanden, und kompliziertere Systeme fehlen ganz. Sie können im glühenden Innern des Sterns gar nicht existieren, denn sie würden durch die heftigen Stöße der Protonen und der Elektronen sofort zerschlagen. Deshalb sind die Sterne nur aus Kernen und Elektronen aufgebaut. Ihre Temperatur, ihre Dichte, ihr Druck und ihre chemische Zusammensetzung in jeder Tiefe unter der Sternoberfläche können wir leicht errechnen. Bei der Erde gelingt uns das nicht.

Wie ist es möglich, daß die Astronomen das Innere der entfernten Sterne besser kennen als das Innere des Planeten, auf dem wir leben? Wie erkennen sie das Sterninnere?

Durch Beobachtungen lassen sich Masse, Halbmesser und Oberflächentemperatur eines Sterns bestimmen. Das Innere ist nicht sichtbar, doch es ist uns bekannt, daß es aus Plasma besteht, und das Verhalten des Plasmas ist gut erforscht. Wir wissen beispielsweise, daß der Druck im Plasma um so größer ist, je wärmer und dichter es ist. Die Druckkraft an einer bestimmten Stelle im Innern ist jedoch gleich dem Gewicht aller Schichten über dieser Stelle. Wäre der Plasmadruck größer, würde sich der Stern ausdehnen, im umgekehrten Fall würde er schrumpfen. Wenn sich der Halbmesser nicht ändert, bedeutet dies, daß Gewicht und Druckkraft sich die Waage halten. Die erwähnten Beziehungen lassen sich mathematisch (mit Hilfe von Gleichungen) ausdrükken. Auf leistungsfähigen Rechnern können wir das Modell des Sterns, die Temperatur, die Dichte und die chemische Zusammensetzung in jeder Tiefe unter der Sternoberfläche errechnen.

Die grundlegende Kraft, die alle Kerne und Elektronen zu einem Stern verbindet, ist die Gravitation. Genauer gesagt, die eigene

Anziehungskraft, denn ein Atomkern im Stern zieht den andern Kern durch die Gravitationskraft an. Eine schwächere Anziehungskraft wirkt auch zwischen Atomkern und Elektron. Sogar die Elektronen im Stern ziehen einander, allerdings durch sehr schwache Gravitation an, denn ihre Masse ist viel kleiner als die Masse der Atomkerne.

Die kleinsten Sterne haben eine etwa

nen als Pulsare mit Hilfe von Radioteleskopen beobachtet werden; sie sind Reste massereicher Sterne als unsere Sonne (Kap. III).

Entfernungen der Sterne

Die Sterne sind von uns unvorstellbar weit entfernt. Eine Ausnahme bildet unser Stern

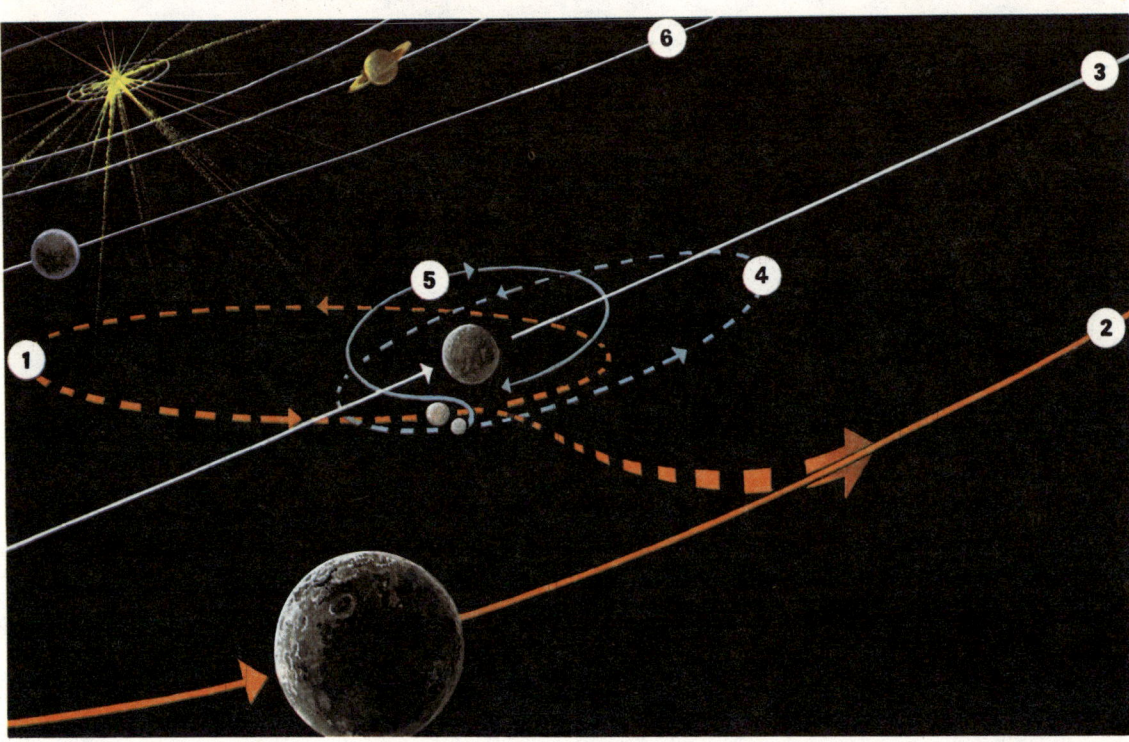

94 Der entfernteste Planet, Pluto, bewegt sich auf einem Teil seiner Bahn zwischen Uranus (6) und Neptun (3). Man nimmt an, daß er früher einmal ein Mond (1) des Neptuns gewesen ist, der von Triton (4) so viel Energie erhalten hatte, daß er sich aus dem Gravitationsfeld, d. h. der Anziehungskraft des Neptuns, befreien konnte. Er flog von ihm fort und umkreist die Sonne (2). Der Triton begann in umgekehrter Richtung zu kreisen (5). Gestrichelt sind die Bahnen von Pluto (1) und von Triton vor dem Zusammenstoß und mit einer vollen Linie die nach ihm (heute) angezeigt

94

zehntausendmal größere Masse als die Erde, und die größten Sterne sind ungefähr zehnmillionenmal schwerer als die Erde.

Die Sterne sind ganz verschieden groß. Die Weißen Zwerge haben die Größe unserer Erde; ihre Dichte ist etwa einmillionenmal höher als die des Wassers. Die Materie in ihnen ist entartet. Das Volumen der Sternriesen ist dagegen viele millionenmal größer als das der Sonne, und die Sonne selbst ist ungefähr einmillionenmal größer als die Erde.

Die kleinsten beobachteten Sterne sind die Neutronensterne. Ihr Volumen ist Hunderte Milliarden mal kleiner als das der Erde. Da in einem so kleinen Raum die ungeheure Sternmasse Platz findet (sie ist ebenso groß wie die Masse der normalen Sterne), haben die Neutronensterne eine phantastische Dichte. Die Materie in ihnen besteht nur aus Neutronen. Neutronensterne kön-

– die Sonne, die viele millionenmal näher ist als die übrigen Sterne. Dennoch können wir uns auch die Entfernung der Sonne nicht vorstellen, geschweige denn die Entfernungen der Sterne. Die Astronomen sind jedoch imstande, diese Entfernungen zu messen und zu errechnen. Die gemessenen Entfernungen sind vom menschlichen Gesichtspunkt gesehen so ungeheuer groß, daß ein neues „Metermaß", das Lichtjahr, eingeführt werden mußte. Niemand vermag sich ein Lichtjahr vorzustellen, weil es eine Entfernung ist, die außerhalb der menschlichen Vorstellungskraft liegt. Es ist die Entfernung, die der Lichtstrahl in einem Jahr zurücklegt. In einer Sekunde legt das Licht 300 000 km zurück. In der Zeit, in der wir das Wort „Einundzwanzig" aussprechen, ist das Licht siebenmal um die Erde oder einmal von der Erde zum Mond gelaufen (die Raumfahrer haben dazu drei Tage gebraucht). In einer Minute

95 Ein Teil des Saturnringes. Dieses Bild wurde aus einer Entfernung von 8,9 Millionen Kilometer so aufgenommen, daß die Unterschiede in der ultravioletten Strahlung hervortreten. Der Ring C ist blau, der Ring B innen braun und außen grün, und der Ring A grau. Der Farbunterschied wird durch die chemische Zusammensetzung bewirkt

95

96

97

96 Der Saturnring, fotografiert am 29. August 1981, als sich Voyager 2 etwa 3,4 Millionen Kilometer hinter dem Planeten befand. Durch den Ring (von unten gesehen) scheint die Oberfläche des Saturns hindurch. Das beweist, daß der Saturnring keine kompakte Platte ist, sondern aus vielen großen Felsbrocken, Steinen, Steinchen, Staub und Eisteilchen besteht

97 Der Jupiterring, aus einer Entfernung von 1,5 Millionen Kilometer aufgenommen. Wie der Saturnring, besteht auch der Jupiterring aus einer großen Menge von großen und kleinen Steinen, Staub sowie Eisstückchen und -stücken. Sein Außenrand ist 128 000 km von der Mitte des Jupiters entfernt, aber der innere dunkle Teil reicht bis in die Atmosphäre des Jupiters

legt das Licht achtzehn Millionen Kilometer zurück. Dies bedeutet praktisch, daß die von der Erde achtzehn Millionen Kilometer entfernte Raumsonde ein Signal von der Erde erst eine Minute nach seiner Ausstrahlung erhält. In einem Jahr legt das Licht zehn Billionen Kilometer zurück, und diese Entfernung heißt Lichtjahr. Die Astronomen haben noch eine weitere Einheit für Welt-

Firmament zweimal, in einem Abstand von einem halben Jahr, fotografiert. Die Sterne auf dem ersten Bild sind gegenüber ihren Stellungen auf dem zweiten Bild etwas verschoben, und zwar um so mehr, je näher sie uns sind. Und gerade diese zwar sehr kleine, aber mit feinen Geräten meßbare Verschiebung gestattet es, die Entfernung des Sternes zu errechnen. Diese Methode der Entfer-

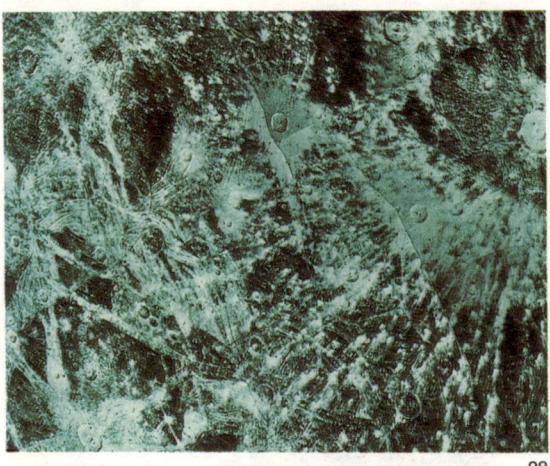

98 Die Oberfläche von Ganymed ist mit Kratern und Furchen bedeckt. Ganymed ist größer als Merkur. Er besteht aus Felsen und Eis

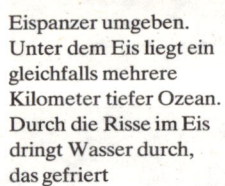

99 Die Oberfläche des Mondes Europa ist glatt. Die dunklen Linien auf der Oberfläche erinnern an die Risse im arktischen Eis. Europa ist von einem mehrere Kilometer dicken

Eispanzer umgeben. Unter dem Eis liegt ein gleichfalls mehrere Kilometer tiefer Ozean. Durch die Risse im Eis dringt Wasser durch, das gefriert

raumentfernungen eingeführt, die Parsek genannt wird. Ein Parsek ist gleich 3,26 Lichtjahren oder 206 265 astronomischen Einheiten oder $30,86 \cdot 10^{12}$ km. Sehr häufig genügt auch das Parsek nicht, und man benutzt das Megaparsek, das einmillionenmal größer ist.

Die Entfernung der Sterne messen die Astronomen ähnlich wie die Geometer die Entfernung eines unzugänglichen Punktes C. Zuerst werden die Entfernungen zweier beliebiger zugänglicher Punkte A und B und dann die Winkel α und β bestimmt (die Punkte A, B und C bilden ein Dreieck). Durch einfache Berechnung erhält man die Entfernung des Punktes C von A und B. Beim Messen der Entfernungen der Sterne muß die Entfernung zwischen A und B so groß wie möglich gewählt werden. Das größte mittels Erde meßbare Entfernungsmaß ist der Durchmesser der Erdbahn. Deswegen wird der Stern und das ihn umgebende

nungsmessung reicht für Entfernungen bis etwa 100 Lichtjahre (Abb. 116).

Es gibt noch andere Möglichkeiten, aber die geschilderte Methode ist die grundlegende.

Die Bewegung der Sterne

Im Weltall ist nichts in Ruhe, alles bewegt sich. Die Geschwindigkeiten der Planeten, der Kometen, der Meteore, der Monde, der künstlichen Satelliten, der Raumschiffe betragen einige Kilometer bis hundert Kilometer in der Sekunde. Die Bewegung der Sterne nehmen wir auf zweierlei Art wahr, ähnlich wie die Bewegung eines Schnellzuges, der eine Station durchfährt und dabei pfeift. Der Zug bewegt sich gegenüber seiner Umgebung. Die Sterne bewegen sich gegenüber den anderen Sternen, Galaxien und Sternhaufen auf die gleiche Art. Diese Bewegung nennen wir Eigenbewegung der Sterne.

Obgleich die wirkliche Bewegung der Sterne im Raum weit schneller ist als die unseres Zuges, können wir während der ganzen Dauer unseres Lebens der ungeheuren Entfernung wegen nicht sehen, daß die Sterne ihren Ort am Himmel irgendwie

derlich, um feststellen zu können, daß die Sterne während eines Menschenlebens tatsächlich, wenn auch nur ganz wenig, ihren Ort verändern. Die Astronomen fotografieren die Himmelskugel zweimal in einer Zeitspanne von mehreren Jahrzehnten. Durch genaue Vergleiche beider Fotografien läßt sich nachweisen, um wie viel sich ein Stern fortbewegt hat. Die Verschiebungen

100

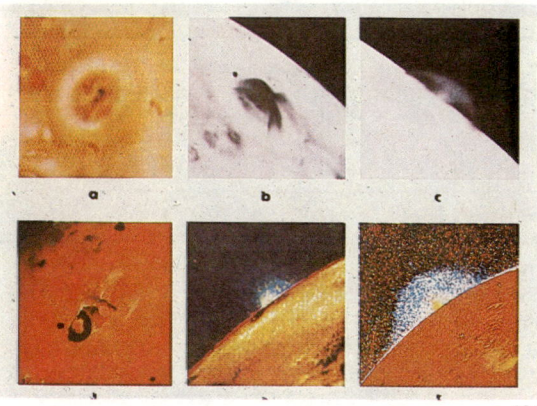

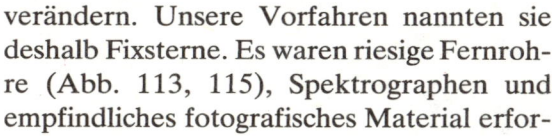

101

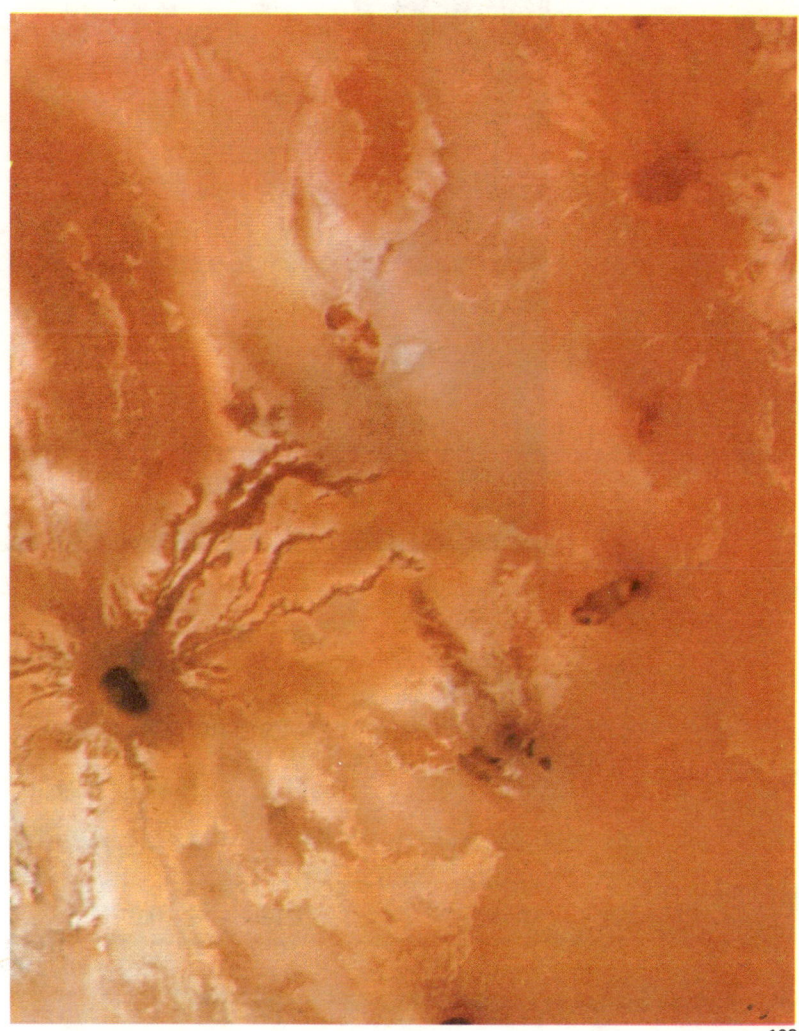

102

100 Die größte Überraschung bei der Erforschung der Jupiter-Monde war die Entdeckung einer vulkanischen Tätigkeit auf dem Mond Io. Sie wird durch die Gravitationswirkung von Jupiter hervorgerufen

101 Einige tätige Vulkane auf dem Mond Io. Die Geschwindigkeit, mit der die Gase herausgeschleudert werden, beträgt bis 1 km s. Beim Ätna sind es höchstens 50 m/s

102 Ein Vulkan auf Io. Der schwarze Krater enthält geschmolzenen Schwefel. Ähnliche Vulkane gibt es dort viele. Bis weit in den Weltraum hinein werden Schwefel, Sauerstoff und Natrium aus den Vulkanen geschleudert

verändern. Unsere Vorfahren nannten sie deshalb Fixsterne. Es waren riesige Fernrohre (Abb. 113, 115), Spektrographen und empfindliches fotografisches Material erfor-

103 Enceladus hat einen Durchmesser von 500 km. Die glatten Flächen links sind junge Gebiete. Sie wurden von geschmolzenem Material aus dem Innern in den letzten Millionen Jahren überflutet. Die Brüche in der Kruste sind bis mehrere hundert Kilometer lang

103

sind natürlich nur sehr klein. Die schnellsten Sterne bewegen sich in mehreren Jahrhunderten etwa einen Monddurchmesser weit.

Nach Jahrtausenden sind die Bewegungen schon deutlicher sichtbar. Da die Richtung der eigentlichen Bewegung am Himmel für

Planet	Entfernung in astr. Einheiten	Umlaufzeit Jahre	Rotation	Masse (Erde = 1)	Äquatorhalbmesser (Erde = 1)	mittlere Dichte kg/m³	Anzahl der Monde (1986)
Merkur	0,39	0,24	58,6 Tage	0,06	0,38	5600	0
Venus	0,72	0,62	243 Tage	0,82	0,95	5200	0
Erde	1,00	1,00	23 h 56 min	1,00	1,00	5518	1
Mars	1,52	1,88	24 h 37 min	0,11	0,53	3950	2
Jupiter	5,20	11,86	9 h 50 min	317,89	11,23	1314	16
Saturn	9,54	29,46	10 h 14 min	95,15	9,41	704	20
Uranus	19,18	84,01	10 h 49 min	14,54	4,06	1210	15
Neptun	30,06	164,79	15 h 48 min	17,23	3,88	1670	3
Pluto	39,44	247,70	6,4 Tage	0,002	0,20	800	1

Äquatorhalbmesser der Erde	6378 km
Astronomische Einheit	149.6 Millionen Kilometer
Erdmasse	$5{,}98 \cdot 10^{24}$ kg
Siderisches Jahr (360°)	365,26 Tage

die verschiedenen Sterne verschieden ist, sehen nach Zehntausenden von Jahren die Sternbilder anders aus (Abb. 120).

Sicher haben Sie schon auf dem Bahnhof bemerkt, daß der Pfeifton der Maschine höher ist, wenn der Schnellzug einfährt, und tiefer, wenn er sich in Richtung von uns fortbewegt. Durch genaue Messung der Tonhöhe ließe sich die Fahrgeschwindigkeit des sich nähernden bzw. entfernenden Zuges errechnen. Dasselbe gilt auch für die Sterne. Hier messen wir natürlich nicht die Tonhöhe, sondern die „Höhe" bzw. die Frequenz des Lichtes. Dazu dient ein Gerät, der Spektrograph, der an das Fernrohrende anstatt des Okulars montiert ist. Die so gemessene Geschwindigkeit, mit der ein Stern sich der Erde nähert oder sich von ihr entfernt, heißt Radialgeschwindigkeit.

Strahlung der Sterne

Die Sterne sind riesige Lichtquellen. Sie senden auch andere Strahlungsarten, wie Infrarot-, Radio-, Ultraviolett- und Röntgenstrahlung, aus. Diese Strahlungen sind für das menschliche Auge unsichtbar. Die Strahlung der Sterne entsteht bei thermonuklearen Reaktionen im tiefsten Innern des Sterns. Von dort dringt sie an seine kühlere Oberfläche vor und dann weiter in den interstellaren Raum. Die in einer Sekunde vom Stern ausgesandte Strahlungsmenge heißt Leuchtkraft. Sie hängt von der Entfernung des Sterns von der Erde überhaupt nicht ab.

Unsere Sonne hat eine Leuchtkraft von vierhunderttausend Trillionen Kilowatt, oder genauer $3,8 \cdot 10^{23}$ kW. Von dieser enormen Leistung fällt auf unsere Erde nur der zweimilliardste Teil — zweihundert Billionen Kilowatt, genau $180 \cdot 10^{12}$ kW bzw. 180 000 TW. Mit Hilfe der Sonnenleuchtkraft wird auch die Leuchtkraft der übrigen Sterne ausgedrückt. Es gibt Riesen- und Überriesensterne, deren Leuchtkraft viele Tausende Mal größer ist als die Leuchtkraft der Sonne. Solche Giganten sind z. B. die Sterne Rigel und Deneb. Die Zwergsterne dagegen haben eine tausendmal kleinere Leuchtkraft als die Sonne. Die Unterschiede in der Leuchtkraft der Zwerge und der Übergiganten sind etwa so, wie in der Leuchtkraft eines Glühwürmchens und eines Flugabwehrscheinwerfers.

Die Helligkeit eines Sterns, die wir von der

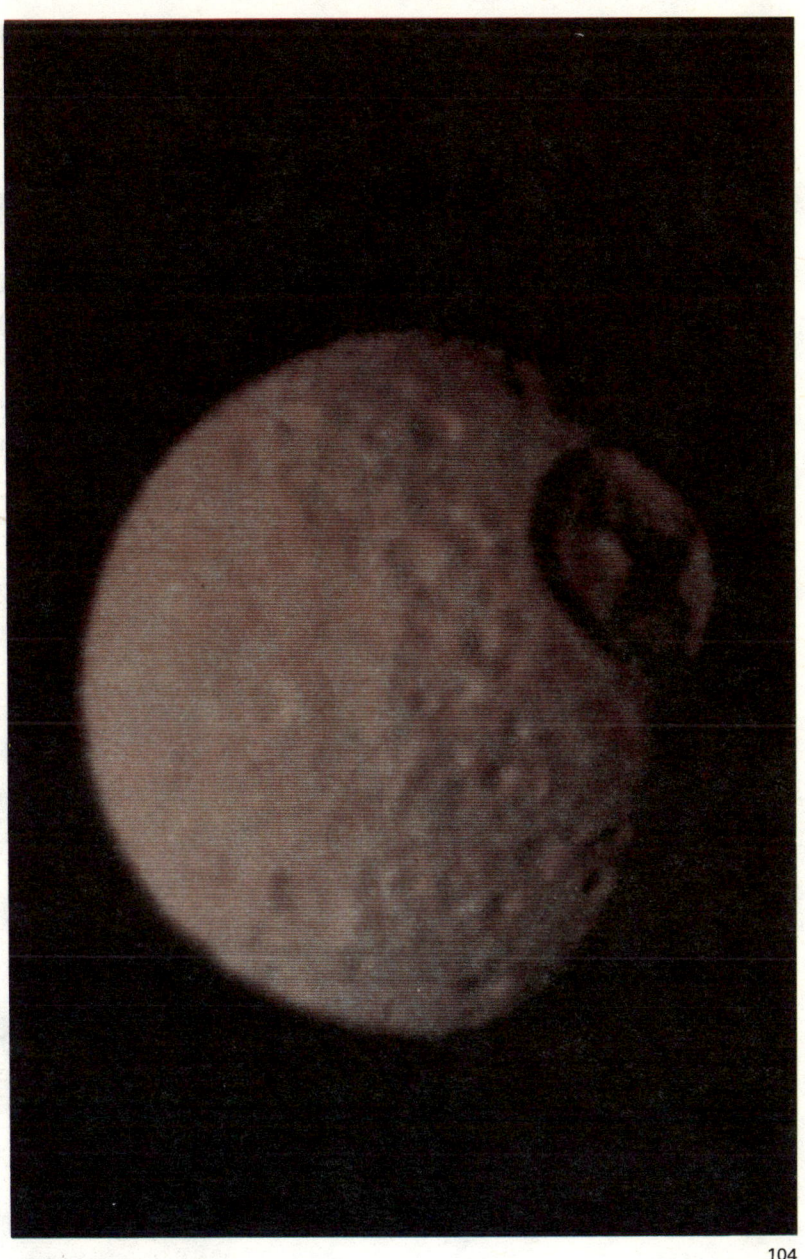

104

Erde aus sehen, hängt außer von seiner Leuchtkraft auch noch von seiner Entfernung ab. Den Erdbewohnern erscheint ein näherer Stern heller als ein entfernterer der gleichen Leuchtkraft.

Veränderliche Sterne

Alle Sterne bewegen sich im Weltall. Und jeder Stern entwickelt sich gesondert und ändert seine inneren und äußeren Eigenschaften in sehr langen Zeitspannen. Diese langsamen, Millionen bis Milliarden von Jahren dauernden evolutionären Veränderun-

104 Mimas ist mit Kratern übersät. Seine Oberfläche ist alt. Der größte Krater hat einen Durchmesser von 130 km. Die meisten Krater entstanden in der Zeit vor 4 Milliarden Jahren

105 Die
Tierkreissternbilder
bilden ein Band um die
Ebene der Erdbahn
(Ekliptik): Zwillinge
(1), Krebs (2), Löwe
(3), Jungfrau (4),
Waage (5), Skorpion
(6), Schütze (7),
Steinbock (8),
Wassermann (9), Fische
(10), Widder (11) und
Stier (12). Der
Sonnenstrahl (z. B. ein
Neutrinostrahl), der
durch die Erde (A)
geht, ist immer auf jenes
Tierkreissternbild
gerichtet, das der Sonne
genau gegenübersteht
und das wir am besten
um Mitternacht sehen.
Das Sternbild, in dem
sich die Sonne befindet,
ist wegen der großen
Helligkeit des blauen
Himmels nicht zu sehen.
Das Frühjahr beginnt,
wenn die Sonne im
Sternbild Fische
steht (Bild oben).
Winteranfang, wenn die
Sonne im Sternbild
Schütze steht (Bild
unten)

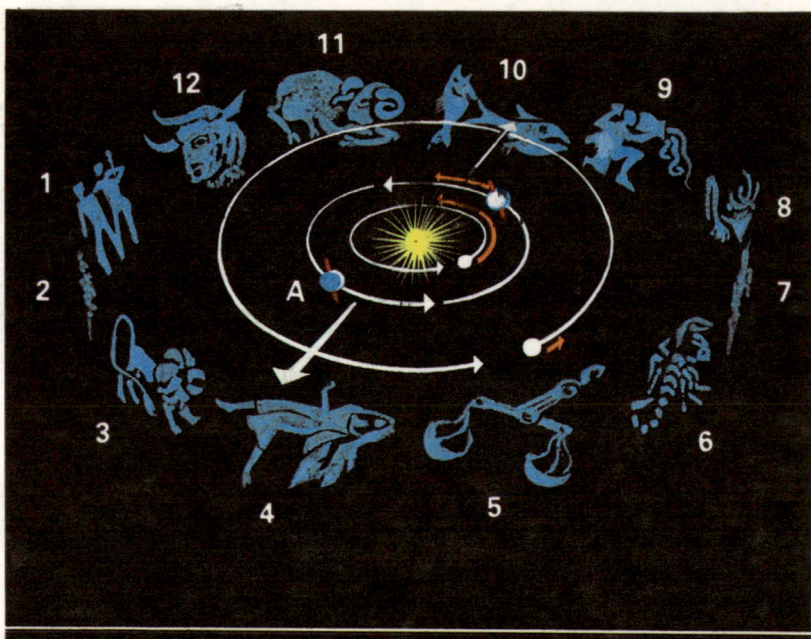

105

106

106 Der mit 1981 VA
bezeichnete Planetoid
wurde vom Mount
Palomar-Observatorium
auf dieser Fotografie
entdeckt. Die Sterne
erscheinen uns als helle
Scheiben, der Planet
dagegen bildete eine
helle Strecke, denn er
bewegt sich am
Himmel. Er ist einer der
Planetoiden, die auf
ihrer Bahn in die
Erdbahn eindringen. Es
ist möglich, daß sie in
Zukunft einmal mit der
Erde oder dem Mond
zusammenstoßen
werden

gen können wir während unseres kurzen Lebens natürlich nicht beobachten. Es gibt jedoch sehr viele Sterne, deren Helligkeit schnellen Schwankungen unterworfen ist. Wir nennen sie Veränderliche. Einige von ihnen sind mit bloßem Auge sichtbar und wir können, wenn wir sie mit den anderen Sternen vergleichen, ihren Lichtwechsel leicht feststellen.

Seine Helligkeit ändert der Stern aus verschiedenen Gründen. Einige Sterne pulsieren, ähnlich wie unser Herz, z. B. RR Lyrae. Bei einigen Sternen dauert eine Pulsation nur wenige Stunden. Andere Sterne

wieder benötigen dazu mehrere Tage (δ Cephei) oder mehrere Monate (Mira Ceti).

Die engen Doppelsterne sind keine Kugeln, sondern langgestreckte Ellipsoide, die uns bei ihrem Umlauf die verschieden große leuchtende Oberfläche zuwenden. Eine solche Helligkeitsänderung weist z.B. β Lyrae auf. Bei ihrer Umkreisung können sich beide Doppelsternkomponenten bedecken, was sich durch eine Veränderung der Gesamthelligkeit bemerkbar macht. Solche Doppelsterne heißen Bedeckungsveränderliche, und ein Beispiel dafür ist Algol im Perseus.

107 Die Bahnen der Planeten des Sonnensystems verlaufen ungefähr in einer Ebene, die Ekliptik heißt. Die Planetenbahnen sind Ellipsen (blau gezeichnet), in deren einem Brennpunkt sich die Sonne befindet. Man sieht eine Kometenbahn, den Planetoidenring (zwischen Mars und Jupiter), aber auch die Milchstraße

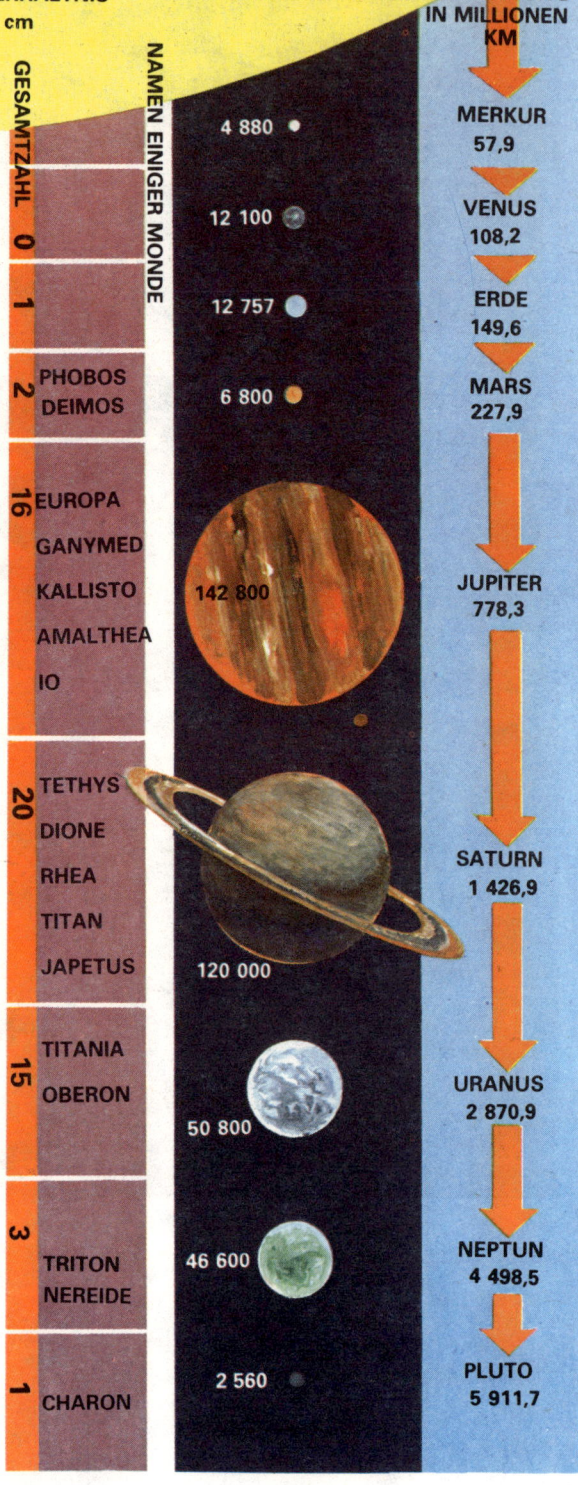

SONNE 1 392 000 km

DER DURCHMESSER DER SONNE IM VERHÄLTNIS ZU DEN PLANETEN BETRÄGT 26 cm

DURCHMESSER IN KM | ENTFERNUNG IN MILLIONEN KM

GESAMTZAHL | NAMEN EINIGER MONDE

GESAMTZAHL	NAMEN EINIGER MONDE	DURCHMESSER IN KM	Planet	ENTFERNUNG IN MILLIONEN KM
0		4 880	MERKUR	57,9
0		12 100	VENUS	108,2
1		12 757	ERDE	149,6
2	PHOBOS DEIMOS	6 800	MARS	227,9
16	EUROPA GANYMED KALLISTO AMALTHEA IO	142 800	JUPITER	778,3
20	TETHYS DIONE RHEA TITAN JAPETUS	120 000	SATURN	1 426,9
15	TITANIA OBERON	50 800	URANUS	2 870,9
3	TRITON NEREIDE	46 600	NEPTUN	4 498,5
1	CHARON	2 560	PLUTO	5 911,7

108 Die Größenverhältnisse der Planeten des Sonnensystems. Die Anzahl der Monde bei den Planeten ist nicht endgültig: Je vollkommener die Beobachtungen sind, um so mehr Monde werden bei einem Planeten festgestellt

Explodierende Sterne ändern ihre Helligkeit plötzlich. Zu ihnen gehören die Novae, die Supernovae und andere. Rotationsveränderliche Sterne sind nicht an der ganzen Oberfläche gleich hell. Sie weisen große kühle Gebiete (ähnlich wie die Sonnenflecken) oder aber sehr heiße Stellen auf. In diese Gruppe gehören unter anderem auch die Pulsare, sehr schnell rotierende Neutronensterne. Ihre Pulsation ist außerordentlich regelmäßig und dauert rund eine Sekunde.

Am langsamsten, aber dafür am ausgiebigsten pulsieren Sterne wie Mira Ceti und ihm ähnliche. Wenn die Helligkeit unserer Sonne ähnlich weit stiege, bis sie nach fünf Monaten tausendmal stärker leuchten würde als bisher, um dann weitere sechs Monate langsam zu ihrer normalen Leuchtkraft zurückzukehren, dann wäre jedes Leben auf der Erde unmöglich. Deshalb können die Planeten solcher veränderlichen Sterne nicht Träger von Leben sein.

Interstellare Materie

Im interstellaren Raum fliegen die einzelnen Atome der Elemente und Staubteilchen umher. Ihre Dichte ist ungemein klein. In einem Kubikzentimeter sind nur wenige Atome enthalten, während sich im gleichen Volumen der Luft, die wir einatmen, zehn Trillionen befinden. In manchen Gebieten des interstellaren Raumes ist jedoch die Dichte hundert- bis tausendmal größer – dort bildet sich dann eine interstellare Wolke. Wenn eine solche Wolke leuchtet, nennen wir sie einen hellen Nebel. Ein Nebel sendet kein eigenes Licht aus, sondern wird durch das Licht eines nahen heißen Sterns zum Leuchten angeregt. Dies trifft z. B. für den

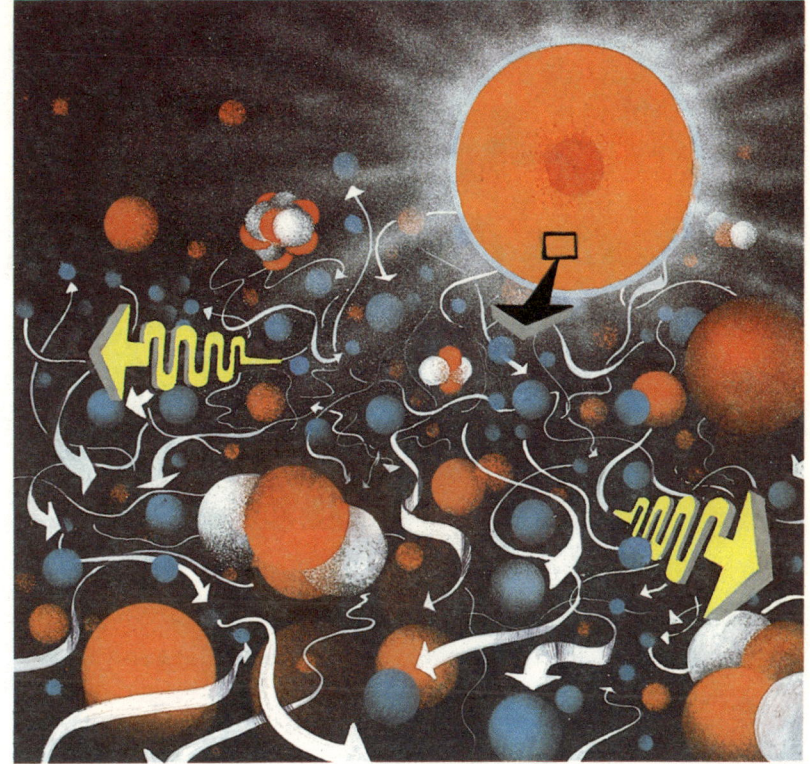

110 Im Innern der Sterne bewegen sich sehr schnell freie Elektronen (blau), Protonen (rot), Alphateilchen und eine große Menge von Photonen (gelb). In diesem wilden Gemisch sind Kollisionen sehr häufig, bei denen die Teilchen und die Photonen einander die Energie übergeben

110

111

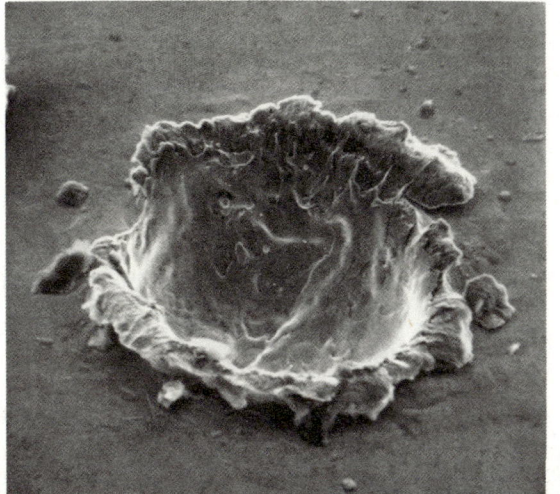

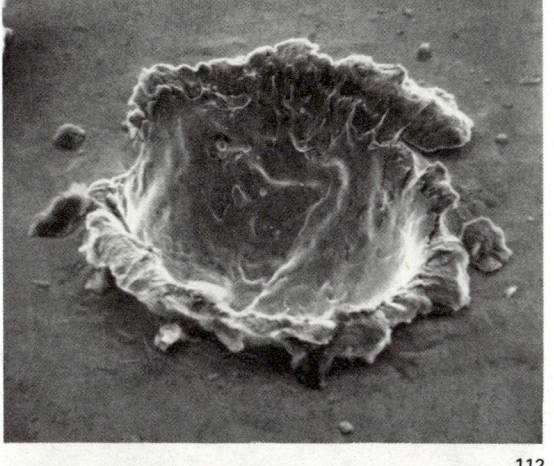

111 Ein in eine Stahlplatte vertiefter mikroskopisch kleiner Krater. Die Stahlplatte wurde an der Außenverkleidung eines Satelliten befestigt. Solche Krater werden durch den Auffall von feinem Staub (etwa 1/10 mm im Durchmesser) verursacht. Beim Aufprall erwärmt sich das Metall, schmilzt, spritzt heraus und erstarrt sofort. Die Breite des Kraters auf der Fotografie beträgt 1,6 mm, die Tiefe 1/15 mm

109 Die Durchmesser der Sterne einmillionmal verkleinert (die Größe zeigt an, wie ein millionenfach verkleinertes Modell aussehen würde). Ein Weißer Zwerg von 10 000 km Durchmesser ist hier durch eine Kugel von 10 m Durchmesser dargestellt; der Durchmesser der Sonne beträgt dann 1,4 km, der eines Roten Riesen 100 km, der eines Neutronensterns 3 cm und der eines Schwarzen Loches 5 mm (hier noch etwas kleiner)

109

112

112 Das Zodiakallicht, fotografiert auf dem Berg Chacaltaya in den Anden – Bolivien (5 200 m ü. d. M.). Die kurzen Lichtstreifen sind die Spuren der Sterne infolge der langen Belichtung

113

die Explosionen von Novae und Supernovae sowie durch den Sternwind gelangen diese Elemente in den interstellaren Raum, wo sie sich mit den Resten des Urwasserstoffs vermischen. Durch Verdichtung der Nebel und der interstellaren Dunkelwolken entstehen auch heute noch weitere Sterngenerationen. So wiederholt sich unaufhörlich der Kreislauf: interstellare Materie → Stern → interstellare Materie → Stern usw., wobei im Weltall der Wasserstoff abnimmt und schwere Elemente zunehmen. Jährlich entstehen in unserer Galaxis 2—3 Sterne.

Sternsysteme

Einzelsterne kommen im Weltall nicht häufig vor. Die meisten Sterne leben mit anderen Sternen zusammen und bilden mit ihnen Doppelsterne, Dreifach- und Mehrfachsterne. Viele Sterne sind wahrscheinlich von Planeten umgeben. Größere Sternansammlungen, die mehrere Dutzend bis Hunderttausende von Sternen enthalten, heißen Sternhaufen. Systeme von Hundertmillionen bis zu Billionen Sternen nennt man Galaxien. Die Kraft, die die Sterne zu Systemen verschiedener Größe verbindet — vom Doppelstern bis zur Riesengalaxie — ist die Gravitation. Je größer die Gravitations-Bindungsenergie ist, um so stabiler ist das Sternsystem. Es gibt jedoch auch sehr junge Sternsysteme von einigen Dutzend bis Hundert Sternen (Sternassoziationen), deren Bindungsenergie klein ist. Dann ist die kinetische Energie der einzelnen Sterne größer als ihre Anzie-

113 Die Sternwarte auf dem Mount Palomar in Kalifornien. Die großen Fernrohre fangen das Licht sogar sehr schwacher Sterne auf. Der Durchmesser des Spiegels dieses Fernrohres beträgt 5 m und hält einmillionenmal mehr Licht fest als das menschliche Auge

Nordamerika-Nebel (Abb. 117) zu. Viele helle Nebel sind unregelmäßig geformt. Wir sagen, sie sind diffus. Andere bilden einen regelmäßigen Ring (Ringnebel) oder sehen wie Planetenscheiben aus (planetarische Nebel) — Abb. 154. Eine nicht beleuchtete interstellare Wolke wird auf dem Hintergrund eines diffusen leuchtenden Nebels als Dunkelnebel sichtbar (z. B. auf Abb. 130).

Interstellare Materie und Nebel gibt es vor allem in den Spiralarmen der Galaxien (Abb. 129). Ihrem Ursprung nach besteht die interstellare Materie aus Urwasserstoff, aus dem die Galaxien vor mehr als neun Milliarden Jahren hervorgingen. Ein bedeutender Teil dieses Urwasserstoffes verdichtete sich zu Sternen, in denen er sich in Helium und in die übrigen Elemente verwandelte. Durch

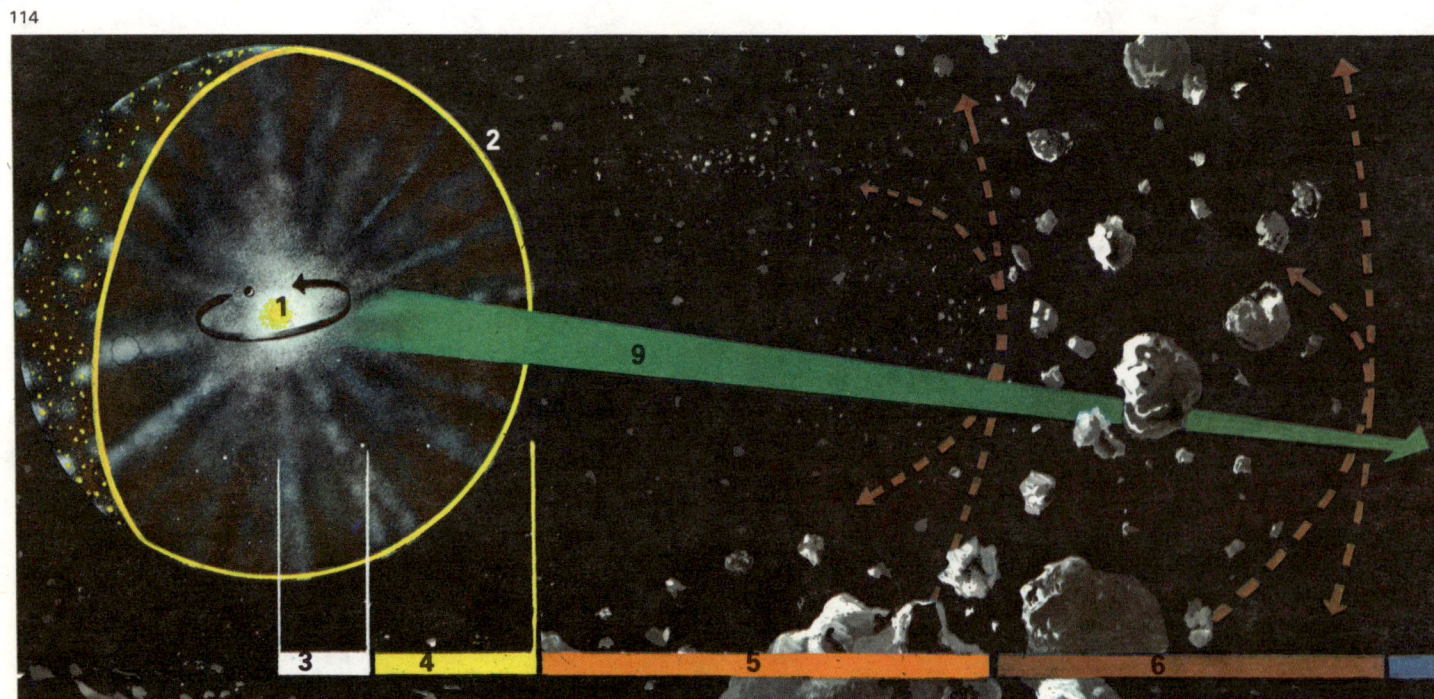

114

hungskraft, und die Sterne können leicht aus dem System entweichen. Eine solche Sternassoziation zerstreut sich bald nach ihrem Entstehen.

Ein Doppelstern besteht aus zwei Sternen, die einander umkreisen. Genauer gesagt sind es Sterne, die einen gemeinsamen Schwerpunkt umlaufen. Wenn wir beide Sterne mit einem Fernrohr wahrnehmen können, handelt es sich um visuelle Doppelsterne. Viele Doppelsterne stehen so ‚eng' beieinander, daß wir sie selbst im größten Fernrohr als einen einzigen leuchtenden Punkt sehen. Das Spektrum dieses Punktes verrät uns jedoch, daß es ein Doppelstern ist. Das Spektrum ist ein künstlich aus dem Sternlicht erzeugter „Regenbogen". Es ist allerdings weit aufschlußreicher als der Regenbogen des Sonnenlichtes. Die dunklen Linien, von denen das Spektrum unterbrochen ist, sind die Hauptquelle unseres Wissens über die Sterne. Die Doppelsternnatur einer Lichtquelle zeigt sich im Spektrum als abwechselnde Verdoppelung und Überlagerung der dunklen Linien. Solche Sterne heißen spektroskopische Doppelsterne. Wenn ein Stern sich auf uns zu bewegt, sind seine Spektrallinien zum blauen Ende des Spektrums hin verschoben. Wenn er sich von uns fort bewegt, sind die Linien zum roten Ende verschoben. Diese Erscheinung heißt Doppler-Effekt. Aus der Größe der Verschiebung läßt sich sogar die Geschwindigkeit bestimmen, mit der sich die Sterne bewegen.

Die Bahnebene einiger Doppelsterne ist auf uns gerichtet. Die beiden Sterne verdecken einander abwechselnd. Bei jeder Überlagerung sinkt ihre Gesamthelligkeit. Solche Doppelsterne heißen Bedeckungsveränderliche. Beispiele sind Algol im Perseus und der Stern β Lyrae.

Eine besondere Doppelsternart sind die sehr eng benachbarten Röntgendoppelsterne (X-Sterne). Die Hauptkomponente ist ein gewöhnlicher Stern mit einem Durchmesser von mehreren Millionen Kilometern. Die

115

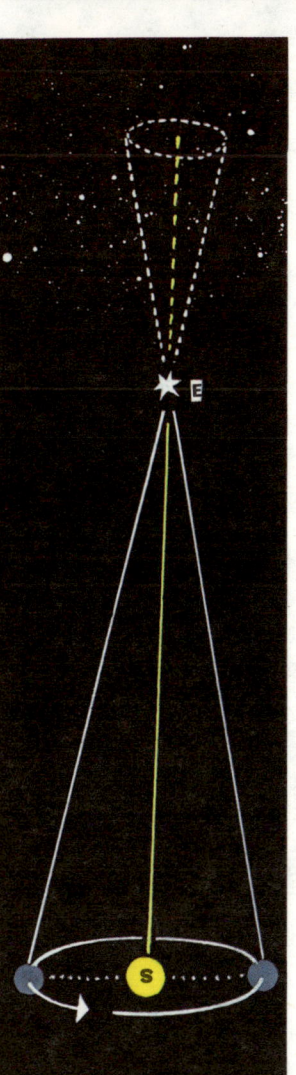

116

116 Die Entfernung der Sterne läßt sich aus dem Winkel errechnen, unter dem wir vom Stern aus den Halbmesser der Erdbahn (150 Millionen km) sehen würden. Der Winkel (d. h. die Parallaxe) ist um so kleiner, je weiter der Stern entfernt ist. Die Astronomen bestimmen die Parallaxe, indem sie den betreffenden Teil des Himmels nach einem halben Jahr erneut fotografieren. Der Stern wird dann verschoben sein, etwa so, als ob man den Zeigefinger einer ausgestreckten Hand abwechselnd mit dem rechten und linken Auge betrachtet

115 Die Kuppel des großen Fernrohres (Abb. 113) auf Mount Palomar

114 Der Weg der Sonnenstrahlung. Fünf Stunden lang fliegt sie durch den interplanetaren Raum (1,3). Weitere zehn Stunden passiert sie das Gebiet des Sonnenwindes (die Heliosphäre – 2,4). Nach einem viertel Jahr (5) gelangt sie in die Kometenwolke, durch die sie über ein Jahr fliegt (6). Dort endet die Anziehungskraft der Sonne (9), und es beginnt der Bereich der Anziehungskraft (10) der nächsten Sterne (8). Dahinter ist der unendliche interstellare Raum (7)

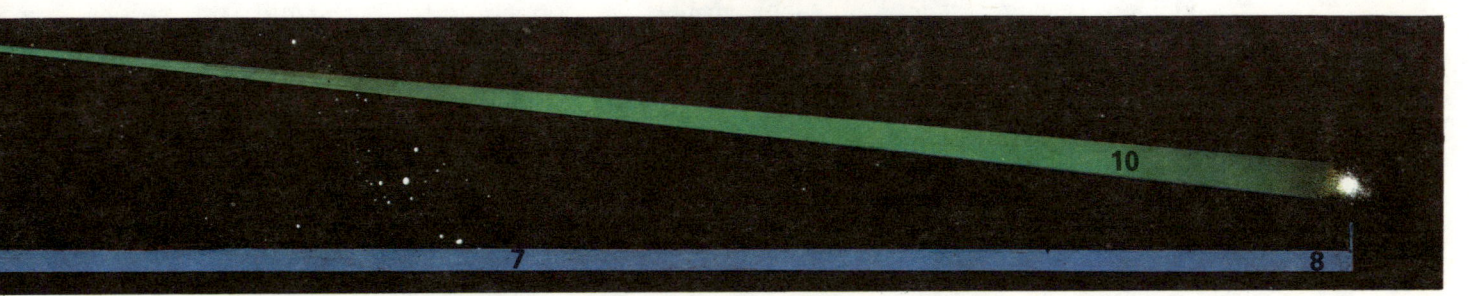

117 Ein Nebel, der wegen seiner Form Nordamerikanebel heißt. Das Bild ist rötlich, weil es im Licht der H_α-Linie aufgenommen wurde

117

zweite Komponente ist ein entarteter Stern: ein Weißer Zwerg, ein Neutronenstern oder sogar ein Schwarzes Loch. Vom Hauptstern fallen glühende Gase auf den entarteten kleinen Begleiter. Diese mit sehr großer Geschwindigkeit herabstürzenden Gase (Abb. 124) stoßen zusammen und senden dabei Röntgenstrahlung aus, ähnlich wie beim Aufprall rascher Elektronen auf die Metallscheibe im Röntgenapparat. In Form von Röntgenstrahlung wird dabei viele Tausende Mal mehr Energie ausgesandt als die Gesamtstrahlung (Luminosität) unserer Sonne ausmacht. Die Energiequelle solcher Röntgendoppelsterne ist also die Gravitationsenergie der glühenden Gase des großen Hauptsterns, die von der mächtigen Gravitation der winzigen, aber entarteten Komponente angezogen werden. Ein Beispiel für Röntgendoppelsterne sind die als Cyg X-1

118

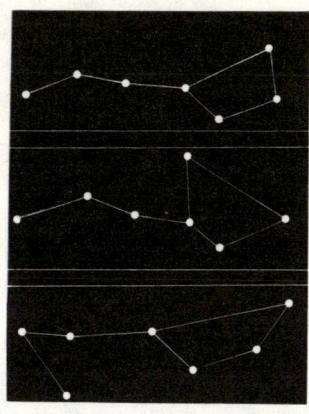

120

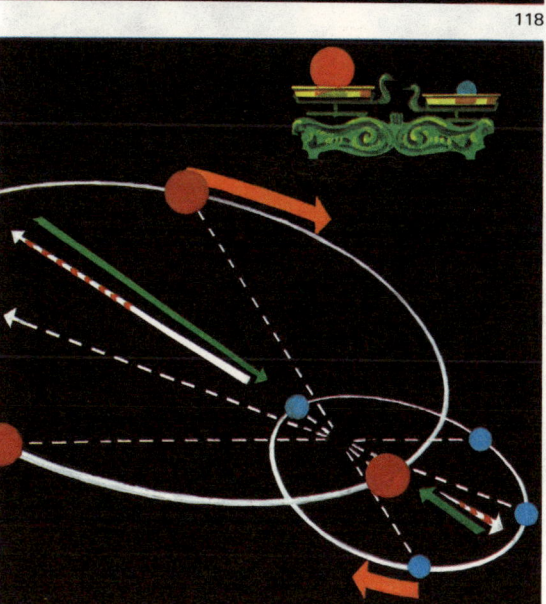

119

Schwerpunkt bestimmen. Diese Entfernungen geben uns das Masseverhältnis beider Komponenten an. Aus der Umlaufzeit und der Geschwindigkeit bestimmen wir die Zentrifugalkraft, die der Gravitationskraft gleicht. Die Gravitationskraft ihrerseits ist abhängig von der Masse beider Komponenten. Aus den erhaltenen Angaben wird die Masse jeder Komponente errechnet. Die beiden Sterne eines Doppelsterns können also — bildlich gesprochen — gewogen werden (Abb. 119).

Große, von der wechselseitigen Gravitation zusammengehaltene Ansammlungen von Sternen heißen Sternhaufen. Wir teilen sie in die sternarmen Assoziationen ein, über die wir schon sprachen, weiter in offene Sternhaufen und Kugelsternhaufen.

Offene Sternhaufen haben keine bestimmte Form. Ihre Durchmesser reichen von zwanzig bis hundert Lichtjahre. Sie umfassen einige Dutzend bis mehrere Tausend Sterne und befinden sich in der Nähe der Milchstraße. Deshalb nennt man sie auch galaktische Sternhaufen. Von den mehreren Tausend in unserer Galaxis vermuteten offenen Sternhaufen sind etwa tausend bekannt. (Wir werden im Unterschied zu den übrigen Galaxien für unser Sternsystem weiter nur die Bezeichnung Galaxis benutzen). Offene Sternhaufen wurden auch in anderen Galaxien beobachtet. Es sind junge, nur Dutzende bis Hunderte Millionen Jahre alte Formationen. Ein bekannter offener Sternhaufen sind die 50 Millionen Jahre alten Plejaden im Sternbild Taurus — Stier (Abb. 125).

Die Kugelsternhaufen enthalten eine weit größere Zahl von Sternen — von Hunderttausenden bis mehreren Millionen. In dem Teil der Galaxis, der unserer direkten Beobachtung zugänglich ist, wurden von den

(erste Röntgenstrahlenquelle im Sternbild Cygnus — Schwan), Sco X-1 (im Sternbild Scorpius — Skorpion), Cen X-3 (dritte Röntgenstrahlenquelle im Sternbild Centaurus — Zentaur), Her X-1 (im Sternbild Herkules) bezeichneten Röntgenquellen.

Die Bedeutung der Doppelsterne für die Astronomie besteht darin, daß sie uns gestatten, die Massen beider Sterne zu bestimmen. Beide Komponenten des Doppelsterns ziehen einander durch die Gravitationskraft an, die bestrebt ist, sie zu einem einzigen Stern zu vereinigen. Der Gravitationskraft entgegen wirkt die Zentrifugalkraft, da beide Komponenten um einen gemeinsamen Schwerpunkt kreisen. Aus der Beobachtung des Doppelsterns läßt sich die Entfernung jeder Komponente vom gemeinsamen

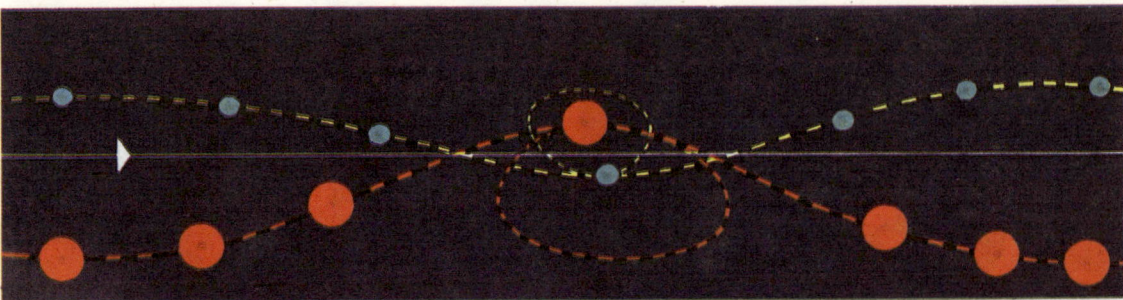

121 Der Schwerpunkt des Doppelsterns verschiebt sich langsam am Himmel (Linie mit Pfeil). Beide Sterne beschreiben dabei wellenförmige Linien (scheinbare Bahnen; die Ellipsen in der Mitte stellen die wirklichen Umlaufbahnen um den gemeinsamen Schwerpunkt dar), aus denen ihre Massen bestimmt werden können

122 Den Stern Kastor sehen wir im Fernrohr als zwei blaue Sterne, die einander umkreisen. Etwas weiter ist ein schwach sichtbarer Stern, der die beiden Sterne einmal in einigen tausend Jahren umläuft. Der Spektrograph verrät uns, daß jede der drei Komponenten ein sog. spektroskopischer Doppelstern ist. Auf einem Planeten jenes Systems würde das einen interessanten Anblick bieten

123 Bedeckungs-Doppelstern. Der kleine rote Stern und der große weiße Stern laufen um einen gemeinsamen Schwerpunkt und bedecken einander. Wegen der großen Entfernung sehen wir

124 Röntgendoppelstern. Von dem großen Stern fallen mit ungeheurer Geschwindigkeit Gase auf den kleinen Neutronenstern oder in das Schwarze Loch. Beim Auftreffen senden sie Röntgenstrahlung aus

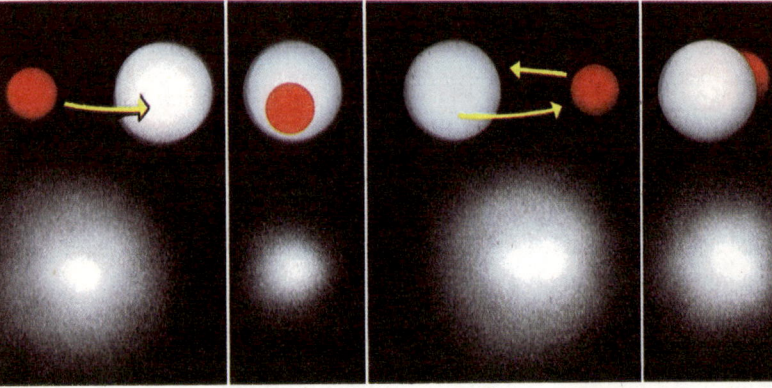

beide Sterne als einen einzigen mit veränderlicher Helligkeit

rund dreihundert vermuteten Kugelstern-haufen etwa hundertzwanzig beobachtet. Da die Sterne der Kugelsternhaufen eine große Bindungsenergie haben, zerfallen diese Sternhaufen nicht; sie sind sehr stabil. Es

sind die ältesten Formationen in unserer Galaxis. Sie umlaufen das Zentrum unseres Sternsystems in langgestreckten Ellipsen. Die Kugelsternhaufen sind viel älter als die offenen Sternhaufen. Wahrscheinlich verlief die Kondensation der ganzen Galaxis und aller Kugelsternhaufen gleichzeitig vor mehr als neun Milliarden Jahren. In den Kugel-sternhaufen befinden sich die ältesten Sterne, die die ganze Geschichte unserer Galaxis erlebten.

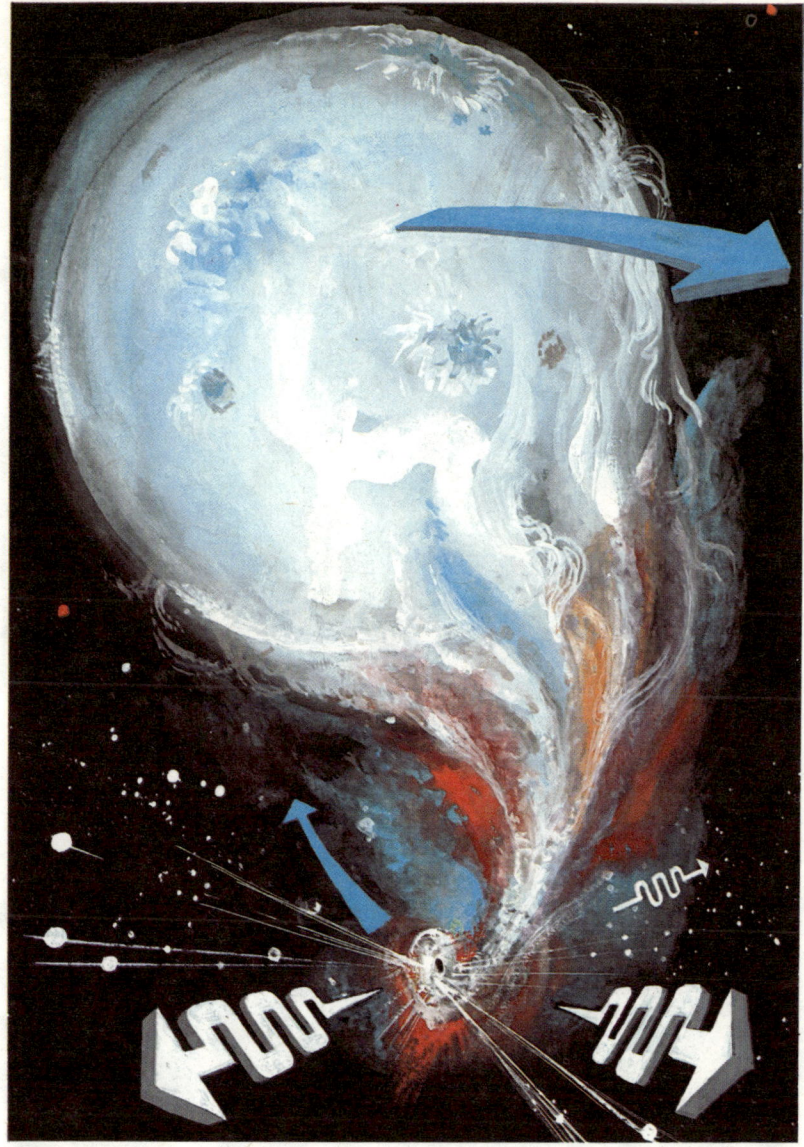

124

126

126 Der offene Sternhaufen im Sternbild Krebs besteht aus etwa 80 Sternen und ist von uns 2 500 Lichtjahre entfernt

127

127 Der Kugelsternhaufen in den Jagdhunden beinhaltet eine viertel Million Sterne und ist von uns 40 000 Lichtjahre entfernt. Sein Alter wird auf 10 Milliarden Jahre geschätzt

125 Der offene Sternhaufen Plejaden umfaßt über dreitausend junge Sterne, die vor 50 Millionen Jahren entstanden sind. Um die Sterne blieben bisher noch Reste des Mutternebels erhalten

125

128 (folgende Doppelseite)
Wenn wir uns etwa 300 000 Lichtjahre auf den Krebs zu bewegen und zurückschauen würden, dann könnten wir unsere Galaxis so sehen, wie sie auf unserem Bild (A) dargestellt ist. Das Sonnensystem wäre an der mit X bezeichneten Stelle zu finden. Die Sterne der Galaxis sind vor allem scheibenartig und besonders in den Spiralarmen im Scheibeninneren (z. B. Y, Z) verteilt. Die Scheibe ist von einem kugelförmigen Halo umgeben (nur die rechte Hälfte 13 gezeigt). Die galaktische Korona, die den Halo umgibt, ist weit umfangreicher und reicht bis zu den Magellanschen Wolken (im Bild nicht eingezeichnet). Arme und Scheibe dehnen sich längs der galaktischen Ebene aus (Rechteck A, rot angezeichnet). Die Galaxis dreht sich um die Achse Q im Uhrzeigersinn – 14. Die Entfernungen in der Ebene und senkrecht zur Ebene (links) sowie die Entfernungen der Galaxien sind in Lichjahren angeführt. Unter der galaktischen Ebene sind drei Galaxien: die Große Galaxie in der Andromeda (10) sowie die Große und die Kleine Magellansche Wolke (12 und 11). Der niedrige Zylinder X um das Sonnensystem zeigt an, bis wohin wir in der galaktischen Scheibe sehen (rund 5000 Lichtjahre weit). Im Innern des Zylinders ist rot eingezeichnet ein Würfel, dessen eine Seite 1000 Lichtjahre darstellt. Im vergrößerten Würfel (B) links oben sind einige helle Sterne eingezeichnet: der Polarstern (1), die Plejadem (2), Antares (3), Spica (4), Mizar (5) und Beteigeuze (6) (Fortsetzung)

▷

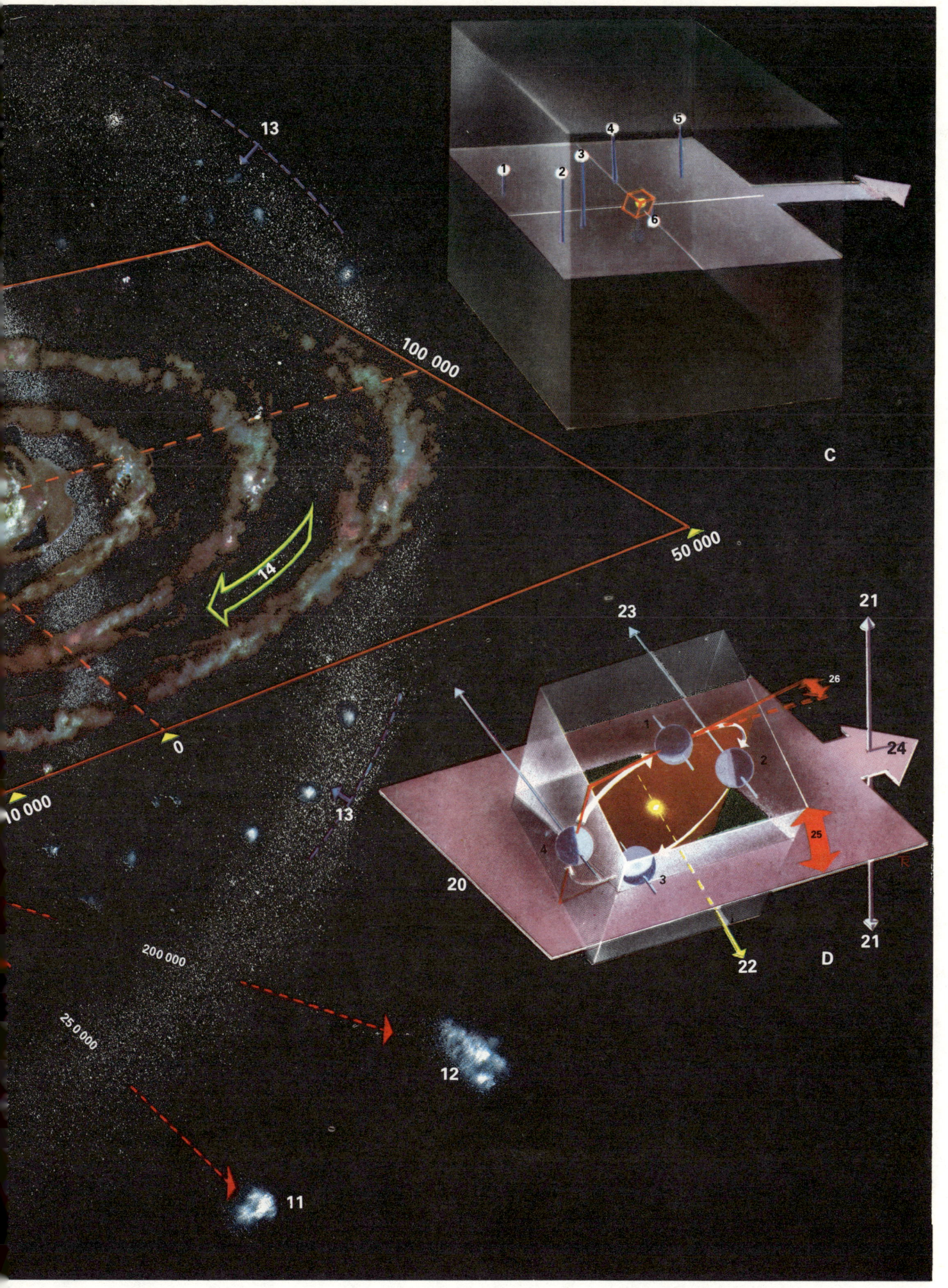

Die Milchstraße
— ein System aus Sternen, Sternhaufen und Nebeln

„…denn die Milchstraße ist nichts anderes als eine Ansammlung unzähliger Sterne. In welcher Richtung wir auch schauen, sehen wir ausgedehnte Sternwolken, viele von ihnen sind groß und außergewöhnlich hell, aber die Zahl der kleinen Sterne ist nicht bestimmbar…"

Das schrieb Galileo Galilei, als er vor mehr als dreihundert Jahren sein einfaches Fernrohr auf die Milchstraße richtete. Seine Worte wurden durch die modernen Forschungsergebnisse bestätigt. Mit dem Teleskop zerlegen wir das silberne Band in unzählig viele Sterne.

Vom Sternbild Scorpius (Skorpion) weicht das silberne Band der Milchstraße nach Norden ab, geht durch die Sternbilder Sagittarius (Schütze), Scutum (Sobieskischer Schild), Aquila (Adler), Sagitta (Pfeil), Vulpecula (Fuchs), Cygnus (Schwan) und Lacerta (Eidechse). Ein Arm der Milchstraße zweigt in den Cepheus ab. Die Milchstraße führt dann durch die Sternbilder Perseus, Auriga (Fuhrmann), zwischen Gemini (Zwillinge) und Orion, Monoceros (Einhorn) und Canis Major (Großer Hund) hindurch. Am südlichen Sternhimmel verläuft sie durch die Sternbilder Puppis (Achterdeck), Pyxis (Kompaß), Vela (Segel), Carina (Schiffskiel), Crux (Kreuz des Südens), Musca (Fliege), Centaurus, Lupus (Wolf), Norma (Lineal), Ara (Altar) und zurück in den Skorpion. Die Milchstraße ist ein System von etwa dreihundert Kugel-

129

129 Spiralgalaxie. Der Größe und der Form nach ähnelt sie – von oben betrachtet – unserer Galaxis. Sie wird von einer kleinen Galaxie begleitet, ähnlich wie unsere Galaxis von den Magellanschen Wolken, und ist 12 Millionen Lichtjahre entfernt

130

130 Ein kleiner Abschnitt der Milchstraße, bestehend aus Millionen von Sternen in einer Entfernung von mehreren tausend Lichtjahren. Das Band der Milchstraße ist die Scheibe unserer Galaxis, von unserem Sonnensystem aus gesehen. Es umspannt das ganze Firmament

(zu Abb. 128, vorhergehende Doppelseite)
Der rote Würfel von der Mitte des Bildes **B** ist vergrößert, und seine Kante gleicht 100 Lichtjahren (**C**). In ihm sind die Lagen der nahen Sterne angezeigt: Kapella (**1**), Kastor (**2**), Pollux (**3**), Wega (**4**), Arktur (**5**), Sirius (**6**) und Proxima Centauri (**7**).
Die Lage unseres Sonnensystems (d. h. der Ekliptik) in der Galaxis ist aus Bild **D** rechts unten ersichtlich. Die Bahn der Erde um die Sonne ist von unten, d. h. vom Süden gesehen. An Stelle (**1**) beginnt der Frühling, bei (**2**) der Sommer, bei (**3**) der Herbst und bei (**4**) der Winter. Die galaktische Ebene (**20**) ist zur Ekliptik unter dem Winkel (**25**) geneigt, und die galaktische Mitte ist zur Ekliptik unter dem Winkel (**26**) abgelenkt. (**21**) ist die Achse der Galaxis. (**22**) die Achse der Ekliptik. (**23**) ist die Erdachse in Richtung Polarstern und (**24**) die Richtung zur Mitte der Galaxis

131

131 Die Spiralgalaxie im Sternbild Coma Berenices. So würde die Seitenansicht unserer Galaxis aus einer Entfernung von 10 Millionen Lichtjahren aussehen

sternhaufen, einigen Tausend offenen Sternhaufen, hundertfünfzig Milliarden Sternen, vielen Nebeln und viel interstellarem Staub und Gas. Die Milchstraße ist unser Sternsystem, gesehen von einem ihrer hundertfünfzig Milliarden Sterne – von unserer Sonne (Abb. 128).

Der Durchmesser der Galaxis beträgt hunderttausend Lichtjahre. Die Sonne ist vom Zentrum der Galaxis dreißigtausend Lichtjahre entfernt. Zwischen uns und dem Zentrum der Galaxis befinden sich Spiralarme, in denen die meisten Sterne und die interstellare Materie konzentriert sind. Dort entstehen auch neue Sterne. Zehntausend Lichtjahre vom Zentrum der Galaxis (in Richtung auf die Erde zu) ist ein Spiralarm, der sich mit einer Geschwindigkeit von 35 Kilometer je Sekunde vom Zentrum entfernt. Die Ursache dafür ist eine frühere Explosion des dichten Kerns der Galaxis. Zwanzigtausend Lichtjahre vom Zentrum (also zehntausend Lichtjahre von uns entfernt) ist ein zweiter Arm, Sagittariusarm genannt. Die große Menge der Sterne und der interstellaren Materie in den Spiralarmen behindert die Sicht auf den Kern der Galaxis, der sonst die nächtliche Landschaft wie der Mond beleuchten würde.

Das Licht des galaktischen Kerns wird auf dem Weg zu uns vollständig absorbiert. Aber aus der infraroten Strahlung und vor allem durch die Radiowellen können wir sehr gut den Aufbau des galaktischen Kerns und die in ihm verlaufenden, stürmischen Prozesse verfolgen. Es müssen noch viele Beobachtungen und Überlegungen angestellt werden, um die Natur des galaktischen Kerns zu erkennen und die heftigen Explosionen deuten zu können, die von Zeit zu Zeit in ihm verlaufen.

Unsere Galaxis ist ein stark abgeflachtes System. Die meisten Sterne und alle offenen Sternhaufen sind in einer verhältnismäßig dünnen Scheibe konzentriert. In dieser Scheibe bilden die Sterne und die interstellare Materie Spiralarme, die ihrerseits die Wiege neuer Sterne sind. Wie sie wahrscheinlich aussehen, verraten uns die anderen Galaxien (Abb. 129, 131). Kugelsternhaufen und einige alte Sterne (wir nennen sie Population II) sind in einem ausgedehnten kugelförmigen Raum um die Scheibe der Galaxis, (Abb. 128), im sog. Halo, verteilt. Die Scheibe der Galaxis und ihr Halo sind in eine riesige galaktische Korona eingehüllt.

Der Halbmesser dieser Korona beträgt ungefähr zweihunderttausend Lichtjahre.

Die galaktische Ebene ist eine fiktive, d. h. gedachte Ebene, die die Scheibe „der Länge nach" in zwei gleiche Hälften teilt. Unsere Sonne mit ihrem System liegt fast in der galaktischen Ebene, deshalb teilt auch die Milchstraße, d. h. die von der Sonne aus gesehene Scheibe, den Himmel in zwei gleiche Hälften.

Die Galaxis – dieses ungeheure System von Sternen, Sternhaufen, Nebeln und interstellarer Materie – wird durch die zwischen den einzelnen Objekten des Systems wirkende Gravitationskraft zusammengehalten. Die auf jedes Objekt wirkende Gravitationskraft ist auf das Zentrum (den Kern) der Galaxis gerichtet. Deshalb umkreisen alle Objekte das Zentrum der Galaxis auf elliptischen Bahnen, ähnlich wie die Planeten um die Sterne laufen. Die Sterne in der Scheibe bewegen sich auf beinahe kreisförmigen Bahnen. Die Sonne legt dabei in jeder Sekunde 230 km zurück. Die Objekte im Halo der Galaxis, z. B. die Kugelsternhaufen, umlaufen den galaktischen Kern auf sehr langgestreckten Ellipsen, in deren einem Brennpunkt sich der Kern befindet. Der Halo repräsentiert den ältesten Teil der Galaxis, die flache Scheibenform entstand in späteren Zeiten.

Die Galaxien
— riesige Sternsysteme

Nach ihrer Form werden die Galaxien in drei Gruppen eingeteilt: in elliptische Systeme (Abb. 139), Spiralsysteme (Abb. 132, 135) und unregelmäßige Systeme. Am häufigsten sind die elliptischen Systeme (etwa 60 % aller Galaxien). Die Spiralsysteme, zu denen auch unsere Galaxis gehört, sind mit ungefähr 30 % vertreten. Ungefähr jede zehnte Galaxie ist unregelmäßig.

Wir sprachen davon, warum der Kern unserer Galaxis für uns unsichtbar ist. Wir können jedoch die Kerne vieler anderer Galaxien sehen und fotografieren. Der Kern ist ein kompaktes, dichtes und gegenüber der Größe der ganzen Galaxie sehr kleines Gebilde, nicht größer als einige wenige Lichtjahre. Die Dichte des Kerns dagegen übertrifft die durchschnittliche Dichte der Galaxie einmillionenmal. Wenn wir die Galaxie als Spirale mit einem Durchmesser von 10

Metern darstellen, hätte ihr Kern die Größe eines Stecknadelkopfes. Aber obwohl der Kern so klein ist, ist er für die Galaxie von grundlegender Bedeutung. Bei den Spiralgalaxien gehen von ihm (gewöhnlich zwei) Spiralarme aus. Aus einigen galaktischen Kernen werden riesige Wolken glühenden Plasmas mit Geschwindigkeiten von mehreren Tausend Kilometern in der Sekunde ausgestoßen. Sehr aktive Galaxienkerne schleudern Wolken von relativistischen Elektronen samt ihrem Magnetfeld aus.

Die Kerne stark aktiver Galaxien sehen häufig wie helle kleine Sterne aus. Aus ihnen sendet die Galaxie den größten Teil ihrer Strahlungsleistung aus. Wir wissen noch nicht genau, durch welchen Prozeß in dem kleinen Volumen des galaktischen Kerns ein

132 Die Spiralgalaxien unterscheiden sich durch die Größe des Mittelteiles und die Armwindungen. Sie werden in verschiedene Typen eingeteilt (rechts)

133 Die Große Galaxie in der Andromeda. Obgleich sie von uns 2 Millionen Lichtjahre entfernt ist, ist sie mit bloßem Auge im Herbst gut sichtbar. Sie wird von zwei Zwerggalaxien begleitet und besteht aus über einer Billion Sterne

134 Die Arme der Großen Galaxie in der Andromeda sind aus verhältnismäßig jungen Sternen zusammengesetzt. In den Armen sind einzelne helle Sterne erkennbar

135 Einige Spiralgalaxien haben ein Querband. Ihre Arme verlaufen erst radial und drehen sich dann in größerer Entfernung zu einer Spirale

136 Den Mittelteil der Großen Galaxie in der Andromeda bilden fast 10 Milliarden Jahre alte Sterne

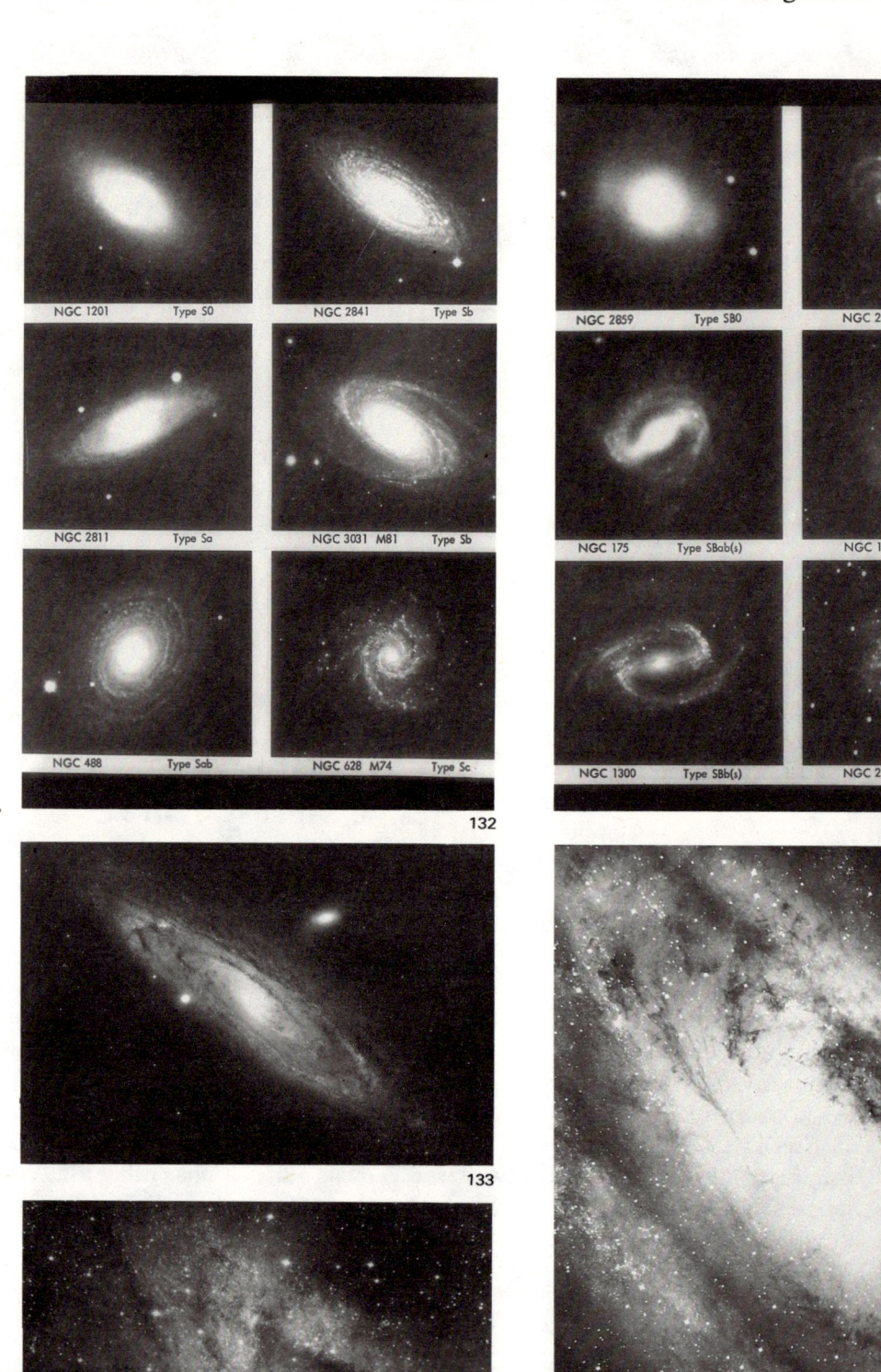

NGC 1201   Type S0   NGC 2841   Type Sb
NGC 2859   Type SB0   NGC 2523   Type SBb(r)
NGC 2811   Type Sa   NGC 3031 M81   Type Sb
NGC 175   Type SBab(s)   NGC 1073   Type SBc(sr)
NGC 488   Type Sab   NGC 628 M74   Type Sc
NGC 1300   Type SBb(s)   NGC 2525   Type SBc(s)

132

135

133

134

136

so ungeheurer Energiefluß frei wird. Es sind keine thermonuklearen Prozesse, wie sie in den normalen Sternen verlaufen. Die würden für eine derart stürmische Energiefreisetzung nicht genügen. Entweder handelt es sich um Gravitationskräfte (z. B. bei in ein riesiges schwarzes Loch fallendem Plasma) oder um die Annihilation der Materie mit der Antimaterie – ein Prozeß, der für

nige Billionen Sterne (Riesengalaxien) betragen. Die Entfernungen zwischen den einzelnen Galaxien sind um ein Vielfaches größer als ihr Durchmesser (Hunderttausende von Lichtjahren). Die unserem Milchstraßensystem nächsten Galaxien sind die Große Magellansche Wolke und die Kleine Magellansche Wolke. Die Große Magellansche Wolke enthält zehn Milliarden Sterne und

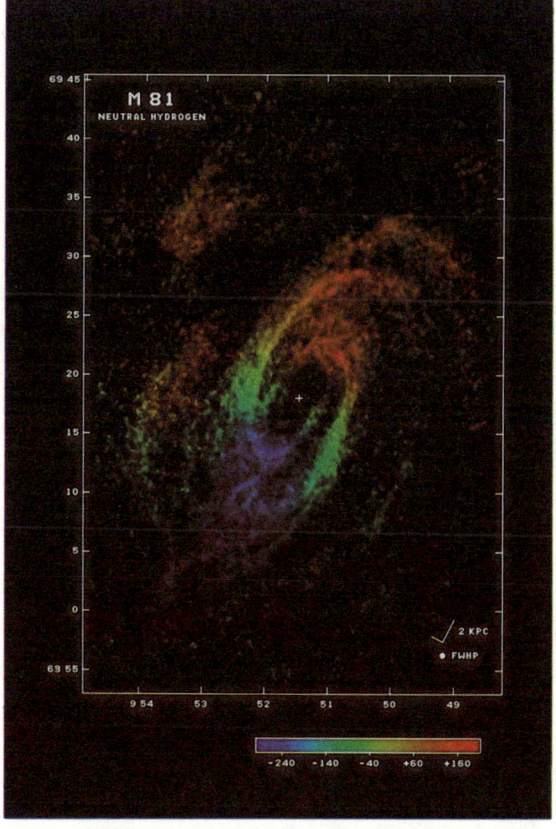

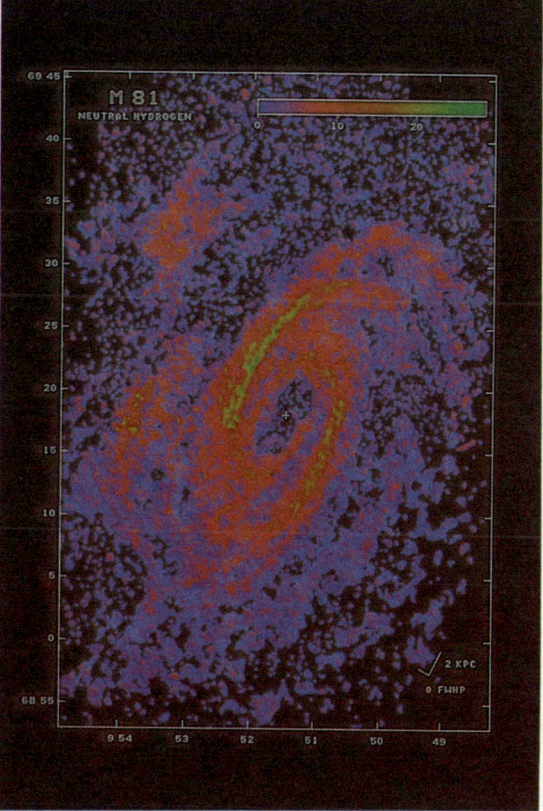

137 Aus der Dopplerverschiebung bestimmte Rotation der Galaxie M 81. Der untere Teil (blau) nähert sich, der obere Teil (rot) entfernt sich. Die Rotationsgeschwindigkeit läßt sich mit Hilfe der Farbskala unten feststellen (in km/s). Die Koordinaten geben die Position am Himmel an

138 Die Galaxien sind von einer großen Menge neutralen Wasserstoffes umhüllt, aus dem sie vor etwa zehn Milliarden Jahren entstanden. In dieser Galaxie (M 81) ist die gemessene neutrale Wasserstoffmenge farbig dargestellt (blau bedeutet kleine, rot große Menge)

137

138

die Freisetzung von Restenergie hundertprozentig wirksam ist (Kap. I). Die Aktivität der Kerne einiger Galaxien (sie heißen Seyfert-Galaxien und N-Galaxien) sowie einiger Radiogalaxien und Quasare (quasistellare Radioquellen) ist das dramatischste Ereignis, das wir im Weltall beobachten. Einige Fachleute nehmen an, daß es lokale Reste des Urknalls (Big Bang) sind, also irgendwelche kleine „verspätete Urknalle" in den galaktischen Kernen. Das ist einstweilen nur eine Hypothese. Die Quelle der enormen Leuchtkraft und die sehr heftigen Explosionen aktiver galaktischer Kerne können wir heute noch nicht zuverlässig erklären.

Die Zahl der Sterne in einer Galaxie kann hundert Millionen (Zwerggalaxien) bis ei-

hat 40 000 Lichtjahre Durchmesser. Sie ist von uns über 180 000 Lichtjahre entfernt. Die Kleine Magellansche Wolke hat einen Durchmesser von 30 000 Lichtjahren und ist von uns über 200 000 Lichtjahre entfernt. Beide Galaxien sind mit bloßem Auge auf der südlichen Halbkugel gut sichtbar. Zum ersten Mal hörten die Europäer von ihnen 1519 durch Ferdinand Magellan. Es sind kleine unregelmäßige Galaxien, die für Begleiter unserer Galaxis gehalten werden.

Systeme von Galaxien

In der Hierarchie des Weltalls sind die Galaxien Teile höherer Systeme. Einzelne Galaxien sind selten. Häufiger kommen

Doppel-, Dreifach- und Mehrfachgalaxien vor. Eine größere Galaxienzahl (bis mehrere Dutzend) haben die Galaxiengruppen. Ihre Durchmesser betragen drei bis zehn Millionen Lichtjahre. In unserer nächsten kosmischen Nachbarschaft, bis zu einer Entfernung von 50 Millionen Lichtjahre, gibt es 55 Galaxiengruppen, aber nur einige wenige Einzelgalaxien. Die lokale Galaxiengruppe ist klein. Sie umfaßt etwa 25 Galaxien

Größere Galaxiensysteme als die Gruppen sind die Galaxienhaufen (Abb. 139). Ihre Durchmesser liegen zwischen 5 bis 15 Millionen Lichtjahren. Sie umfassen Hunderte bis Tausende Galaxien. An Galaxien reiche Haufen haben gewöhnlich regelmäßige Kugelform. In ihrer Mitte befindet sich in der Regel eine elliptische Riesengalaxie, die allein aus über einer Billion Sterne besteht. Die Galaxienhaufen sind durch Gravita-

139

140

139 Der Galaxienhaufen im Sternbild Coma Berenices (Haar der Berenike) besteht aus etwa 800 Galaxien. Er ist 350 Millionen Lichtjahre entfernt, und diese Entfernung von uns vergrößert sich (infolge der Expansion des Weltalls) ständig mit einer Geschwindigkeit von 6 700 km/s. Am hellsten ist die elliptische Riesengalaxie mit mehreren Billionen Sternen

140 Eine Gruppe von fünf Galaxien im Sternbild Schlange. Wie die Sterne, kommen auch sie selten einzeln vor

141 Die lokale Galaxiengruppe. Die galaktische Ebene ist senkrecht, von vorn nach hinten. Die galaktische Achse ist von links nach rechts gerichtet. Die Magellanschen Wolken befinden sich unter der galaktischen Ebene (links in der Nähe der Galaxis). Die Galaxis liegt im Schnittpunkt der Ebenen. Links oben (d. h. unter der galaktischen Ebene) ist eine Gruppe von Galaxien um die Große Galaxie in der Andromeda. Sie ist 2 Millionen Lichtjahre entfernt

und hat einen Durchmesser von drei Millionen Lichtjahre. Die neuesten Forschungen zeigen, daß einige kleine unregelmäßige Galaxien in der lokalen Gruppe abgetrennte Teile von großen Galaxien sind. Sie wurden entweder losgerissen oder von einer der großen Galaxien in ihrer Aktivitätszeit ausgeworfen. Zur lokalen Gruppe gehören unsere Galaxis, die Galaxie M 31 in der Andromeda, die Spiralgalaxie M 33 im Sternbild Triangulum (Dreieck), die große Galaxie Maffei 1 im Sternbild Kassiopeia, beide Magellanschen Wolken und andere.

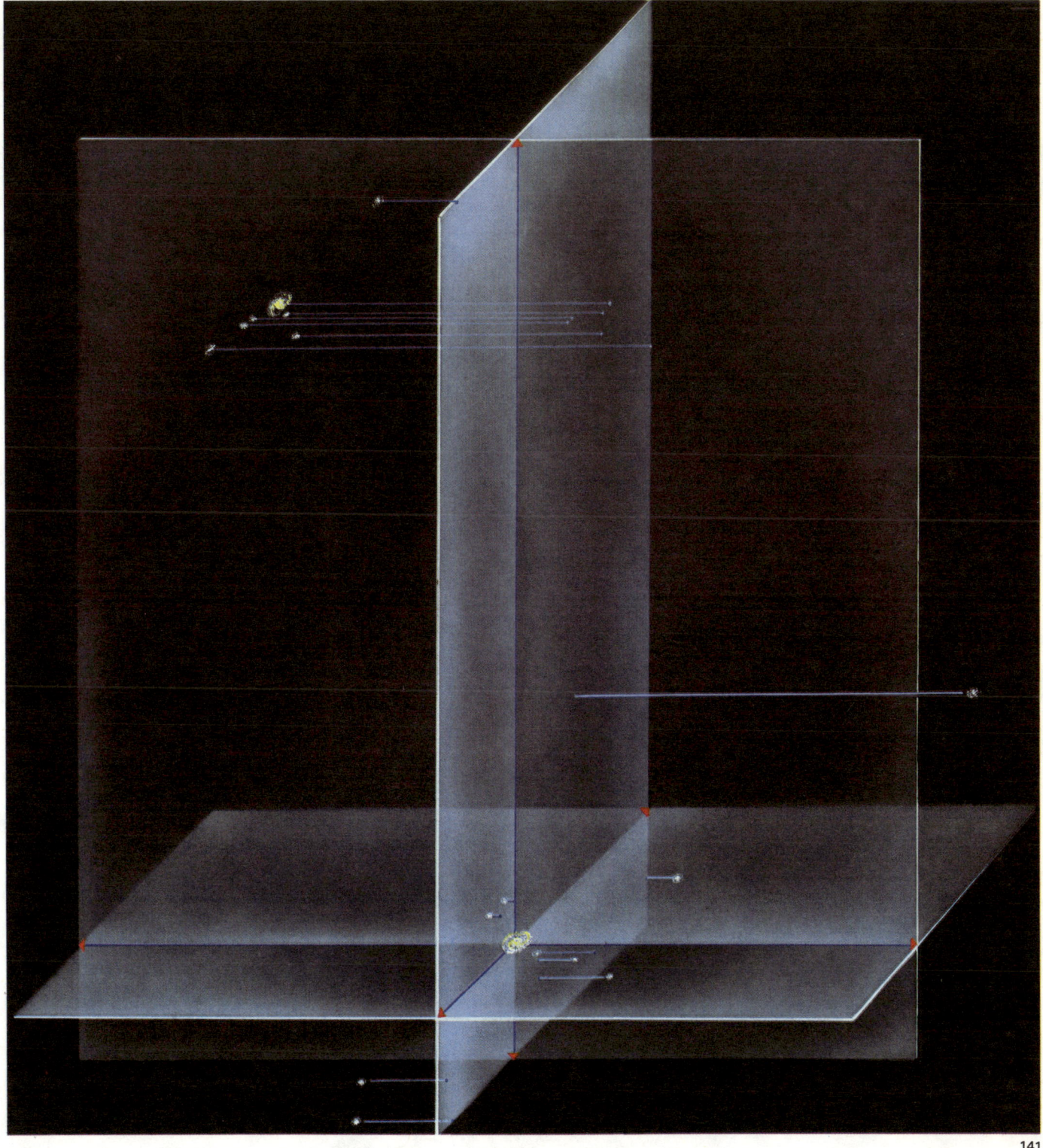

tionskraft gebundene Systeme. Die Galaxien des Haufens umlaufen einen gemeinsamen Schwerpunkt, u.zw. um so rascher, je größer die Gesamtmasse des Haufens ist. Messungen ergaben, daß die Gesamtmasse der Haufen viel größer ist als die Masse aller leuchtenden Galaxien. Dies bedeutet, daß in den Haufen viel Masse in unsichtbarer Form vorhanden ist. Die wirkliche Masse, d. h. die Summe der sichtbaren und der unsichtbaren Masse, läßt sich aus dem Galaxienumlauf um das Haufenzentrum errechnen. Je größer die Umlaufgeschwindigkeit der Galaxie, um so größer die Masse im Haufen, unabhängig davon, ob sie sichtbar oder unsichtbar ist. Die Umlaufgeschwindigkeit der Galaxien ist aus ihren Spektren bestimmbar, und daraus wird die Gesamtmasse des Haufens errechnet.

Das Weltall — ein System von Supergalaxien

Die Beobachtungen lassen vermuten, daß es noch größere Systeme als die Galaxien-

Das Weltall ist also ein System von Supergalaxien. Da sie rotieren, ist die auf die Galaxienhaufen und -gruppen wirkende Zentrifugalkraft von der Mitte der Supergalaxie weggerichtet — sie wirkt deshalb der Gravitationskraft der ganzen Supergalaxie entgegen. Außer der Rotation bewegen sich die Supergalaxien im Raum derart, daß sich jede Supergalaxie von allen anderen entfernt, ähnlich wie die Rosinen in einem

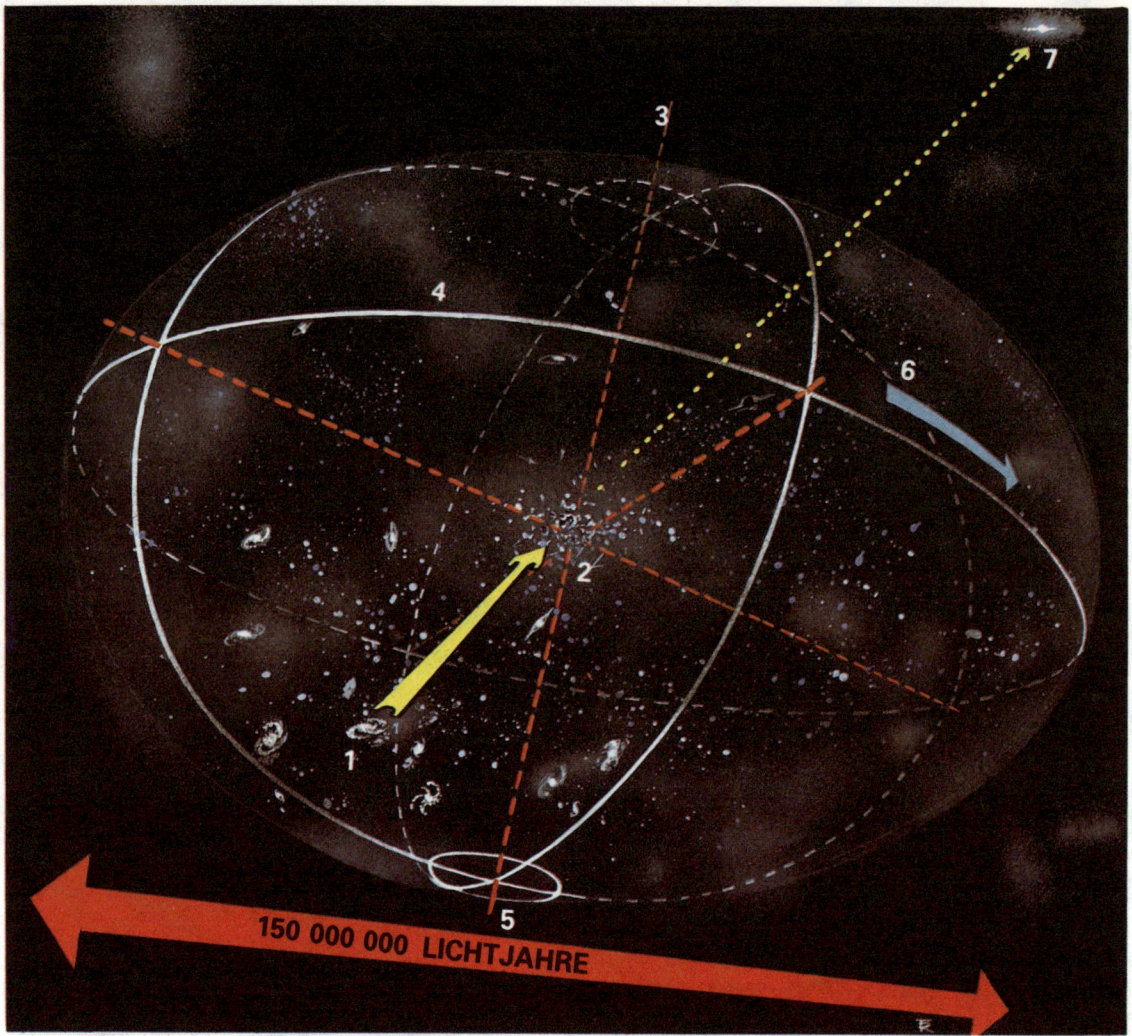

142 Schematische Darstellung einer Supergalaxie. Sie umfaßt Millionen von Galaxien – von Zwerggalaxien mit Milliarden von Sternen bis zu Riesengalaxien mit mehreren Billionen Sternen. Die ungefähre Lage unserer Galaxis ist mit (1) und die Mitte der Supergalaxie mit (2) bezeichnet. Diese Mitte liegt in Richtung auf das Sternbild Jungfrau. Die Achse, um die sich die Supergalaxie dreht (3), der Äquator (4), der Südpol (5), die Drehrichtung (6). Weit hinter der Mitte der Supergalaxie liegt der bekannteste Quasar (7)

150 000 000 LICHTJAHRE

142

haufen gibt. Wir nennen sie Supergalaxien. Die Supergalaxien, die größten Baueinheiten im Weltall, sind Systeme vieler Galaxienhaufen, Galaxiengruppen sowie Mehrfach- und Einzelgalaxien. Der Durchmesser unserer Supergalaxie beträgt 150 Millionen Lichtjahre. In der Mitte unserer Supergalaxie, zu der auch die lokale Galaxiengruppe und daher auch unsere Galaxis gehört, befindet sich der Galaxienhaufen im Sternbild Virgo (Jungfrau). Die lokale Galaxiengruppe liegt am südlichen Rand dieser Supergalaxie.

aufgehenden Hefeteig, in dem sich auch alle Rosinen voneinander entfernen.

Nicht nur die Supergalaxien, auch die Galaxien entfernen sich voneinander, und zwar um so rascher, je weiter sie voneinander entfernt sind. Diese Erkenntnis sprach E. Hubble in der einfachen Beziehung aus:

$$v = H \cdot r$$

In der Hubble-Beziehung bedeutet v die „Fluchtgeschwindigkeit" (in Kilometern je Sekunde) zweier Galaxien. Der Buchstabe r ist ihre Entfernung, gemessen in

Megaparsek, und der Buchstabe H heißt die Hubble-Konstante und hat den Wert von 55 km/s Mpc. Dies bedeutet, daß zwei Galaxien mit einem Abstand von 1 Mpc sich mit einer Geschwindigkeit von 55 km/s voneinander entfernen, und daß somit ihr Abstand in jeder Sekunde um 55 km größer wird. Ein anderes Beispiel für die Hubble-Beziehung: Zwei 10 Megaparsek voneinander entfernte Galaxienhaufen bewegen sich

sich verlangsamt, bis sie schließlich am höchsten Punkt ganz aufhört.)

Die Verlangsamung der Expansion läßt sich bestimmen, und man kann errechnen, wann die Supergalaxien und die Galaxienhaufen voneinander am weitesten entfernt sein werden. Das ist der Zeitpunkt, in dem die Expansion des Weltalls beendet ist. Ähnlich läßt sich auch rückwirkend bestimmen, wann die Expansion des Weltalls be-

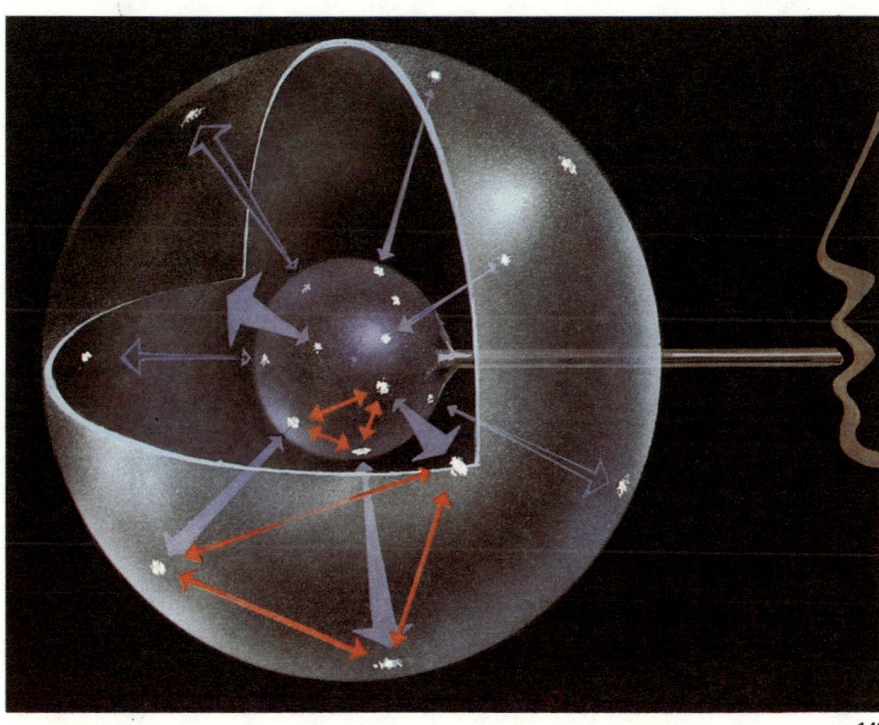

143 Bei der Ausdehnung des Weltalls entfernen sich die Galaxien voneinander um so schneller, je weiter entfernt sie sind. Auf dem Bild ist die Entfernung von drei Galaxien mit roten Pfeilen angezeigt. Früher waren sie nahe beieinander (kleine Kugel), heute sind sie weit voneinander entfernt (große Kugel)

143

mit einer Geschwindigkeit von 550 km/s voneinander weg. Dieses „Auseinanderfliegen" der Supergalaxien und Galaxienhaufen heißt Expansion des Weltalls.

Wenn es die Gravitation nicht gäbe, die allen Supergalaxien und Galaxienhaufen, Galaxiengruppen und Galaxien Zusammenhalt gibt, würde die Ausdehnung des Weltalls, entsprechend dem Hubble-Effekt, ständig mit gleichbleibender Geschwindigkeit erfolgen. Aufgrund der gegenseitig wirkenden Anziehungskraft verlangsamt sich die Ausdehnung des Weltalls allmählich, d.h. die Hubble-Konstante sinkt ständig. Wie die Beobachtungen zeigen, wird die Hubble-Konstante in dreißig Milliarden Jahren gleich Null und die Ausdehnung des Weltalls beendet sein. (Dieser Prozeß läßt sich mit einem senkrecht in die Höhe geworfenen Stein vergleichen: Stein und Erde ziehen einander an, so daß seine Aufwärtsbewegung

gann. Damals war die Ausdehnungsgeschwindigkeit hoch. Wir sprechen deshalb besser von einer großen Explosion, dem Urknall (oder engl. Big Bang), als von einer Expansion. Den Berechnungen nach dürfte sie vor rund 10 Milliarden Jahren stattgefunden haben (Kap. III).

Das Weltall ist also heute 10 Milliarden Jahre alt. Wenn es 40 Milliarden Jahre alt wird, ist seine Ausdehnung abgeschlossen. Dann setzt die Kontraktion des Weltalls ein, d. h. die Verkleinerung der Entfernungen zwischen den Supergalaxien und den Galaxienhaufen. Die Hubble-Konstante wird negativ sein und allmählich auf kleinere Werte absinken. Die Supergalaxien und die Galaxienhaufen werden immer schneller aufeinander zufallen, ähnlich wie der auf die Erde zurückkehrende Stein. Am Schluß findet ein ungeheurer Zusammenstoß, ein Zusammensturz aller Supergalaxien und Galaxienhaufen, Galaxien und Sterne statt. Es wird sich eine glühende, sehr dichte Kugel bilden, ähnlich jener, die es zu Beginn des Weltalls beim Urknall gab.

Dem großen Zusammensturz folgt mit der Zeit wieder ein Urknall. Er wird wahrscheinlich in etwa 70 Milliarden Jahren (von heute gerechnet) stattfinden, und das Weltall wird dann 80 Milliarden Jahre alt sein. In der ungeheuren Hitze des großen Zusammensturzes müssen alle Systeme untergehen, denn ihre Bindungsenergie ist viel kleiner als die riesige Energie der in das phantastische Inferno stürzenden Massen. Jedes System – vom Atomkern bis zur Supergalaxie – geht unter. Alle Dinge werden bis in ihre Elementarteilchen zerlegt.

Und was kommt dann? Aber zuerst noch etwas darüber, wie diese Systeme nach dem Urknall entstanden sind.

144 Im Laufe von 10 Milliarden Jahren entwickelten sich aus der formlosen, chaotischen Materie Galaxiennester, in ihnen dann Galaxien, und aus den Ursternen Sterne und Planeten. Die Entwicklung gipfelte in vernunftbegabten Lebewesen auf der Erde mit hochentwickelter Kultur. Etwa 10 Milliarden Jahre waren erforderlich, bis sich aus den Elementarteilchen vom Urknall (links oben) ein so vollendetes System wie das menschliche Gehirn entwickelte

III ENTWICKLUNG DES WELTALLS

Vom Chaos zur Ordnung

Der Aufbau des Weltalls ist, wie wir auf den vorangehenden Seiten erfuhren, das Ergebnis von Ereignissen, die in längst vergangenen Zeiten stattgefunden haben. Das ganze Weltall und alle Dinge in ihm sind ständigen Änderungen unterworfen. Die Entwicklung verläuft sehr langsam. Das Weltall ist viele millionenmal älter als Astronomie und die menschliche Kultur. Die Entwicklung des Lebens auf der Erde stellt nur einen unbedeutenden Teil des ganzen Weltalls dar. Und dennoch gelang es den Wissenschaftlern in den letzten Jahrzehnten unseres Jahrhunderts, das Geheimnis der Uranfänge des Weltalls wenigstens teilweise zu entschleiern.

Wenn wir die wichtigsten Ereignisse in der Vergangenheit des Weltalls betrachten, könnten wir die nun folgenden Kapitel als — sehr kurzgefaßte — Geschichte des Weltalls bezeichnen. Sie beginnt mit dem Urknall und endet in der Gegenwart. Zum Gegenstand hat sie die gesamte Materie und Energie, und wir können sie als wahres „theatrum mundi" bezeichnen, in dessen Rahmen jede andere Geschichte (der einzelnen Nationen, der gesamten Menschheit, der ganzen Erdbiosphäre usw.) nur eine verschwindend kleine Episode darstellt.

Die modernen astronomischen Beobachtungen deuten darauf hin, daß das Weltall vor ungefähr 10 Milliarden Jahren nach dem Urknall aus einer ungemein heißen und dichten feurigen Kugel entstanden ist. Ihre Zusammensetzung war sehr einfach. Wegen der enormen Hitze bestand sie nur aus freien, sich sehr rasch bewegenden Elementarteilchen, die ständig aufeinander prallten.

In den zehn Milliarden Jahren nach dem Urknall verwandelte sich die primitive formlose Masse allmählich in Atome, Moleküle, Kristalle, Gesteine und Himmelskörper. Es entstanden die Sterne, Systeme einer riesigen Anzahl von Elementarteilchen sehr einfacher Organisation. Auf einigen der Erde ähnlichen Planeten konnten sich lebende Organismen, d. h. Systeme, die viel kleiner als die Sterne, aber vollkommen und zweckmäßig organisiert waren, bilden.

Einstweilen endet die Entwicklung des Weltalls mit dem Menschen. Es ist uns nicht bekannt, ob und wo sie im Weltall weiter fortgeschritten ist, und wie sie in Zukunft auf der Erde aussehen wird. Auf jeden Fall sind wir nur ein unbedeutendes Teilchen des Weltalls und winziges Glied in seiner Entwicklung.

Anfang des Weltalls — Urknall

Die Ausdehnung des Weltalls bedeutet, daß die gleiche Menge von Elementarteilchen und Photonen einen sich ständig vergrößernden Raum einnimmt. Die durchschnittliche Dichte des Weltalls sinkt also durch diese Ausdehnung ständig, d. h. die Dichte des Weltalls war in der Vergangenheit größer als heute. Der Schluß liegt nahe, daß in längst vergangenen Zeiten (vor rund zehn Milliarden Jahren) das Weltall sehr komprimiert war. Außerdem muß die Temperatur hoch gewesen sein, so hoch, daß die Strahlungsdichte weit über der Dichte der Materie lag, oder mit anderen Worten — die Energie aller Photonen in einem Kubikzentimeter war größer als die Summe der Gesamtenergie $(m \cdot c^2)$ aller Teilchen in diesem Volumen.

Im frühesten Zeitalter, in den ersten Momenten der großen Explosion, bestand die gesamte Materie aus einem unvorstellbar dichten Gemisch aller Teilchen, Antiteilchen und hochenergetischen γ-Photonen. Die Energie der Teilchen war viel größer als die Energie der in den größten Beschleunigern der Welt (Batavia, CERN und Serpuchow) beschleunigten Teilchen. Bei den Zusammenstößen annihilierten die Teilchen mit ihren Antiteilchen, die entstandenen γ-Photonen aber materialisierten sofort in Teilchen und die entsprechenden Antiteilchen (S. 40).

Diese ungeheuer schnelle Bildung und Vernichtung der Elementarteilchen kann folgendermaßen dargestellt werden:

Teilchen + Antiteilchen $\rightleftarrows$ γ-Photonen, wobei der obere Pfeil die Annihilation und der untere Pfeil die Materialisation bedeuten.

Eine genaue Analyse zeigt, daß die Temperatur der Materie T mit der Zeit t nach der einfachen Gleichung

$$T = \frac{10^{10}}{\sqrt{t}} \quad (K)$$

sank.

Die Abhängigkeit der Temperatur T von

der Zeit t läßt z. B. den Schluß zu, daß in der Zeit, in der das Weltall eine Zehntausendstelsekunde ($t = 10^{-4}$ s) alt war, seine Temperatur 10^{12} K, also eine Billion Kelvin betrug. Das läßt sich leicht beweisen, denn wenn wir für $t = 10^{-4}$ einsetzen, dann ist $\sqrt{10^{-4}} = 10^{-2}$. Durch ein Hundertstel zu teilen, heißt mit Hundert zu multiplizieren, also mit 10^2. Somit ist $T = 10^{10} \cdot 10^2$ K $= 10^{12}$ K, wie angeführt.

Eine weitere wichtige Beziehung, die uns gestattet, in die Entwicklung des frühesten Weltall-Stadiums zu blicken, ist

$$h\nu = kT.$$

Der Buchstabe h ist die schon erwähnte Plancksche Konstante ($h = 6,62 \cdot 10^{-34}$ Js $= 3,92 \cdot 10^{-15}$ eVs). Der Ausdruck hinter dem Gleichheitszeichen stellt das Produkt der Boltzmannschen Konstante k und der Temperatur T dar ($k = 1,38 \cdot 10^{-23}$ J/K $= 8,17 \cdot 10^{-5}$ eV/K). Er bedeutet also die durchschnittliche kinetische Energie des Teilchens in einem Stoff, dessen Temperatur T ist. Die Beziehung sagt uns also, daß die Energie der Photonen in der glühenden Materie ungefähr gleich war der kinetischen Energie der Teilchen und der Antiteilchen.

Die Temperatur der dichten, glühenden Materie zu Beginn des Weltalls sank mit der Zeit, wie aus der angeführten Beziehung hervorgeht. Dies bedeutet, daß die durchschnittliche kinetische Energie der Teilchen sank. Damit mußte also auch die Energie der Photonen $h\nu$ sinken. Das ist aber nur dann möglich, wenn sich auch ihre Frequenz ν verringerte. Der Energieabfall der Photonen hatte mit der Zeit ernste Folgen für die Entstehung der Teilchen und der Antiteilchen durch Materialisierung.

Schon in Kap. I. erfuhren wir, daß das Photon sich nur dann in ein Teilchen und ein Antiteilchen verwandeln kann, wenn seine Energie genügend groß ist. Damit sich das Photon in ein Teilchen und ein Antiteilchen mit einer Masse m_o und einer Ruhenergie $m_o c^2$ verwandelt (materialisiert), muß es wenigstens eine Energie von $2\,m_o c^2$ oder mehr haben, also $h\nu \geqq 2\,m_o c^2$.
Im Laufe der Zeit verringerte sich die Energie der Photonen $h\nu$, und als sie unter die Summe der Ruhenergien der Teilchen und

der Antiteilchen ($2\,m_o c^2$) sank, konnten die Photonen keine Teilchen und Antiteilchen der Masse m_o mehr bilden. Ein Photon mit einer kleineren Energie als $2 \cdot 938$ MeV $= 1876$ MeV kann sich nicht mehr in ein Proton und ein Antiproton verwandeln, denn die Ruhenergie des Protons wie des Antiprotons ist 938 MeV.

In dem Ausdruck können wir die Energie der Photonen $h\nu$ durch die kinetische Energie der Teilchen ersetzen:

$$kT \geqq 2\,m_o c^2$$
$$\text{bzw.}\quad T \;\geqq\; \frac{2\,m_o c^2}{k}\,.$$

Diese Ungleichung, in Worten ausgedrückt, bedeutet: Die Teilchen und die zugehörigen Antiteilchen mit einer Masse von m_o entstanden durch Materialisierung in der glühenden Materie nur, solange die Temperatur der Materie T nicht unter den Wert

$$\frac{2\,m_o c^2}{k}$$

sank. Ein Blick auf die Tafel der Elementarteilchen von oben nach unten zeigt, wie die Entstehung von Elementarteilchen (mit fallendem m_o bzw. $m_o c^2$) nacheinander aufhörte. Demgegenüber konnten die Teilchen bei der Begegnung mit Antiteilchen durch Annihilation unbegrenzt vernichtet werden.

Zu Beginn entstanden in dem sich ausdehnenden Weltall aus den Photonen alle Arten von Teilchen und ihre Antiteilchen. Dieser Prozeß verlangsamte sich allmählich (weil die Temperatur sank), was zum Aussterben der Teilchen und Antiteilchen führte. Da die Annihilation bei jeder Temperatur stattfindet, verlief der Prozeß
Teilchen + Antiteilchen → 2 γ-Photonen
ständig, sobald ein Teilchen mit einem Antiteilchen in Berührung kam. Der Materialisierungsprozeß
γ-Photon → Teilchen + Antiteilchen
konnte dagegen nur bei entsprechend hohen Temperaturen ablaufen. Nach der Unterbrechung der Materialisierung entsprechend der sinkenden Temperatur der glühenden Materie zerfällt die Entwicklung des Weltalls in

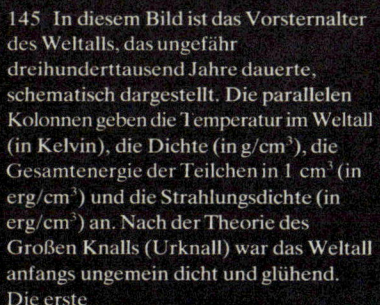

145 In diesem Bild ist das Vorsternalter des Weltalls, das ungefähr dreihunderttausend Jahre dauerte, schematisch dargestellt. Die parallelen Kolonnen geben die Temperatur im Weltall (in Kelvin), die Dichte (in g/cm³), die Gesamtenergie der Teilchen in 1 cm³ (in erg/cm³) und die Strahlungsdichte (in erg/cm³) an. Nach der Theorie des Großen Knalls (Urknall) war das Weltall anfangs ungemein dicht und glühend. Die erste Zehntausendstelsekunde (10^{-4} s) heißt Hadronenära; in ihr waren alle Teilchen ungefähr in gleichen Mengen vorhanden. Da die Hadronen (Abb. 14) die zahlenmäßig größte Gruppe darstellten, waren sie beim Großen Knall am stärksten vertreten. Sie entstanden in großer Zahl und gingen wieder unter. Sobald die Temperatur auf 10^{12} K sank, zerfielen die Hadronen und verschwanden, weil für ihre Bildung nicht mehr genügend Energie vorhanden war.

In der Leptonenära (10^{-4} s bis 1 s) starben die Hadronen aus. Die Temperatur war nur für die Materialisierung der Leptonen günstig. Sie entstanden und vergingen in großem Umfang. Sobald die Temperatur des sich ausdehnenden Weltalls auf 10^{10} K sank, hörten die Elektron-Positron-Paare auf sich zu bilden. Dies bedeutete das Ende der Leptonenära. Es folgte die Strahlungsepoche, die Photonenära, die dreihunderttausend Jahre dauerte. Während dieser Epoche war die Strahlung über den Teilchen vorherrschend. Mit der Ausdehnung des Weltalls verringerte sich nicht nur die Temperatur, sondern auch die Dichte, und zwar sank die Strahlungsenergie schneller als die Energiedichte der Materie. Die Strahlungsepoche endete, als beide Dichten gleich groß waren. Alle drei Anfangsstadien der Weltraumentwicklung heißen prästellare Epoche. An ihrem Ende verbanden sich die Elektronen und die Protonen und bildeten Wasserstoffatome. Von den Gamma-Photonen der Hadronen-Ära blieben am Ende der Strahlungsepoche (also auch der prästellaren Epoche) nur die Lichtphotonen (Fortsetzung Abb. 146) übrig

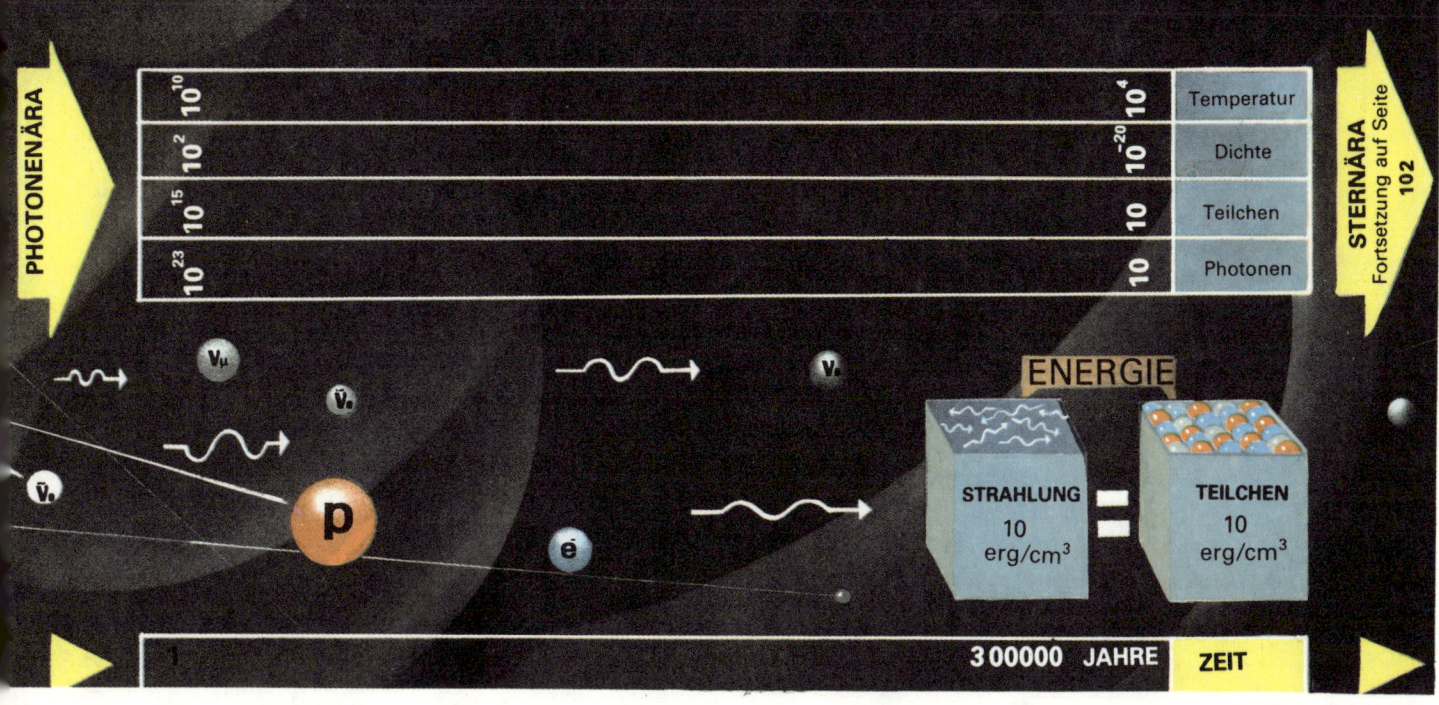

STERNÄRA
Fortsetzung auf Seite 102

vier Zeitalter: ein Hadronen-, ein Leptonen-, ein Photonen- und ein Sternzeitalter.

a) **Hadronen-Zeitalter.** Bei den sehr hohen Temperaturen und Dichten in den Uranfängen des Weltalls bestand die Materie aus allen auf Abb. 14 angeführten Teilchen, die zu gleichen Teilen vertreten waren. Auf den ersten Blick ist aus der Tafel ersichtlich, daß weit mehr Hadronen als Leptonen vorhanden waren, daher auch die Bezeichnung Hadronen-Zeitalter, obgleich es damals auch Leptonen gab.

Nach der ersten Millionstelsekunde (das Weltall war 10^{-6}s alt) sank die Temperatur T auf 10 Billionen Kelvin (10^{13} K). Die durchschnittliche kinetische Energie der Teilchen kT und der Photonen hv betrug ca. eine Milliarde eV (10^3 MeV), was der Ruhenergie der Baryonen entspricht. In der ersten Millionstelsekunde der Entwicklung des Weltalls verlief die Materialisierung aller Baryonen in vollem Umfang, ebenso häufig wie die Annihilation. Aber schon nach Ablauf der ersten Millionstelsekunde hörte die Materialisierung der Baryonen auf, denn bei einer Temperatur unter 10^{13} K besaßen die Photonen die dafür erforderliche Energie nicht mehr. Der Annihilationsprozeß der Baryonen und der Antibaryonen setzte sich so lange fort, bis der Strahlungsdruck die Materie von der Antimaterie trennte. Die Hyperonen – die schwersten Baryonen – sind instabil und verwandelten sich durch Zerfall in die leichtesten Baryonen – die Protonen und Neutronen. Dadurch verschwand aus dem Weltall die zahlenmäßig größte Baryonengruppe – die Hyperonen. Die Neutronen konnten zwar noch weiter (in Protonen) zerfallen, die Protonen jedoch nicht mehr, denn es wäre das Gesetz von der Aufrechterhaltung der Baryonenladung verletzt worden (Seite 20). Der Hyperonenzerfall spielte sich in der Zeit von 10^{-6}s bis 10^{-4}s ab.

In der Zeit, wo das Weltall eine Zehntausendstelsekunde (10^{-4}s) alt war, fiel seine Temperatur auf 10^{12} K ab und die Energie der Teilchen und der Photonen betrug nur noch 100 MeV. Sie genügte nicht, um die leichtesten Hadronen, die Pionen, entstehen zu lassen. Die Pionen aus früherer Zeit zerfielen und neue bildeten sich nicht mehr, d. h., daß in der Zeit, wo das Weltall 10^{-4}s alt war, aus ihm alle Mesonen verschwunden waren. Damit endete die Hadronen-Ära, denn die Pionen sind nicht nur die leichtesten Mesonen, sondern zugleich auch die leichtesten Hadronen. Niemals nachher traten starke Wechselwirkungen (Kernkräfte) im Weltall in einem solchen Maß auf, wie in der Handronen-Ära.

b) **Leptonen-Zeitalter.** Als die Energie der Teilchen und der Photonen von 100 MeV auf 1 MeV sank, gab es sehr viele Leptonen. Die Temperatur war für die intensive Entstehung von Elektronen, Positronen und Neutrinos genügend hoch. Baryonen (Protonen und Neutronen), die aus dem Hadronen-Zeitalter überlebt hatten, gab es gegenüber den Leptonen und Photonen nur sehr wenige.

Das Leptonen-Zeitalter begann mit dem Zerfall der letzten Hadronen – der Pionen – in Myonen und Neutrettos. Es endete nach einigen wenigen Sekunden bei Temperaturen von 10^{10} K, wo die Photonenenergie auf 1 MeV absank und die Materialisierung der Elektronen und Positronen beendet war. Während dieser Ära begannen die Neutrinos und die Neutrettos ihre unabhängige Existenz. Wir nennen die Neutrinos und die Neutrettos aus jener Zeit fossil. Der ganze Himmelsraum ist durchdrungen von einer enormen Menge fossiler Neutrinos und Neutrettos, die das bereits erwähnte Neutrinomeer bilden. Unsere Apparate sind jedoch gegenwärtig noch so wenig empfindlich, daß sich mit ihnen dieses fossile Neutrinomeer nicht feststellen läßt.

c) **Das Photonen- oder Strahlungs-Zeitalter des Weltalls.** Auf das Leptonen-Zeitalter folgt das Photonen-Zeitalter, auch Strahlungsära genannt. Sobald die Temperatur des heißen Weltalls auf 10^{10} K und die Energie der γ-Photonen auf 1 MeV sank, fand nur noch die Annihilation der Elektronen und der Positronen statt. Es konnten sich keine Elektronen-Positronen-Paare durch Materialisierung bilden, denn die Photonen besaßen keine genügend hohe Energie. Die Annihilation der Elektronen und der Positronen setzte sich jedoch fort, so lange der Strahlungsdruck die Materie und die Antimaterie nicht auseinandertrieb. Nach dem Hadronen- und dem Leptonen-Zeitalter blieb eine große Menge Photonen zurück. Am Ende des Leptonen-Zeitalters gab es zweimilliardenmal mehr Photonen als Protonen und Elektronen. Die wichtigste Komponente des Weltalls stellen nach dem Leptonen-Zeitalter nicht nur ihrer Zahl, sondern auch ihrer Energie nach, die Photonen dar.

Um zwischen der Bedeutung von Teilchen- und Photonenkomponente des Weltalls einen Vergleich zu ziehen, führen wir für beide als Bezugsgröße die Energiedichte ein. Es ist dies die in einem Kubikzentimeter enthaltene Energiemenge, genauer gesagt Durchschnittsmenge, wobei angenommen wird, daß die Materie im Weltall überall gleichmäßig verteilt ist. Wenn wir die Energie $h\nu$ aller Photonen in 1 cm³ zusammenzählen, erhalten wir die Dichte der Strahlungsenergie E_r. Wird die Ruhenergie $m_0 c^2$ aller Teilchen in 1 cm³ addiert, so erhalten wir die durchschnittliche Energiedichte der Materie im Weltall E_m.

Durch die Ausdehnung des Weltalls sank die Energiedichte seiner beiden Komponenten — der Photonen- und der Teilchenkomponente. Wenn sich eine bestimmte Entfernung im Weltall auf das Doppelte vergrößert, wächst das eingeschlossene Volumen auf das Achtfache. Die Teilchen und die Photonen verteilen sich in einem achtmal größeren Raum. Die Dichte der Teilchen und der Photonen ist also achtmal kleiner als vorher. Die Photonen verhalten sich jedoch bei der Expansion ganz anders als die Teilchen. Während sich die Ruhenergie der Teilchen durch die Ausdehnung nicht verändert, verringert sich die Energie jedes Photons bei diesem Vorgang. Die Photonen verringern ihre Frequenz so, als ob sie ermüdet wären. Das hat zur Folge, daß die Energiedichte der Photonen (E_r) schneller fällt als die Energiedichte der Teilchen (E_m). Das Übergewicht der Photonenkomponente im Weltall über die Teilchenkomponente wurde — was die Energiedichte anbelangt — während des Strahlungszeitalters immer kleiner, bis es schließlich ganz verschwand. In diesem Moment hielten beide Komponenten einander die Waage: $E_r = E_m$. Das Photonenzeitalter endete, und mit ihm gleichzeitig auch der Urknall. Damals war das Weltall rund 300 000 Jahre alt, und alle Entfernungen waren tausendmal kleiner als heute (Abb. 157). Die große Explosion — der Urknall — dauerte eine verhältnismäßig kurze Zeit — nur etwa ein Dreißigtausendstel des heutigen Alters der Welt. Trotzdem war diese Ära die bedeutendste. Niemals nachher verlief die Entwicklung so dramatisch und so schnell wie ganz zu Beginn, zur Zeit des Urknalls. Alle Abläufe betrafen damals die freien Elementarteilchen, ihre Umwandlungen, Entstehung, Zerfall und Annihilation. Es ist erstaunlich, in welch kurzer Zeit von wenigen Sekunden aus dem ungeheuren Reichtum der verschiedensten Arten von Elementarteilchen fast alle verschwanden: entweder durch Annihilation (Verwandlung in γ-Photonen) oder Zerfall in leichtere Baryonen (Protonen) und in leichteste geladene Leptonen (Elektronen). Diese starke Vereinfachung war, was die Zahl der Elementarteilchen und ihre Arten anbelangt, der charakteristischste Wesenszug der Frühzeit des Weltalls. Sie fand in der sich ausdehnenden, abkühlenden und dünner werdenden Urmaterie des Weltalls statt. Die damals so häufigen Elementarteilchen verschiedenster Art sind uns heute nur noch als seltene Exemplare aus mächtigen Teilchenbeschleunigern bekannt.

Auf den Urknall folgte ein weiteres Zeitalter, in dem Teilchen vorherrschen. Wir nennen es Sternzeitalter. Es dauert vom Ende des Urknalls bis heute. Die Entwicklung im Sternzeitalter verläuft bei weitem nicht so dramatisch und schnell wie in den Anfängen des Weltalls. Gegenüber dem Urknall erscheint sie sehr gemächlich. Der Grund dafür sind die niedrigen Dichten und die niedrigen Temperaturen. Die Entwicklung des Weltalls ähnelt einem Feuerwerk, das seinen Abschluß findet. Übrig geblieben sind rote Funken, Asche und Rauch. Wir stehen auf erkalteter Asche, blicken auf die alternden Sterne und gedenken der Pracht und des Glanzes während der Entstehung des Weltalls.

Entstehung der Supergalaxien und Nebelhaufen

Charakteristisch für die Entwicklung des Weltalls ist die Verlängerung jedes nächstfolgenden Zeitalters — von der Zehntausendstelsekunde des Hadronen-Zeitalters bis zum Sternzeitalter, das schon zehn Milliarden Jahre dauert und noch nicht beendet ist. Je kürzer das Zeitalter, um so dramatischer waren die Ereignisse, die in ihm stattfanden.

Im dritten Zeitalter, dem Photonen- oder Strahlungszeitalter, setzte sich die jähe Ausdehnung der Weltall-Urmaterie fort. Diese Materie bestand aus Photonen, unter denen vereinzelt ein freies Proton oder Elektron und sehr sporadisch auch α-Teilchen auftraten. (Wir bringen in Erinnerung, daß Photo-

146 Das Sternzeitalter (auch Materiestadium genannt) begann, als das Weltall 300 000 Jahre alt war und neutraler Wasserstoff entstand. Die restlichen freien Protonen verbanden sich mit den noch freien Elektronen (1). Die ungeheuren Massen des heißen Wasserstoffgases (5) (10^4 K) waren durchtränkt von Lichtstrahlung; sie dehnten sich aus und kühlten dabei ab (2). Die sehr dichten Wasserstoffwolken dehnten sich langsamer aus; aus ihnen entstanden durch die Gravitation Supergalaxien (3, 4). In der sich bildenden Supergalaxie zeichneten sich die Galaxienhaufen (6, 7) ab, in denen die Galaxien (8, 10) entstanden. In den Galaxien bildete die Gravitation in fieberhaftem Tempo Sternhaufen und in diesen Sterne (9)

nen zweimilliardenmal häufiger waren als Protonen und Elektronen.) Bei der Ausdehnung vergrößert sich das Volumen und die Dichte wird kleiner. Die Protonen und die Elektronen änderten sich während der Strahlungsära nicht, nur ihre Geschwindigkeit sank. Zu Beginn der Strahlungsära bewegten sich die Protonen ungefähr mit einer Geschwindigkeit von zehntausend Kilometern je Sekunde, an deren Ende dagegen von nur etwa zehn Kilometer je Sekunde. Die Photonen waren weit stärker betroffen. Ihre Geschwindigkeit blieb zwar gleich, aber die γ-Photonen verwandelten sich im Laufe des Strahlungszeitalters in Röntgen-, Ultraviolett- und Lichtphotonen. Die Materie und die Photonen waren am Ende des Strahlungszeitalters schon so weit abgekühlt, daß sich an jedes Proton ein Elektron anschloß. Dabei wurde ein Ultraviolett-Photon (oder mehrere Licht-Photonen) ausgestrahlt, und es entstand ein Wasserstoffatom. Damit waren die Wasserstoffatome – die ersten Teilchensysteme des Weltalls – geboren.

Mit der Entstehung der Wasserstoffatome beginnt das Sternzeitalter – die Ära der Teilchen – oder genauer gesagt das Zeitalter der Protonen und Elektronen. Alle übrigen Teilchen und ihre Antiteilchen sind, wie aus Abb. 14 ersichtlich ist, lange vorher, im Hadronen- und Leptonenzeitalter ausgestorben. Die Protonen und die Elektronen konnten nicht sterben, wie das Gesetz der Aufrechterhaltung der Baryonenladung und das Gesetz der Aufrechterhaltung der elektrischen Ladung dies lehren. Alle

Photonen überdauerten das Strahlungszeitalter und vermehrten sich am Ende sogar noch (bei der Entstehung von Wasserstoffatomen aus Protonen und Elektronen) um viele Ultraviolett- und Lichtphotonen. Aber bei der Ausdehnung büßten die Photonen viel von ihrer Energie ein. Aus den ursprünglichen γ-Photonen (des Hadronen-Zeitalters) entwickelten sich allmählich, am Ende des Strahlungszeitalters Lichtphotonen.

In das Sternzeitalter trat das Weltall als Wasserstoffgas mit einer großen Menge von Neutrinos, Licht- und Ultraviolett-Photonen ein. Das Wasserstoffgas dehnte sich nicht in allen Teilen des Weltalls gleich schnell aus und hatte nicht überall die gleiche Dichte. Es bildete riesige Verdichtungen mit Ausmaßen von mehreren Millionen Lichtjahren. Die Masse dieser Verdichtungen war hunderttausendmal bis einmillionenmal größer als die heutige Masse unserer Galaxie. Im Innern dieser Verdichtungen expandierte der Wasserstoff langsamer als der dünnverteilte Wasserstoff zwischen den Verdichtungen. Die Eigengravitation der einzelnen Verdichtungen bildete aus ihnen später Supergalaxien und Galaxienhaufen. Und so sind die größten Struktureinheiten im Weltall – die Supergalaxien – die Folge der ungleichmäßigen Verteilung des Wasserstoffes in den Urzeiten des Weltalls.

Entstehung der Galaxien

Die ungeheuren Wasserstoff-Verdichtungen, die Keime der Supergalaxien und der

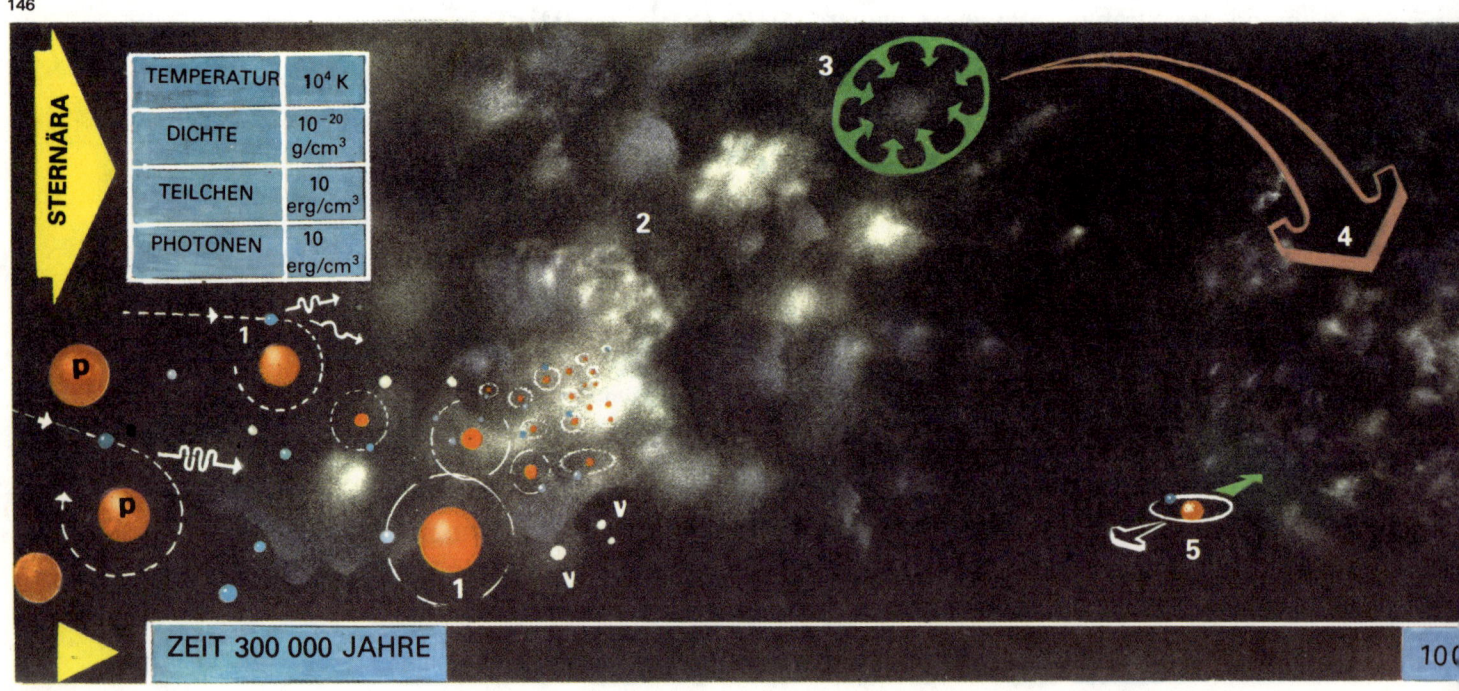

TEMPERATUR	10^4 K	
DICHTE	10^{-20} g/cm³	
TEILCHEN	10 erg/cm³	
PHOTONEN	10 erg/cm³	

STERNÄRA

ZEIT 300 000 JAHRE

Galaxienhaufen, drehen sich langsam. In ihrem Innern entstanden Wirbel, ähnlich den Wasser- und Luftwirbeln. Das waren die Protogalaxien. Sie erreichten Durchmesser von rund hunderttausend Lichtjahren. Trotz seiner unvorstellbaren Größe war ein solcher Protogalaxien-Wirbel nur ein unbedeutender Teil einer Supergalaxie, und sein Durchmesser war kleiner als ein Tausendstel des Durchmessers der Supergalaxie. Aus diesen Wirbeln (Protogalaxien) bildete die Gravitation Sternsysteme, die wir heute Galaxien nennen (Abb. 147). Einige von ihnen erinnern ihrem Aussehen nach immer noch an einen riesigen Wirbel.

Die Forschungsergebnisse der Astronomie zeigen, daß die Drehgeschwindigkeit des Wirbels maßgebend für die künftige Form der aus dem Wirbel hervorgehenden Galaxie ist. (In der Fachsprache heißt es, daß das durchschnittliche Impulsmoment des Wirbels den Typ der künftigen Galaxie bestimmte). Aus langsamen Wirbeln entwickelten sich elliptische Galaxien, aus den raschen Wirbeln dagegen abgeflachte Spiralgalaxien (Abb. 137, 147).

Die sich sehr langsam drehende Protogalaxie wurde durch die Gravitation zu einer Kugel oder einem schwach abgeflachten Ellipsoid zusammengezogen. Die Größe einer solchen riesigen regelmäßigen Wasserstoffwolke konnte Zehntausende oder Hunderttausende Lichtjahre betragen. Es ist leicht verständlich, welche Wasserstoffatome an der sich bildenden elliptischen Galaxie beteiligt waren und welche im Raum zwischen den Galaxien zurückblieben: Wenn die Gravitations-Bindungsenergie des Atoms am Rand größer als seine kinetische Energie war, wurde das Atom ein Teil der sich bildenden Galaxie. Diese Bedingung heißt Jeanssches Kriterium. Mit ihm läßt sich bestimmen, wie die Größe und die Masse der Protogalaxie von der Dichte und der Temperatur ihres Wasserstoffgases abhängig sind.

Aus einer sich gar nicht drehenden Protogalaxie entstand eine kugelförmige Galaxie. Abgeflachte elliptische Galaxien entstanden aus sich langsam drehenden Protogalaxien. Da die Fliehkraft schwach war, herrschte die Gravitationskraft vor. Die Protogalaxie schrumpfte zusammen, und die Dichte ihres Wasserstoffes wuchs. Sobald die Dichte einen bestimmten Wert erreichte, begannen sich im Wasserstoff Verdichtungen mit einer Masse von $0,06\,M_\odot$ bis $100\,M_\odot$ abzusondern und zusammenzuschrumpfen. Es bildeten sich Ursterne, aus denen sich später Sterne entwickelten (Abb. 151). Die Entstehung aller Sterne in einer kugelförmigen oder wenig abgeflachten Protogalaxie verlief fast gleichzeitig. Der Prozeß dauerte die verhältnismäßig kurze Zeit von rund 100 Millionen Jahren. Dies bedeutet, daß in elliptischen Galaxien alle Sterne ungefähr das gleiche — sehr hohe — Alter aufweisen. In elliptischen Galaxien wurde fast der ganze Wasserstoff gleich am Anfang, etwa im ersten Hundertstel des Bestehens der Galaxien, aufgebraucht. Später konnten nur wenige Sterne entstehen, weil dafür nicht genug

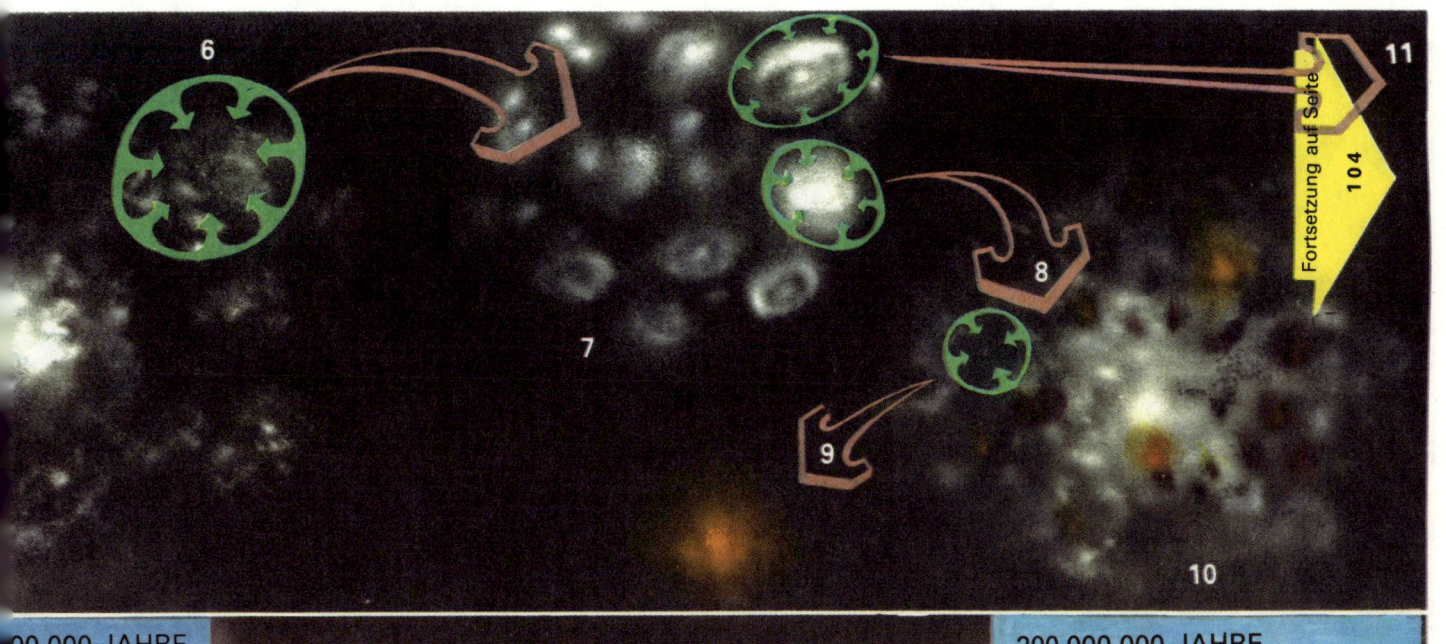

Fortsetzung auf Seite 104

00 000 JAHRE

200 000 000 JAHRE

147 Aus der großen, sich schnell drehenden Wolke (11) formte die Gravitation Galaxien. Zuerst entstand aus der Ansammlung ein Halo (12) und in ihm Kugelsternhaufen (13). Auf das restliche unverbrauchte Gas im Halo wirkten zwei Kräfte ein: die Gravitation der Galaxien und die Zentrifugalkraft (14). Sie preßten das Gas der ganzen Galaxie zu einer dünnen Scheibe (15) zusammen. In ihr wurden und werden immer noch spätere Sterngenerationen geboren (sog. Population I) – (16)

Material mehr vorhanden war. In den elliptischen Galaxien gibt es deshalb wenig oder gar keine interstellare Materie.

Eine Spiralgalaxie, also auch unsere Galaxis, besteht aus einer sehr alten Halokomponente (wodurch sie den elliptischen Galaxien ähnelt) und aus einer flachen jungen Komponente (in den Spiralarmen). Zwischen der kugelförmigen alten Halokomponente und der flachen jungen Komponente in den Armen existieren einige verschieden alte Übergangskomponenten, deren Abflachung und Rotationsgeschwindigkeit unterschiedlich sind. Der Aufbau der Spiralgalaxien ist also komplizierter als der Aufbau der elliptischen Galaxien. Die Spiralgalaxien weisen außerdem eine schnellere Wirbelbewegung auf als die elliptischen Galaxien, denn sie entstanden aus jenen Wirbeln in den Supergalaxien, die sich schneller drehten. Deshalb sind an der Bildung der Spiralgalaxien sowohl die Gravitation als auch die Fliehkraft beteiligt.

Die Wolke, aus der eine Spiralgalaxie entstand, war größer und ungefähr kugelförmig. Zuerst drehte sie sich langsam und der Unterschied zwischen der Protogalaxie, aus der später die elliptische Galaxie entstand, und der Protogalaxie, aus der die Spiralgalaxie hervorging, war nicht sehr groß. Deshalb sind alle Sterne aus dem Anfangsstadium in unserer Galaxis wie auch in den übrigen Spiralgalaxien in einem kugelförmigen Raum angeordnet. Wir nennen sie Sterne der zweiten Population, Halokomponente oder

Population II. Sie bewegen sich um das Zentrum der Spiralgalaxie in langgezogenen elliptischen Bahnen und haben dasselbe Spektrum und dasselbe Alter wie die Sterne der elliptischen Galaxien.

Wenn aus unserer Galaxis nach den ersten 100 Millionen Jahren — so lange dauerte die Bildung der Halokomponente — der ganze interstellare Wasserstoff entwichen wäre, hätten keine weiteren Sterne entstehen können und unsere Galaxis wäre eine elliptische Galaxie. Es würde dann natürlich weder unsere Sonne noch ihre Planeten oder die Milchstraße geben. Da das interstellare Gas jedoch nicht entwich, konnten Gravitation und Rotation den Aufbau unserer und anderer Spiralgalaxien vollenden. Wie aus Abb. 147 hervorgeht, mußte sich die Rotation des nach der Bildung der Halokomponente übriggebliebenen interstellaren Gases beschleunigen. Je stärker es durch die Gravitation zusammengezogen wurde, um so schneller mußte es sich entsprechend dem Erhaltungssatz des Drehimpulses bewegen. Diese Erscheinung ist uns vom Kunsteislaufen her bekannt. Der Eisläufer, der die ausgebreiteten Arme an den Körper anzieht, dreht sich plötzlich sehr schnell. Eine schnellere Rotationsbewegung bedeutet jedoch auch eine größere Fliehkraft.

Auf jedes Atom interstellaren Gases wirkten zwei Kräfte ein: die Gravitation, die es zur Mitte der Galaxie zog, und die Fliehkraft, die es von der Rotationsachse wegdrückte. Die resultierende Kraft drückte das interstel-

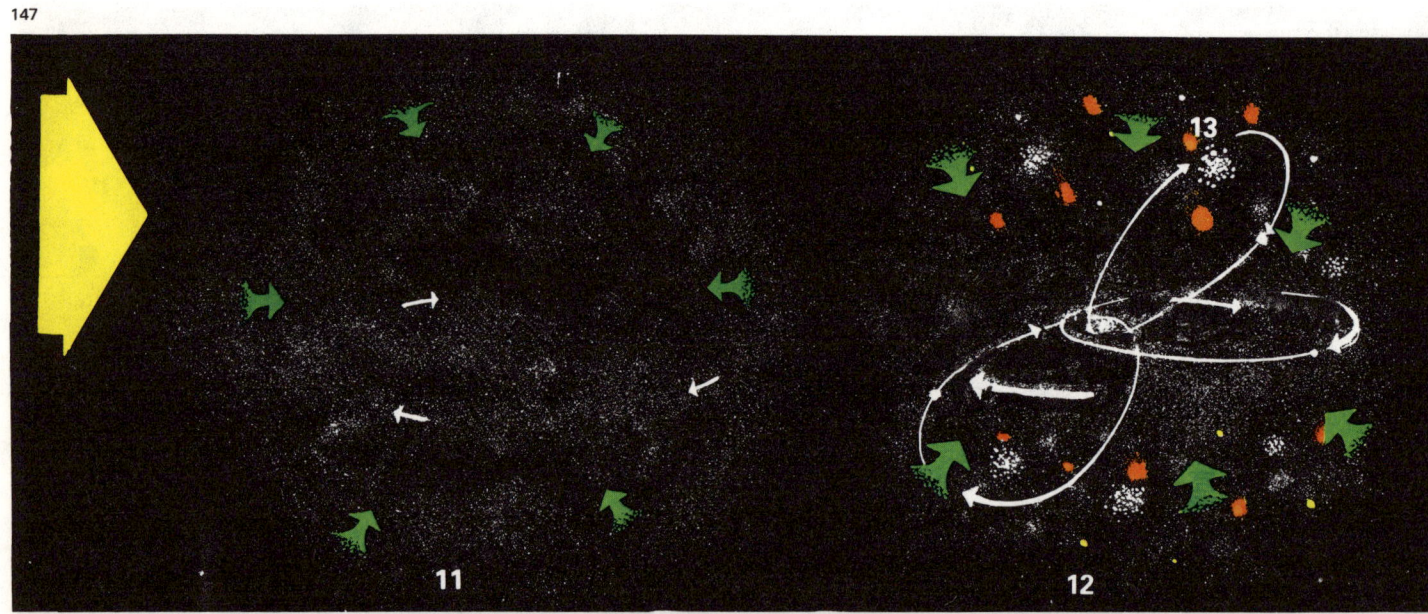

147

ZEIT 200 000 000 JAHRE

lare Gas zur galaktischen Ebene (das ist die Ebene, die durch die Mitte der Galaxie führt und senkrecht zur Rotationsachse steht). Gegenwärtig ist das interstellare Gas zu einer sehr dünnen Schicht längs der galaktischen Ebene zusammengedrückt. Es ist vor allem in den Spiralarmen konzentriert und bildet einen Teil der flachen Scheibenkomponente (auch Population I genannt).

In jeder Zeitspanne der Abflachung des interstellaren Gases zu einer ständig dünner werdenden Scheibe entstanden Sterne. Deshalb finden wir in unserer Galaxis ebenso wie in den übrigen Spiralgalaxien Sterne unterschiedlichsten Alters. Die ältesten entstanden vor etwa zehn Milliarden Jahren in den Kugelsternhaufen, die jüngsten erst kürzlich in den Spiralarmen. Sterne sind also um so jünger, je flacher das System ist, in dem sie verteilt sind.

Die allerjüngsten Sterne entstehen heute noch aus längs der galaktischen Ebene verteiltem interstellarem Staub und Gas. Dieses Gas ist zum Teil ein Rest jenes uralten Wasserstoffs, aus dem die Protogalaxie bestand. Dem interstellaren Wasserstoff sind jedoch noch Gas und Staub, die frühere Sterne ausgeschleudert haben, beigemischt. Von der chemischen Seite betrachtet ist somit das heutige interstellare Material mit allen Elementen angereichert, wie sie aus Mendelejews Periodensystem der Elemente bekannt sind. Demgegenüber entstanden die ältesten Sterne in der Halokomponente der Galaxien aus Wasserstoff. Deshalb enthalten die jüngsten Sterne, im Unterschied zu den ältesten Sternen, viele schwere Elemente, z. B. Metalle. Und damit gelangen wir zur Entstehung und Entwicklung der Sterne und der chemischen Elemente in ihnen.

Entstehung der Sterne

Die Sternschicksale erinnern in manchem an Menschenleben. Sie werden geboren, wandeln Energie um, beeinflussen ihre Umgebung und sterben.

Das Material, aus dem sie entstehen, heißt interstellare Materie. Sie ist in den ausgedehnten Räumen zwischen den Sternen verteilt und besteht aus Atomen (vor allem des Wasserstoffs, aber auch schwererer Elemente) und aus feinen Staubkörnchen. Wenn die interstellare Materie von nahen Sternen angestrahlt wird, sind ihre Ansammlungen als leuchtende Nebelwolke sichtbar (Abb. 148). Andererseits absorbiert eine große staubreiche Ansammlung von interstellarer Materie die Strahlung entfernter Sterne. Wir sehen sie als Dunkelwolke. Manchmal sind vor hellen Nebeln sehr kleine Dunkelwolken feststellbar, die wir Globulen nennen. Diese kugelförmigen Klumpen interstellaren Staubes und Gases sind ungefähr so groß wie unser Sonnensystem bis zur Kometenwolke (Abb. 149). Es sind die Keime für Sterne und Planetensysteme, die man Globulen nennt.

Die Globule enthält einen großen Vorrat an potentieller Energie, die freigesetzt und in

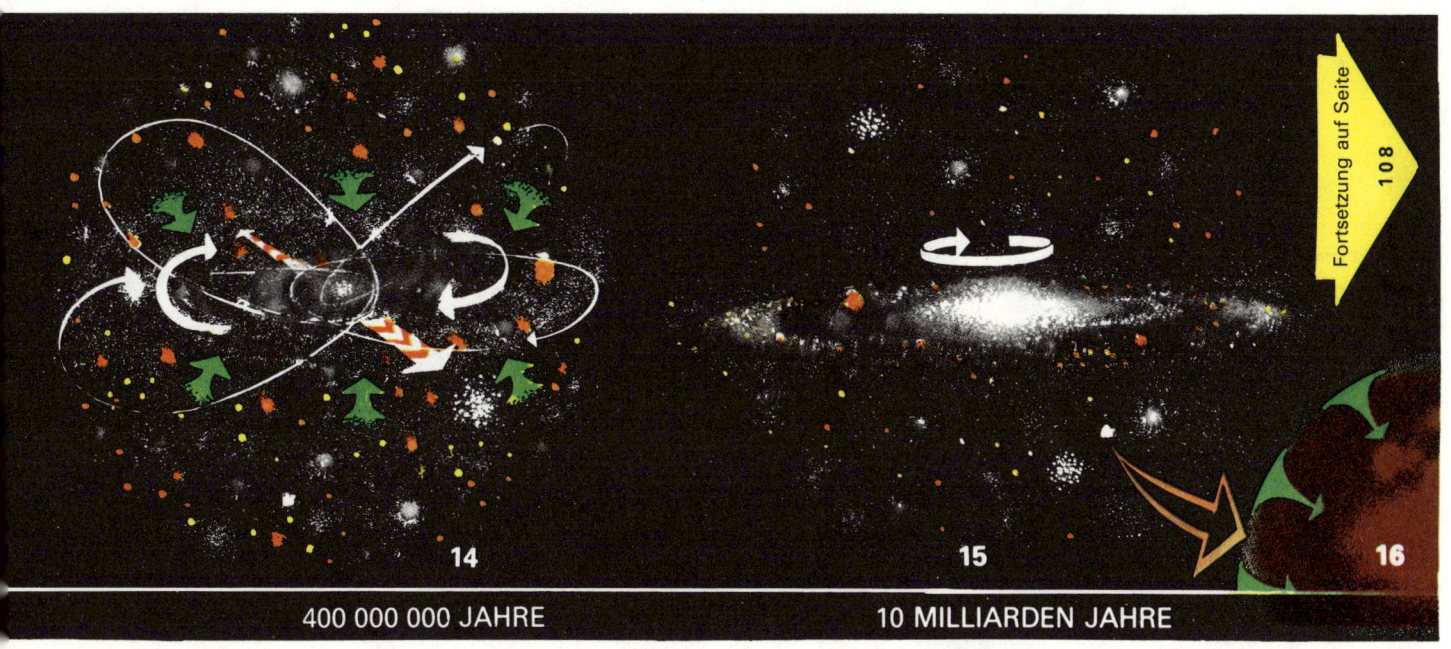

14

400 000 000 JAHRE

15

10 MILLIARDEN JAHRE

16

Fortsetzung auf Seite 108

Wärme oder Strahlung umgewandelt werden kann. Es handelt sich hierbei um Gravitations- und Kernenergie. Die Gravitation zieht die ausgedehnte Globule auf ein möglichst kleines Volumen zusammen. Dadurch wird Gravitationsenergie frei. Die zweite potentielle Energie in der Globule ist die Kernenergie des Wasserstoffes, der die Hauptkomponente der Globule bildet. Die Protonen können sich durch thermonukleare Reaktionen zu schwereren Kernen vereinigen und einen Teil ihrer Restenergie freigeben.

Eine Globule, die sich durch ihre eigene Gravitation zusammenzieht, heißt Protostern. Der Protostern schöpft aus den Vorräten seiner Gravitationsenergie, verwandelt sie in Wärme und erhitzt sich in seinem Kern

148

148 Der große Nebel im Orion besteht aus einer riesigen Wolke leuchtenden Wasserstoffes. Er ist etwa 1 500 Lichtjahre entfernt und mit bloßem Auge im Orionschwert wahrnehmbar. Im Nebel sind viele entstehende Sterne (die sich einstweilen nur im Infrarotbereich beobachten lassen)

149 Ein Teil des sog. Rosetta-Nebels im Einhorn (Monoceros). Vor einer Million Jahre entstand im Rosetta-Nebel eine Gruppe sehr heller Sterne, die den Nebel mit Wärme und Strahlung versorgen. Die dunklen Flecken vor dem Nebel sind Keime weiterer Sterne und Planetensysteme

149

so lange, bis sich die thermonukleare Reaktion entzündet. Das kann einige Millionen Jahre dauern. Wenn die Kernreaktion einsetzt, hört die Kontraktion auf, und im Sterninneren beginnt die Kernenergie des Wasserstoffes freizuwerden, die die Stelle der Gravitationsenergie einnimmt. Die Temperaturen im Kern eines Protosterns erreichen Werte über 7 Millionen Kelvin, also die Grenze, bei der sich der Wasserstoff in Helium zu verwandeln beginnt. Aus dem Protostern wird ein normaler Stern mit thermonuklearen Reaktionen.

Noch bevor sich der Wasserstoff entzündet, finden für eine ganz kurze Zeit im Protostern thermonukleare Reaktionen statt, bei denen sich bei Temperaturen von 1 bis 5 Millionen Kelvin Lithium, Beryllium und Bor in Helium umsetzen. Als Energiequelle sind diese Kernreaktionen unwichtig. Sie stellen nur eine unbedeutende Episode in der Entwicklung des Protosterns dar, zerstören jedoch das Lithium, das Beryllium und das Bor. Deshalb sind diese leichten Elemente im Weltall so selten.

Sein ganzes Leben lang lebt der Stern so von der Kernenergie, daß die Protonen im Sterninneren im Stabilitätstal in immer niedrigere Lagen übergehen (S. 48). Dabei wird ein sehr kleiner Teil ihrer Ruhenergie frei, und ihre Bindungsenergie im Atomkern wächst. Das Bestreben, sich seiner aus der Globule gewonnenen potentiellen Energie zu entledigen, ist für die ganze Entwicklung des Sterns bestimmend und die Ursache für alle Veränderungen. Nach Erschöpfung der Kernenergie wird erneut Gravitationsenergie frei, die das Leben des Sterns abschließt. Die gesamte Wärme und Strahlung des Sterns sind daher schon in seinem Keim — in der Globule — enthalten.

Die Globulen sind verschieden groß (bis 1/2 Lichtjahr Durchmesser) und von verschiedener Masse. Ein Stern kann nur aus einer Globule entstehen, die 10^{55} bis 10^{59} Nukleonen enthält, was einer Masse von 0,08 $M_\odot$ bis 100 $M_\odot$ gleichkommt. Globulen mit einer größeren Masse als 100 Sonnenmassen eignen sich für die Sternbildung nicht, denn der in ihrem Innern entstehende hohe Strahlungsdruck zersprengt sie und schleudert die Materie zurück in den interstellaren Raum. Eine zu kleine Globule dagegen besitzt nicht genügend Eigengravitation, um sich auf die für thermonukleare Reaktionen notwendigen Temperaturen

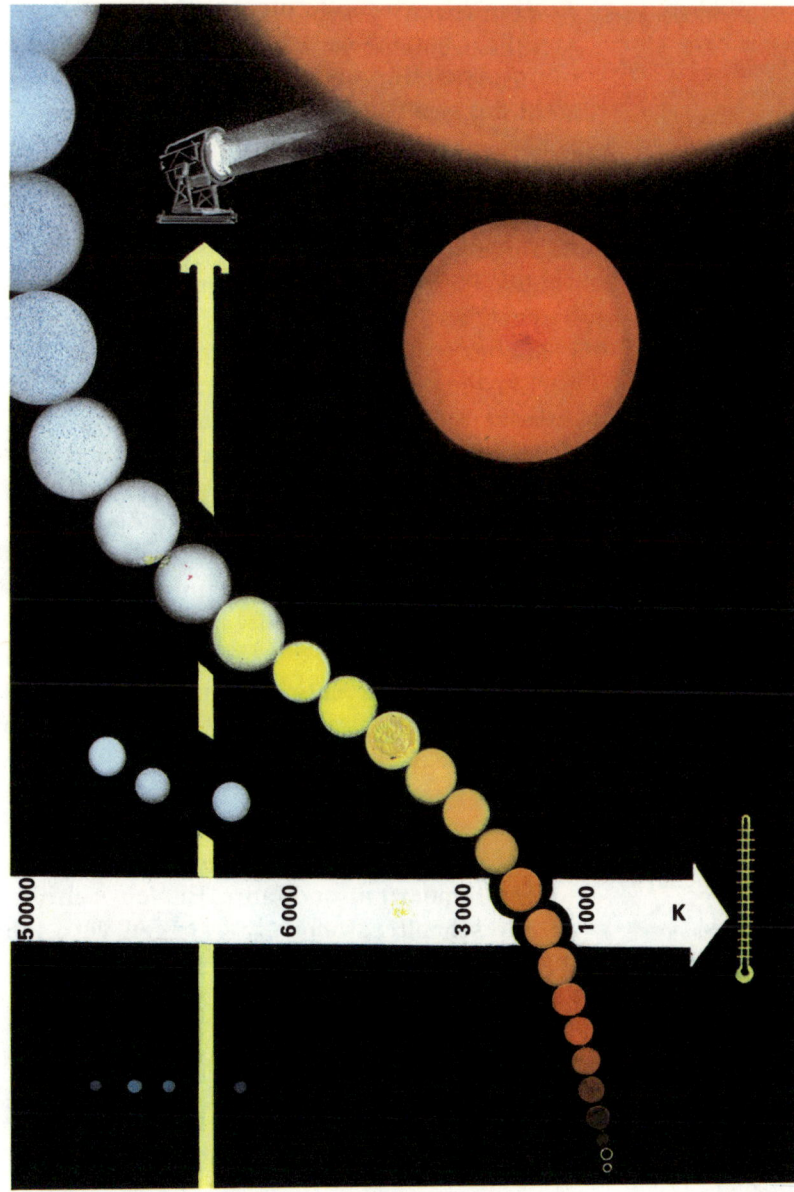

150

150 Das Hertzsprung-Russell-Diagramm. Auf der waagerechten Achse sind die Sterntemperaturen, bzw. genauer gesagt die Oberflächentemperaturen der Sterne, aufgetragen. Ganz rechts sind niedrige Temperaturen, und nach links steigen die Temperaturen an. Rechts sind daher die dunkelroten (kühlen) Sterne; nach links zu weisen die Sterne erst rote, dann orange, gelbe, weiße bis blaue (ganz links) Farbe auf. Auf der senkrechten Achse des Diagramms ist die Leuchtkraft der Sterne aufgetragen. Ganz unten sind die Neutronensterne. Oben sind die Sternriesen und die Überriesen dargestellt. Jeder wirkliche Stern ist durch einen Punkt im Diagramm dargestellt, der seiner Oberflächentemperatur und Leuchtkraft entspricht. Die überwiegende Mehrzahl der Sterne liegt auf der Hauptreihe, die im Diagramm diagonal verläuft

151 Entwicklung der Sterne. Am längsten leben die Sterne auf der Hauptreihe (A), die in ihrem Kern (weiße Kugel) Wasserstoff in Helium umsetzen (1). Wenn sich im Kern der Wasserstoff in Helium verwandelt hat, drückt die Gravitation den Kern des Sterns auf einen kleineren Umfang zusammen und erwärmt ihn dabei bis auf 100 Millionen K (B). Bei dieser Temperatur verwandelt sich das Helium in Kohlenstoff (2). Während der Kern schrumpft, dehnen sich die Außenschichten aus und kühlen ab: Aus dem Stern wird ein kalter Roter Riese. Die weitere Entwicklung geht stufenförmig (C) vor sich: Es wechseln Freiwerden der Energie aus der Kernreaktion (blaue Kästen) mit Gravitation (Anstieg der Temperatur und der Dichte im Kern) ab. Bei 3,5 Milliarden K entsteht Eisen

aufzuheizen. Auch sie kann sich deshalb nicht zu einem normalen Stern entwickeln.

Eine Globule, die sich zusammenzuziehen und durch Eigengravitation zu erwärmen beginnt, heißt Protostern, solange sie nicht die Hauptreihe im Hertzsprung-Russell-Diagramm erreicht. Dieses Diagramm ist zur Verfolgung der Sternenentwicklung sehr nützlich. Auf seiner waagerechten Achse ist die Oberflächentemperatur des Sterns und auf der senkrechten Achse seine Leuchtkraft (Leistung) aufgetragen. Im Diagramm ist jeder Stern durch einen Punkt dargestellt, der der Oberflächentemperatur und der Leuchtkraft des Sterns entspricht. Beide Größen ändern sich aber mit der Zeit, so daß sich der einen Stern im Hertzsprung-Russell-Diagramm darstellende Punkt verschiebt. Auf Abb. 193 ist die Entwicklung der Proto-sonne von der Globule bis zur Hauptreihe dargestellt. Die Entwicklung anderer Sterne war ähnlich. Alle Sterne auf der Hauptreihe setzen Wasserstoff in Helium um.

Wie lange besteht die Globule, ehe sie sich in einen normalen Stern verwandelt? Der Protostern mit einer Masse um 100 $M_\odot$ lebt etwa hunderttausend Jahre. Er zieht sich also sehr schnell zusammen. Dagegen wird ein

sehr leichter Protostern mit einer Masse von etwa 0,08 $M_\odot$ ungefähr 100 Millionen Jahre brauchen, um zu einem Stern „auszureifen". Seine Masse ist klein, und deshalb verläuft die Kontraktion sehr langsam. In der Zeit, in der es Menschen auf der Erde gibt, kamen am Himmel nur wenige mit bloßem Auge sichtbare Sterne dazu. Die große Mehrheit der sichtbaren Sterne war schon vor der Entstehung des Menschen am Himmel. Von der Masse der Protosterne hängt auch ihre spätere Lage im Hertzsprung-Russell-Diagramm ab. Sehr massereiche Sterne haben eine glühende Oberfläche (ca. 30 000 K), sind blau, und ihre Leuchtkraft ist fast ein-millionenmal größer als die der Sonne ($L_\odot$). Sehr massearme Sterne sind dagegen an der Oberfläche kühler als 3000 K, leuchten rot und strahlen zehntausendmal weniger Energie aus als die Sonne. Massereiche Sterne sind im Hertzsprung-Russell-Diagramm links oben, massearme Sterne dagegen rechts unten dargestellt.

Ein Stern verfügt über einen enormen Wasserstoffvorrat, aus dem er die Energie für seine Strahlung schöpft. Dies ist auch der Grund, warum die überwiegende Mehrheit der Sterne lange auf der Hauptreihe ver-

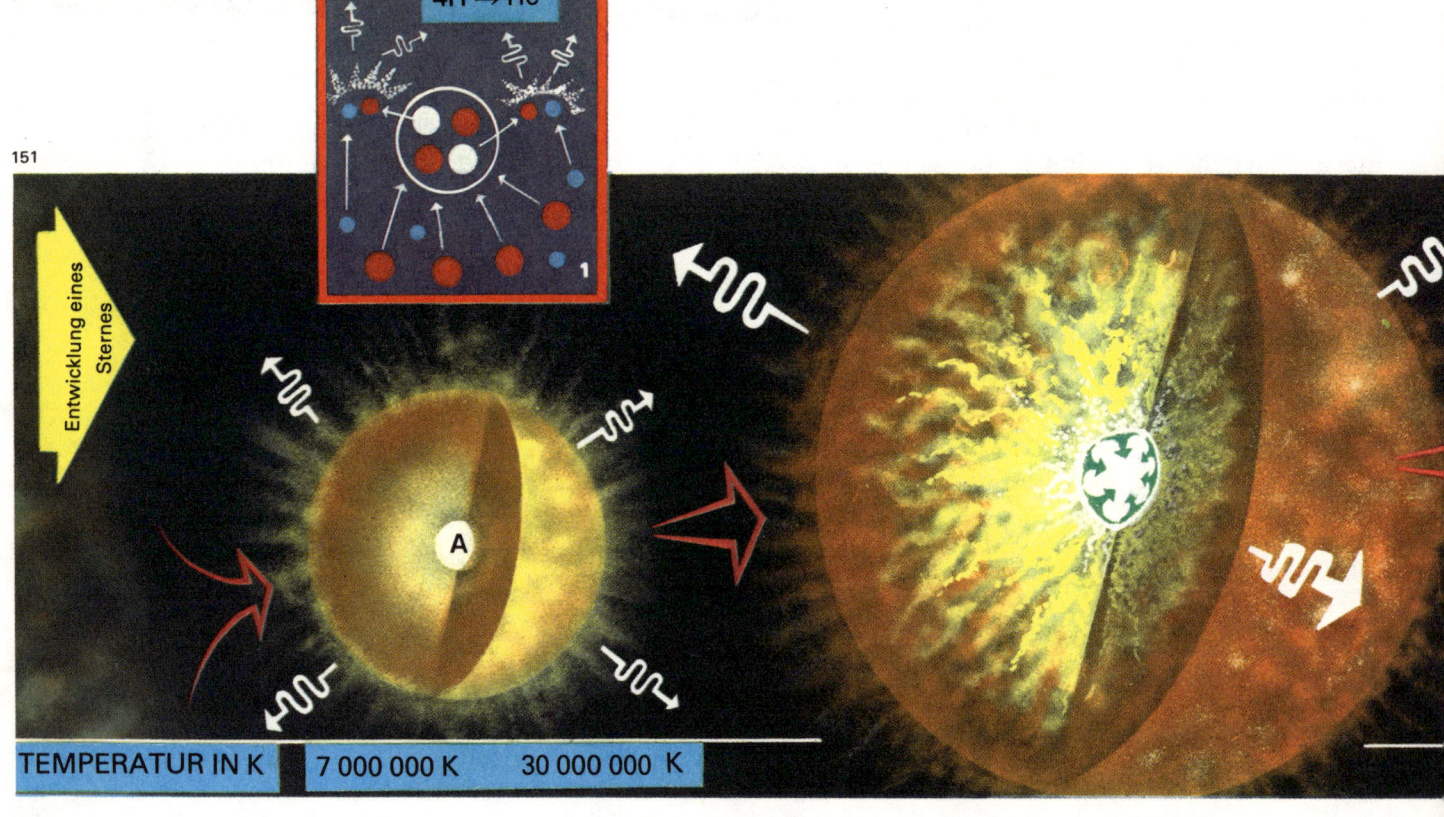

Entwicklung eines Sternes

4H → He

TEMPERATUR IN K | 7 000 000 K | 30 000 000 K

bleibt. Unsere Sonne wird von dem Wasserstoff insgesamt 15 Milliarden Jahre leben. Sterne mit kleineren Massen haben eine kleinere Leuchtkraft und leben deshalb von ihrem Wasserstoff länger. Die Lebensdauer der Sterne, die schwerer als die Sonne sind, ist kürzer, denn höhere Leuchtkraft bedeutet auch größeren Wasserstoffverbrauch.

Die Umsetzung des Wasserstoffes in Helium verläuft nur im Sternkern, d. h. im Zentrum, in dem sich ein Achtel der Sternmasse befindet. Wenn auch die Wasserstoffvorräte im Kern ungeheuer groß sind, einmal sind sie doch erschöpft, und der Stern beendet die längste und ruhigste Zeitspanne seines Lebens.

Das Altern der Sterne und die Entstehung chemischer Elemente

Bei der Umsetzung des Wasserstoffs in Helium entstehen im glühenden Sternkern Alphateilchen (Heliumkerne). Aus acht Teilchen (vier Protonen und vier Elektronen) bleiben jedoch nach der Umsetzung nur drei Teilchen − ein Alphateilchen und nur

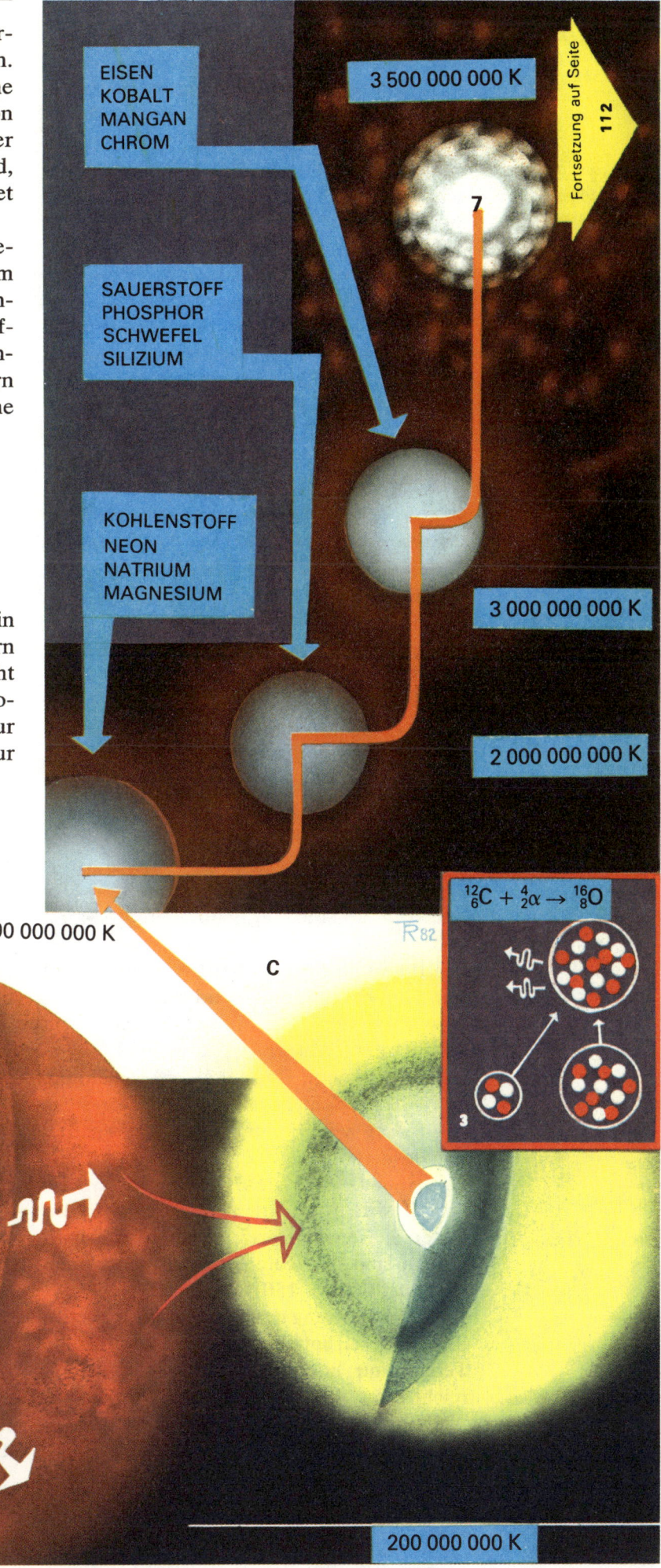

EISEN
KOBALT
MANGAN
CHROM

3 500 000 000 K

Fortsetzung auf Seite 112

7

SAUERSTOFF
PHOSPHOR
SCHWEFEL
SILIZIUM

KOHLENSTOFF
NEON
NATRIUM
MAGNESIUM

3 000 000 000 K

2 000 000 000 K

$3\,{}^{4}_{2}\alpha \rightarrow {}^{12}_{6}C$

2

${}^{12}_{6}C + {}^{4}_{2}\alpha \rightarrow {}^{16}_{8}O$

3

800 000 000 K

C

B

100 000 000 K

200 000 000 K

109

zwei Elektronen – übrig, denn zwei Elektronen annihilieren mit zwei Positronen (Abb. 163). Solche Reaktionen verlaufen im Sternkern in großer Zahl, z. B. in der Sonne 10^{38}mal je Sekunde (S. 130). Bei jeder von ihnen verringert sich die Teilchenzahl von acht auf drei. Das hat einen Druckabfall im Sternkern zur Folge, denn der Druck ist proportional der Teilchenzahl. Der Druck in dem aus Helium bestehenden Kern des Sterns vermag daher das Gewicht der darüberliegenden Schichten auf die Dauer nicht zu tragen. Die Außenhülle des Sternes drückt dabei das Helium zusammen, das sich, ähnlich wie die zusammengedrückte Luft in der Luftpumpe, erwärmt. Während die Wärme der Luftpumpe von der Energie unserer Muskeln herrührt, entsteht die Wärme im Sternzentrum aus der Gravitationsenergie. Es ist ein Teil jener Gravitationsenergie, die der Stern in der Zeit, in der er noch eine Globule war, nicht aufbrauchen konnte. Nach der sehr langen Zeitspanne der Umwandlung des Wasserstoffs in Helium, wobei die Kernkraft mitwirkte, wird die Gravitation wieder zur Energiequelle.

Der heiße Sternkern erwärmt die Wasserstoffschicht, die das Zentralgebiet umgibt. Bei ihrer Erwärmung über 7 Millionen Kelvin beginnt sich der Wasserstoff in Helium umzusetzen. In dieser Phase hat der Stern demnach zwei Energiequellen: die Gravitationskontraktion des ausgebrannten Heliumkerns und die thermonukleare Reaktion in der den Kern umgebenden Schale.

Ein Stern mit zwei Energiequellen erhöht seine Leuchtkraft. Während sich der Sternkern durch die Gravitation zusammenzieht, brennt der Wasserstoff in die höheren Schichten hinein. Das hat eine Ausdehnung der äußeren Schichten zur Folge. Der Stern vergrößert sein Volumen und verwandelt sich in einen Riesenstern. Aber durch die Ausdehnung kühlt die Oberfläche des Sterns ab (sie wird rot). Aus dem Stern wird ein Roter Riese. Im Hertzsprung-Russell-Diagramm sind die Roten Riesen rechts oben dargestellt (Abb. 150).

Die Erwärmung des Heliums im Kern des Roten Riesen setzt sich so lange fort, bis die Temperatur hundert Millionen Kelvin erreicht. Bei dieser Temperatur stoßen die Alphateilchen so heftig zusammen, daß sie die gegenseitige abstoßende elektrische Kraft überwinden und sich einander bis auf die Entfernung von einem Fermi (10^{-15} m) nähern. Zwischen den Alphateilchen beginnt eine mächtige Kernkraft zu wirken, die sie zu einem komplizierteren Atomkern verbindet. Aus drei Alphateilchen entsteht dabei der Kohlenstoffkern. Symbolisch läßt sich diese Umsetzung des Heliums in Kohlenstoff etwa folgendermaßen festhalten:

$$3\, {}^{4}_{2}\alpha \longrightarrow {}^{12}_{6}C.$$

Bei der Verschmelzung von 3 α-Partikeln wird ein Bruchteil ihrer Ruhenergie freigesetzt. Der Kohlenstoffkern ${}^{12}_{6}C$ liegt im Stabilitätstal auf einer niedrigeren Stufe als die Alphateilchen (${}^{4}_{2}\alpha = {}^{4}_{2}He$). Die freigesetzte Energie ist bei der Umsetzung des Heliums in Kohlenstoff die Strahlungsquelle der Roten Riesen.

Ehe wir uns weiter mit den Schicksalen der alternden Sterne befassen, noch etwas über die Umsetzung des Heliums in Kohlenstoff. Jedes Kohlenstoffatom, das auf der Erde oder überhaupt im Weltall existiert, entstand im Kern eines Roten Riesen bei Temperaturen um 100 Millionen Kelvin. Die Kohlenstoffatome bilden die Basis jedes lebenden Organismus, denn sie haben die Fähigkeit, sich untereinander zu langen Ketten zu verbinden und komplizierte organische Moleküle zu bilden. Die Kohlenstoffatome, aus denen der menschliche Organismus und die ganze Biosphäre aufgebaut sind, entstanden vor langen Zeiten, als es noch weder die Sonne mit ihrem System noch die Mutterglobule gab, aus der sich die Sonne mit ihrer Familie entwickelte. Damals, vor mehr als sieben Milliarden Jahren, entstanden aus den Heliumatomen die Kohlenstoffatome. Aus den Sternen gelangten die Kohlenstoffatome in den interstellaren Raum (z. B. bei Supernova-Explosionen), wo sie sich mit der interstellaren Materie vermischten, aus der später die Globulen, einschließlich der Mutterglobule des Sonnensystems, entstanden. So gelangten die Kohlenstoffatome aus den uralten Roten Riesen bis auf unseren Planeten, und weiter in die Pflanzen und durch die Nahrung in unseren Körper. Ohne die Roten Riesen, die vor sieben Milliarden Jahren gelebt haben, würde es auf unserer Erde keinen Kohlenstoff und deshalb auch keine lebenden Organismen geben. Vom Gesichtspunkt der Astronomie zählen die Roten Riesen zu unseren fernen Vorfahren.

Das Leben des Sterns endet jedoch nicht damit, daß er ein Roter Riese wird, der in seinem Inneren Helium zu Kohlenstoff verwandelt. Was die energetische Seite anbelangt, ist die Umsetzung des Heliums in Kohlenstoff nicht so wirksam wie die Umsetzung des Wasserstoffes in Helium. Deshalb dauert das Heliumbrennen nur eine verhältnismäßig kurze Zeit. Der Stern beginnt neuerlich aus den Vorräten seiner Gravitationsenergie zu schöpfen. Der Sternkern, in dem sich die meisten Alphateilchen in Kohlenstoffkerne verwandelt haben, zieht sich zusammen und erwärmt sich weiter. Die noch verbliebenen Alphateilchen reagieren mit den Kohlenstoffkernen und bilden Sauerstoff. Symbolisch drücken wir die Entstehung der Sauerstoffkerne folgendermaßen aus:

$$^{12}_{6}C + ^{4}_{2}\alpha \rightarrow ^{16}_{8}O + \gamma\text{-Photonen.}$$

Dadurch wird das meiste Helium verbraucht, so daß die weitere Reaktion bei höherer Temperatur (wobei ein Neonkern entsteht) weniger häufig stattfindet als die Entstehung von Kohlenstoff und Sauerstoff:

$$^{16}_{8}O + ^{4}_{2}\alpha \longrightarrow ^{20}_{10}Ne + \gamma\text{-Photon.}$$

Wir sagten bereits, daß die Entstehung, das Leben und das Altern des Sterns die Folge seiner unermüdlichen Bemühungen sind, sich seiner Energie zu entledigen. Wenn im Sternkern die Temperatur genügend hoch ist, verlaufen thermonukleare Reaktionen, und zwar so lange, bis das Element aus der vorangehenden Phase verbraucht ist. Dann greift der Stern seine Vorräte an Gravitationsenergie an: Er drückt seinen Kern so lange zusammen und erwärmt ihn zugleich, bis eine weitere thermonukleare Reaktion stattfindet. Und so gibt der Stern ungeheure Strahlungsenergieflüsse in den ihn umgebenden eisigen Raum frei, die er aus seiner Ruhenergie schöpft. Dabei wechseln Kernkraft und Gravitation ab. Die Temperatur im Sternzentrum wächst ständig. Der abwechselnde Wettbewerb der Kernkraft und der Gravitationskraft nimmt einen dramatischen Verlauf an, als ob es sich um eine große Wette handeln würde, welche der beiden Kräfte die letzte sein wird und das Leben des Sterns beschließt. Bei den Sternen mit kleiner Masse ist die Gravitation verhältnismä-

ßig schwach und vermag den Sternkern nicht auf die weitere Stufe anzuwärmen, wo die entsprechende thermonukleare Reaktion einsetzen könnte. Solche Sterne enden als infrarote oder entartete Weiße Zwerge (Abb. 153).

Dagegen kommt die Gravitation massereicher Sterne den Kernkräften bis zum Ende nach, d. h. solange die thermonuklearen Reaktionen nicht erschöpft sind.

Dies tritt bei Temperaturen um drei bis dreieinhalb Milliarden Kelvin ein, wenn im Sternkern große Mengen Eisen und dem Eisen naher Elemente vorhanden sind. Dies ist verständlich, denn Eisen und die ihm nahen Elemente liegen ganz am Grunde des Stabilitätstales, so daß aus ihnen die Kernkräfte gar keine Energie freisetzen können. Der massereiche Stern ist in dieser Situation völlig der Gravitation preisgegeben — es tritt ein Gravitationskollaps ein (Abb. 152).

Aber kehren wir zu den Temperaturen von 100 bis 200 Millionen Kelvin zurück, bei denen sich Kohlenstoff-, Sauerstoff- und Neonatome bildeten. Die Temperatur im Sternzentrum steigt nicht plötzlich auf dreieinhalb Milliarden Kelvin an, und die genannten drei Elemente verwandeln sich gleichfalls nicht sofort in Eisen. Die Temperatur steigt vielmehr stufenweise an. Wenn die Temperatur im Sternzentrum etwa achthundert Millionen Kelvin erreicht, beginnt der Kohlenstoff zu brennen, wobei Neon, Natrium und Magnesium entstehen (Abb. 151 C).

$$^{12}_{6}C + ^{12}_{6}C \begin{cases} \rightarrow ^{20}_{10}Ne + ^{4}_{2}He \\ \rightarrow ^{23}_{11}Na + ^{1}_{1}H \\ \rightarrow ^{23}_{12}Mg + ^{1}_{0}n \\ \rightarrow ^{24}_{12}Mg + \gamma\text{-Photon} \end{cases}$$

Hier, bei Temperaturen von wenig unter einer Milliarde Kelvin, enden die leichten, unserer Sonne ähnlichen Sterne (Abb. 151 C).

Die massereichen Sterne verfügen über genügend Gravitationskraft, um den Sternkern weiter zusammenzudrücken und auf höhere Temperaturen zu erwärmen. Dann verlaufen die verschiedensten Kernreaktionen, bei denen andere Elemente entstehen. So bilden sich z. B. bei einer Temperatur von zwei Milliarden Kelvin aus dem Sauerstoff Silizium (Si), Phosphor (P) und Schwefel (S):

152

152 Die Supernova – Zusammensturz eines schweren Sterns. Wenn sich im Kern eines schweren Sterns der Wasserstoff schließlich in Eisen (7) verwandelt hat, stürzt der Kern des Sterns in sich zusammen. Die freigesetzte Energie entweicht in Form von Neutrinos (8). Auf den zusammengedrückten Kern stürzt nachträglich die Hülle (9). Beim Auffall entsteht eine ungeheure Hitze (etwa 200 Milliarden K). Durch diese Hitze werden die (früher entstandenen) Atomkerne zerschlagen, die freigewordenen Neutronen dringen in die schweren Kerne ein, und es entstehen in der expandierenden

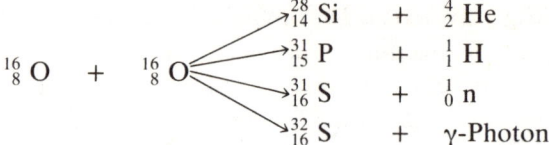

$$^{16}_{8}O \; + \; ^{16}_{8}O \;\nearrow\; \begin{array}{l} ^{28}_{14}Si \; + \; ^{4}_{2}He \\ ^{31}_{15}P \; + \; ^{1}_{1}H \\ ^{31}_{16}S \; + \; ^{1}_{0}n \\ ^{32}_{16}S \; + \; \gamma\text{-Photon} \end{array}$$

Einer der Prozesse, die sich in dem alternden Stern abspielen, ist das Kohlenstoff- und Sauerstoffbrennen, bei dem ein freies Neutron $^{1}_{0}n$ entsteht. So ein freies Neutron ist für den Aufbau neuer Kerne sehr wichtig. Da es neutral ist und von den positiven Kernen nicht abgestoßen wird, dringt es leicht in die Kerne der schweren Elemente ein. In den Kernen wird es dann eingefangen, und es entsteht ein um ein Nukleon schwererer Kern. Auch bei diesem Prozeß, der langsamer Neutroneneinfang heißt, bildet sich eine ganze Reihe von Elementen. Da es aber nicht sehr viele Neutronen gibt, findet der neue Kern Zeit, sich durch den β-Zerfall umzuwandeln, ehe er ein weiteres Neutron einfängt. Auf diese Art entstehen im altern-

den Stern Atomkerne, die 60 bis 210 Nukleonen haben. Es gibt eine ganze Anzahl von Atomen (z. B. Technetium, Quecksilber, Barium, seltene Erden u. a.), die nur durch den langsamen Neutroneneinfang im alternden Stern zu erklären sind.

Ein ähnlicher Prozeß, der Kernaufbau durch Einfangen von Neutronen, verläuft beim Untergang schwerer Sterne – bei der Explosion einer Supernova – sehr schnell (Abb. 152). In diesem Fall erreichen die Temperaturen bis 200 Milliarden Kelvin, Atomkerne werden zertrümmert und im mächtigen Neutronenfluß entstehen neue Kerne. In der Hülle der Supernova fängt der Atomkern rasch hintereinander, und zwar noch bevor der β-Zerfall eintritt, eine Reihe von Neutronen ein. Solche schweren, an Neutronen reichen Kerne befinden sich auf dem rechten (Neutronen-) Hang des Stabilitätstals und fallen von dort kaskadenförmig (vor allem durch die Aussendung von Elek-

ZEIT   0 SEKUNDEN

10 SEKUNDEN

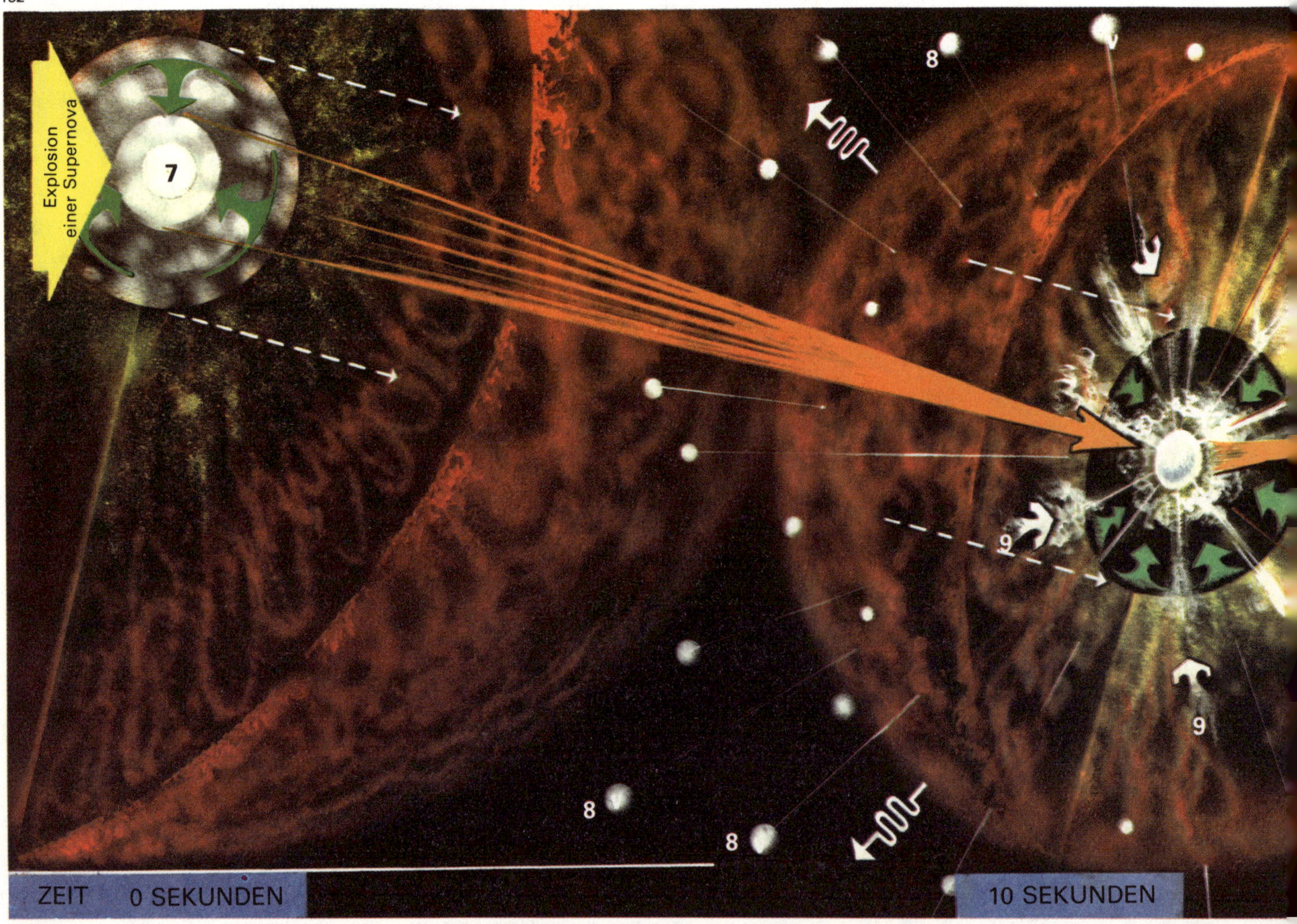

tronen bzw. den β-Zerfall) auf den Boden des Stabilitätstals. Darin liegt gerade der Unterschied zwischen dem langsamen und dem schnellen Neutroneneinfang. Beim langsamen Einfangen hat der Kern genügend Zeit, das Elektron auszusenden, noch bevor er ein weiteres Neutron einfängt. Deshalb befinden sich beim langsamen Neutroneneinfang die entstehenden Kerne immer im Stabilitätstal ganz unten.

Durch die Erwähnung des raschen Neutroneneinfangs sind wir den Ereignissen vorausgeeilt. Die massereichen Sterne beenden ihre nukleare Entwicklung, sobald sich in ihnen bei Temperaturen von ca. dreieinhalb Milliarden Kelvin ein Kerngebiet, bestehend aus Eisen und diesem nahen Elementen, bildet. Die Kernenergie in einem solchen Kerngebiet ist ganz erschöpft, und die Gravitation übernimmt die Entwicklung. Es tritt ein Gravitationskollaps des Kerngebietes und damit der Untergang des Sternes ein.

Untergang der Sterne

Wir erfuhren, daß die Entwicklung der Sterne in der allmählichen Steigerung der Temperatur in ihrem Inneren besteht. Sie beginnt mit der Globule, deren Temperatur etwa 5 K beträgt und endet mit der Supernova, deren Temperatur sich auf etwa dreieinhalb Milliarden Kelvin beläuft. Das Schicksal des Sterns ist schon vorbestimmt, ehe noch die Gravitation die Globule zu einem Protostern zusammenzuziehen beginnt. Nach der Masse der Globule läßt sich die Entwicklung und der Untergang der Sterne (Abb. 153) darstellen.

a) **Infrarote und Rote Zwerge.** Wenn die Masse eines Protosterns kleiner als 0,08 $M_\odot$ ist, erreicht die Temperatur in seinem Innern nicht die zum Wasserstoffbrennen notwendigen Werte. So wird z. B. ein Stern mit einer Masse von 0,06 $M_\odot$ durch die Gravitation nur auf 2,5 Millionen Kelvin erwärmt, was bei

Hülle (12) alle Elemente, die schwerer sind als Eisen. Die Hülle dehnt sich mit einer Geschwindigkeit von vielen Tausenden von Kilometern je Sekunde aus und nimmt alle Kerne in den interstellaren Raum mit (10, 11)

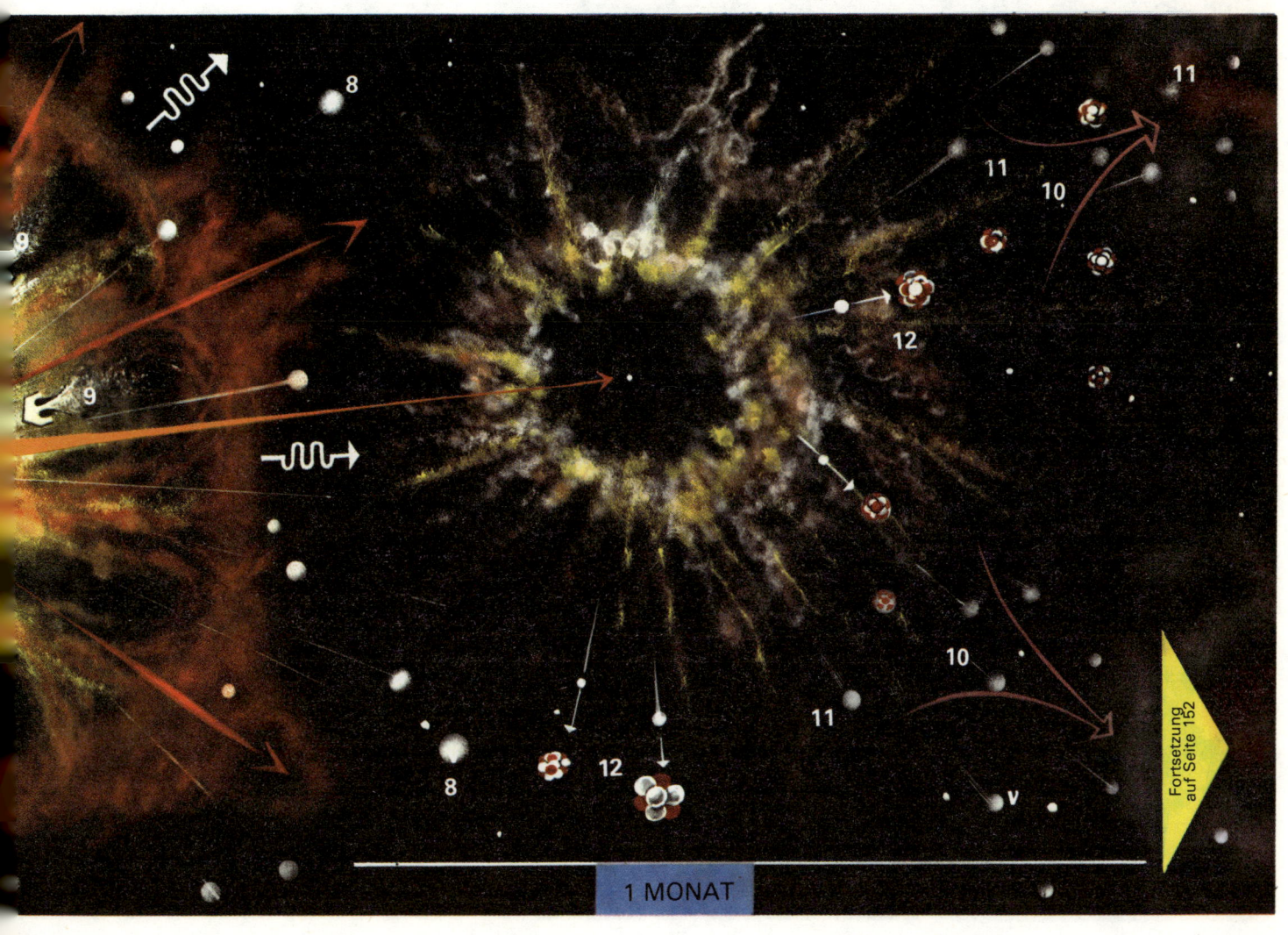

1 MONAT

Fortsetzung auf Seite 152

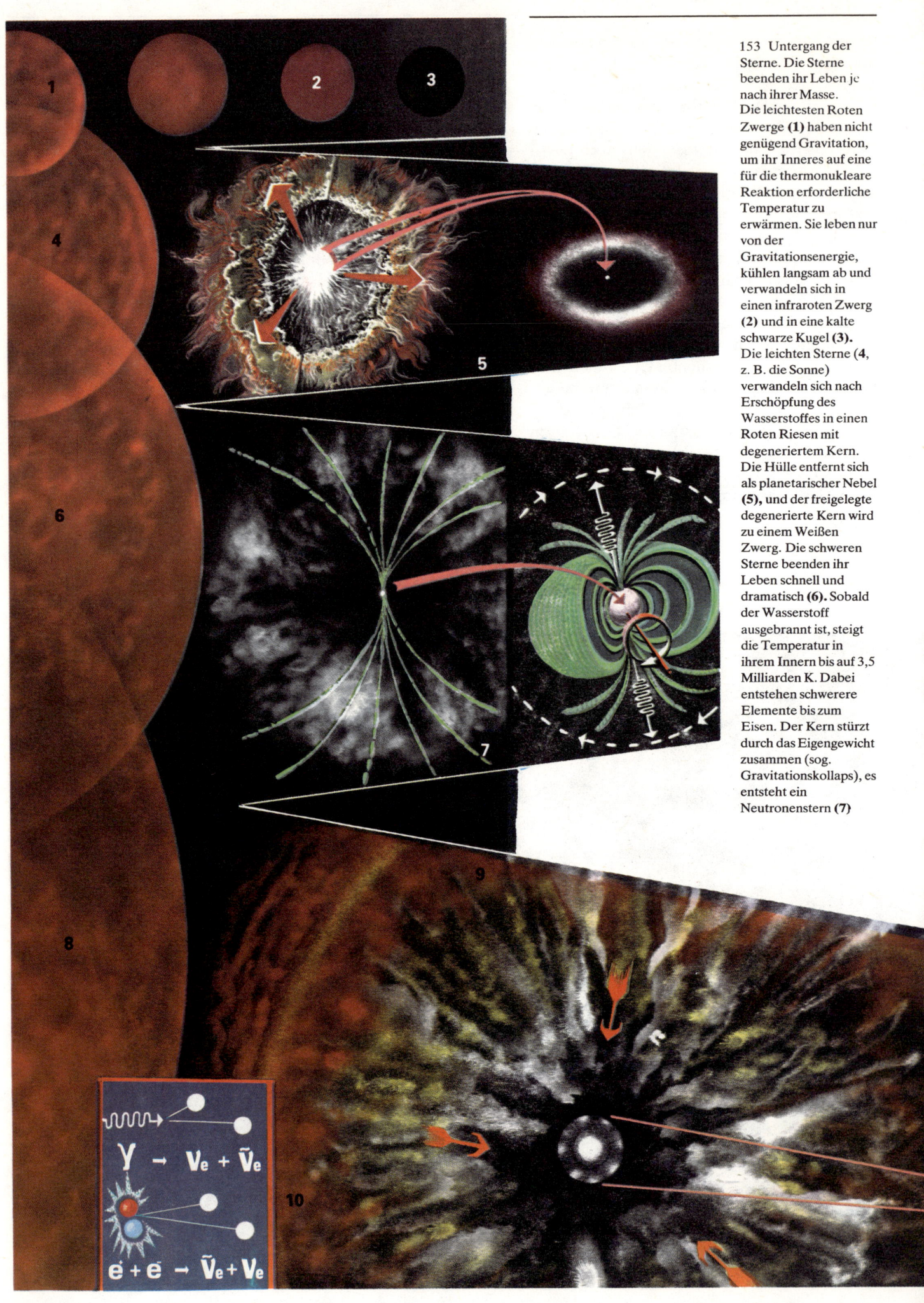

153 Untergang der Sterne. Die Sterne beenden ihr Leben je nach ihrer Masse. Die leichtesten Roten Zwerge **(1)** haben nicht genügend Gravitation, um ihr Inneres auf eine für die thermonukleare Reaktion erforderliche Temperatur zu erwärmen. Sie leben nur von der Gravitationsenergie, kühlen langsam ab und verwandeln sich in einen infraroten Zwerg **(2)** und in eine kalte schwarze Kugel **(3).** Die leichten Sterne **(4,** z. B. die Sonne) verwandeln sich nach Erschöpfung des Wasserstoffes in einen Roten Riesen mit degeneriertem Kern. Die Hülle entfernt sich als planetarischer Nebel **(5),** und der freigelegte degenerierte Kern wird zu einem Weißen Zwerg. Die schweren Sterne beenden ihr Leben schnell und dramatisch **(6).** Sobald der Wasserstoff ausgebrannt ist, steigt die Temperatur in ihrem Innern bis auf 3,5 Milliarden K. Dabei entstehen schwerere Elemente bis zum Eisen. Der Kern stürzt durch das Eigengewicht zusammen (sog. Gravitationskollaps), es entsteht ein Neutronenstern **(7)**

$$\gamma \rightarrow \nu_e + \bar{\nu}_e$$

$$e^- + e^- \rightarrow \bar{\nu}_e + \nu_e$$

bzw. ein Pulsar, während die Außenschichten bei Freisetzung einer ungeheuren Energiemenge explosionsartig expandieren (Supernova). Sehr schwere Sterne **(8)** machen eine ähnliche Entwicklung durch wie die schweren Sterne **(6)**. Ihr Gravitationskollaps **(9)** endet jedoch in einem Schwarzen Loch **(11)**. Die Energie der zusammenbrechenden Sterne entweicht in Form von Neutrinos und Antineutrinos **(10)**

weitem nicht dazu genügt, den Wasserstoff in Helium zu verwandeln. Ein solcher Stern lebt nur von der Gravitation. Seine Strahlung ist größtenteils infrarot. Sobald die Gravitation aufhört, den Stern zusammenzupressen, bleibt er ohne Energiequelle (der ganze Stern ist entartet). Er kühlt langsam aus, und aus ihm wird ein Schwarzer Zwerg.

b) **Weiße Zwerge und planetarische Nebel.** Wenn eine Globule eine Masse von 0,08 $M_\odot$ bis 4 $M_\odot$ hat, entwickelt sie sich zu einem leichten Stern. Auch unsere Sonne gehört in die Gruppe der leichten Sterne. Die Temperatur im Innern der leichten Sterne kann bis hunderte Millionen Kelvin erreichen. Das bedeutet, daß in ihnen nicht alle thermonuklearen Reaktionen verlaufen, von denen wir sprachen. Die schwereren Sterne dieser Gruppe (von 1,4 $M_\odot$ bis 4 $M_\odot$) entledigen sich im Laufe ihres Lebens eines großen

Teiles ihres Plasmas, indem sie es in den interstellaren Raum hinausschleudern. Das führt zur Bildung von planetarischen Nebeln (Abb. 154). Ein Roter Riese besteht aus einem sehr dichten entarteten Zentralgebiet in der Größe der Erde und aus einer ausgedehnten Plasmahülle von sehr geringer Dichte. Die Plasmahülle expandiert und löst sich vom entarteten Zentralgebiet. Die expandierende Hülle erscheint uns als planetarischer Nebel, in dessen Zentrum ein sehr kleiner und sehr dichter entarteter Stern – ein Weißer Zwerg – verblieb (Abb. 154). Der planetarische Nebel löst sich nach etlichen Zehntausenden Jahren im interstellaren Raum auf. Der Weiße Zwerg besitzt keine eigenen Energiequellen – weder Kernreaktionen noch Gravitationsenergie. Er strahlt nur die Wärme aus, die ihm aus den Zeiten erhalten blieb, als er noch ein Roter Riese war. In dem Maß, wie er seine Energie abstrahlt, kühlt er allmählich aus, wird gelb, dann rot, infrarot und zum Schluß, nach

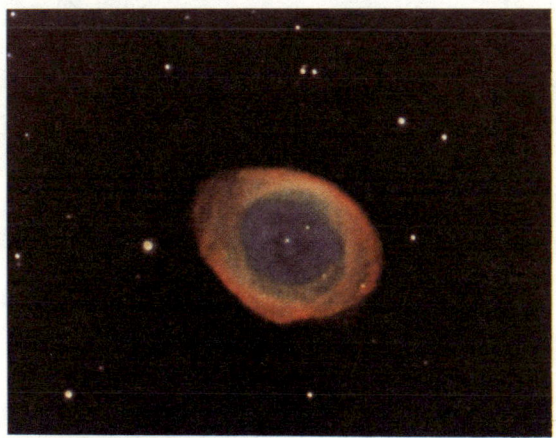

154 Der planetarische Nebel im Sternbild Lyra. In seinem Zentrum befindet sich ein Weißer Zwerg – der freigelegte Kern eines früheren Roten Riesen. Der expandierende Nebel stellt die Außenhülle eines Roten Riesen dar. So wird auch unsere Sonne einmal enden

154

153

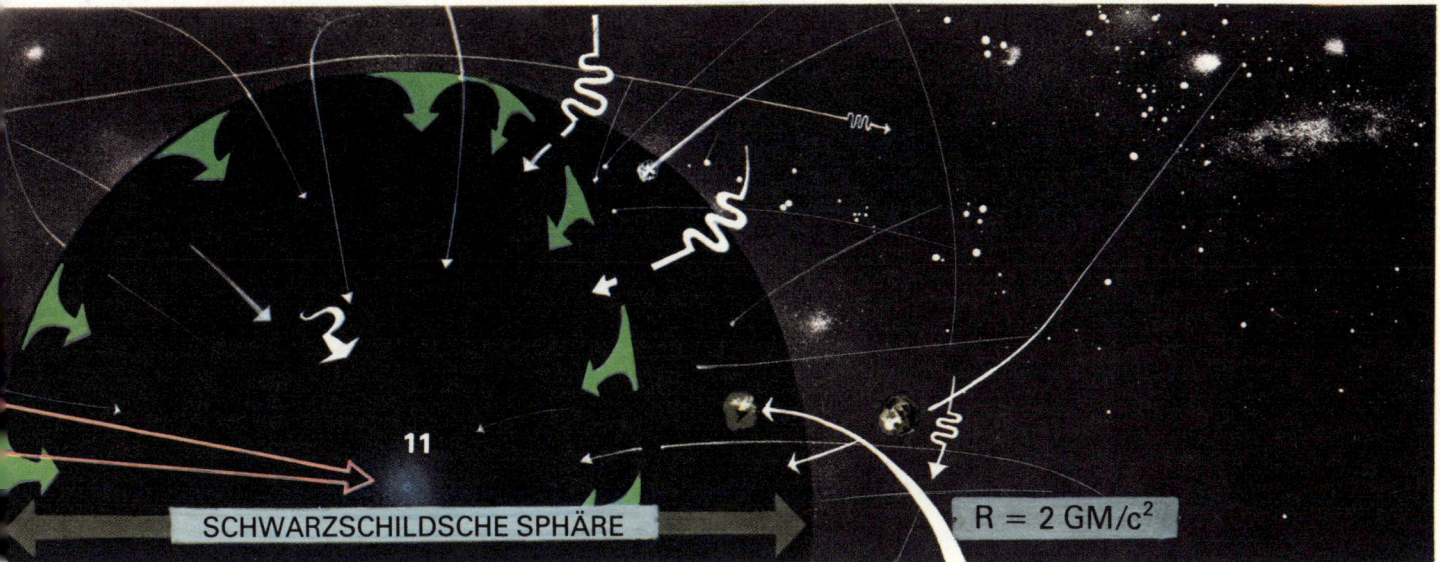

11

SCHWARZSCHILDSCHE SPHÄRE

$R = 2\,GM/c^2$

155 Der Krebsnebel ist der Rest einer Supernova aus dem Jahr 1054. Der Pulsar (der Neutronenstern) in seiner Mitte dreht sich dreißigmal in der Sekunde. Seine enorme kinetische Energie verwandelt sich in die Strahlung des Nebels. Gegenwärtig dehnt der Nebel sich immer noch sehr schnell aus und sein Durchmesser überschreitet zehn Lichtjahre

vielen Milliarden Jahren, ein Schwarzer Zwerg. So wird auch unsere Sonne enden.

c) **Neutronenstern und Supernova.** Eine Globule, deren Masse $4\,M_\odot$ bis $8\,M_\odot$ beträgt, entwickelt sich zu einem massereichen Stern, dessen Kerngebiet Temperaturen von über drei Milliarden Kelvin erreicht und nach Erschöpfung der Kernreaktionen durch die Eigengravitation jäh zu einer Kugel von etwa 20 km Durchmesser zusammenbricht. Die Dichte des zusammengebrochenen Zentralgebietes ist daher enorm hoch ($10^{15} - 10^{17}$ kg/m^3 bzw. $10^{12} - 10^{14}$ g/cm^3). Bei einer so unvorstellbar hohen Dichte kann die Materie nur aus Neutronen bestehen. Alle Protonen in den Kernen vereinigen sich mit den Elektronen und verwandeln sich in Neutronen (Abb. 64). Beim Gravitationszusammenbruch reißt der Sternkern die magnetischen Kraftlinien mit sich. Da ihre Zahl gleich bleibt, das Magnetfeld aber auf die sehr kleine Oberfläche des Neutronensterns zusammengedrückt wird, wächst seine Intensität beim Zusammensturz des Kerngebietes stark an. (Auf der Oberfläche der Neutronensterne herrscht ein Magnetfeld von 10^6 bis 10^8 Tesla $= 10^{10}$ bis 10^{12} Gauß).

156 Reste einer vor rund zwanzigtausend Jahren im Sternbild Schwan explodierten Supernova. Sie tragen die Bezeichnung Schleiernebel und dehnen sich mit einer Geschwindigkeit von einigen Hundert Kilometern je Sekunde aus. Sie treffen auf interstellares Gas auf und leuchten dabei

Der Neutronenstern hatte sich beim Zusammenbruch sehr schnell zu drehen begonnen. Hier möchten wir erneut auf das Gesetz der Erhaltung des Drehimpulses hinweisen, das wir am Beispiel des Eiskunstläufers erklärten, der seine ausgebreiteten Arme senkt. Das Magnetfeld des Neutronensterns nimmt viele Elektronen mit sich, die leuchten, wenn sie sich auf uns zu bewegen. Die Strahlung des Neutronensterns (vor allem im Radiowellenbereich) erinnert an das Blinklicht eines Krankenwagens. Da die Strahlung der Neutronensterne pulsiert, heißen sie auch Pulsare. Nach genauen Forschungen, die von australischen Astronomen durchgeführt wurden, scheint es in unserer Galaxis über eine Million Pulsare zu geben.

Wir haben uns bisher nur mit den Schicksalen eines Sternkerns befaßt, der zu einem Neutronenstern (Pulsar) zusammenstürzte. Die äußeren Schichten blieben für eine kurze Zeit stützenlos Tausende von Kilometern über dem Neutronenkern in der Schwebe. Im starken Gravitationsfeld des Neutronensterns stürzten sie dann aber wie ein ungeheurer, blitzschneller Wasserfall auf die Oberfläche des Neutronensterns herab, der kaum eine Minute zuvor im Zentrum entstand. Beim Auffallen auf den unnachgiebigen Neutronenstern erwärmt sich das Plasma der wasserstoffreichen Schale des Riesen so stark, daß augenblicklich verschiedene thermonukleare Reaktionen aufflammen. Es handelt sich dabei um etwas ähnliches, wie um eine riesige „Wasserstoffbombe", die das gesamte Plasma in den interstellaren Raum zersprengt. Die Explosion wird Supernova genannt; sie ist so gewaltig, daß die verstreuten Plasmawolken um den Neutronenstern – den Pulsar – noch jahrhundertelang zu sehen sind. Ein Beispiel dafür ist die Supernova im Sternbild Taurus (Stier), die im Jahr 1054 aufleuchtete. Ihr Neutronenstern pulsiert nicht nur im Radiowellenbereich, sondern auch in infraroter, sichtbarer, Röntgen- und Gammastrahlung. Das sich ausdehnende Plasma ist als Nebelfleck (Krebsnebel) beobachtbar (Abb. 155).

Schwarze Löcher. Wir haben gelesen, daß die Gravitationskraft die sterbenden Sterne um so mehr zusammendrückt, je größer die Masse des Sterns ist. Es ist also anzunehmen, daß die Sterngruppe mit der größten Masse ($8\,M_\odot - 100\,M_\odot$) von der Gravitation am stärksten betroffen ist. Tatsächlich haben die sehr leichten infraroten Zwerge Durchmesser um hunderttausend Kilometer, während die Weißen Zwerge durchschnittlich rund zehntausend Kilometer, die Neutronensterne 20 bis 30 km und die Schwarzen Löcher, die Reste der schwersten Sterne, nur einige wenige Kilometer Durchmesser aufweisen. Genau gesagt, sind diese wenigen Kilometer nicht der Durchmesser des kleinen überdichten Restes eines Sterns, dessen Masse größer als $8\,M_\odot$ war, sondern der Durchmesser der sog. Schwarzschild-Sphäre, in deren Mitte sich jener geheimnisvolle, sehr kleine und ungeheuer dichte Sternrest befindet. Raum und Zeit um diesen Rest sind durch die Gravitation so gekrümmt und verschlossen, daß von dort kein einziges Teilchen, kein einziges Photon entweichen kann. Es ist dies ein Raum und eine Zeit, die vom übrigen Weltall völlig abgesondert sind. Die Schwarzschild-Sphäre stellt seine Oberfläche dar und trennt gleichzeitig den geheimnisvollen Rest vom übrigen Weltall.

Das Kerngebiet des schweren Roten Riesen oder Übergiganten erreicht am Ende seiner Entwicklung Temperaturen um 3,5 Milliarden Kelvin. Es enthält Eisen und die übrigen Elemente, die am Boden des Stabilitätstals liegen. Die glühende Hitze des Eisens

im Sternkern beendete seine thermonukleare Entwicklung. Aus dem Eisen und den ihm nahen Elementen am Boden des Stabilitätstals kann keine thermonukleare Reaktion mehr Energie abschöpfen. Der Stern wird vollständig von der Gravitationskraft beherrscht, die am stärksten in seinem Zentralgebiet wirkt.

Dort verlaufen die verschiedensten Prozesse. Für die weitere Entwicklung sind besonders jene wichtig, bei denen mächtige Neutrino- und Antineutrinoströme freiwerden, beispielsweise durch die Materialisierung:

$$\gamma \rightarrow \nu_e + \tilde{\nu}_e,$$

oder die Annihilation:

$$e^+ + e^- \rightarrow \nu_e + \tilde{\nu}_e.$$

Energiereiche γ-Photonen gibt es im Sterninnern bei Temperaturen von 3,5 Milliarden Kelvin in riesiger Menge. Sie können ihre Energie direkt an die Neutrinos abgeben, oder sich zuerst in ein Elektron-Positronpaar materialisieren, und dieses übergibt dann seine Energie an das Neutrino und das Antineutrino (Annihilation). Es gibt noch andere Möglichkeiten, wie Wärmeenergie bei hohen Temperaturen in die Neutrinos eingebracht werden kann. Am wichtigsten ist jedoch die Fähigkeit der Neutrinos und der Antineutrinos, auch die dickeren Schichten der Sternschale mühelos zu durchdringen. Die Energie im Sternzentrum entweicht deshalb leicht in den umgebenden Weltraum. Photonen würden für diesen Weg Jahrtausende benötigen.

Das Kerngebiet des Sterns erkaltet schnell, denn seine Wärme wird von den mächtigen Neutrino- und Antineutrinoströmen fortgetragen. Den Gravitationskräften steht kein Druck mehr im Wege, den Sternkern in die Schwarzschild-Sphäre hineinzudrücken. Nach dem Kern fallen auch die höheren Schichten der Riesen bzw. Überriesen in die Schwarzschild-Sphäre. Nichts bleibt übrig, was unsere Apparate fotografieren könnten. Wo früher der Stern strahlte, ist nun ein Schwarzes Loch.

Im Inneren der Schwarzschild-Sphäre sind die ungeheuer dichten Reste des Roten Riesen bzw. Überriesen verborgen, und niemand weiß, was aus den Elementarteilchen geworden ist, aus denen der Riese bestand. Uns ist nur bekannt, daß ihre Gravitationskraft erhalten geblieben ist, die auf eine Entfernung von vielen Lichtjahren im umgebenden interstellaren Raum wirkt. Wie ein ungeheurer, unsichtbarer Trichter ziehen die Reste des Riesen interstellares Gas, interstellaren Staub und Kometen in die Schwarzschild-Sphäre hinein. Alles fällt in sie, wie in ein großes Loch. Es ist ein eigenartiges Loch. Je mehr hineinfällt, um so größer wird es, und niemals wird es voll. Der Halbmesser der Schwarzschild-Sphäre R ist um so größer, je größer die Masse des Schwarzen Loches ist, denn

$$R = 2\ GM/c^2.$$

Die Sonne hätte einen Halbmesser der Schwarzschild-Sphäre von ca 3 km. Wenn also die Sonne zu einer Kugel mit einem Halbmesser von z. B. einem oder zwei Kilometern zusammengedrückt würde, dann wäre eine gedachte Kugel mit einem Halbmesser von drei Kilometern die Schwarzschild-Sphäre. Da aus ihr kein einziges Photon entweichen kann (so stark ist in ihr die Gravitation), würden wir niemals etwas über die zusammengedrückte Sonne erfahren.

Während die Photonen aus der Schwarzschild-Sphäre nicht entweichen können, dringen sie in umgekehrter Richtung leicht in die Sphäre ein und werden von ihr angezogen. Dies bedeutet, daß die auf die Sphäre auffallenden Strahlen von ihr völlig absorbiert werden. Aber diese Eigenschaft ist allen schwarzen Körpern gemeinsam. Wir nennen deshalb die Reste sehr massereicher Sterne „Schwarzes Loch".

Es ist ein seltsames Schicksal, daß von den größten, selbst in entfernten Galaxien sichtbaren Sterngiganten keine Spuren übrig bleiben. Der dramatischste Prozeß im Weltall verläuft ganz unauffällig.

Entstehung und Untergang des Weltalls

In Kapitel II sprachen wir über die Ausdehnung des Weltalls, die in 30 Milliarden Jahren abgeschlossen sein wird. Dann setzt eine Kontraktion des ganzen Weltalls ein, die nach weiteren 40 Milliarden Jahren mit dem Großen Zusammensturz endet. Wir wissen auch, daß die Expansion des Weltalls vor etwa 10 Milliarden Jahren mit dem Urknall (Big Bang) einsetzte. Der ganze ungeheure Weltraumpuls — vom Urknall bis zum großen Zusammensturz — dürfte etwa 80 Milliarden Jahre dauern, wie verschiedene Beobachtungen vermuten lassen. Dazu wäre noch zu sagen, daß unsere Beobachtungen

noch recht unvollkommen und die Messungen besonders großer Entfernungen im Raum und in der Zeit ungenau sind. Viele wichtige Angaben über das Weltall, z. B. die mittlere Massendichte, sind noch nicht sicher bekannt. Deshalb müssen einige Erwägungen — und das betrifft auch dieses Kapitel — als Möglichkeit und nicht als Tatsache angesehen werden. Möglicherweise werden wir in der nahen Zukunft zu neuen Erkenntnissen über das Weltall gelangen, die unsere Theorien und Erwägungen bestätigen oder widerlegen werden.

Auch haben wir Rückschlüsse auf die ersten Augenblicke des Weltalls gezogen. Wir haben dabei die Frage umgangen, woher die ungeheuer heiße, sich ausdehnende Materie des beginnenden Weltalls kam. Wir sprachen von einem eine Zehntausendstelsekunde dauernden Handronen-Zeitalter, aber wir ließen unerwähnt, was ihm vorangegangen sein könnte. Ähnlich erwähnten wir auch den großen Zusammensturz und stellten uns nicht die Frage „Was kommt dann?" Das sind aber für jeden intelligenten Menschen sehr brennende Probleme. Die Antwort kann die Kosmologie der Materie und der Antimaterie oder die Kosmologie des pulsierenden Weltalls geben.

Im Weltall ist — nach den erwähnten Hypothesen — die Menge der Materie und der Antimaterie gleich groß. Das heißt, daß jedem Proton ein Antiproton, jedem Elektron ein Positron usw. entspricht. Die Trennung der Materie und der Antimaterie in unterschiedliche Gebiete im Raum fand schon in den Uranfängen statt. Auf Abbildung 157 ist dargestellt, wie der große Zusammensturz verlaufen wird. Materie und Antimaterie werden durch die Gravitationskraft so stark zusammengedrückt, daß aus ihnen dichtes, glühendes Plasma wird. An den Berührungsflächen zwischen Materie und Antimaterie wird intensive Annihilation verlaufen. Die Energie und Menge der entstandenen Gamma-Photonen wird so stark anwachsen, daß sie durch ihren Druck nicht nur einen weiteren Zusammensturz verhindern, sondern sogar die Materie und die Antimaterie (noch bevor sie völlig annihilieren können) voneinander trennen wird.

Das Ende des großen Zusammensturzes ist zugleich der Beginn des Urknalls. Es ist der Punkt zwischen zwei Pulsen (bezeichnet als 0 in der Mitte, Abb. 157). Wenn diese Annahme richtig ist, sollten im Weltall Ge-

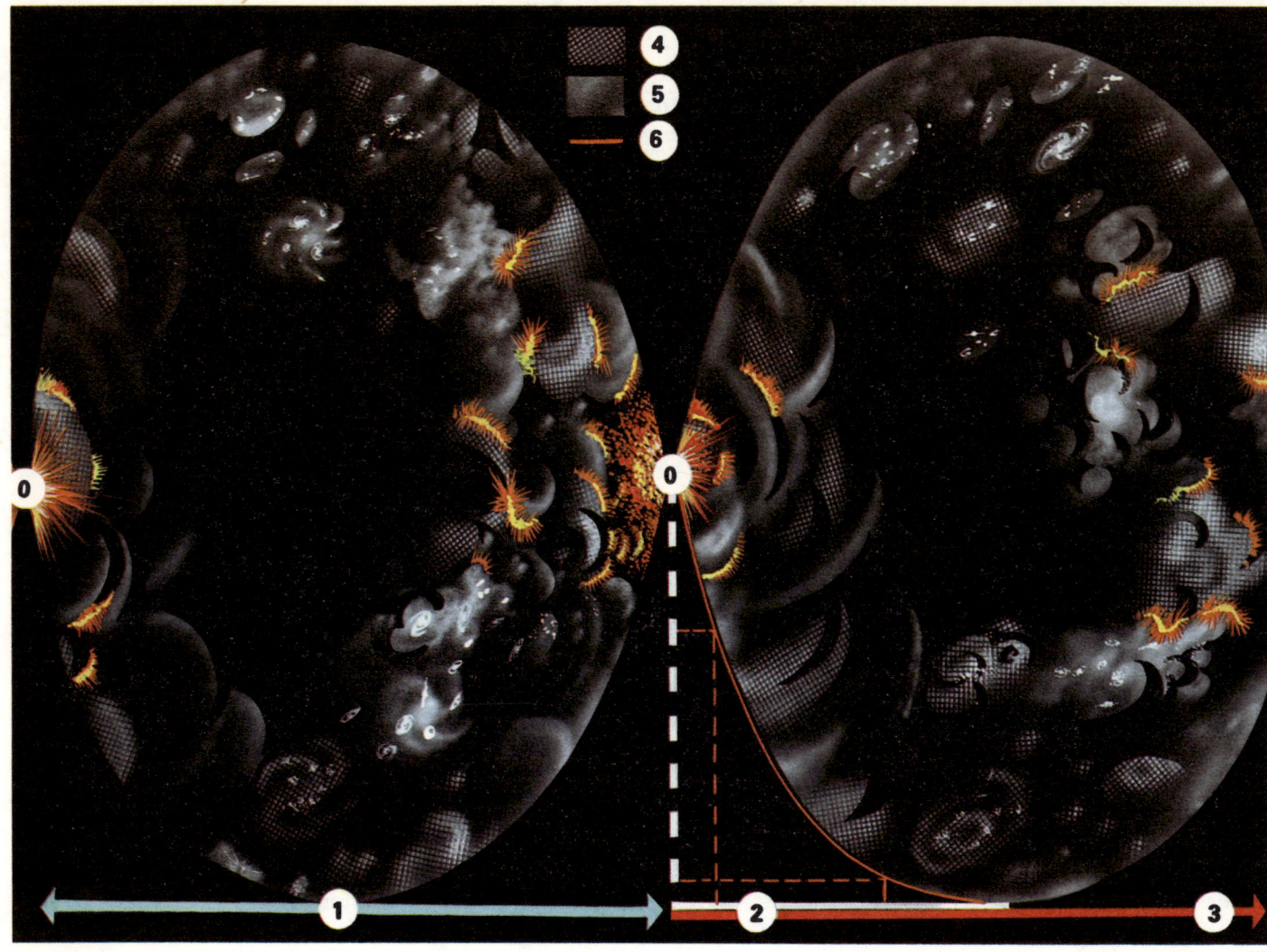

157

157 Auch jetzt noch dehnt sich das Weltall aus (2). Seine Expansion begann mit dem Großen Knall (dem Urknall – O in der Mitte des Bildes) vor ungefähr zehn Milliarden Jahren. In der linken Bildhälfte ist das Weltall vor dem Großen Knall dargestellt (1). Der vermutliche Gravitationszusammenbruch vor dem Großen Knall, der sog. Große Kollaps, komprimierte und erwärmte das Weltall auf eine ungeheure Temperatur und Dichte. Dabei annihilierte ein Teil der Materie (4) mit der Antimaterie (5) an den Berührungsflächen (6). Bei der Annihilation entstanden enorme Drücke, die nicht nur den Großen Kollaps beendeten, sondern auch die Richtung der vorwärtsstürzenden ungeheuren Massen umkehrten: Es trat der Große Knall ein (O). Ein ähnlicher Großer Kollaps wird vielleicht in 70 Milliarden Jahren unser Weltall zerstören, um einen weiteren Großen Knall hervorzurufen (3)

biete mit der Antimaterie existieren. Um die Antisterne und die Antigalaxien zu identifizieren, muß man feststellen, wo die großen Antineutrinoströme herkommen. Wie gewöhnliche Sterne aus ihren Zentralgebieten Neutrinos ausstrahlen, müssen Antisterne Antineutrinos aussenden. Antineutrino-Teleskope haben wir jedoch nicht. Wir wissen heute noch nicht, ob das Weltall wirklich zu einem Teil aus Koinomaterie („gewöhnlicher Materie") und zu einem Teil aus Antimaterie besteht.

Wenn unsere Annahme richtig ist, dann würde die Energie der Expansion des Weltalls von der Annihilation der Materie und der Antimaterie herrühren, also von dem wirksamsten Prozeß der Energiefreisetzung (Abb. 55, 56). Auch die Rotation der Supergalaxien, der Galaxienhaufen und sogar der Galaxien würde kinetische Energie enthalten, die früher einmal (vor 10 Milliarden Jahren) in großem Ausmaß durch Annihilation frei wurde. Und auch der Umlauf der Planeten um die Sonne, die Rotation der Sonne und der übrigen Sterne, der Umlauf des Mondes um die Erde – alle diese Bewegungen müßten dann kinetische Energie noch aus dem Anfangszustand unseres Weltalls enthalten. Unter dem Ausdruck „unser Weltall" ist dann der Weltallpuls zu verstehen, in dem wir gerade leben. Zufolge der Materie- und Antimaterie-Kosmologie mußte auf den großen Zusammensturz des vorangehenden Weltalls unmittelbar der Urknall unseres Weltalls folgen und der große

Zusammensturz unseres Weltalls von heute in 70 Milliarden Jahren wird der Übergang zum Urknall des kommenden Weltalls sein. Die Antriebsenergie dieser ungeheuren Explosionen zu Beginn des Pulses (des Urknalls) ist die Annihilation der Materie und der Antimaterie. Die Antriebsenergie für den großen Zusammensturz ist die Gravitationsenergie.

Wir sind gezwungen, die unangenehme Tatsache zu akzeptieren, daß wir niemals etwas über frühere Pulse des Weltalls erfahren werden. Alle durch die Entwicklung des Weltalls im vorangehenden Puls aufgebauten Systeme wurden in der ungeheuren Hitze am Ende des großen Zusammensturzes vollkommen zerstört, d. h. in Elementarteilchen zerfasert. Nicht ein einziger Atomkern über-

lebte und auch alle Photonen aus dem vorangegangenen Puls wurden durch Annihilation und Materialisierung umgewandelt. Es kann also nichts da sein, was uns Information über den vorangegangenen Puls des Weltalls geben könnte.

Mit anderen Worten gesagt: Wir können heute (gestrichelte rote Vertikale auf Abb. 157) gar nicht erkennen, was vor dem Urknall (gestrichelte weiße Vertikale) geschah. Unser Weltall sollte demnach nicht nur räumlich, aber auch zeitlich begrenzt sein. Das lateinische Sprichwort „Omnia tempus habent" — alles hat seine Zeit — ist nicht nur für jedes System im Weltall gültig, sondern auch für das System aller Systeme — das größte System überhaupt — d. h. für das Weltall selbst.

IV DIE SONNE – UNSER STERN

Was ist die Sonne?

Stellen wir uns vor, wir lebten im alten Ägypten, im Niltal. Unumschränkter Herrscher ist der Pharao Achmeton (was so viel wie „Glanz der Sonnenscheibe" bedeutet), der einen herrlichen Hymnus zu Ehren des Sonnengottes verfaßte. Darin heißt es:

„Du leuchtest so schön am Horizont des Himmels, o lebenspendende Sonne, die Du vom Uranfang lebtest. Wenn Du am östlichen Horizont aufgehst, erfüllst Du jedes Land mit Schönheit. Du bist groß, schön und glänzend und schwebst hoch über allen Ländern. Deine Strahlen umarmen die Welt bis das, was Du geschaffen hast, vergangen ist. Deine Strahlen ernähren alle Felder; so lange Du leuchten wirst, werden sie leben und für Dich gedeihen.... Du bist es, die das Wetter des Jahres macht, damit es zum Leben erweckt, was Du schufst...."

Auch die Inder, die Mesopotamier, die Griechen, die Inkas, die Azteken und viele andere Völker betrachteten die Sonne als Gottheit, errichteten ihr Tempel und Statuen, sangen Hymnen, ehrten sie durch Gebete und Tanz, brachten ihr die verschiedensten Opfer, darunter sogar menschliche Herzen.

Anstatt Sonnentempel bauen wir heute Sonnenobservatorien und konstruieren Fernrohre und andere Geräte, mit denen wir die Eigenschaften der Sonne kennenlernen. Wir beobachten die Sonne von der Erdoberfläche aus, aus tiefen Schächten unter der Erde (sog. Neutrino-Fernrohre), von künstlichen Satelliten und Raumschiffen aus. Nur so können wir in allen Einzelheiten erkennen, was die Sonne ist, wie sie lebt, und was auf ihrer Oberfläche und in den Tiefen ihres glühenden Inneren vor sich geht.

Die Sonne ist eine riesige glühende Kugel, in deren Mitte Energie aus Wasserstoff frei wird. Dabei wird der Wasserstoff in Helium umgesetzt. Die freigewordene Energie dringt bis zur Oberfläche durch, und wird von dort in den eisigkalten Weltraum ausgestrahlt. Nur ein verschwindend kleiner Teil der Sonnenstrahlung bleibt auf dem Planeten Erde haften. Auf der Erdoberfläche verwandelt sich die Strahlung in Wärme, Wind, Meeresströmungen und Flüsse und hält alles am Leben.

Die Sonne (griechisch Helios) ist die vollkommene Quelle aller Energie auf der Erde und für alles Belebte und Unbelebte auf ihrer Oberfläche. Die alten Völker irrten natürlich, wenn sie die Sonne für eine Gottheit hielten. In einem aber hatten sie recht: Die Sonne ist absolut unentbehrlich für alles Leben.

Entfernung der Sonne

Die Sonne ist von uns 150 Millionen Kilometer entfernt. Wir nennen diese Entfernung astronomische Einheit (AE). Sie dient als Maß für die Entfernungen im Planetensystem. Eine mit einer Geschwindigkeit von 1000 km/h fliegende Rakete würde diese astronomische Einheit in 17 Jahren zurücklegen. Vom menschlichen Gesichtspunkt aus betrachtet ist diese Entfernung enorm groß, vom astronomischen Gesichtspunkt aus gesehen jedoch sehr klein, denn zu den nächsten Sternen ist es millionenmal weiter.

Die Entfernung der Sonne von der Erde wird auf verschiedene Art gemessen. Mit mächtigen Radargeräten mißt man die Zeit, die ein Signal benötigt, um zur Sonne und wieder zurück zu gelangen. Dazu sind etwa 16 Minuten und 40 Sekunden, das sind 1000 Sekunden, erforderlich. Da sich das Radarsignal mit Lichtgeschwindigkeit (300 000 km/s) fortpflanzt, legt es in dieser Zeit 300 Millionen Kilometer zurück. Die Entfernung der Sonne ist die Hälfte dieses Gesamtweges, d. h. 150 Millionen Kilometer.

Bei genauen Messungen wurde jedoch festgestellt, daß sich die Entfernung der Sonne von der Erde während des Jahres ändert, und zwar von 147 Millionen bis 152 Millionen Kilometer. Die Umlaufbahn der Erde ist eine Ellipse, in deren einem Brennpunkt sich die Sonne befindet. Diese Ellipse ähnelt jedoch stark einer Kreislinie. Die astronomische Einheit drückt die mittlere Entfernung der Erde von der Sonne aus; ihr

---

158 Die Sonne ist ein Stern in unserer Galaxie (1). Für uns Menschen ist sie von allen Sternen der wichtigste, denn sie ermöglicht als Licht- und Wärmespender alles Leben. Deshalb wurde sie von den alten Völkern als Gottheit verehrt (2). Heute beobachten und studieren wir sie mit Hilfe von speziell dafür konstruierten Apparaten (3). Im Innern der Sonne verwandeln sich die Protonen (4) in Alpha-Teilchen (5). Die freigesetzte Energie wird als Licht, Infrarot- und Ultraviolettstrahlung und teilweise auch als Radio- und Röntgenstrahlung (6) ausgestrahlt. Die Sonne ist ein vollendeter thermonuklearer Reaktor und eine absolut reine, unerschöpfliche Quelle eines riesigen Strahlungsenergiestromes

genauer Wert ist 149 598 870 km, aber gewöhnlich wird diese Zahl wie oben angeführt abgerundet.

Wir messen die Sonne

Die Sonne kann in einem dunklen Raum gemessen werden, in den die Sonnenstrahlen durch ein kleines Loch einfallen. Auf einem

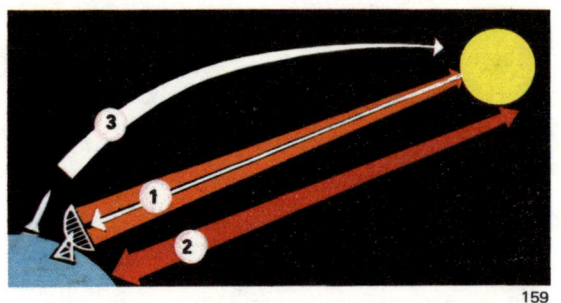

159 Die Entfernung der Sonne läßt sich mit Radargeräten messen (1). Zur Sonne fliegt das Signal in 500 Sekunden, wird reflektiert und benötigt dieselbe Zeit für den Rückweg. Diese Zeit entspricht einer Entfernung von 150 Millionen Kilometern (2). Eine Rakete würde dazu 17 Jahre brauchen (3)

senkrecht zu den Sonnenstrahlen aufgestellten weißen Kartonblatt wird die Sonne abgebildet (Abb. 160). Das Sonnenbild ist um so größer, je weiter das Papier vom Loch entfernt ist. Bei einer Enfernung von 107 cm wird sein Durchmesser 1 cm sein, in einer Entfernung von 214 cm dann 2 cm usw. Der Durchmesser des Bildes ist immer 107mal kleiner als die Entfernung des Papiers vom Loch. Der Durchmesser der wirklichen Sonne dagegen wird 107mal kleiner sein als die Entfernung der Sonne von der Erde.

Die Entfernung der Erde von der Sonne beträgt 150 Millionen Kilometer. Wir erhalten also für den Sonnendurchmesser 1 400 000 km.

Wenn wir so große Kugeln wie die Erde nebeneinander setzen würden, wären für den Sonnendurchmesser 109 Stück erforderlich. Würden wir die Erde in die Mitte der Sonne setzen, müßte sie der Mond ungefähr in der Hälfte der Entfernung zur Oberfläche umlaufen. Das Volumen der Sonne ist über einmillionmal größer als das Erdvolumen, also unvorstellbar groß. Und trotzdem – das Volumen eines Riesensterns ist noch mehrere hundertmillionenmal größer als das der Sonne. Dagegen sind die Neutronensterne viele billionenmal kleiner als die Sonne.

Die Masse der Sonne

Die Erde umläuft die Sonne einmal jährlich auf einer ungefähr kreisförmigen Bahn. Ein Jahr dauert ungefähr 31 Millionen Sekunden, und in dieser Zeit legt die Erde eine 6,28mal (2πmal) längere Bahn zurück, als die Entfernung der Sonne von der Erde beträgt. Daraus läßt sich leicht errechnen, daß die Erde in der Sekunde 30 km zurücklegt, d. h. die Erde umläuft die Sonne mit einer Geschwindigkeit von 30 km/s.

Auf jedem Körper, der sich auf einer Kreisbahn mit dem Halbmesser R und der Geschwindigkeit v fortbewegt, wirkt die Zentrifugalkraft mv^2/R. Die auch auf die Erde einwirkende Zentrifugalkraft ist bestrebt, die Erde von der Sonne wegzuziehen. Wenn die Erde nicht von der Gravitation gehalten würde, würde sie von der Sonne weg in den Weltraum fliegen. Nach dem bekannten Newtonschen Gesetz wirkt zwischen Sonne und Erde die Anziehungskraft GMm/R^2 (G ist die Gravitationskonstante $6,67 \cdot 10^{-11}$ N $\cdot$ m^2/kg^2, M ist die Masse der Sonne, m die Masse der Erde und R die Entfernung der Sonne von der Erde). Wenn auf die Erde nur die Gravitationskraft einwirken würde und es keine Zentrifugalkraft gäbe, dann würde die Erde nach einem Vierteljahr in die Sonne stürzen. Beide Kräfte sind jedoch einander gleich. Das läßt sich folgendermaßen ausdrücken:

$mv^2/R = GMm/R^2$ bzw. $M = v^2R/G$.

Die Geschwindigkeit v (30 km/s), die Entfernung R und die Gravitationskonstante G sind bekannt. Aus ihnen läßt sich die Sonnenmasse zu 10^{30} kg errechnen. Die Astronomen bezeichnen sie mit $M_\odot$. Ein Kreis mit einem Punkt in der Mitte ist von alters her das Symbol für die Sonne. Der genaue Wert ist $1,99 \cdot 10^{30}$ kg. Die Masse der Sonne ist die Summe der Massen aller 10^{57} Nukleonen. Die Elektronen tragen zur Sonnenmasse weit weniger bei, denn die Masse eines Elektrons ist ungefähr 2000mal kleiner als die Masse eines Nukleons.

Die Masse der Sonne ist 760mal größer als die Masse aller ihrer Planeten zusammen und 333 000mal größer als die Masse unserer Erde. Wir kennen im Weltall Sterne, deren Masse bis zu hundert Mal größer ist als die Masse der Sonne und andererseits auch solche, deren Masse nur ein Zwölftel der Sonnenmasse beträgt. Unsere Sonne ist also ein durchschnittlicher Stern.

Die Chemie der Sonne

Unsere Sonne besteht zu 92 % aus Wasserstoffatomen und zu knapp 8 % aus Heliumatomen; kein ganzes Prozent bilden alle übrigen Elemente zusammen. Auf 100 000 Wasserstoffatome entfallen 8500 Heliumatome, 66 Sauerstoffatome, 33 Kohlenstoffatome, 9 Stickstoffatome, 8 Neonatome,

der der Sonne glich. Aber sofort vom Beginn der Erdentwicklung an entwichen Wasserstoff und Helium, also die am häufigsten vorhandenen Elemente. Die schwereren Elemente blieben auf der Erde zurück. Und so stellt die Erde eine „kosmische Verschmutzung" dar, denn sie besteht aus Elementen, die eigentlich das häufigste kosmische Material – Wasserstoff und Helium

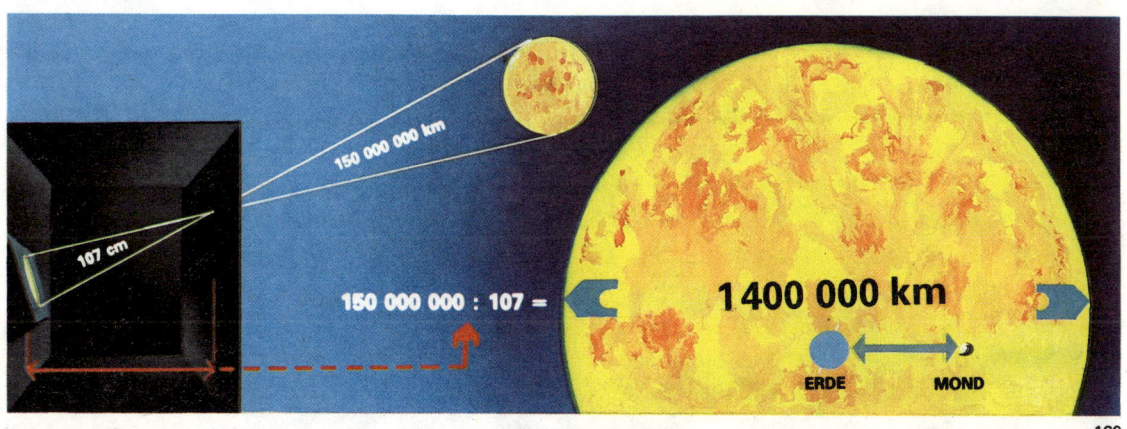

160 Der Durchmesser des Sonnenbildes ist 1/107 der Entfernung vom Loch der Dunkelkammer, 1 : 107 ist ebenfalls das Verhältnis des Durchmessers der Sonne zu ihrer Entfernung von der Erde

4 Eisenatome, 3 Siliziumatome, 3 Magnesiumatome, 2 Schwefelatome usw. Alle übrigen Elemente kommen in noch kleineren Mengen vor.

Auf der Sonne gibt es kein Element, das wir auf der Erde nicht kennen würden. Früher glaubten die Wissenschaftler, ein solches Element sei Helium. Es wurde zum ersten Mal im Sonnenspektrum entdeckt, und erhielt deshalb den Namen Helium – „Sonnenelement". Später fand man es dann auch, wenngleich in sehr geringen Mengen, auf der Erde.

Die chemische Zusammensetzung der Sonne wird aus ihrem Spektrum bestimmt. Das Sonnenspektrum ist die in ein farbiges Band zerlegte Sonnenstrahlung. Im Sonnenspektrum finden sich viele dunkle Linien, aus deren Lage man auf das Vorhandensein der verschiedenen chemischen Elemente in der Sonne schließen kann. Aus der Dicke dieser dunklen Linien kann man die Menge der entsprechenden Elemente bestimmen. Durch das Studium der Spektren anderer Sterne stellte man fest, daß ihre chemische Zusammensetzung ungefähr der der Sonne gleicht.

Erwähnenswert wäre noch, daß am Anfang auch die Zusammensetzung unserer Erde

– verunreinigen. Auf der Erde blieb nur eine ganz geringe Menge des Wasserstoffes zurück, und zwar mit Sauerstoff verbunden in Form von Wasser. Das Helium konnte sich mit keinem anderen Element verbinden (es ist ein Inertgas), und deshalb entwich es fast völlig. Der Jupiter hat dagegen wegen der größeren Gravitationskraft und wegen der größeren Entfernung von der Sonne sein gesamtes Helium und seinen gesamten Wasserstoff behalten. Seine Zusammensetzung hat sich seit der Entstehung des Planetensystems nicht geändert. Es sind also im Jupiter dieselben chemischen Elemente vorhanden wie in der Sonne, denn beide Himmelskörper entstanden, ebenso wie das ganze Sonnensystem, aus derselben Mutterwolke (S. 107).

Die Temperatur der Sonne

Die Temperatur der Sonnenoberfläche bestimmen wir mit Hilfe des Sonnenspektrums. Die Strahlungsintensität in den einzelnen Spektralfarben entspricht einer Temperatur von 6000 K. Das ist die Temperatur der Sonnenoberfläche, der Photosphäre. In den höheren Schichten der Sonnenatmosphäre – der Chromosphäre und der Korona – herrschen höhere Temperaturen, in der

161 Das Sonnenspektrum in Farbe. Das lange Band des Spektrums ist in untereinander angeordnete Teile geteilt, damit sie auf der fotografischen Platte Platz finden. Jede dunkle Linie im Spektrum entspricht einem bestimmten Element (so wurden die beiden starken Linien im oberen Streifen durch Kalziumatome verursacht). Das Spektrum der Sonne, der Sterne und der übrigen Himmelskörper ist die wichtigste Informationsquelle über das Weltall

Korona etwa zwei Millionen Kelvin. Über den großen Eruptionen kann die Temperatur kurzzeitig fünfzig Millionen Kelvin erreichen. Die Korona sendet intensive Radiofrequenz- und Röntgenstrahlung aus.

Obgleich aus dem Sonneninneren nicht ein einziger Strahl entweicht, können wir die Temperatur in jeder Tiefe errechnen. Dabei ergibt sich eine um so höhere Temperatur, je tiefer wir unter die Sonnenoberfläche gehen. Die Temperatur steigt von 6000 K in der Photosphäre auf bis 13 Millionen K im Sonnenkern, also in der Nähe des Zentrums.

Je höher die Temperatur eines Stoffes ist, um so schneller bewegen sich seine Teilchen. In der Photosphäre bewegen sich die Protonen und Wasserstoffatome mit Geschwindigkeiten um 7 km/s, und die leichten Elektronen mit Geschwindigkeiten um 300 km/s. In der heißen Korona und im glühenden Sonnenkern bewegen sich die Protonen mit Geschwindigkeiten um 350 km/s, während die Elektronen Geschwindigkeiten von etwa 15 000 km/s entwickeln.

Die niedrigste Temperatur auf der Sonne herrscht in den Sonnenflecken (etwa 4000 K). Deshalb erscheinen uns die Flecken dunkel.

Jeder Körper, der in die Sonne fällt, wird in kürzester Zeit in einzelne Atome zerlegt. Von diesen Atomen werden dann die Elektronen abgerissen. Auf der Sonne kann ein Stoff nur als Plasma bestehen.

Der Aufbau der Sonne

Die Eigenschaften des Sonnenplasmas – Dichte, Temperatur, Druck und chemische Zusammensetzung – hängen von der Entfernung vom Sonnenzentrum ab. So hat z. B. der Zentralteil der Sonne, der sog. Kern, eine neunmal höhere Dichte als Blei. Die Dichte der höchsten ausgedehnten Schicht, der Korona, ist dagegen einbillionenmal kleiner als die Dichte der Luft, die wir einatmen. Der Unterschied der Dichte zwischen der Korona und dem Sonnenkern ist so groß, daß ein Kubikzentimeter Kern die gleiche Menge Materie (100 g) enthält wie tausend Kubikkilometer Korona.

Auch in den Temperaturen finden wir große Unterschiede (Abb. 162). Im Sonnenkern herrscht die hohe Temperatur von 13 Millionen Kelvin. Die Temperatur der sichtbaren Oberfläche der Sonne beträgt 6000 K. Verglichen mit der Temperatur im Kern ist

161

klärt, warum die Sonne und die Sterne leuchten. Die äußeren Bereiche der Sonne, aus denen die Photonen direkt in den Weltraum entweichen, nennt man Sonnenatmosphäre. Im Unterschied zum Sonneninneren ist sie sichtbar. Die Grenze zwischen der sichtbaren Atmosphäre und dem unsichtbaren Inneren bildet eine dünne Schicht, die sog. Photosphäre. Ihre Dicke beträgt nur

162 Verschiedene Orte in der Sonne weisen unterschiedliche Temperaturen auf. In der Korona (8) können wir 2 Millionen K messen, in der Koronalkondensation (1) über den Eruptionen (2) bis 50 Millionen K. In der Chromosphäre (3, 7)

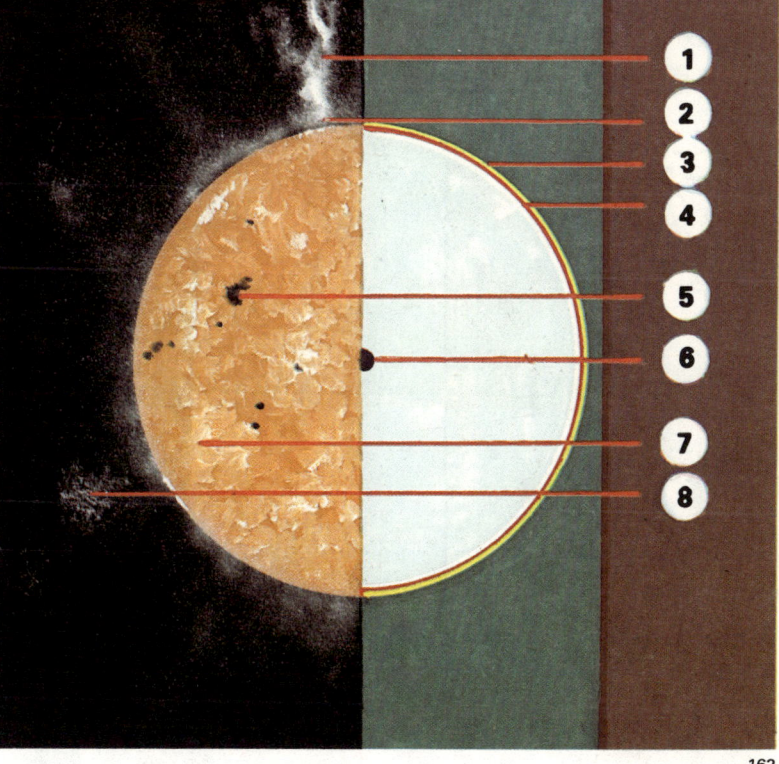

162

dies eine sehr niedrige — 2000 mal niedrigere — Temperatur. Im Vergleich zur Temperatur im interstellaren Raum (etwa 3−5 K) ist dagegen die Temperatur der Sonnenoberfläche etwa zweitausendmal höher. Die Natur hat Temperaturunterschiede nicht gern und ist bestrebt, sie auszugleichen. Zwischen dem glühenden Sonnenkern und dem eisigen Weltraum besteht ein ungemein hoher Temperaturunterschied. Deshalb strömt Energie aus dem Kern in Richtung zur Oberfläche und von dort in den kalten kosmischen Raum.

Das Bestreben der Natur, Wärme von einem heißen Stoff an die kalte Umgebung abzugeben, wird mit dem 2. Hauptsatz der Wärmelehre, dem Entropiesatz, beschrieben. Stellen wir uns eine kleine Wärmemenge im Sonnenzentrum vor, also beispielsweise ein Joule (J). Wenn wir diese Wärme durch die Temperatur dividieren, erhalten wir die Entropie, das ist 1 J/ 13 000 000 K. Unser Joule gelangt mit der Zeit an die Sonnenoberfläche, wo eine Temperatur von nur 6000 K herrscht. Dort ist jedoch ihre Entropie 1 J/ 6000 K, also mehr als zweitausendmal höher. Bei der Übergabe der Energie an die Oberfläche wächst somit die Entropie, und gerade der Entropiesatz er-

etwa 250 km. Sie strahlt fast das ganze Sonnenlicht aus und erscheint uns daher als Sonnenoberfläche.

Das Sonneninnere besteht aus drei Teilen (Abb. 163): a) dem Kern in der Größe der Erde, in dem der Wasserstoff in Helium umgesetzt und dabei Sonnenenergie freigemacht wird, b) einer ausgedehnten Schicht, die den Kern bis zu einer Entfernung von 650 000 km umgibt. Durch diese Schicht strömt die Energie aus dem Kern als Strahlung (Photonen), und deshalb heißt sie Strahlungsschicht. c) Über der Strahlungsschicht bis zur Oberfläche liegt die sog. Konvektionszone. Sie ist etwa 50 000 km dick. In ihr wird Energie in Richtung zur Oberfläche durch Strömung (Konvektion) übertragen. Die heißen Wolken, die durch die Konvektionszone aufsteigen, gelangen

herrscht eine Temperatur von etwa 10 000 K, in der Photosphäre (4) von 6 000 K, im Sonnenfleck (5) von nur 4 000 K. Mit zunehmender Tiefe steigt die Temperatur bis auf 13 Millionen K im Sonnenzentrum an (6)

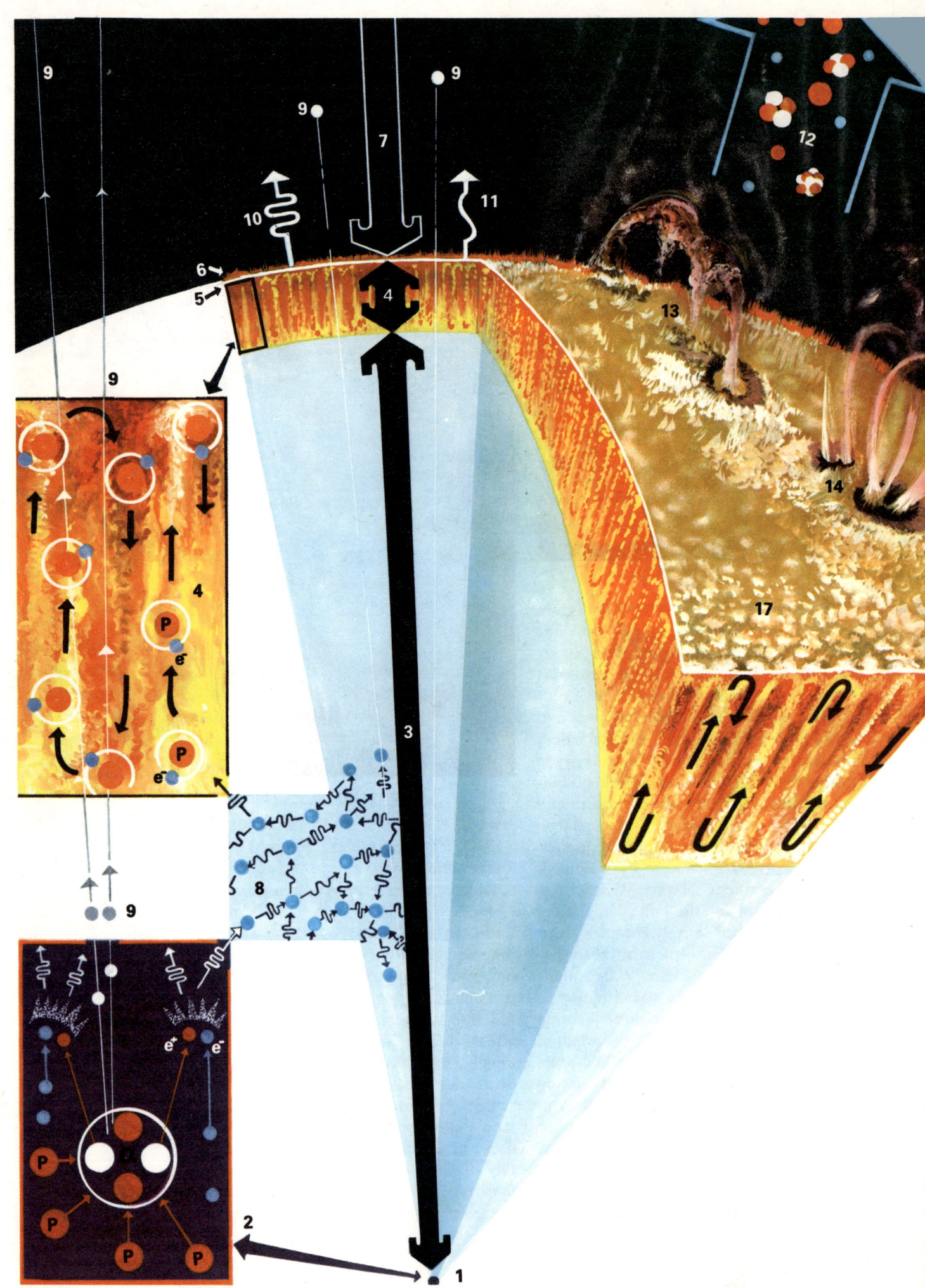

163 Der Aufbau der Sonne und die Sonnenaktivität. Im Sonnenkern (1) verwandeln sich die Protonen in Alpha-Teilchen (2). Dabei werden Neutrinos (9) und energiereiche Photonen frei. Die Photonen gelangen langsam durch eine etwa 600 000 km dicke Schicht an die Oberfläche (3, 8); wir nennen sie Strahlungsschicht (3). Über ihr – unter der Oberfläche – verbreitet sich die Energie durch Konvektion (4), d. h. durch senkrechte Strömung. Aus der weißen Photosphäre (5) entweicht die Energie als Licht (10) und Infrarotstrahlung (11) direkt in den kosmischen Raum. Über der Photosphäre dehnt sich die rötliche Chromosphäre (6, 21) und über der Chromosphäre die umfangreiche Korona (7) aus. Die Schichten 1, 3, 4 heißen Sonneninneres, denn sie sind unsichtbar (aus ihnen entweicht direkt nicht ein einziges Photon). Die Schichten 5, 6, 7 sind die Sonnenatmosphäre; sie lassen sich direkt beobachten. Aus der Korona treten die Elektronen, Alpha-Teilchen und andere Kerne als sog. Sonnenwind (12) aus. Hoch über der Chromosphäre befinden sich 10 000 K heiße Gaswolken verschiedener Form, die sog. Protuberanzen (13, 14, 15). Die über die Chromosphäre herausragenden schmalen, niedrigen Zungen (18, 21) heißen Spiculen. Die blaue Kugel (16) stellt die Erde im Verhältnis zur Sonne dar. Die weißen Teile in der Photospäre sind die Sonnenfackeln (22). Die hellen weißen Gebilde in der Photosphäre heißen Granulen (17) und sind aufsteigende heiße Gasströme aus dem Innern. Die Sonnenflecken treten gruppenweise auf (19). Die rote Aufhellung beim großen Fleck ist eine Eruption (in der Mitte zwischen 19, 21 und 22). Der Fleck hat ein großes schwarzes Kerngebiet (24) – eine Umbra –, die von einer Penumbra (25) umgeben ist. Auf der Scheibe erscheinen die Protuberanzen als dunkle Fäden – sog. Filamente (23).
Eine Koronalkondensation erscheint über der Fleckengruppe (20)

bis in die Photosphäre und lassen sich als sog. Granulen gut beobachten.

Auch die Sonnenatmosphäre ist in drei Schichten gegliedert. Es sind: a) die Photosphäre, die die Sonne umgibt. Es ist die kälteste, dichteste und unterste Schicht der Sonnenatmosphäre. Unter der Photosphäre liegt bereits das Sonneninnere (das griechische Wort Photosphäre bedeutet Lichthülle); b) die sich bis zu einer Höhe von ca. 10 000 km über der Photosphäre erstreckende rötliche Chromosphäre von sehr geringer Dichte und c) die sehr ausgedehnte, heiße Korona von ausnehmend geringer Dichte, die sich Millionen von Kilometern über der Sonnenoberfläche ausbreitet. Die Chromosphäre und besonders die Korona sind von so geringer Dichte, daß sie mit bloßem Auge nur kurze Zeit bei totalen Sonnenfinsternissen sichtbar sind.

Die Atmosphäre ist sehr ausgedehnt und nimmt einen größeren Raum ein als das Sonneninnere. Dennoch enthält das Innere zehnmilliardenmal mehr Masse als sie. Dies bedeutet, daß wir nur einen sehr geringen Teil der Sonnenmaterie beobachten können. Fast die ganze Materie der Sonne ist im unsichtbaren Sonneninneren verborgen. Mit Hilfe moderner Rechner lassen sich jedoch Dichte, Temperatur, Druck und chemische Zusammensetzung an jedem Punkt des Sonneninneren bestimmen.

Die Eigenschaften des Sonnenplasmas sind viel einfacher zu erforschen als die Eigenschaften fester und flüssiger Gesteine, aus denen das Erdinnere besteht. Deshalb sind wir über das Innere der Sonne besser informiert als über das unseres Planeten.

Umwandlung des Wasserstoffes in Helium

Der wichtigste Prozeß auf der Sonne ist die Umsetzung des Wasserstoffes in Helium. Sie ist die Quelle der Sonnenenergie.

Im Zentralgebiet der Sonne herrschen hohe Dichte und hohe Temperatur. Deshalb finden dort sehr häufig Zusammenstöße von Elektronen, Protonen und Kernen statt. Viele Zusammenstöße von Protonen sind so heftig, daß sie sich einander — trotz der abstoßenden elektrischen Kraft — bis auf eine Entfernung ihres Durchmessers nähern (ein Fermi = 10^{-15} m). In einer solchen Nähe wirkt zwischen ihnen bereits die anziehende Kernkraft, so daß die Protonen miteinander verschmelzen. Die Verschmelzung von vier Protonen zu einem Heliumkern ist auf Abb. 163 dargestellt. Das Viereck ist ein sehr kleiner Raum (ein Würfel mit der Kantenlänge 0,02 nm) im Zentrum der Sonne, der nur 4 Protonen (rote Ringe) und 4 Elektronen (blaue Punkte) enthält. Die vier Protonen verschmelzen nach und nach zu einem Heliumkern; dabei verwandeln sich zwei Protonen in Neutronen, und zwei positive Ladungen werden als Positronen (rote Punkte) freigesetzt; es entstehen zwei kleine neutrale Teilchen, die Neutrinos (weiße Punkte). Beide Positronen verwandeln sich bei der Begegnung mit Elektronen in Photonen der Gammastrahlung (Annihilation). Die Ruhenergie des Heliumatoms ist kleiner als die Ruhenergie der vier Wasserstoffatome. Dieser Energieunterschied verwandelt sich in Gamma-Photonen und in Neutrinos. Die Gesamtenergie aller entstandenen Gamma-Photonen und zweier Neutrinos beträgt 28 MeV.

Solche Umsetzungen finden im Sonnenkern in riesigen Mengen (10^{38} je Sekunde) statt. Dabei verwandeln sich in jeder Sekunde 567 Millionen Tonnen Wasserstoff in 562,8 Millionen Tonnen Helium. Die Massendifferenz von 4,2 Millionen Tonnen ($4,2 \cdot 10^9$ kg) je Sekunde wird in Sonnenstrahlung umgesetzt. Es ist die Energie

$$4,2 \cdot 10^9 \text{ kg} \cdot 9 \cdot 10^{16} \text{ m}^2/\text{s}^2 = 3,8 \cdot 10^{26} \text{ J}.$$

Diese Energie strahlt die Sonne jede Sekunde aus. Energie pro Zeiteinheit heißt Leistung, 1 Joule je Sekunde ist 1 Watt. Die Sonne hat somit eine Leistung von $3,8 \cdot 10^{26}$ W. Diese Leistung gibt sie in Form von Strahlung ab. Sie heißt deshalb Leuchtkraft und wird mit $L_\odot$ bezeichnet.

Das Alter der Sonne

Mit Hilfe des Heliums können wir berechnen, wie viele Jahre seit der Geburt der Sonne verflossen sind und wie viele Jahre noch bis zu ihrem Untergang vergehen werden. Als Geburt der Sonne verstehen wir jenen Augenblick, in dem sich in ihrem Innern Wasserstoff in Helium umzusetzen begann. Bei der Geburt der Sonne war ihre chemische Zusammensetzung überall die gleiche — in der Atmosphäre wie im Kern.

Seit jener Zeit blieb die chemische Zusammensetzung der Sonne bis auf den Sonnenkern unverändert. Dort nahm die Masse des Heliums jede Sekunde um 562,8 Millionen Tonnen zu. Je älter die Sonne ist, um so mehr Helium enthält ihr Kerngebiet. Die Heliummenge zeigt also das Alter der Sonne an.

Die Astronomen können den inneren Aufbau der Sonne bestimmen. Für jede Tiefe unter der Photosphäre lassen sich Dichte, Temperatur, Druck und chemische Zusammensetzung berechnen. Auch der Heliumüberschuß im Sonnenkern ist bekannt. Die Berechnungen ergeben rund 89 Quadrillionen ($89 . 10^{24}$) Tonnen Helium. In jeder Sekunde bildeten sich $563 . 10^6$ Tonnen. Dies bedeutet, daß die Sonne zur Herstellung dieses Heliumüberschusses in ihrem Kern so viele Sekunden benötigte, wie $89 . 10^{24}$ Tonnen dividiert durch $563 . 10^6$ Tonnen/Sekunde ergibt. Das sind $1,58.10^{17}$ Sekunden. Wie viele Jahre sind das? Wir wissen, daß das Jahr 31556926 Sekunden hat. Durch Dividieren stellen wir fest, daß im Sonnenkern die Umsetzung des Wasserstoffes in Helium schon seit etwa 5 Milliarden Jahren verläuft.

Die Sonne ist also „in den besten Jahren". Es gibt zwar hundert- bis tausendmal jüngere Sterne (die Plejaden sind nur 50 Millionen Jahre alt), aber ebenso auch ältere Sterne (z. B. die Sterne in Kugelsternhaufen mit rund 10 Milliarden Jahren).

Einstweilen hat die Sonne in ihrem Inneren etwa ein Drittel ihres Kernbrennstoffes — des Wasserstoffes — verbraucht. Ihr bleiben also noch zwei Drittel übrig. Die Umsetzung des Wasserstoffes in Helium wird also in der Sonne noch rund 10 Milliarden Jahre verlaufen. Aber auch dann erlischt die Sonne noch nicht. Im Gegenteil, sie wird sogar noch heller leuchten. In ihrem Innern wird sich das Helium in Kohlenstoff, der Kohlenstoff in Sauerstoff usw. umzuwandeln beginnen (Abb. 151), so daß die Sonne noch einige weitere Milliarden Jahre leuchten wird. Wir müssen sicher nicht fürchten, daß die Sonne bald erlischt oder durch eine Explosion untergeht. Wenn der Menschheit eine Katastrophe droht, dann bestimmt nicht von der Sonne.

Wieviel Energie setzt die Sonne frei?

Die Antwort auf diese Frage zeigt uns ein auf der Abbildung 164 anschaulich dargestellter Versuch. Wir schalten an einem hellen Mittag eine starke Glühlampe ein, deren Leistung l uns bekannt ist. Dann schließen wir die Augen und wenden unser Gesicht abwechselnd zur Glühlampe und zur Sonne. Wenn uns die Lampe durch die geschlossenen Augenlider heller erscheint als die Sonne, dann entfernen wir uns von ihr. Leuchtet dagegen die Sonne heller, nähern wir uns der Lampe. Wenn uns Lampe und Sonne bei geschlossenen Augen gleich hell erscheinen, messen wir die Entfernung der Glühlampe vom Auge. Diese Entfernung (r) hängt von der Leistung der Glühlampe ab. Die Entfernung der Sonne beträgt 150 000 000 000 Meter. Wenn wir die Leuchtkraft der Sonne mit $L_\odot$ bezeichnen, verrät uns die einfache Beziehung:

$L_\odot/l = 150\ 000\ 000\ 000^2/r^2$ bzw.

$L_\odot = 2{,}25 . 10^{22}\ l/r^2$,

wievielmal größer die Leuchtkraft der Sonne ist als die unserer Glühlampe. Das ist allerdings eine sehr grobe Abschätzung.

Um die Strahlungsmenge, die die Sonne jede Sekunde aussendet, genau feststellen zu können, müssen wir zuerst die sog. Solarkonstante messen. Das ist die Menge der Sonnenstrahlung, die in einer Sekunde auf eine senkrecht zu den Sonnenstrahlen stehende $1\ m^2$ große Fläche auffällt, die von der Sonne so weit entfernt ist, wie die Erde (Abb. 165).

Durch viele genaue Messungen wurde die Solarkonstante bestimmt: sie beträgt 1353 $W . m^{-2}$. Da sich die Entfernung der Erde von der Sonne während des Jahres ändert, ist dies ein Durchschnittswert. Die Erde bewegt sich auf einer elliptischen Bahn um die Sonne; im Winter fällt auf sie mehr Strahlung (z. B. am 1. Januar 1438 $W . m^{-2}$), im Sommer dagegen weniger Strahlung (z. B. am 1. Juli nur 1345 $W . m^{-2}$). In diesem Beispiel sind der Winter und der Sommer der nördlichen Halbkugel und eine Fläche von $1\ m^2$ oberhalb der Erdatmosphäre gemeint. (Die Erdatmosphäre verschluckt und reflektiert einen ziemlich großen Teil der Sonnenstrahlung.)

Jetzt können wir die Leuchtkraft der Sonne genau berechnen. Stellen wir uns eine große Kugel vor, in deren Mitte sich die Sonne befindet, und deren Halbmesser gleich der Entfernung der Erde von der Sonne ist (150 000 000 000 m). Auf einen Quadratmeter fallen 1353 Watt (die Solarkonstante) auf. Da wir aus einem bekannten

Halbmesser die Kugeloberfläche errechnen können, ist es nicht schwierig festzustellen, daß durch die ganze Oberfläche der gedachten Kugel $3,8 \cdot 10^{26}$ W Strahlungsleistung hindurchfließen. Und das ist gerade die Strahlungsleistung der Sonne oder die Sonnenleuchtkraft $L_\odot$. Diese Leistung ist enorm hoch, und dennoch gibt es Sterne, deren Leistung noch einmillionenmal größer ist. Neben einem solchen Stern würde die Sonne

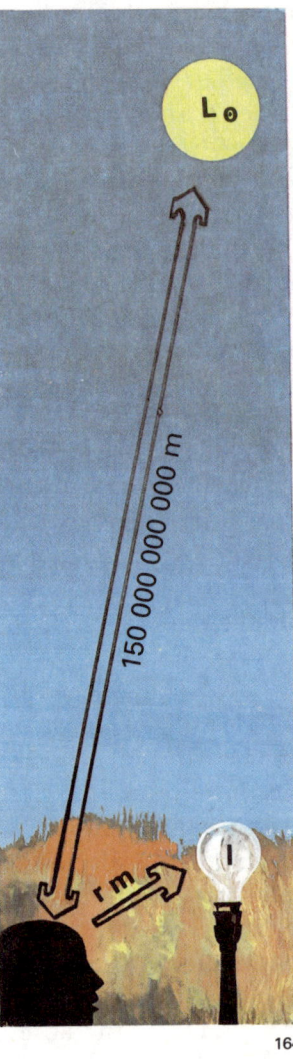

164 Abschätzung der Sonnenleuchtkraft. Die Entfernung einer Glühlampe vom Auge ändern wir so lange, bis wir bei geschlossenen Augen die Sonne und die Glühlampe gleich hell sehen. Die so bestimmte Entfernung (in Metern) bezeichnen wir mit r. Dann ist die Leuchtkraft der Sonne

$$L_\odot = \left(\frac{1,5 \cdot 10^{11}\ m}{r} \right)^2 1$$

wo 1 die Leuchtkraft der Glühlampe ist

165 Die Solarkonstante ist jene Sonnenstrahlung, die in der Sekunde eine auf der Erdbahn senkrecht zu den Sonnenstrahlen aufgestellte Fläche von $1\ m^2$ durchdringt. Es sind $1353\ W/m^2$. Da uns der Halbmesser der gedachten, die Sonne umgebenden Kugel $(1,5 \cdot 10^{11}\ m)$ – siehe Bild – bekannt ist, läßt sich die Leuchtkraft der Sonne L_o, d. h. die durch die fiktive Kugel durchgehende Gesamtstrahlung, leicht errechnen

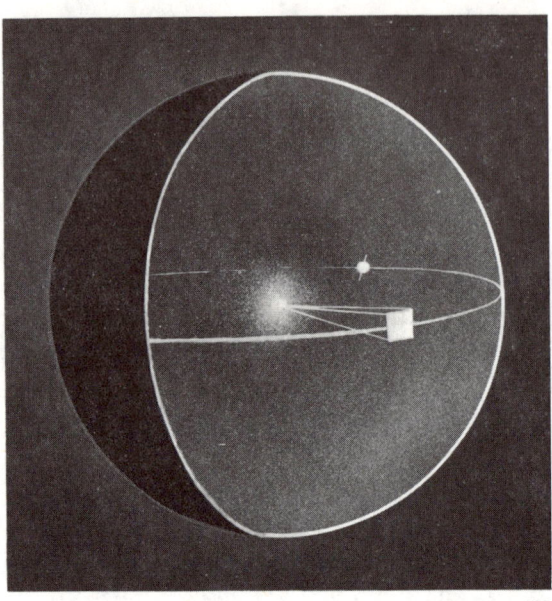

165

klein und ganz unbedeutend aussehen, wie ein Johanniskäfer, der am Rande eines mächtigen Scheinwerfers sitzt.

Der Weg der Photonen

Die bei der Umsetzung der Protonen in Alphateilchen freigewordene Energie hat größtenteils die Form von Gamma-Photonen. Bald nach ihrer Entstehung verwandeln sich die Gamma-Photonen in Röntgenphotonen.

Ihr Weg an die Sonnenoberfläche und in den kalten interstellaren Raum verläuft nicht so gradlinig wie der Weg der Neutrinos (Abb. 163).

Zwar bewegt sich ein Photon ebenso schnell wie ein Neutrino, aber es wird nach einigen Dezimetern von irgendeinem Elektron absorbiert und gleich darauf wieder ausgestrahlt. Dabei schlägt das ausgestrahlte Photon eine andere Richtung ein, als es

früher, vor der Absorption, hatte. Die Photonenbahn im Sonneninneren ist sehr lang und sehr unregelmäßig.

Beim Absorbieren und erneuten Ausstrahlen erscheinen gelegentlich statt des einen zwei Photonen, allerdings mit kleinerer Energie. So „zerbröckeln" die Photonen allmählich bei ihrem Irrweg durch das Sonneninnere. Solcherart verteilt sich die Energie des ursprünglichen Gamma-Photons auf einige Hunderttausend Lichtphotonen, die die Sonnenoberfläche verlassen. Es dauert aber rund zwei Millionen Jahre, ehe die zerbröckelten, herumirrenden Photonen an die Sonnenoberfläche gelangen. Das Neutrino verläßt demgegenüber, wie wir sahen, die Sonne zwei Sekunden nach seiner Geburt (S. 163).

Ist es nicht interessant, daß das Sonnenlicht, das heute in unser Auge fällt und uns wärmt, aus dem Sonneninnern zur Zeit der ersten Menschen freikam? In der Zeit, in der sich die Photonen aus dem Sonneninneren an die Oberfläche durchdrängten, entwickelte sich aus dem Urmensch der intelligente Mensch der Jetztzeit.

Während der Weg der Photonen durch das Sonneninnere schon schwierig ist, wird er fast ganz unmöglich unter der Sonnenoberfläche. In der Schicht unter der sichtbaren Oberfläche der Sonne befindet sich der Wasserstoff normalerweise in neutralem Zustand. Das bedeutet, daß fast jedes Proton ein Elektron an sich bindet. Die Schicht des neutralen Wasserstoffes reicht bis in eine Tiefe von ungefähr 50 000 km unter die Sonnenoberfläche.

Die Elektronen der Atome schlucken begierig die Photonen, und deshalb ist der weitere Weg der Photonen an die Oberfläche so ungemein schwierig. Die Energieübertragung durch die Wasserstoffschicht kann nicht durch Strahlung geschehen. Aber die Sonne wählt eine weit wirksamere Art der Energieübertragung — am Grunde der Konvektionszone (rund 50 000 km unter der Sonnenoberfläche) setzt sie heiße Plasmawolken in Bewegung. Diese Wolken reichen bis zur sichtbaren Sonnenoberfläche, so daß wir sie beobachten können (Abb. 167). Aus der Oberfläche entweichen dann die Photonen direkt in den Weltraum.

Die Photosphäre
— die Sonnenoberfläche

Durch dünne Bewölkung können wir die Sonne als weiße, leuchtende Kugel sehen. In Wirklichkeit sehen wir die Photosphäre. Die Photosphäre ist die unterste Schicht der Sonnenatmosphäre (Abb. 166). Aus ihr entweicht das Licht direkt in den Weltraum. Unter der Photosphäre ist die Konvektionszone verborgen — sie ist die oberste Schicht des nicht sichtbaren Sonneninnern (Abb. 163).

Aus der Konvektionszone steigen heiße Plasmawolken in die Photosphäre auf. Ihre Durchmesser betragen rund tausend Kilometer. Sie bewegen sich in Richtung zur Oberfläche (Photosphäre) mit einer Geschwindigkeit von einem halben Kilometer je Sekunde. Da sie über 6000 K heiß sind, nehmen sie viele Photonen mit. Dieser Energietransport heißt Konvektion. Die heißen Wolken machen erst in der Photosphäre halt. Von dort entweichen ihre Photonen in den Weltraum, denn die Dichte der Sonnenatmosphäre über der Photosphäre ist gering.

Im Fernrohr erscheinen uns die heißen Wolken wie weiße Reiskörnchen. Wir nennen sie Granulen. Durch die Ausstrahlung der Photonen verlieren die Granulen ihre Energie und kühlen sich ab, und ihr Plasma wird schwerer. Dieses schwerere Plasma fällt in das Sonneninnere zurück. Wir sehen das sinkende Plasma zwischen den Granulen als dunkle Strukturen.

Aus der Photosphäre entweicht die Son-

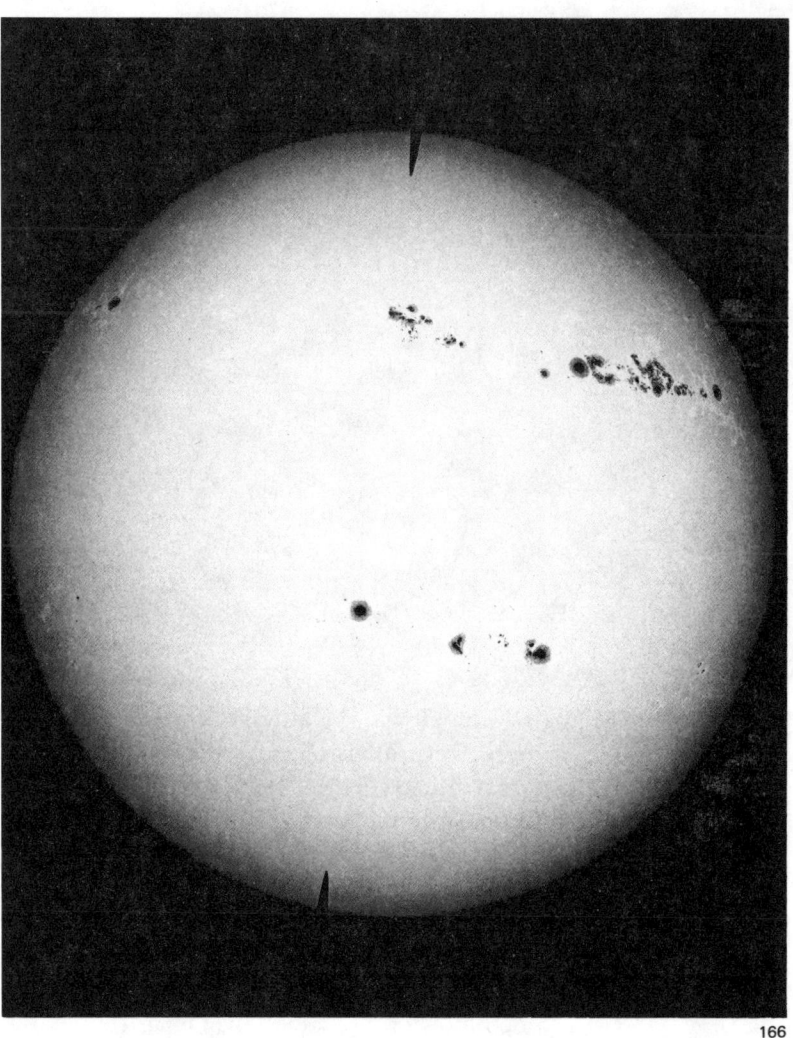

166

nenstrahlung direkt in den umgebenden Weltraum. Fast die gesamte Sonnenenergie ($3,8 \cdot 10^{26}$ Watt) wird von der Photosphäre als Licht und Wärme ausgestrahlt. Nur ein kleinster Teil der Leuchtkraft der Sonne kommt aus Chromosphäre und Korona, den obersten, sehr dünnen Schichten der Atmosphäre.

166 Die Sonnen-Photosphäre mit großen Fleckgruppen (20. Februar 1956). Bei den großen Flecken ist die schwarze Umbra, umgeben von einer grauen Penumbra, gut sichtbar. Die hellen Stellen am Rand sind Fackeln. (Die beiden schwarzen Spitzen sind im Teleskop und dienen zur Lagebestimmung der Flecken)

Sonnenflecken
— riesige Magneten

In der strahlend hellen Photosphäre zeigen sich manchmal schwarze Stellen. Wir nennen sie Flecken. In der hellen Photosphäre erscheinen sie schwarz, denn sie sind kühl. Ihre Temperatur liegt unter 4000 K, während die sie umgebende Photosphäre eine Temperatur von 6000 K hat.

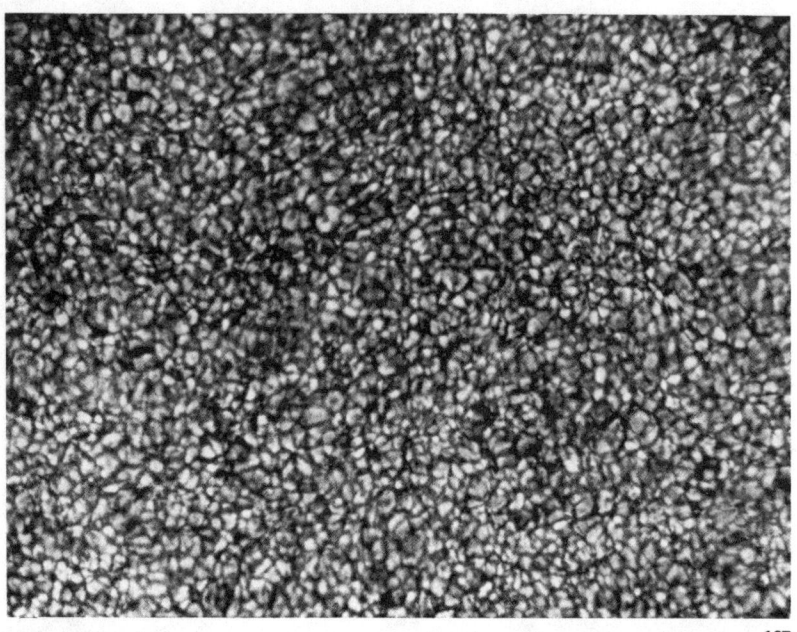

167

167 Sonnengranulation. So würden wir die Sonnenoberfläche mit bloßem Auge sehen, wenn wir uns ihr auf eine Entfernung von einer Viertelmillion Kilometer nähern würden. Die weißen Flocken — die Granulen — strahlen während einiger Minuten ihre Wärme aus, kühlen sich ab und sinken in das Innere der Sonne zurück (die dunklen Strukturen zwischen den Granulen)

Die Sonne ist also keine „reine unbefleckte" Kugel, wie die alten Philosophen annahmen. Der italienische Astronom und Physiker Galileo Galilei war der erste, der in seinem einfachen Fernrohr sah, wie die Sonnenflecken erscheinen, wachsen, ihr Aussehen und ihre Form verändern und nach einigen Tagen bis Wochen wieder verschwinden. Er beobachtete auch, daß sich alle Flecken vom östlichen Rande der Sonne nach Westen verschieben. Diese Bewegung wird durch die Drehung der Sonne um die eigene Achse hervorgerufen. Eine Umdrehung dauert etwa 4 Wochen.

Ein Sonnenfleck kann klein, z. B. so groß wie Frankreich sein. Ein so kleiner Fleck heißt Pore. Große Flecken können um ein Vielfacheres größer sein als die Erdoberfläche. Die großen Flecken bestehen aus zwei ausgeprägten Teilen: einem mittleren schwarzen Teil, der Umbra, und einem äußeren Teil, der Penumbra, die den Übergang zwischen der Umbra und der Photosphäre bildet. Die Penumbra besteht aus feinen, hellen Fasern, die aus der Photosphäre in die Umbra gerichtet sind.

Wenn wir die Eigenschaften eines Himmelskörpers erkennen wollen, fotografieren wir sein Spektrum. Vor allem die Form der dunklen Spektrallinien gibt zuverlässige Information über Temperatur, Druck, Magnetfeld usw. Im Spektrum eines Sonnenflecks ist die Spaltung einiger Linien im Sonnenfleck in zwei Komponenten auffallend. Eine solche Aufspaltung heißt Zeemaneffekt. Sie ist um so größer, je stärker das Magnetfeld des Flecks ist. Aus der Größe der Zeemanschen Aufspaltung läßt sich die Stärke des Magnetfeldes der Flecken bestimmen. Es ergeben sich Werte von 0,1 bis 0,5 Tesla. Die Aufspaltung der Linien im Flecken-Spektrum beweist, daß die Flecken riesige, starke Magneten auf der Sonnenoberfläche sind. Natürlich sind es weder Eisenmagnete noch elektromagnetische Spulen, denn in der Sonne kann kein fester Körper bestehen.

Das Magnetfeld ist die Folge mächtiger elektrischer Ströme, die die Flecken umfließen. Die positiven Ionen bewegen sich in einer Richtung und die negativen Elektronen in der entgegengesetzten Richtung. In unserer Abbildung 170 sind die Kraftlinien des Magnetfeldes punktiert. Ihre Anzahl je 1 m^2 gibt die Intensität des Magnetfeldes an. Die Gerade, die die Kraftlinien an einer bestimmten Stelle berührt (Tangente), gibt die Richtung der magnetischen Kraft in diesem Punkt an.

Die Intensität und die Richtung des Magnetfeldes im Fleck unter der Photosphäre lassen sich nicht direkt messen, denn von dort dringt kein einziger Strahl heraus. Wir nehmen jedoch an, daß das Feld stark verdrillt ist (Abb. 170). Die heißen Plasmawolken, die zur Oberfläche aufsteigen, können sich jedoch nicht ganz über die Kraftlinien hinweg bewegen und weichen ihnen aus. Deshalb gelangt weit weniger Energie in die Flecken als in die umgebende Photosphäre. Das ist die Ursache, warum die Flecken dunkel und kalt sind.

Die Flecken verweilen an der Oberfläche der Sonne einige Tage bis Wochen, ehe sie verschwinden. Sie sind bestrebt, Gruppen zu bilden. Die Photosphäre in der Umgebung der Fleckengruppen ist heißer und heller als die übrigen Bereiche der Photosphäre. Diese Aufhellungen heißen Fackeln. Sie sind gut sichtbar, wenn sich die Gruppe am Rande der Sonne befindet. Auch die Chromosphäre ist in der Nähe der Gruppe heller als in größerer Entfernung. Solche hellen, heißen Gebiete in der Chromosphäre nennt man chromosphärische Fackeln. In den Fleckengruppen treten noch andere Erscheinungen auf, wie Eruptionen, Protuberanzen, koronale Kondensationen u. a. Sie alle, einschließlich der Flecken und der Fackeln, heißen Sonnenaktivität. Eine Fleckengruppe mit allen Erscheinungen der Sonnenaktivität heißt Zentrum der Sonnenaktivität oder aktives Gebiet (Abb. 163).

Sonnenfleckengruppen

In der Photosphäre entsteht ein Fleck als kleine Pore, als schwarzer Punkt an einer Stelle, an der ein starkes Magnetfeld (von mindestens 0,1 Tesla) vorhanden ist. Der Durchmesser einer Pore liegt bei 1000 bis 3000 km.

Wenn sich das Magnetfeld vergrößert, wächst auch der Fleck, umgibt sich mit einer Penumbra, und in deren Nähe erscheinen weitere Flecken. Eine große Gruppe kann 50 und mehr Flecken haben. Aus manchen Flecken treten die magnetischen Feldlinien heraus. Solche Flecken heißen Flecken mit nördlicher Polarität. Sie stellen den magnetischen Nordpol dar und werden N bezeichnet. Bei den übrigen Flecken der Gruppe weisen die Kraftlinien dagegen in die Flecken hinein; das sind Flecken mit südlicher Polarität (S). Wir sehen, daß die Feldlinien den magnetischen Nordpol mit dem magnetischen Südpol verbinden (Abb. 170). Wenn wir unter die Sonnenoberfläche sehen könnten, würden wir feststellen, daß die magnetischen Kraftlinien vom Südpol zum Nordpol weiterführen. Dies bedeutet, daß sie geschlossene Schleifen bilden, von denen nur der obere Teil in die Sonnenatmosphäre reicht. Die magnetischen Kraftlinien haben keinen Anfang und kein Ende. Sie sind geschlossen (Abb. 170).

Die einzelnen Fleckengruppen unterscheiden sich voneinander einerseits durch die Anzahl der Flecken und anderseits durch ihre Größe. In der Welt gibt es viele Amateurastronomen sowie Volkssternwarten, von denen die Sonnenflecken täglich beobachtet, gezeichnet und fotografiert werden.

Die Zahl der Fleckengruppen und der einzelnen Flecken in ihnen ändert sich von Tag zu Tag. Neue Flecken entstehen, alte verschwinden. Die Sonne dreht sich und am Ostrand erscheinen neue Flecken, die auf der abgekehrten (unsichtbaren) Halbkugel der Sonne entstanden sind. Umgekehrt verschwinden am Westrand Gruppen von der sichtbaren Halbkugel.

Der Astronom Wolf führte eine einzige

168

168 Die Sonnenflecken verschieben sich durch die Sonnenrotation vom Ostrand (links) zum Westrand der Sonne (rechts). Nach ihrem Verschwinden am westlichen Rand dauert es 14 Tage bis zu ihrem erneuten Erscheinen

Fleckenzahl R ein. Sie erfaßt die Gesamtzahl der Gruppen g, die auf der Sonne vorhanden sind, aber auch die Gesamtzahl aller Flecken S — ohne Rücksicht darauf, in wievielen Gruppen sie konzentriert sind. Die Zahl heißt Relativzahl oder Wolfsche Zahl. Sie wird so errechnet, daß die Gruppenzahl g mit zehn multipliziert und zur Zahl aller Flecken S addiert wird:

$$R = 10\,g + S.$$

Die Wissenschaftler, die den Einfluß der Sonne auf die Erde und das Leben studieren, benutzen die Relativzahl R häufig. Sie vergleichen R für jeden Tag (manchmal das durchschnittliche R für einen Monat oder sogar für ein Jahr) mit den verschiedenen Vorgängen auf der Erde. Die Relativzahl wird seit der Mitte des 18. Jahrhunderts registriert.

Die Sonnenfleckenkurve

Infolge der täglichen Änderung der Zahl der Fleckengruppen und der Einzelflecken ändert sich auch die Relativzahl R von Tag zu Tag.

Da die täglichen Relativzahlen in einigen Jahren eine unübersehbare Reihe bilden würden, benutzen wir die durchschnittlichen Monatsmittel oder Jahresmittel der täglichen Relativzahlen.

Wenn uns die Veränderungen der Sonnenflecken während mehrerer Jahrhunderte interessieren, dann wählen wir die sog. Jahres-

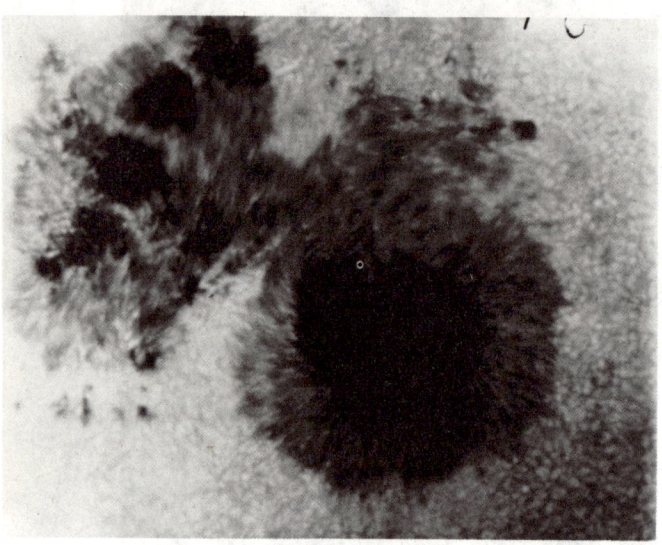

169

169 Eine Gruppe von Sonnenflecken. Die Flecken sind riesige Magneten, die durch elektrische Ströme unter der Photosphäre hervorgerufen werden. Ihre Temperatur ist 4 000 K, so daß sie uns gegenüber der sie umgebenden Photosphäre mit 6 000 K dunkel erscheinen

mittel der Relativzahlen. Sie werden ähnlich wie die Monatsmittel errechnet, nur daß wir die täglichen Relativzahlen für das ganze Jahr addieren und durch die Anzahl der Tage im Jahr dividieren. In Abb. 171 sind die Jahres-Relativzahlen von 1750 − 1980 festgehalten. Eine solche Kurve heißt Sonnenfleckenkurve oder Kurve der Fleckenrelativzahlen.

Den tiefsten Punkt der Sonnenfleckenkurve nennt man Minimum der Sonnenaktivität; so war z. B. 1856 die Jahres-Relativzahl nur 4,3 oder 1867 nur 7,3 usw. Wir sagen, daß in den Jahren 1856, 1867 usw. die Sonnenaktivität ein Minimum aufwies.

Die Kurvenscheitel der Sonnenflecken heißen Maxima der Sonnenaktivität. 1778 war beispielsweise die Jahres-Relativzahl 154, 1917 dann 104 usw.

Ähnlich lassen sich auch die übrigen Erscheinungen auf der Sonne (Flecken, Fakkeln, Protuberanzen, Eruptionen usw.) darstellen. Wir würden Kurven erhalten, die der der Relativzahl ähnlich wären. Deshalb heißt

die Fleckenrelativzahl-Kurve auch Kurve der Sonnenaktivität.

Sonnenzyklus

Ein Abschnitt der Sonnenfleckenkurve zwischen zwei benachbarten Minima heißt Sonnenzyklus oder Zyklus der Sonnenaktivität (Abb. 171). Ein solcher Zyklus umfaßte, wie aus der Kurve hervorgeht, z. B. die Jahre zwischen 1856 und 1867. Der Sonnenzyklus dauert ungefähr 11 Jahre und heißt deshalb manchmal auch elfjähriger Zyklus. Aus der Sonnenfleckenkurve können wir jedoch entnehmen, daß er zwischen sieben und sechzehn Jahren dauern kann.

Die Sonnenflecken und andere Erscheinungen aus deren Nähe beeinflussen unsere Erde. Deshalb findet auch der Sonnenzyklus Widerhall auf der Erde. Er macht sich in der Häufigkeit der Polarlichter, in den Jahresringen mancher Bäume, im Wetter, im Auftreten bestimmter Krankheiten, in der Zahl der Verkehrsunfälle bemerkbar (Abb. 399).

Die Chromosphäre

Die Bewegung der heißen Plasmawolken in der Konvektionszone der Sonne ist noch um ein Vielfaches schneller als der heftigste Sturm auf der Erde. Deshalb herrscht in der Konvektionszone und in der Photosphäre starker Lärm. Aber Lärm ist eine Energieform. Der Lärm in der Photosphäre breitet sich bis in die höheren Schichten der Sonnenatmosphäre aus. Dort wird die Energie des donnernden Geräusches absorbiert und in Wärme verwandelt, die die Chromosphäre und die Korona aufheizt.

Die Chromosphäre ist eine etwa 10 000 km hohe Schicht eines Plasmas von sehr geringer Dichte, dessen Temperatur bis auf 20 000 K ansteigt. Sie leuchtet viel schwächer als die Photosphäre und auch nur in einigen wenigen Farben (Spektrallinien). Am hellsten ist der Anteil, der von dem häufigsten Element, dem Wasserstoff, ausgestrahlt wird (Hα-Strahlung − Abb. 172). Deshalb läßt sich die Chromosphäre nur mit besonderen Geräten beobachten, die die Hα-Strahlung „sehen".

Aus der Chromosphäre schießen ständig Plasmasäulen von etwa 1000 km Durchmes-

170

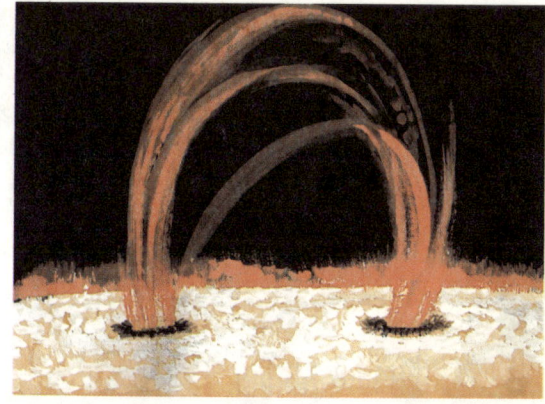

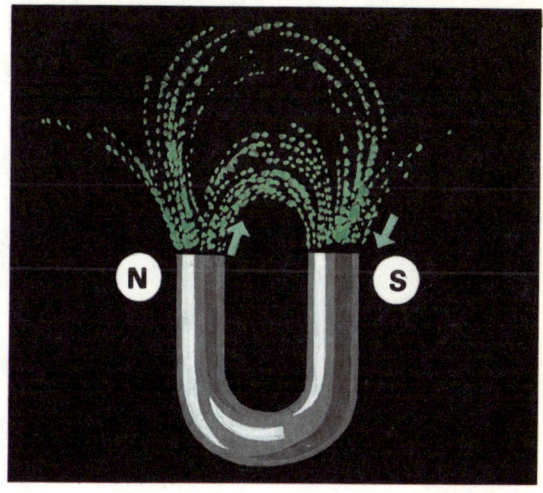

ser empor, die Spiculen. Sie bewegen sich mit einer Geschwindigkeit von rund 20 km/s und steigen bis in eine Höhe von 10 000 km über die Chromosphäre auf. Auf der ganzen Sonne sind in jedem Augenblick über eine Million Spiculen in Bewegung.

Die Korona

Der äußerste Teil der Sonnenatmosphäre, die Korona, ist mit bloßem Auge nur bei totaler Sonnenfinsternis zu sehen, wenn der Mond die Photosphäre und die Chromosphäre bedeckt (Abb. 190). Dann erscheint die Sonnenkorona auf dem dunklen Himmel ähnlich wie ein ausgedehnter, weißlicher Ring um den Mond.

Außer bei Sonnenfinsternissen beobachten die Astronomen die Korona mit Hilfe

von Radioteleskopen von der Erde aus oder mit Röntgenteleskopen aus Raumschiffen und Satelliten. Röntgenstrahlung und Radiowellen mit Wellenlängen über 1 Dezimeter können nur von einer glühenden Korona, deren Temperaturen zwei bis fünfzig Millionen Kelvin betragen, ausgesandt werden. Die Photosphäre ist zu kühl und sendet deshalb weder Röntgen- noch Radiowellen aus. Wir beobachten somit die Röntgen- und die Radiokorona auch „vor" der Sonnenscheibe (Abb. 173). Im sichtbaren Licht ist von der Erdoberfläche die Korona außer bei Sonnenfinsternissen nur am Rand der Sonnenscheibe zu beobachten. Dazu dienen sehr empfindliche Geräte — die Koronografen und die Koronometer (Abb. 174, 190, 192).

Die Korona ist der ausgedehnteste Teil der Sonnenatmosphäre. Sie reicht mehrere Mil-

170 Der Raum um den Magneten (rechts unten) ist von Kraftlinien (grün punktiert) umgeben. Die Flecken sind ungeheure Magnete, an deren Kraftlinien sich leuchtendes Gas hält, das die Protuberanzen bildet (rechts oben). Die Kraftlinien sind unter der Photosphäre geschlossen (Abb. links)

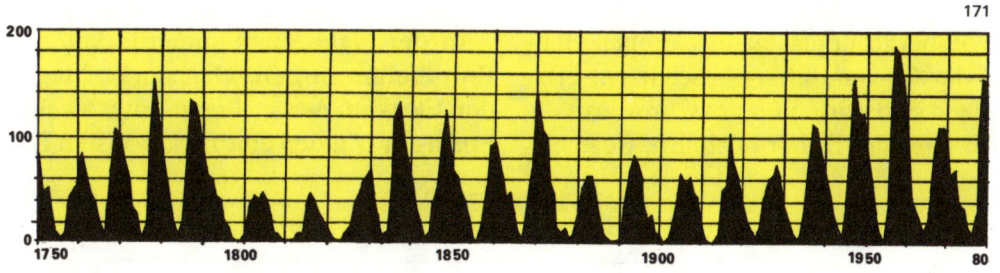

171

171 Die Sonnenfleckenkurve bzw. die Fleckenrelativzahlenkurve. Auf der unteren Achse sind die Jahreszahlen, auf der Vertikalachse, die durchschnittlichen jährlichen Relativzahlen aufgetragen

lionen Kilometer in den Raum hinaus. Sie besteht aus einem Plasma sehr geringer Dichte. (Die Luft in einer Zündholzschachtel hat die gleiche Teilchenzahl wie 1 km³ Korona). Die Korona wird durch die Energie der Schallwellen aus der Photosphäre erwärmt. Ihre Temperatur erreicht ein bis zwei Millionen Kelvin. Über den Flecken ist die Temperatur der Korona noch höher. Aus-

nung (lateinisch heißt protuberare hervorstehen).

Mit bloßem Auge sind die Protuberanzen nur bei totalen Sonnenfinsternissen zu sehen. Wenn man sie zu anderen Zeiten beobachten will, muß ein sog. Protuberanzfernrohr benutzt werden. In diesem Fernrohr wird mit Hilfe einer Metallscheibe eine künstliche Sonnenfinsternis hervorgerufen.

172 Ein kleiner Teil der Chromosphäre in der Nähe des Sonnenrandes. Ihre Höhe ist ungefähr 10 000 km über der Photosphäre (über dem hellen Rand oben). Die langen dunklen Fäden sind kühleres Gas, das an den Kraftlinien in die Sonnenflecken fließt. Diese Fotografie wurde im Licht der Hα-Linie aufgenommen

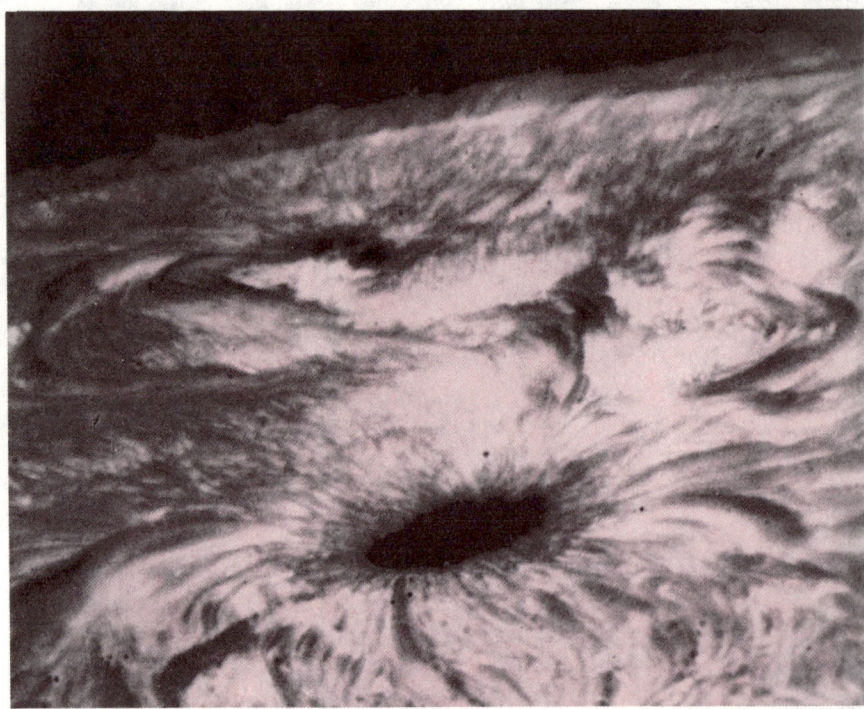

172

nahmsweise und für sehr kurze Zeit kann die Temperatur über den Flecken bis 50 Millionen Kelvin erreichen, das sind weit höhere Temperaturen als im Sonnenzentrum. Wegen der niedrigen Dichte verlaufen jedoch in der Korona keine thermischen Kernreaktionen. Die Zusammenstöße der Atomkerne sind nämlich in der Korona sehr selten.

Protuberanzen

In der sehr dünnen Korona treten häufig kühlere Plasmawolken (10 000 K) auf. Wir nennen sie Protuberanzen. Die Protuberanzen enthalten viele Wasserstoffatome, und deshalb senden sie rote Hα-Strahlung aus. Das Protuberanzenplasma ist ähnlich dem Plasma der Chromosphäre beschaffen; Protuberanzen sind Ausläufer der Chromosphäre in die Korona. Daher auch ihre Bezeich-

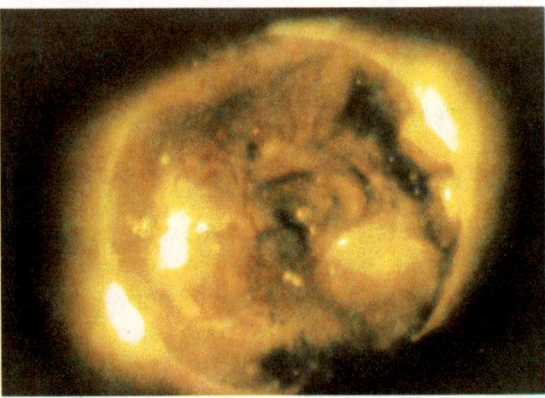

173

173 Die Sonne im Röntgenbild. Es leuchtet nur die Korona über der

Fleckengruppe, wo höhere Gasdichte und höhere Temperatur herrschen

In der Nähe der Sonnenflecken sind die Protuberanzen hell. Das starke Magnetfeld der Flecken zwingt ihnen eine regelmäßige Form auf. Zu den eindrucksvollsten Erscheinungen im Weltall zählen die regelmäßigen Bogenprotuberanzen, die sich bis zu 100 000 km über ihrer Sonnenfleckengruppe erheben (Abb. 176). Bogenprotuberanzen treten bei großen Eruptionen auf und bleiben mehrere Stunden bestehen.

Die größten Ausmaße erreichen die sog. ruhenden Protuberanzen (Abb. 178). Ihre Formen sind unregelmäßig und ihre Bewe-

treten über Fleckengruppen oder in ihrer Nähe auf. Ungefähr gilt: je größer die Sonnenfleckengruppe, um so mehr Eruptionen kommen in ihr vor. In den größten Fleckengruppen treten täglich zehn und mehr Eruptionen auf. Kleine Eruptionen haben ungefähr eine der Größe Europas entsprechende Flächenausdehnung. Große Eruptionen nehmen in der Chromosphäre

174 Sonnenkorona, aus einem Satelliten knapp vor einer Sonnenfinsternis fotografiert. Der Mond befindet sich in Sonnennähe. Es ist Neumond. Der Mond ist mit bloßem Auge von der Erdoberfläche aus nicht sichtbar. Das schwache Leuchten des Mondes bei Neumond ist das von der Erde reflektierte Licht (sog. aschgraues Mondlicht). Die Farben der Korona entsprechen ihrer Helligkeit (sie sind künstlich eingeführt). Die Korona selbst ist weiß

174

gungen langsam. Nach einigen Wochen beginnt sich die ruhende Protuberanz plötzlich auszudehnen, steigt in die Höhe und „entflieht" manchmal der Sonne. Eine solche verschwindende ruhende Protuberanz heißt eruptive Protuberanz (Abb. 179). In ihr werden in kurzer Zeit (in keiner ganzen Stunde) Milliarden von Tonnen Protuberanzplasmas emporgeschleudert. Es ist dies das dramatischste Schauspiel, das im Sonnensystem zu sehen ist.

Die Eruptionen

Eine Eruption ist eine plötzliche Aufhellung der Chromosphäre, der Korona und (seltener) auch der Photosphäre. Eruptionen

eine größere Fläche als die Oberfläche unserer Erde ein. In der Korona reichen sie bis 100 000 km hoch. Kleine Eruptionen dauern einige wenige Minuten, große können eine Stunde und länger dauern. Mehrere künstliche Satelliten und viele Observatorien auf der ganzen Welt beobachten, messen und fotografieren die Eruptionen. Wir wüßten gern, wie die Eruptionen auf der Sonne entstehen und welchen Einfluß sie auf das Leben der Menschen haben.

Die Eruptionen entstehen in der Nähe der Sonnenflecken. Im Magnetfeld der Flecken ist Energie enthalten, von der sich ein Teil in andere Energiearten verwandelt. In wenigen Minuten können aus magnetischer Energie z. B. Wärme, Photonen, kinetische Energie der Teilchen und Korpuskularstrahlung des

Sonnenwindes entstehen (dem Sonnenwind ist das nächste Kapitel gewidmet). Die bei der Eruption freigesetzte Energie entweicht als mächtiger Strom von Radiowellen, Ultraviolett-, Röntgen- und manchmal auch Gamma-Strahlung. Einige Prozent der bei der Eruption freigesetzten Energie werden von der Korpuskularstrahlung weggetragen. Eine große Eruption kann bis 10^{40} Teilchen (Protonen, Elektronen und Kerne verschiedener Atome) ausstoßen. Diese Teilchen verursachen eine mächtige Verstärkung des Sonnenwindes — sog. interplanetare Stürme. Für lebende Organismen sind alle sehr schnellen Teilchen todbringend. Zum Glück ist die Erde davor durch ihre Magnetosphäre geschützt.

Auch die Ultraviolett-, Röntgen- und

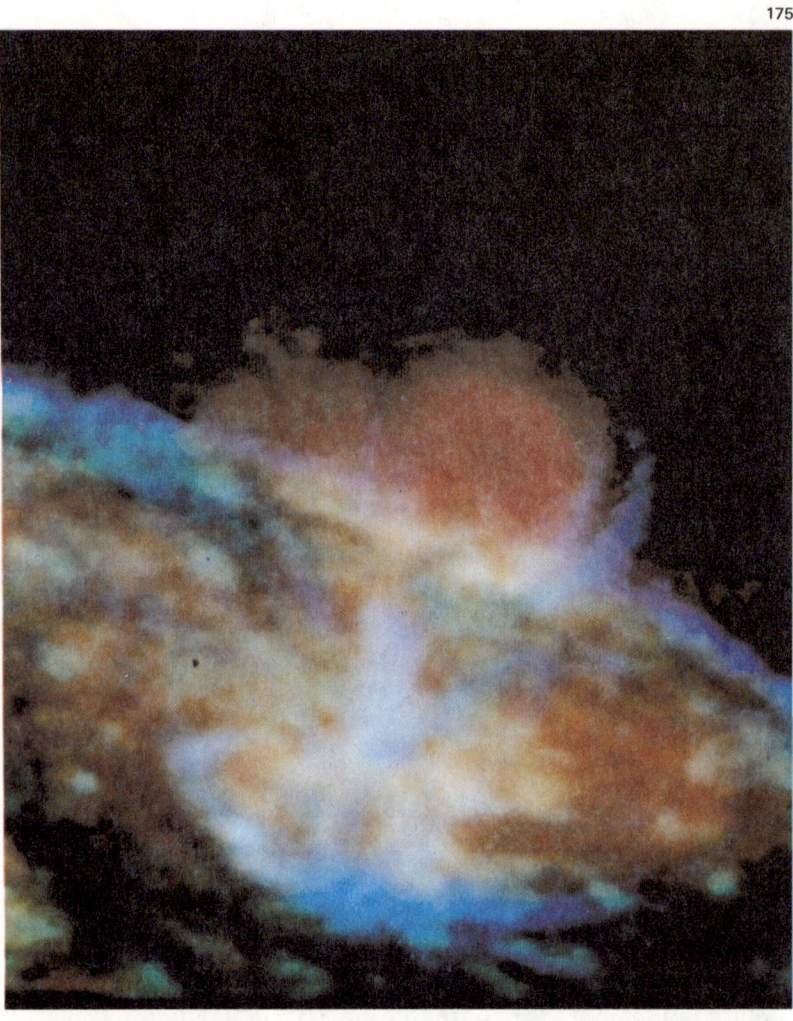

175 Zwei aktive Gebiete in der Nähe des Sonnenrandes. Die Aufnahme wurde im Ultraviolettbereich am 23. 11. 1973 aus Skylab (also außerhalb der Erdatmosphäre) gemacht. Die blaue Farbe entspricht einer Temperatur um 600 000 K, das ist die Übergangsschicht zwischen der Chromosphäre und der Korona, die grüne Farbe etwa 10 000 K, was der Temperatur der Chromosphäre und der Protuberanzen gleichkommt, während die rote Farbe 2 200 000 K in der heißen Korona anzeigt

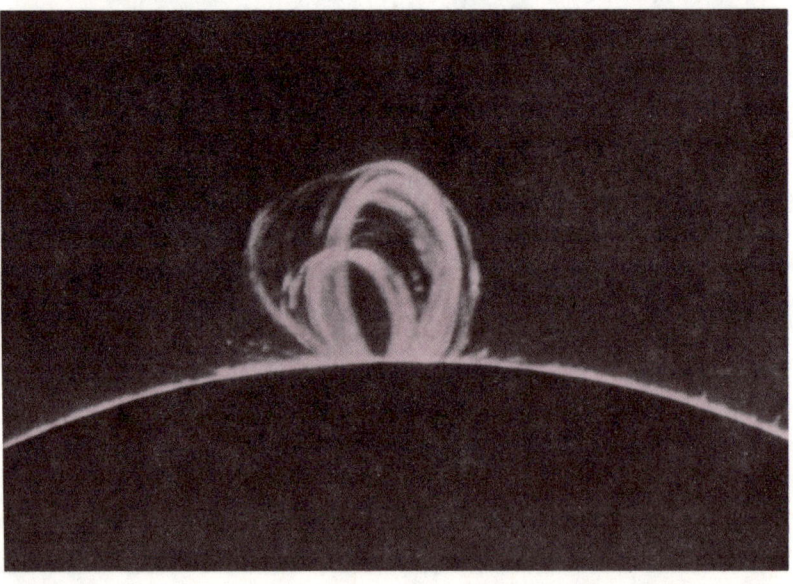

176 Bogenprotuberanz im roten Licht der Hα-Linie. Die Photosphäre ist mit einer kleinen Scheibe überdeckt, damit sie nicht stört. Die Bogenprotuberanzen bestehen aus magnetischen Kraftlinien, in denen Plasma festgehalten ist. Sie kommen hauptsächlich nach großen Eruptionen vor

Gamma-Photonen sind für das Leben sehr gefährlich. Zum Glück ist die Erde von der Atmosphäre umgeben, die die schädlichen Photonen absorbiert. Wenn es die Magnetosphäre und die Atmosphäre um unseren Planeten nicht gäbe, hätten die Sonneneruptionen schon längst alles Leben auf der Erde vernichtet.

Der Sonnenwind

Die Korona ist bis zu einer Entfernung von mehreren Millionen Kilometern über der Sonnenoberfläche sichtbar. Ein Übergang der Korona in den interplanetaren Raum ist nicht erkennbar. Man sieht also nicht, wo die Korona endet und wo der interplanetare Raum beginnt. Das glühende Plasma von sehr geringer Dichte in den oberen Teilen der Korona dehnt sich in den interplanetaren Raum ständig weiter aus und strömt von der Sonne weg. Die interplanetaren Sonden messen diesen ständigen Teilchenstrom. Er ist von der Sonne fortgerichtet und heißt Sonnenwind.

Der Sonnenwind hat nicht viel Gemeinsames mit dem Wind auf der Erdoberfläche. Er bewegt sich mit einer Geschwindigkeit von 300 bis 1000 km/s fort. Der schnellste Orkan auf der Erde entwickelt eine Geschwindigkeit von ca. 200 m/s und ist somit fünftausendmal langsamer als der schnellste Son-

nenwind. Der Sonnenwind besteht vor allem aus Protonen, Alphateilchen und Elektronen, der terrestrische Wind hauptsächlich aus Stickstoff- und Sauerstoffmolekülen. Die Dichte des terrestrischen Windes ($1,2\ \text{kg/m}^3$, d. i. etwa 10^{27} Nukleone im m^3) ist hundert Trillionen (10^{20}) mal größer als die Dichte des Sonnenwindes (einige Millionen Nukleonen in einem Kubikmeter). Diesen beiden

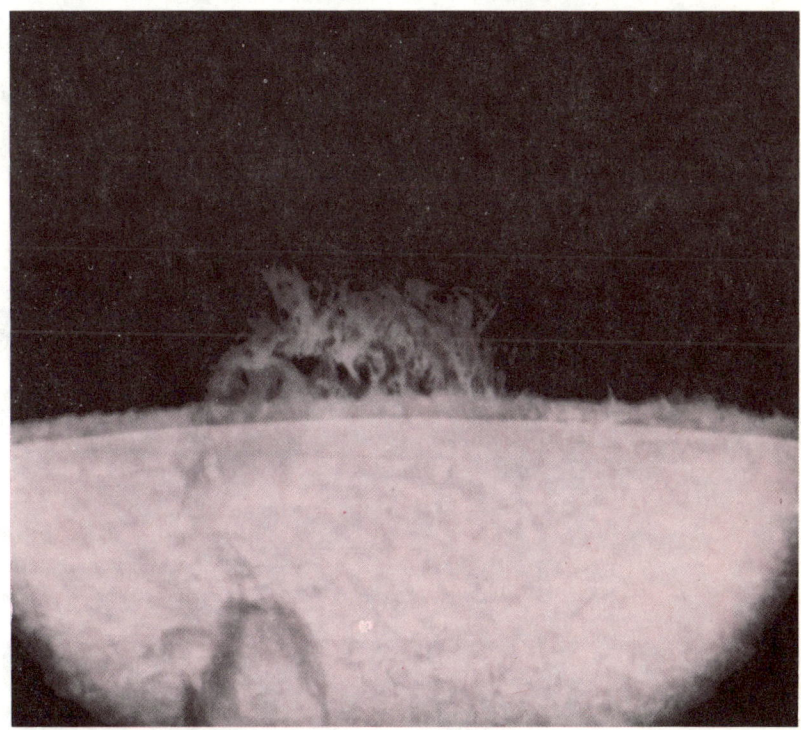

178

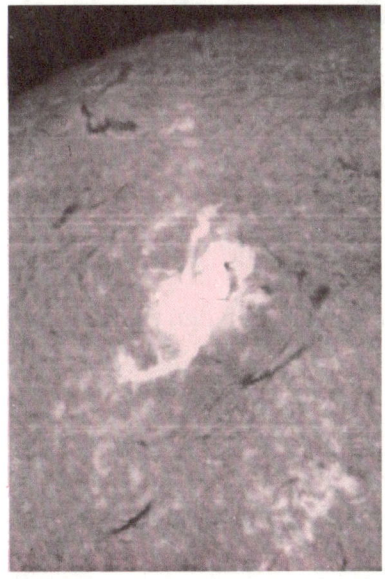

177

177 Große Sonneneruption

179

178 Der Sonnenrand im Licht der Hα-Linie. Über dem Rand (der Photosphäre) ist ein unregelmäßiger Streifen (die Chromosphäre). Aus ihr steigen Plasmaströme – Spiculen – und eine hohe, ruhige Protuberanz auf. Gegenüber der Scheibe erscheinen uns die Protuberanzen dunkel. Sie heißen Filamente. Die ganze Sonne müßte auf diesem Bild ungefähr einen Meter im Durchmesser haben

179 Protuberanzen am Westrand der Sonne. Das Bild wurde im Ultraviolettbereich gemacht. Die blaue Farbe stellt das Plasma der Protuberanz (10 000 K) dar, während die sie umgebende heiße Korona (1 000 000 K) rot ist. Die Höhe der Protuberanz beträgt 130 000 km

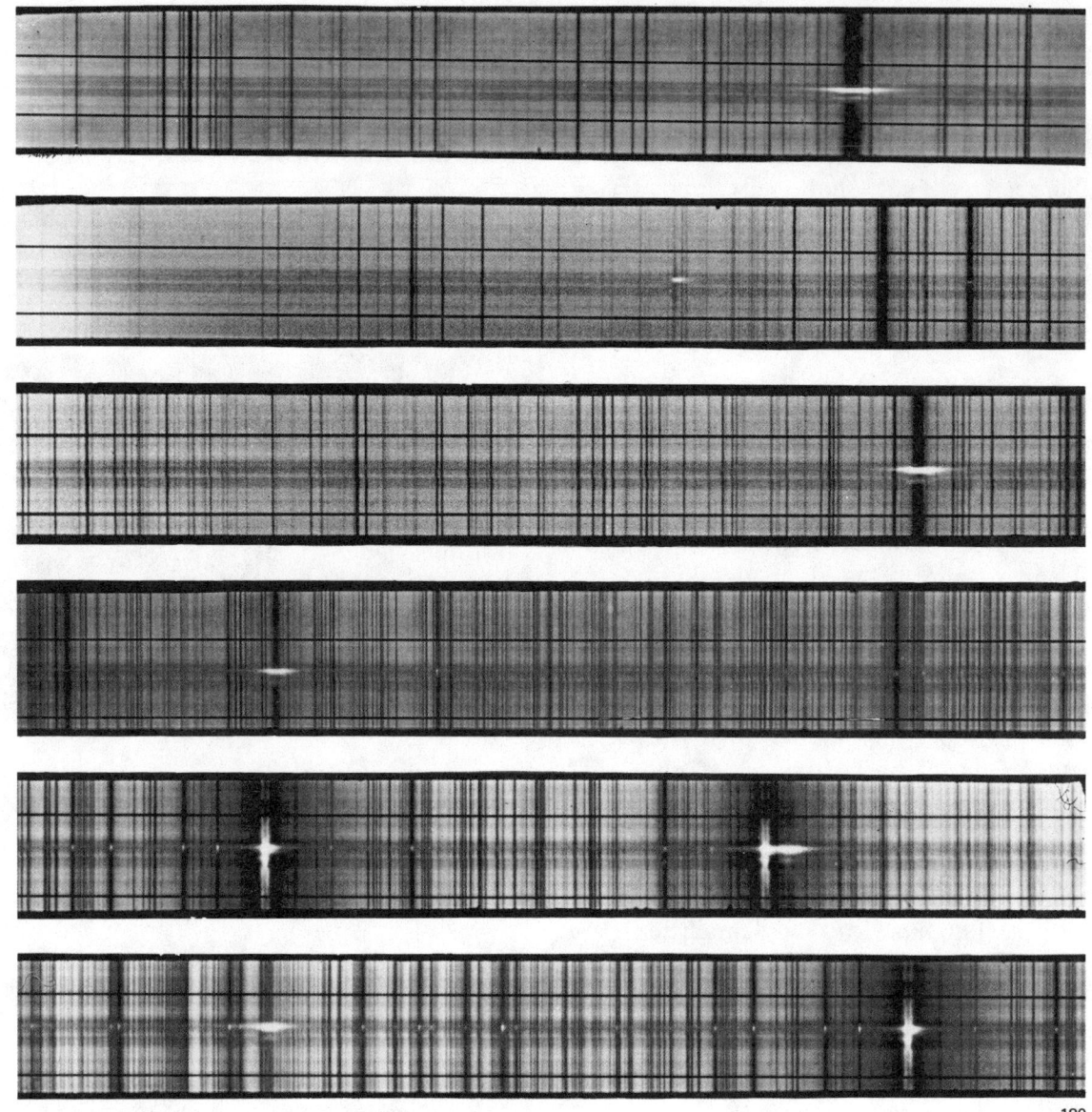

180 Sechs ausgewählte Bereiche des Sonnenspektrums. In den Wasserstoffspektren (1., 3., 4. und 6.), dem Helium- (2.) und dem Kalziumspektrum (5. Streifen) tritt starke Emission auf. Sie stammt aus der Sonneneruption, wird nach etlichen zehn Minuten schwächer, bis sie ganz verschwindet. Das genaue Studium solcher Emissionslinien verrät die Temperatur, die Dichte und andere Eigenschaften der Eruption

180

Winden ist nur eines gemeinsam: Ihre kinetische Energie stammt von der Sonne.

Der Sonnenwind „weht" von der Sonne nach allen Richtungen. Aus der Sonnenkorona entweicht in jeder Sekunde etwa eine Million Tonnen glühendes Plasma. Den Berechnungen zufolge dürfte der Sonnenwind noch in zwei- bis dreifacher Plutoentfernung zu spüren sein. Der Sonnenwind läßt sich wahrscheinlich noch in einer Entfernung von 15 Milliarden Kilometern von der Sonne feststellen, das ist hundertmal mehr als die Entfernung der Erde von der Sonne. Der ausgedehnte Raum um die Sonne, in dem der Sonnenwind „weht", heißt Heliosphäre. Er ist etwa kugelförmig, und in seinem Zentrum befindet sich die Sonne mit ihren Planeten

(Abb. 185). In der ganzen Heliosphäre herrscht die Sonne mit ihrer Gravitationskraft, die nicht erlaubt, daß die Sonnenwindteilchen die Heliosphäre verlassen und in entfernte Räume zwischen den Sternen entweichen.

Sonnenneutrinos

Wir haben bisher nur von der Photonen- und der Korpuskularstrahlung gesprochen. Beide Strahlungsarten tragen von der Sonne Energie weg, die durch thermonukleare Reaktionen im Sonnenzentrum frei wird. Der Vollständigkeit wegen erwähnen wir noch eine dritte Strahlung, die ganz anders beschaffen ist als die Photonen- und die Korpuskularstrahlung. Es ist die Neutrinostrahlung. Während die Photonen und die Teilchen aus der Sonnenatmosphäre ausgesandt werden, werden die Neutrinos im Sonnenkern geboren und von dort direkt ausgesandt (Abb. 163 ganz links).

Im Sonnenkern wandeln sich in jeder Sekunde $4 \cdot 10^{38}$ Protonen in Heliumkerne

Protonen, Neutronen und Elektronen, zu denen sich die Neutrinos völlig gleichgültig verhalten.

In Ausnahmefällen kann sich trotzdem ein Neutrino in einem Atomkern festhalten. Zu diesem Zweck haben die Wissenschaftler das „Neutrinoteleskop" konstruiert und tief unter der Erdoberfläche aufgestellt. Es ist ein riesiger, mit Perchloräthylen gefüllter Tank

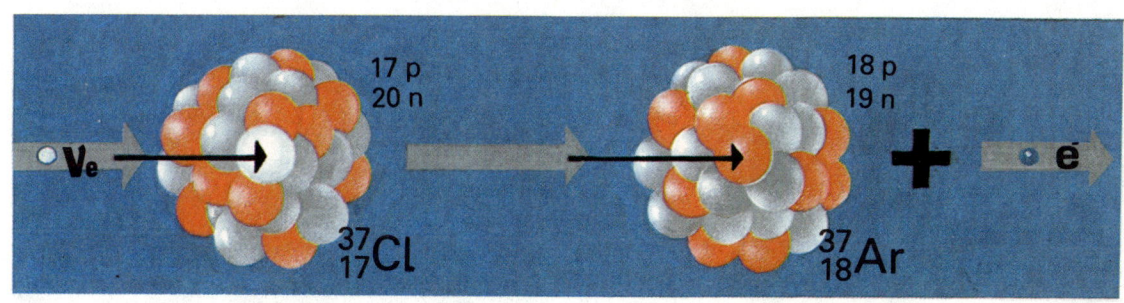

181 Beim Auffangen des Neutrinos v_e in einem Neutron im Chlorkern verwandelt sich das Neutron in ein Proton und der Kern in einen radioaktiven Argon-Kern

um. Dabei entstehen $2 \cdot 10^{38}$ Elektronneutrinos je Sekunde (S. 130). Sobald die Neutrinos entstanden sind, bewegen sie sich gradlinig aus dem Sonnenkern heraus. Beim Durchfliegen der Sonne begegnen die Neutrinos einer riesigen Zahl von Protonen, Elektronen, α-Teilchen und Kernen der übrigen Elemente. Aber keines dieser Teilchen wirkt auf die Neutrinos ein oder fängt sie ein. Deshalb können sie in 2 1/3 Sekunden die Sonne verlassen.

Von allen Sonnenneutrinos fällt auf die Erde nur ein Zweimilliardstel, das sind 10^{29} Neutrinos in der Sekunde. Das bedeutet, daß durch eine 1 m² große, senkrecht zu den Sonnenstrahlen aufgestellte Fläche 700 Billionen Neutrinos je Sekunde ($7 \cdot 10^{14}$/s.m²) hindurchtreten. Sie bringen direkte Informationen über den glühenden Sonnenkern mit. Wenn unsere Augen für Neutrinos empfindlich wären, würden wir die „Neutrinosonne", d. h. den Sonnenkern, sehen, der viel kleiner ist als die von uns beobachtete, im normalen Licht sichtbare Sonne.

Leider durchlaufen die Neutrinos auch die Netzhaut unseres Auges, ohne unserem Hirn irgendeine Information zu hinterlassen. Die Neutrinos durchlaufen sogar, ohne Schaden zu nehmen, unsere ganze Erde. Wir könnten also die Neutrinosonne auch bei Nacht sehen, denn unsere Erde ist für sie durchsichtig. Wie lassen sich die Neutrinos festhalten? Leider bestehen auch unsere Geräte aus

(so groß wie ein Schwimmbassin). Ein Molekül Perchloräthylen (C_2Cl_4) besteht aus zwei Atomen Kohlenstoff und vier Atomen Chlor. Von den Chlorkernen werden gelegentlich (äußerst selten) Neutrinos eingefangen, und der Chlorkern verwandelt sich dabei in einen Argonkern. Also:
$$v_e + {}^{37}_{17}Cl \rightarrow {}^{37}_{18}Ar + e^-,$$
wo v_e das Sonnenneutrino, Cl der Chlorkern mit 37 Nukleonen, davon 17 Protonen, Ar der Argonkern mit 37 Nukleonen, davon 18 Protonen, sind. Im Chlorkern verwandelt sich ein Neutron in ein Proton:
$$v_e + n \rightarrow p + e^-.$$
Die übrigen Nukleonen sind davon in keiner Weise betroffen. Wir sehen, daß in der Umsetzung die elektrische, die Baryonen- und die Leptonenladung erhalten bleiben.

Die eigentliche Messung besteht im „Herausfischen" der wenigen Argon-Atome ${}^{37}_{18}Ar$ aus etwa 400 000 Liter Perchloräthylen und ihrem Zählen. Die entstandenen Argon-Kerne sind radioaktiv, und diese Eigenschaft macht es möglich, sie zu erkennen.

Die überwiegende Mehrzahl der Sonnenneutrinos läßt sich auf diese Weise nicht festhalten, da das beschriebene Neutrinoteleskop nur auf Neutrinos mit großer Energie reagiert, und die sind sehr selten. Die auf diese Art erzielten Ergebnisse sind nicht ganz zuverlässig. Es wird jedoch an vervollkommneten Empfängern für Neutrinos mit niedriger Energie gearbeitet.

Ruhige Sonne
und stürmische Sonne

Die im Zentralgebiet der Sonne freigesetzte Energie entweicht in den Weltraum. Sie wird von drei Strahlungsarten transportiert: von der Neutrino-, der Photonen- und der Korpuskularstrahlung. Die Neutrinos werden tief unter der Erdoberfläche gemes-

nenstrahlung zu. Die Photonen tragen von der Sonne weit mehr Energie fort als die Neutrinos und die Teilchen zusammen. Die Photonenstrahlung der Sonne läßt sich in zwei Komponenten teilen: in eine (ständige) Grundkomponente und eine zusätzliche (veränderliche) Komponente.

Die (ständige) Grundkomponente ändert sich nicht. In ihr ist große Mehrheit der

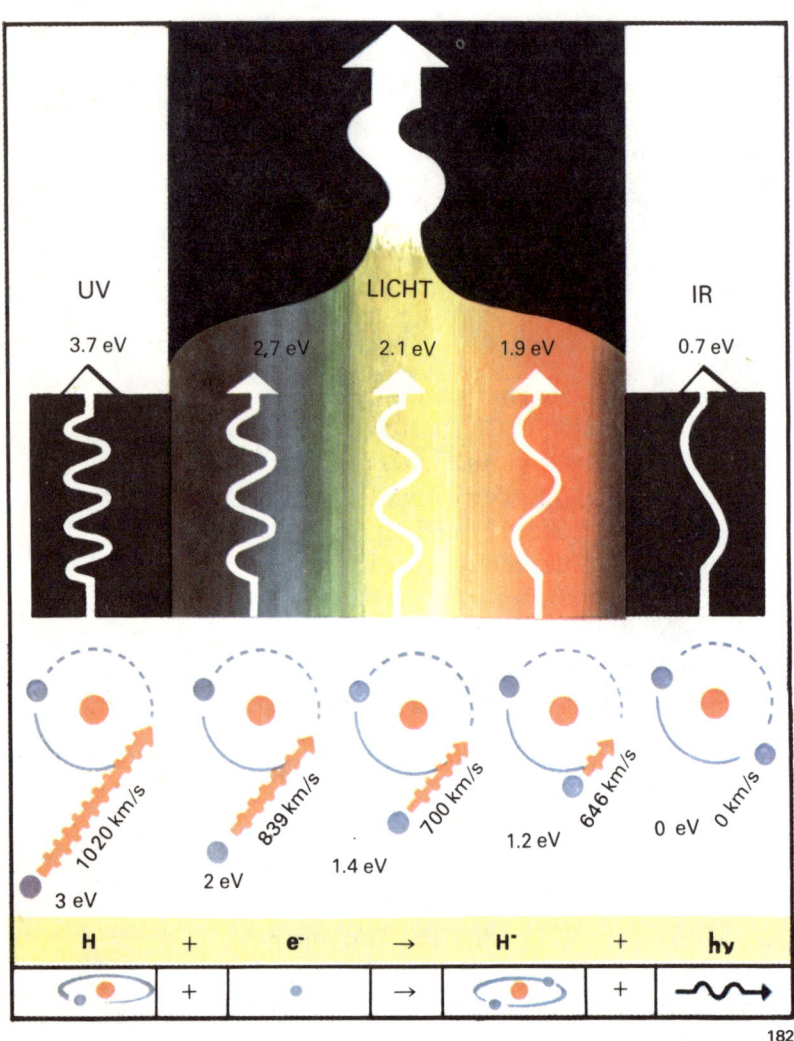

182

langsam bewegende Elektron strahlt ein infrarotes oder rotes Photon aus. Das vom schnellen Elektron dagegen ausgestrahlte Licht ist blau oder ultraviolett

183 Die ständige Grundkomponente der Sonnenstrahlung (Licht, IR) wird aus den Granulen der Photosphäre ausgesandt. Die veränderliche Komponente (Radio und X) stammt dagegen aus der Korona

sen. Die Photonen studiert man einesteils in den Observatorien auf der Erdoberfläche und andernteils mittels der über der Erdatmosphäre befindlichen Satelliten. Mit Satelliten werden vor allem die von der Atmosphäre absorbierten Photonen, also die Röntgen-, Ultraviolett-, Gamma- sowie einige Intrarot- und Radiostrahlungen mit sehr niedriger Frequenz erforscht. Mit der Neutrino- und der Korpuskularstrahlung (dem Sonnenwind) haben wir uns schon befaßt (S. 141−142). Jetzt wenden wir uns der Photo-

Sonnenenergie enthalten. Ihre Photonen werden aus der Photosphäre ausgestrahlt. Die Chromosphäre und die Korona tragen zur Grundkomponente nur unbedeutend bei, wie auf Abb. 183 dargestellt ist. Wir sehen dort, daß die meiste Strahlung von der Photosphäre ausgeht (infrarote und Lichtphotonen). Der Weg der Photonen von der Sonne zur Erde dauert 8 Minuten und 20 Sekunden. Die meisten der Sonnenphotonen werden in den Granulen geboren. Ihre Eltern sind die Wasserstoffatome und die Elektronen. Durch Verbindung des Wasserstoffatoms mit dem Elektron entsteht ein negativ geladenes Wasserstoffion. Dabei wird die Energie des Elektrons als Photon frei. Dies ist der Abschied des Photons von der Sonne. Vorher wurde das Photon im Sonneninnern unzählige Male ausgestrahlt, absorbiert und erneut ausgestrahlt…

Wenn das Elektron in der Photosphäre

von dem Wasserstoffatom eingefangen wird, strahlt es seine ganze Energie — die Bindungsenergie und die kinetische Energie — aus. Das ruhende Elektron sendet nur seine Bindungsenergie (0,75 eV) in Form eines infraroten Photons aus. Ein solches Photon hat eine sehr kleine Energie, so daß unser Auge es nicht wahrnimmt. Aber auf der Haut empfinden wir es als Wärme.

Bindungsenergie (0,75 eV) mit. Die Elektronen in der Photosphäre bewegen sich jedoch mit den verschiedensten Geschwindigkeiten und haben unterschiedliche kinetische Energien. Deshalb werden auch die entstandenen Photonen verschiedene Energien haben. Sie bilden zusammen das weiße Licht. Die Photosphäre strahlt Photonen in allen Farben aus, ebenso wie infrarote (die von langsamen

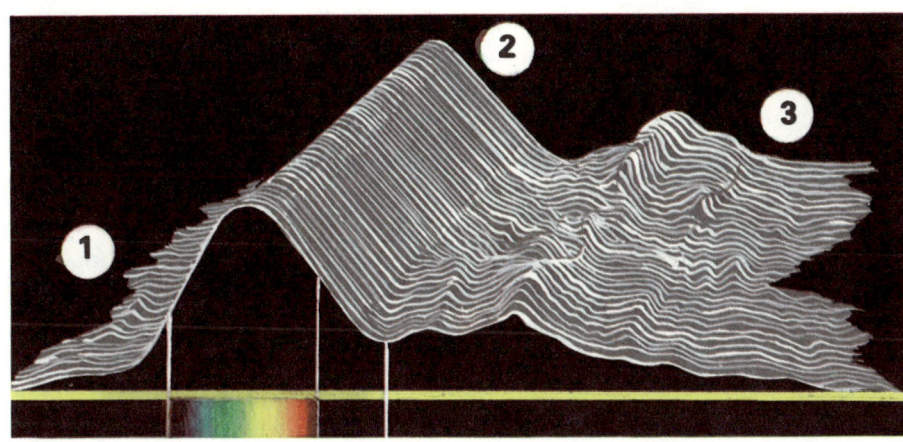

184 Das Sonnenspektrum ändert sich mit der Zeit. Auf dem Bild sind hintereinander viele Sonnenspektren angeordnet — jedes folgende ist um eine Stunde später aufgenommen worden. Die Licht-, Ultraviolett- und Infrarot-Strahlung enthält mehr Energie und ist unveränderlich (2). Dagegen ändern sich mit der Zeit der Radio- (3) und der Röntgenteil (1) des Spektrums

184

Das Elektron, das sich bewegt, hat außerdem noch kinetische Energie ($1/2\ mv^2$, wobei m die Masse des Elektrons und v seine Geschwindigkeit ist). Je schneller sich das Elektron bewegt, um so größer ist seine kinetische Energie. Wenn dann das Elektron von einem Wasserstoffatom eingefangen wird, sendet es in Form eines Photons seine Bindungsenergie (0,75 eV) und auch seine kinetische Energie aus. Je schneller sich das Elektron bewegt hat, um so größer ist die Energie des ausgestrahlten Photons. Das Sonnenphoton erhielt also seine Energie von dem freien Elektron in der Photosphäre. Das Elektron übergab sie ihm bei der Verbindung mit dem Wasserstoffatom. Dieser Prozeß heißt Rekombination und kann folgendermaßen aufgeschrieben werden:

$$H + e^- \rightarrow H^- + h\nu.$$

Hier sind H das neutrale Wasserstoffatom, H^- das negative Wasserstoffion und $h\nu$ das ausgesandte Photon, h die Plancksche Konstante und ν die Photonfrequenz. Das Produkt $h\nu$ ist somit die Energie des ausgestrahlten Photons.

Das freie Elektron kann verschiedene Energien haben. Wenn es in Ruhe ist, dann nimmt das ausgesandte Photon $h\nu$ nur die

Elektronen stammen) und ultraviolette (von den schnellsten Elektronen).

So werden in der Photosphäre die Sonnenphotonen geboren, die uns von der Sonne alle Energie und mit ihr auch Wärme, Licht und Bewegung, kurz alle Grundlagen für das Leben, bringen. Ohne sie gäbe es uns nicht. Deshalb sollte jeder Mensch ihre Geschichte kennen.

Die veränderliche Komponente der Sonnenstrahlung besteht aus Röntgen- (manchmal auch Gamma-), ultravioletten und Radiophotonen (Abb. 184). Die Photonen der veränderlichen Komponente stammen aus den oberen Schichten der Sonnenatmosphäre — der Chromosphäre und der Korona. Die veränderliche Komponente ist gegenüber der Grundkomponente schwach und hängt von der Sonnenaktivität, vor allem von den Flecken und den Eruptionen, ab. Je stürmischer die Sonnenaktivität ist, um so intensiver ist die veränderliche Komponente. In der Zeit des Maximums der Sonnenaktivität ist die veränderliche Komponente höher als in der Zeit des Minimums.

Für das Leben auf der Erde und als Energiequelle ist die Grundkomponente absolut unentbehrlich. Die veränderliche Kom-

Fünf Stunden fliegt das Licht durch den interplanetaren Raum bis hinter die Bahn von Pluto (1). Innerhalb von 15 Stunden, nachdem die Photonen die Sonne verlassen haben, treffen sie auf die Elementarteilchen des Sonnenwindes in der Heliosphäre (2) – auf. Dann durchlaufen die Sonnenphotonen einige Monate die Oortsche Wolke der Kometen (3). Ungefähr nach zwei Jahren treffen sie mit Kometen zusammen, die sich im interstellaren Raum (4) bewegen und bereits zu einem anderen Stern gehören

ponente bringt von der Sonne nur wenig Energie – und noch dazu recht unregelmäßig. Sie ist für das Leben unwichtig und kann sogar gesundheitsschädlich sein (Abb. 399).

Das Schicksal der Sonnenstrahlung

Nach ihrer Geburt in der Photosphäre durchlaufen die Photonen in einigen wenigen Sekunden die Korona. Sie verlassen die Sonne und durcheilen das Planetensystem. An seinen großen und kleinen Körpern sowie am Staub bleiben nur sehr wenige Photonen haften (Abb. 185). Nur ein einziges Photon von mehreren Millionen wird von einem der Planeten oder dessen Mond, an einem Planetoiden, an einem Felsbrocken oder an einem Stück Eisen, an feinem Staub oder an einem Kometen absorbiert. Dies alles geschieht in der nahen Umgebung der Sonne.

Etwa nach fünf Stunden eiligen Fluges (sie legen jede Sekunde 300 000 km zurück) überschreiten fast alle Sonnenphotonen die Bahn des Planeten Pluto. Mit ihm ist das Sonnensystem nicht zu Ende, es setzt sich als Heliosphäre fort (Abb. 185). Dort treffen die Photonen noch mit den Protonen, den Alphateilchen, den Elektronen des Sonnen-

windes und dem feinen Staub zusammen. Etwa 15 Stunden, nachdem sie die Sonne verlassen haben, erreichen die Photonen die Grenze der Heliosphäre. Bis dorthin strömt der Sonnenwind.

Noch nach eineinhalb Jahren können die Sonnenphotonen mit dem entferntesten Schneeball der Kometenwolke zusammentreffen (das ist etwa in einem Drittel des Weges zum nächsten Stern Alpha Centauri). Die Photonen verlassen nun das Sonnenreich. Nach anderthalbjährigem Flug von der Sonne gelangen sie in die bodenlosen Räume zwischen den Sternen. Dort herrscht fast vollkommene „Leere". Nur selten gibt es dort ein Wasserstoff- oder Heliumatom und noch viel seltener ein Staubkörnchen. An einigen Stellen des interstellaren Raumes finden sich ausgedehnte Zusammenballungen von Staubkörnchen, die wir Staubwolken nennen. Die sehr kleinen (etwa ein Zehntel Mikrometer großen) Körnchen bestehen aus Kohlenstoff und Silikaten. Einige von ihnen sind mit Eis überzogen. Von den Staubwolken werden viele Photonen absorbiert und ihre Energie verwandelt sich beim Aufprall auf die Staubkörnchen in Wärme.

Die Photonen, die nicht von einer Staubwolke absorbiert wurden, entfliehen nach einigen Jahrtausenden aus dem Milchstraßensystem (Abb. 128). Millionen von Jahren fliegen sie dann durch den endlosen Raum

185

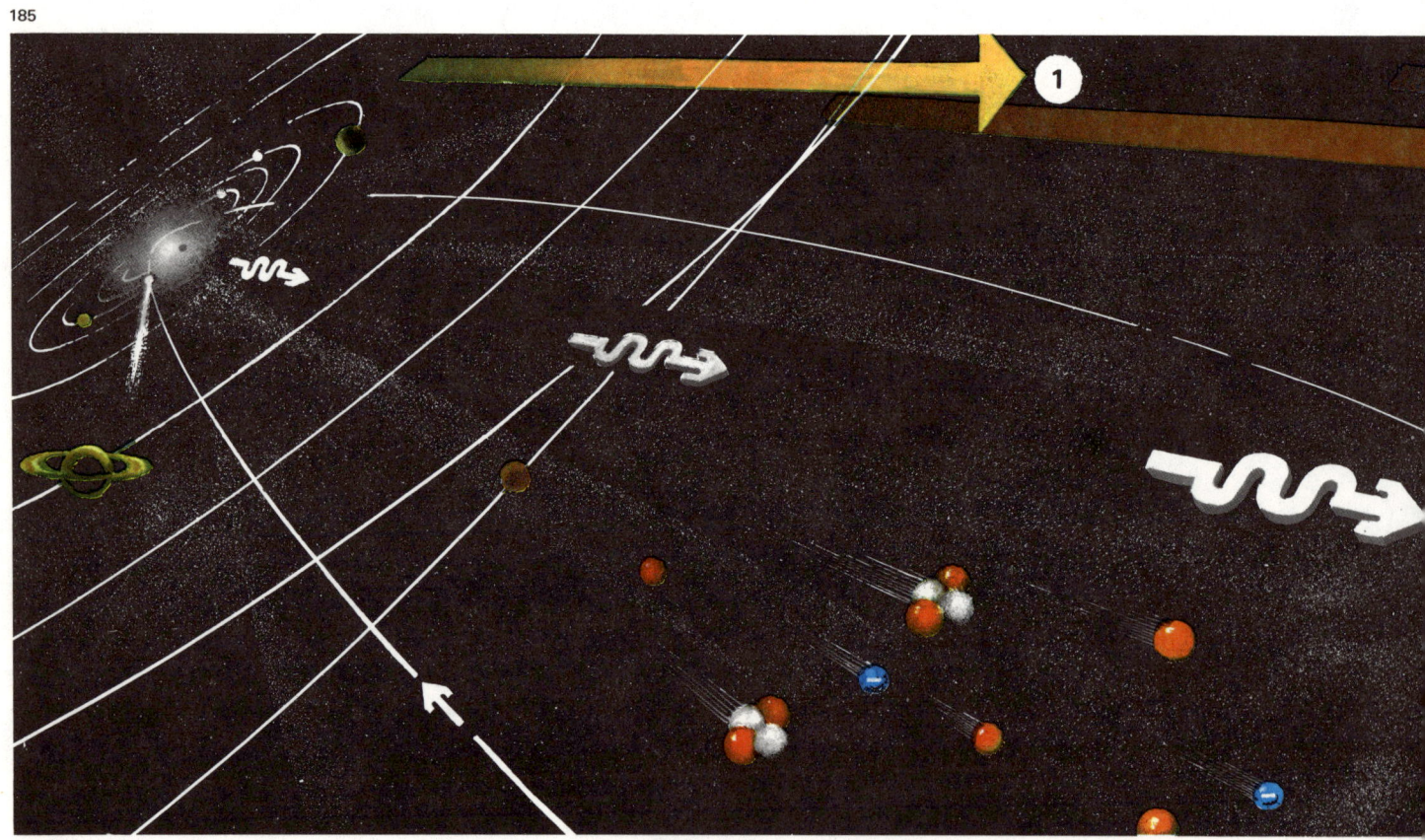

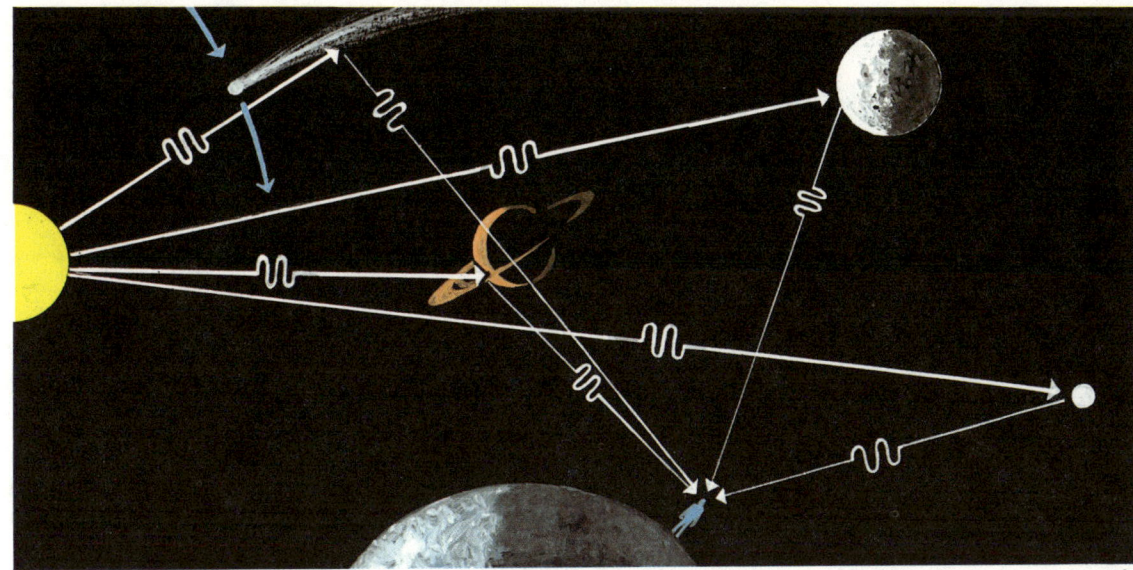

186

zwischen den Galaxien. Wenn sie eine entfernte Galaxie erreichen, werden sie entweder in einer Staubwolke oder von einem der vielen Milliarden Sterne dieser Galaxie eingefangen. Eine der entferntesten Galaxien (sie wurde mit dem großen Fernrohr auf dem Mount Palomar in Kalifornien fotografiert) befindet sich von uns 5,8 Milliarden Lichtjahre entfernt im Sternbild Hercules. Dorthin gelangten die ersten Sonnenphotonen erst in 800 Millionen Jahren. (Sie wurden ja vor 5 Milliarden Jahren, als die Sonne zu strahlen begann, ausgesandt. Die im Radiowellenbereich beobachteten entferntesten Galaxien sind von uns etwa 10 Milliarden Lichtjahre weit entfernt. Bei ihnen kommen die ersten Sonnenphotonen (von heute gerechnet) erst in fünf Milliarden Jahren an. Für sie existiert die Sonne noch nicht.

Sonnenstrahlung im Planetensystem

Von den von der Sonne ausgestrahlten Photonen bleibt nur ein verschwindend kleiner Teil im Planetensystem. Alle übrigen entweichen ins Weltall. Die Sonne teilt also ihrer eigenen Familie nur eine verschwindend kleine Menge ihrer Energie zu. Von unserem menschlichen Gesichtspunkt be-

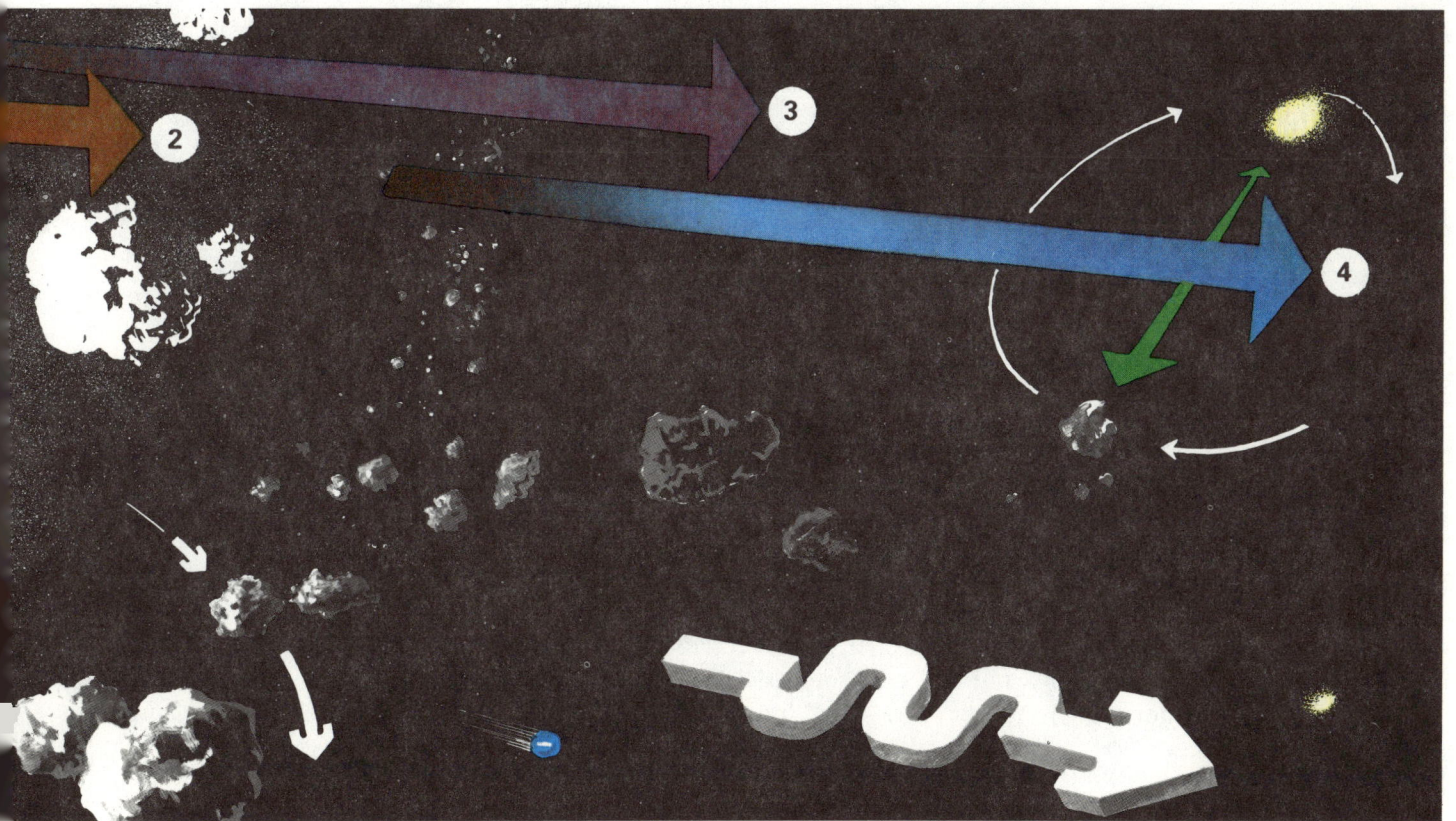

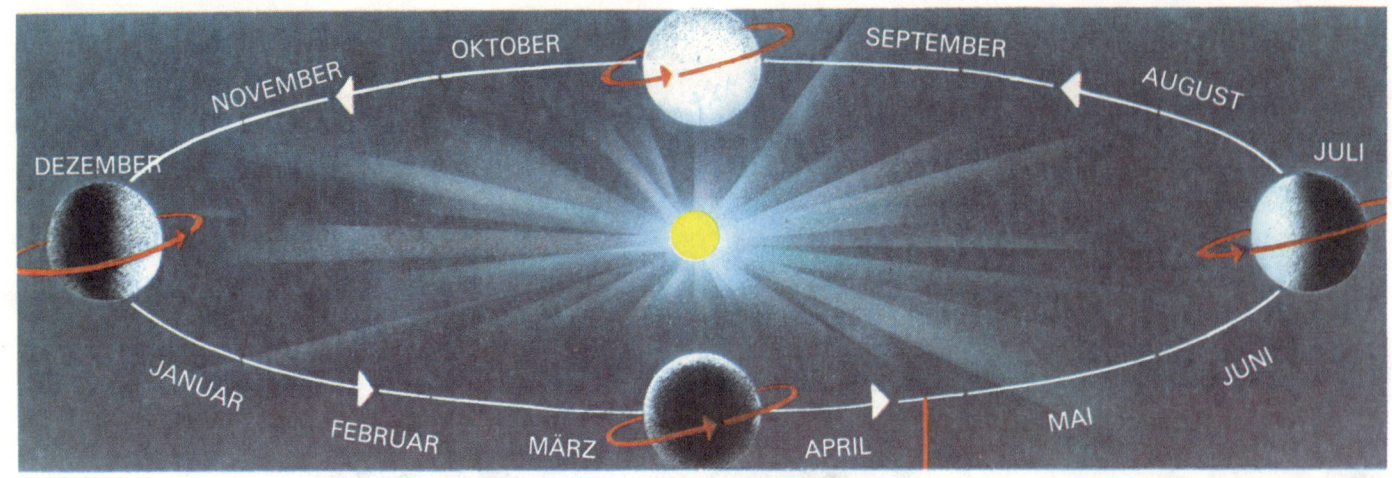

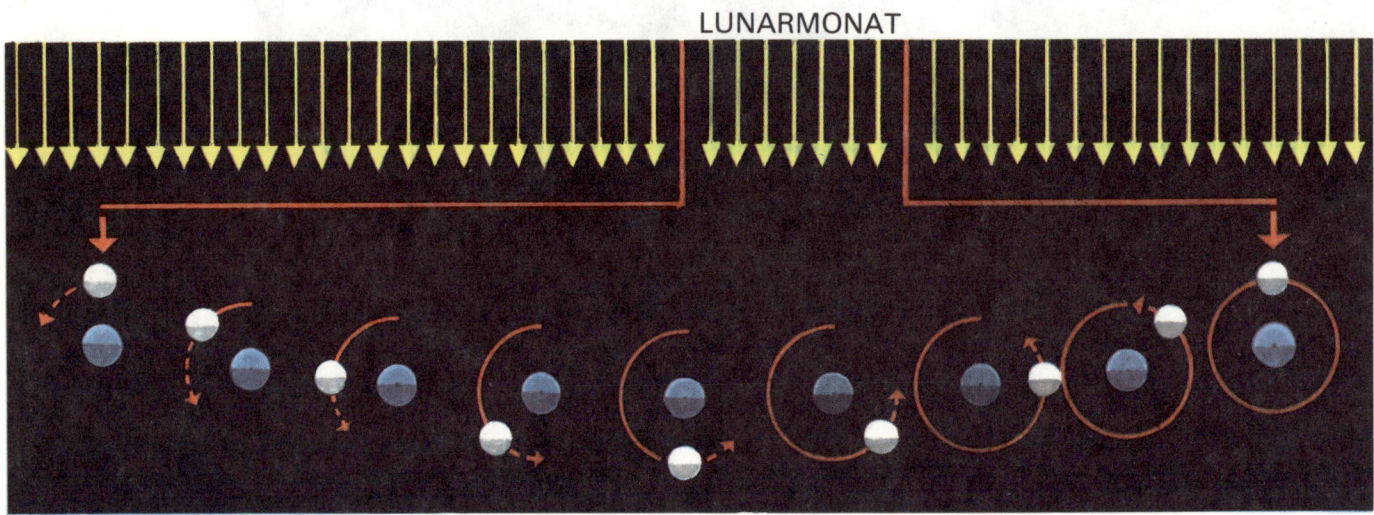

LUNARMONAT

NEUMOND   ERSTES   VOLLMOND   LETZTES   NEUMOND
           VIERTEL   VIERTEL

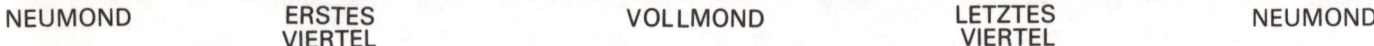

TAG   ABEND   NACHT   MORGEN   TAG

187

187 Die Erde wird auf ihrer Bahn um die Sonne vom Mond begleitet (oben und Mitte). Die Bahn des Mondes um die Erde ist mit einem roten Pfeil bezeichnet

trachtet, ist aber auch diese winzige, im Planetensystem zurückgehaltene Energiemenge ungeheuer groß und wichtig.

Die großen und die kleinen Körper im Planetensystem verhalten sich der Strahlung gegenüber auf zweierlei Art: einesteils absorbieren sie die Strahlung, d. h. sie verwandeln sie in Wärme und erwärmen sich, und andernteils reflektieren sie sie. Und gerade

dank dieses zurückgeworfenen Teils der Sonnenstrahlung sehen und erkennen wir die einzelnen Mitglieder des Planetensystems.

Der hellste Planet an unserem Himmel und nächste Nachbar der Erde ist die Venus. Gut sichtbar mit bloßem Auge sind der Mars, der Jupiter und der Saturn. Die Planeten erscheinen unserem Auge als Sterne, doch ändern sie ständig ihre Lage am Himmel.

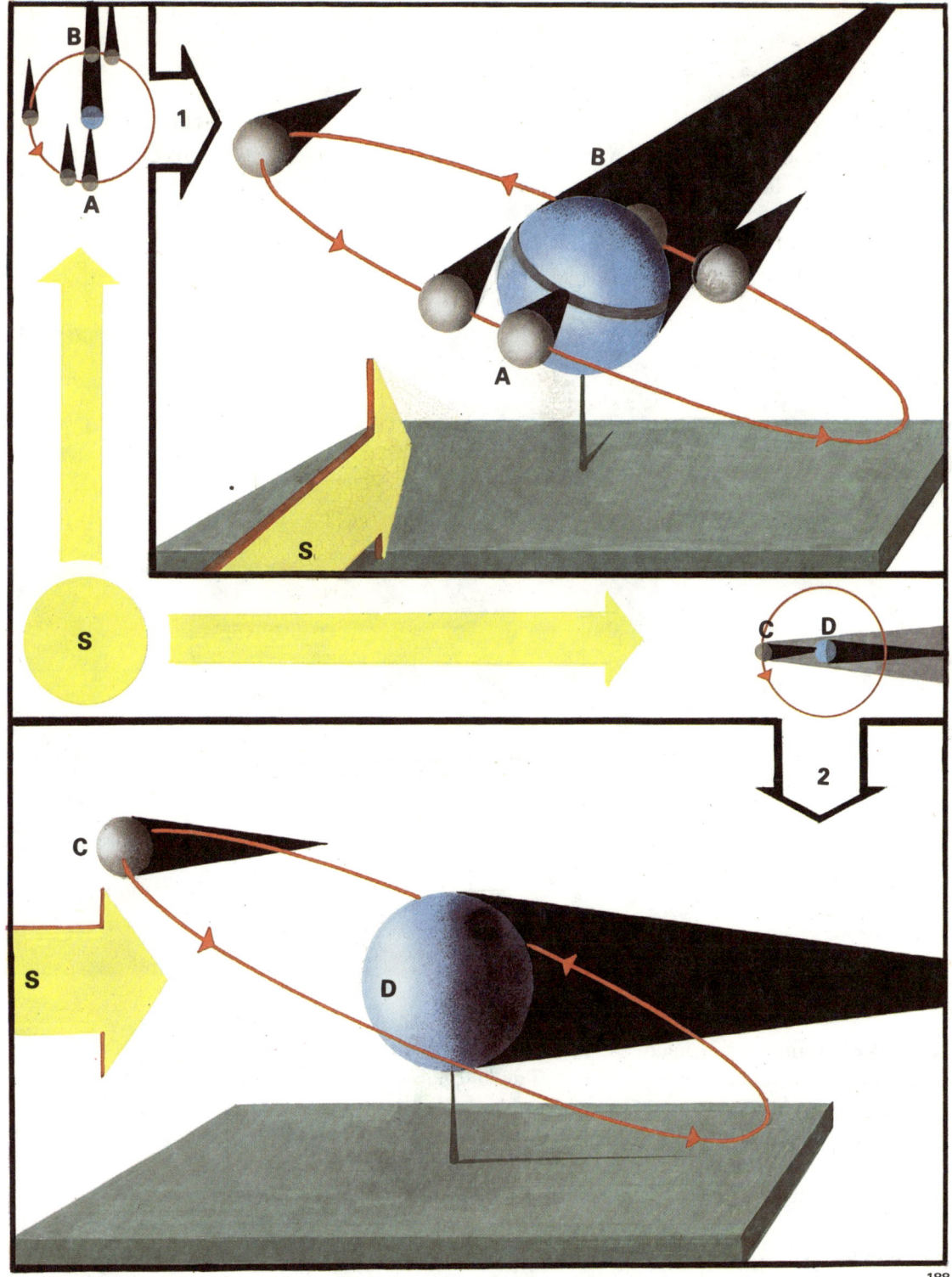

188 Mond- und Sonnenfinsternis (Abb. 1). Wenn der Mond (A) genau zwischen der Sonne (S) und der Erde (B) steht, geht sein Schatten über die Erde, und wo er auffällt, kann eine Sonnenfinsternis beobachtet werden. Da die Mondbahn zur Erdbahn etwas geneigt ist (Abb. 2 unten), geht der Mondschatten (C) häufig bei Neumond über der Erde (D) oder unter ihr hindurch. Dann ist die Sonnenverfinsterung von der Erde aus nicht sichtbar. Wenn der Mond in den Erdschatten gerät, macht sich das als Mondfinsternis bemerkbar

188

Die Sterne sind viele millionenmale weiter von uns entfernt als die Planeten. Unsere Sonne und die meisten Sterne haben nämlich ein rund eine Million Mal größeres Volumen und eine ebenso viele Male größere Masse als die Planeten und an ihrer Oberfläche Temperaturen von vielen Tausenden Kelvin. Das Licht der Planeten ist Sonnenlicht, das von der Oberfläche der Planeten nur reflektiert wird (Abb. 186). Die Planeten sind viel zu klein und zu kalt, um eigenes Licht auszusenden.

Um die Planeten kreisen Monde. Mit bloßem Auge sichtbar ist nur der Satellit unseres Planeten, der „Mond". Er entstand durch Gravitation aus derselben Mutterwolke wie das Planetensystem und die Sonne.

Die Sonnenstrahlung beleuchtet immer

nur eine Mondhälfte, während die abgewandte Hälfte unbeleuchtet und deshalb schwarz ist. Indem der Mond die Erde umkreist, sehen wir die beleuchtete Hälfte entweder ganz (Vollmond) oder halb (erstes und letztes Viertel), oder aber gar nicht (Neumond). Vollmond tritt ein, wenn sich der Mond auf der der Sonne gegenüberliegenden Seite befindet (Abb. 187). Deshalb

jedem Neumond würde der Mondschatten auf die Erdoberfläche fallen, von wo aus wir dann eine Sonnenfinsternis verfolgen könnten.

Hinter allen großen und kleinen Himmelskörpern des Planetensystems erstrecken sich lange Schatten und Halbschatten (Abb. 188). Aus dem Schatten heraus ist die Sonne gar nicht sichtbar und aus dem Halbschatten

189 Eine totale Sonnenfinsternis sehen wir in dem schmalen Streifen, den der Mondschatten wirft. Dieser Streifen ändert sich von einer Finsternis zur anderen (oben von 1977, unten von 1979)

190 Bei totaler Sonnenfinsternis verdeckt der Mond die Photosphäre, so daß die ausgedehnte weiße Korona gut zu sehen ist. Es ist das Licht der Photosphäre, das an den Elektronen des heißen Koronaplasmas zerstreut wird. Dieses Bild wurde von den Astronomen der Kiewer Universität bei der Sonnenfinsternis am 30. Juni 1954 aufgenommen

ist der Vollmond nur bei Nacht zu sehen. Aus dem Bild läßt sich leicht entnehmen, daß der Neumond nur bei Tage am Himmel steht, d. h. wenn unsere Erdhälfte beleuchtet ist. Das erste Mondviertel sieht man von Mittag bis Mitternacht.

Die Mondbahn um die Erde ist zur Erdbahnebene geneigt. Wenn sie in der Erdbahnebene liegen würde, befände sich der Mond bei jeder Vollmondstellung im Erdschatten, und wir könnten bei jedem Vollmond eine Mondfinsternis beobachten. Bei

nur teilweise. Der Erdschatten ist durch die Erdbahnebene geteilt und erstreckt sich bis eineinhalb Millionen Kilometer weit. Wenn der Mond bei Vollmond nahe der Ekliptik steht, dann befindet er sich im Erdschatten, und es tritt Mondfinsternis ein (Abb. 188).

Der Schattenkegel, der sich hinter dem Mond herzieht, ist ebenso lang wie die Entfernung Erde-Mond, so daß seine Spitze die Erdoberfläche erreichen kann (Abb. 188). An der Stelle, wo der Kernschatten des Mondes auf die Erde auftrifft, ist totale

191 Der Halleysche Komet, fotografiert vom 26. April bis 11. Juni 1910. Schweif und Kopf wachsen, wenn sich der Komet der Sonne nähert. Danach sinkt die Helligkeit des Kometen, je weiter er sich von der Sonne entfernt. Um die Sonne kreist der Halleysche Komet einmal in 76 Jahren. Ende 1985 und Anfang 1986 konnten wir ihn sehen

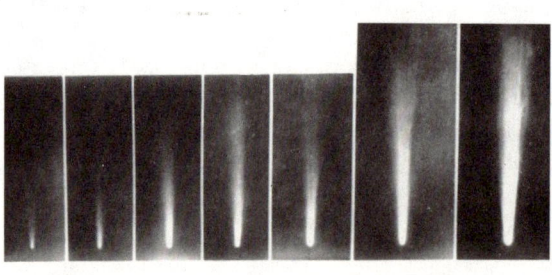
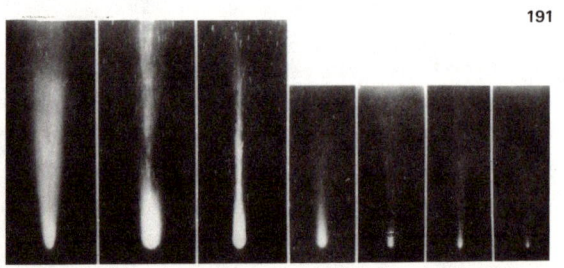

150

Sonnenfinsternis. Natürlich muß der Mond bei Neumond in der Ekliptikebene stehen. Von den Orten aus, die in den Mondhalbschatten getaucht sind, ist dann eine partielle Sonnenfinsternis zu sehen.

Eine Mondfinsternis ist auf der ganzen Nachthälfte der Erde zu sehen, die totale Sonnenfinsternis dagegen nur in dem schmalen — etwa 160 km breiten — Streifen auf der beleuchteten Halbkugel der Erde, in dem sich der Mondschatten bewegt.

Bei Neumond würde einem Beobachter auf dem Mond unsere Erde als „Vollerde" erscheinen, d. h. er würde die ganze beleuchtete Halbkugel unseres Planeten sehen. Die vollbeleuchtete Erde beleuchtet die dunkle Halbkugel des Mondes so hell, daß wir sie von der Erde aus gut sehen — als aschgraues Licht. Sehr bildhaft sagt man, „der alte Mond ist vom neuen umfangen". Das aschgraue Licht ist also von der Erde reflektierte Sonnenstrahlung, die die dunkle Mondhalbkugel beleuchtet und von dort auf die Erde zurückgeworfen wird. Manchmal ist das aschgraue Licht so hell, daß auf dem Mond die Gebirge und die Krater zu erkennen sind.

Die Monde der anderen Planeten (Mars, Jupiter, Saturn, Uranus und Neptun) lassen sich nur durch Fernrohre beobachten und fotografieren. Auch hinter diesen Monden und ihren Planeten ziehen sich lange Kegel schwarzer Schatten hin. Und so können wir dort ähnliche Erscheinungen wie Sonnenfinsternisse und Mondfinsternisse beobachten. Besonders schön zu sehen sind sie an den vier hellsten Jupitermonden. Wir können den Übergang des Mondschattens über die Jupiterscheibe verfolgen (ähnlich wie bei einer Sonnenfinsternis) und sehen, wie der Mond in den Jupiterschatten eintaucht (Mondfinsternis), oder wie sich der Mond hinter der Planetenscheibe verbirgt (Mondbedekkung).

Eine wunderbare Äußerung der Sonnenstrahlung im Planetensystem sind die Kometen (Abb. 191). Gelegentlich erscheint ein mit bloßem Auge sichtbarer Komet. Wenn er sich der Sonne bis auf Marsentfernung nähert, bildet er eine große Gashülle (Koma) und einen langen Schweif (Abb. 191, 192).

Die Staubkörnchen, die der Komet hinter sich in den interplanetaren Raum verstreut, umkreisen dann auf eigenen Bahnen die Sonne. Solche Körnchen, Körner, Steinchen und Steine laufen in großer Zahl als Meteoroiden um die Sonne (Abb. 111). Sie erfüllen einen linsenförmigen Raum längs der Ekliptikebene (Abb. 112). Man kann sie mit bloßem Auge an einem Frühjahrsabend nach Sonnenuntergang oder an einem Herbstmorgen vor Sonnenaufgang gut sehen. Zu jener Zeit steht die Ekliptik fast senkrecht auf dem Horizont. Das von den zahllosen Meteoroiden gestreute und zu-

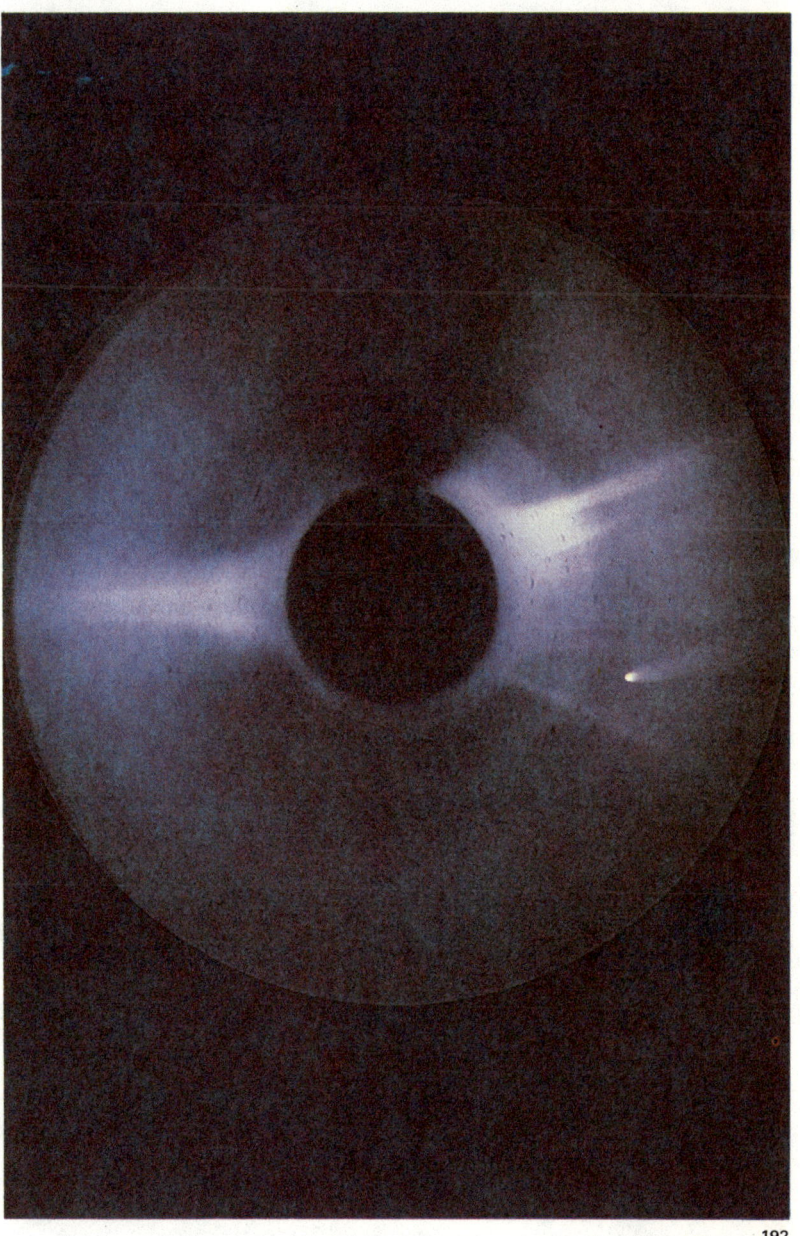

192

rückgeworfene Sonnenlicht erscheint als heller Kegel längs der Ekliptik. (Wir sprachen von diesem Zodiakallicht auf S. 63).

Dank dem Sonnenlicht sehen wir die großen und die kleinen Körper des Planetensystems. Das von der Erdoberfläche reflek-

192 Der Komet Kohoutek in Sonnennähe. Dieser Komet bereitete den Erdenbürgern in den Jahren 1973–1974 ein schönes Schauspiel. Das Bild wurde mit einem Koronographen angefertigt, der die helle Photosphäre künstlich abschirmt, so daß die

Sonnenkorona in Form von langen weißen Strahlen zu sehen ist; das sind Ströme des Sonnenwindes

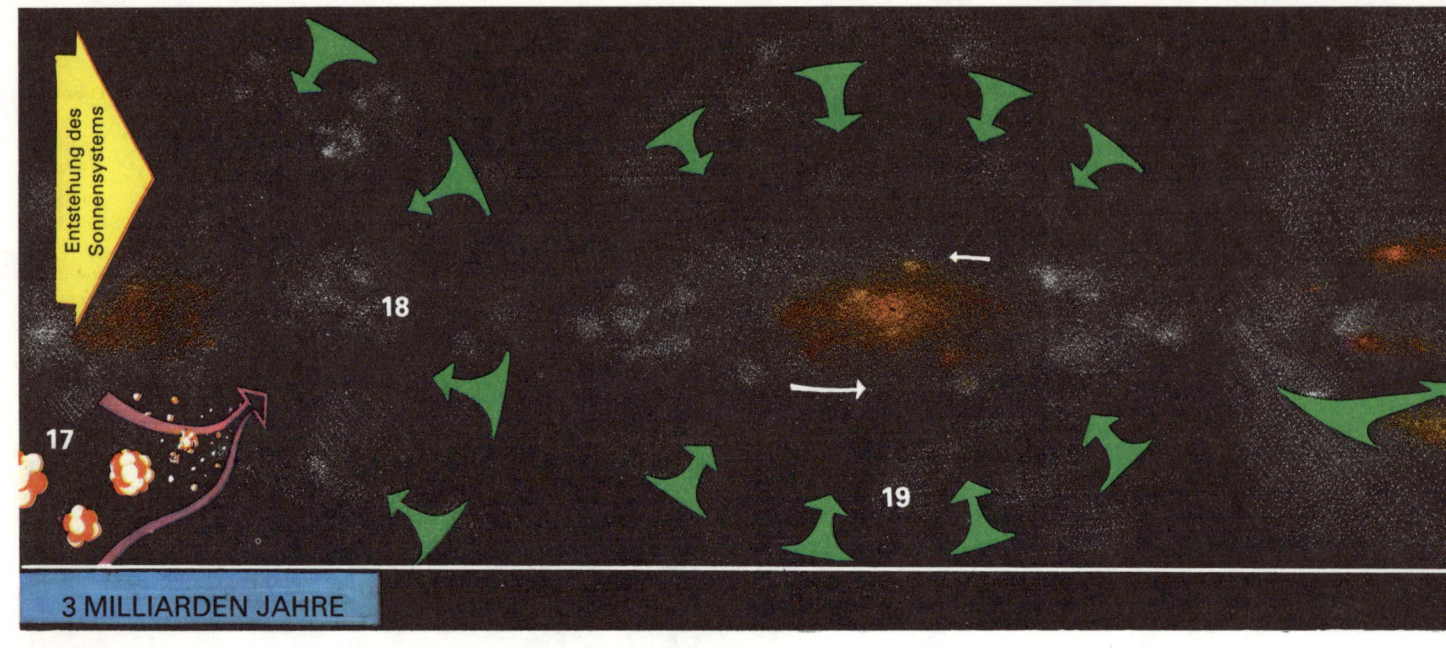

18

17

19

3 MILLIARDEN JAHRE

193 In diesem Hertzsprung-Russell-Diagramm ist mit dem gebogenen Pfeil angezeigt, wie die Oberflächentemperatur der Ursonne anstieg und wie sich ihre Leuchtkraft änderte. Sobald die Ursonne bis auf die Hauptreihe gelangte (diagonale Sternreihe), wurde sie zur Sonne. Ähnlich entwickelten sich aus den Globulen (in der rechten unteren Ecke) alle übrigen Sterne

tierte Licht macht auch unseren Planeten aus dem Kosmos sichtbar. Und nicht zuletzt verdanken wir dem von den Gegenständen, der Luft, den Wolken und der Landschaft zurückgeworfenen Sonnenlicht, daß wir hier, auf der Erde, unsere Umgebung sehen.

Die Entstehung der Sonne und der Erde

Vor fünf Milliarden Jahren gab es noch keine Erde und keine Sonne, sondern nur eine ausgedehnte Wolke aus sehr kaltem Gas geringer Dichte und vielen Staubteilchen.

193

Die Photonen hätten ein halbes Jahr fliegen müssen, um diese Gas- und Staubwolke zu passieren. Wir nennen sie Sonnennebel.

Vor fünf Milliarden Jahren begann sich der Sonnennebel durch seine Eigengravitation langsam zusammenzuziehen. Als wenn ihnen kalt gewesen wäre (5 K, d. h. $-268\,°C$, ist wirklich klirrender Frost), zogen einander die Staubkörnchen und die Gasmoleküle durch die Gravitationskraft an.

Bei der Kontraktion verdichtete und erwärmte sich der Nebel. Die Gravitationskraft übernahm einen kleinen Teil der Ruheenergie von jedem Teilchen des Mutternebels und verwandelte die eine Hälfte der so gewonnenen Energie in Wärme. Die andere Hälfte wurde in Form infraroter Photonen in den Weltraum ausgestrahlt.

Dichte und Temperatur stiegen vor allem im Zentrum des Sonnennebels an. Dort bildete sich langsam die Sonne als große dunkelrote Kugel, die sich allmählich zusammenzog und erwärmte (Abb. 193). Erst als die Temperatur in der schrumpfenden Gaskugel 13 Millionen Kelvin erreichte, wurde die Sonne erwachsen.

Was war damals Wichtiges geschehen, daß sich die glühende schrumpfende Gaskugel in einen Stern verwandelte? Als die Temperatur im Zentralgebiet der Sonne 7 Millionen Kelvin erreichte, begann sich der Wasserstoff allmählich in Helium zu verwandeln. Durch die Gravitation wurde aber die Kontraktion und die Aufheizung des Zentralgebietes bis auf 13 Millionen Kelvin fortgesetzt. Bei dieser Temperatur stieg der Gas-

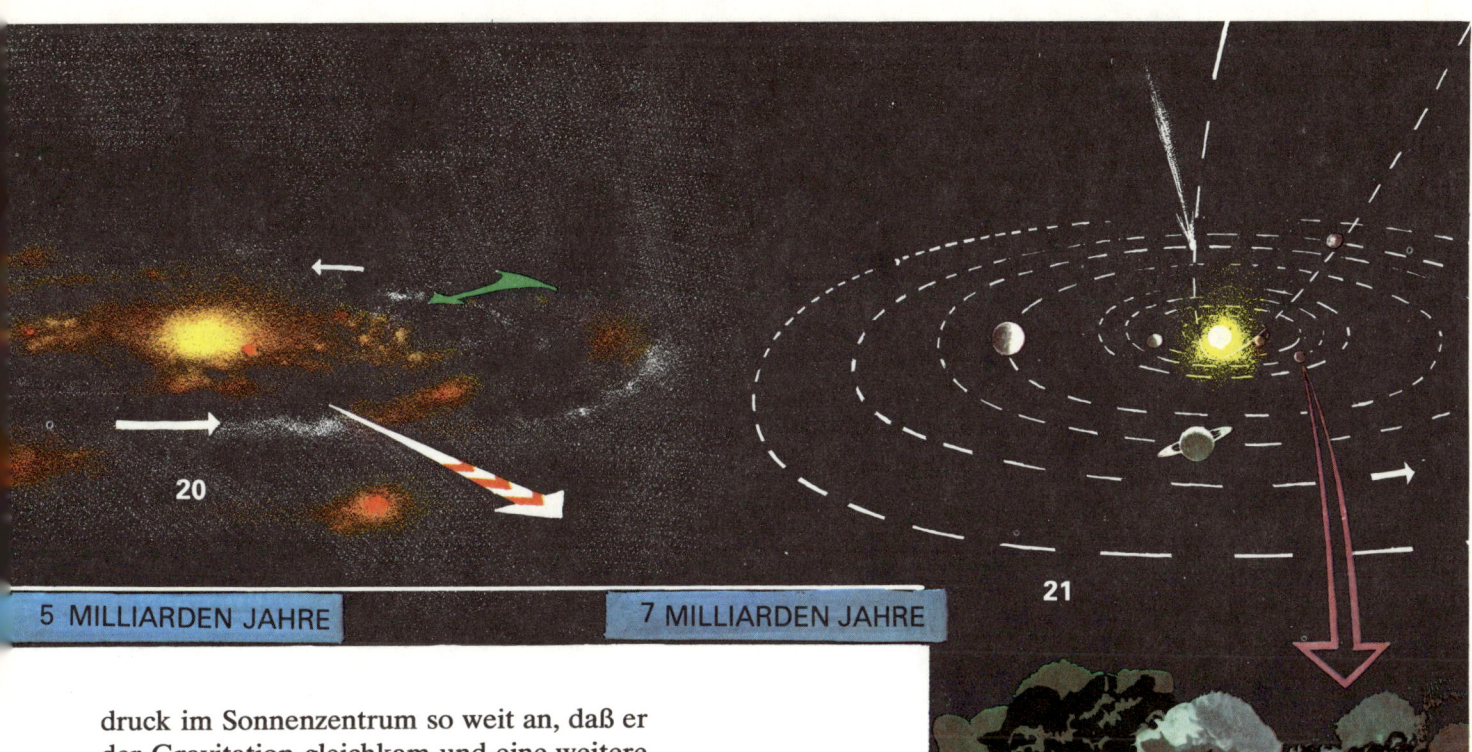

5 MILLIARDEN JAHRE

7 MILLIARDEN JAHRE

20

21

druck im Sonnenzentrum so weit an, daß er der Gravitation gleichkam und eine weitere Zusammenziehung verhinderte. Der Punkt, der die Oberflächentemperatur und die Leuchtkraft der Sonne im Hertzsprung-Russell-Diagramm darstellt, gelangte auf die Hauptreihe (Abb. 193) Von diesem Zeitpunkt an gab die Sonne Energie nur noch durch Umsetzung des Wasserstoffes in Helium frei. Sie benötigte nun die Eigengravitation, die ihr Inneres von eisiger Kälte bis auf 13 Millionen Kelvin erhitzt hatte, nicht mehr. An die Stelle der Gravitation traten für lange Zeit die Kernkräfte. Während die Gravitation rund 10 Millionen Jahre benötigte, um aus dem Sonnennebel die fertige Sonne zu bilden, setzen die Kernkräfte in der Sonne nun schon fünf Milliarden Jahre lang Energie frei, und werden es noch weitere zehn Milliarden Jahre lang tun.

Aus den Resten des Sonnennebels entstanden um die strahlende Sonne die Planeten. Die formlosen, großen, um die junge Sonne herumlaufenden Nebelhaufen zogen sich durch ihre Eigengravitation zu kugelförmigen Körpern – den Planeten – zusammen. Es entstanden die Erde, die Venus, der Mars und die übrigen Planeten, ebenso wie der Mond, der kleine Bruder der Erde, und die Monde der übrigen Planeten, Planetoiden, viele Milliarden von Eiskugeln in der Kometenwolke und unzählige Meteoroiden.

Die Sonne ist vom Zentrum der Galaxis 30 000 Lichtjahre entfernt. Sie umläuft es auf einer ungefähr kreisförmigen Bahn und bewegt sich dabei mitsamt dem Sonnensy-

194 In der Zeit, als unsere Galaxis etwa 3 Milliarden Jahre alt war, gab es viele Supernovae, Abb. 152. Damals entstanden viele Atome aller Elemente, die von den Supernovae herausgeschleudert wurden und in den interstellaren Raum (17) gelangten. Um neue Atome (z. B. Kohlenstoff, Sauerstoff, Silizium, Eisen, Uran usw.) wurde auch die Globule (18) bereichert, aus der später die Sonne und ihr Planetensystem (19–21) entstanden. Dies bedeutet, daß die Atome, aus denen die Erde aufgebaut ist (und somit auch alle lebenden Organismen auf der Erde bestehen), etwa 7 Milliarden Jahre alt sind (22). So war z. B. das Eisenatom im Hämoglobinmolekül der roten Blutkörperchen in der Supernova entstanden, die 2 Milliarden Jahre vor der Geburt der Sonne und der Planeten explodierte. Heute ist von dieser Supernova längst nichts mehr da

22

194

stem mit einer Geschwindigkeit von 230 km/s auf das Sternbild Schwan zu. Einmal in 250 Millionen Jahren umkreist die Sonne die Galaxienmitte. Während ihres bisherigen Lebens legte sie diesen Weg schon zwanzigmal zurück.

Wir erfuhren, daß die Sonne die große ältere Schwester der Erde ist; beide entstanden aus derselben Gas-Staub-Wolke. Die Erde ist ungefährt einmillionenmal kleiner als die Sonne, und läuft deshalb folgsam um ihre große glühende Schwester (Abb. 187). Die Sonne hält sie durch die Gravitationskraft ständig in ihrer Nähe und erlaubt nicht, daß sie sich in den schwarzen, eisigen Weltraum entfernt. Deshalb kann die Sonne durch ihre Strahlung den Gewässern und den Winden auf der Erde Bewegung, dem Himmel seine Bläue sowie allen Lebewesen Wärme und Nahrung zukommen lassen.

195 Sinn und Zweck der Arbeit der Geologen ist es, unseren Planeten so kennenzulernen, daß wir seine Ressourcen möglichst schonend nutzen und die Umwelt dabei erhalten bzw. die natürlichen Verhältnisse wiederherstellen

V DER MENSCH ERFORSCHT DIE ERDE

Geologie, eine junge Disziplin

Die Einteilung der Geschichte der Menschheit ist darauf aufgebaut, welches Material (Stein und später Kupfer, Bronze, Eisen) die Menschen zu nutzen verstanden. Die Namen der historischen Epochen in der Geschichte der Menschheit – das Paläolithikum (die Altsteinzeit) oder das Neolithikum

ebenso wenig wie die Petrographie und die Mineralogie gesondert studiert werden. Zwischen ihnen bestehen sehr enge Beziehungen. Die Petrographie prüft die Gesteine und die Mineralogie die Minerale. Ein Gestein ist jedoch ein Komplex von Mineralien, und deshalb müssen die Petrographen auch gute Mineralogen sein. Wenn wir die Beziehungen der Erde zur Außenwelt ebenso wie ihre inneren Vorgänge verstehen wollen, müssen

ALTPALÄOLITHIKUM MITTELPALÄOLITHIKUM JUNGPALÄOLITHIKUM MESOLITHIKUM NEOLITHIKUM

196

196 Der Feuerstein war einer der ersten Materialien, die der Mensch sammelte; und mit ihm begannen zugleich seine ersten „geologischen Versuche". Die Herstellung von Feuerstein-Werkzeugen entwickelte sich vom Paläolithikum bis zum moderneren Neolithikum, wie die Reihe der Steinwerkzeuge illustriert. Später genügte der Stein nicht mehr, und die Menschen suchten nach neuen Werkstoffen – Kupfer, Bronze und Eisen

197 Die Gewinnung von mineralischen Rohstoffen begleitet die Menschheit vom alten Griechenland an (von dort, aus dem 6. Jahrhundert v. u. Z., stammt unser Bild) bis zum heutigen Tag

(die Jungsteinzeit) tragen in sich die griechische Bezeichnung für Stein „lithós". Nachdem die Menschen gelernt hatten, mit dem Stein umzugehen, begannen sie zielstrebig, zur Bearbeitung geeignetes Gesteinsmaterial aufzuspüren. Die Küste Westeuropas, die zum Teil aus Kreideablagerungen besteht, war einer der ersten Orte, wo die Menschen ganz bewußt unter der Erdoberfläche nach mineralischen Rohstoffen suchten.

Die Nutzung der Minerale und der mineralischen Rohstoffe ist jedoch nur die erste Stufe der Erforschung der Erde. Sie alle wissen über die Tätigkeit der Vulkane und die Eigenschaften der Flüsse, verwittertes Gestein fortzutragen, Bescheid und kennen riesige Felsformationen, Gewitterwolken, Schneelawinen ebenso wie starke Meeresbrandung und vielleicht auch Fossilien. Das alles gehört zum Wissen über die Erde in Wissensdisziplinen wie Meteorologie, Vulkanologie, Geophysik, Geochemie und viele andere. Wir unterscheiden die Fachgebiete Geophysik, Geochemie, Petrographie, Mineralogie u. v. a. m. Wir grenzen Atmosphäre, Hydrosphäre und Lithosphäre gegeneinander ab. Eine Gliederung, die zwar notwendig ist, aber nichts über die wechselseitigen Beziehungen aussagt. So findet z. B. zwischen der Atmosphäre und der Lithosphäre ein ständiger Stoffaustausch statt, und deshalb können Atmosphäre und Hydrosphäre

197

wir uns nicht nur mit Fachgebieten und Prüfungsmethoden als solchen, sondern auch mit dem gesamten System ihrer gegenseitigen Abhängigkeiten befassen. Wir beginnen mit den Fachgebieten, die in ihrer Bezeichnung das griechische „gä" (Erde) aufweisen.

Es waren griechische Gelehrte, die zu dem Schluß kamen, daß die Erde die Form einer Kugel hätte. Und gerade im alten Griechenland ebenso wie auch bei anderen, besonders arabischen Zivilisationen, begannen sich die grundlegenden Erkenntnisse über die Erde, die Minerale, die Gesteine, die Abläufe auf der Oberfläche der Erde und in ihrer Atmosphäre zu häufen. Aus diesen Erkenntnissen

heraus wurden die einzelnen Disziplinen geboren, die heute den Komplex der Geowissenschaften bilden.

Die wichtigsten Konstanten der Erde – Masse, Umfang, spezifische Masse, Form, Verteilung der Kontinente und der Ozeane – wurden im Laufe des 18. und 19. Jahrhunderts errechnet. Eine bedeutende Rolle spielte die Geologie im Zeitalter der Industrierevolution, als der Bedarf an neuen mineralischen Rohstoffquellen wuchs. All dies erfordert Fachleute, die sich mit dem Aufbau und der Zusammensetzung der Erde befassen und ihre Gesteine und Minerale kennen.

198 Die Lehre von Aristoteles beherrschte nicht nur die Antike, sondern auch das frühe Mittelalter und den Beginn der Neuzeit. Die Vorstellung des ewigen Kampfes des Feuers mit dem Wasser ist in dem Kupferstich dargestellt, den das Buch von Anastasius Kircher aus dem 17. Jh. enthält

Was alles ist Geologie und das Wissen von der Erde?

Eine Möglichkeit, in das Erdinnere einzudringen, sind Bohrungen. Nun sind aber Bohrungen sehr teuer, kompliziert, technisch stark begrenzt und zeitlich anspruchsvoll. Außerdem ist offensichtlich, daß auch die tiefste Bohrung, z. B. von 12 Kilometern, gegenüber dem Halbmesser der Erde

stimmung der Stellung der Erde im Weltraum. Der Geologe arbeitet deshalb mit den Astronomen und den Astrophysikern eng zusammen, um zu wissen, wo sich die Erde befindet, welches Schicksal sie im Weltall erwartet, ob sie ein gewöhnlicher oder ein besonderer Planet ist usw. Natürlich kann der Aufbau der Erde als Himmelskörper nicht ohne Kenntnis der übrigen Körper studiert werden. Hierbei hilft die verglei-

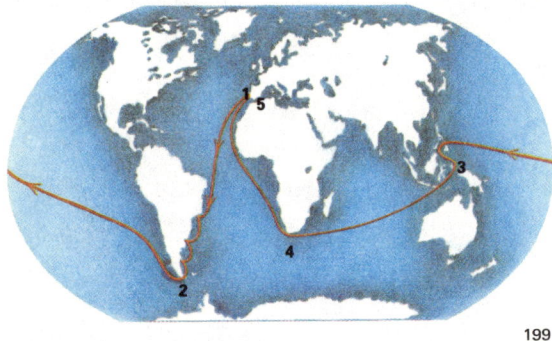

199

(6378 km) nicht viel bedeutet. In der geologischen Forschung und Erkundung des Werdeganges der Erde ist daher die Bohrung bis zu einer Tiefe von mehreren Dutzenden, Hunderten bis Tausenden Metern erst der letzte Punkt hinter der Forschung und Erkundung durch billigere und zugänglichere

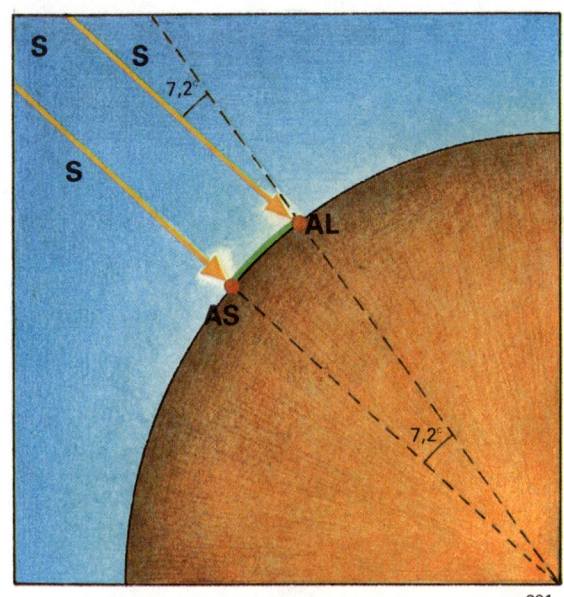

201

199 Das Jahrhundert der Entdeckungen findet seinen Höhepunkt in der Erdumsegelung von Fernão de Magalhães (Magellan) von 1519 bis 1522. **1** – San Lúcar 20. 9. 1519, **2** – Magellan-Straße 25. 10. 1520, **3** – Philippinen 16. 3. 1521, **4** – Kap der Guten Hoffnung 18. 5. 1522, **5** – San Lúcar 6. 9. 1522

200 Die Geologie teilt sich in viele Spezialfächer

201 Eine einfache geometrische Überlegung ermöglichte es Eratosthenes, den Umfang und selbstverständlich auch den Halbmesser der Erde zu berechnen. Wenn die Entfernung zweier Orte auf einem Meridian (in diesem Fall Alexandrien **-AL-** und Aussuan **-AS-**) sowie die Winkel bekannt sind, die die Sonnenstrahlen **-S-** mit dem Meridian an den gegebenen Orten am selben Tag einschließen, kann durch trigonometrische Berechnung die Erdkugel gemessen werden

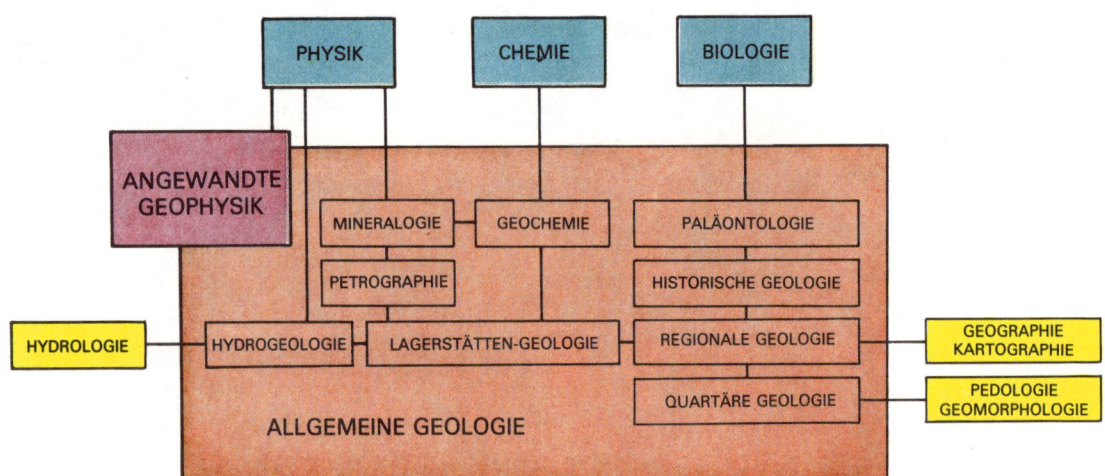

200

Mittel. Ehe wir näher darauf eingehen, wie der Mensch die Erde durch Tiefbohrungen erforscht, wollen wir einmal sehen, was dem Bohren gewöhnlich vorausgeht und wie der Mensch sonst noch Informationen über seinen Planeten sammelt.

Die Erkundung des Erdinneren bringt zahllose Probleme mit sich. Ein besonders vorrangiges ist, obwohl es auf den ersten Blick paradox erscheint, die eigentliche Be-

chende Planetologie, auch wenn sie erst eine sehr junge Disziplin ist. Sie zeigt, wie die anderen Planeten aufgebaut und angeordnet sind. Diese Forschungen erfordern die genaue Kenntnis der physikalischen Eigenschaften der Körper. Gemessen werden die Schwerkraft und der Wärmefluß, die elastischen Eigenschaften der Gesteine und der Minerale einschließlich jener, die der Mensch mit eigenen Augen niemals sah, da

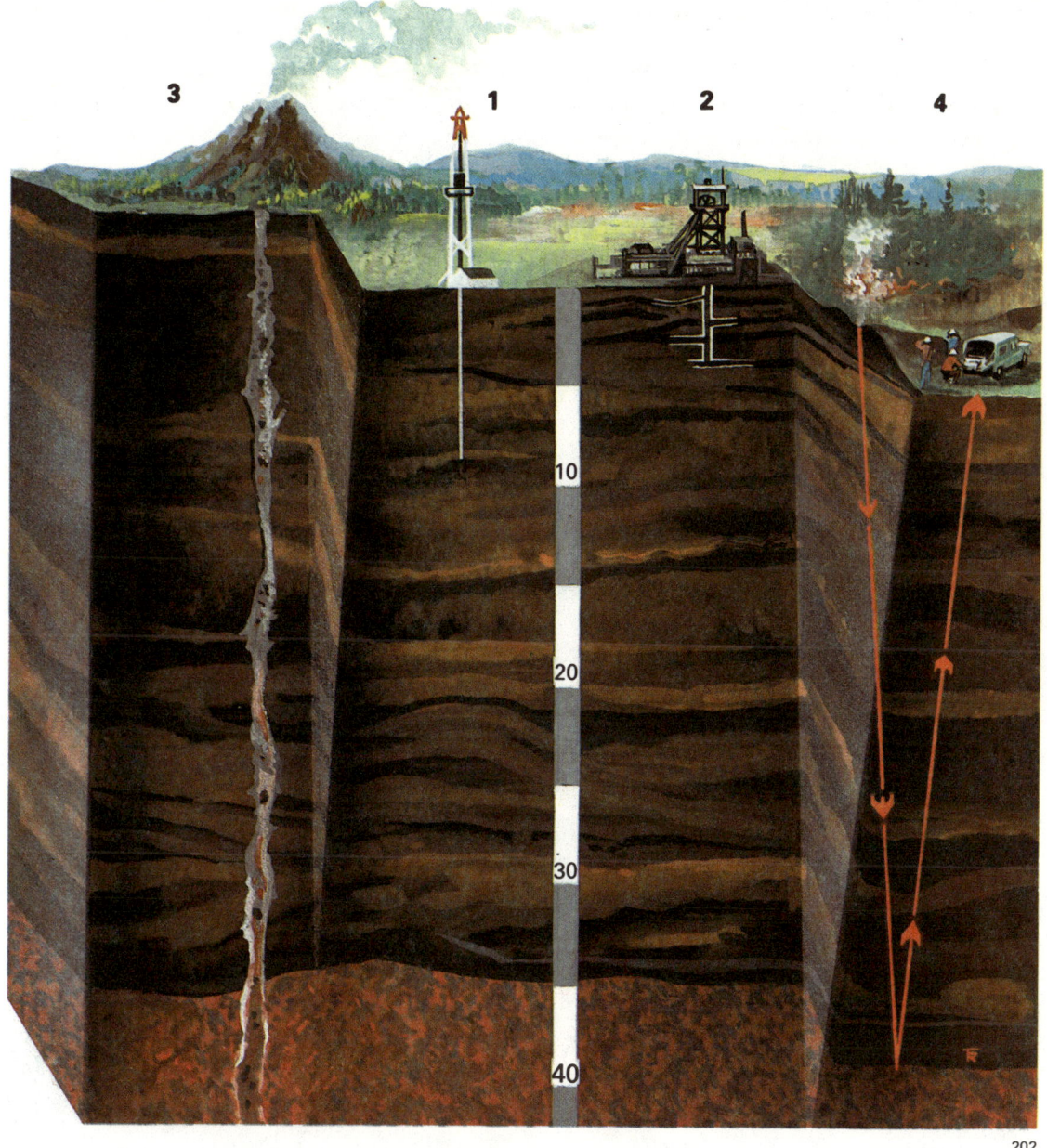

3   1   2   4

10

20

30

40

202 Die direkte Prüfung des Erdinneren durch Bohrungen (1) oder Grubenbau (2) ist auf den obersten Teil der Erdkruste beschränkt. Indirekte Beweise bieten die vulkanischen Gesteine (3), in denen auf die Erdoberfläche Bruchstücke von Gesteinen aus der unteren Kruste und dem oberen Mantel mitgerissen wurden. Zu den bisher erfolgreichsten zählt das geophysikalische Studium – z. B. seismische Sondierungen (4)

202

sie Hunderte und Tausende von Kilometern unter der Erdoberfläche verborgen sind. Die Beziehung des Wissens von der Erde zur Physik ist eng; die grundlegenden Erkenntnisse über den Schalenaufbau der Erde, ihre innere Struktur, über die Drücke und Temperaturen im Erdinneren und über ihren Magnetismus stammen aus der Physik, genauer gesagt, aus der Geophysik. Wenn wir die Zusammensetzung der Erdgesteine studieren (wir müssen dabei beim Aufbau der Sonne beginnen), gelangen wir zu chemischen bzw. kosmochemischen Erkenntnissen, wollen wir uns dagegen nur an die Erde halten, dann zu geochemischen. Das Studium der obersten Teile der Erde, der Oberflächenschichten des Bodens und der

Gesteine ist gleichfalls keine bloße „geologische" Angelegenheit, denn die Verwitterung verläuft unter Beihilfe der Hydrosphäre und der Atmosphäre, und es sind daran Mikroorganismen usw. beteiligt. Das Wissen über die Erde umfaßt auch die Meteorologie und die Hydrologie. Sie stützt sich dort, wo sie bemüht ist, die Fragen des vergangenen Lebens zu entziffern, auf die Biologie (Paläontologie). Die Biologie wiederum sammelt aus der Geologie Beweise über die Entwicklung der einzelnen Lebensformen.

Die Menschheit braucht Rohstoffe für die Produktion und Energiequellen. Beim Aufspüren dieser Lagerstätten sind überall die verschiedensten geologischen Fachleute gefordert: der Geologe als Chemiker, als Physiker oder als Paläontologe bzw. als Planetologe.

Die Geologen haben es sich zum Ziel gesetzt, die Erde so zu erforschen, daß sie in der Lage sind, in vernünftigen Grenzen und ohne Störung des Gleichgewichtes der natürlichen Bedingungen ihre Rohstoffquellen für die menschliche Zivilisation zu nutzen. Zum Auffinden einer neuen Erz- oder Erdöllagerstätte ist die Zusammenarbeit vieler Spezialisten erforderlich – von Zeichnern geologischer Landkarten, Mineralogen, Petrographen bis zu Montaningenieuren und Ökonomen. Und da die geologischen Grenzen, d. h. die Grenzen zwischen den einzelnen geologischen Formationen, nirgends auf der Welt mit den Staatsgrenzen übereinstimmen, ist eine internationale Zusammenarbeit der die Erde studierenden Fachleute notwendig.

So erbrachten z. B. eine von vielen Staaten, internationalen Organisation und der UNESCO unterstützte, konzentrierte Erforschung des Meeresbodens sowie die Lithosphäre (die Erdkruste) untersuchende Projekte in der Vergangenheit und in der Gegenwart Erkenntnisse, die der ganzen Menschheit zugute kommen.

Die geologische Karte

Die Feststellung, wo welche Gesteine sich auf und unter der Erdoberfläche befinden, ist nicht ganz einfach. Das war in der Vergangenheit und ist auch heute noch die Hauptaufgabe der geologischen Landkartenzeichner. Alle übrigen geologischen Tätigkeiten und Arbeiten bauen gerade auf dieser Tätigkeit auf. Es kann sich beispielsweise um die Auffindung von Stein für den Straßenbau, von Tonen für die Keramikindustrie und die Suche nach Erzen handeln. Auch dort, wo nach einem geeigneten Ort zur Gründung von Staumauern gesucht wird, sind Geologen erforderlich. Der Geologe muß vor allem wissen, welches Gestein an dem gegebenen Ort vorkommt.

203

203 Auf dem Luftbild erkennt der Geologe sofort die tektonischen Eigenheiten, in unserem Fall den großen Bruch, der den Gebirgszug vom ebenen Land trennt (Gebiet der Bruchzone von San Andreas in Kalifornien)

204 Luftaufnahmen wurden in den letzten zwanzig Jahren wichtige Helfer der Kartographen und Geologen. Hier sehen wir ihr Prinzip; wichtig ist die Überdeckung der Aufnahmen

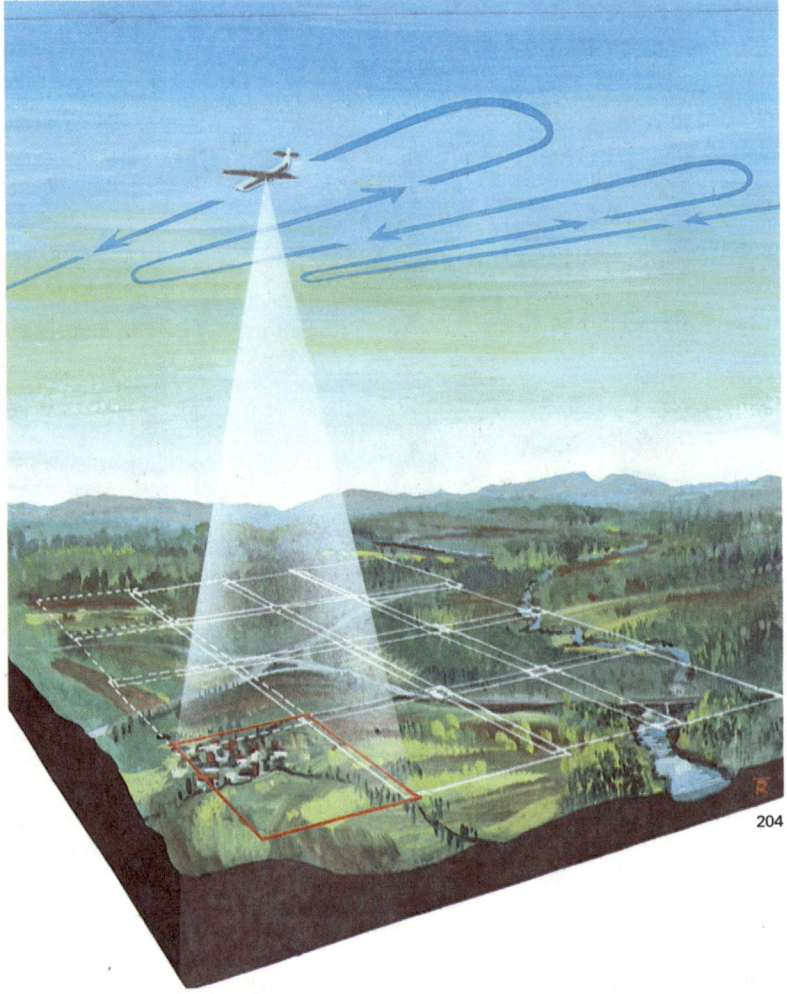

204

Man würde kaum eine Talsperre in tonreichem oder zwar festem, aber von Sprüngen durchzogenem Gestein bauen. Sicher wird niemand Salz im Granit oder Erdöl im Basalt suchen. Wie die Erfahrung zeigt, kommen Salz und Erdöl in Komplexen von Sedimentgesteinen maritimen Ursprungs vor. Einige Kriterien sind absolut eindeutig und für den Geologen ganz selbstverständlich. Jeder Ort auf der Erde hat eine lange geologische

eine geologische Karte angefertigt. Dazu werden topographische Unterlagen — topographische Karten verwendet. Ein Ersatz für sie sind Luft- und Satellitenbilder des untersuchten Gebietes. Sie haben für den Geologen eine Reihe von Vorzügen. Aus Kapitel „Die Erde und das Weltall" geht hervor, welch revolutionäre Veränderungen das Fotografieren der Erdoberfläche aus Satelliten mit sich brachte. Gegenüber der topographi-

205

207

205, 207 Luftaufnahme von Felsenriffen mit Atollen und Lagunen. Nicht minder interessant ist die Koralle selbst

206

206 Luft- und Satellitenaufnahmen an der karibischen Küste Venezuelas. In den trockenen Gebieten ist eine große Anzahl von Sanddünen. Das Wasser ist mit einem fein verteilten Material gefärbt, das offensichtlich vom Festland hingeweht wurde

schen Karte haben die Satelliten- oder die Luftaufnahmen den Vorzug, daß auf ihnen „geologische Unterschiede", wie Färbung des Gebietes bzw. Farbschattierungen sichtbar sind, die auf die Zusammensetzung der Gesteinsunterlage schließen lassen. Diese Unterschiede sind bei terrestrischen Beobachtungen bzw. aus der topographischen Karte nicht so gut feststellbar.

Zur Arbeit an der geologischen Karte braucht der Geologe nicht viele Apparate oder Werkzeuge. Es genügen ein Geologenhammer, ein Feldbuch, ein Bleistift, farbige Pastellstifte, Säckchen für Proben, eine Lupe und ein Geologenkompaß. Er kann also seine Ausstattung in den Rocktaschen mit ins Gelände tragen. Dort versucht er, in der Karte alle Beobachtungen über die vorhandenen Gesteine — natürlich mit verständlichen Zeichen und Farben — zu vermerken. Er wählt dichte Kartierungstouren, um die Abgrenzung der einzelnen Gesteinkomplexe festzulegen, und muß jeden Winkel des studierten Gebiets kontrollieren, um festzustellen, welches Gestein sich unter der Deckschicht befindet. An den Stellen, wo der Geologe über das Gesteinsvorkommen sicher ist, setzt er einen farbigen Punkt oder Strich, der nach dem vereinbarten Code dem Ge-

Geschichte, die gerade in seinen Gesteinen festgehalten ist. Die Gesteine verstehen, bedeutet für den Geologen das gleiche wie für das Kind Lesen lernen. Aus der Anordnung und der Zusammensetzung der Komponenten lassen sich Rückschlüsse auf die Vergangenheit der Gesteine und auf die benachbarten Gesteine sowie auf die Begleiterscheinungen ziehen, es kann geologisch gehandelt und vorausgesehen werden, und die Erschließung von Lagerstätten mineralischer Rohstoffe ist möglich.

Zu Beginn der geologischen Arbeiten wird

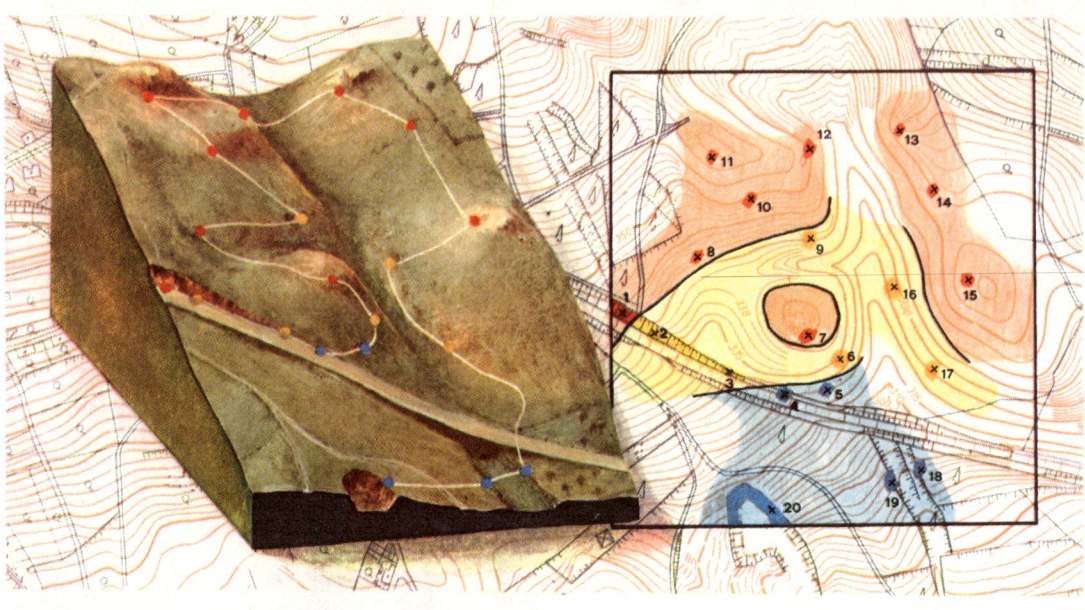

208

208 Die geologische Karte illustriert die Verbreitung von Gesteinstypen im Gelände. Der Geologe wählt die Wege im Gelände so, daß er alle Aufschlüsse erfaßt und die Grenzen zwischen den einzelnen Gesteinstypen mehrmals überschreitet. Das Endergebnis ist ein buntes Mosaik. Im linken Teil des Bildes ist das eigentliche Gelände dargestellt, im rechten Teil die geologische Karte. Der Weg des Geologen ist weiß eingezeichnet und die Stellen, an denen der Geologe die Ausgangsgesteine fand, sind mit farbigen Punkten, in der Karte mit numerierten Kreuzen markiert

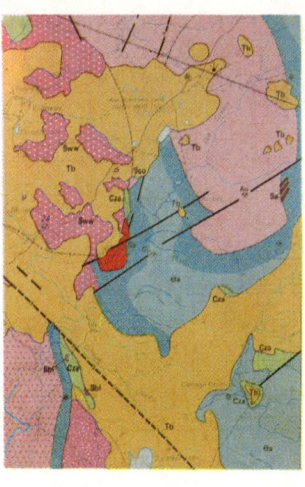

2 km 209

209 Geologische Spezialkarten in genauerem Maßstab, 1 : 25 000 oder größer, werden z. B. zur Auffindung von mineralischen Rohstofflagern oder für die Prüfung des geologischen Untergrunds verwendet, wo große Ingenieurbauten, z. B. Talsperren, errichtet werden sollen

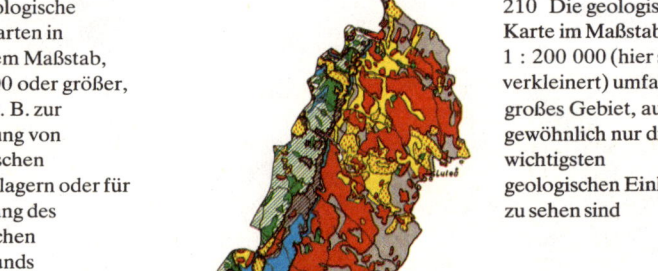

0 100 200 KM

210

210 Die geologische Karte im Maßstab 1 : 200 000 (hier stark verkleinert) umfaßt ein großes Gebiet, auf dem gewöhnlich nur die wichtigsten geologischen Einheiten zu sehen sind

stein entspricht. Granite und Eruptivgesteine werden gewöhnlich mit einer Rotschattierung bezeichnet, Gneise sind braun markiert usw. Aus den Punkten werden Striche und aus den Strichen Flächen. Eine Fläche gleicher Farbe auf der Karte bedeutet das Vorkommen gleicher Gesteine. Bei dieser Arbeit sammelt der Geologe Gesteinsproben, um sie im Labor noch genauer zu untersuchen. An den Gesteinen werden alle ihre charakteristischen Kriterien geprüft, z. B. die Systeme der Brüche und Spalten sowie die entsprechende Raumorientierung der Bauteile – der Minerale. So müssen beispielsweise in der Karte die Richtung und die Neigung der abgesetzten Schichten oder die Richtung der Strömungsmarken der Eruptivgesteine festgehalten werden, aus denen auf die Strömungsrichtung dieser Gesteine geschlossen werden kann.

Die geologische Karte ist nach wochen-

und monatelanger Arbeit im Gelände und im Labor ein mit Informationen gefülltes Dokument. Vom Zweck der Karte hängen auch ihr Maßstab ab sowie der Informationsumfang oder die Hervorhebung einiger Charakterzüge und die Unterdrückung anderer. So muß beispielsweise die Stelle, an der eine Talsperre gebaut werden soll, sehr genau kartiert werden. Auf der Karte sind alle Brüche und Spalten im Gelände sowie alle durchlässigen und nichtdurchlässigen Gesteine zu verzeichnen. Die Außerachtlassung eines charakteristischen Merkmals könnte die Stabilität der Staumauer gefährden. Ein anderer Typ ist die geologische Übersichtskarte. Ihre Aufgabe ist, den Geologen oder den Volkswirtschaftler darüber zu informieren, wo mineralische Rohstoffe vorkommen könnten, welche Gesteine gute Wasserspeicher sind oder wo Schotter zum Straßenbau zu finden ist.

Die geologische Mikrowelt

Wenn wir ein „frisches" Gestein betrachten, stellen wir fest, daß der Granit an einer Stelle mehr und an einer anderen Stelle weniger Glimmer hat oder daß der Schiefer an einer Stelle dunkler oder heller ist und sich besser spalten läßt als an der anderen. Im Gestein erkennen wir auch seine Bestandteile. Manchmal sind mit bloßem Auge Glimmer oder milchig gefärbte Feldspate zu sehen, dann wieder benötigen wir zur Unterschei-

Operation ist die Vorbereitung des Gesteinpräparats zur Beobachtung. Das Gestein muß in so dünne Blättchen geschliffen werden, daß es durchscheinend ist. Wenn Granit, Gneis, Kalkstein oder ein anderes Gestein zu 0,03 bis 0,04 mm dünnen Plättchen

211

212

213

214

215

211 Die heute festen, spröden Gesteine stammen aus jenen Teilen der Erdkruste, in denen die Temperaturen und die Drücke Bedingungen schufen, unter denen sich die geschmolzenen Gesteine wie plastische Stoffe verhielten. Die weißen Teile repräsentieren Gesteinsschmelzen, in die tief unter der Erdoberfläche Granitmagma intrudierte

212, 213 Andesite gehören zu den häufigsten Gesteinen in aktiven geologischen Gebieten, an den „Kollisionsstellen der lithosphärischen Platten". Es ist ein Gestein, das viele Varianten aufweist und in wesentlichem Maße zum Aufbau der sich bildenden Kontinente beitrug. Unter dem petrographischen Mikroskop verändert sich das scheinbar so uninteressante Gestein in ein buntes Farbmosaik. (Die größte Farbfläche nimmt das gesteinsbildende Mineral Pyroxen ein)

214, 215 Die Kontinente und ihre Rinde bestehen aus Gesteinen, die in weit zurückliegender Vergangenheit eine stürmische geologische Entwicklung durchmachten. Sie kristallisierten unter hohen Drücken und Temperatur tief unter der Oberfläche. Die parallele Anordnung der Teilchen ist mit bloßem Auge, aber noch deutlicher unter dem Mikroskop, sichtbar

dung der Bestandteile eine Lupe oder ein Mikroskop.

Mit der Entdeckung des Mikroskops begann das richtige Studium der Gesteine, das Petrographie bzw. Petrologie genannt wird. Allerdings wird für jene, die z. B. im Schulmikroskop eine Zwiebelschale, Strahltiere oder Protozoen gesehen haben, der Anblick des Gesteins enttäuschend sein. Gestein ist undurchsichtig. Deshalb wurde in der Mitte des vorigen Jahrhunderts eine besondere mikroskopische Beobachtungstechnik für Gesteine entwickelt. Eine sehr wichtige

geschliffen werden, sind sie wunderschön transparent und lassen sich unter dem Mikroskop studieren. Diese Methode erdachte im vergangenen Jahrhundert der Engländer Henry Clifton Sorby. Er und seine Nachfolger erarbeiteten noch eine Methode, wie sich die einzelnen Minerale unter dem Mikroskop leicht unterscheiden lassen. Sie gingen von der Voraussetzung aus, daß kristallinische Stoffe die Ebene des durchgehenden polarisierten Lichtes ablenken. Wenn in ein petrographisches Mikroskop ein Polarisator und ein Licht-Analysator eingebaut werden, läßt sich das dünne Gesteinplättchen (Dünnschliff) unter dem Mikroskop fast wie im Schauglas eines Kaleidoskops betrachten.

Die Abbildungen 212 bis 215 zeigen, daß jedes Gestein ein Mineralaggregat ist. So besteht ein derart häufig vorkommendes Gestein wie der Granit außer aus seinen Hauptteilen, d. i. Quarz, Feldspat und Glimmer, gewöhnlich noch aus weniger als einem Prozent anderer Minerale (wie Magnetit und Apatit). Sie heißen Akzessorien. Im Gabbro sind es hauptsächlich Feldspat, Pyroxen- oder Amphibolteile. Fast alle Gesteine sind ein Gemenge mehrerer Minerale. Nur vereinzelt kommen Gesteine aus nur einem Mineral vor. Ein solches seltenes Beispiel ist der Kalkstein, der ausschließlich aus dem Mineral Kalzit besteht.

Die Petrographen prüfen die Gesteine also unter dem Mikroskop und bestimmen ihre

216 Auch die nur unter dem Mikroskop erkennbaren feinen Falten verraten die Kompliziertheit der in der Erdkruste verlaufenden Prozesse (grüne Schiefer)

217 Die Silber enthaltenden Minerale sind nicht nur schön gefärbt, sondern, ähnlich wie die Silberverbindungen in den Schichten der Filme und Photopapiere, auch lichtempfindlich. Solche Arsenminerale sind selten

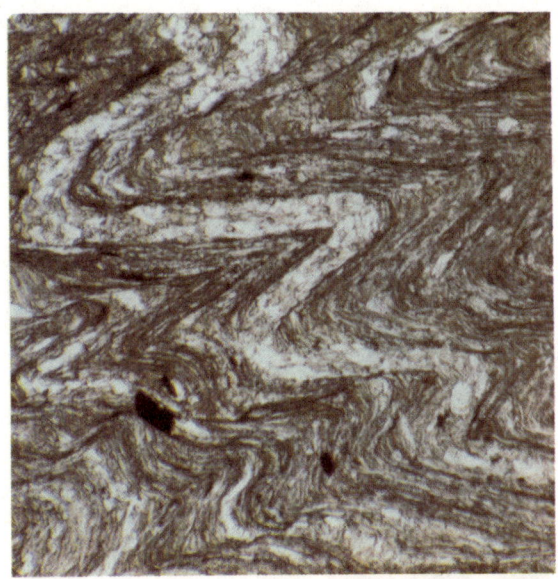

216

218

modale (Volumen-)Zusammensetzung. Je nachdem, wie und in welchem Verhältnis ihre Bestandteile angeordnet sind und wie groß sie sind, erhält das Gestein seinen Namen oder häufiger noch seinen Beinamen. Da sich die Größe und die Form der Bestandteile ebenso wie ihr gegenseitiges Verhältnis und die Güte in den Abläufen widerspiegeln, die das Gestein geformt haben, ist die Klassifikation der Gesteine nicht Selbstzweck. Sie besagt nämlich − grob gefaßt −, wo dieses Gestein in der Erdkruste entstand, welche Verhältnisse an dem Ort herrschten und wo es kristallisierte oder sich ablagerte. Das gilt sowohl für Magmatite (Erstarrungsgesteine) und Sedimentite (Absatzgesteine) als auch für Metamorphite (Umwandlungsgesteine).

Wie nützlich ist die Petrographie? Sie befaßt sich z. B. mit der Bestimmung der Porosität des Gesteins und hilft seine Fähigkeit zu beurteilen, Wasser oder sogar Erdöl oder Gas aufzunehmen. Das ist doch interessant. Dann wieder verwandelt die Anwesenheit einer kleinen Menge von Kassiterit oder Zinnstein (Zinndioxid) Granit in Zinnerz.

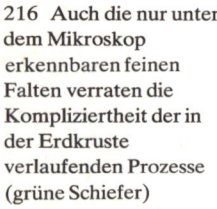

217

218 Galenit zählt zu den leicht erkennbaren Mineralen. Die Kristallformen, die kubische Symmetrie aufweisen, der blaugraue Glanz und die kubische Spaltbarkeit definieren ihn einwandfrei

Häufig indizieren nur unbedeutende Veränderungen der mineralischen Zusammensetzung, z. B. das Auftreten von Sulfiden im Gestein, daß dort Erz vorhanden sein kann, oder daß sich das Gestein für den Straßenbau gar nicht eignet.

Die Petrographen müssen gründliche mineralogische Kenntnisse besitzen, denn das Gestein ist ein Minerale-Aggregat. Selbst wenn wir uns nur kurz mit dem Gegenstand

gen auch die Kristallformen der Minerale. Der schon erwähnte dänische Wissenschaftler Niels Stensen (Steno) definierte eine der mineralogisch-kristallographischen Grundregeln, die besagt, daß die Winkel zwischen den Kristallflächen ein und desselben Minerals gleich sind. Dies bedeutet, daß der aus Brasilien stammende Quarz genau die gleichen Winkel aufweist wie der sibirische Quarz. Die äußere Ähnlichkeit der Kristalle

219 Der Achat ist seiner Zusammensetzung nach ein sehr einfaches Siliziumdioxid, aber die Buntheit, durch die er sich auszeichnet, illustriert die Vielfalt des Mineralreiches

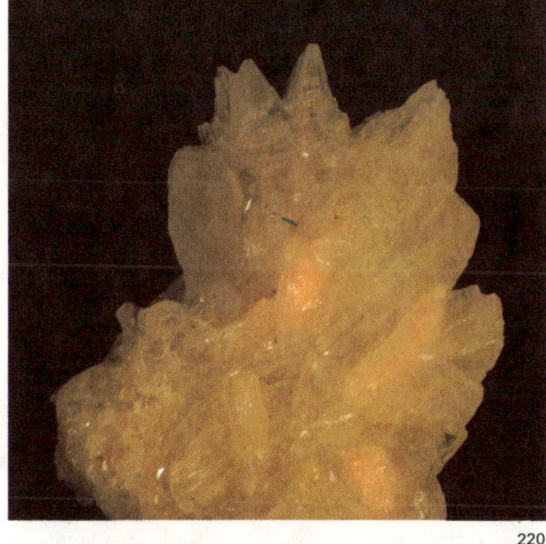

220 Schwefelkristalle sind eine mineralogische Kuriosität, größere Schwefelvorkommen dagegen werden von der chemischen Industrie verarbeitet. Farbe und Werte der Ritzhärte sind für den Schwefel charakteristisch

221 Kalziumkarbonat (Kalzit) begleitet in vielen Nutzgesteinsgängen Kupfer, Blei oder Zink. Auch seine Kristallformen sind leicht erkenntlich. Außer der

219

220

der Studien der Mineralogen – den Mineralen – befassen, werden wir feststellen, daß diese scheinbar praxisfremde Wissenschaft mit einer Reihe menschlicher Tätigkeiten zusammenhängt. Hier ein Beispiel. In der Keramikindustrie muß der Fachmann zuerst die den Ton bildenden mineralischen Bestandteile bestimmen und nach ihren Eigenschaften das technologische Verfahren für die Verarbeitung des Rohstoffes festlegen. Der Mineraloge empfiehlt auch das Verfahren, nach dem ein Erz verarbeitet werden soll. Auch nach dem, was der Mineraloge über den Nierenstein des Patienten sagt, schreibt der Arzt seine Diät vor. Der Umfang der Mineralogie als Wissenschaft ist also bedeutend. Der moderne Mineraloge prüft die Eigenschaften der Minerale vom chemischen und physikalischen Gesichtspunkt und ist an der Gemeinschaft der Minerale interessiert. Die physikalischen Eigenschaften, wie Härte, Farbe, Glanz, spezifische Masse, Kerbzähigkeit usw. sind stark variierend, dabei wenig informativ und genügen nicht zur eindeutigen Bestimmung der Minerale. Natürlich studieren die Minerale.

221

spiegelt die innere Anordnung – den Bau der Moleküle und der Atome – wieder.

Um den Bau der Minerale zu erkennen, genügt nicht mehr das Mikroskop oder das

charakteristischen Spaltbarkeit genügen zur Bestimmung ein paar Tropfen Salzsäure, und aus dem Kalzit werden, so wie aus den übrigen Karbonaten, Kohlensäurebläschen frei

Goniometer, mit dem man die Winkel der Kristallflächen mißt. Dazu sind feinere und sinnreichere Instrumente und Methoden erforderlich. Das Studium der Anordnung der Bauteile der Minerale hängt eng zusammen mit der Festkörperphysik. Auf diesem Gebiet spielen die Röntgenstrahlen eine wichtige Rolle. Die Kristalle werden geröntgt, und aus den erhaltenen Bildern wird die Kristallstruktur bestimmt und die Entfernung der

schließlich um reinen Kohlenstoff handelt. Entscheidend ist, wie die Bauteile des Graphits und des Diamanten angeordnet sind. Die Unterschiede in der Kristallstruktur illustriert die Abb. 223. Auch das Aussehen der beiden Kohlenstoff-Modifikationen ist unterschiedlich. Eine Frau mit einem im Ring eingesetzten Graphit würde man daher vergebens suchen.

Die innere Struktur der Minerale kann mit

222 Der Achat – ein Beispiel für die Schönheit der Halbedelsteine

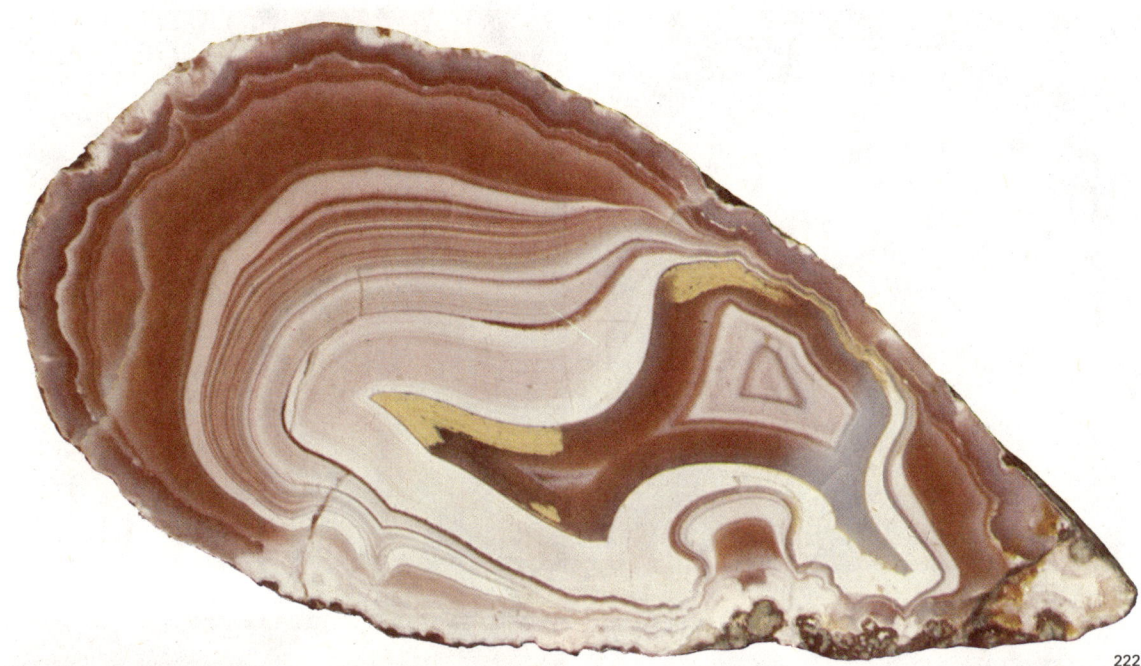

222

223 Temperatur und Druck bestimmen, ob aus dem Kohlenstoff, einem der am häufigsten vorkommenden Elemente der Erdoberfläche, Graphit (links) oder ein Diamant (rechts) kristallisiert. Dieses Bild zeigt zugleich, daß sich bei hohen Temperaturen und extrem hohen Drücken aus Graphit Diamant bildet

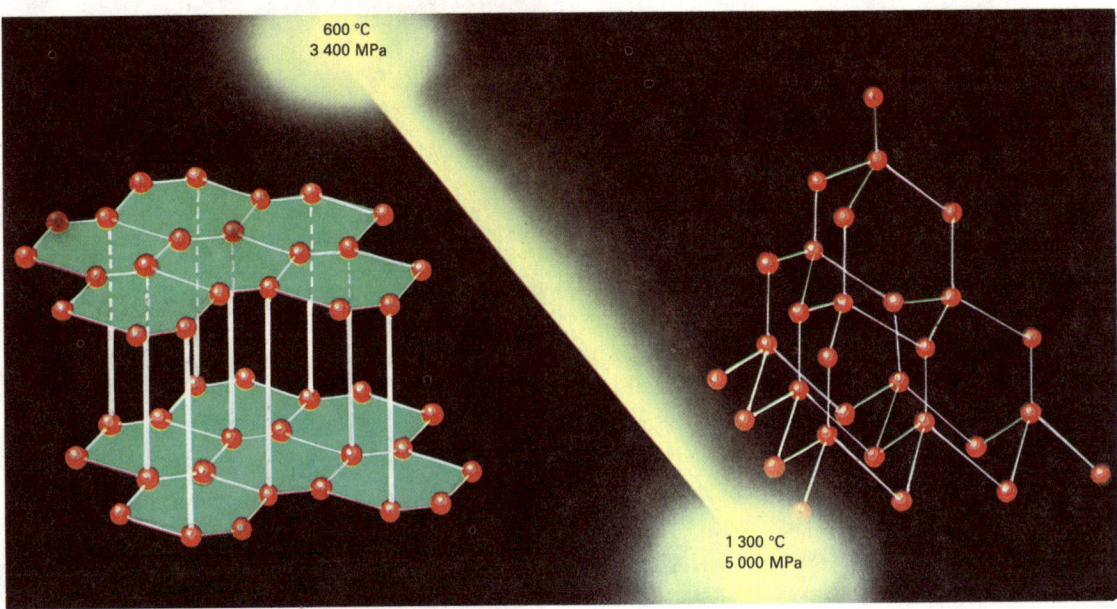

223

Bauteile errechnet. Welche Rolle die Anordnung der Grundbauteile spielt, zeigt das am häufigsten benutzte Beispiel des Graphits und des Diamanten. Die chemische Analyse ergibt, daß es sich in beiden Fällen aus-

modernen Geräten festgestellt werden. Das Objekt kann dabei auch im optischen Mikroskop beobachtet und außerdem seine chemische Zusammensetzung festgestellt werden. Die Studienarten, die bei der Prüfung von kosmischem Material – Meteoriten und Mondgestein – benutzt wurden und für die nur eine minimale Materialmenge benötigt wird, sind die heute üblichen mineralogischen Methoden.

Gesteinsbildende und mit bloßem Auge kaum sichtbare Minerale werden auf elektronischen Mikroanalysatoren chemisch analysiert, wodurch es möglich ist, jeden häufig chemisch sehr wechselvollen Teil weit genauer zu charakterisieren, als es vor zwanzig Jahren möglich war. Parallel zu den geänderten Ansichten über den Aufbau der Erde, über ihr System der sich bewegenden Platten, erfuhr auch die geologische Mikrowelt viele Veränderungen.

Der Geologe braucht die Chemie und die Physik

Am Aufbau der Erde sind 90 chemische Elemente beteiligt. Wenn wir jedoch die chemische Zusammensetzung der Gesteine auf der Erdoberfläche oder jener Gesteine feststellen, die die oberen 400 km der Erdkruste bilden, sehen wir, daß nur zehn Elemente sich in Mengen vorfinden, die der Rede wert sind. Betrachten wir einmal die Erdkruste – dort sind es nach Gewichtsanteilen:
Sauerstoff (46,6 %), Silizium (27,7 %), Aluminium (8,1 %), Eisen (5 %), Kalzium (3,6 %), Natrium (2,8 %), Kalium (2,6 %), Magnesium (2,1 %), Titan (0,4 %), Wasserstoff (0,14 %), Phosphor (0,12 %) und Mangan (0,1 %).
Erst dann folgen Kohlenstoff, Schwefel, Fluor usw. Wir haben einstweilen nur 15 Elemente genannt. Die restlichen 75 Elemente bilden nur 0,61 Prozent. Zu ihnen zählen so seltene wie Iridium, Platin, Tantal und Niob. Diese Aufzählung zeigt die Seltenheit einer Lagerstätte von beispielsweise 2,5 % Metall im Erz und welch eigenartiges Zusammenspiel der Umstände erforderlich war, daß eine derartige Metallkonzentration überhaupt auf der Erde entstand.

Mit dem Aufbau der Erde befassen sich auch die Geochemiker. Sie prüfen die Zusammensetzung der Gesteine, der Luft und der Gewässer, vergleichen die Zusammensetzung der Gesteine und der Böden und ermitteln die Zusammensetzung der Erde. Sie bemühen sich zu verstehen, wie, wo, wann und warum sich Elemente konzentrieren oder zerstreuen, wie sie in der Natur kreisen. Auch eine solche Tätigkeit ist nicht Selbstzweck. Die Erde ähnelt einem lebenden Organismus. Die Elemente tauschen ihre Plätze aus, werden verdaut und freigesetzt. Den Kreislauf des Schwefels zu verste-

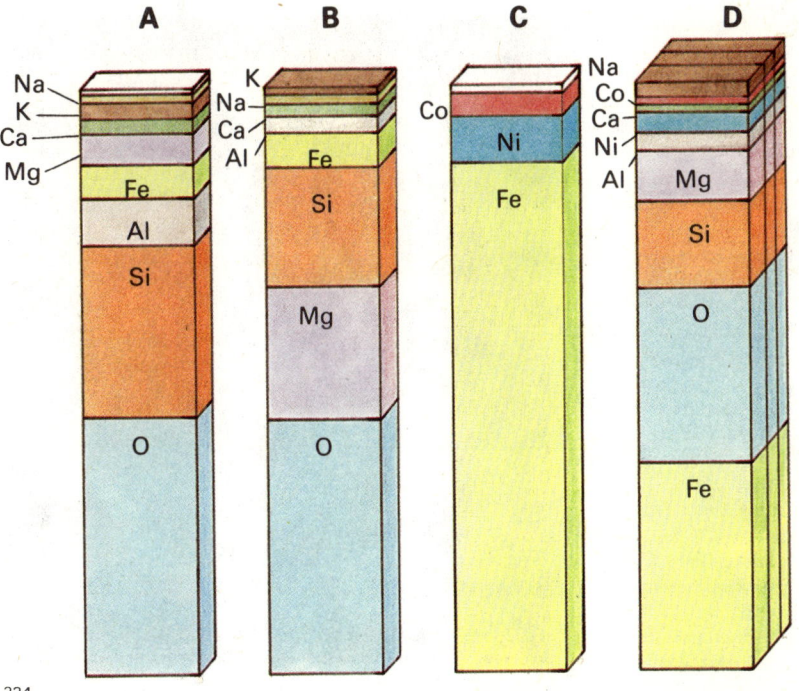

224

hen bedeutet, wenigstens teilweise das metabolische System der Erde zu erfassen. Und die Kenntnis dieses Metabolismus ist eine wichtige Voraussetzung zur Lösung der grundlegenden Probleme des Überlebens der menschlichen Zivilisation.

Ein anderes Fachgebiet der Geochemie beschäftigt sich mit der Frage, woraus das Erdinnere besteht. Ganz anders sieht die praktische Geochemie aus. Diese versucht, mit einfachen „chemischen" Methoden mineralische Rohstofflager aufzufinden. Sie sucht erhöhte Elementgehalte in den Böden, Flußablagerungen und sogar in den Blättern der Bäume, denn die höheren Gehalte können auf nutzbare Lagerstätten unter der Bodendecke hinweisen. Und da diese „gesteigerten Gehalte" in Wirklichkeit sehr niedrig sind und evtl. nur ein Hundertstel oder Tausendstel Prozent ausmachen, benötigen die Geochemiker sehr gut ausgestattete Labors.

Die Grundeigenschaften der Minerale sind die strukturelle Anordnung der Bauteile

224 Die einzelnen Schalen der Erde unterscheiden sich durch ihren Aufbau. Wie sie am Bau der ganzen Erde beteiligt sind, zeigt dieses Bild. **A** – Kruste, **B** – Mantel, **C** – Kern, **D** – die Erde als ganzes

und die chemische Zusammensetzung. Dasselbe gilt auch für die Erde. Wenn wir die Erde als Himmelskörper beschreiben und definieren wollen, müssen wir ihren inneren Aufbau kennen – sie zu verstehen ist aber erst aufgrund ihrer physikalischen Eigenschaften und chemischen Zusammensetzung möglich.

Die grundlegendste Eigenschaft jedes Körpers ist seine Masse. Jede Masse ent-

Wärmefluß und die elastischen Eigenschaften der Gesteine, aus denen die Erde aufgebaut ist, zu nennen. Die Physik der Erde ist dadurch interessant, daß sie die gleichen physikalischen Prinzipien für die Beschreibung und das Studium der ganzen Erdkruste benutzt wie zur Beschreibung kleinerer und kleinster Körper.

Beginnen wir bei der Schwerkraft: Aus der Abbildung 201 geht hervor, daß die Messung

225 Die meisten Wissenschaftler nehmen an, daß der Erdkern die Quelle des Erdmagnetismus ist, wie das untere Bild zeigt. Wir sehen, daß die Achse der Erdrotation (blau) und die Magnetachse der Erde (rot) nicht identisch sind. Deshalb zeigt die Magnetnadel nicht den geographischen Norden (G), sondern den magnetischen Norden (M) an. Die Abweichung heißt Deklination (D). Die Kompaßnadel hat noch eine andere Abweichung, sie ist nämlich etwas nach unten, „in die Erde" gerichtet, und diese Abweichung heißt Inklination (I). Die Deklination und die Inklination sind die horizontalen und vertikalen Komponenten des Magnetvektors

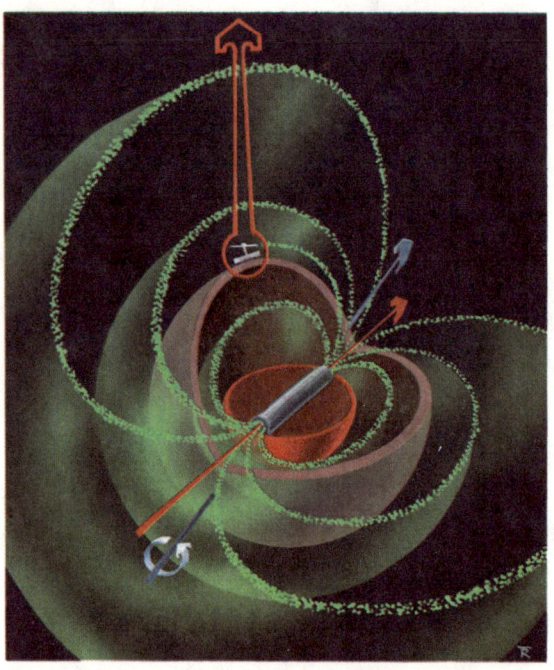

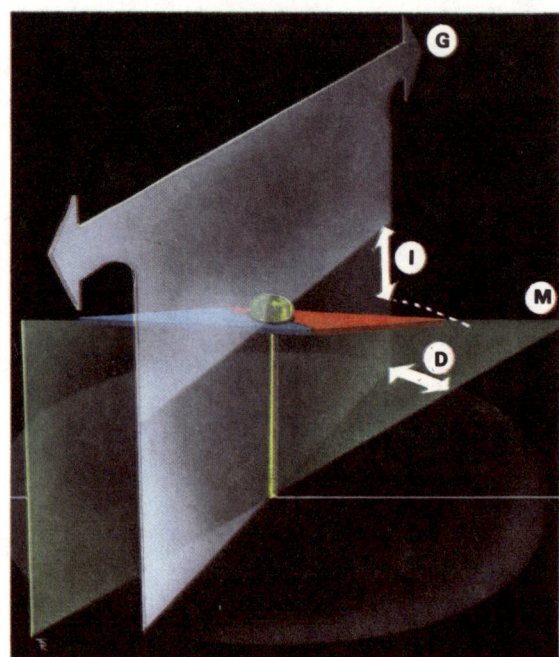

225

226 Das Prinzip der gravimetrischen Methoden ist sehr einfach. Überall dort, wo sich schwere Materie angesammelt hat, ist die Schwerebeschleunigung größer. Die beiden Gewichte auf dem Bild sind gleich groß, doch auf das linke Gewicht wirkt eine größere spezifische Masse (größere Schwerkraft) der Gesteine unter der Oberfläche ein

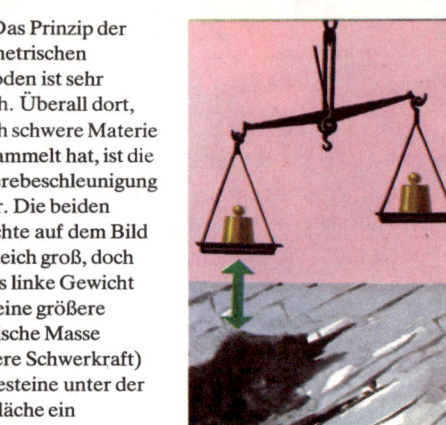

226

spricht der Schwerkraft – der Gravitationsbeschleunigung –, die sich nach den bekannten Newtonschen Gesetzen errechnen läßt. Masse und Gravitation sind zwei Eigenschaften, die sich nicht voneinander trennen lassen. Von den weiteren physikalischen Eigenschaften, mit denen wir die Erde als Körper charakterisieren könnten, sind der Erdmagnetismus, die Erdelektrizität, der

der Schwerkraft zur Bestimmung der Erdkugelform benutzt wird, ebenso wie zur Feststellung der Grenze zwischen zwei Gesteinkomplexen (Abb. 226), die sich voneinander durch ihre spezifische Masse unterscheiden. Oder die magnetischen Eigenschaften: Die Erde als Ganzes ist ein riesengroßer Magnet, und der Geophysiker prüft seine Veränderungen während des Tages bzw. des Monats. Deshalb muß er auch die magnetischen Eigenschaften der Gesteine und ihrer Bestandteile, der Minerale, kennen. Erdbeben verursachen den Menschen jährlich Millionenschäden. Es ist also kein Wunder, daß den Beben seit Urzeiten so viel Aufmerksamkeit gewidmet wird. Man ist bemüht, sie vorauszusagen und den Folgen vorzubeugen. In neuester Zeit werden Versuche unternommen, die Erdbeben zu beherrschen. Schon die Voraussage der Erdbeben ist eine überaus schwierige Aufgabe, aber da sie von so außerordentlicher volkswirtschaftlicher und gesellschaftlicher Wichtigkeit ist, wurde schon zu Beginn dieses Jahrhunderts auf der ganzen Erde ein dichtmaschiges Netz von Meßstationen ausgebaut, die die Erdbeben fortwährend registrieren.

Die Geräte zum Messen und Aufzeichnen der Erdbebenwellen heißen Seismographen. Sie arbeiten nach dem Prinzip der Massenträgheit. Stellen wir uns ein Gefäß – einen Topf – vor, in den wir einen schweren Stein legen. Dann schütteln wir den Topf von einer Seite zur anderen, und weil der Stein die

227

227 Die meisten geophysikalischen Geräte arbeiten nach sehr einfachen Prinzipien. Die große Masse – das Gewicht – bleibt in Ruhe, während die Erdoberfläche und der auf ihr befestigte Seismograph vibrieren. Es entsteht eine seismographische Aufzeichnung. Um die Erdbebenwellen aller Richtungen zu registrieren, müssen mehrere solche Seismographen installiert werden

Tendenz hat, an Ort und Stelle liegen zu bleiben, schlägt er an die Topfwände an. Und das ist im Grunde zugleich auch das Prinzip des Seismographen. Anstatt des Steines befindet sich im Seismographen ein Körper von bedeutender Masse. Er hat ein großes Beharrungsvermögen, und wenn er so aufgehängt oder befestigt ist, daß der Mantel sich unabhängig von diesem Körper bewegen kann und das Gerät mit einem Schreiber versehen ist, entsteht ein Seismograph. Um die Richtung zu bestimmen, aus der die Bebenwellen kommen, ist der Seismographkörper nur für Bewegung in einer Richtung ausgelegt. Zur Bestimmung aller weiteren Richtungen der eintreffenden Bebenwellen werden an einem Ort mehrere Seismographen angeordnet.

Die Geologen interessieren sich für Erd-

beben, weil sie die Bedeutung der Beben für Informationen über den Bau des Erdinneren erkannten. Wenn es keine Erdbeben gäbe, wüßten wir über den Mantel und den Kern unseres Planeten weit weniger. Auch über den Aufbau unseres Nachbarn, des Mondes, erfuhren wir dank der Seismographen sehr viel. Aus der Fortpflanzungsgeschwindigkeit, dem Verlauf, dem Echo und dem Bruch der Bebenwellen schloß man auf den Scha-

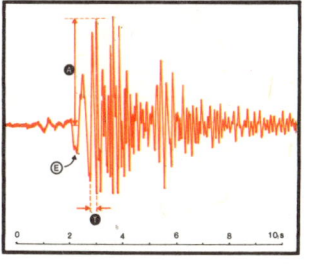

228

229 Das Eintreffen der seismischen Wellen und ihre Aufzeichnung im Seismographen. Der Wert **A** ist die Amplitude – die Schwingungsweite –, **T** die Zeitdauer einer Oszillation

229

228 Den Herd eines Erdbebens festzustellen, ist eine verhältnismäßig einfache geometrische Aufgabe, wenn drei seismographische Stationen (z. B. **P** – Palermo, **R** – Rom und **N** – Neapel) sowie genaue Zeitangaben durch die seismographischen Aufnahmen zur Verfügung stehen. Je mehr Stationen an der Bestimmung des Zentrums beteiligt sind, um so genauer kann das Gebiet abgegrenzt werden, von dem das Erdbeben ausgegangen ist

lenaufbau der Erde. So unglaublich es klingt, Bebenwellen durchlaufen den ganzen Erdkörper, z. B. vom Bebenherd in der Umgebung von Tahiti bis auf die andere Seite der Erdkugel. Aber nicht überall gelingt es, das Beben aufzuzeichnen. Bebenwellen brechen sich an der Grenze zweier Mittel, genau nach den gleichen Gesetzen wie die Lichtwellen; sie werden reflektiert, verlangsamt oder beschleunigt, je nachdem,

230 Der stürmischen Entwicklung der Erforschung des Meeresgrundes in den sechziger Jahren verdanken wir unser Wissen um den Metabolismus des Planeten Erde. Die erste Aufgabe war die Kartierung der Morphologie des Bodens, der

Tiefseegräben und der mittelozeanischen Rücken. Deshalb waren es die Schiffe, die die neuzeitliche Hypothese über die Entstehung der Festlandteile der Erde, die Geschichte der Kontinente, schrieben

welches Material sie durchlaufen. Es gibt mehrere Typen von Bebenwellen, die sich dadurch unterscheiden, wie die einzelnen Teilchen beim Durchlaufen der Welle schwingen. Am wichtigsten sind die Longitudinalwellen (Längswellen) und die Transversalwellen (Querwellen). Diese verbreiten sich durch den Erdkörper. Weniger wichtig sind die Oberflächenwellen.

Zwischen den Longitudinalwellen und den Transversalwellen bestehen beachtenswerte Unterschiede, auf die die Geophysiker ihre Theorie über den inneren Aufbau der Erde begründen. In einem festen Körper verbreiten sich die Längswellen schneller als die Querwellen, in Erstarrungsgesteinen und einigen metamorphierten Gesteinen, auf denen wir auf der Erdoberfläche gehen, sind es ca. 6 km pro Sekunde. Die Querwellen pflanzen sich langsam fort. Außerdem haben sie noch die Eigenart, daß sie das nicht in einer Masse tun, die sich in flüssigem Zustand befindet. Deshalb durchdringen sie nicht den ganzen Erdkörper und erbringen eigentlich den Beweis dafür, daß die Erde in ihrem Innern, allerdings ungemein tief (etwa 2900 km unter der Oberfläche), flüssig ist, und daß dort ein geschmolzener Nickel-Eisen-Kern ist. Diese Beobachtung ist keineswegs neu, sondern stammt vom Beginn unseres Jahrhunderts. Gleichen Datums ist die Feststellung, daß die Erde eine nur dünne Kruste hat, unter der sich der „Mantel" ausbreitet. Über die Grenze zwischen der Kruste, die im Durchschnitt nur etwa 35 km dick ist, und dem Mantel schrieb zum ersten Mal 1908 nach dem zerstörenden Erdbeben in Skopje der jugoslawische Forscher Andrij Mohorovičič. Nach diesem Wissenschaftler wird die Grenze zwischen Kruste und Mantel Mohorovičič-Diskontinuität benannt. Sie liegt in einer Tiefe zwischen 10 bis 75 km. Die Durchschnittstiefe beträgt 35 km.

Interessant ist, wie machtlos der Mensch, der künstliche Satelliten zu bauen versteht und in das Weltall fliegt, bei der Erforschung des Inneren seines Planeten ist. Wir nehmen eine Stecknadel (natürlich nur in Gedanken) und zwicken mit einer Zange den Kopf knapp ab. Auch wenn wir uns noch so sehr bemühen, bleibt am Kopf ein Stückchen Nadel dran. Diesen kleinen Rest drücken wir in einen Apfel ein. Es wird uns kaum gelingen, die Apfelschale zu durchstoßen. Und etwa so tief reichen unsere Bohrungen unter die „Haut" der Erde.

Außer der Ausbreitungsgeschwindigkeit von Bebenwellen werden aber auch weitere physikalische Eigenschaften der Erde geprüft. Dazu werden ebenso einfache wie genaue Apparate benutzt. So basiert z. B. die Messung des Magnetfeldes der Erde auf der Tatsache, daß der Erdmagnetismus zwei Komponenten hat – eine horizontale und eine vertikale. Die Geologen und die Geophysiker nutzen den Erdmagnetismus zur Erlangung vieler Informationen, z. B. zur Bestimmung des Alters von Gesteinen. Die Gesteine halten nämlich in ihren magnetischen Bestandteilen Spuren des Magnetfeldes aus der Zeit ihrer Entstehung zurück. Einige Minerale, besonders die Eisenerze, sind selbst schon stark magnetisch, und deshalb wird nach solchen magnetische Gesteine enthaltenden mineralischen Rohstofflagern mit Hilfe von Magnetometern gesucht.

Die Geophysiker rufen manchmal künstliche Erdbeben hervor, um den Bau des obersten Teils der Erdkruste zu studieren. Sie bringen eine Sprengladung nicht tief unter der Oberfläche an und stellen nach einem gut durchdachten System kleine Seismographen auf, die sie durch Drähte verbinden. Dann wird die Ladung gezündet und damit ein

230

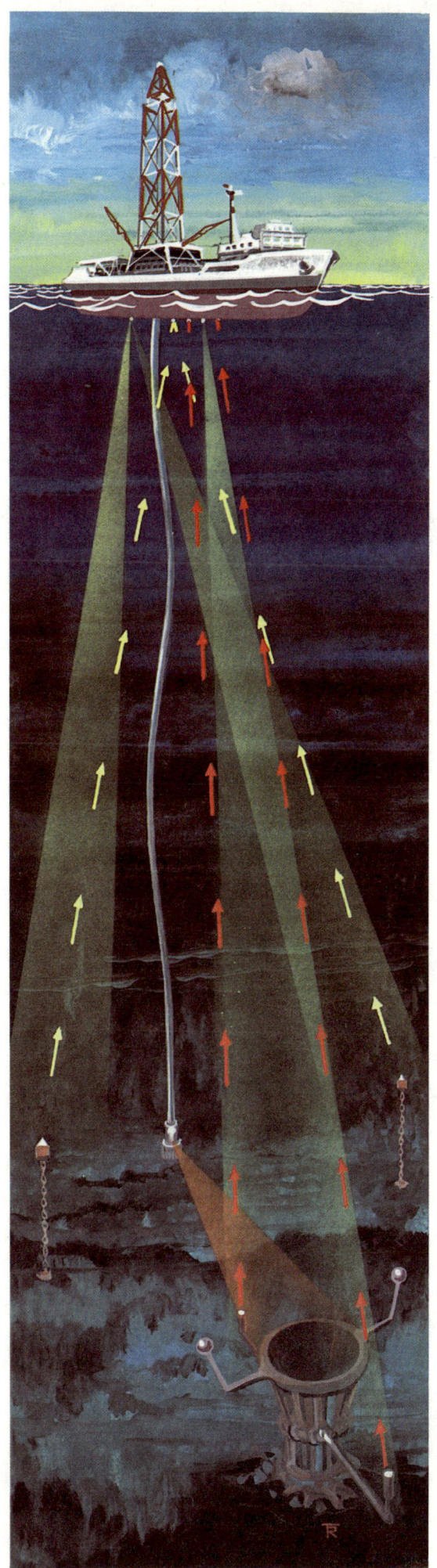

231

kleines Erdbeben hervorgerufen. Aus dem Bewegungsablauf der Wellen läßt sich das Profil der Erdkruste relativ leicht rekonstruieren.

Die Wärme der Erde − oder der die Erde verlassende Wärmefluß − ist eine physikalische Größe, die verrät, wie das Erdinnere aussieht. Weiter zeigt sie, wie in der Erde die radioaktiven Elemente zerstreut oder konzentriert sind, bei deren Zerfall Wärme frei wird. Deshalb verläßt eine größere Wärmemenge die Erde an jenen Stellen, wo sich in der Erdkruste oder im -mantel eine größere Konzentration von Uran und Thorium befindet als dort, wo die Konzentration dieser radioaktiven Elemente niedriger ist. Hohe Wärmekonzentration begleiten vulkanische Gebiete, in denen der Vulkanismus in verhältnismäßig junger geologischer Vergangenheit (das sind einige Jahrmillionen) erlosch.

Auch an diesen Stellen ist die Wärme wahrscheinlich radioaktiven Ursprungs. Sie kommt jedoch aus großen Tiefen und strömt von dort, ähnlich wie das Wasser in einem von unten erwärmten Gefäß, durch die Mantelmasse an die Erdoberfläche.

Der Mensch erkundet die Meere

Die meisten Beweise über die Zusammensetzung, die Entwicklung und die Veränderungen der Erde sind jungen Datums und stammen vom Meeresboden. Noch vor zwanzig Jahren hätten wir es als Unsinn betrachtet, den „Organismus der Erde" auf dem Meeresboden zu prüfen. Heute ist es eine Selbstverständlichkeit. Die Erforschung der Ozeane und ihrer Böden, evtl. auch der Randpartien der Ozeane, erbrachte den Beweis, daß die Erde ein sehr lebendiger Planet ist, an dessen Oberfläche sich fast alle Punkte einschließlich der Kontinente und des Meeresbodens bewegen.

Die Technik der Erforschung der Ozeane erfuhr nach dem zweiten Weltkrieg einen ungeheuren Fortschritt. Man entwickelte neue, technisch anspruchsvolle, aber ihrem Prinzip nach einfache Geräte zum Messen der Temperatur des Meeresbodens und des den Meeresboden verlassenden Wärmeflusses.

231 Das Herablassen der Bohranlage in Tiefen von mehreren Kilometern ist eine technisch anspruchsvolle Operation. Das Schiff muß seinen Standort beibehalten, und beim Auswechseln der Bohranlage muß die angebohrte Stelle wiedergefunden werden. Dabei hilft die moderne elektronische Technik

Die Ära der Weltraumfahrt half, die Oberflächenströmungen der Ozeane zu kartieren. Zur Tiefenmessung des Meeresbodens werden schon ein halbes Jahrhundert lang Echolote statt der Bleigewichte an den dünnen Seilen benutzt. Auch die die Brennpunkte der Erdbeben registrierenden seismischen Techniken halfen, die Rätsel des Meeresbodens zu erklären. Sie werden zur Feststellung der Erdölvorräte an den Kontinentalrändern sind, sondern auch in einigen Tausend Metern Tiefe. Das Fotografieren des Meeresbodens ist keine einfache Sache, da zum Beispiel das Licht schon in einer Tiefe von 100 Metern fast ganz absorbiert ist.

Die Geologen waren jahrzehntelang überzeugt, daß die Hauptgesteine auf dem Grund der Ozeane Sedimentgesteine sind. Die moderne ozeanographische Forschung zeigte, daß das Gegenteil der Fall ist. Ein großer Teil

232

234

232 Glomar Challanger heißt das Schiff, das uns in den sechziger und siebziger Jahren in bedeutendem Maß die Böden der Meere und Ozeane erkennen ließ. Es hat Bohreinrichtungen, die Proben aus tieferen Bodenschichten entnehmen können. Auf dem Schiff arbeiteten schon Dutzende von Wissenschaftlern

233 Die Tatsache, daß in den Tiefseegebieten nicht viel sedimentiertes Gestein vorhanden ist, überraschte viele Wissenschaftler. Erst die Fotografien zeigten, daß der Meeresboden mit Deckenergüssen bedeckt ist. Die Lavapolster auf diesem Bild beweisen klar, daß sich die Lava auf den Meeresboden ergoß

234 Eines der ersten Schiffe für die Erforschung des Meeresbodens, das Unterseeboot Turtle aus dem ozeanographischen Scripps-Institut

233

verwendet. An vielen Orten früher ruhiger Meere stehen heute große, verankerte Plattformen, die das Bohren im Meeresboden am Kontinentalrand ermöglichen. Die Ozeane befahren Dutzende Forschungsfahrzeuge der Vereinigten Staaten, der Sowjetunion, Frankreichs, Deutschlands und Japans.

Außer den klassischen Methoden der Wasserprobenentnahme werden mit besonderen Netzen Planktonproben zur Erforschung der obersten Wasserschichten entnommen.

Gegenwärtig gibt es eine ganze Reihe von Unterseebooten für wissenschaftliche Forschung, von denen einige, z. B. die Trieste, den Boden des Tiefseegrabens in 10 Kilometer Tiefe erreichten. Die Forschungsschiffe entdeckten frische Lava am Boden der Ozeane und Quellen mineralhaltigen Wassers, um die sich Nutzminerale niederschlagen. Es wurden lebende Organismen nicht nur in der Umgebung von Schwefelquellen entdeckt, die nach den bisherigen Vorstellungen für jedes Leben absolut ungeeignet

der Gesteine am Meeresboden sind Basalt-Ergußgesteine. Die Proben aus dem Meeresboden werden heute durch Schleppen oder Zusammenkratzen gewonnen, ebenso wie mit Hilfe moderner Bohrgarnituren, die wiederholt in das gleiche, Zentimeter messende Bohrungsloch gerichtet werden.

Die Atmosphäre
— ein Teil der Erde

Die Menschen sind es gewöhnt, die Atmosphäre von der Hydrosphäre zu trennen, denn die eine bildet die Gashülle, die andere die Wasserhülle der Erde. Wir wollen zeigen, daß diese Teilung zu vereinfacht ist. Zwischen den beiden Schalen findet ein reger Austausch statt; die Atmosphäre und die Hydrosphäre ebenso wie der oberste Teil der Erdkruste bilden ein gemeinsames dynamisches System mit Stoff- und Energieaustausch. Betrachten wir das Wasser. Als Wasserdampf wird es in die Atmosphäre übertragen, kommt als Niederschlag in die

Flüsse und Seen oder gelangt in einen Teil der Erdkruste als freies Wasser, z. B. in die Gesteinsporen, oder aber als chemisch gebundenes Wasser in Minerale. Die Methoden der Erforschung der Atmosphäre, der Hydrosphäre und der Lithosphäre unterscheiden sich grundsätzlich voneinander. Im ersten Fall wird das Gas, im zweiten die Flüssigkeit und im dritten der feste Stoff studiert. Wir müssen uns allerdings vergegenwärtigen, daß alle drei Hüllen durch langzeitige geologische Tätigkeit entstanden. Die Atmosphäre und ähnlich auch die Hydrosphäre bildeten sich durch die Entgasung der Erdkruste. Auch die Erdkruste ist das Ergebnis der Stoffdifferenzierung des Erdmantels. Ihre heutige Zusammensetzung und ihr Aufbau sind das Ergebnis wechselseitiger Einwirkungen. Allein die Atmosphäre hat noch einen wichtigen Nachbarn: den Weltraum. Einige Gase, z. B. der Wasserstoff, entweichen aus der Atmosphäre in den kosmischen Raum, weil die Erde ihn mit ihrer Anziehungskraft nicht festhalten kann. In der Atmosphäre entstehen durch die Einwirkung kosmischer Strahlung Schichten, die ihrerseits ein weiteres Durchdringen der Strahlung zur Erdoberfläche verhindern. Auch die Erkundung der oberen Schichten der Atmosphäre verzeichnet wichtige Fortschritte, seit die Menschen das Weltall erobern. Die Übertragungen über Satelliten sind heute schon eine Selbstverständlichkeit. Die Aufnahmen, die uns auf den Bildschirmen täglich über die Wetterlage informieren, sind ein Teil unseres täglichen Lebens geworden, und die Menschen haben schon fast vergessen, daß noch vor kurzem das Wetter nur aufgrund der Angaben von Wetterdienststellen nach dem herrschenden Luftdruck, der Temperatur und der Windstärke vorausgesagt wurde. Das bedeutet jedoch nicht, daß bei der Vielzahl der neuen Forschungsmethoden, dazu gehören außer Registrierballonen auch Wettersatelliten, Wetterraketen und in großen Höhen fliegende Flugzeuge, die für das Studium der Atmosphäre jahrzehntelang benutzten Techniken in Vergessenheit geraten sind. Der Druck und die Temperatur der Luft, ihre Feuchtigkeit, ihre Zusammensetzung sowie die Richtung und die Stärke des Windes sind immer noch die wichtigsten Faktoren beim Studium der Atmosphäre.

Leider ist den Meteorologen und Klimatologen in jüngster Zeit eine neue Aufgabe erwachsen: Die Beobachtung der ständig steigenden Verschmutzung der Atmosphäre. Die wachsende industrielle Produktion, die Verbrennung von Brennstoffen minderer Güte, z. B. von schwefelhaltiger Kohle, verseucht die Atmosphäre mit vielen chemischen Verbindungen, die einen ungünstigen Einfluß auf die Vegetation und die Bewohner des Planeten ausüben. Schwefel in Form

235

von Schwefeldioxid bewirkt, daß das Regenwasser stark sauer ist und es eigentlich eine schwache Säure regnet. Die Folge ist, daß die sich daraus ergebende Säurehaltigkeit der Flüsse und Seen zum Absterben bestimmter Lebensformen und des ganzen langen Verwandlungszyklus führt, wodurch das Gleichgewicht in der Natur gestört wird. Die moderne Erkundung der Atmosphäre konzentriert sich auf deren Zusammensetzung; ihr Ziel ist, die schädlichen Stoffe aus der Atmosphäre zu entfernen. Es ist nicht nur der Schwefel, sondern viele weitere Stoffe,

235 Die Entstehung der Atmosphäre wird der Entgasung des Erdinneren während eines langen geologischen Zeitabschnittes zugesprochen. Wie die Entgasung des Erdinnern durch vulkanische Prozesse heute vor sich geht und wie weit sich an den Umwandlungen der vulkanischen Gase die Sonnenstrahlung und die Biosphäre (die grünen Pflanzen) beteiligen, zeigt unser Bild

236 Das Bild illustriert alles, was wir Atmosphäre nennen, sowie die Hauptmittel zu ihrer Erforschung: **1** – Hubschrauber und Turboprop-Flugzeuge, **2** – Radiosonden, **3** – Raketenflugzeuge, **4** – meteorologische Raketen, **5** – Nachrichten-satelliten, **6** – Gagarins Weltraumflug, **7** – der Weltraumspaziergang Leonows, **8** – die Loslösung der Mondlandefähre von Apollo. Eine Reihe von Erscheinungen, die wir für kosmische halten, haben ihren Ursprung und ihre Ursache in der Atmosphäre, z. B. sind Sternschnuppen brennende Meteoriten. Die meisten verbrennen in der Mesosphäre (**9**). Typisch für die Ionosphäre ist das Polarlicht (**10**)

z. B. Kohlendioxid, Blei, Quecksilber und andere, die dabei die Aufmerksamkeit der Geochemiker auf sich ziehen. Das Wissen über die Erde auf diesem Gebiet hängt eng zusammen mit der menschlichen Gesundheit sowie mit dem Schutz des Lebensmilieus.

Die Erde und das Weltall

Als 1957 der erste Satellit die Erde umkreiste, ahnten viele Menschen und wohl auch Geologen nicht, welch revolutionären Umbruch in der Erforschung des Planeten Erde die Entwicklung der Satellitentechnik mit sich bringen würde. Heute ist es noch zu früh, den Beitrag der kosmischen Ära für die Erkundung der Erde zu werten, da wir erst in ihren Anfängen stehen. Wir wollen hier wenigstens zwei Gebiete erwähnen, auf denen ein ungeheurer Fortschritt zu verzeichnen ist.

Das erste Gebiet ist die Erforschung der Erde selbst, das Fotografieren ihrer Oberfläche, die Gewinnung eines genügend großen Abstandes vom Objekt und die genaue Bestimmung der physikalischen Eigenschaften der Erde.

Das zweite Gebiet ist die Erkundung anderer Planeten. Da unsere Erde ein zu lebhafter und dynamischer Körper ist, sind die Urstadien ihrer Entwicklung durch jüngere Prozesse verwischt. Die durch das Studium der Planetenoberflächen oder der Mondgesteinsproben gewonnenen Erkenntnisse, die festgestellten Analogien ebenso wie die Eigenheiten weisen darauf hin, daß die übrigen Planeten nicht so dynamisch waren und daß die Erkenntnisse aus dem Studium ihrer Oberfläche für das Studium der frühesten Entwicklungsetappen unserer Erde herangezogen werden können.

Wenden wir uns zuerst der Erde selbst zu. Die grundlegendste Eigenschaft der Masse ist die Anziehungskraft. Sie bewirkt, daß die Körper auf die Erde fallen, und daß Körper, denen eine Geschwindigkeit erteilt wurde, sie auf einer Umlaufbahn umkreisen. Da die Bewegung der Satelliten auf einer kreisförmigen oder elliptischen Bahn um die Erde durch die Erdschwere beeinflußt ist, kann durch Analyse der Flugbahnen der Satelliten um die Erde bewiesen werden, daß die Erde an verschiedenen Stellen eine unterschiedliche Anziehungskraft ausübt und daß sie ein

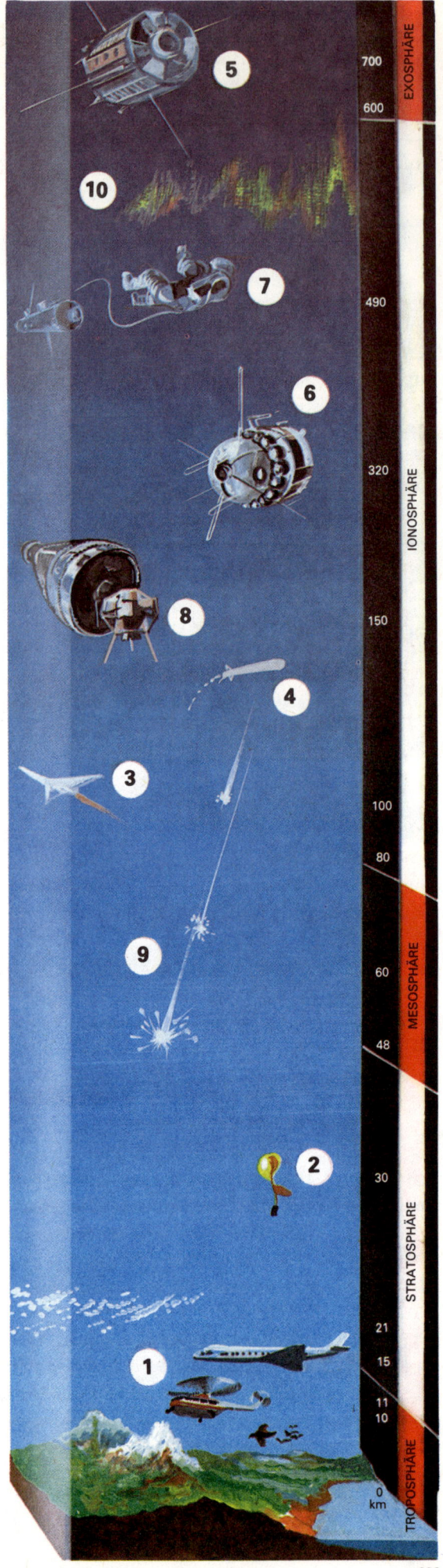

236

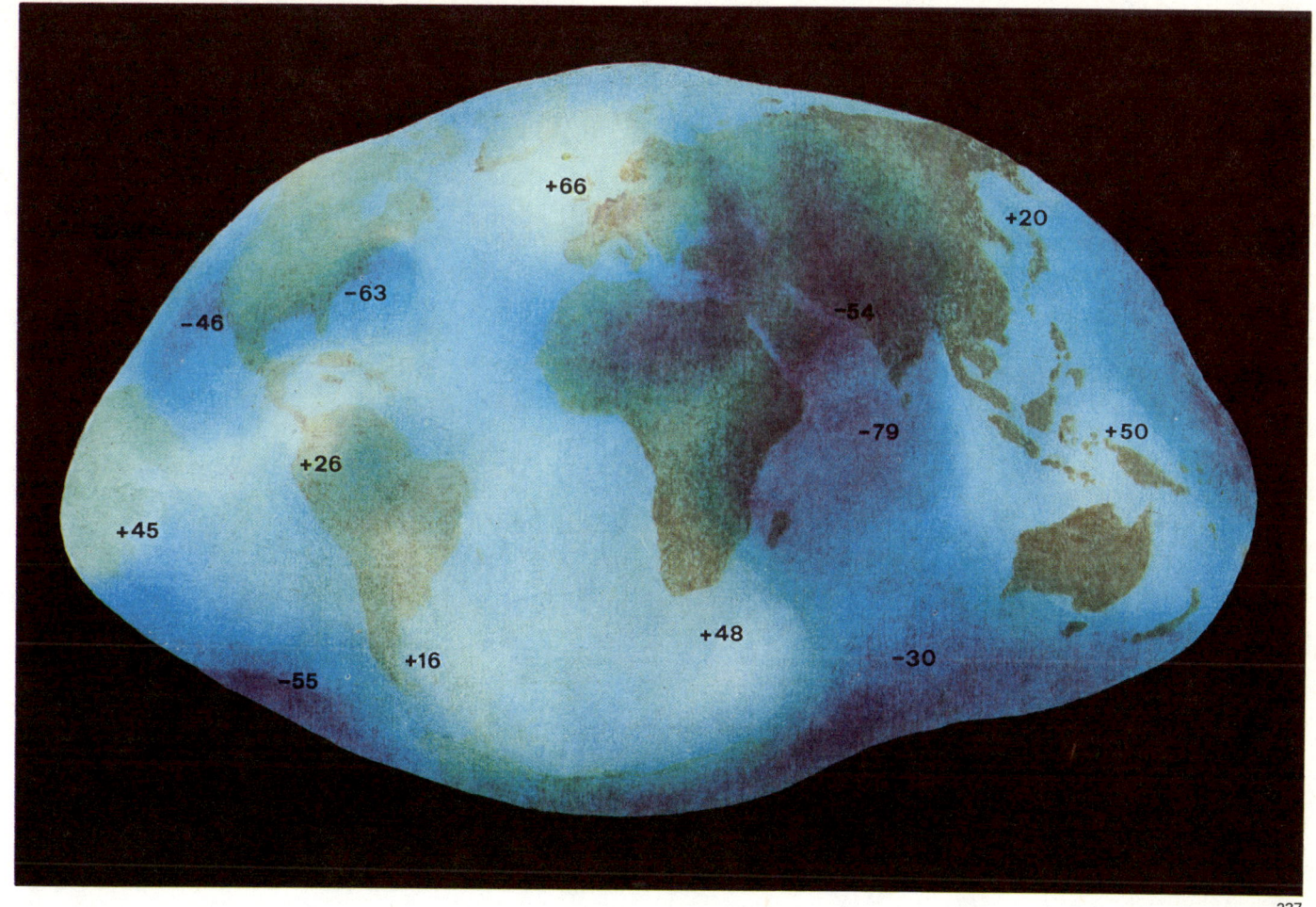

237

inhomogener Körper ist. Sie ist an einigen Stellen schwerer, an anderen Stellen leichter, d.h. sie hat ihre Schwereaufwölbungen, aber auch ihre Schweresenken.

Danach wird an einer Stelle der gleiche Körper schneller, an einer anderen langsamer fallen. Gerade diese Unterschiede können leicht und genau aus den Bahnen der die Erde (oder sogar einen anderen planetarischen Körper) umkreisenden Satelliten errechnet werden. Ähnliche Schwereaufwölbungen und -senken bzw. Unterschiede in der Größe der Gravitationsbeschleunigung wurden nicht nur auf der Erde, sondern auch auf dem Mond und auf den übrigen Planeten festgestellt.

Welchen Zweck haben Erkundungen, bei denen die Form der Erde bestimmt wird? Die Messung der Erdschwere und der Gravitationsbeschleunigung ist eine der wirksamsten Methoden zur Aufsuchung von mineralischen Rohstofflagern. Erdölhaltige Gesteine haben eine verhältnismäßig kleine Masse und zugleich auch eine kleinere Anziehungskraft, und können sich deshalb als Stelle mit

verkleinertem Schwerefeld zeigen. Anderseits haben Gesteine, die Sulfide schwerer Metalle, z. B. von Eisen, Nickel und Kupfer enthalten, eine höhere spezifische Masse und somit auch eine größere Anziehungskraft und zeigen in der Schwerekarte bedeutende Schwereanomalien. Wenden wir uns jenem Gebiet des menschlichen Strebens und der Forschung zu, auf dem die Satellitengeologie (die Erkundung der Erde vom Weltall, von der Umlaufbahn aus) direkte und ganz ungewöhnliche Einblicke erschloß. Wir sprachen davon, daß diese Art der Forschung dem Menschen half, genügend Abstand vom Objekt zu gewinnen. Wie Sie sicher wissen, müssen Sie in einer Gemäldegalerie, vor allem bei der Betrachtung eines größeren Bildes, etwas zurücktreten, um es als Ganzes zu betrachten. Erst der Gesamtblick, der Blick aus einer gewissen Entfernung, erlaubt es, das Objekt richtig zu erfassen. Deshalb sahen die Menschen aus Höhen von 270 oder 1000 km, aus denen die Satellitenbilder geschossen werden, erst die Alpen, das Himalajamassiv oder die Korallenriffe längs der

237 Die blaue Kartoffel stellt die Erdform dar. Die Erde ist natürlich rund, und der Maler hat ihre Kartoffelform übertrieben. Die Zahlen zeigen in Meter an, wie stark die wirkliche Form der Erde – das Geoid – vom Rotationsellipsoid abweicht

australischen Küste in ihrer vollen Schönheit. In der Antarktis zeigten sich Gebirge, die bisher unbekannt waren, anderswo schwer zugängliche Gebiete, z. B. in der Sahara oder in Saudi-Arabien.

Die kosmische Forschung ermöglichte Ansichten der Erde aus solchen „Sichtbereichen", die dem menschlichen Auge nicht zugänglich waren. Wir wissen, daß der Teil des Spektrums der vom Menschen wahrge-

nen Wellenbereichen. Gewöhnlich handelt es sich dabei um für das menschliche Auge sichtbare Strahlungsbereiche, aber häufig auch um kürzere oder längere Wellenlängen. Die Bilder werden einzeln aufgenommen und erst später zusammengesetzt und kombiniert. Es entstehen auf diese Art vielfarbige und interessante Fotos. Für den Geologen sind sie eine Quelle neuer Informationen. Sie zeigen viele unbekannte Strukturen, Brüche,

238 Die Umgebung von San Francisco im westlichen Teil der USA. Ein großer Teil der Wasserfläche (links) ist von Wolken verdeckt. Über dem Festland ist der Himmel klar. Die Umgebung des Golfes ist dicht besiedelt. Gut erkenntlich sind auch die Bergrücken (Skylab – NASA 1977)

239 Die Kameras der Skylabs hielten auf dieser Schwarzweiß-Aufnahme einen Teil Siziliens mit dem Vulkan Ätna (oben Mitte) fest. Gut sichtbar sind die Rauchfahne sowie eine Reihe von Parasitkratern

238

239

nommenen elektromagnetischen Wellen sehr schmal ist, wir nennen ihn den sichtbaren Teil des Spektrums. Die Infrarotstrahlung, die die Erde ausstrahlt, kann auf einem Film festgehalten werden, wodurch es möglich ist, selbst die kleinsten Temperaturunterschiede auf der Oberfläche des Planeten sichtbar zu machen. Die Satellitenbilder im infraroten oder im Bereich kürzerer Wellenlängen als das menschliche Auge wahrnimmt, enthüllten Einzelheiten, von denen die Menschen nicht einmal träumten. Auf diesen kosmischen Aufnahmen lassen sich nicht nur kalte und warme Gebiete gut erkennen (z. B. die Temperatur ganz erkalteter und noch nicht ganz erkalteter Lavaströme), sondern auch die Temperaturen der Oberflächengesteine und ihre Feuchtigkeit.

Die zur Erkundung der Erde bestimmten Satelliten — und es kreist im Weltraum bereits eine große Menge — schossen schon so viele Bilder, daß die vorhandenen Fachleute sie gar nicht alle auswerten können. Sie erzeugen massenhaft Bilder in verschiede-

Falten und Wölbungen, die beim Durchgehen des Geländes nicht erkennbar sind. Das kosmische Bild wird so zu einer Grundlage für eine gute geologische Karte. Auf ihm sind die charakteristischen Züge der Gegend, die Abgrenzung von Gesteinen unterschiedlicher Zusammensetzung, Färbung und Feuchtigkeit usw. enthalten.

Den Hydrogeologen und den Hydrologen, die sich mit der Sicherung genügender Wasservorräte für die Bevölkerung und die Industrie befassen, bieten die kosmischen Bilder Informationen über die Wasservorräte nicht nur im Gestein, sondern auch in mit Schnee und Eis bedeckten Gebieten sowie über die Menge des geschmolzenen Schnees und des Wassers in den Flüssen. Den Kartographen dienen die Bilder als Unterlagen zur Herstellung von genauen und besseren Karten. Die Karten können in wenigen Tagen und nicht, wie früher, in monate-, ja jahrelanger Arbeit nach den klassischen kartographischen Methoden hergestellt werden.

Für das Studium der Güte und des Zustandes des Lebensmilieus bieten diese Bilder

Informationen über betroffene Gebiete. Es können die verseuchten Bereiche, die Schutzzonen der Gewässer, die Verunreinigungen bzw. die Devastationen der Landschaft durch Grubenschäden und Krankheiten sowie die Anzeichen „kranker" Flora verfolgt werden. Den Landwirten und den Volkswirtschaftlern ermöglicht die fotografische Erfassung ausgedehnter Landstriche die Abschätzung der Erträge, der Fruchtbarkeit, der Reife des Getreides oder des Schädlingsbefalls, ohne daß sie die Felder besichtigen müssen.

Für die Geologen ist die Tatsache wichtig, daß der die Aufnahmen einer bestimmten Gegend herstellende Satellit sie in verschiedenen Zeitabständen überfliegt. Das ist gut, weil die Sonne über dem Horizont oder der Morgentau solche Details hervorheben können, die eben nur aus dem Weltall sichtbar sind. Die moderne geologische Erkundung ist heute ohne Satellitenbilder aus dem Kosmos nicht mehr vorstellbar.

Das zweite Gebiet, in dem die Ära der Satelliten das Wissen über die Erde ungemein erweitert hat, ist die Erforschung des sie umgebenden Weltalls. Wieder könnte man glauben, daß die Erforschung des Mars oder des Mondes mit der Erde nichts zu tun hätte. Stellen wir uns jedoch vor, um uns herum gäbe es keine Tiere und keine Menschen, und wir lebten ganz isoliert. In einem solchen Fall fehlt der Vergleichsmaßstab für unsere Eigenschaften. Wenn wir unsere Erde genau kennenlernen wollen, müssen wir Vergleiche anstellen. Wir wissen z. B. von der Mondforschung her, daß der Mond schon ungeheuer lange Zeit geologisch passiv ist, daß es dort keine Vulkane gibt, daß eine Atmosphäre und eine Hydrosphäre fehlen, und daß er schon lange nur die Aufschläge von Meteoriten passiv empfängt. Die Untersuchung des Mondgesteins zeigt uns außerdem, daß die Menge der auf seine Oberfläche auffallenden Teilchen in der Vergangenheit um ein Vielfaches größer war als heute. Und je tiefer wir seine Geschichte zurückverfolgen, um so mehr Meteoriten fielen in einer Zeiteinheit auf den Mond auf. Daraus geht hervor, daß auch die Erde von diesem kosmischen Bombardement nicht verschont geblieben war und daß die heutige Oberfläche der Erde anders aussieht als zu Beginn ihrer Geschichte. Gerade weil auf dem Mond die frühesten Entwicklungsstadien erhalten geblieben sind, können wir

Rückschlüsse ziehen, wie die Erde zu Beginn ihres Bestehens ausgesehen hat.

Experimente in der Geologie

Wenn wir die Arbeit der Geologen auf die grundlegendsten Beziehungen übertragen würden, müßten wir bei der Physik und der Elementarchemie enden. Die Gesteinskom-

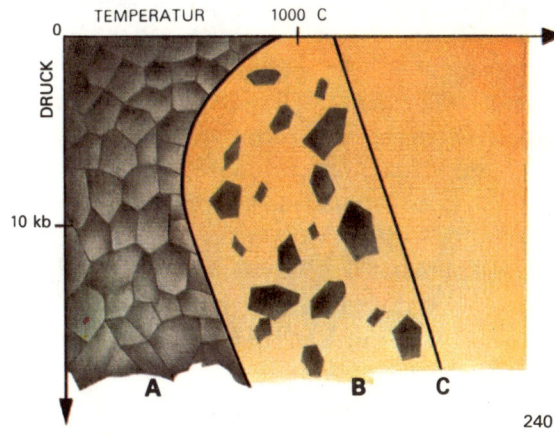

240 Mit wachsender Temperatur und wachsendem Druck ändert sich der Schmelz- und der Kristallisierungsbeginn der Gesteine. Die Linie, die das völlig geschmolzene vom teilweise geschmolzenen, noch Kristalle enthaltenden Gestein trennt (C), heißt Liquiduslinie, und die Linie, die die völlige Kristallisierung charakterisiert, Soliduslinie. Der Verlauf der Liquidus- und der Soliduslinie hängt vom Anteil der flüchtigen Komponenten im Magma ab und ändert sich entsprechend der chemischen Zusammensetzung der Gesteine. Der Bereich **A** repräsentiert das feste, nichtgeschmolzene Gestein, der Bereich **B** die Zone des teilweise geschmolzenen Gesteins

plexe stellen nämlich Aggregate der Minerale und die Minerale chemische Verbindungen mit einem bestimmten, genau definierbaren Aufbau der Hauptbestandteile dar. Aber einige dieser geologischen Prozesse mit den einfachsten physikalischen Gesetzen und den Lehrsätzen der Chemie zu erklären, geht einstweilen noch über die Kräfte des Menschen. Der Grund dafür ist die ungeheure Breite und die wechselseitige Abhängigkeit der natürlichen Abläufe. Nehmen wir uns einmal die vulkanische Tätigkeit vor. An ihr sind viele Faktoren beteiligt − Temperatur, Druck und Zusammensetzung der Gesteine am Entstehungsort und der Weg des entstandenen Magmas in Richtung Oberfläche, wobei Bestandteile verschluckt werden, kristallisieren usw. Wenn wir diese Vorgänge durch Anwendung physikalischer Gesetze erklären wollten, würden wir die Leser gründlich irreführen.

Außer Beobachtungen helfen der Geologie in letzter Zeit auch Experimente.

Die Geologen sind bestrebt, die Fakten über das Erdinnere zu erfahren und die gewonnenen Erkenntnisse in den Labors zu überprüfen. Man zweifelte lange, daß es möglich ist, dort die Bedingungen der geologischen Prozesse nachzuahmen.

In den letzten zwanzig Jahren haben die Experimente in der Geologie einen festen

Platz erhalten. Es handelt sich um sehr komplizierte Versuche, die vorsichtig durchgeführt werden müssen. Die Fachleute arbeiten mit Drücken, die im Erdinnern in Tiefen von Hunderten bis Tausenden Kilometern herrschen, sowie mit sehr hohen Temperaturen, bei denen die meisten bekannten Metalle ebenso wie auch silikatische Gesteine, z. B. Basalte, Klingsteine oder Granite, schmelzen. Weitere Vorsicht ist bei der Auslegung und der Erklärung der Ergebnisse geboten. Die Versuche werden mit einer Menge durchgeführt, die etwa Erbsengröße aufweist, während die Experimentalapparaturen, die Maße von Industriepressen haben, fast ein Wohnzimmer füllen.

Die Experimente bewiesen, daß die Vorstellungen der Geophysiker, die sich mit Erdbeben und dem Zustand des Erdinneren befassen, im Grunde richtig sind. Der oberste Teil der Erde befindet sich in festem Zustand. Nur vereinzelt kommen in einer Tiefe von 80 bis 350 km „Taschen" oder Zonen geschmolzenen oder besser gesagt teilweise geschmolzenen Magmas vor. Und erst unter der Grenze des Mantels ist reine Schmelze vorhanden. Der äußere Kern ist zum größeren Teil geschmolzen. Gegenwärtig stellen die Wissenschaftler Vermutungen an, ob es im Kern noch einen weiteren, kleinen festen, nicht geschmolzenen Kern gibt. Auch dafür sind geophysikalische Beweise da, aber der Laborbeweis fehlt noch. Es gelang bisher nicht, so hohe Drücke und Temperaturen längere Zeit nachzuahmen. Darauf werden wir noch einige Zeit warten müssen.

Zu den einfachsten Versuchen, mit denen wir die Prozesse in der Natur nachahmen können, zählt die Verdampfung des Meerwassers. Das Studium der Lavaviskosität bei hohen Temperaturen und Drücken ist ungemein kompliziert. Auch die Computer nehmen einen festen Platz bei den geologischen Experimenten ein. Es werden Grenzsituationen bei der Ausbreitung von Bebenwellen simuliert, eine ungeheure Menge von analytischen Angaben statistisch verarbeitet, und sogar mit der Wahrscheinlichkeit des Auftretens von Rohstoffen gerechnet.

241 Unser Planet ist ein wohlgeordnetes Gefüge von Gesteinen, Flüssigkeiten und Gasen, die nicht nur auf der Erde vorkommen. Unsere Kenntnisse über den Aufbau der Planeten des Sonnensystems stützen sich auf genaue Messungen der Raumsonden sowie auf Erfahrungen aus der geologischen Untersuchung der Erde

VI DIE ERDE UNTER DEN PLANETEN

Der Planet, der für uns Leben bedeutet

Die Erde ist an den Polen abgeflacht und hat außerdem eine Reihe von Aufwölbungen. Die Abplattung beträgt etwas mehr als 0,3 %. Der Halbmesser der Achse an den Polen beträgt 6 356, 755 km und am Äquator 6 378,16 km. Der Umfang der Erde am Äquator ist 40 073 km.

242 Die Erde – der Planet und die Heimat der Menschheit, durch das Fenster von Apollo 10 während der Fahrt zum Mond gesehen

242

fläche verläuft die Grenze zwischen dem Kern und dem Mantel.

Über der die Erdkruste bildenden Gesteinsschicht liegt noch eine unverbundene Wasserschicht. Man nennt sie Hydrosphäre, und zu ihr zählen die Ozeane, die Flüsse, die Seen und das Wasser in den Gesteinsporen. Die gasförmige Hülle der Erde, bestehend aus Stickstoff, Sauerstoff und weiteren Gasen, heißt Atmosphäre.

243

Die Verteilung der Festländer und der Ozeane auf der Erde ist asymmetrisch, und die Umrisse der Kontinente und der Randmeere zeigen ihre Grenzen an. Die Ozeane überwiegen gegenüber den Festländern. Auf den Festländern sind die Entwicklungsstadien der Erde aus der Zeit vor 3,7 Milliarden Jahren festgehalten, während die Kruste unter den Ozeanen im Vergleich zur Festlandskruste sehr jung ist. Die Erde ist zwar 4,6 Milliarden Jahre alt, aber die ältesten gefundenen Krustenteile in den Ozeanen haben nur ein Alter von 200 Millionen Jahren. Die Ozeane sind geologisch sehr jung, und die Erdkruste unter ihnen befindet sich in ständiger Bewegung. Sie entsteht in den mittelozeanischen Rücken und verschwindet in den Gebieten der Inselbögen und der Kontinentalränder. Die Erde selbst ist in ständiger Bewegung. Die wichtigsten treibenden Kräfte sind ihre durch den Zerfall radioaktiver Elemente hervorgerufene innere Wärme und die Bewegung der Erde auf ihrer Bahn um die Sonne. Die intensivste Energiequelle für die Entwicklung auf der Erdoberfläche ist die Sonnenstrahlung.

243 Der Mond und die Erde – zwei Himmelskörper; die Heimat des Menschen von der Sonde Voyager aus einer Entfernung von 11,5 Millionen Kilometer gesehen

Die Masse der Erde läßt sich aufgrund der Kenntnis der Newtonschen Gravitationsgesetze errechnen. Sie beträgt $5,976 \cdot 10^{27}$ Gramm (je Kubikzentimeter 5,5 g).

Aus diesen Angaben und aus der Kenntnis der physikalischen Eigenschaften der Gesteine an der Erdoberfläche geht hervor, daß die Erde in ihrem Innern eine Materie mit höherer spezifischer Masse hat als an der Oberfläche. Durch Studium der Verbreitungsgeschwindigkeit der Bebenwellen wurde festgestellt, daß die Erde eine Kruste besitzt, die an den Stellen der Kontinente etwa 35 km und an den Stellen der heutigen Ozeane im Durchschnitt 10 km dick ist. Unter der Erdkruste liegt die Mantelhülle. In einer Tiefe von 2 900 km unter der Erdober-

Materie für den Bau der Planeten

Die Erde hat im Sonnensystem Brüder und Schwestern.

Es ist sehr wahrscheinlich, daß auch andere, unserer Sonne ähnliche Sterne ihr Planetensystem besitzen.

Die der Sonne nächsten Planeten heißen terrestrische Planeten, weil sie ihren Ausma-

244

ßen, der spezifischen Masse und der Zusammensetzung nach der Erde ähneln. Es sind der Merkur, die Venus, die Erde und der Mars. Die entfernteren heißen Riesenplaneten oder jupiterähnliche Planeten. Sie unterscheiden sich von den terrestrischen, haben aber untereinander eine Menge verwandte Eigenschaften. Während die nächsten kleinen Planeten aus Stein sind, bestehen die entfernteren aus Gas. Über die näheren sind wir weit besser informiert, obwohl ihr Studium nicht einfach ist. Auch so berühmte Astronomen, wie z. B. Nikolaus Kopernikus, klagten, daß sie während ihres ganzen Lebens den Planeten Merkur nicht richtig zu sehen bekamen, da er sich nur kurz vor Sonnenaufgang und auch dann noch ganz niedrig am Horizont zeigt. Das beeinträchtigt natürlich die Möglichkeiten der Beobachter.

Unsere Kenntnis über die Planeten des Sonnensystems ist heute um vieles größer als vor zwanzig Jahren.

Die Erkundung der Planeten ist eines der fesselndsten Themen der gegenwärtigen wissenschaftlichen Forschung. Dennoch ist vieles noch unbekannt. Es ist ein Verdienst der intensiven Forschung, daß unser Wissen über sie ständig wächst.

Jeden Tag erfahren wir dank der modernen Satelliten vom Typ Voyager oder Venera neue Tatsachen, die unsere Vorstellungen über die nächsten Nachbarn bestätigen, aber häufig auch widerlegen und neue Probleme aufwerfen, die unsere Wissenschaftler beantworten müssen.

Die gegenwärtigen Kenntnisse über die Zusammensetzung der Oberfläche und den inneren Aufbau der planetarischen Körper sind von den genauen Messungen der automatischen Raumstationen abgeleitet, wobei uns unsere Erfahrungen aus der Erforschung des Aufbaus und der Zusammensetzung der Erde zugute kommen.

Was aber bedeuten alle diese auf Entfernung durchgeführten Messungen gegenüber einem wirklichen Stein z. B. vom Mond, der gewogen und untersucht werden kann, und über dem wir sitzen und endlos lang neue Verfahren und Methoden ersinnen können, die uns die besten Informationen vermitteln.

Und es ist nicht nur das Stück Mond, das auf der Erde zur Verfügung steht. Es gibt noch etwas, was weit mehr als die Oberfläche des schon fertigen Mondes aussagen kann – die Meteoriten.

Der Anblick des fallenden „Sterns" ruft in den Menschen die verschiedensten Gefühle hervor. Einige glauben, daß ihnen der in diesem Moment ausgesprochene Wunsch in Erfüllung geht.

Der Wunsch der die feurige Spur des fallenden Sterns verfolgenden Geologen oder Mineralogen erfüllt sich nur selten. Der Wunsch ist aber auch sehr anspruchsvoll: nämlich, daß der Fall möglichst lange dauere und der Stern nicht verbrenne, sondern auf die Erdoberfläche als Meteorit auffalle, dieser gefunden und in ein Labor zur Untersuchung gebracht werde.

Die meisten in die Atmosphäre eintretenden Meteoriten sind kleine, kaum grammschwere Bruchstücke interplanetarer Materie. Diese Meteoriten werden entweder zurückgeworfen oder verbrennen in der obersten Schicht der Atmosphäre. Ihre spezifische Masse ist sehr niedrig – 0,25 g . cm^{-3}. Nur größere und schwerere Körper gelan-

244 Die Fußspur des ersten Menschen im Mondstaub charakterisiert nicht nur die zweite Hälfte des zwanzigsten Jahrhunderts und den Beginn der Eroberung des Weltalls, sondern hat auch einen informativen Wert. Sie zeigt die mechanischen Eigenschaften der obersten Mondschicht

gen, wenn sie unter einem günstigen Winkel in die Atmosphäre einfallen, bis auf die Erdoberfläche. Aber auch da gibt es noch Schwierigkeiten. Die meisten Meteoriten fallen nämlich ins Meer. Wenn also ein Meteorit wirklich in die Hand des Forschers kommt, ist das ein kleines Wunder und muß entsprechend genutzt werden. Er bietet nämlich eine ungeheuer große Anzahl von Informationen darüber, woraus die uns umgebende Welt besteht, wie die nähere Umgebung der Erde beschaffen ist, welche Intensität und Zusammensetzung die kosmische Strahlung aufweist, die auf den Meteorit einwirkte.

Die gründliche Untersuchung mit komplizierten Instrumenten zeigt, wo der Meteorit entstand, wann er sich vom Mutterkörper löste, ob er ein Teil der Oberfläche oder sogar des Inneren eines Planeten war und wie alt dieser Planet ist. Eine noch gründlichere Analyse zeigt, ob der Meteorit auch solche Bestandteile der Materie enthält, die aus anderen Teilen des Weltalls als dem Sonnensystem stammen.

Meteoriten, d. h. auf die Erde niedergefallene Meteore, unterscheidet man nach ihrer Zusammensetzung. Aus den Grunderkenntnissen der Physik und der Chemie geht hervor, daß die Meteoriten die gleichen Elemente enthalten wie die Erde, die Sonne und andere Himmelskörper. Die wichtigsten Bauteile der Meteoriten sind die allgemein bekannten, auf der Erde auch vorkommenden silikatischen Minerale, weiter Legierungen von Eisen und Nickel sowie Sulfide. Am populärsten und am auffallendsten sind Metallmeteoriten. Sie bilden jedoch nur 5,7 % aller Meteoriten, die auf unseren Planeten auffallen, während 92 % aller niederkommenden Meteoriten Steinmeteoriten sind, also hauptsächlich aus silikatischen Mineralen bestehen.

Früher glaubte man nicht, daß die Meteoriten aus dem außerirdischen Raum kämen. Im achtzehnten und neunzehnten Jahrhundert wurden jedoch viele überzeugende Beweise für ihre außerirdische Herkunft gesammelt. Damals sah man sich vor ein weiteres heftig diskutiertes Problem gestellt: Woher, aus welchem Teil des Weltalls stammen die Meteoriten? Genaue Beobachtungen und Messungen der Leuchtstreifen zusammen mit der Messung der Schnelligkeit zeigten, daß die Meteorite zum Sonnensystem gehören, in dem sie sich lange Zeit

bewegten. Die Bahnen der Meteoriten vor dem Eindringen in die Erdatmosphäre zeigen klar, daß sie sich vor dem Auffall auf die Erde auf kreisförmigen Bahnen und auf exzentrischen Bahnen im Sonnensystem bewegten. Durch ein wohldurchdachtes Netz aufgestellter Kameras gelang es, von mehreren Stellen gleichzeitig den Fall eines großen Meteoriten zu fotografieren. Der Auffallort des Meteoriten war genau errechnet, und später wurde sein Rest bei der Stadt Příbram in der Tschechoslowakei gefunden. Dieser Versuch und noch zwei weitere, die auf dem nordamerikanischen Kontinent (Inesfree und Lost City) gelangen, bewiesen, daß die Meteoriten aus dem Sonnensystem stammen und daß die meisten von ihnen sich vor dem Niederfallen auf der Bahn der Asteroiden (Planetoiden) bewegten, die zwischen Mars und Jupiter kreisen.

Viele Forscher glaubten, daß die Meteoriten vom Mond stammen, von wo sie durch den Aufprall eines anderen kosmischen Körpers herausgeschleudert wurden. Das war vorerst eine akzeptable Hypothese, aber später zeigten die Berechnungen, daß die Annahme, daß derartige Meteoriten auf die Erdoberfläche gelangen könnten, sehr unwahrscheinlich ist. Außerdem zeigte das Studium des von den Astronauten und den automatischen Stationen mitgebrachten Mondgesteins, daß es sich von den Meteoriten unterscheidet.

Die Steinmeteoriten heißen Chondrite, weil sie besondere Gebilde, kleine Kerne (Chondren – kugelförmige Kristalle) enthalten, die in der feinkörnigen Masse verstreut sind. Die Chondren werden aus den üblichen ganz normalen Mineralen gebildet, wie Olivin und Pyroxen, die aus den terrestrischen Gesteinen bekannt sind. Das mehr als ein Jahrhundert dauernde Studium der Chondren, insbesondere ihres Ursprungs, zeigt, daß sie Reste von Schmelzen sind, die auskristallisierten.

Die Chondren sind kleine Gebilde, von denen manche auf dem Meteoritenbruchstück mit bloßem Auge kaum zu sehen sind. Vor mehr als 100 Jahren entdeckte sie der bekannte englische Forscher Henry Clifton Sorby. Auf dem Schnitt des Meteoriten oder des petrographischen Präparates sind sie dagegen gut sichtbar.

Weitere Minerale der Steinmeteoriten – der Chondrite – sind Feldspate, also gleichfalls Minerale, die aus terrestrischen

Gesteinen bekannt sind. Interessant ist, daß die Bruchstücke außerirdische Materie enthalten, die von entfernten Planetoiden stammen und ähnliche mineralogische Zusammensetzung aufweisen wie die terrestrischen Gesteine. In den Meteoriten gibt es nicht viele Minerale, die die Geologen nicht von irdischen Gesteinen her kennen. Außer Silikaten, zu denen Olivin, Pyroxen und Feldspat zählen, enthalten die Meteoriten-Chondrite gewöhnlich noch Reste oder Körnchen von Metallen und Sulfidstückchen, wodurch sie sich von den Erdgesteinen unterscheiden. Die Kombination von Sulfiden mit Silikaten ist ungewöhnlich, und die Gegenwart von Metallen in terrestrischen Gesteinen eine absolute Ausnahme. Die chemischen Analysen der Meteoriten heben ihre Ausnahmestellung und zugleich auch die Ähnlichkeit mit den terrestrischen Gesteinen hervor.

Auch die übrigen Planeten terrestrischen Typs, deren chemische Zusammensetzung darauf hinweist, daß sie eine ähnliche Entwicklung durchmachten wie die Erde, sind nicht ohne Beziehungen zur Zusammensetzung der Meteoriten. Je genauer die chemische Zusammensetzung der Meteoriten (Chondrite) erforscht wird, um so auffallender ist ihre Ähnlichkeit mit dem Aufbau der Sonne. Natürlich müssen Wasserstoff und Helium abgerechnet werden, dann erst tritt die Ähnlichkeit des Verhältnisses der Hauptelemente sowie der Gehalt an Spurenelementen klar zu Tage. Wenn wir uns vergegenwärtigen, daß die Sonne ein normaler Stern ist, so können wir annehmen, daß die Meteoriten gewöhnliches kosmisches Material darstellen. Einige Chondrite enthalten sogar Kohlenstoff und Wasser sowie eine gewisse Menge flüchtiger Stoffe und die sind dann der Beweis dafür, daß sie von ihrem Beginn an keine Veränderung erfahren haben. Beim Schmelzen, wie es z. B. bei Eruptivgesteinen der Fall ist, würden einige Elemente voneinander getrennt werden: die flüchtigen von den nicht flüchtigen, die Metalle von den Silikaten und den Sulfiden und es würden das Wasser und der Kohlenstoff verschwinden. Deshalb halten die Wissenschaftler die Chondrite für primitive Bauteile des Sonnensystems. Es ist wahrscheinlich, daß gerade eine den Meteoriten ähnliche Materie der Grundbauteil der Planeten terrestrischen Typs sowie der übrigen Planeten ist.

Die Welt der Meteoriten ist ungeheuer interessant und geheimnisvoll. Allein die Gegenwart einer kohlenstoffhaltigen Materie in diesen Meteoriten — den kohlenstoffhaltigen Chondriten — ist ein bisher ungelöstes Geheimnis und somit eine Aufforderung an die Wissenschaftler, die Lösung der Fragen über die Entstehung des Lebens zu suchen. Wenn man nämlich diese

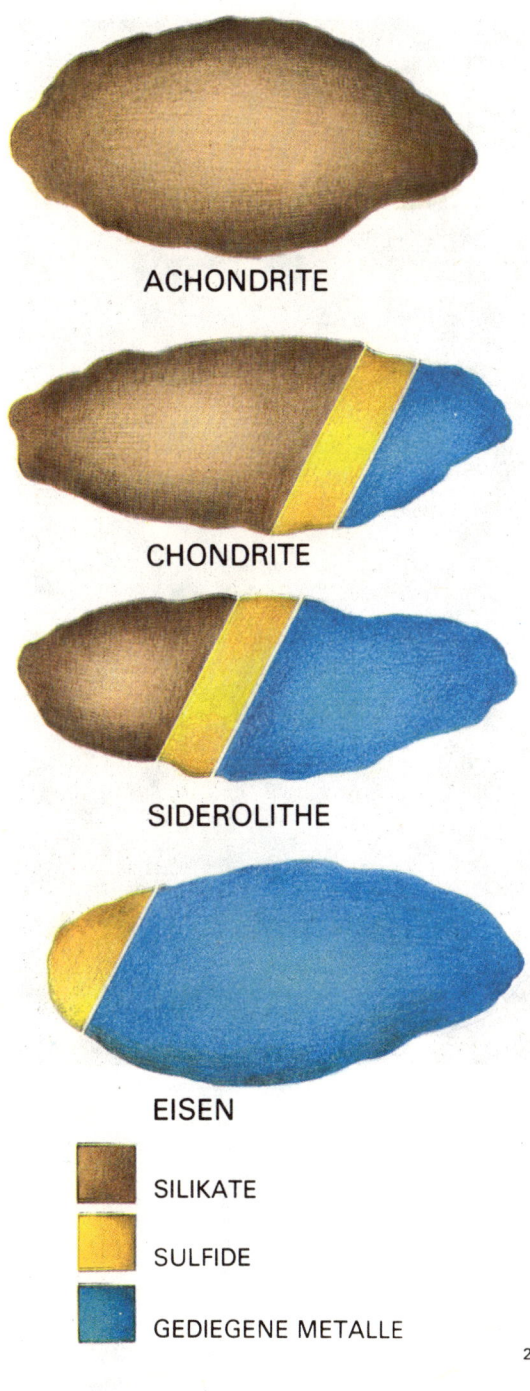

ACHONDRITE

CHONDRITE

SIDEROLITHE

EISEN

SILIKATE

SULFIDE

GEDIEGENE METALLE

245

245 Die Klassifizierung der Meteorite erfolgt nach dem Verhältnis des silikatischen, des sulfidischen und des metallischen Anteils. Achondrite repräsentieren ein Material, das seit seinem Bestehen verhältnismäßig wenige chemische Veränderungen durchmachte und als Teil des ursprünglichen Sonnensystems gilt. Steineisen- und Eisenmeteorite bestehen dagegen aus einer stark differenzierten Masse, die irgendwo im Innern heute zerfallener planetarischer Körper entstanden war

Kohlenstoffverbindungen der Meteoriten einer gründlichen chemischen Analyse unterzieht, zeigt es sich, daß dieser kohlenstoffhaltige Stoff Aminosäuren enthält. Die Biolo-

246 Die Planeten kreisen auf elliptischen Bahnen – **M** – Mars, **E** – Erde, **J** – Jupiter, **SA** – Saturn – aber kleinere Körper, z. B. Asteroide, nähern sich der Erde auf extrem stark elliptischen Bahnen.
A – Hauptgürtel, **AD** – Adonis, **IC** – Ikarus,

gen nehmen an, daß die Aminosäuren die Grundbauteile des organischen Lebens sind. Danach kreisen Lebenskeime schon lange im Weltraum, und einige davon gelangen gelegentlich ganz zufällig auf die Erde.

Meteoriten – wir sprechen ständig nur von gewöhnlichen, primitiven Meteoriten, die seit ihrer Entstehung nicht viele Veränderungen durchgemacht haben – bieten aber

Meteoriten erbrachte also ganz neue Erkenntnisse über die Entwicklung der Planeten, des Sonnensystems und des Weltalls überhaupt.

Zu den Meteoriten, die eine Änderung erfuhren und das Gegenteil der primitiven Chondrite sind, zählen die sog. Achondrite. Wie schon die Bezeichnung verrät, fehlen bei ihnen die typischen kugelförmigen Gebilde – die Chondren. Außerdem unterscheiden sie sich dadurch, daß Eisen und Sulfide fehlen. Sie erinnern an Ergußgesteine – Basalte – und sind von den auf dem Mond vorkommenden Basalten fast nicht zu unterscheiden. Es sind eigentlich Laven aus uns noch unbekannten Planeten oder Planetoiden, aber ihre chemische und Isotopenzusammensetzung verrät, daß es sich um einen Körper aus unserem Sonnensystem handelt.

Durch Umwandlung des ursprünglichen Materials könnten wir uns die Entstehung der Metall- bzw. der Eisenmeteoriten erklären. Wenn wir einen Chondrit – also einen sehr primitiven, unveränderten Meteoriten – schmelzen, trennen wir auf diese Art, ähnlich wie im Hochofen, das Metall und die silikatischen Minerale voneinander. Die silikatischen Minerale bilden Achondrit – Basaltmeteorit – und zurück bleibt das Metall.

Und so entwarfen die die Meteoriten studierenden Forscher auf den Seiten der Fachliteratur hypothetische Planeten. Solche „gebauten" Planetoiden haben aufgrund der chemischen und mineralogischen Erforschung der Meteoriten einen Kern aus einer den Metallmeteoriten ähnlichen Materie. Die Oberfläche besteht aus Achondriten oder aus Kohlenstoffchondriten, aber ihren Hauptteil bilden gewöhnliche Chondrite. Diese Vorstellung ist sehr schematisch und einfach. Sie läßt uns jedoch erkennen, daß zwischen dem Gegenstand des Studiums der Astronomen (Aufbau der Sterne) und der Forschung der Geologen (Aufbau der Erde) ein gemeinsamer Nenner – die Meteoriten – vorhanden ist.

Früher wurden zu den Meteoriten auch besondere glasartige Gebilde gerechnet, von denen man annahm, daß sie aus dem Weltall auf die Erde fallen. Ihr Sammelname ist Tektite. Sie haben auch weiterhin nach den Fundgebieten ihre spezifische Bezeichnung. In Europa werden in der Tschechoslowakei

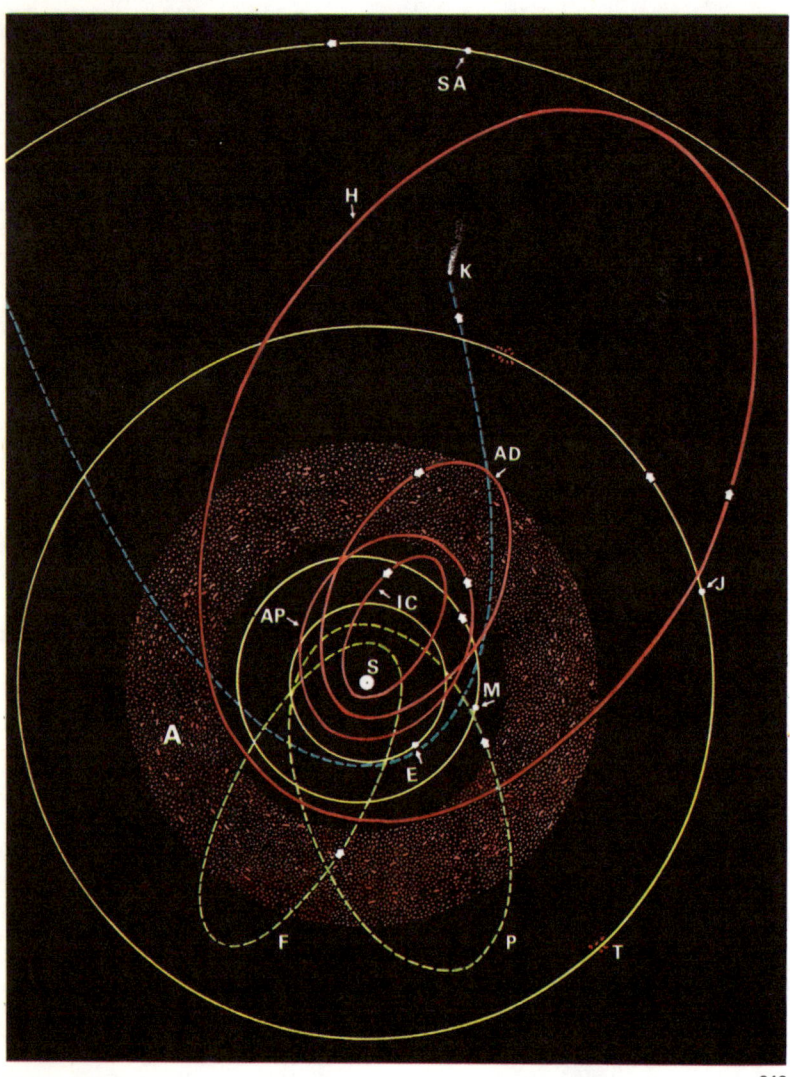

246

AP – Apollo, **H** – Hidalgo, **T** – Trojaner. Auch die Bahnen der Meteorite Příbram **(P)** und Lost City **(F)**, also solcher, deren Flug vor dem Auffall auf die Erde fotografiert und deren Meteorit gefunden wurde, weisen auf eine außermittige Bahn sowie auf einen Ursprung im Gebiet des Asteroidgürtels zwischen Mars und Jupiter hin. Die Kometen bewegen sich auf stark außermittigen Bahnen **(K)**

auch noch andere Überraschungen. So studieren die Wissenschaftler die Isotopenzusammensetzung der Bauteile, die nicht aus dem Sonnensystem stammen und älter sind als unser Sonnensystem. Noch bevor unser Sonnensystem entstand, gab es im Weltall das Material anderer älterer Systeme – Sterne. Bei sehr genauer Forschung war es gelungen, die Reste dieses Materials in den Meteoriten aufzufinden. Das Studium der

Moldavite, auf Java Javaite oder in Indochina Indochinite gesammelt. Ähnliche glasartige Gebilde – Tektite – gibt es auch in der Libyschen Wüste oder in Amerika in Texas. Sie sind wunderschön geformt, mit ausgeprägt modellierter Oberfläche und reicher Farbskala von durchsichtigen grasgrünen und weiteren Grünschattierungen, bis zu ganz undurchsichtigen braunen bis schwarzen. In der Schmuckindustrie sind sie heute sehr populär, denn jedes von ihnen ist ein unwiederholbares Original.

Ihre Formen zeigen klar, daß diese Gläser geschmolzene und erstarrte Gesteinstückchen sind, die die Atmosphäre durchflogen. Lange Zeit wußten sich die Wissenschaftler mit diesen Glasstücken keinen Rat und prüften sie mit allen möglichen Mitteln. Die einen glaubten, daß es in der Atmosphäre geschmolzene Meteoriten seien, andere wieder nahmen an, sie stammten vom Mond, von dem sie nach dem Aufprall großer Meteoriten fortgeschleudert worden seien. Bei einem solchen Zusammenstoß verwandelt sich nämlich die Bewegungsenergie des Meteorits in Wärme, und das Gestein an der Auffallstelle schmilzt. Ein Vergleich der Zusammensetzung des Mondgesteins und der Tektite ergab klar, daß die Tektite nicht vom Mond stammen können. Dagegen zeigten sich, was die chemische Zusammensetzung anbelangt, sehr enge verwandtschaftliche Beziehungen mit den terrestrischen Gesteinen. Und so wurden diese beiden Ansichten kombiniert, und es entstand die Impakthypothese, die von der überwiegenden Mehrheit der wissenschaftlichen Kreise anerkannt wird. Tektite – Moldavite, Javaite sowie alle weiteren Varianten – sind das Produkt von Zusammenstößen großer Meteoriten mit dem Planeten Erde. Wir werden ein solches Ereignis kaum erleben, weil ein großer Meteorit mit der Erde nur einmal in einer Million Jahre zusammenstößt.

Das Planetensystem

Seit Menschengedenken kannten die Bewohner der Erde ihre nächsten Nachbarn. Davon zeugen die urzeitlichen Sternwarten in den Zivilisationszentren, die sich in Großbritannien, Mexiko oder in Südamerika befanden. Diese nahen Nachbarn waren der Mond, der Merkur, die Venus, der Mars, der Jupiter und der Saturn, also mehr als die

Hälfte des Sonnensystems, während seine kleineren, aber entfernteren Teile ohne Fernglas verborgen blieben und auf ihre Entdeckung im 18., 19. und 20. Jahrhundert warteten.

Der Erde am nächsten ist der Mond. Er ist der ausgeprägteste Körper am nächtlichen Himmel und wird gegenwärtig von den Menschen und von den die Erde umkreisen-

247

den Satelliten gründlich erforscht. Bis vor kurzem war er ein sehr geheimnisvoller Himmelskörper. Seinem Mutterplanet Erde ist immer nur eine Mondseite zugewandt. Erst die moderne Forschung zeigte auch die abgewandte Seite des Mondes. Mit der genauen Erkundung der Mondoberfläche in den siebziger Jahren unseres Jahrhunderts begann eigentlich erst die moderne Erforschung der Planeten des inneren Teils des Sonnensystems: des Merkurs, des Mars und der Venus sowie einiger Monde des Jupiters und des Saturns.

Schon ein flüchtiger Blick auf die Oberfläche des Mondes zeigt, daß hier zwei ganz unterschiedliche Einheiten vorhanden sind: dunkle Flächen, die fälschlich ‚Meere' ge-

247 Die Mondoberfläche, wie sie die Astronauten des Apollo 11 sahen. Die großen runden Krater sind mit Basaltgestein gefüllt, während die Festländer, die älteren Teile des Mondes, aus Feldspäten – Anorthit – gebildet sind

248 Erst nach den Mondflügen des Menschen konnte die relative Altersskala der Mondoberfläche bestimmt werden. Der Anzahl der Krater auf einer Flächeneinheit entspricht im Diagramm das wirkliche Alter. Aus dem Diagramm geht hervor, daß im Verlauf der geologischen Zeiten die Wahrscheinlichkeit der Kollision planetarischer Körper mit Meteoritenmassen sank

248 Erst nach den Mondflügen des Menschen konnte die relative Altersskala der Mondoberfläche bestimmt werden. Der Anzahl der Krater auf einer Flächeneinheit entspricht im Diagramm das wirkliche Alter. Aus dem Diagramm geht hervor, daß im Verlauf der geologischen Zeiten die Wahrscheinlichkeit der Kollision planetarischer Körper mit Meteoritenmassen sank

249 Das Studium des Erdalters ist eine scheinbar komplizierte Angelegenheit; das relative Alter zweier Gebiete läßt sich aus der Kraterzahl auf einer gleichgroßen Fläche berechnen. Das Bild illustriert die „Alterung" der planetarischen Oberfläche und zeigt, daß auch kleine Meteorite, deren Krater auf den ersten Blick nicht zu sehen sind, ihre ursprünglichen Charakterzüge verwischen. Wir sprechen häufig von Erosion durch kosmische Teilchen

nannt werden und die hell beleuchteten Festländer. Die ‚Festländer' stellen 80 % der Mondoberfläche dar. Die restlichen 20 % sind die ‚Meere'. Beide Typen unterscheiden sich durch ihre chemische und mineralogische Zusammensetzung. Erwähnenswert ist, daß sich auf der abgewandten Seite nur helle Festlandsgesteine befinden. Die Oberfläche ist übersät von kleineren und größeren Kra-

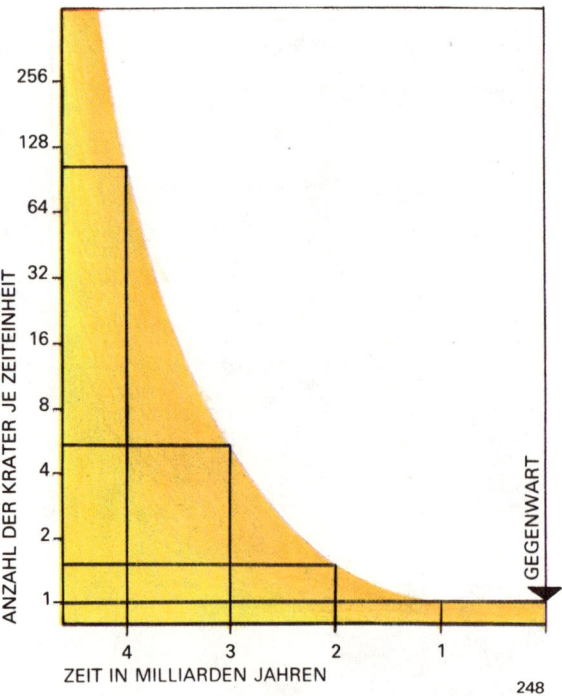

ANZAHL DER KRATER JE ZEITEINHEIT

GEGENWART

ZEIT IN MILLIARDEN JAHREN

248

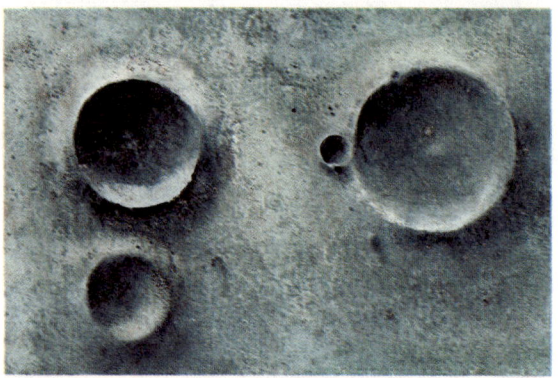

tern, deren Entstehung der wichtigste Prozeß bei der Formung und Bildung der Mondoberfläche ist. Ihre Zahl auf einem bestimmten Gebiet ist ein guter Maßstab für das Alter dieses Gebietes. Die ältesten Formationen weisen weit mehr Krater auf als die jüngeren.

Der wichtigste Markstein bei der Erforschung der Planeten war die Landung der Menschen auf dem Mond.

Die Menschen sammelten auf dem Mond über 400 kg Gesteins- und Bodenproben, brachten auf seiner Oberfläche Seismographen an, bestimmten die den Mond verlassende Wärmemenge, maßen sein Magnetfeld und die Größe der Schwerkraft an verschiedenen Stellen.

Was ergibt sich aus all dem?

Der Mond hat, ähnlich wie die übrigen Planeten, eine Schale, und die Gesteine an seiner Oberfläche unterscheiden sich von denen in seinem Inneren. In den ersten Etappen seiner Entwicklung, vor etwa drei

249

bis vier Milliarden Jahren, gab es auf dem Mond sehr aktive Vulkane. Ihre Lava füllte die großen Depressionen, die bei den Zusammenstößen des Mondes mit Meteoriten entstanden waren. An diesen Stellen befinden sich die heutigen dunklen Meere.

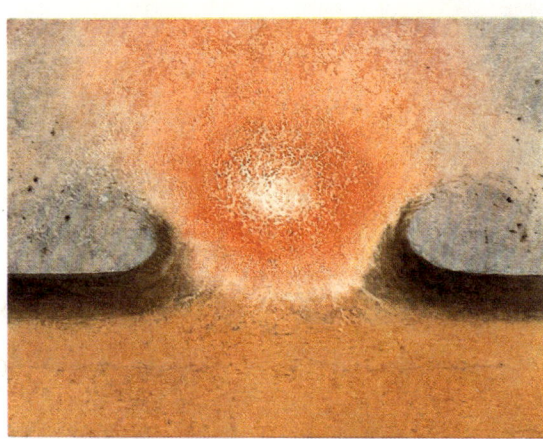

250

Der Mond ist ein Körper, der sich ganz selbständig entwickelt hat, etwa so, wie die Erde oder ein anderer Planet. Die Proben der Mondoberfläche, die der Gesteine ebenso wie die des Bodens, ermöglichten den Menschen, den bis dahin geheimnisvollen Charakter der Meteoriten zu erklären. Diesen Proben verdankt es der Mensch, daß er heute die Angaben der automatischen Stationen empfangen und ihre Ergebnisse interpretieren kann. Und nicht nur das. Er lernt seinen eigenen Planeten Erde, seine Kräfte

und die Dynamik seiner Entwicklung schätzen. Auf dem Mond gab es niemals Wasser. Er hat wegen seiner kleinen Dichte keine Atmosphäre, und das gesamte Geschehen (wir denken da an die geologischen Kräfte, wie z. B. die vulkanische Aktivität) hörte auf dem Mond vor mehr als zwei Milliarden Jahren auf. Die Erde dagegen blüht dank des Wassers und der vulkanischen Tätigkeit, die

251

die Ursache für die Bildung der Gashülle der Erde und des ganzen Wassers auf der Erde war.

Die Erkenntnisse aus der Untersuchung der Mondoberfläche lassen sich gleichfalls auf die Frühgeschichte der Erdoberfläche anwenden. So konnten entsprechend den Erfahrungen vom Mond auch auf der Erdoberfläche impakte Krater aufgefunden werden, die von Zusammenstößen der Erde mit großen Meteoriten stammten.

Der Mond hat im Sonnensystem eine große Menge von Verwandten. So ist der sonnennächste Planet Merkur auf einigen Bildern vom Mond nicht zu unterscheiden. Seine Oberfläche ist gleichfalls von unzähligen Kratern verschiedener Größe und Erhebungen bedeckt. Wenn wir jedoch die physikalischen Eigenschaften vergleichen, dann können wir wesentliche Unterschiede feststellen. Während die spezifische Masse des Mondes etwa 3,3 g/cm^3 beträgt, ist die spezifische Masse des Merkurs hoch, nämlich 5,4 g/cm^3. Dies bedeutet, daß der Merkur wahrscheinlich einen ziemlich großen Metallkern hat. Dafür spricht auch das starke Magnetfeld des Merkurs im Unterschied zu dem des Mondes. Und obwohl die Oberfläche des Mondes und des Merkurs fast gleich

250 Die Entstehung eines Impaktkraters auf der Oberfläche eines planetarischen Körpers ist ein Ereignis, das die Lebensbedingungen des Planeten stark beeinflußt. Man nimmt sogar an, daß ein großer Impakt auch die eigentliche Ursache für das Aussterben der Großechsen auf unserem Planeten war. Der kosmische Körper verliert im Bruchteil einer Sekunde seine kinetische Energie, die sich teilweise in Arbeit — bei der Bildung des Kraters — und besonders in Wärme verwandelt. Dann tritt Verdampfung des auffallenden Körpers und Schmelzung des Gesteins ein

251 Impakte — Zusammenstöße mit planetarischen Körpern (Meteoriten) — sind maßgebend für die Bildung der Oberfläche jener Planeten, die keine schützende atmosphärische Hülle haben und wo die inneren Quellen des Planeten nicht fähig sind, die Oberfläche zu regenerieren

252 Die Planetologen
und die Geologen
bieten nach fast zwei
Jahrzehnten langer
intensiver
Forschungstätigkeit
folgende Schnitte durch
die der Erde ähnlichen
Planeten: Merkur (1),
Venus (2), Erde (3),
Mond (4), Mars (5)

2

3

1

4

5

252

aussehen, ist der innere Aufbau unzweifelhaft verschieden. Die Oberflächengestaltung
des Merkurs verrät, daß außer Kraterbildung
auch die Schrumpfung des Planeten und die
gegenseitige Anziehungskraft der kosmischen Körper eine wichtige Rolle spielen.
Nur die vulkanische Tätigkeit der Oberfläche war wesentlich kleiner als auf dem Mond,
wenn es überhaupt eine gegeben hat.

Ein weiterer Planet, den die Menschen
intensiv untersucht haben und auch heute
noch untersuchen, ist der Mars. Die Sonden
Mariner und Viking zeigten, daß die Ent-

wicklungsgeschichte der Oberfläche dieses
geheimnisvollen Himmelskörpers – des roten Planeten – wesentlich komplizierter ist
als die des Merkurs oder des Mondes. Diese
Tatsache hängt offensichtlich damit zusammen, daß der Mars um einiges größer und
von der Sonne etwa viermal so weit entfernt
ist wie der Merkur und sich so wenigstens
einen Teil seiner Geschichte – den Gehalt an
flüchtigen Stoffen – bewahrt hat. Auch der
Mars ist ein differenzierter Körper; sein
Schalenaufbau ähnelt dem des Mondes, des
Merkurs oder der Erde, und der Vulkanis-

mus spielte und spielt auch heute noch eine wichtige Rolle bei der Bildung seiner Oberfläche. Die physikalischen Messungen zeigen, daß auch der Mars einen Kern aus einem Stoff mit höherer spezifischer Masse besitzt, und daß seine Oberfläche aus einer Rinde mit leichterer spezifischer Masse besteht. Der Mars ist einer der morphologisch buntesten Körper des Sonnensystems. Außer

Ansicht, daß es künstliche Satelliten – Monde – wären, die von intelligenten Marsbewohnern auf die Umlaufbahn gesandt wurden (Abb. 254).

Der geheimnisvollste und offensichtlich am wenigsten gastliche Planet des inneren Sonnensystem ist die Venus, die häufig auch Schwester der Erde genannt wird. Ihre Größe, Masse und spezifische Masse ähneln

253 Teilansicht des riesigen Tales auf dem Mars – Coprates –, des Marsteiles Shithonius Lacus. Mit ihm verglichen sieht der Grand Canyon in Arizona wie sein kleiner Bruder aus. Die Länge des Tales und seine Tiefe sowie das „Zuflußsystem" haben

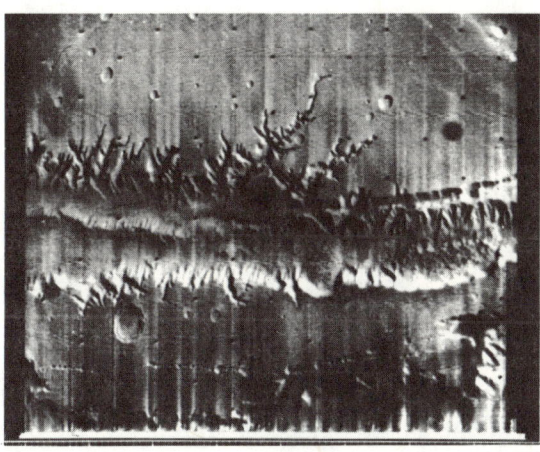

253

geologisch interessanten Einzelheiten, zu denen das Vorhandensein der Polkappen aus Eis zählt, erscheinen auf seiner Oberfläche rötliche und orange Farben. Auch die Entdeckung von Vulkanen und von Flußtälern deutet auf Ähnlichkeiten mit der Erde. Deshalb war man voller Hoffnung, auf dem Mars Leben zu entdecken, aber der Beweis gelang nicht. Der Mars scheint ein erloschener Planet zu sein. Die früher vorhandenen Atmosphäre und Hydrosphäre sind zum größten Teil verlorengegangen.

Das beweisen die ausgetrockneten Flußtäler. Die Reste von Stürmen auf seiner Oberfläche suchen auch heute noch trotz der dünnen, hauptsächlich aus Kohlendioxid bestehenden Atmosphäre, den Planeten heim. Erloschene Schildvulkane, die, was ihre Größe anbelangt, im Sonnensystem nicht ihresgleichen haben, befinden sich in den Gebieten der großen Bruchzonen. Die vertikalen Unterschiede zwischen den Bergen und den Tälern auf dem Planeten sind ungeheuer groß. Aus dem tiefsten Tal bis auf den höchsten Berg sind es 12 bis 16 km.

Um den Mars kreisen zwei kleine Monde, Phobos und Deimos. Es sind eigentlich zwei mit vielen Kratern bedeckte Felsstücke, 13 und 16 km groß. Wahrscheinlich handelt es sich um eingefangene Asteroiden. Noch vor zwanzig Jahren waren einige Forscher der

254

255

stark denen der Erde. Die Bedingungen an der Oberfläche des Planeten sind jedoch für den Menschen unerträglich. Es herrschen dort eine hohe Temperatur (um 450 °C) und hoher atmosphärischer Druck, der etwa hundertmal höher ist als auf der Erdoberfläche. Auch die Zusammensetzung der Atmosphäre, die nicht nur Kohlendioxid, sondern auch Schwefelsäure enthält, macht diesen Planeten unbewohnbar. Die von Menschen gebauten und diesen Bedingungen – hohen Temperaturen und Aggressivität – angepaßten, dort gelandeten Sonden versagen bereits nach wenigen Minuten den Dienst. Die Oberfläche der Venus ähnelt der Oberfläche

auf Erden nicht ihresgleichen. Obgleich alles darauf hinweist, daß die Kanäle von Wasser gebildet wurden, gibt es heute auf dem Mars kein Wasser

254 Der in der Nähe des Mars kreisende Körper wurde für einen künstlichen Marssatelliten gehalten, den die intelligenten Marsbewohner auf die Umlaufbahn gebracht hatten. Alles, was davon übrigblieb, war der uninteressante, formlose, mit Impaktkratern übersäte Körper von Phobos

255 Der Planet Venus – schon vielmals als Schwester der Erde bezeichnet und ebenso häufig als solche abgelehnt – ist ständig in schnell rotierende Wolken gehüllt. Auf der Oberfläche herrscht eine Temperatur von 450 °C. Auch dieses Bild stammt von der amerikanischen Sonde Mariner 10

GANYMED

IO EUROPA

KALLISTO TRITON

TETHYS

DIONE OBERON

RHEA TITANIA

IAPETUS TITAN ARIEL

ERDE MERKUR

MOND

256

die Venus sind. Dennoch bleibt die Venus der am wenigsten erforschte erdähnliche Planet. Gegenwärtig ist es gelungen, mit Radargeräten weitere Eigenheiten zu präzisieren: hohe Berge, ähnlich dem Himalaja unserer Erde (auf der Venus heißen sie Maxwell Montes) oder ganz vereinzelte Formationen wie das Plato Ishtar Terra oder Aphrodite Terra. Diese ähneln den Riften und Schilden unserer Erde. Auch die Gesteine der Oberfläche, deren Zusammensetzung wir von einer einzigen Stelle her kennen, gleichen in vielem den irdischen Gesteinen (Abb. 255).

Wie sehen die Planeten des äußeren Sonnensystems aus? Der am weitesten von der Sonne entfernte Planet heißt Pluto. Der Größe nach ähnelt er zwar den Planeten des inneren Teils, doch bewegt er sich sehr schnell und läuft auf einer stark elliptischen Bahn. Er ist also nicht groß und paßt nicht zum Jupiter, Saturn und Neptun. Es scheint auf den ersten Blick, als ob er überhaupt nicht in dieses System gehören würde. Der Sonne näher als Pluto bewegt sich der Planet Neptun. Er ist etwas größer und wohl auch interessanter als Pluto, schon deswegen, weil er durch sein eigenes Licht leuchtet. (Er strahlt mehr Wärme und Licht aus als er von der Sonne empfängt.) Seine Umlaufzeit um die Sonne ist lang, und eine Umkreisung dauert 165mal länger als die Umlaufzeit der Erde. Auch auf dem Neptun, ähnlich wie auf dem weiteren, dem Neptun ähnlichen Nachbarn, dem Uranus, sind die Verhältnisse unwirtlich, denn es herrschen dort Temperaturen von −200 °C und die Energieaufnahme von der Sonne ist sehr klein. Um die Planeten Uranus und Neptun kreisen kleinere Körper – Monde.

Die Menschen kennen die letzten drei Planeten des Sonnensystems erst kurze Zeit, und ihre Entdeckungen (Uranus 1781, Neptun 1846, Pluto 1930) wurden seit jeher als ungeheure Erfolge der Astronomie betrachtet. Unser Wissen über die Zusammensetzung und den Bau dieser entfernten Nachbarn ist sehr bescheiden. Bekannt ist uns die Temperatur, etwas über die Zusammensetzung ihrer Atmosphäre (Methan, Ammoniak, Wasserstoff und Helium) und nicht sehr viel über ihre Monde. Die Uranus-Ringe aus Felsbrocken sind erst seit 1977 bekannt. Der letzte der Monde wurde 1978 entdeckt. Er gehört dem Planeten Pluto und heißt Charon. Über die anderen Monde

256 Die großen und größten Monde des Sonnensystems, verglichen mit der Größe der Erde, des Merkurs und unseres Mondes, dessen Durchmesser 3476 km beträgt

anderer stark mit Kratern besetzter Planeten. Durch Radarforschung wurde festgestellt, daß die riesigen runden Vertiefungen vom Typ Imbrium auf dem Mond und Caloris auf dem Merkur charakteristisch für

informiert die Abb.256. Die Mittel der klassischen Astronomie sind heute fast erschöpft. Jetzt bleibt nur noch zu hoffen, daß die Menschen ein Raumschiff vom Typ Voyager entsenden werden, um Informationen über die äußeren Planeten des Sonnensystems zu erlangen. Daß sich das lohnt, zeigen die Ergebnisse aus der Erkundung der näheren Planeten, wie des Jupiters und des Saturns.

Der zweitgrößte Planet des Sonnensystems, der Saturn, ist von vielen Ringen, Satelliten und Monden umgeben. Erst in den letzten Jahren wurden die geheimnisvollen, scheinbar zusammenhängenden Ringe enträtselt. Wie es sich zeigte, sind ihrer weder fünf noch sechs, sondern tausende, die aus kleinen Steinbruchstücken von etwa einem Meter Größe bestehen. Der Saturn ist ein Planet mit niedriger spezifischer Masse, die sogar niedriger ist als die des Wassers. Er ist mit −170 °C verhältnismäßig kühl, und seine Atmosphäre besteht aus Methan.

Der Jupiter, der größte Partner der Sonne, ist etwa 320mal schwerer als die Erde. Er strahlt in den Raum mehr Wärme aus als er von der Sonne empfängt. Deshalb erscheint er uns als nicht gelungene Sonne, in der die große Wärme- und Lichtmengen freisetzenden Reaktionen nicht richtig verlaufen. Die Jupiter-Atmosphäre ist undurchsichtig, in ihr sind verschiedene „klimatische Zonen" mit unterschiedlicher Temperatur feststellbar. Sogar ein riesiger, durch atmosphärische Strömungen hervorgerufener, aus großer Entfernung sichtbarer roter Fleck erscheint dort.

Die Abmessungen und die relativ kleine Masse sind die Ursache dafür, daß auf dem Jupiter keine Kernfusionen wie auf der Sonne stattfinden. Dennoch erzeugt er seine eigene Wärme und sein eigenes Licht. Diese Erscheinung, von der die Menschen in der Vergangenheit annahmen, daß sie nur der Sonne eigen ist, läßt sich mit der „Schrumpfung" des Planeten erklären. Es wurde errechnet, daß eine Schrumpfung des Planetenhalbmessers um nur einen Millimeter jährlich genügt, um die Energie zu bilden, die der Jupiter entwickelt. Seine etwa 1000 km hohe Atmosphäre ist aus Wasserstoff und Helium, aber auch Methan und Ammoniak sind enthalten. Die bedeutende Intensität des Magnetfeldes weist auf die Gegenwart eines Metallkerns hin. Ob es ein Eisenkern ist, oder ob es sich um metallischen Wasserstoff handelt, ist einstweilen noch nicht geklärt.

Die Jupitermonde sind so interessant, daß sich die Geologen mit ihnen in nächster Zukunft noch oft befassen werden. Sie beste-

257

258

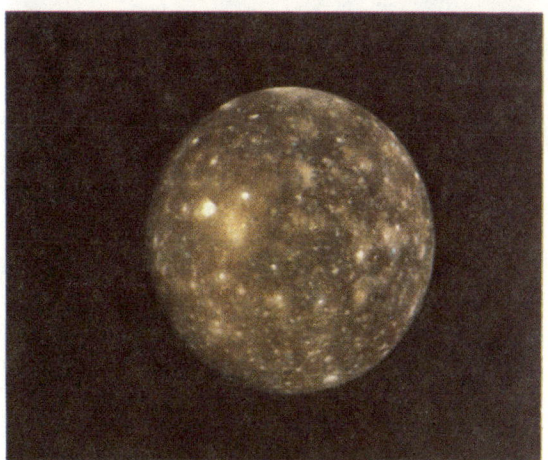

259

257 Jupiter, der häufig mit einer mißlungenen Sonne verglichen wird, ist der größte Planet des Sonnensystems. Seine Monde sind öde. Die amerikanische Sonde Voyager hält zwei dieser Monde – Io und Europa – im Bild fest. Dahinter die Oberfläche des Jupiter mit dem sog. Großen Roten Fleck

258, 259 Die Jupiter-Monde zählen zu den interessantesten Erkenntnissen an der Wende der sechziger und der siebziger Jahre. Einige waren zwar schon von Galilei entdeckt worden, aber erst der Voyager entdeckte, daß es sich um „Planetoiden" mit gesonderten Entwicklungszügen handelt. Es zeigte sich, daß der kleine Mond Io noch vulkanisch aktiv ist, während die Oberfläche von Callisto der des toten Mondes unserer Erde ähnelt

hen aus festen Stoffen – Steinen. Auf einem von ihnen (Io) sind sogar so etwas wie Explosionen feststellbar, bei denen die Materie dieses Mondes in der Atmosphäre in große Höhen fliegt und dann wieder zurückfällt. Analysen zeigten, daß es sich dabei um Schwefelverbindungen handelt. Die übrigen Jupitermonde scheinen tot zu sein, wenigstens wurde bisher nichts festgestellt, was in

Ozeane, Meere und Flüsse, weiter das Grün der Vegetation und die Gegenwart von Lebewesen und Menschen. Die Erde ist allseitig ausgewogen: Wasser kommt in allen drei Formen vor, die Entfernung von der Sonne ist gerade für die Aufrechterhaltung einer optimalen Temperatur günstig, und ihre Masse und Maße gestatten, daß sie eine eigene, aus Gasen bestehende Atmosphäre behält. Einstweilen ist den Menschen kein ähnlicher Planet bekannt. Auf jeden Fall gibt es ihn nicht im Sonnensystem. Hinter die Grenzen des Sonnensystems vorzudringen, ist den Menschen noch nicht gelungen und es wird wohl noch eine Zeit dauern, ehe sie das Ziel erreichen.

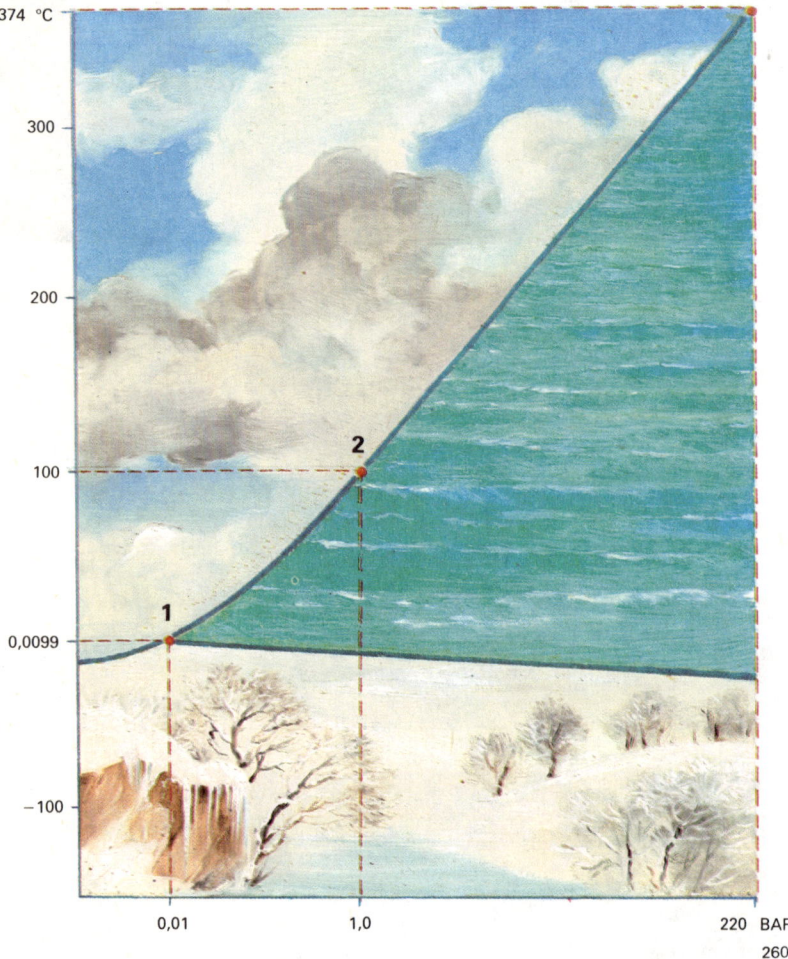

260

der Gegenwart auf eine bedeutende Tätigkeit hinweisen würde.

Der schönste Planet

Und nun zum letzten, für uns aber wichtigsten Wandelstern, dem blauen Mutterplaneten – der Erde. Prosaisch gesagt, ist sie eine sehr gut organisierte Mischung von kosmischem Material, Metall, Steinen und Gasen. Ihre Maße, der Schalenbau und die chemische Zusammensetzung erinnern uns an die übrigen Planeten. Wodurch sie sich unterscheidet, ist vor allem die Hydrosphäre – die

Alle Planeten, also auch die Erde, kreisen in einer Ebene oder wenigstens fast in einer Ebene, die Ekliptik heißt. Nur die Bahn des sonnenentferntesten Planeten, Pluto, ist von dieser Ebene abgeneigt. Die Planeten kreisen in einer Richtung um die Sonne und rotieren im gleichen Drehsinn um die eigene Achse. Nur der Planet Venus bildet hierin eine Ausnahme. Er dreht sich um die eigene Achse im entgegengesetzten Sinn. Wir sagen, daß er eine rückläufige Rotation besitzt.

Die Planeten und ihre Monde bewegen sich ebenfalls in der Ekliptikebene, und die Bewegungen einiger von ihnen sind synchronisiert, also zeitlich so abgestimmt, daß sie dem Beobachter immer die gleiche Seite zuwenden. Ein Beobachter auf dem Jupiter würde ständig die gleiche Seite der Jupitermonde sehen. Die gleiche Umlaufrichtung der Planeten um die Sonne und ihre konformen Umdrehungen sind für uns einer der Beweise, daß die Planeten aus einem gemeinsamen „ursonnenartigen" Nebel hervorgegangen sind. Interessant ist, daß man in der Zeit der künstlichen Satelliten, der Raumsonden, des Radars, der Minirechner und der Mikroprozessoren zur alten Hypothese des deutschen Philosophen Immanuel Kant (1724–1804) zurückkehrt, der annahm, daß die planetarischen Körper durch Verdichtung und Zusammenballung des Urnebels entstehen. Die modernen Wissenschaftsdisziplinen, wie die Isotopengeologie oder die Meteoriten-Mineralogie, von der weder Kant noch der französische Astronom Laplace (1749–1827) eine Ahnung hatten, bringen jedoch für diese Ansichten moderne Beweise.

Die Geologen und Planetologen, die sich mit der Entstehung der planetarischen Körper befassen, sind der Ansicht, daß sich die kosmische Materie um ein Gravitationszentrum wickelt bzw. sich daran festklebt. Je größer die Masse dieses Körpers ist, um so größer ist auch seine Anziehungskraft. Und so entstehen allmählich immer größere und größere Körper, die erst nach vielen Tausenden oder Millionen Jahren einen eigenen Weg einschlagen.

In der langen Entwicklungsgeschichte unserer Erde, die wenigstens viereinhalb Milliarden Jahre dauerte, veränderte und verändert sich auch heute noch ihre Oberfläche und entwickelt sich ihre Atmosphäre, ebenso wie die Umrisse und Konfiguration der Festländer und Meere. Es entstanden neue Gebirge und die alten verschwanden. Dort, wo früher Meere waren, sind heute Festländer, und sogar so wichtige Orientierungspunkte, wie die Magnetpole der Erde, befinden sich nicht ständig auf derselben Stelle.

Alle diese Kräfte, die die Oberfläche und das Innere unseres Planeten verändern und gestalten, arbeiten in Abhängigkeit voneinander. Zwischen ihnen muß ein Zusammenspiel bestehen, damit die Entwicklung voranschreiten kann und keine globale Katastrophe eintritt. Aber auch kleine Katastrophen, z. B. Kollisionen kosmischer Körper mit der Erde, klimatische Veränderungen usw., sind ein Teil der Entwicklung. Deshalb ist es wichtig, daß der Mensch alle diese Gesetzmäßigkeiten kennt und erfaßt, damit er wie der Arzt die Veränderlichkeit seines Planeten versteht und nicht bestrebt ist, seine scheinbaren Krankheiten mit falschen Mitteln oder sogar durch chirurgische Eingriffe zu kurieren.

VII DAS GESICHT
DER ERDE

Die Kontinente
— die Festländer

Die erste Tatsache, die beim Anblick des „blauen Planeten" dem Besucher des Weltalls ins Auge sticht, ist seine Farbigkeit. Die blaue Farbe der Oberfläche der Meere herrscht vor und bildet über zwei Drittel der Fläche dieses Himmelskörpers. Deshalb sprachen die ersten Astronauten von einem blauen Planeten. Die übrigen Teile der Erde sind bräunlich, stellenweise grün. In den Polregionen dominiert die weiße Farbe des Eises und des Schnees. Die Wolken, die einige Stellen der Erde verdecken, kennen wir sehr gut von den Aufnahmen der Wettersatelliten auf unseren Fernsehbildschirmen. Häufig präsentiert sich uns Europa als weißer Fleck, in den die Meteorologen die Umrisse der Länder und die Lage der Städte einzeichnen, damit wir uns vergegenwärtigen, was wir eigentlich sehen. Unser Weltbild ist allerdings geologisch ungenau, wenn wir die Ausdehnung der Kontinente und Ozeane auf den geographischen Karten betrachten.

Die Ansichten des Geologen und des Geographen über Festländer und Kontinente unterscheiden sich. Während für die geographische Karte die Grenze zwischen dem Festland und dem Meer grundlegend ist, befindet sich die geologische Grenze zwischen dem Meer und dem Kontinent an einer anderen Stelle. Für den Geologen gehören eine Reihe von Wasserflächen weder zu den Ozeanen noch zu den Meeren, sondern sind Teile der Festländer, die sich vom Ozeanboden durch ihren geologischen Aufbau unterscheiden. Und so haben die Geologen häufig dort, wo sich im geographischen Atlas die blaue Farbe der Meere befindet, noch den richtigen Kontinent. Das ganze Gebiet zwischen Norwegen und dem nördlichen Zipfel der Britischen Inseln ist für die Geologen kein Meer, sondern Festland, das sie Kontinentalschelf nennen. Sie arbeiten in diesem Teil der Welt wie auf einem

Festland und haben dort auch wirklich „Festlandserfolge", denn sie finden hier Erdöl und Erdgas sowie eine Reihe weiterer für die Festländer charakteristischer Rohstoffe. Es ist sogar offensichtlich, daß im Schelfgebiet Rohölvorkommen besonders häufig sind.

Erst in jenem Teil der Meere, wo sich keine Festlandsgesteine mehr befinden, beginnt für die Geologen der Ozean. Auch wenn die Ozeane plötzlich wasserlos wären, würde der Geologe nach der Zusammensetzung der Gesteine und dem ganzen geologischen Aufbau des Meeresbodens erkennen, ob er sich im Ozean oder auf dem Festland befindet.

Trotz dieser Einschränkung und geologischen Definitionen sind die Ozeane wesentlich größer als die Kontinente. Die Geologen haben also auf ihren Karten Australien, Afrika, Nordamerika und die Antarktis. Nur Europa fehlt, denn es wird mit Asien zusammengefaßt, weil es keinen geologischen Grund für eine Trennung gibt. Wir werden sehen, daß die Verteilung der kontinentalen Massen auf der Erdoberfläche in der geologischen Vergangenheit nicht immer die gleiche wie heute war. Über die Verschiebung der Kontinente wurde schon viel geschrieben. Die Bilder von der Verschiebung der Kontinente schmückten in der Vergangenheit eher als Kuriosität die Lehrbücher. In den sechziger Jahren unseres Jahrhunderts fand man viele Beweise dafür, daß sich die Kontinentalmassen einschließlich ihrer Unterlage bewegen. Amerika entfernt sich von Europa und Afrika. Indien wiederum war ein Teil der Antarktis und Australiens und „schwamm" während Hunderter Millionen Jahre Asien entgegen und stieß an den asiatischen Block usw. Solche Bilder erschienen in den letzten zwanzig Jahren in großer Zahl, aber bisher gelang es noch nicht, diese Bewegung zu messen. Deshalb verfolgen wir diese Bewegung indirekt mit Hilfe von magnetischen Methoden. Sie stellen die Magnetisierung aller Gesteine fest, verfolgen den Verlauf der geologischen Einheiten von

261 Die Entstehung der Hydrosphäre, einer Grundvoraussetzung für die Entwicklung des Lebens auf der Erde, ist der vulkanischen Tätigkeit zu verdanken. Das Verdampfen und Niederschlagen von Wasser, seine Bindung in den Gletschern – das alles reguliert den Wärmehaushalt der Erde in entscheidendem Maße. Dieses empfindliche Gleichgewicht könnte durch die räuberische Tätigkeit des Menschen zerstört werden

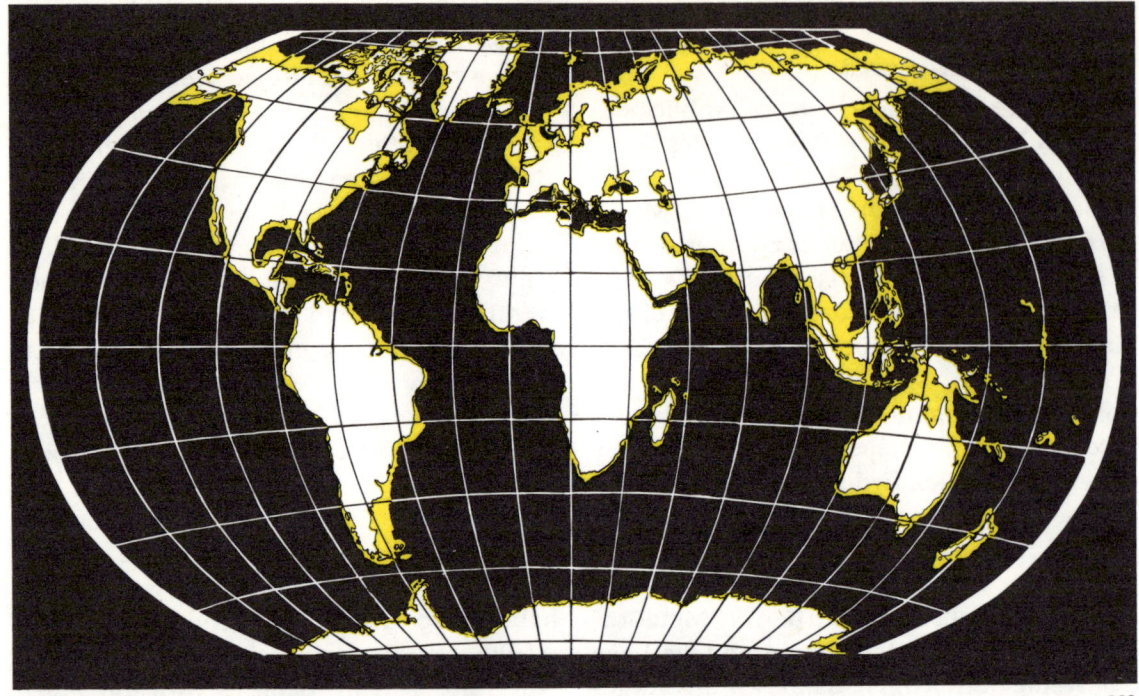

262 Der Schelf ist jener Teil des Meeres, der noch Kontinentbau hat und nur vom Meer überflutet wurde. Die Schelfmeere bergen jedoch eine ungeheure Menge von Erdöl. Auf der Karte sind alle Schelfmeere eingezeichnet (gelb), die seichter sind als 200 Meter, also jene Meere, in denen nach Erdöl gebohrt werden kann

262

264

263 Die Kontinentalverschiebungstheorie des deutschen Wissenschaftlers vom Beginn unseres Jahrhunderts, Alfred Wegener, ist in den siebziger Jahren erneut in den Vordergrund gerückt. Die Bilder zeigen die Vorstellung von der Auseinanderdriftung der Kontinente und die Entstehung eines Gebiets der Zergleitung (rot) und der Subduktion (des Abtauchens) bzw. der Kollision (weiß). Das älteste Stadium, ein einziges Festland oder die Pangaea, ist oben dargestellt, das Stadium der Abtrennung von Laurasia und Gondwana zeigt das Mittelbild, und die Entstehung der heutigen Form der Kontinente ist unten wiedergegeben

264 Die kalifornische Bucht, wie sie die Astronauten des Apollo 11 sahen, illustriert die Möglichkeiten der kosmischen Fotografie. Nicht nur meteorologische Einzelheiten, sondern auch der geologische Aufbau des Kontinents werden sichtbar

263

Kontinent zu Kontinent und vergleichen die Vorkommen der charakteristischen Gesteine auf zwei Kontinenten, die heute durch einen tiefen Ozean getrennt sind. So erscheinen gleiche, voneinander in nichts unterscheidbare Basalte in Südafrika, Australien ebenso wie in der Antarktis. Da diese Basalte gleichen Alters sind und die gleichen mineralogischen und chemischen Zusammensetzungen haben, ist anzunehmen, daß sie ein Teil eines Kontinents – Gondwana – waren. Das bedeutet, daß die gegenwärtige Lage der Kontinente nicht immer die gleiche war. Die Kontinente verschoben sich und entfernten sich, aber sie rückten auch aneinander. Die Kontinentalverschiebungstheorie wurde zu Beginn unseres Jahrhunderts von dem deutschen Forscher Alfred Wegener vorgelegt. Sie wurde jedoch erst in den siebziger Jahren akzeptiert, allerdings in einer moderner belegten Form. In der Wegenerschen Vorstellung bewegten sich die Kontinente, also die etwa 35 km dicken Schollen der Festlandskruste, auf dem plastischen Mantel der Erde. Unsere heutige Vorstellung, aufgrund geophysikalischer Angaben, besagt, daß sich die ganzen Schollen der Erde, also Erdkrustenstücke mit „angeklebtem Mantel" bewegen. Diese Schollen sind 200 km dick. Neben den Kontinentalschollen sind auch noch Ozeanschollen vorhanden, die die Kontinente nicht tragen. Die Schollen unterschieben sich, andere wieder stoßen aneinander und kollidieren. Diese Bewegungen der Schollenplatten werden durch die inneren Kräfte der Erde – darunter ist vor allem ihre Wärme zu verstehen – bewirkt, die verantwortlich für die Anordnung der Festländer und der Kontinente auf der Erdkugel sind. Ihre Lage ist ausgeprägt asymmetrisch. Man kann sogar eine Halbkugel konstruieren, die zum größten Teil von Meeren, und eine zweite, die fast ausschließlich von Festländern bedeckt ist. Auf solchen Halbkugeln müßten aber der Nord- und der Südpol ganz woanders als heute liegen.

Die Tatsache, daß die Kontinente nicht symmetrisch verteilt sind, hängt mit der Kontinentaldrift (der Verschiebung der Kontinente) zusammen. Diese Verteilung ist jedoch sehr charakteristisch für alle terrestrischen Planeten, d. h. der Erde ähnelnden Planeten, wie Mars, Venus und Merkur. Dies geht aus der Verteilung „der Festländer und der Meere" auf dem Mond hervor oder aus der Verteilung der großen Bassins auf dem Mars und dem Merkur. Wir weisen erneut darauf hin, daß wir, wenn wir von Kontinenten der Erde sprechen, dies immer nur im geologischen Sinn tun. Im weiteren werden wir uns mit dem Verhältnis der Festländer zu den Meeren im geographischen Sinn befassen, insbesondere mit Rücksicht auf die Meereshöhen oder die Meeres-

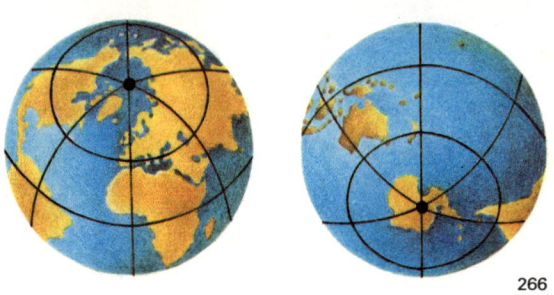

265

| | 1 | | 2 | | 3 | | 4 |

265 Die Zusammenfügung der Kontinente in die ursprüngliche Lage kann jeder versuchen, indem er sich die Umrisse der Kontinente aus einer Weltkarte ausschneidet. Zu den Kontinenten gehört auch der Schelf oder Kontinentalsockel **(1)**. Es werden nur kleine Flächen ozeanischer Tiefen **(2)** übrigbleiben. Auf dem Bild sind außerdem die ältesten Teile der Kontinente – die Schilde **(3)** – eingezeichnet. Die Pfeile zeigen den heutigen Norden jeder Scholle an **(4)**

266 Den Planeten Erde können wir auch anders als üblich teilen. Wir sehen dabei auf der linken Seite die „trockene" Halbkugel und auf der rechten Seite die „nasse"

266

tiefen. Auch von diesem Gesichtspunkt betrachtet gewinnen wir für die geologischen Beobachtungen und Erkenntnisse interessante Angaben. Nehmen wir die Abbildung 267 zu Hilfe. Die hypsographische Kurve zeigt, wie die Festländer auf der Erde verteilt sind und welche Höhen sie erreichen. Ebenso erkennen wir die Hochgebirge, die Tiefseegräben und die zahlreichen Formationen der Meeresböden mit ihrer Tiefe. Aus der Steilheit der Kurve in höheren Meereshöhen geht hervor, daß die Höhenstufe des Festlandes um so höher ist, je kleiner die Fläche ist, die sie einnimmt. Wenn wir diese Tatsache geologisch erklären, dann sehen wir in ihr nicht nur die Folgen der Erosion, die bestrebt ist, die Oberfläche der Festländer einzuebnen, sondern auch die Wirkung der plastischen Unterlage unter den Festländern, in die die Festländer einsinken. Man nennt das isostatische Kompensation. Auch die extremen Tiefen des Ozeans sind nicht flächenmäßig ausgedehnt. Das zeugt von der „Jugend" und Einmaligkeit dieser Gebilde. Die modernen Hypothesen über die Bewegung der Schollen sowie ihre Kollisionen und Unterschiebungen setzen voraus, daß sich die aktivste geologische Tätigkeit in den schmalen langgestreckten Zonen der mittel-ozeanischen Rücken konzentrierte, wo sich die Rinde der ozeanischen Platten, die die aktiven Kontinentalränder bilden, wie z. B. die Küsten des Stillen Ozeans, formt. Die Entstehung von Zonengebirgen, wie die Alpen oder der Himalaja, erklärt diese Theorie als Folge der Kollision zweier Platten. Es formen sich auf diese Art morphologisch positive Gebilde. Die Verschiebung der Platten führt zur Destruktion der ozeanischen Kruste und bildet ihrerseits negative morphologische Züge – Tiefseegräben.

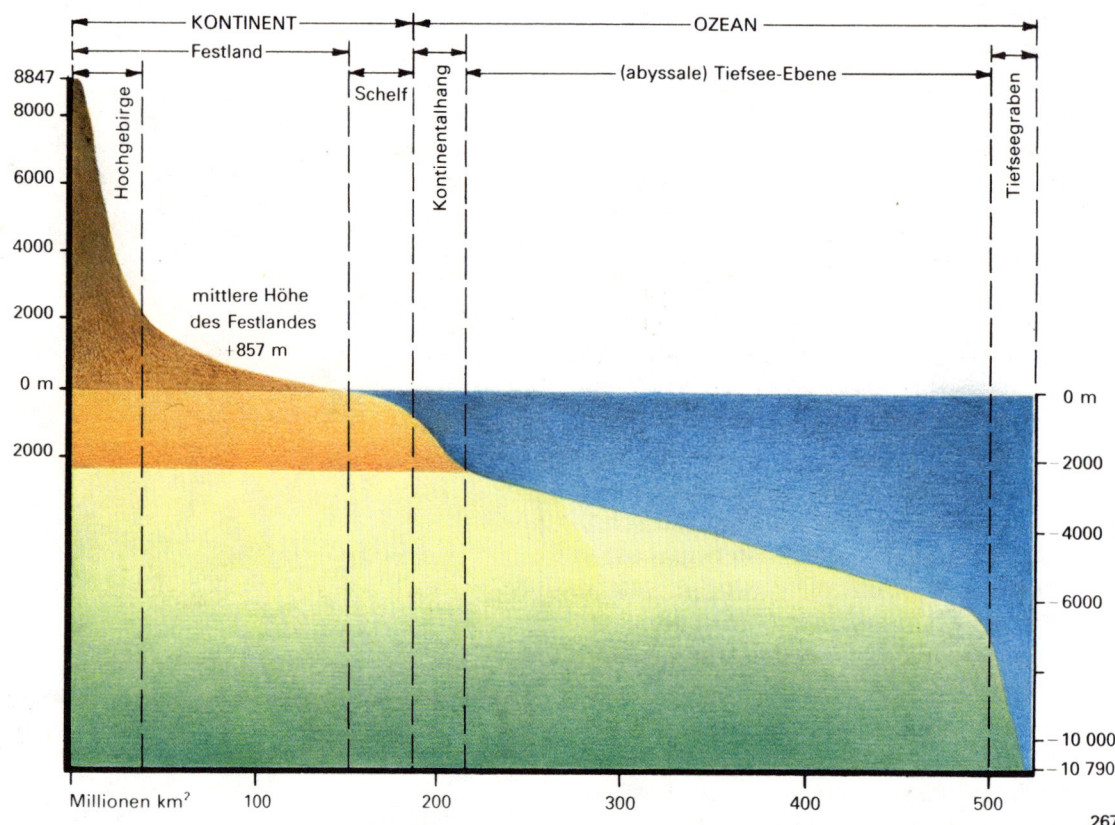

267 Die hypsographische Kurve zeigt an, wie die Ozeane und die Festländer auf der Erdoberfläche verteilt sind. Aus ihr geht weiter hervor, daß die meisten Festländer Höhen bis 2 000 m ü. d. M. erreichen, während die Ausdehnung der Seichtmeere ebenso wie der Hochgebirge und der Tiefseegräben klein ist. Die häufigste Formation ist der Meeresboden mit einer Tiefe über 2 500 Meter

Form, Maße und Masse

Als Christoph Kolumbus Amerika erreichte, glaubte er, Indien erreicht zu haben, wohin er auf dem Wasserweg gelangen wollte. Seinem Weg, wie dem anderer Seefahrer – seiner Zeitgenossen – lag die Vorstellung zugrunde, daß die Erde rund wäre. Inmitten aller seltsamen Ansichten über die Welt, die Stellung der Welt im Weltall und die abenteuerlichen Ansichten über das Erdinnere war die Konzeption der runden Erde verhältnismäßig bald in der Geschichte akzeptiert und bewiesen. Nur einige Zivilisationen der arabischen Welt oder indische Zivilisationen hielten an der

Vorstellung einer flachen, auf einem Sockel stehenden Welt, fest.

Pythagoras mit seiner Schule war im Altertum der Vater des Gedankens einer runden Welt. Die ersten Messungen führten griechische Gelehrte, Geometer, durch. Sie waren sehr genau, und die Prinzipien — die einfache Geometrie der Dreiecke — wurde noch bis vor kurzem beim Messen der Erdform benutzt. Gegenwärtig werden die klassischen geometrischen Methoden durch die künstlichen Satelliten nicht nur zur Messung, sondern auch sozusagen zum Wiegen der Erde ersetzt.

Wenn wir einen Globus betrachten, erscheint uns die Erde als vollkommen ideale Kugel, und den gleichen Eindruck hätten wir, wenn wir die Erde von einem anderen Himmelskörper aus betrachten würden. Schon die Wissenschaftler der Renaissance, unter ihnen der berühmte Isaac Newton, leiteten jedoch ab, daß die Erde abgeflacht ist. Es wurden verschiedene Ursachen angeführt: Die einen nahmen an, daß die Erde an den Polen abgeflacht sei, die anderen argumentierten, daß dies für den Äquator zutreffe. Der Streit wurde auf sportliche Art beigelegt. Die Französische Akademie entsandte zwei Expeditionen an verschiedene Stellen der Erdkugel — den Äquator und ins Polargebiet. Beide Expeditionen bemühten sich, die Abflachung der Erde zu messen und kamen zu dem Schluß, daß die Erde an den Polen abgeflacht ist, weil der Äquatordurchmesser um etwas länger ist als der Polardurchmesser. Der Unterschied ist zwar unbedeutend, denn auf 12 714 km Polardurchmesser entfallen 12 756 km Äquatorialdurchmesser (der Unterschied beträgt also nur 44 km), aber dennoch meßbar und vom geophysikalischen Gesichtspunkt wichtig. Daraus geht auch die Tatsache hervor, daß die Gravitationsbeschleunigung (ebenso wie auch die Größe der Schwerkraft) an den Polen anders ist als am Äquator. In Prozenten ausgedrückt sind es 0,3 % des Gesamtdurchmessers. Die Form der Erde können wir als rotierendes Ellipsoid, nicht aber als Kugel, charakterisieren. Noch genauer gesagt, die Erde hat die Form eines Geoids. Ein Geoid ist formmäßig sehr kompliziert, und jede größere Masse, z. B. ein Hochgebirge, beeinflußt seine Form. Gegenwärtig leiten wir die Form des Erdkörpers von den Messungen der Schwerkraftbeschleunigung ab. Die wird nicht von der Erde, sondern aus dem Weltall gemessen. Die Erdsatellitenbahn ist beeinflußt durch die Veränderungen im Schwerkraftfeld. Aus der Analyse der Bahn kann die Schwerkraft und danach auch die Form des Erdkörpers bestimmt werden. Er ähnelt selbstverständlich einer Kugel, aber einer Kugel mit kleineren und größeren Höckern. Wenn wir diese Höcker ausgeprägter machen, sieht die Erde wie eine Kartoffel aus (Abb. 237, 271).

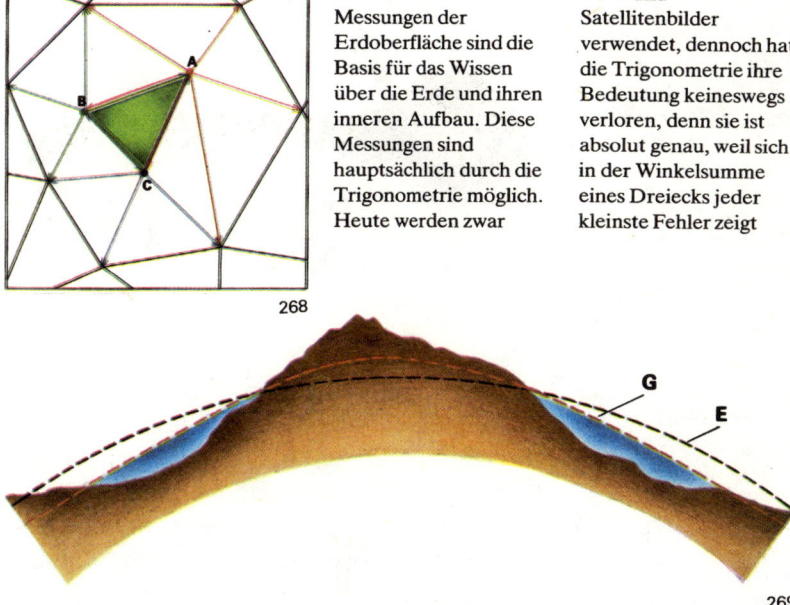

268 Genaue Messungen der Erdoberfläche sind die Basis für das Wissen über die Erde und ihren inneren Aufbau. Diese Messungen sind hauptsächlich durch die Trigonometrie möglich. Heute werden zwar Luft- und Satellitenbilder verwendet, dennoch hat die Trigonometrie ihre Bedeutung keineswegs verloren, denn sie ist absolut genau, weil sich in der Winkelsumme eines Dreiecks jeder kleinste Fehler zeigt

268

269

Mit der Größe der Schwerkraft hängt die Masse der Erde eng zusammen. Dies ist erst seit der Zeit bekannt, als Isaac Newton das Gesetz über die Anziehungskraft der Körper definierte. Dem englischen Forscher Henry Cavendish war es vor mehr als 200 Jahren gelungen, im Labor die Größe der Schwerkraftkonstante zu messen. Die ersten Messungen unter sehr primitiven Bedingungen unterschieden sich nicht von jenen, die viel später mit komplizierteren und vollendeteren Apparaten erzielt wurden. Heute gilt als Masse der Erde der Wert $5{,}976 \cdot 10^{27}$ g. Diese Masse bewirkt die Massebeschleunigung auf dem Äquator von $978{,}038 \text{ cm} \cdot \text{s}^{-2}$. Die Erde ist ein Körper, der über einundachtzigmal schwerer ist als der Mond, aber hunderttausendmal leichter als die Sonne. Wenn wir die Maße der Erde und ihre Masse betrachten, stellen wir fest, daß die spezifische Masse ziemlich hoch ist ($5{,}5 \text{ g} \cdot \text{cm}^{-3}$). Das ist weit mehr als die spezifische Masse

269 Ein dreiachsiges Ellipsoid (**E**) stellt die Erde als Körper dar, aber die wirkliche Form der Erde wird mit einem Geoid (**G**) ausgedrückt. Dieses bildet eine örtliche Senkrechte zur Richtung der Lotlinie, wodurch sich das Geoid (rot) vom Ellipsoid unterscheidet

der Gesteine der Erdoberfläche, die sich um 2,75 g . cm^{-3} bewegt.

Die Wärme der Erde

Schon in der Frühgeschichte der Menschheit war es den Menschen klar, daß gegen die Erdmitte zu die Temperatur ansteigt. Die

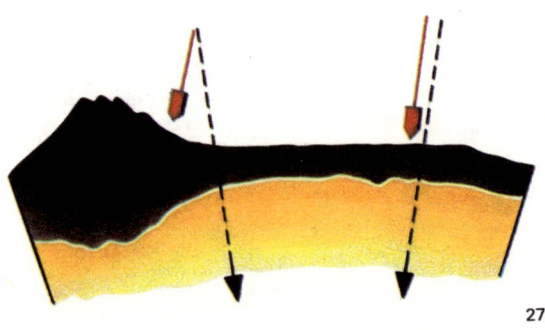

270 Die hohe Masse der Berge lenkt das Lot von seiner senkrechten Lage ab. Die Ablenkung ist gegenüber dem Bild weit kleiner. Durch die Messung der Schwerkraft wird die Form der Erde bestimmt, doch wird sie auch zum Aufsuchen der Lagerstätten von Nutzrohstoffen benutzt

271 Die Form der Erde wurde in der Vergangenheit mit einer Kugel, einem Ellipsoid, manchmal auch mit einer Kartoffel oder Birne verglichen. In Wirklichkeit erreicht die Abweichung max. zwei Dutzend Meter

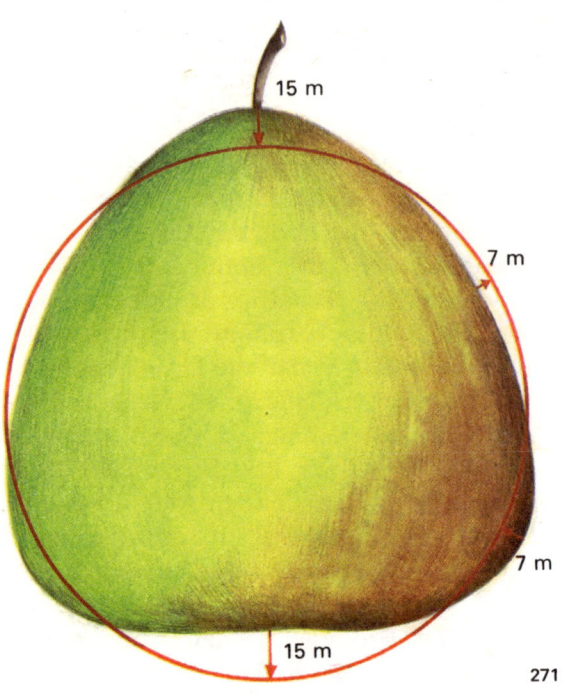

Menschen verlegten dorthin in ihren Vorstellungen die glühende Hölle, da sie Vulkane sahen und heiße Quellen und Geysire kannten. In der gemäßigten und der nördlichen Zone, wo der Boden im Winter alljährlich gefriert, wußten die Bewohner, daß dies nur bis zu einer gewissen Tiefe eintrat, und daß mehrere Meter unter der Erdoberfläche die Temperatur im Winter höher war. Deshalb bauten sie unter der Erdoberfläche ihre Lebensmittellager. Mit der Entwicklung des Bergbaus stellten sie fest, daß die Temperatur mit zunehmender Tiefe regelmäßig ansteigt. Man nennt dies geothermische Tiefenstufen. Das läßt sich auf zwei Arten erklären. Entweder entwickelt die Erde selbst in ihrem Innern Wärme, oder es handelt sich um Restwärme aus der Zeit der Entstehung der heißen Erde. Die Maße, die Wärmeleitfähigkeit und ganz besonders das Alter der Erde, das mit 4,6 Milliarden Jahren angenommen wird, schließen diese zweite Möglichkeit aus. Die Erde wäre schon lange kalt, wenn sie nicht über eine eigene Wärmequelle verfügen würde.

Selbst Wärme zu erzeugen ist kein Privileg der Erde. Auch die kleinen Planeten haben Eigenwärme, und sogar der „kalte Mond" verfügt über eine eigene innere Wärmequelle. Sie besteht aus den zerfallenden radioaktiven Elementen. Der Prozeß des „Wasserstoffbrennens", der in der Sonne verläuft,

gibt seine Energie größtenteils an das Sonnensystem ab. Sie und die Innenwärme der Planeten sind die wichtigsten Quellen der geologischen Prozesse. Die Energie, die die Planeten und somit auch die Erde von der Sonne empfangen, ist um ein Vielfaches höher als ihre eigenen Energiequellen. Wenn wir die Wärmemenge vergleichen, die die eigene Energiequelle der Erde herstellt, dann ist die Sonnenenergie sechstausendmal größer.

Die Erdwärme zog und zieht auch heute noch die Aufmerksamkeit jener auf sich, die gern in den Thermalquellen der Kurorte baden. Für die Menschheit wurde die Erdwärme eine der neuentdeckten Energiequellen, in die gewisse Hoffnungen für die Bewältigung der Energiekrise gesetzt werden. Die Erdwärme wird an vielen Stellen bereits genutzt. Einige Kraftwerke auf Neuseeland, in Italien und in den Vereinigten Staaten erzeugen Strom auf diese Art. An einer Reihe von Orten werden die Erdwärme und das warme Wasser zur Beheizung von Glashäusern genutzt. Und so können die Bewohner des kalten Islands oder Kamtschatkas Gemüse auch jenseits des Polarkreises ernten.

Stellen, wo die Erde zeigt, daß sie innen heiß ist, gibt es mehr als genug. Es müssen

272

273

nicht nur Vulkane, Geysire und heiße Quellen sein. Die Geologen messen die Erdwärme auch an solchen Stellen, die auf den ersten Blick kühl scheinen. Es genügt, eine Bohrung durchzuführen oder in einen Schacht einzufahren, und wir können uns sofort davon überzeugen, wie die Temperatur mit der steigenden Tiefe wächst. Sie ist nicht überall gleich. In geologisch jungen Gebieten oder in solchen, wo sich geologisch noch etwas tut oder bis vor kurzem getan hat, steigt die Temperatur mit zunehmender

Tiefe schneller als in solchen Gebieten, in denen Hunderte Millionen von Jahren geologische Ruhe herrscht. Dort ist der Temperaturanstieg gemäßigter. In Mitteleuropa liegt die geothermische Tiefenstufe (= Anstieg der Temperatur um 1 °C) bei etwa 30 m, schwankt aber erheblich.

Wenn wir die Weltkarte betrachten, in der die Stellen mit erhöhter Wärmetätigkeit eingetragen sind, fällt das Gebiet um den Stillen Ozean ins Auge. Die Geologen waren jedoch vor einigen wenigen Jahren sehr erstaunt, als sie feststellten, daß am Meeresboden des Indischen, des Stillen und des Atlantischen Ozeans, vor allem in deren mittleren Teilen, Stellen mit gesteigerter Wärmeproduktion vorhanden sind. Es sind Orte, an denen der Wärmefluß doppelt so hoch ist wie im Weltdurchschnitt.

Etwas später fand man, daß auch auf den Böden der Ozeane einige kaum hunderttausend Jahre oder einige Millionen Jahre alte vulkanische Gesteine vorhanden sind. Und das ist geologisch jung! Es war eine der wichtigsten Entdeckungen der sechziger und

272 Die heiße Lava basaltischer Zusammensetzung fließt an den Hängen des Vulkans Mauna Loa auf den Hawaii-Inseln herab

273 Einer der Versuche, die Energiekrise auf der ganzen Welt zu beheben, ist die Nutzung der geothermalen Energie. Außer den Pionieren in Italien, auf Island und in Nordamerika arbeitet schon über zwei Jahrzehnte lang ein geothermales Kraftwerk in Wairakei auf Neuseeland

274 Die überwiegende Mehrheit der auf die Erde fallenden Sonnenstrahlung (A) wird direkt in den Weltraum (D) reflektiert, und fast die Hälfte verwandelt sich in Wärme (B), die früher oder später in den Weltraum entweicht. Eine bestimmte Menge der

der siebziger Jahre: Durch alle Ozeane ziehen sich Gebirgsrücken aus vulkanischen Gesteinen. Und weil es sehr lebhafte Stellen sind, kommt es auch mitten in den Ozeanen häufig zu Erdbeben. Die Wärmeproduktion ist dort ungeheuer. Man nimmt an, daß sich hier das Strömen der Massen im Erdmantel besonders stark bemerkbar macht und daß die mittelozeanischen Rücken seine

Das Magnetfeld

Einige Planeten des Sonnensystems haben ein eigenes Magnetfeld, bei anderen wieder ist es vernachlässigbar oder es fehlt ganz. Die Erde hat ein sehr starkes Magnetfeld, das einen hervorragenden Schutz vor den kosmischen Strahlen darstellt. Deshalb fallen auf die Erde nicht so viele kosmische Teilchen wie auf andere Planeten, z. B. auf den Merkur. Auch der Einfluß des Sonnenwindes, der eine Teilchenstrahlung ist, ist auf der Erde nicht so spürbar wie auf den Planeten, bei denen das Magnetfeld fehlt. Wie das Bild 277 zeigt, ist die wechselseitige Einwirkung des Magnetfeldes und des Sonnenwindes sehr kompliziert. Man könnte sagen, daß die Erde sich vor den kosmischen Strahlen auf mehrere Arten − durch natürliche Schilde − schützt. Infolge des Magnetfeldes entstehen um die Erde magnetische „Isolierzonen" aus sich schnell bewegenden Elementarteilchen. Sie heißen nach ihrem Entdecker Van-Allen-Gürtel. Es gibt zwei − einen äußeren und einen inneren.

Der Ursprung des Magnetfeldes war und ist auch heute noch für uns Menschen etwas Geheimnisvolles. Wir wissen nur, daß das Magnetfeld überall dort entsteht, wo eine elektrische Strömung eintritt. Und da wir Beweise über das Vorhandensein eines Metallkerns haben, können wir auch das Ma-

274

Sonnenenergie ist für die Verdunstung des Wassers, den Wind, den Regen u. ä. erforderlich (E). Nur ein sehr kleiner Teil wird für die Photosynthese (G) verbraucht und bleibt in den Pflanzen als Energiespeicher erhalten (g). Die eigene Energie der Erde bildet nur einen Bruchteil der energetischen Bilanz (F, C)

275 Das Profil durch den ozeanischen Boden und den mittelozeanischen Rücken bis zum aktiven kontinentalen Rand hat seine charakteristischen morphologischen Eigenheiten: Rücken, Graben und Vulkanbogen. Für die einzelnen Teile des ozeanischen Bogens sind außerdem die Werte des Wärmeflusses charakteristisch

275

Austrittsstellen sind. Weitere ähnliche Stellen sind die sog. thermalen Flecken oder hot spots. An den thermalen Flecken ist der Wärmeaustritt noch größer als an den Stellen der mittelozeanischen Rücken. Deswegen herrscht dort eine mächtige vulkanische Tätigkeit. Die Hawaii-Inseln, Tahiti und die Azoren liegen gerade an diesen thermalen Flecken.

gnetfeld den inneren Strömungen in diesem Kern zuschreiben. Die Beziehungen zwischen dem Magnetfeld und den geologischen Prozessen, aber auch die Einwirkung des Magnetfeldes auf die lebenden Organismen sind einstweilen noch nicht verläßlich geklärt. Aus den Studien über die magnetischen Eigenschaften der Gesteine geht jedoch hervor, daß sich das Magnetfeld der

Erde während der letzten 200 Millionen Jahre, also während eines ganz kleinen Abschnitts der Erdgeschichte, plötzlich völlig veränderte. Der magnetische Nord- und Südpol hatten ihre Plätze ganz einfach vertauscht. Wenn die Erde aber nur für einen kurzen Augenblick keinen magnetischen Schild hat, beginnen große Mengen kosmischer Strahlen auf sie zu fallen, die ähnliche

Geschichte. Deshalb lassen sich auch aus dem Magnetismus der Gesteine nützliche Informationen über die Geschichte der Erde, z. B. die Lage der Kontinente, ablesen.

Die grundlegenden magnetischen Informationen sind in jenen Gesteinen verborgen, die ferromagnetische Minerale enthalten; Hauptträger des Magnetismus sind Magnetit, Ilmenit oder Pyrrhotin. Wenn nämlich ein

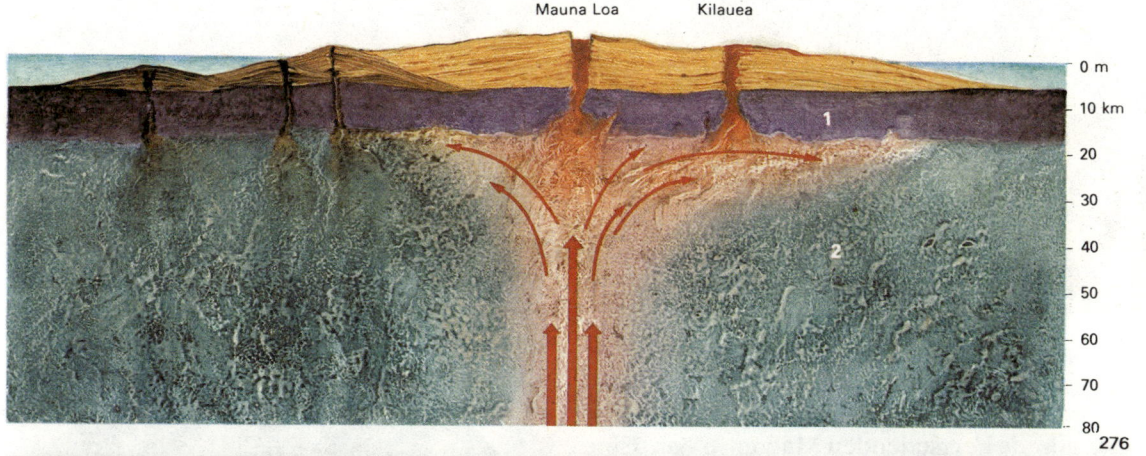

276

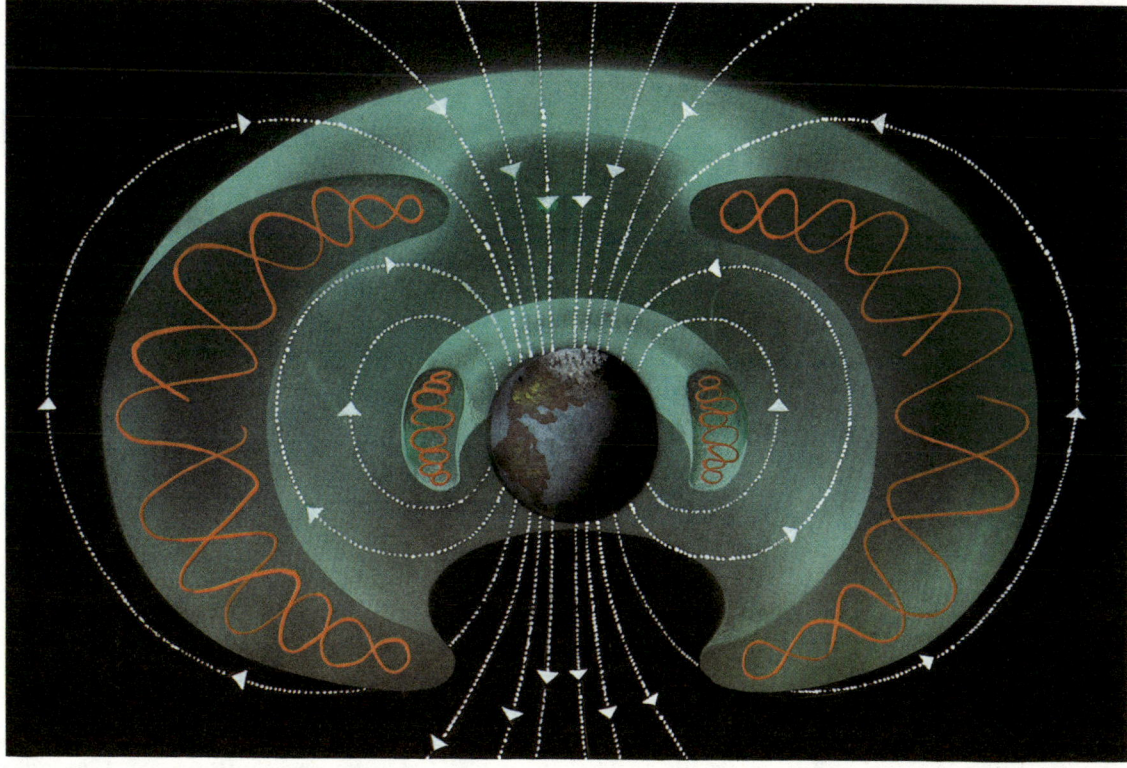

277

276 Die idealisierte Vorstellung von einer „heißen Stelle" unter den Hawaii-Inseln. Die Platte mit den Vulkanen „überfährt" die heiße Stelle, deshalb sind die Vulkane auf der linken Bildseite schon erloschen. Die ozeanische Kruste ist verhältnismäßig dünn (1), während durch den Mantel (2) eine heiße sog. Plume in die Kruste aufsteigt und sich als Vulkanismus äußert

277 Eine der ersten sehr wichtigen Entdeckungen der Weltraumfahrt war die Feststellung magnetischer Gürtel in der Nähe der Erde, die nach ihrem Entdecker Van-Allen-Gürtel heißen. Dank dieser Strahlungsgürtel ist die Erde vor der gefährlichen kosmischen Strahlung geschützt

Wirkungen haben wie die radioaktive Strahlung. Nach Meinung einiger Wissenschaftler kann das grundlegende Änderungen mit sich bringen, die das Leben auf dem Planeten beeinflussen. Der Magnetismus begleitet die Erde während ihrer ganzen oder fast ganzen

Gestein aus dem Magma kristallisiert, sind seine Teilchen bei Temperaturen über 425 °C unmagnetisch. Unter dieser Temperatur – sie heißt Curie-Punkt – erlangen die Gesteine ihre magnetische Orientierung. Diese Orientierung entspricht der Richtung

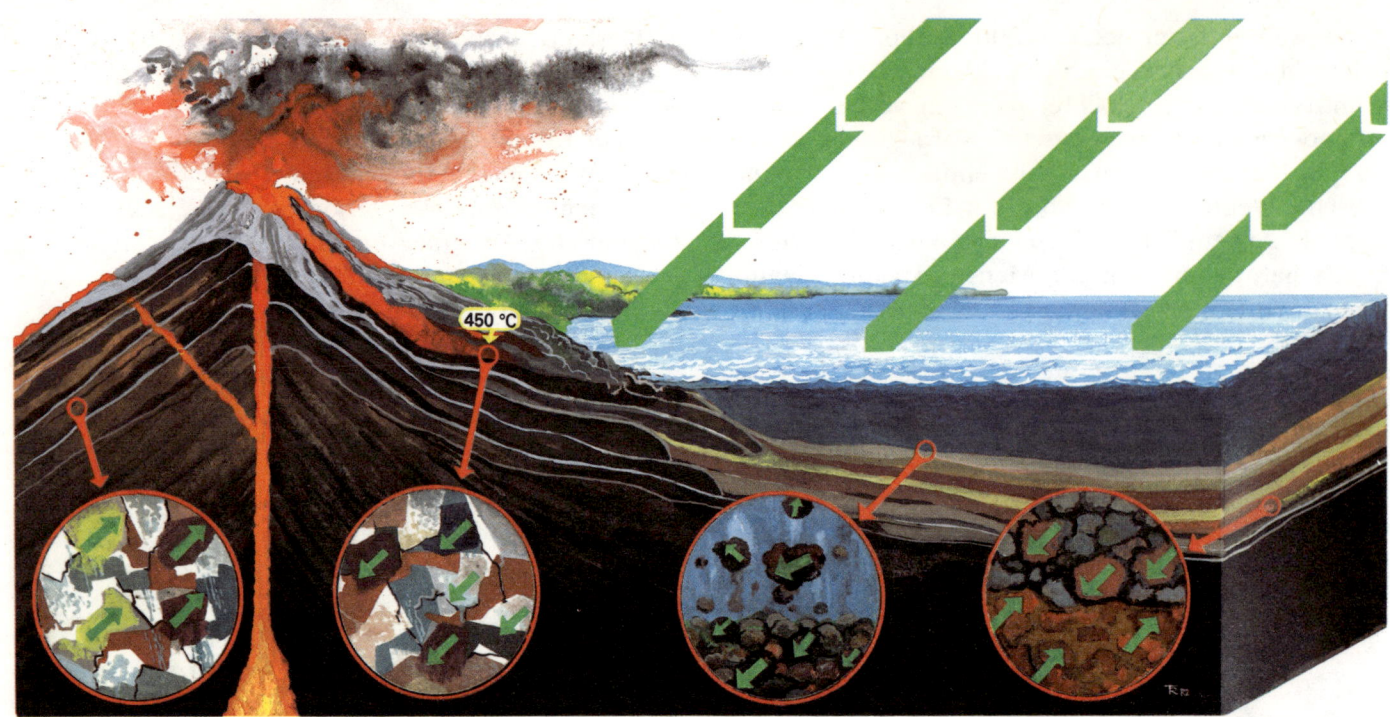

278

278 Alle geologischen Prozesse stehen ständig unter dem Einfluß des Magnetfeldes der Erde, und deshalb sind die in den entstehenden Gesteinen enthaltenen magnetischen Teilchen alle gleich orientiert, ebenso wie in den Sedimenten beim Sinken zum Boden und in der Lava im Augenblick, wo ihre Temperatur auf 450 °C absinkt. Da sich das Magnetfeld im Verlauf der geologischen Zeitalter verändert, ist die Orientierung der magnetischen Teilchen in jeder Schicht anders und kann auch umgekehrt sein, wie die grünen Pfeile anzeigen

des gerade herrschenden Magnetfeldes. Eine solche Orientierung des Magnetfeldes bleibt dem Gestein auch dann erhalten, wenn sich das Magnetfeld ändert. In Sedimentgesteinen richtet sich das Absetzen der magnetischen Teilchen nach der Orientierung des Magnetfeldes der jeweiligen Zeit. Ein im Wasser schwebendes Teilchen respektiert alle magnetischen Gesetze. Deshalb läßt sich bei alten Gesteinen leicht erkennen — vorausgesetzt, daß die Probe richtig entnommen wurde —, wie das Magnetfeld in der Vergangenheit orientiert gewesen ist. Wenn wir die Gesteinskomplexe im Detail, z. B. nach der Aufeinanderfolge der Lavaergüsse im Lauf von einer Million Jahren prüfen, stellen wir fest, daß in den relativ kurzen Zeitspannen von einigen zehntausend Jahren ein plötzlicher Polaritätswechsel des Magnetfeldes eintrat. Der magnetische Nord- und Südpol haben ihren Platz vertauscht. Wenn wir jedoch die geologische Geschichte in einer großen Zeitspanne studieren, finden wir nicht nur diese „Umschaltung" der Orientierung des Magnetfeldes, sondern stellen auch eine langsame Wanderung der Magnetpole fest. Nun bewegen sich die Kontinente aber, und da der Magnetpol wahrscheinlich immer in der Nähe des Rotationspols der Erde liegt, können wir den magnetischen Vermerk in den Gesteinen als einen weiteren Beweis für die Kontinentaldrifttheorie betrachten. Die

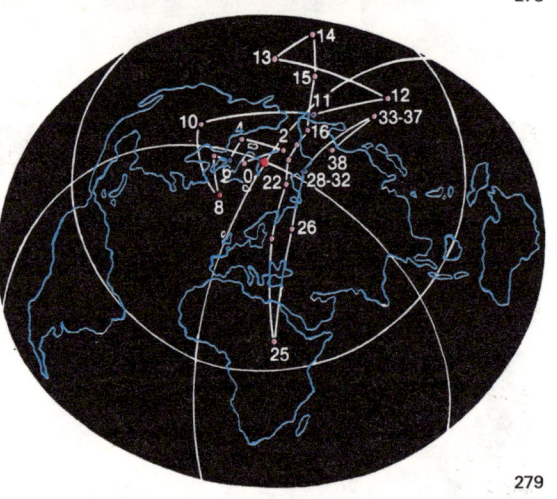

279

279 Die Lage des Magnetpols verändert sich im Lauf der geologischen Zeitalter. Unser Bild zeigt die Wanderung des Erdpols in den vergangenen 38 000 Jahren. Die Beweise werden immer noch diskutiert, und die Parameter der Gesteine aus einem Gebiet stimmen nicht vollkommen mit den Angaben über das Magnetfeld aus den Gesteinen eines anderen Gebietes überein

magnetischen Eigenschaften der Gesteine boten bereits eine Reihe von Beweisen über den dynamischen Charakter der Erde. Auf den Ozeanböden bestehen fast parallele Gebirgszüge mit umgekehrter Magnetisierung, die den Verlauf der mittelozeanischen Rücken verfolgen. Diese Beobachtung unterstützte den Gedanken über die Beweglichkeit des Ozeanbodens.

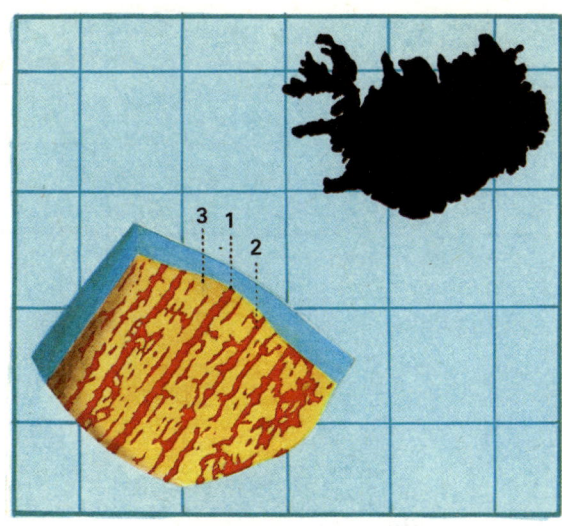

280 Die Gesteine des ozeanischen Bodens um Island sind, wie an vielen anderen Stellen des Ozeans, Basalte. Die Orientierung des Magnetfeldes ändert sich in diesen Gesteinen und ist manchmal auch die gleiche wie die heutige (2), an anderen Stellen wieder ganz anders (3). Wenn die Meßergebnisse in die Karte eingezeichnet werden, entsteht eine Streifenstruktur des Ozeanbodens, die parallel mit der Achse des Mittelatlantischen Rückens (1) verläuft. Das ist ein weiterer Beweis für die Ausdehnung des Ozeanbodens

281 Naturkatastrophen erlebte die Menschheit in Form von Erdbeben, Vulkanausbrüchen und anderen folgenschweren Ereignissen. Zu den Katastrophen der Legenden gehört jedoch auch der Magnetberg, der den Untergang vieler Schiffe verursachte, weil er der Sage nach die Nägel aus ihnen herauszog

281

Obgleich wir bisher die Entstehung und die Umwandlungen des Magnetfeldes nicht erklären können, nehmen wir an, daß es auf dem Prinzip eines Gleichstromgenerators beruht. Im Erdinneren bewegt sich die Masse anders als an der Oberfläche. Durch diese Bewegung entsteht ein elektrischer Strom, ähnlich wie zwischen dem Ständer und dem Läufer eines Dynamos. Das gleiche gilt auch für das Magnetfeld. Dennoch beobachten wir aufmerksam die Verwandlungen der Magnetosphäre der Erde, den Einfluß des Sonnenwindes und der magnetischen Sonnenstürme auf das Erdmagnetfeld. Wir nutzen den Erdmagnetismus für praktische Zwecke, von einfachen Navigationskompassen bis zum Aufsuchen von mineralischen Lagerstätten.

Der Schalenaufbau der Erde

Vergleichen wir die spezifische Masse der Planeten, dann stellen wir fest, daß die Erde in keiner Weise eine Ausnahme darstellt. Fast augenblicklich fällt uns jedoch eine Unstimmigkeit auf. Die Gesteine der Oberfläche können nicht den ganzen Planeten

bilden, denn er müßte dann viel leichter sein, als er ist. Deshalb muß irgendwo unter der Oberfläche ein Material liegen, das eine weit höhere spezifische Masse hat als die Gesteine der Oberfläche. Zu dieser Feststellung gelangen wir jedoch auch durch andere Messungen. Die Bewegung der Erde um die eigene Achse und das Impulsmoment zeigen an, wie in einem rotierenden kugelförmigen Körper die Masse verteilt ist. Diese Messungen verraten uns z. B., daß der Merkur einen ziemlich großen Kern aus einem verhältnismäßig schweren Material haben muß. Dasselbe gilt auch für die Erde, die Venus, den Mars und in kleinerem Maß auch für den Mond. Wie ist diese Frage zu beantworten? Wir könnten vielleicht die Änderung der spezifischen Masse durch den Einfluß der hohen Drücke und hohen Temperaturen erklären. Hier sei an die Analogie des Graphits und des Diamanten (S. 166) erinnert. Und dabei hat der Diamant, der eine Hochdruckmodifikation darstellt, eine bedeutend höhere spezifische Masse (3,5 g cm^{-3}). Der Graphit ist eine Niederdruckmodifikation mit niedrigerer spezifischer Masse (2,1 g cm^{-3}). Aber mit der Erklärung über die wachsende spezifische Masse durch den gesteigerten Druck kommen wir nicht sehr weit. Das Material auf der Erdoberfläche hat selbst bei den ultrahohen Drücken, wie sie in großen Tiefen herrschen, nicht die erforderlichen physikalischen Eigenschaften. Deshalb müssen wir uns mit den chemischen Zusammensetzungen der Massen befassen, aus denen die auf der Erdoberfläche vorhandenen Gesteine entstehen, und nach einer solchen Antwort suchen, die mit den geophysikalischen Messungen im Einklang steht. Jedes Nachdenken über den Zustand des Erdinnern ist eingeschränkt durch unsere geographischen, physikalischen und kosmo-

282 Der
Schalenaufbau der Erde
äußert sich in den
Geschwindigkeiten der
Bebenwellen, in der
Veränderung der
mineralogischen
Zusammensetzung der
Gesteine und der
spezifischen Masse,
ebenso wie auch in den
Temperatur- und
Druckänderungen

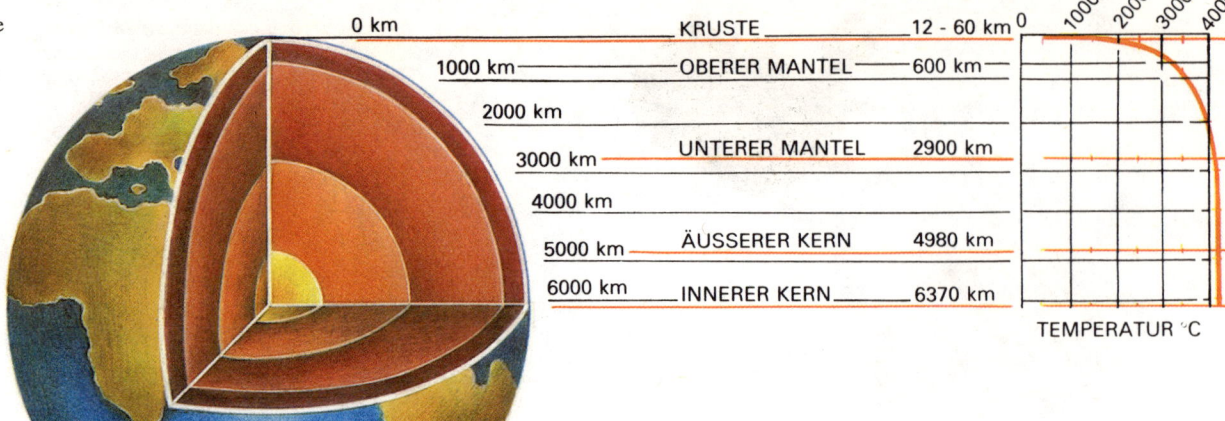

		KRUSTE	12 - 60 km
1000 km		OBERER MANTEL	600 km
2000 km			
3000 km		UNTERER MANTEL	2900 km
4000 km			
5000 km		ÄUSSERER KERN	4980 km
6000 km		INNERER KERN	6370 km

0 km

TEMPERATUR °C

282

chemischen Kenntnisse. Aus unseren Kenntnissen über die Meteoriten kommen wir zu dem Schluß über die Gesamtzusammensetzung der Erde und dem wahrscheinlich vorhandenen Metallkern. Der Mantel der Erde ähnelt den Steinmeteoriten, den Chondriten. Die Ähnlichkeit zwischen den einzelnen Meteoriten-Gruppen und den Erdschalen brachte die Wissenschaftler schon in den ersten Jahrzehnten unseres Jahrhunderts darauf, daß die Erde einen Metallkern haben könnte. Der Beweis des Kerns als physikalisches Gebilde war schon vorher zu Beginn des Jahrhunderts gelungen. Aber auch heute vermochte man noch nicht zu beweisen, daß der Kern aus Eisen ist. Es ist aber mehr als wahrscheinlich.

Die Analogie mit den Meteoriten würde für die Überlegungen über den Bau und die Zusammensetzung der Erde kaum von Wert sein, wenn wir nicht über Messungen vom Verlauf der Bebenwellen im Erdkörper verfügen würden. Die Messungen bieten grundlegendere Angaben über den physikalischen Zustand und das Verhalten der einzelnen Teile der Erde. Es ist offensichtlich, daß Erdbeben, obwohl sie den Menschen viel Sorgen machen, auf ihre Art auch nützlich sein können.

Die Erdkruste

Die meisten geologischen Prozesse verlaufen in der Erdkruste, die die oberste Schale

der Erde bildet. Die Erdkruste steht und wird noch lange im Mittelpunkt der Aufmerksamkeit der Geologen stehen und der Ort sein, aus dem die Menschen ihre Rohstoffe gewinnen. Die Grenze zwischen der Erdkruste und weiterer Schichten des Erdkörpers − des oberen Mantels − heißt, wie wir schon sagten, Mohorovičič-Diskontinuität. Als Grenze bezeichnen die Geophysiker die sprunghafte Änderung der physikalischen Eigenschaften, z. B. die Änderung der Geschwindigkeit, mit der sich die Erdbebenwellen ausbreiten (unser Bild 283 zeigt eine solche Veränderung).

Vor zwei Jahrzehnten führten die Wissenschaftler, Geologen, Geophysiker und Geochemiker einen langen, wirklich erbitterten Streit gerade darüber, was diese Geschwindigkeitsänderung in der Erdbebenverbreitung gerade an der Grenze zwischen Kruste und Mantel bewirkt. Plötzlich verbreiten sich diese Wellen in der Kruste mit einer kleineren Geschwindigkeit als 6,5 km/s, im Mantel ist dagegen die Geschwindigkeit größer als 8,0 km/s. Die Wissenschaftler kamen aufgrund der Forschungsergebnisse im wesentlichen zu zwei unterschiedlichen Theorien.

1. Die Geschwindigkeitsänderung der Erdbebenwellen wird durch die unterschiedliche chemische und dadurch auch mineralogische Zusammensetzung hervorgerufen. Dies bedeutet, daß über dieser Grenze und unter ihr Gesteine unterschiedlicher chemischer Zusammensetzung, die auch mineralogisch unterschiedlich sind, vorkommen.

2. Die Änderung der physikalischen Eigenschaften kommt ausschließlich durch die unterschiedliche mineralogische Zusammensetzung der Gesteine über und unter der Mohorovičič-Diskontinuität zustande. Dies

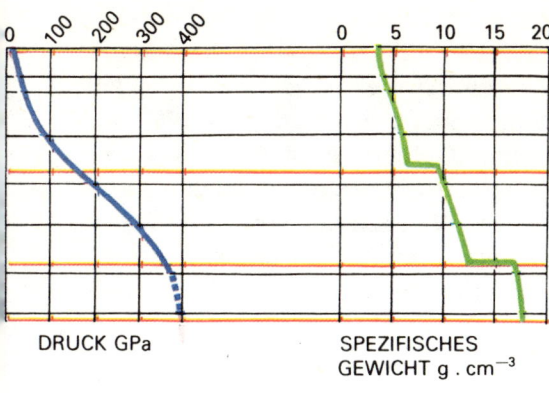
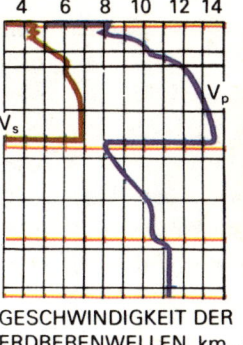
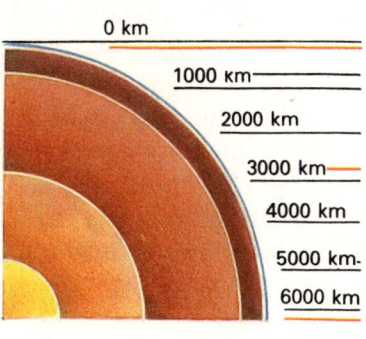

DRUCK GPa

SPEZIFISCHES
GEWICHT g . cm^{-3}

GESCHWINDIGKEIT DER
ERDBEBENWELLEN km . s^{-1}

V_s V_p

283 Die Geschwindigkeit der seismischen Wellen ändert sich in Abhängigkeit von der chemischen Zusammensetzung, aber auch vom physikalischen Zustand der Masse im Erdinneren. Eine Zone der herabgesetzten Geschwindigkeiten kann z. B. bedeuten, daß in diesem Teil der

bedeutet, daß die chemische Zusammensetzung gleich ist, und die Änderung in der mineralogischen Zusammensetzung nur durch den höheren Druck und die höhere Temperatur hervorgerufen wird.

Heute wird angenommen, daß der Hauptgrund für die Geschwindigkeitsänderung bei der Ausbreitung seismischer Wellen an der Grenze Kruste − Mantel die chemische Zusammensetzung ist. Die Wissenschaftler halten also die erste Theorie für die richtige.

Den Unterschied zwischen der chemischen und der mineralogischen Zusammensetzung der Gesteine sehen wir am Beispiel des Basalts. Es ist ein festes schwarzes Gestein mit kleinen oder größeren grünen Olivin-Kristallen oder bräunlichen Pyroxen-Kristallen in feinkörniger Masse, die diese Bruchstücke umgibt. Der Petrologe bzw. Mineraloge stellt unter dem Mikroskop noch Feldspäte mit Plagioklas fest, weiter kleinere Kristalle von Olivin und Pyroxen, Magnetit- oder Ilmenitbrocken und Stückchen nicht auskristallisierter erhärteter Massen und Glas. Mit dieser Aufzählung ist das Gestein mineralogisch beschrieben − wir haben seine mineralogische Zusammensetzung bestimmt. Wenn wir den gleichen Basalt in einem chemischen Laboratorium analysieren, dann stellen wir fest, daß das Gestein hauptsächlich aus neun Elementen besteht (Angaben in Oxiden): 50 % SiO_2 (Siliziumdioxid), 1 % TiO_2 (Titandioxid), 17 % Al_2O_3 (Aluminiumoxid), 10 % FeO (Eisen-(II)-oxid), 0,2 % MnO_2 (Manganoxid), 8 % MgO (Magnesiumoxid), 7 % CaO (Kalziumoxid), 4 % Na_2O (Natriumoxid) und 1,5 % K_2O (Kaliumoxid). Es kann folgende drei Bezeichnungen tragen: Gabbro, Basalt und Eklogit. Wenn die Hauptbestandteile Feld-

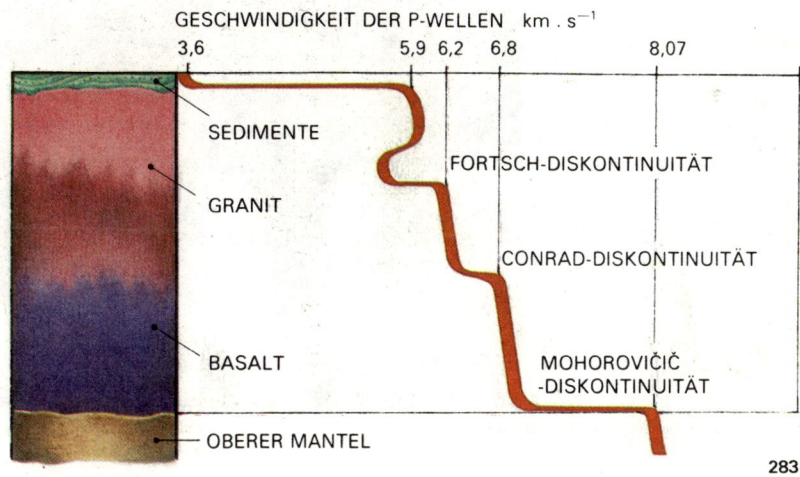

GESCHWINDIGKEIT DER P-WELLEN km . s^{-1}

3,6   5,9 6,2 6,8   8,07

SEDIMENTE

GRANIT

FORTSCH-DISKONTINUITÄT

CONRAD-DISKONTINUITÄT

BASALT

MOHOROVIČIĆ -DISKONTINUITÄT

OBERER MANTEL

283

spat, Pyroxen und Amphibol sind, dann ist es Gabbro, sind Olivin, Pyroxen und Feldspat die Bestandteile, dann wird das Gestein sehr feinkörnig sein, und wenn Glas vorhanden ist, dann ist die Zusammensetzung die gleiche wie die des Basalts. Sind Granate und Klinopyroxen anwesend, dann heißt ein solches Gestein mit der gleichen chemischen Zusammensetzung Eklogit.

Gerade diese Unterschiede in der mineralogischen Zusammensetzung können den Geologen darüber informieren, in welchem Milieu das Gestein enstand (kristallisierte). So ist Gabbro ein Gestein, das im Innern der Erdkruste bei etwa 800 °C und in einer Tiefe von rund 10 Kilometern kristallisierte. Basalt kristallisierte an der Erdoberfläche oder in ihrer Nähe und die Temperatur, bei der die Kristallisation einsetzte, lag über 1200 °C. Und Eklogit? Bei seiner Kristallisation spielte die Temperatur keine entscheidende Rolle. Es kann in einem Bereich von

Erde die Gesteine teilweise geschmolzen sind. Plötzliche Geschwindigkeitsänderungen heißen Diskontinuitäten (Unstetigkeiten). Die wichtigste Diskontinuität in der Erdkruste ist die Conrad-Diskontinuität. Die Mohorovičič-Diskontinuität trennt die Kruste vom Mantel

400–1200 °C kristallisieren, doch müssen der Kristallisationsdruck hoch und die Tiefe mindestens 20 Kilometer sein.

Deshalb müssen die Geologen außer der chemischen Zusammensetzung auch die mineralogische kennen.

Woraus besteht die Erdkruste und was liegt unter ihr? Die Geologen stellen die Erde bildlich so dar, daß sie den felsigen Untergrund prüfen und die charakteristischen Züge in die geologischen Karten eintragen. Aus den geologischen Karten läßt sich dann leicht herauslesen, welche Gesteine in einem Gebiet vorkommen. Wenn wir die geologischen Karten der ganzen bisher erforschten Welt zusammensammeln und alle Gebiete zusammenzählen, die aus den einzelnen Gesteinstypen bestehen, z. B.

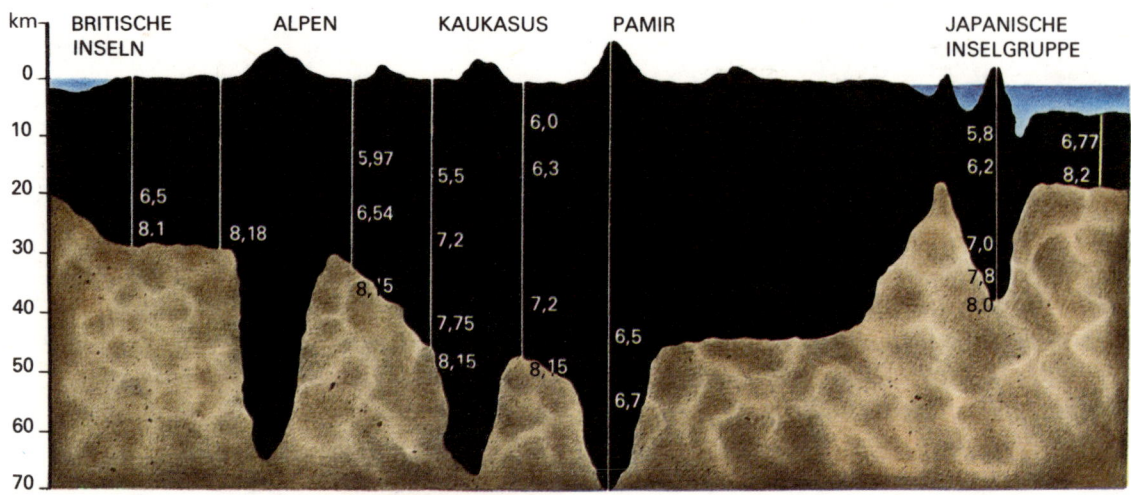

284 In diesem stark überhöhten Profil des eurasischen Kontinents ist die Erdkruste schwarz, der Mantel braun dargestellt. Das Profil soll zeigen, daß jedes Hochgebirge in der Kruste verwurzelt ist und daß die Kruste auf dem Mantel schwimmt. Die senkrechten Linien zeigen die Stellen, an denen die Messungen vorgenommen wurden

284

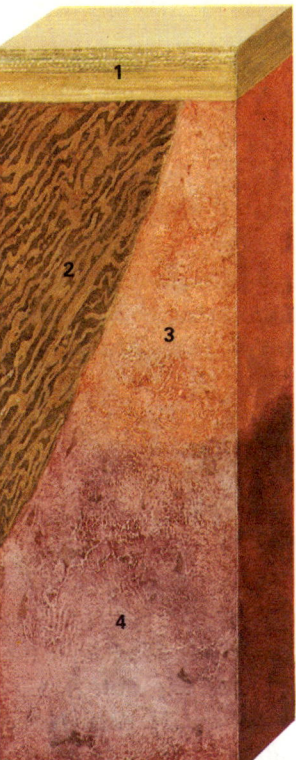

285 Die durchschnittliche Zusammensetzung der Erdkruste, d. h. der obersten dreißig Kilometer der Kontinente: Sedimentgesteine (1) (7,9 %), metamorphierte Gesteine (2) (27,4 %) und Erstarrungsgesteine, von denen an Siliziumdioxid reiche (3) 22 % bilden, während die an Siliziumdioxid armen (4) 42,7 % des Volumens ausmachen

285

Sandsteine, Schiefer, Granite oder Basalte, können wir die durchschnittliche mineralogisch-petrographische Zusammensetzung der Oberflächenschichten der Erdkruste erhalten. Die Bezeichnung Oberflächenschicht ist hier angebracht, denn es ist anzunehmen, daß sich die oberste Schicht der Erdkruste von der um etwas tiefer liegenden doch etwas unterscheidet – in der oberen Schicht sind naturgemäß mehr Sedimentgesteine.

Wenn wir von jedem auf der Erdoberfläche vorkommenden Gestein eine so große Probe nehmen würden, wie sie der Menge dieses Gesteins in der Erdkruste entspricht, und alle Proben sorgfältig vermischen, zerkleinern und chemisch analysieren würden, könnten wir feststellen, daß die durchschnittliche Zusammensetzung der Erdoberfläche sich durch die Oxide der neun häufigsten Elemente ausdrücken läßt:

SiO_2, TiO_2, Al_2O_3, FeO, MnO_2, MgO, CaO,

Na_2O, K_2O.

Alle diese Oxide bilden über 99 % der Erdkruste, und es ist eigentlich völlig gleichgültig, von welchem Kontinent die Proben genommen werden. Sie können aus Asien, Südamerika oder Europa sein. Immer kommen wir zu einem sehr ähnlichen Ergebnis.

Obgleich die Ozeane eine doppelt so große Fläche einnehmen wie die Festländer, ist die Vielfalt der Gesteine des Ozeanbodens nicht so groß wie auf der Oberfläche der Kontinente. Bis auf kleine Ausnahmen sind die Gesteine auf den Böden der Ozeane fast annähernd gleich.

Unter einer dünnen Sedimentschicht kommen

Entdeckung warten.

Die Geophysiker haben beispielsweise festgestellt, daß sich die physikalischen Eigenschaften des unteren Teils der Kontinentalkruste, wie etwa die Ausbreitungsgeschwindigkeit der seismischen Wellen, die elektrische Leitfähigkeit u. ä., von den Eigenschaften der Oberflächengesteine unterscheiden.

286

men auf den Ozeanböden stereotyp uninteressante Basalte vor.

Die Basalte aus dem Indischen Ozean sind nicht zu unterscheiden von denen auf den Böden des Atlantischen oder des Stillen Ozeans unter der Decke der Sedimente. Aus dem, was aus den Bohrungen im Ozeanboden und aus den Messungen der ozeanographischen Schiffe bekannt ist, geht hervor, daß unter der Basaltschicht auf dem Ozeanboden noch eine weitere Gesteinschicht liegt, von deren Charakter nur ungenaue Belege vorliegen.

Ein Vergleich der ozeanischen Kruste mit der Kruste der Kontinente zeigt, daß sie zwar ärmer an Siliziumdioxid, Natriumoxid oder Kaliumoxid, aber dafür reicher an Eisen-, Magnesium- und Kalziumoxiden ist. Doch kehren wir zu den Kontinenten zurück. Dort ist nämlich die ganze Entwicklungsgeschichte unseres Planeten Erde festgehalten, und dort sind auch alle die Geheimnisse verborgen, die noch auf ihre Enträtselung und

Auch wenn wir diese Gesteine den hohen Drücken und Temperaturen aussetzen, die in diesen Tiefen herrschen, haben sie dennoch nicht die entsprechenden Eigenschaften. Um die ganze verwickelte Situation mit der Kontinentalkruste noch weiter zu komplizieren, fügen wir hinzu, daß sich in einer Tiefe von 10–15 Kilometern die Ausbreitungsgeschwindigkeit der seismischen Wellen ändert. Dieser Bereich heißt Conrad-Diskontinuität. Nach den gegenwärtigen Vorstellungen ist die Zusammensetzung der Gesteine unter und über der Conrad-Diskontinuität offensichtlich verschieden. Nur ist in so große Tiefen noch niemand vorgedrungen. Und so bleibt nichts anderes übrig, als die Erwägungen aufgrund indirekter Beweise zu treffen. Und dennoch. In Eruptivgesteinen, die die Erdkruste durchbrochen haben, sind auch solche Gesteine vorhanden, die entweder aus dem Mantel oder aus der unteren Kruste stammen. Es ist eine Reihe verschiedener Gesteine, unter denen Granulite oder

286 Das Schelfmeer, das Flußdelta und eine verhältnismäßig mächtige Kruste sind charakteristische Merkmale des passiven Kontinentalrandes. Die Übergangszone der Kontinental- und Ozeankruste sind gegenwärtig die am meisten studierten Gebiete der Erdkruste

basaltische Gesteine — Amphibolite — die häufigsten sind. Da die Gesteine mit Basaltzusammensetzung vorherrschen, nimmt man an, daß den unteren Teil der Erdkruste eine Basaltschicht bildet, obgleich sie in den Bedingungen der hohen Temperaturen und Drücke nicht die mineralogische Zusammensetzung des Basalts haben kann. Die

Millionen Jahren entstanden sind, und der Kruste geologisch alter Gebiete (z. B. der Gebiete der Schilde und Tafeln). Dort, wo die Kruste sehr alt ist, wie z. B. in den Schilden, ist sie gewöhnlich nicht so mächtig und erreicht im Durchschnitt 35 Kilometer (Entfernung von der Oberfläche der Mohorovičič-Diskontinuität), an Stellen mit jun-

287, 288, 289 Ein Gestein, das die gleiche chemische Zusammensetzung aufweist, muß nicht den gleichen petrographischen Namen tragen. Ihren Namen erhalten die Gesteine nach ihrem Mineraliengehalt. Das Aussehen der Gesteine unterscheidet sich bei Betrachtung der Probe mit bloßem Auge vom Aussehen im petrographischen Ausschliff unter dem Mikroskop, wo alle Bauteile gut sichtbar sind.
Basalt ist ein an der Erdoberfläche erstarrtes Ergußgestein, Amphibolit dagegen ein metamorphiertes Gestein, u. zw. ein bei hoher Temperatur und hohem Druck umgewandelter Basalt. Eklogit (Bild unten) entstand durch Umwandlung des Amphibolits unter extrem hohen Temperaturen und Drücken

287

288

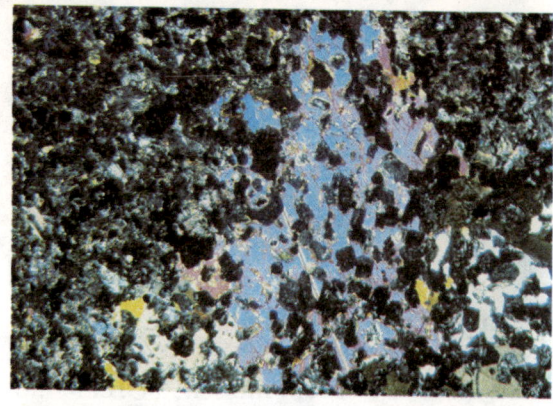

289

untere Kontinentalkruste wird häufig mit der ozeanischen Kruste verglichen. Wenn wir die Erdkruste genauer studieren wollten, kämen wir zu dem Schluß, daß Unterschiede in der Kruste geologisch jüngerer Gebiete bestehen, also in jenen, die in den letzten 600

ger gebirgsbildender Aktivität, den Gebieten der heutigen Faltengebirge, dagegen häufig über 50 Kilometer und in einigen Teilen der südamerikanischen Anden sogar bis 75 Kilometer.

Wenn wir jedoch die physikalischen und

die chemischen Eigenschaften der Kontinentalkruste und der Kruste, die den Ozeanboden bildet, vergleichen, stellen wir fest, daß es sich um unterschiedliche geologische Einheiten handelt. Die Festland- und die Ozeankruste unterscheiden sich sowohl durch den Bau als auch durch die chemische und die mineralogische Zusammensetzung voneinander.

Auch diese ist nicht sehr mächtig (nach den Angaben der Geophysiker sind es manchmal nur einige Hundert Meter und an anderen Stellen etwa ein Kilometer). Unter dieser Schicht liegen Gesteine ultrabasischen Charakters (dies bedeutet, daß es Gesteine mit sehr niedrigem Quarz-, aber hohem Magnesium- und Eisengehalt sind), die den unteren Teil der ozeanischen Kruste bilden, darunter

290

Wir haben auf diese Tatsache schon mehrmals hingewiesen.

Da diese geologischen Unterschiede sehr wichtig sind, wiederholen wir sie nochmals.

Die Mächtigkeit der ozeanischen Kruste ist weit kleiner als die der Kontinentalkruste und erreicht im Durchschnitt nur 10 Kilometer. Deshalb wurde eines der ersten großen geologischen Projekte — die Feststellung des Charakters der Mohorovičić-Diskontinuität durch direkte Bohrung — in ozeanisches Gebiet verlegt. Die Versuche endeten zwar mit einem Mißerfolg — es ist bisher noch durch keine Bohrung gelungen, die Mohorovičić-Diskontinuität zu durchdringen — zeigten aber, daß eine gründliche theoretische Vorbereitung durch Laborstudium billiger ist und ebenso wertvolle Antworten geben kann wie kostspielige Bohrungen. Der Aufbau der Ozeankruste ist jedoch viel einfacher als der Aufbau der Kontinentalkruste. Unter einer ganz dünnen Sedimentschicht liegt auf dem Ozeanboden eine basaltische Schicht.

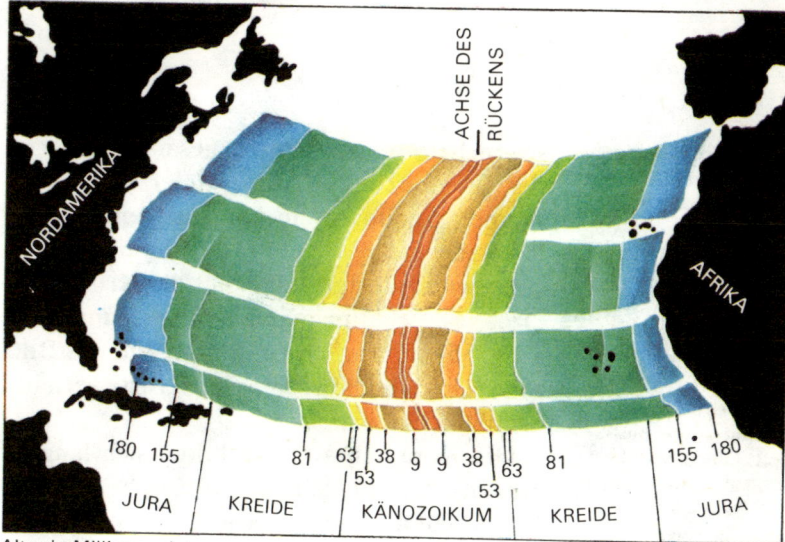

Alter in Millionen Jahren

291

291 Als es gelang, das Alter der Gesteine des Meeresbodens zu bestimmen, erhielt man einen weiteren Beweis für die Ausdehnung des Meeresbodens und für die Bewegung der ozeanischen Schollen vom Mittelozeanischen Rücken zum Kontinent. Auf dem Bild ist der Atlantische Ozean dargestellt. Das Alter der Gesteine wächst hier vom Mittelatlantischen Rücken (rote Schattierungen) über braun, orange, grün bis blau markierte Gesteine unweit der Kontinente. Diese Gesteine sind die ältesten

den Mittelozeanischen Rücken mit dem Rifttal, das von neuen, aus der Tiefe aufsteigenden Ergußgesteinen von basaltischer Zusammensetzung ausgefüllt wird

211

292 Im Vergleich mit der komplizierten Struktur der Kruste der Kontinente ist der Bau der ozeanischen einfach. Ihre oberste Schicht bildet eine tonige, quarzhaltige, manchmal kalkige dünne Ablagerung (1, 2), unter der sich

liegt bereits die Mohorovičič-Grenze.

Die Entstehung der Ozeankruste wird in den modernen Theorien der Ausdehnung des Ozeanbodens zugeschrieben. Eigentlich beginnt die Kontinentaldrift, wie wir sie beschrieben haben, gerade damit, daß sich eine neue Ozeankruste bildet (Abb. 291/292). In den Gebieten der mittelozeani-

gends auf der Welt ein mehr als 200 Millionen Jahre altes Gestein. Das ist, verglichen mit dem Alter des Planeten Erde, sehr wenig. Deshalb nimmt man an, daß die ältere Ozeanrinde ins Erdinnere verschwand. Die Vorstellung, wie dieses Verschwinden vor sich gegangen sein konnte, zeigt unser Bild.

292

293

gewöhnlich Basaltlaven (3) befinden. Die weitere Schicht besteht aus einem Gestein vom Typ Gabbro (4) oder Peridotit (5)

293 Die vulkanischen Gesteine informieren über jene Gebiete der Erde, aus denen sie stammen. Einschlüsse von „Olivin-Nodulen" in alkalischen Basalten sind Beispiele für den verarmten oberen Mantel

schen Rücken stammt das gesamte Material der Ozeanischen Kruste (außer einer ganz dünnen Sedimentschicht) aus dem oberen Mantel.

Es wurde festgestellt, daß die Kruste der Ozeane verhältnismäßig schnell, um etwa 2 bis 35 cm jährlich zunimmt. Wie das Bild zeigt, entsteht die ozeanische Kruste verhältnismäßig einfach.

Die Kontinentalkruste bildet sich langsamer als der langzeitige geologische Prozeß. So schnell und einfach wie die Ozeankruste entsteht, so leicht verschwindet sie auch wieder. Das ist naheliegend. Wenn sich die Erde nicht vergrößern soll, dann muß die Masse, die an der Oberfläche ausgetreten ist, wieder verschwinden. Der Beweis für das Verschwinden der ozeanischen Krustenmasse ist recht überzeugend. Auf dem Boden der heutigen Meere fanden die Geologen nir-

Der Mantel

Bei der Beschreibung der Gesteine der Erdoberfläche ebenso wie auch des Ozeanbodens erwähnten wir verschiedentlich, daß die Basalte und die übrigen Gesteine aus dem oberen Mantel stammen. Im oberen Mantel tritt eine teilweise Schmelzung der Gesteine ein, und das Magma gelangt von dort an die Erdoberfläche. Die Vorgänge im oberen Mantel und die Bewegungen seiner Masse beeinflussen das, was in der Erdkruste vor sich geht. Wir können sagen, daß auch die Entstehung riesiger Gebirge und die Bewegung lithosphärischer Platten ihre Uranfänge gerade hier haben. Leider sind unserer bisherigen Technik Grenzen gesetzt, und so ist es den Menschen einstweilen noch nicht gelungen, in den oberen Mantel einzudringen. Alles, was wir über seinen Aufbau wissen, beruht auf indirekten Methoden, menschlicher Erfindungsgabe, Rückschlüssen und Gerätetechnik.

Die den Schalenaufbau der Erde studierenden Geophysiker messen die Eigenschaften des oberen Mantels. Er besteht aus einem Material, das die seismischen Wellen mit einer Geschwindigkeit von über 8,3 km/s sich ausbreiten läßt, die eine spezifische Masse von über 3,3 g $\cdot$ cm^{-3} usw. hat. Seinen Charakter kennen wir jedoch nicht.

Wir haben noch nicht die Frage gestellt, wie die mineralogische und chemische Zusammensetzung des oberen Mantels beschaffen ist. Es muß ein Material sein, das nach Erhitzung und unter einem Druck, wie er in Tiefen von 50 bis 400 Kilometern herrscht, ein basaltisches Gestein bildet, sonst gäbe es kaum vulkanische Inseln wie Hawaii, Tahiti oder Island.

Eine der Arten, wie sich die chemische Zusammensetzung des oberen Mantels feststellen läßt, ist die Analyse von basaltischen Gesteinen.

Ein weiteres Argument in der Diskussion über die Zusammensetzung des Erdmantels bringen die Kosmochemiker. Sie behaupten nämlich, daß sich die Erde als Ganzes nicht viel von der Urmaterie des Sonnensystems unterscheide — von den Meteoriten (Chondriten). Und deshalb können wir die Zusammensetzung des Mantels errechnen. Und als dritter Beitrag zur Diskussion darüber, woraus der Erdmantel besteht, dient ein geologisches Zeugnis.

Die Diamanten, die bei hohen Drücken im oberen Mantel entstehen, stammen aus Gesteinen, die Kimberlite heißen. Sie kommen in Südafrika, Sibirien, aber auch in Brasilien vor. Die Kimberlite enthalten außer Diamanten auch Bruchstücke anderer Gesteine, die sie auf ihrem Weg zur Erdoberfläche einsammelten. Es sind Gesteine mit hohem Eisen- und Magnesium-, aber niedrigem Quarzgehalt, also ultrabasische Gesteine, wie Dunite, Wherlite, Lhersolite sowie granitische Gesteine (Peridotite und Eklogite). Alle Minerale dieser Gesteine des oberen Mantels kristallisierten unter hohen Drücken und Temperaturen.

Die Zone des oberen Mantels, von dem wir die oben angeführten Beweise haben, reicht bis in eine Tiefe von nur 400 Kilometer, während der Mantel bis 2900 Kilometer tief geht. Was sich in diesen Tiefen tut, bleibt ein Geheimnis. Über die Zusammensetzung des Erdmantels in großen Tiefen gibt es nur indirekte Angaben. Wir sprachen darüber, daß die Gesteine der Erdkruste, trotz gleicher chemischer Zusammensetzung, verschiedene Minerale enthalten. Maßgebend sind dafür die Tiefe sowie der Druck und die Temperatur, die auf das Gestein einwirken. Das gilt auch für das Material des oberen Mantels. Hier gelten die gleichen Regeln. Mit wachsender Tiefe steigen Temperatur

und Druck, und deshalb paßt sich die Masse der tieferen Teile diesen Bedingungen an. Die innere Anordnung der Bauteile der Minerale entspricht dem hohen Druck. Die Struktur ist also „zusammengedrückter", dichter, und die Minerale haben deswegen eine höhere spezifische Masse. Beweise dafür gibt es auch aus den Labors. Unter ungeheuren Temperaturen und Drücken

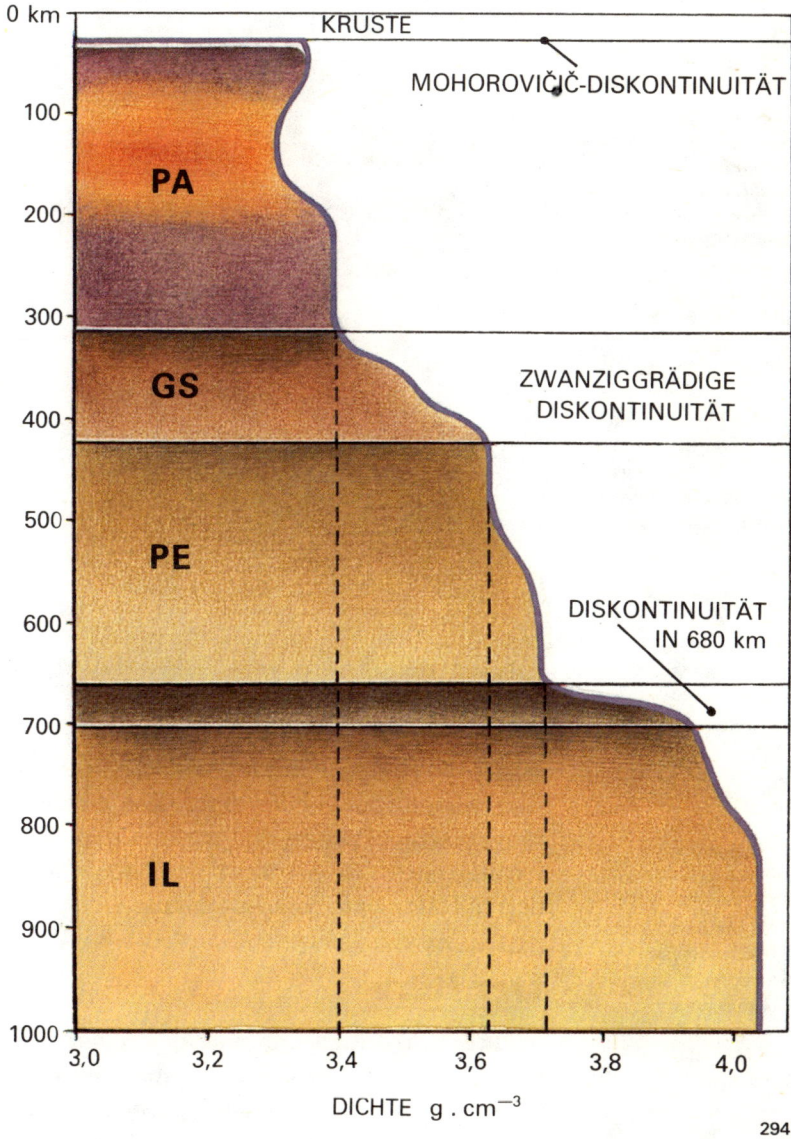

294 Der Aufbau des oberen Mantels ist heute gut bekannt. Nicht nur das experimentelle Studium der Gesteine bei hohen Drücken und Temperaturen, sondern auch das Studium der Ausbreitungsgeschwindigkeit seismischer Wellen trug zum Verständnis dieses unzugänglichen Teiles der Erde bei. Die Ausbreitungsgeschwindigkeit von Erdbebenwellen ändert sich langsam, aber auch sprunghaft. Die meisten Trennflächen, an denen es zu Sprüngen kommt (Diskontinuitäten), lassen sich durch eine mineralogische Veränderung des Mantelmaterials erklären. **PA** — Bereich der teilweise geschmolzenen Gesteine, **GS** — Minerale mit Granatstruktur, **PE** — mit Perorskitstruktur, **IL** — Silikate mit Ilmenitstruktur

werden in den Labors, natürlich nur an kleinen Milligramm-Proben, die Bedingungen nachgeahmt, die im Erdinneren herrschen müssen. Die Ergebnisse dieser Versuche werden dann mit den Ergebnissen der Messungen der Verbreitungsgeschwindigkeit der Erdbebenwellen verglichen. Dabei stellte man fest, daß sich die Tiefen, in denen eine Steigerung der Geschwindigkeit eintritt,

terscheidet. Es muß ein weit schwereres Material sein als jenes, das sich auf der Erdoberfläche befindet. Selbst die Gesteine des oberen Mantels haben kein so hohes spezifisches Gewicht, wie es den physikalischen Eigenschaften der Erde und der spezifischen Masse der ganzen Erde entspräche. Im Mantel haben die Gesteine eine spezifische Masse von nur $3,3-3,8$ g/cm^3. Deshalb

295 Den Beweis für das Vorhandensein eines flüssigen Erdkerns erbringt die Ausbreitung der Erdbebenwellen. Da diese Wellen beim Übergang von einem Material ins andere gebrochen werden, werden sie reflektiert; und einige von ihnen breiten sich nicht in Flüssigkeiten aus. Diese Beobachtung und das Vorhandensein eines Schattens läßt den Schluß zu, daß das Erdinnere ganz, oder wenigstens ein Teil von ihm, in flüssigem Zustand ist. **A** – Ort des hypothetischen Erdbebens, **B** – Gebiet, in dem die Seismographen P- und S-Wellen verzeichnen, **D** – Schatten seismischer Wellen, **C** – Gebiet, in dem nur P-Wellen aufgefangen werden

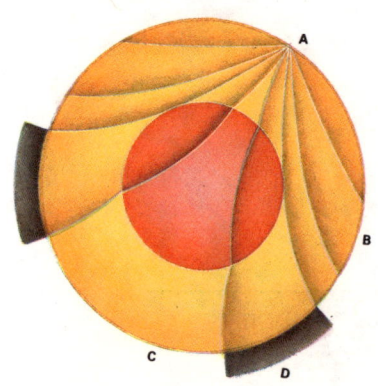

295

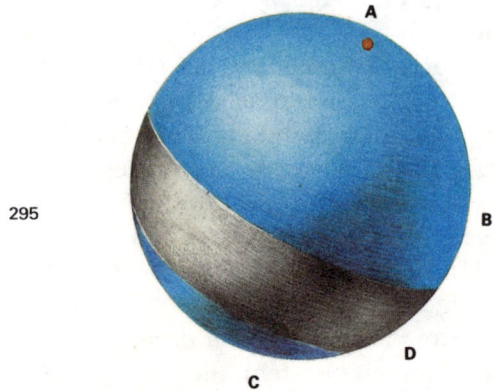

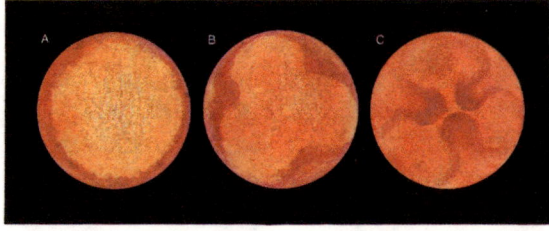

296

296 Die Bildung des Erdkerns ist das wichtigste geologische Ereignis in der Geschichte der Erde. Die Entstehung des Kerns war wahrscheinlich von einer Erwärmung eines Teils des Planeten begleitet sowie von der Abtrennung der metallischen, evtl. auch der sulfidischen Komponente von den Silikaten **(A)**. Die Bildung von Metalltaschen **(B)** und ihr Absinken **(C)** ins Gravitationszentrum des Planeten ist hier nach der Vorstellung des neuseeländischen Wissenschaftlers Elsasser dargestellt

gut mit den Tiefen vergleichen lassen, in denen entsprechend den Labormessungen eine Änderung der inneren Struktur der Minerale eintreten sollte. Auf Abb.294/95 sind sowohl die Änderungen der Ausbreitungsgeschwindigkeit der seismischen Wellen als auch der Struktur der Minerale in tiefen Teilen der Erde festgehalten.

Der Kern

Das Vorhandensein und den Charakter des Erdkerns zu beweisen ist nicht einfach. Wenn wir aber die Existenz eines Metallkerns erklären wollen, der noch dazu flüssig ist, müssen wir auf die Seismologie zurückgreifen. Was wissen wir heute also wirklich von der Existenz, dem Zustand und der Zusammensetzung des Erdkerns?

Die grundlegenden physikalischen Angaben – das spezifische Gewicht der Erde und das Impulsmoment –, von denen wir sprachen, zeigen, daß mit wachsender Tiefe ein Material zunimmt, dessen Masse sich stark von der Masse der Oberflächengesteine un-

ist die Annahme eines schweren Kerns vom physikalischen Gesichtspunkt eigentlich die einzige Lösung. Auch kosmochemisch gesehen ergibt sich bei einem Vergleich der Elementenmengen in den Meteoriten sowie der Zusammensetzung der Sterne, daß die Erde weit schwerere Elemente in ihrem Innern haben muß als an ihrer Oberfläche, z. B. mehr Eisen als in den Oberflächengesteinen der Erde und den Gesteinen des oberen Mantels. Es muß irgendwo in der Erde sein.

Das gilt auch für die anderen eisenähnlichen und sich wie Eisen verhaltenden Metalle, die die Geochemiker siderophil nennen. Zu ihnen gehören z. B. die Metalle der Platin-Gruppe, die zwar in den Meteoriten vorhanden sind, in der Oberflächenschicht der Erde aber nur in Spuren. Deshalb kommt Eisen in Frage. Es hat eine hohe spezifische

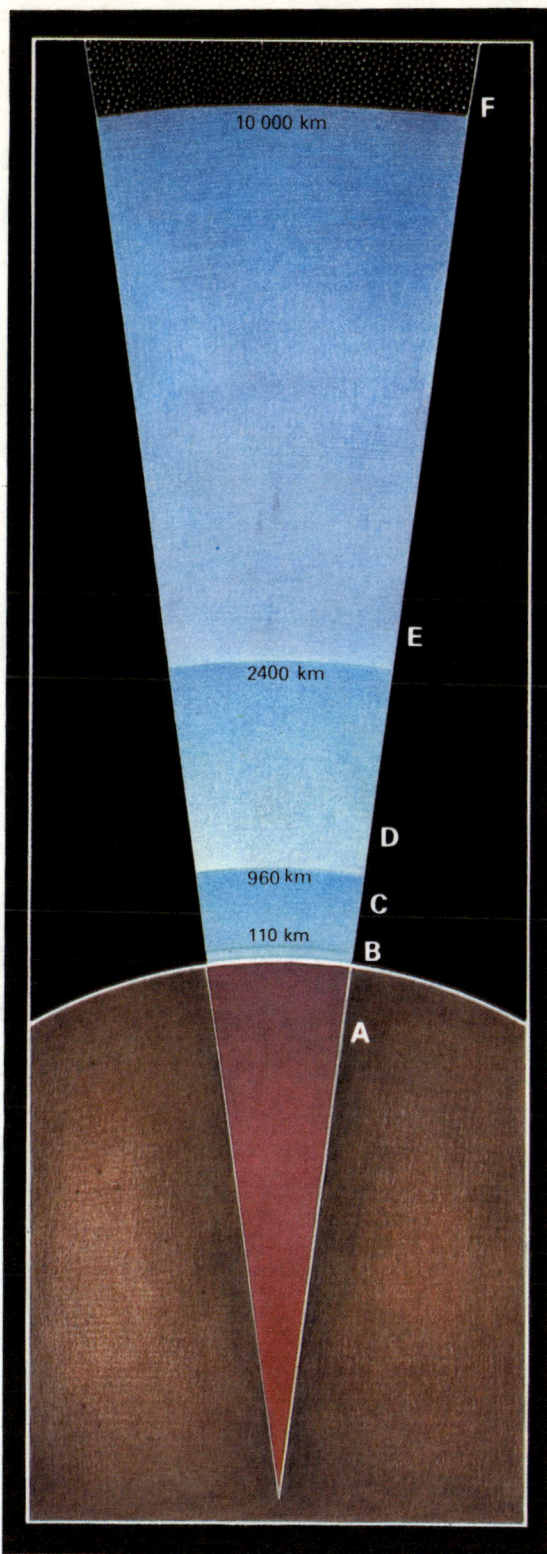

297 Der Bereich der Atmosphäre ist mehr als doppelt so groß wie der Durchmesser des Erdkörpers. Für den Menschen ist jedoch nur die unterste Schicht, die wir atmen, von Bedeutung. **B** – Sauerstoff- und Stickstoffzone, **C** – Sauerstoffzone, **D** – Heliumzone, **E** – Wasserstoffzone, **F** – Zone des interplanetaren Gases. Die chemische Zusammensetzung der erdnahen Schicht ist anders als die der entferntesten Schichten der Atmosphäre, d. h. jener Stellen, wo die höchsten Atmosphärenschichten **(F)** der Erde **(A)** den interplanetarischen Raum berührten

Masse und kommt sowohl im Kosmos als auch auf der Erde in großer Menge vor.

Der Beweis für die Existenz eines Kerns geht von der Seismologie, vom Studium der Erdbebenwellen im Erdkörper aus. Er wurde zu Beginn dieses Jahrhunderts erbracht. Die Grenze zwischen dem Mantel und der tieferen Schicht der Erde liegt in

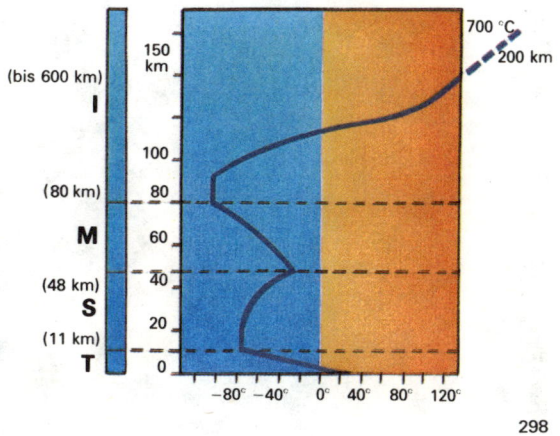

298 Ein wichtiger Markstein bei der Teilung der Atmosphäre sind die Temperaturunterschiede ihrer einzelnen

T – Troposphäre,
S – Stratosphäre,
M – Mesosphäre,
I – Ionosphäre

einer Tiefe um 2.000 km. Sie heißt Gutenberg-Weichert-Diskontinuität und ist ausgeprägter als die Grenze zwischen der Kruste und dem Mantel (Mohorovičič-Diskontinuität). Hier tritt eine starke Beugung und Auslenkung der seismischen Wanderwellen ein. Ein Wellentyp, die sog. S-Wellen, durchdringen diese Grenze überhaupt nicht. Und gerade das ist der Beweis, daß sich dieser Teil des Kerns in flüssigem Zustand befindet, denn die S-Wellen verbreiten sich in Flüssigkeiten nicht.

Das ist noch nicht das letzte Wort der Geologen, Geophysiker und Geochemiker über den Zustand und die Zusammensetzung des Kerns. Nur kurzzeitig und vereinzelt gelangen Laborprüfungen, bei denen längere Zeit die an der Grenze zwischen Mantel und Kern bestehenden physikalischen Bedingungen imitiert wurden. Die meisten Hoffnungen setzen die Geologen deshalb auf das Studium der Erscheinungen bei großen Explosionen. Der Kern ist also flüssig, aber, wie man annimmt, nur an seiner Außenseite. Der innere Teil, der sog. Innenkern, ist wahrscheinlich fest. Da jedoch Eisen nicht die entsprechenden physikalischen Eigenschaf-

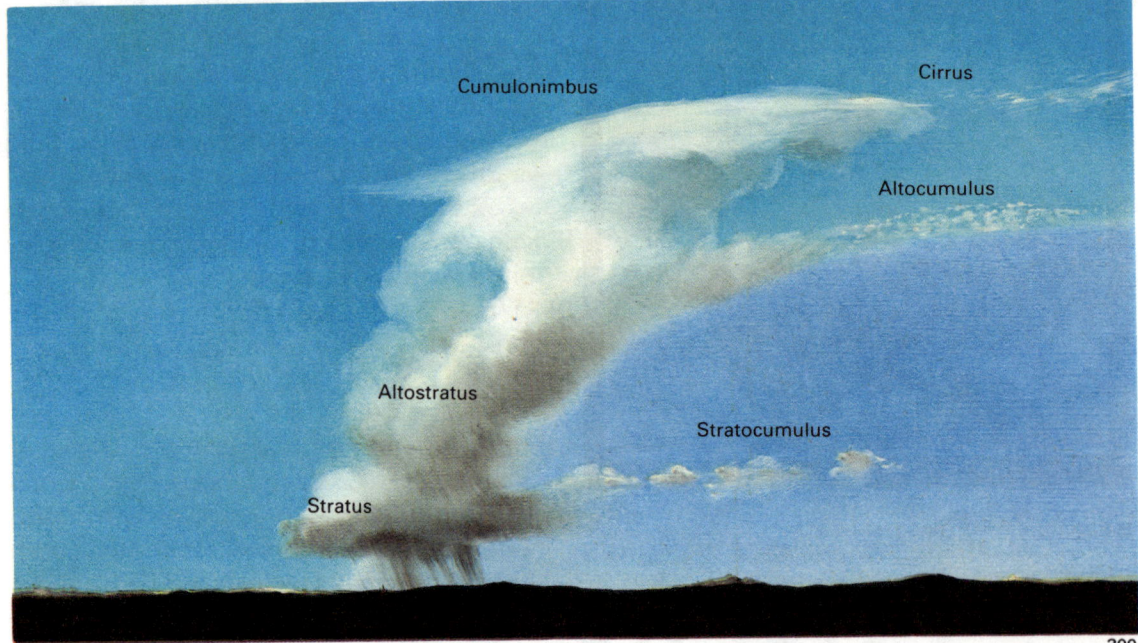

299 Die Veränderlichkeit unseres Planeten illustriert diese bunte Karte, die die Niederschlagsmenge in den einzelnen Teilen der Erde darstellt.
1 — Wüsten und Halbwüsten. Jährliche Niederschlagsmenge:
2 — unter 250 mm,
3 — 250 bis 500 mm,
4 — 500 bis 1 000 mm,
5 — 1 000 bis 2 000 mm,
6 — über 2 000 mm

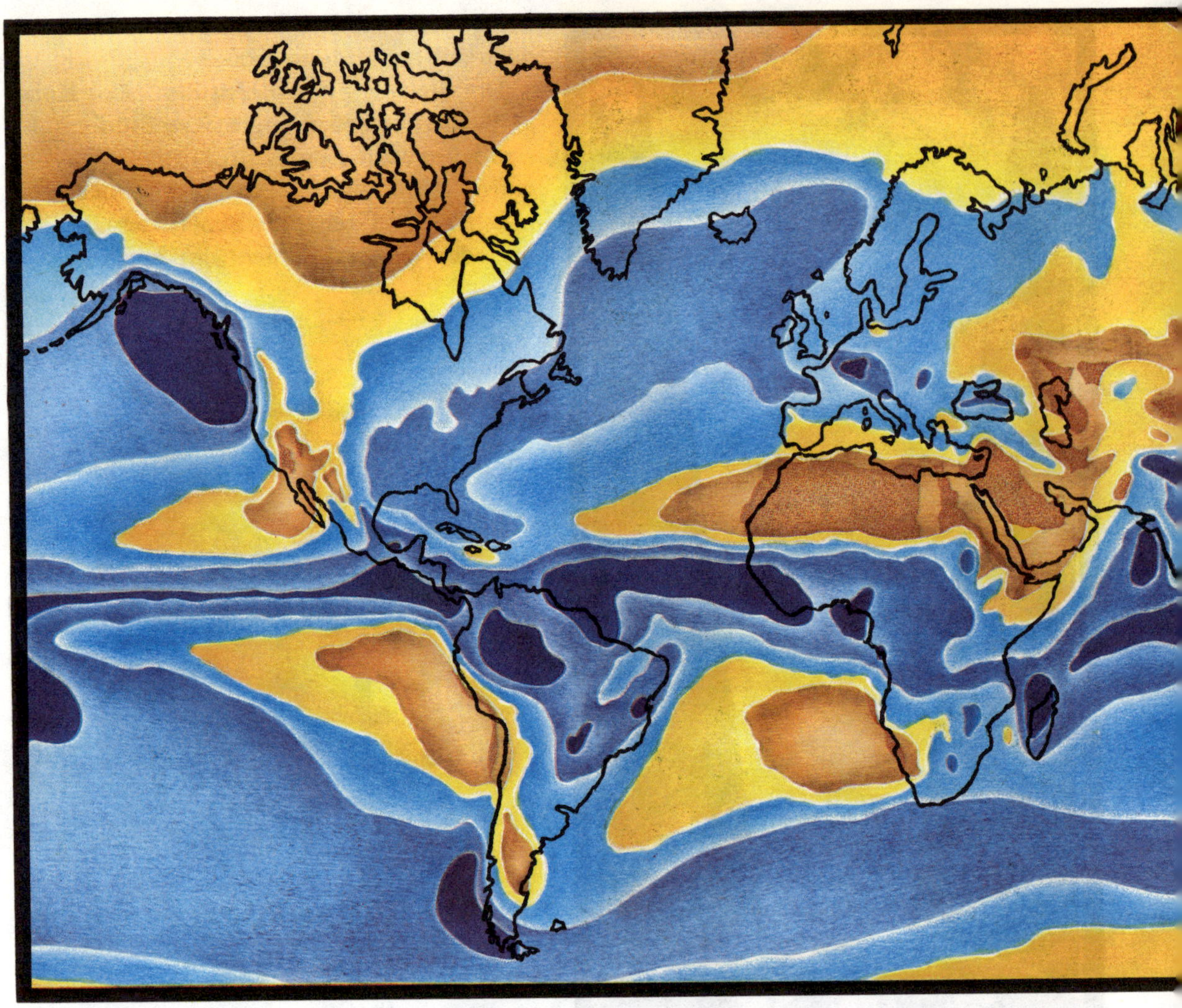

300 An der Frontalgrenze entstehen Wolkenformationen nach ihrer Aufeinanderfolge und höhenmäßigen Schichtung. Die Wettervorhersage nach den Wolken ist eine alte zuverlässige Methode

ten besitzt, nimmt man an, daß im Erdkern noch ein weiteres Metall vorhanden ist — Nickel und, wie einige Wissenschaftler glauben, außerdem noch ein ziemlich hoher Prozentsatz (10—20 %) metallisches Silizium. Das erinnert an die Ähnlichkeit mit Metallmeteoriten, die außer Eisen noch ziemlich viel Nickel enthalten. Deshalb ist

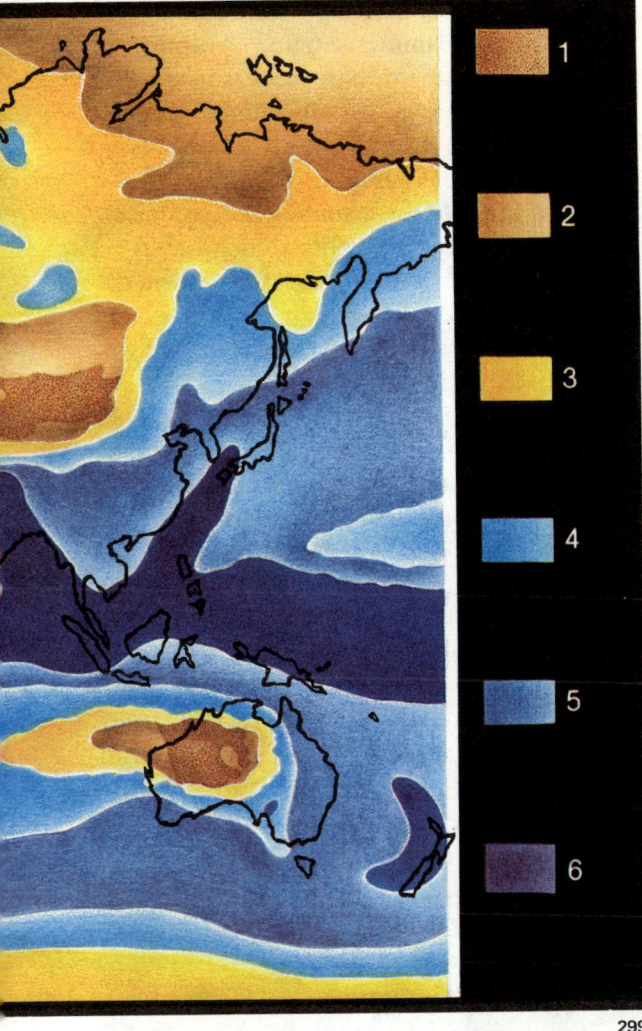

1
2
3
4
5
6

seits die Erde einen Eisen-Nickelkern hat. Aber das sind Fragen, die erst in der Zukunft, vorerst wohl experimentell im Labor, beantwortet werden können. Vielleicht gelingt es einmal, solche Geräte zu konstruieren, die bis in die ungeheuren Tiefen des Erdmantels und womöglich auch bis in den Kern vorzudringen vermögen.

Die Atmosphäre

Die Kruste, der Mantel und der Kern bilden die festen Schalen unserer Erde. Auf den folgenden Seiten wollen wir die Atmosphäre untersuchen. Obwohl man sie nicht sieht, ist ihr Einfluß lebensbestimmend, unser ganzes Sein hängt davon ab.

Die Atmosphäre ist, ähnlich wie die Erdkruste, ein Destillationsprodukt bei der Entwicklung des Erdmantels. Sie entstand wahrscheinlich gleichzeitig mit der Erdkruste als eine Art Nebenprodukt. Einige Wissenschaftler betrachten sogar die Atmosphäre als Teil der Erdkruste. In der geologischen Zeit entwickelte sich auch die Atmosphäre. Sie hatte in der Frühzeit der Erde noch nicht die gleiche Zusammensetzung wie heute, denn aller Wahrscheinlichkeit nach enthielt

299

Cumulonimbus

Cirrus

Nimbostratus

Cumulus

301 Wetteränderungen treten gewöhnlich an der Grenze der kalten und der warmen Luft ein. Der Wasserdampf kondensiert, schlägt sich nieder und verwandelt sich in Regen. Die Front oder die Frontalgrenze ist sehr breit und von charakteristischer Wolkenbildung begleitet

301

anzunehmen, daß einerseits die Eisenmeteoriten Reste eines kleinen, zerfallenen oder durch Aufprall (Zusammenstoß im Weltall) zerschlagenen Planetoids sind, und andererseits die keinen freien Sauerstoff. Die Geologen betrachten die Entstehung von atmosphärischem Sauerstoff als Markstein in der Entwicklungsgeschichte der Erde.

302 Cumulus oder Haufenwolken im Innern einer warmen Zone sind typisch für das Sommerwetter

303 Niedrige „Stratus"-Wolken sind gewöhnlich von Regen begleitet. Sie entstehen direkt an der Frontalgrenze

304 Hohe Cirrus-Bewölkung weist auf eine Wetterveränderung hin Die Frontalgrenze ist noch einige Hundert Kilometer entfernt

Ebenso wie bei Kruste, Mantel und Kern können wir Zusammensetzung, Aufbau und Struktur der Atmosphäre untersuchen und beschreiben. Wenn wir allerdings geologische Maßstäbe wählen, wird es Probleme geben. Die geologischen Prozesse in der Kruste und im Mantel sind zwar dynamisch, und die Kruste ist veränderlich, aber in langen Zeitintervallen. Die Atmosphäre dagegen ändert sich von Tag zu Tag und ist viel größeren Veränderungen unterworfen als die Kruste und der Mantel. Sie stellt ein Bindeglied zwischen dem Weltraum und der Erde dar. Deshalb machen sich die meisten kosmischen Einflüsse (z. B. Sonnenstrahlung, Sonnenwind und der energetische Teilchenstrom aus dem Kosmos) in der Atmosphäre bemerkbar. Die Strahlung wird hier gebremst und absorbiert, und die Atmosphäre bildet einen Schutzschild um die Erde. Auch der Mensch beeinflußt die Atmosphäre, allerdings negativ. Er verunreinigt sie mit Kohlendioxid, Schwefel- und Stickstoffverbindungen sowie mit Staubteilchen. Einige Wissenschaftler sind der Ansicht, daß für den Temperaturabfall auf der nördlichen Halbkugel der Erde in den letzten 25 Jahren von fast 0,5 °C der Mensch verantwortlich ist. Der Temperaturabfall scheint zwar klein zu sein, aber er beeinflußt dennoch die landwirtschaftliche Produktion und verkürzt die Vegetationszeit.

Über den Sauerstoff als wichtigen Teil der Atmosphäre sprachen wir bereits. Er bildet 20,9 % des unteren Teils der Atmosphäre. Stärker vertreten als der Sauerstoff ist der Stickstoff, der über Dreiviertel der Atmosphäre (78,08 %) ausmacht. Die restlichen Bestandteile sind Argon (0,9 %) und Kohlendioxid (0,033 %). Die übrigen Gase sind in der Atmosphäre in so kleinen Mengen vorhanden, daß sie hier einstweilen vernachlässigt werden können.

Alle genannten Bestandteile (Sauerstoff, Stickstoff, Argon und Kohlendioxid) bilden zusammen 98,8 % der Atmosphäre, und dieses Gemisch heißt Luft.

Es wurde festgestellt, daß eine Atmosphäre dieser Zusammensetzung bis in eine Höhe von 88 km reicht. Wasserstoff ist in unserer Atmosphäre in der untersten Schicht nur sehr wenig vorhanden, da er leicht in das Weltall entweicht.

Während wir in Richtung Erdmitte einen Temperaturanstieg beobachteten, stellen wir fest, daß mit zunehmender Höhe die Lufttemperatur sinkt. Schon in Höhen von 10−12 Kilometern, in denen die Verkehrs-Düsenflugzeuge fliegen, herrschen bereits die sehr niedrigen Temperaturen von ca −50° C. Noch höher, bis 30 Kilometer, fliegen Höhenballons. Hier sind die Temperaturen sogar höher.

Die niedrigsten Temperaturen wurden in 80−90 Kilometer Höhe gemessen.

Nach der Temperatur, der Zusammensetzung und den physikalischen Eigenschaften kann die Atmosphäre in verschiedene Schichten eingeteilt werden. Die Troposphäre ist der Bereich bis zu 11 km über der Erde. Es ist eine verhältnismäßig mächtige und dichte Schicht, die meistens in der Luft anwesenden Wasserdampf enthält und in der sich fast alle meteorologischen Erscheinungen abspielen, die die Bewohner der Erde unmittelbar interessieren. Die Troposphäre enthält die Wolken, die Niederschläge usw. Die Temperatur fällt hier auf jeden Kilometer Höhe um rund 6,6 °C. Und ebenso fällt mit der zunehmenden Höhe auch der Druck. Deshalb sind nach diesem Prinzip die Höhenmeßgeräte konstruiert, die die Geologen bei ihrer Arbeit im Gebirge oder die Flieger in Sportflugzeugen benutzen.

Die Schicht, die die Troposphäre von der nächsten atmosphärischen Schicht, der Stratosphäre, trennt, heißt Tropopause. Sie ist ein Bereich sehr niedriger Temperaturen, und nicht gleich hoch in allen Teilen der Welt. Am niedrigsten über dem Erdboden ist die Tropopause im Bereich des Nord- und des Südpols, am höchsten am Äquator. Ein weiterer Bereich niedriger Temperaturen ist die Stratosphäre. Sie weist die gleiche Zusammensetzung auf wie die Troposphäre, doch entsteht und konzentriert sich in ihr Ozon − die aus dreiatomigen Molekülen bestehende Form des Sauerstoffes. Die Ozonschicht ist für das Leben auf der Erde ungemein wichtig. In letzter Zeit wird viel über sie diskutiert, weil der Ozon die meiste Ultraviolettstrahlung absorbiert, die auf die Erde fällt. Wenn es diese Schicht nicht gäbe, wären wir zwar schneller braun, aber die Strahlen würden das meiste Leben auf der Erde zerstören. Als festgestellt wurde, daß die Fluorkohlenwasserstoffe (das sind z.B. die in den Sprays enthaltenen Gase) die Ozonschicht zerstören, begannen die Wissenschaftler zu warnen. Die Stratosphäre ist, im Unterschied zu den niedrigeren Schichten der Atmosphäre, ein ziemlich ruhiger Be-

304

305

reich. Die in der Troposphäre übliche strömende Luft ist in der Stratosphäre etwas Ungewöhnliches. Und das Vermischen der einzelnen Schichten der Stratosphäre stellt eine Ausnahme dar, und Wolken sind in dieser Schicht der Atmosphäre eine große Seltenheit. Man unterteilt die Stratosphäre in Ozonschicht (ca. 10−45 km) und Mesosphäre (ca. 45−80 km). In etwa 50 km Höhe ist die Temperatur interessanterweise wieder auf +50 °C angestiegen.

Die Ionosphäre ist die Schicht der Atmosphäre, in der aus neutralen Atomen oder Molekülen durch Abspaltung oder Anlagerung von Elektronen positive oder negative Ionen entstehen. Ursache ist die Wirkung der eindringenden extraterrestrischen (au-

305 Mit der wachsenden Industrialisierung wächst der Einfluß des Menschen auf die auf der Erde ablaufenden Prozesse. Die gefährliche Verunreinigung durch gasförmige Emissionen verursacht die Bildung eines ungesunden Mikroklimas. Das Bild zeigt die Entstehung des Glashauseffekts, wenn sich die Atmosphäre stark erwärmt und der Smog das Wetter ungünstig beeinflußt. Außer Überhitzung entstehen Kondensationszentren für die Bildung von Nebel

306 Unsere Vorstellungen, daß die Meere die meiste Feuchtigkeit für den Inlandregen bieten, sind nicht ganz genau. Nur 27 Prozent der Niederschläge stammen aus Meeren und fließen auch wieder ins Meer zurück

ßerirdischen) Strahlung, vorwiegend Röntgen-, Ultraviolett- und Gammastrahlung. Sie reicht von ca. 60 km bis etwa 600 km Höhe und umfaßt damit die nach anderen Kriterien bezeichneten Schichten der Mesosphäre (ca. 60 bis 80 km), Thermosphäre (ca. 80 bis 500 km) und den unteren Bereich der Exosphäre.

Schichten, in denen eine erneute Konzentration festzustellen ist. Man bezeichnet sie als F_1– (ca. 180 km), E– (ca. 100–120 km) und D-Schicht (ca. 60–70 km). Da die Sonnenstrahlung Hauptverursacher der Produktion freier Elektronen – also der Ionisation – ist, entstehen sie im wesentlichen am Tage, während nachts ein deutlicher Abbau stattfindet. Die hierzu benötigte Zeit und andere Einwirkungen sorgen jedoch dafür, daß auch nachts eine Restionisation erhalten bleibt.

Die so entstehenden Schwankungen beeinträchtigen den Empfang der Radiowellen, die ausschließlich im Bereich der Kurzwellen (3–30 MHz) liegen müssen, um einen optimalen Empfang zu gewährleisten. Eine heute mögliche, ständig messende Überwachung des Zustandes der Ionosphäre und entsprechende Voraussagen über die Veränderungen sind notwendig, um einen einwandfreien Empfang zu garantieren.

In jüngster Zeit wird die Nachrichtenübermittlung zusehends vom Ionosphärenzustand unabhängiger, weil Nachrichtensatelliten, die sich in immer gleichbleibender Höhe befinden und geostationär sind, als Reflektoren benutzt werden.

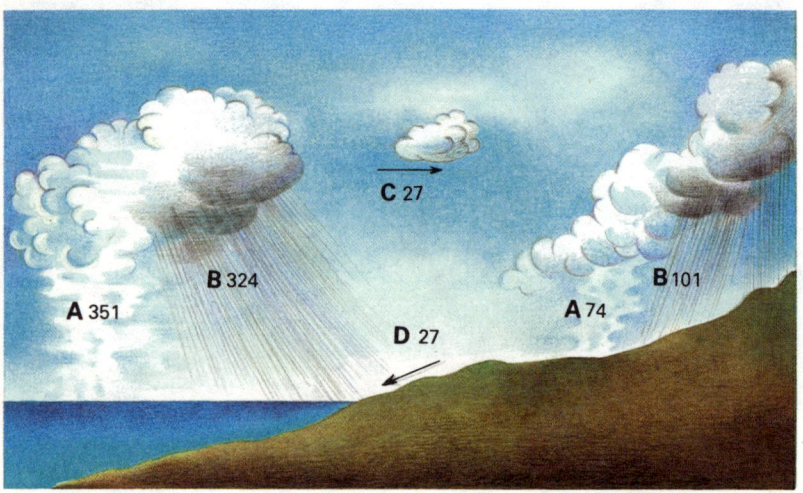

MEER 361 000 000 km²   FESTLAND 149 000 000 km²

306

307

307 Die Karte Europas in der letzten Eiszeit (vor 25 000 Jahren). Während Nordeuropa von einem Gletscher (5) bedeckt war, dehnte sich auf dem meisten übrigen Teil eine kalte „nördliche Tundra" (3) aus. Nur im Süden Europas wuchsen damals ausgedehntere Laubwälder (1). Die Nadelwälder (2) und die Steppen (4) ergänzen das Bild des damaligen Europas

Für die Reflexion der kurzen Radiowellen, die erst einen Empfang rund um die Erde ermöglichte, ist die Elektronendichte (Anzahl der Elektronen pro m³) entscheidend. Ein absolutes Maximum befindet sich in einer Höhe zwischen 250 und 350 km (F_2–Schicht). Nach oben und unten nimmt die Elektronendichte ziemlich gleichmäßig ab; nach unten stoßen wir jedoch auf einige

Die Hydrosphäre

Wenn wir mit Hydrosphäre die flüssige Schale der Erde bezeichnen, sind wir nicht genau. Zur Hydrosphäre gehören nämlich auch das Wasser, das in den Poren der Gesteine lange Zeiten zurückgehalten wird, weiter das Wasser, das gegenwärtig in festem Zustand im Eis der Arktis und Antarktis ebenso wie in den kontinentalen und Hochgebirgsgletschern gebunden ist. Wenn wir den Ausdruck Hydrosphäre auf die Meere und Ozeane beschränken würden, wären wir wieder ungenau, aber von der Wahrheit nicht weit entfernt. Dieses Wasser bildet über 97 % des Hydrosphärenvolumens. Über die Bedeutung der Hydrosphäre für die Menschheit werden die Bewohner der Küstenregionen (Fischfang, Seefahrt) anderer Auffassung sein als die der Wüstengebiete (Trinkwasserreservoir). Die Hydrosphäre ist ihrer Entstehung nach an die Bildung der Erdkruste gebunden und stellt ein Nebenprodukt dieses Prozesses dar. Es ist unglaublich, daß das ganze Wasser der Ozeane, ähnlich wie die ganze Luft der Atmosphäre aus dem Erdinneren stammt. Sie entstanden durch Destillation des Erdmantels, was in den fünfziger Jahren unseres Jahrhunderts überzeugend bewiesen wurde. Bei der vulkanischen Tätigkeit findet der Ausstoß neuer Mengen, sog. juvenilen Wassers in die Hydrosphäre statt (d. h. solchen Wassers, das bisher noch nicht den hydrologischen Zyklus

sind eigentlich die besten Regler des Wärmehaushalts der Erde. In der Hydrosphäre speichert sich nämlich die überschüssige Wärme und die „überschüssige Kälte". Es ist ein sehr empfindliches Gleichgewicht, auf das sich die Menschheit, wohl etwas zu sehr, verläßt, ohne dafür zu sorgen, daß es auf der Erde aufrechterhalten bleibt. So baut man Städte in Küsten- und Meeresnähe, obwohl es genügen würde, daß bei nicht großer

NEW FOUNDLAND   14°   SÜDIRLAND

308 Das Profil zwischen Nordamerika und Europa zeigt die Temperaturverteilung im Ozean. Mit blauer Farbe sind die niedrigsten Temperaturen, rot und orangefarbig die höheren Temperaturen gekennzeichnet. Gut sichtbar ist der Golfstrom (links oben). Die Höhenverhältnisse in diesem Bild sind übertrieben, deshalb ragt hier der Mittelozeanische Rücken als mächtiges Gebirge empor

durchlief, da es von der Entstehung der Erde an im oberen Mantel gebunden war). Auch das Wasser der Atmosphäre – der Wasserdampf – ist ein Teil der Hydrosphäre. Jedes Wassermolekül, das sich an der atmosphärischen Feuchtigkeit beteiligt, bleibt in der Atmosphäre durchschnittlich drei Wochen und wird dann wieder ein Teil der eigentlichen Hydrosphäre. Das Wasser schlägt sich nieder, regnet auf die Erde, sickert im Boden ein und gelangt in die Wasserläufe – die Bäche und Flüsse – und fließt ins Meer, in den Ozean, worauf sich der Kreislauf, den man hydrologischen Zyklus nennt, wiederholt. Es ist ein langer Weg, den das Wassermolekül durch die Atmosphäre, den Bodenhorizont und den Fluß zurücklegt. Das Zusammenspiel der klimatischen Bedingungen auf der Erde, der Verdampfung und des Niederschlagens des Wassers, spielt sich auf den Berührungsflächen zwischen Erdkruste, Hydrosphäre und Atmosphäre ab. Die Bindung des Wassers, das Verdampfen ebenso wie die Kondensation in den Gletschern,

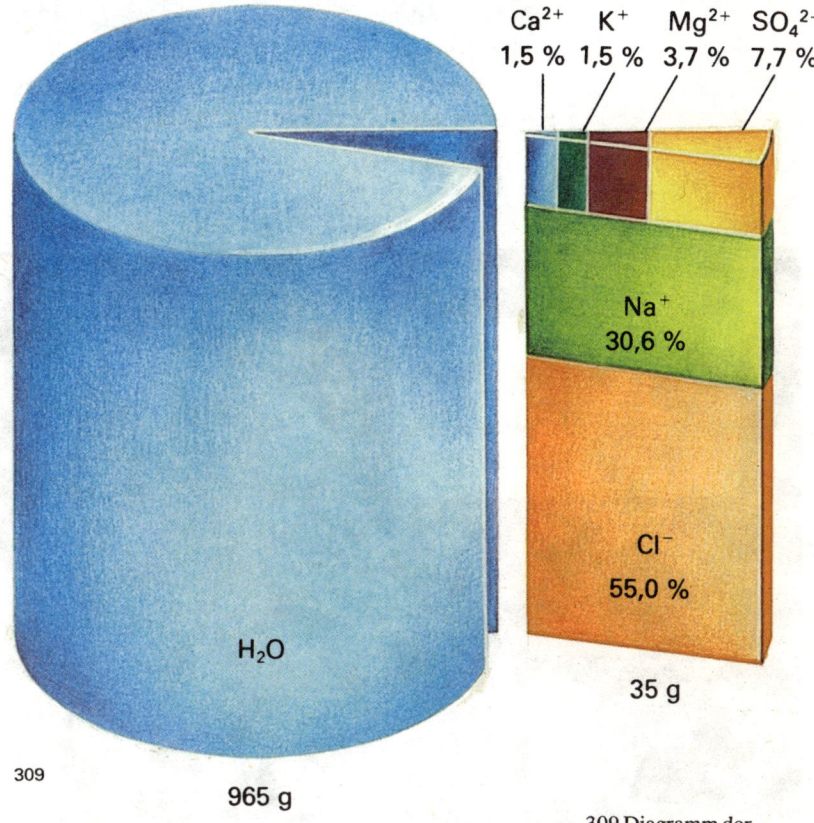

Ca^{2+} K^+ Mg^{2+} SO_4^{2-}
1,5 % 1,5 % 3,7 % 7,7 %

Na^+
30,6 %

Cl^-
55,0 %

H_2O

965 g

35 g

309 Diagramm der Zusammensetzung des Meerwassers (in Ionen). In einem Kilogramm Meerwasser sind durchschnittlich 35 g Salze enthalten

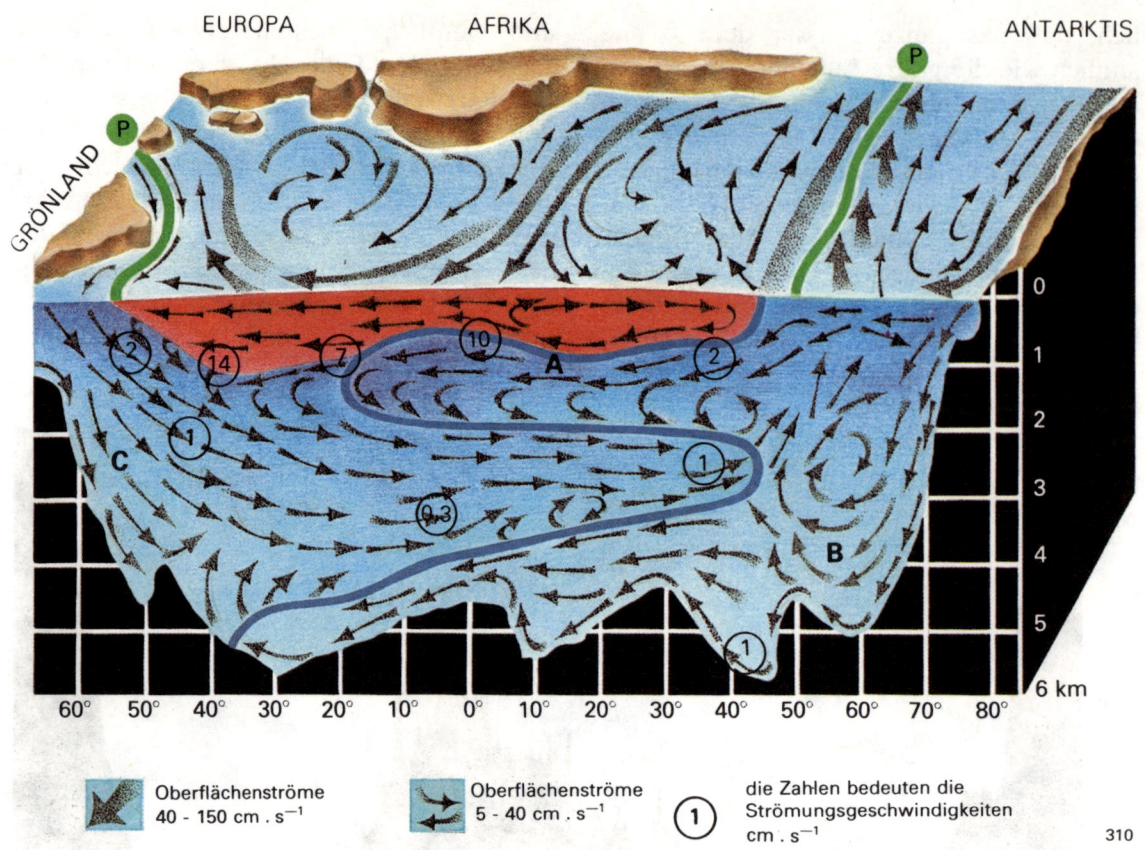

EUROPA AFRIKA ANTARKTIS

GRÖNLAND

310 Wenn wir auf dem amerikanischen Kontinent stünden und in Richtung Afrika und gleichzeitig auf den Meeresboden blicken würden, dann sähen wir nebenstehendes Bild des warmen und des kalten Wassers im Atlantik. Rechts ist die Antarktis, links Grönland. **A** stellt den antarktischen Strom, **C** den antarktischen unteren Strom und **B** den nordpolaren Strom dar

Oberflächenströme
40 - 150 cm . s⁻¹

Oberflächenströme
5 - 40 cm . s⁻¹

die Zahlen bedeuten die Strömungsgeschwindigkeiten cm . s⁻¹

310

Erwärmung der Erdkugel die Gletscher in den Polargebieten schmelzen (in den Gletschern sind etwa 3 % des Volumens der Hydrosphäre gebunden), und das Wasser in den Ozeanen zu steigen beginnt. Wenn das ganze in den Gletschern gebundene Wasser frei würde, stiege das Niveau der Weltozeane um 60 Meter. Diese Erwärmung der Erde

könnten die Menschen z. B. durch gesteigerte Verunreinigung der Erdatmosphäre hervorrufen, die einen Treibhauseffekt ähnlich jenem hervorrufen könnte, wie er von der Venus her bekannt ist.

Bei der Beschreibung der einzelnen Erdschalen – des Kerns, des Mantels und der Kruste – interessierte uns vor allem ihre

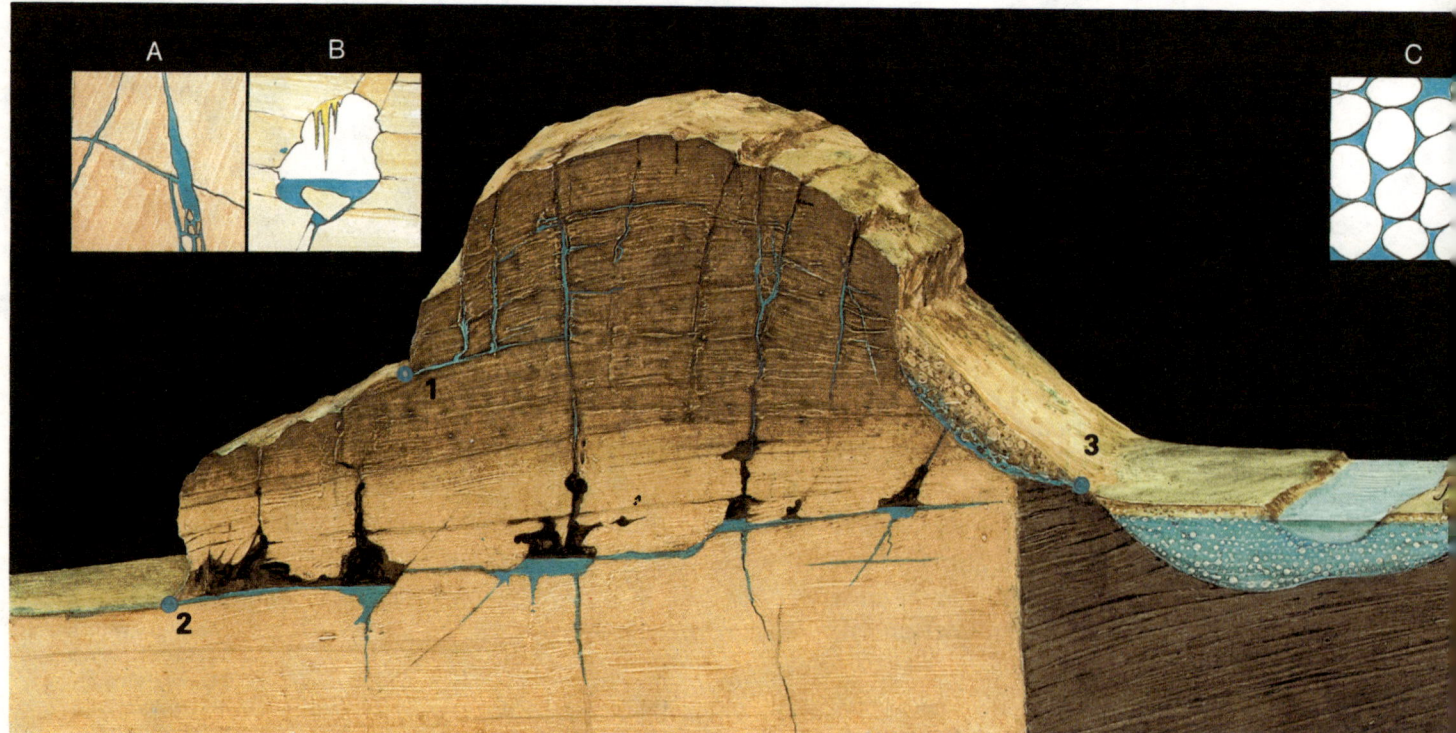

Zusammensetzung und Struktur. Bei der Hydrosphäre sind diese Grundzüge scheinbar einfach, denn es handelt sich nur um Wasser. Und dennoch ist ihre Struktur sehr kompliziert. Betrachten wir einmal die chemische Zusammensetzung des Meerwassers. Jeder weiß, daß das Meerwasser salzig ist und daß dieser Geschmack durch die Anwesenheit von Kochsalz – Natriumchlorid – herrührt. Von den im Meerwasser gelösten Verbindungen sind 77,7 % Natriumchlorid, 10,8 % aller gelösten Salze entfallen auf Magnesiumchlorid. Der leicht bittere, unangenehme Geschmack kommt vom Magnesiumsulfat (Bittersalz), das mit 4,7 % an dritter Stelle folgt. Weiter sind anwesend Kalziumsulfat, Kaliumsulfat, Kalziumkarbonat und schließlich Bromide. Die übrigen Verbindungen sind im Meerwasser nur in geringsten Mengen vorhanden, dennoch enthält das Meerwasser fast alle in der Natur vorkommenden Elemente. Die Menge der im Meerwasser gelösten Salze heißt Salinität. Der Salzgehalt der Meere ändert sich natürlich von Ort zu Ort, aber durchschnittlich sind in tausend Teilen Meerwasser 35 Teile Salze vorhanden. Es gibt aber auch Meere, wo der Zulauf von den Festländern verhältnismäßig groß und die Verdunstung klein ist. In solchen Meeren (z. B. in der Ostsee) ist der Salzgehalt niedrig und das Meer verhältnismäßig süß (0,3−2 %). In anderen Meeren dagegen (z. B. im Roten Meer), wo die Verdunstung weit stärker ist und es von den Festländern keinen Zulauf gibt, verdunstet das Wasser nur, und der Austausch mit den umgebenden Meeren ist klein.

Aus diesen Beobachtungen geht hervor, wie sich der Salzgehalt des Meerwassers erklären läßt. Auch das Regenwasser, von dem angenommen werden könnte, daß es „am süßesten" ist, enthält gelöstes Kohlendioxid, Schwefeldioxid und weitere Verbindungen. Es ist eigentlich eine äußerst schwache Säure. Wenn es mit den verwitterten Gesteinen auf der Erdoberfläche in Berührung kommt, reagiert es mit ihnen, und in dieses „süße" Wasser gelangen weitere Stoffe, wie Salze von Natrium, Kalium, Kalzium, aber auch Aluminium und Eisen. Und so sind auch in dem ins Meer fließenden süßen Flußwasser, wenn auch in kleinsten Mengen, gelöste Stoffe. Im Meer verdampft das Wasser und wird eingedickt. Daher hat das Meerwasser auch eine höhere spezifische Masse als das Süßwasser. Das Meerwasser „trägt" besser. Eine zweite wichtige Eigenschaft ist, daß dort, wo Meerwasser und Süßwasser aufeinander treffen, das Meerwasser zu Boden sinkt, so daß in den Mündungen großer Flüsse das Wasser an der Oberfläche weniger salzig ist als in den unteren Schichten. Der Salzgehalt beeinflußt natürlich auch den Gefrierpunkt. Deshalb gefriert das Meerwasser, je nach Salzgehalt, erst bei ca. −1 bis −1,91 °C.

Die Wärme und der Salzgehalt des Meerwassers sind nämlich verantwortlich für die

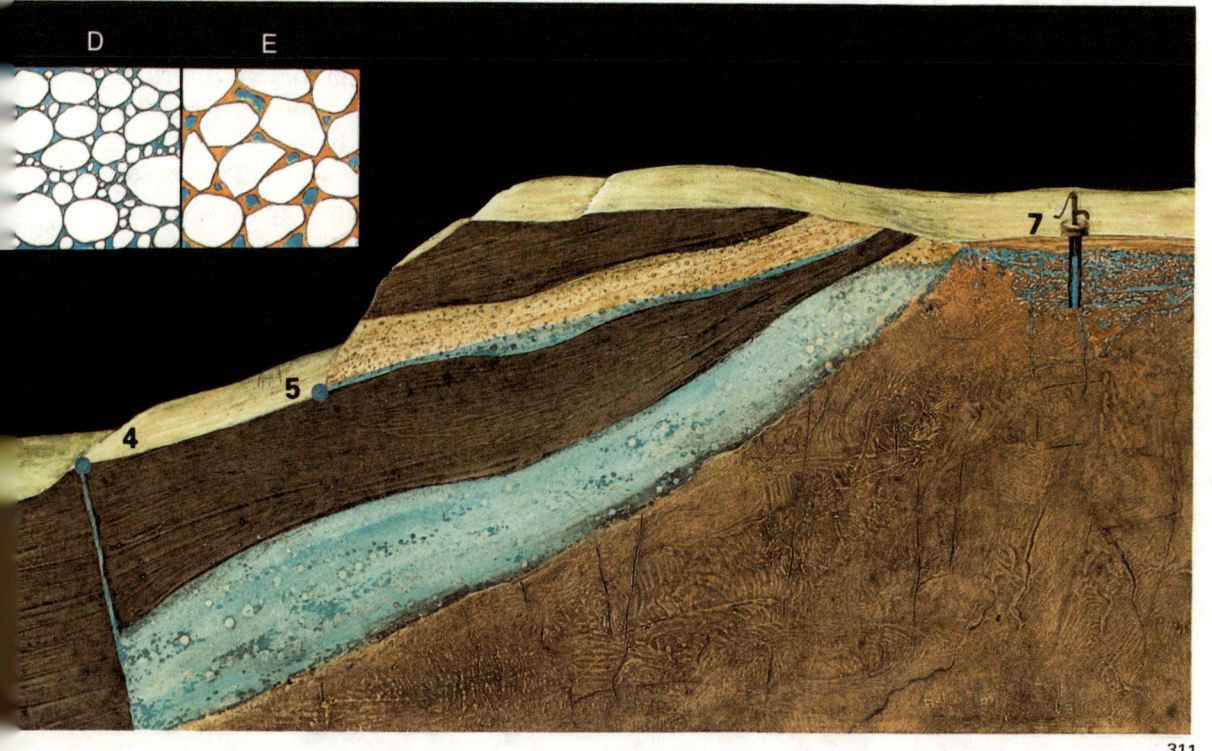

311 Das Grundwasser füllt im Gestein entweder die Fugen und Kavernen (A, B) oder die Poren aus (C, D, E). Ein Beispiel für die Rißdurchlässigkeit sind z. B. die Schiefer in der linken Bildhälfte. Die Quellen, die hier entspringen, heißen Fugenquellen (1). Unter den Schiefern liegt Kalkstein, wo das Wasser in Höhlen und Kavernen strömt. Diese Quellen heißen Karstquellen (2). Ein Beispiel für die Fugendurchlässigkeit sind die Hangschotter oder der Flußkies. Aus dem Schotter fließen Schotterquellen (3), und aus den Flußanschwemmungen wird Trinkwasser in Brunnen (6) gewonnen. Viele Hausbrunnen erhalten Grundwasser aus verwittertem zerfallenem Fels (7). Ein besonderer Fall tritt ein, wenn in undurchlässigen Gesteinen eine durchlässige Schicht eingeschlossen ist (rechte Seite des Bildes). Hier ist das Wasser unter Druck, und wenn es einen Weg an die Oberfläche findet, spritzt es heraus. Solche Quellen heißen Arthesische Brunnen (4). Wenn die durchlässige Schicht von einem Tal durchschnitten wird, rinnt das Wasser frei aus einer Schichtquelle heraus (5)

Struktur der Ozeane – der Hydrosphäre. Bei niedriger Temperatur – bei Süßwasser 4 °C – hat das Wasser die höchste spezifische Masse. Deshalb beträgt die Temperatur der untersten Schicht in Flüssen und Seen (Süßwasser) allgemein 4 °C, während in den Tiefen der Ozeane (Salzwasser) in Meeresbodennähe Temperaturen von 0° bis −2 °C gemessen werden. Das Wasser am Boden der

und der Gesamtmasse der Hydrosphäre, ist das Ergebnis erschreckend. Der Mensch kann auf einfache Art nur einen verschwindend kleinen Teil nutzen, so in allen Süßwasserseen nur 0,006 % des gesamten Wassers und in Flüssen und Bächen sogar nur 0,0001 %. Verglichen mit diesen Verhältniszahlen, überrascht dann die Wassermenge, die unter der Erde vorhanden ist, nämlich

312 Die Obduktion ist einer der verhältnismäßig seltenen Fälle eines Zusammenstoßes zweier Platten. Im Unterschied zu der Subduktion, wo die ozeanische Platte sich unter die kontinentale Platte schiebt, schiebt sich die ozeanische Platte über die kontinentale Platte (schwarz). (1 – Basalt, 2 – Gabbro, 3 – Peridoditen.) Dieser Fall ist an der papuanischen Ostküste gut dokumentiert. (P – pazifische Platte, NB – Tiefseegraben – Neubritannientrench, IA – indoaustralische Platte)

Meere und Ozeane wird von ganz anderen Strömungen und Bewegungen beeinflußt als jenen, die wir von den Karten her kennen. Die Oberflächenschicht des Wassers vermischt sich durch Einwirkung von Wind und Wellenschlag bis in die Tiefe von 100 m und verhält sich anders als das Wasser großer Tiefen, auf das die Atmosphäre keinen Einfluß hat. Die Wässer am Äquator sind an der Oberfläche am wärmsten. Das Wasser erreicht hier eine Durchschnittstemperatur von 24−25 °C, während es in den Polargebieten gefriert. Im Wasser ist eine gewisse Menge von Gasen (Sauerstoff, Stickstoff und Kohlendioxid) gelöst. Auch diese Menge hängt von mehreren Faktoren ab, wie Tiefe, Temperatur und Gegenwart lebender Organismen, deren Leben an den Sauerstoff, Stickstoff (Denitrifikationsbakterien) und Schwefel (schwefelreduzierende Bakterien) gebunden ist. Vergleichen wir die Menge des für den menschlichen Verbrauch zugänglichen Wassers mit dem Gesamtvolumen

0,31 %, was $4,2 \cdot 10^{15}$ Kubikmeter Wasser darstellt. Diese Wassermenge ist in den Gesteinen bis etwa 700 m Tiefe enthalten. Die gleiche Wassermenge befindet sich auch noch in größeren Tiefen, wahrscheinlich bis an die Grenze zwischen Erdkruste und Mantel. Die bis fast 10 km tiefen Bohrungen stießen auf Gesteine, die auch in dieser Tiefe in ihren Poren Wasser hatten.

Es heißt, daß Süßwasser (Trinkwasser) nicht mehr als 1 Gramm gelöste Stoffe in 1 Liter enthalten darf. Das ist also das Wasser, das aus unseren Wasserleitungen fließt. Wenn es von diesen Stoffen mehr enthält, handelt es sich entweder um Mineralwasser oder um ein industriell verunreinigtes Wasser.

Die aus den Meeren verdunstete Wassermenge ist überraschend groß. Wenn der natürliche Kreislauf gestört würde, wären in 1000 Jahren 26 % des gesamten Wassers verdunstet. Das bedeutet, daß man von Europa nach Island und von Australien nach

Asien trockenen Fußes gehen könnte. Aber solange sich die Erdatmosphäre nicht entscheidend ändert, können wir damit rechnen, daß das verdampfte Wasser kondensiert und wieder in die Flüsse gelangt, die die Ozeane speisen.

Das Kohlendioxid enthaltende Regenwasser ist ein ausgezeichnetes Lösemittel. Es lösen sich in ihm nicht nur leicht Salze, sondern auch Stoffe, die auf den ersten Blick nicht löslich scheinen, zum Beispiel Kalkstein. Dieser löst sich zwar langsam, aber verhältnismäßig einfach. Für die Entstehung des Meerwassers ist wichtig, daß das Regenwasser auch einige Elemente aus verwitterten Mineralen löst, wie z. B. aus Feldspatmineralen, die in den Erstarrungsgesteinen gewöhnlich vorkommen und außer Silizium, Aluminium und Kalzium noch eine bestimmte Menge Natrium enthalten. Und gerade diese sehr kleine gelöste Natriummenge wird mit dem Süßwasser ins Meer getragen. Außer Natrium gelangen noch viele andere Elemente ins Meer. Kalzium ist zusammen mit den Karbonat-Ionen das am häufigsten vorkommende Element; seine Menge überschreitet um ein Vielfaches die von den Flüssen herangebrachte Natriummenge. Und damit gelangen wir zu der sich scheinbar widersprechenden Beobachtung: Das Meerwasser sollte kalkhaltig, aber nicht salzig sein − und dennoch stimmt das nicht. Das Kalzium bleibt nämlich nicht so lange im Meerwasser wie das Natrium.

Die Geochemiker benutzen den Ausdruck „Verweilzeit“, und wir wollen diesen Ausdruck für das Meerwasser anwenden. Es ist die Zeit, die vom „Heranschwimmen“ eines Ions eines bestimmten Elements (Kalzium, Natrium) ins Meerwasser bis zu seiner Ausscheidung in Form eines „festen“ Stoffes vergeht. Und da Kalzium sehr bald von den lebenden Organismen (Muscheln, Schnecken und Hohltiere) zum Bau ihrer Hüllen aufgebraucht ist, bleibt es im Meerwasser nur eine verhältnismäßig kurze Zeit. Das gleiche gilt für die anderen gelösten Stoffe − für Aluminium, Titan, Chrom und Eisen −, die ausgeschieden werden und auf dem Meeresboden neue Minerale bilden. Man errechnete, daß diese Elemente im Meerwasser kaum einige Hundert Jahre lang bleiben. Chlor und Natrium, die im Meerwasser vorherrschen, haben dagegen eine Verweilzeit um 100 Millionen Jahre. Das ist der Grund, warum das Meer salzhaltig und nicht eisen- oder kalkhaltig ist, obwohl auch diese im Süßwasser gelösten Verbindungen ins Meer gelangen.

Die größten Süßwasserreserven sind in den Eisbergen verborgen. Der Menschheit nutzen sie einstweilen jedoch nicht viel, denn die Wassergewinnung aus Eisbergen ist kostspielig und liegt außerhalb der ökonomischen Möglichkeiten der meisten Länder. Süßwasser wird aber auch noch auf andere Arten gewonnen. Manchmal rinnt es in Form von Quellen spontan aus dem Erdboden heraus, dann wieder muß es aus der Erde gepumpt werden. Wasser ist unter der Erdoberfläche fast überall vorhanden in den Rissen der Gesteine und insbesondere in ihren Poren. Deshalb sind für die Wassergewinnung poröse Gesteine, wie Sandstein und Konglomerate, von größter Bedeutung. Die Abbildung 311 zeigt, wie und wo Wasser unter der Erde ist, und wo man es zu suchen hat.

Die Güte des Wassers bereitet den Menschen, besonders in Industriegebieten und Gebieten mit intensiv betriebener Landwirtschaft, viele Sorgen. Solange die Wasserqualität gut ist, befassen wir uns gewöhnlich nicht mit ihr. Erst in dem Augenblick, wo das Wasser stark verunreinigt ist oder nach Chlor riecht, kommt uns zum Bewußtsein, wie wertvoll gutes Wasser ist. Nicht jedes Süßwasser eignet sich zum Trinken, so z. B. Regenwasser nicht. Es ist zwar das reinste Destillat der Atmosphäre, aber zu weich, weil es fast keine gelösten Minerale enthält, dafür aber gelöstes Kohlendioxid. In dem Moment, wo es in Berührung mit dem Erdboden oder mit Gesteinen kommt, ändert es seinen Charakter. Es lösen sich in ihm mineralische Stoffe. Ein solches Wasser ist zum Trinken schon geeigneter. Gewöhnlich löst sich das Kalzium leicht auf. Je mehr mineralische Stoffe im Wasser gelöst sind, um so härter ist es. Zu hartes Wasser hat Nachteile und muß für die Nutzung aufbereitet werden. Es können aber außer den Kalziumionen noch andere vorhanden sein. Einige sind gefährlich, wie z. B. die Nitrationen, die von den mit Kunstdünger gedüngten Feldern in das Grundwasser gelangen. Wenn Trinkwasser Verunreinigungen enthält, wie z. B. Schwermetalle oder Kohlenwasserstoffe, wirkt es gesundheitsschädlich.

Die Vulkane bilden die Kruste der Ozeane und der Kontinente

Wenn es in den letzten beiden Jahrzehnten keine Ozeanbodenforschung gegeben hätte, würden wir annehmen, daß der Boden der Ozeane aus ähnlichen Gesteinen besteht wie die Kontinente — nämlich aus Erstarrungs- und Sedimentgesteinen an den Stellen der früheren Festländer. Alfred Wegener und viele andere Geophysiker bemühten sich schon in den ersten Jahrzehnten unseres Jahrhunderts, anhand nicht sehr genauer gravimetrischer Daten zu beweisen, daß die Zusammensetzung des Ozeanbodens sich von der Zusammensetzung der Festländer unterscheiden müsse. Auf dem Boden der Ozeane sind selbstverständlich Sedimentgesteine vorhanden, allerdings nicht in einem solchen Maß, wie wir erwartet hätten. Schon deswegen, weil die Ozeanbecken nicht so alt sind wie die Festländer. Auch heute entstehen nämlich immer noch Ozeanteile durch vulkanische Tätigkeit, und es ist anzunehmen, daß dies auch für die Zukunft gilt.

Für die vulkanische Tätigkeit auf dem Meeresboden gibt es viele Beweise. Die vulkanischen Gesteine, die die Hauptmasse des Bodens der Ozeane bilden, sind die wichtigsten. Nicht nur die Bohranlagen auf den Forschungsschiffen brachten Beweise über vulkanische Gesteine aus jüngster Zeit, auch die in den Bohrlöchern auf dem Ozeanboden vorgenommenen Messungen bestätigten, daß vulkanische Tätigkeit dort nichts Außergewöhnliches ist. Die die vulkanische Tätigkeit begleitenden Flachbeben beweisen ebenfalls, daß auf den Mittelozeanischen Rücken mitten in den Ozeanen intensive geologische Prozesse ablaufen, von denen die Geologen vor fünfzig bis dreißig Jahren noch keine Ahnung hatten.

Die Gesteine des Ozeanbodens, die sog. Tiefseebasalte, sind sehr unscheinbar und nichtssagend. In der Regel sind sie schlecht auskristallisiert, weil sie beim Ergießen auf den Meeresboden sehr schnell abgekühlt werden (häufig bilden sie sog. Polsterlaven). Außerdem enthalten sie große Mengen von Glas. Dieses Glas unterliegt leicht Veränderungen durch das Meerwasser. Diese seltenen und kostbaren Gesteine sind sehr unansehnlich.

Die chemischen Analysen der vulkanischen Gesteine des Meeresbodens zeigen, daß sich die Gesteine nur schwer auseinan-

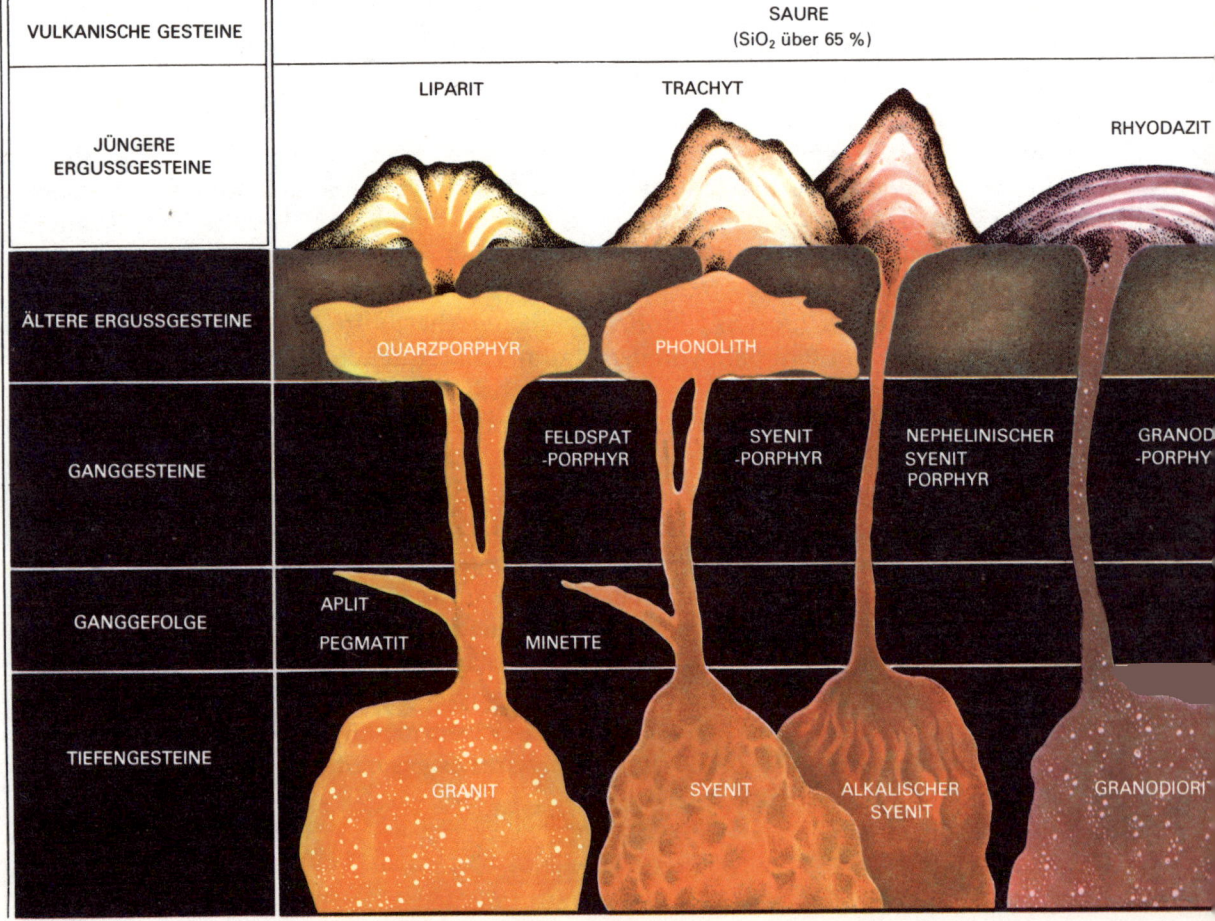

313 Die Klassifikation der Ergußgesteine basiert auf ihrer chemischen und mineralogischen Zusammensetzung. Die chemische Zusammensetzung hat das Gestein schon aus seiner Quelle, die mineralogische ist dagegen das Ergebnis der Ortsbedingungen und somit auch der Kristallisationsart des Gesteins in der Erdkruste. Ein und dasselbe Gestein hat mehrere verschiedene Namen, je nachdem, ob es in der Tiefe oder knapp unter der Oberfläche kristallisierte, oder ob es sich auf die Erdoberfläche ergoß und dort schnell erstarrte

313

derhalten lassen. Erst die Isotopenanalyse der einzelnen Elemente und die Gehalte einiger Spurenelemente weisen auf einen schwach unterschiedlichen Charakter hin. Eine ähnliche Zusammensetzung haben die Gesteine aus den einzelnen Ozeanteilen. Die Gesteine aus dem Indischen Ozean sind von den Gesteinen des Atlantischen oder des Stillen Ozeans fast nicht zu unterscheiden. Da die Unterschiede wirklich unbedeutend sind, nehmen die Geologen an, daß die zur Entstehung der Gesteine in den Mittelozeanischen Rücken führenden Prozesse in allen Ozeanen die gleichen waren. In den Labors gelang der Beweis, daß die Gesteine durch Schmelzung der Gesteine des oberen Mantels entstehen. Wenn die Magmen zur Erdoberfläche emporsteigen, differenzieren sie sich in nicht tiefen Magmakammern und gelangen dann auf den Ozeanboden. Dabei bilden sich nicht ausschließlich Basalte. Einige von ihnen kristallisieren wenig unterhalb der Oberfläche und manchmal gelangen auch die übrigen Gesteine des oberen Mantels an die Oberfläche, so daß das Gefüge und die Struktur der Gesteine des Ozeanbodens doch komplizierter sind. Es kommen hier ultrabasische Gesteine wie Peridotite, Dunite, Wehrlite usw., die verschiedensten

Kombinationen von Olivin, Pyroxen und Spinellen vor. Diese Gesteine begleiten die Basalte. Das Studium der Gesteine auf dem Meeresboden ist kompliziert, und die Geologen, die bemüht sind, das Gefüge und die Struktur sowie die auf dem Ozeanboden verlaufenden Prozesse aufzudecken, verlassen sich auf geophysikalische Daten.

In einigen Teilen der Welt wurden auf den heute vorhandenen Festländern „losgerissene Reste" ozeanischer Kruste, Stückchen des Ozeanbodens, gefunden. Wie sie auf die Festländer gelangten, erklärt am besten die Abbildung: sie wurden ganz einfach heraufgeschoben. Solche Reste fand man auf Zypern im Mittelmeer ebenso wie auf der Insel Neuguinea, in den Alpen und im Ural. Die Geologen studieren diese Gesteine sehr intensiv, nicht allein weil sie Zeugenschaft davon ablegen, wie sich der Ozeanboden entwickelt hat, sondern auch wegen der Anwesenheit von Nickel-, Chrom- und Kupfer-Lagerstätten. Die Wissenschaftler nennen sie ophiolithische Komplexe. Da ophiolithische Komplexe in Sedimentgesteinen vorkommen, die am Boden tiefer Meere entstanden sind, stellen sie den Beweis dafür dar, daß die ozeanische Kruste dank der langen geologischen Prozesse, Verschiebun-

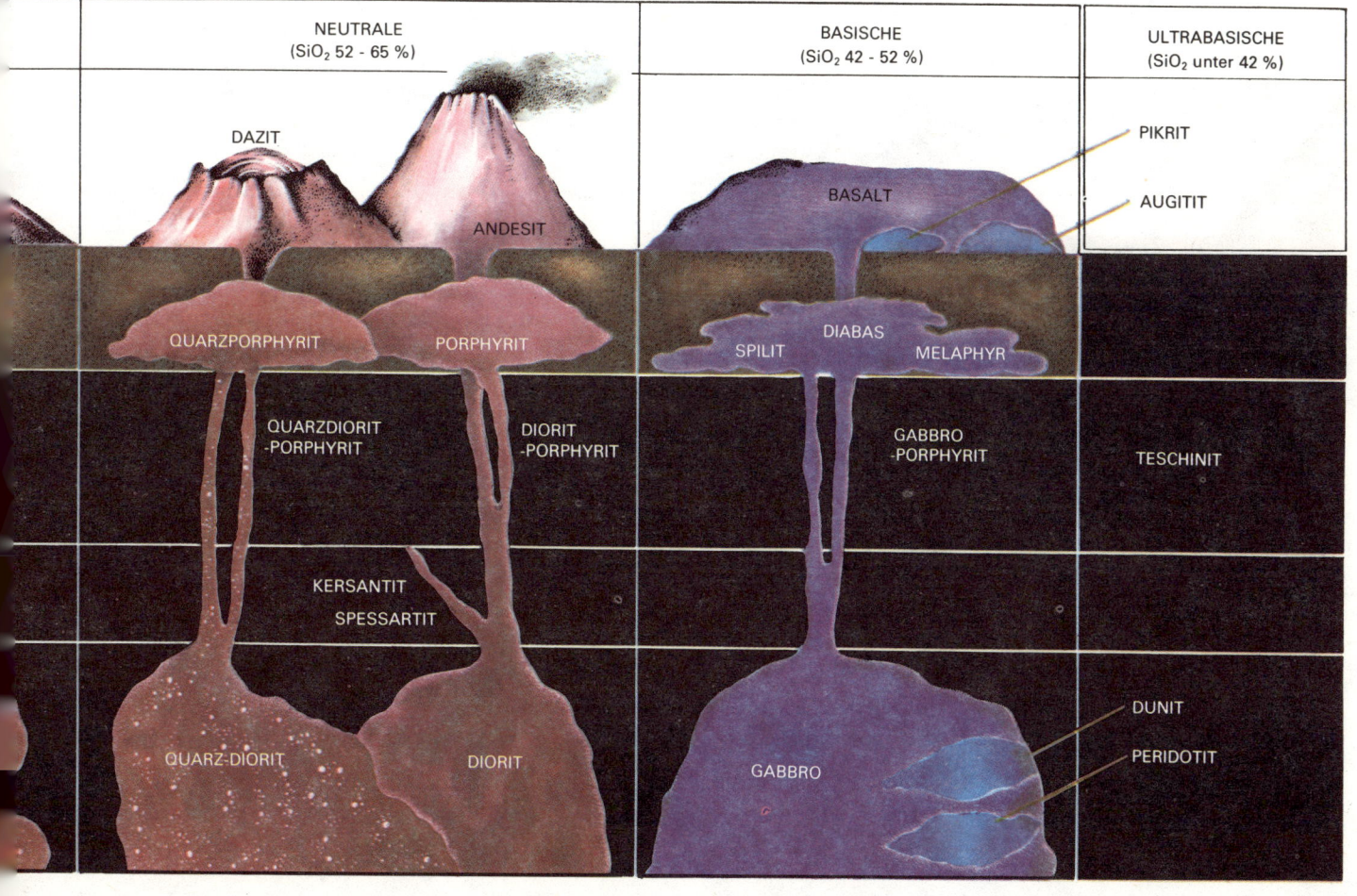

gen und Aufschiebungen ein Teil der Kontinente werden kann.

Die Gesteine der Ozeanränder

Ein flüchtiger Blick auf die Karte des Stillen Ozeans zeigt, daß seine Küsten von Vulkanen dicht gesäumt sind: von Neusee-

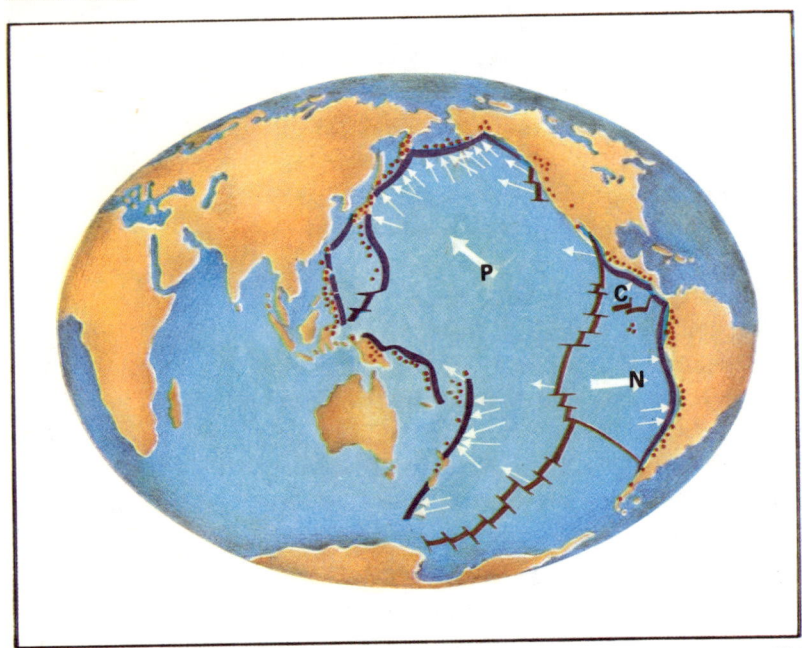

314

315

land über die Kermadeck und die Tonga-Inseln, die Fidschi-Inseln, die Neuen Hebriden (Vanuatu), die Salomon-Inseln, Neuguinea, die Philippinen nach Japan und über die Kurilen, Kamtschatka und die Aleuten hinüber zur Westküste der USA, weiter über Mittelamerika bis zu den südamerikanischen Anden und über die Süd-Sandwichinseln in die Antarktis. In älteren geologischen Arbei-

ten finden wir sogar die Bezeichnung „Feuerring des Stillen Ozeans" und in jüngeren geologischen Arbeiten den Ausdruck „Andesitgürtel", da man annahm, daß alle Vulkane aus vulkanischen Gesteinen – Andesiten – bestünden.

Die vulkanische Tätigkeit ist, wie wir im vorangehenden Kapitel sagten, auf den Mittelozeanischen Rücken von Erdbeben begleitet. Das gilt auch für die Umgebung des Pazifischen Ozeans, ob es sich um die Inselbögen oder die Festländer und die Kontinentalränder handelt. Es treten dort Flach- und Tiefbeben auf. Das gründliche Studium sowie präzise Messungen der Erdbebenherde weisen darauf hin, daß die Herde eigentlich eine große tektonische Fläche bilden, die nach ihrem Entdecker Benioff-Zone heißt. Sie verläuft schräg vom Ozean unter das Festland. In der Längsrichtung finden nicht nur riesige Verschiebungen der großen Kontinental- und ozeanischen Schollen statt, sondern es kommt auch zur Entstehung von Magma und vulkanischen Gesteinen. Während die Tätigkeit der Vulkane in den Mittelozeanischen Rücken (bis auf kleine Ausnahmen wie Island und seine Umgebung) unter der Oberfläche der Ozeane verborgen bleibt, sind die Vulkane am Rand des Stillen Ozeans gefährlich.

Die Gesteine, die an den Stellen der Inselbögen vorkommen, sind weit abwechslungsreicher als die Gesteine des Ozeanbodens. Die einfache mineralogische Struktur der Gesteine des Ozeanbodens ebenso wie auch die einfache chemische Zusammensetzung wird in den Inselbögen und in den aktiven kontinentalen Gebieten von einer bunten Gesteinspalette abgelöst. Es kommen hier einfache basaltische Gesteine vor (die den Gesteinen der Mittelozeanischen Rücken stark ähneln) sowie Andesite, d. h. Vulkanite mit höherem Siliziumgehalt und niedrigerem Eisen- und Magnesiumgehalt als die Basalte.

Die vulkanische Tätigkeit in den Inselbögen und an den Kontinentalrändern wird von der Kristallisation der vulkanischen Gesteine unter der Oberfläche begleitet. Es entstehen plutonische Gesteine, die manchmal auch von gangförmigen Erzlagerstätten begleitet sind. Wir werden später sehen, daß der Großteil der Kupferproduktion aus verstreuten Lagerstätten (sog. porphyry copper) stammt, die nur an Stellen gegenwärtiger

316 Das Bild illustriert die wichtigsten Gestalten und geologischen Formen der Ergußgesteine. **1** – Batholith oder Pluton, **2** – Pluton sendet in seine Umgebung Injektionen von Ergußgesteinen aus, **3** – Vulkanschlot; mit dem Schlot zusammenhängender und an der Oberfläche einen Rücken **(5)** bildender Radialgang **(4).** Der die Sedimentschichten durchdringende Gang heißt „Lagergang" **(6), 7** – Lakkolith, **8** – echter Gang, der die Schichten durchquert, **9** – Stock, **10** – Lavadecke, **11** – Vulkankegel, **12** – Parasitäre Kegel

316

317

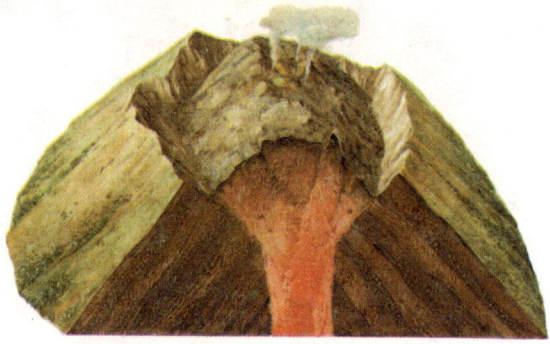

318

317 Caldera ist eine reife vulkanische Formation und charakterisiert einen Vulkan mit langzeitiger Tätigkeit. Ein Teil des Materials sinkt nämlich in den magnetischen Herd, wo es umschmilzt. Charakteristisch für Caldera ist die Gegenwart jüngerer Vulkankegel und parasitärer Krater. Einige Calderen sind mit Wasser angefüllt

318 Eine der gefährlichsten vulkanischen Formationen ist der vulkanische Dom. Es handelt sich hierbei um eine stark viskose, aus dem Vulkanschlund herausgedrückte Lava. An der Oberfläche ist die Lava ganz erstarrt, und nur an einigen Stellen erscheinen scharfe Felsvorsprünge, sog. Pelee-Nadeln, und heiße Gasexhalationen. Häufig ist der plötzliche Austritt des Magmas und die Ansammlung großer Gasmengen, die Ursache für eine heftige Explosion. (Zum Beispiel Mt. St. Helens im Westen der Vereinigten Staaten)

oder kürzlich erfolgter vulkanischer Tätigkeit in den Inselbögen oder an den Kontinentalrändern vorkommen.

Ähnlich wie auf den Kontinenten Stücke des Ozeanbodens mit einem ganzen Begleitkomplex von Gesteinen vorhanden sind, gibt es hier die Gesteine der Inselbögen oder der Kontinentalränder. Die kanadischen Geologen, die eine der ältesten geologischen Einheiten der Welt − den sog. Kanadischen Schild − studieren, behaupten sogar, daß zur Zeit seiner Entstehung, d. i. vor rund zwei bis drei Milliarden Jahren, dort, wo heute Kanada liegt, ein stabiler Kontinentalschild, ähnliche Bedingungen herrschten wie in den heutigen Inselbögen. Reste der Gesteine aus den Inselbögen wurden von den Geologen in fast allen Teilen der Welt gefunden: in Faltengebirgen und in heute

stabilisierten Teilen der Erdkruste. Da dieser Typ der vulkanischen Tätigkeit gewöhnlich mit dem Aufsteigen von Gebirgen − der Orogenese − verbunden ist, nennt man diese Gesteingesellschaft, von Basalten bis zu den Andesiten, orogenetische vulkanische Gesteine.

Mit der Ursache für die Entstehung dieser Gesteine in der Vergangenheit befaßten sich viele Geologen und Geophysiker, die ihre mineralogischen und chemischen Eigenschaften studierten. Sie bemühten sich sogar, die Bedingungen ihrer Entstehung in Labors nachzuahmen und kamen zu der Auffassung, daß die Gesteine verhältnismäßig tief im oberen Mantel (100−200 Kilometer) durch Schmelzung der Gesteine des oberen Mantels, aber auch durch Schmelzung der Gesteine der ozeanischen Platte entstehen, die in diese Tiefen durch Subduktion − Abtauchen − gelangen. Die Temperatur erreicht hier 1000 °C. Da die schmelzenden Gesteine auch Wasser enthalten, ist ihre Schmelzung einfacher. Wasser im Magma setzt unter hohem Druck den Schmelzpunkt herab. Gewöhnliches Wasser ist die Ursache dafür, daß die Vulkane so stürmisch ausbrechen. Es ist dasselbe Wasser, das unter günstigen Bedingungen die Hauptrolle bei der Bildung der Erzgänge spielt.

Vulkanische Gesteine, wo sie nicht zu erwarten sind

Die vulkanischen Gesteine, die wir bisher beschrieben haben, kommen immer an den Stellen vor, wo sich die einzelnen lithosphärischen Platten berühren.

Die vulkanische Tätigkeit der ozeanischen Gebiete ist an divergente Plattenränder gebunden, also an jene Stellen, wo sich die Platten voneinander entfernen. Die vulkanische Tätigkeit der Inselbögen und der Kontinentalränder hängt ihrerseits mit der Grenze der Platten mit Konvergenzrändern zusammen, d. h. mit der Stelle, wo die Platten einander berühren, sich unterschieben oder aufeinanderprallen.

Es gibt aber auch Gebiete, wo Vulkane und vulkanische Gesteine vorkommen, die weder zu den Divergenz- noch zu den Konvergenz-Plattenrändern in irgendeiner Beziehung stehen. Beispiele dafür sind z. B. die Hawaii-Inseln, Tahiti, die Kanarischen Inseln u. a. Aber auch auf den Kontinenten gibt es Vulkane, die nicht auf den Plattengrenzen, sondern im Innern der Platten stehen. Wenn wir in die Vergangenheit zurückblicken, dann finden wir im Innern der Platten ausgedehnte Basaltdecken, z. B. in Indien, im westlichen Teil der USA, in der Antarktis oder in Tasmanien. Sie sind ein Beweis dafür, daß auf den Kontinenten in früheren Zeiten eine stürmische vulkanische Tätigkeit herrschte.

Es ist erwiesen, daß die meisten dieser kontinentalen ebenso wie auch der unterseeischen Vulkane Basaltlaven haben. Experimente mit Gesteinen in Hochdruck- und Hochtemperaturlabors zeigen, daß die Schmelztemperaturen der basaltischen Gesteine so hoch sind, daß diese Gesteine bis aus dem oberen Mantel stammen müssen. So hohe Temperaturen gibt es in der Erdkruste eigentlich nirgends. Bei einem Versuch, die Gegenwart der Basalte im Innern der Platten zu erklären, wurden im oberen Mantel Stellen gefunden, die wesentlich höhere Temperaturen aufwiesen als ihre Umgebung. Aus dem Inneren der Erde strömt an ihre Oberfläche Wärme. Die Stellen, wo diese zylindrischen Raumgebilde aus der Erde austreten, erhielten die Bezeichnung thermale Flecken (hot spots). An diesen Stellen tritt langsam, in langen geologischen Zeitspannen, die

Masse des oberen Mantels empor. Bei diesem Aufstieg findet eine teilweise Schmelzung der Gesteine statt. Diese Anschmelzung führt zur Entstehung von alkalischen Basalten mit hohem Kalium- und Natriumgehalt. Einige Komponenten des festen oberen Mantels gehen leichter in eine Schmelze über, andere schmelzen schwerer und bilden den residualen oder Restteil. Zu jenen Kom-

319

320

ponenten, die leicht und schnell in den angeschmolzenen Zustand übergehen, zählen die alkalischen Elemente Kalium und Natrium, die im oberen Mantel der Erde nur in relativ kleiner Menge vorhanden sind.

Die Theorie der thermalen Flecken erbringt den Beweis dafür, daß sich der Ozeanboden — bzw. die mächtige Platte des Ozeanbodens — bewegt. Wenn wir nämlich das Alter der einzelnen Hawaii-Inseln studieren, stellen wir fest, daß sich das Zentrum der vulkanischen Tätigkeit in den letzten zehn Millionen Jahren verschoben hat. Oder aber, daß das Zentrum stabil ist und sich über dieser Stelle die ganze ozeanische Platte mit den älteren und den sich neu bildenden Inseln bewegt. Die Abb. 319/20 zeigen beide Möglichkeiten.

319 Das Modell der Lithosphäreplatten erklärt die schon lange bekannte Erscheinung der „Wanderung" der vulkanischen Aktivität der ozeanischen Inseln, z. B. der Hawaii- oder der Galapagos-Inseln. Die heißen Flecken des oberen Mantels bleiben in der gleichen Position, nur die die Inseln mitnehmende Platte bewegt sich

320 Die Kegel der vulkanischen Gesteine inmitten des Ozeans sind die Grundzüge für die „hot spots". Die schöpferische Tätigkeit des Erdinnern ist hier von der Wassererosion im Keim erstickt

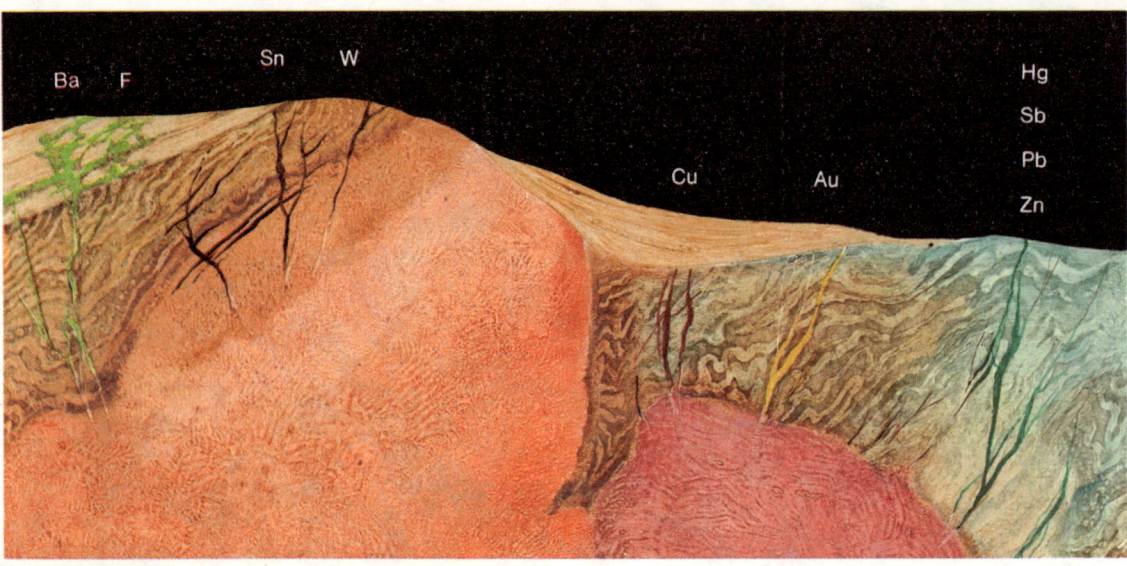

Eruptivgesteine ohne Vulkane

Eruptivgesteine sind für den Metabolismus der Erde sehr wichtig, denn aus ihnen entsteht die Erdkruste. Auf dem Mittelozeanischen Rücken verlassen das Erdinnere – den Erdmantel – die organische Rinde bildende Gesteine, in den Kontinentalrändern und den Inselbögen dagegen Gesteine, die wir überall in den Kontinentalkernen und den orogenen (gebirgsbildenden) Zonen antreffen. Offensichtlich sind die Eruptivgesteine die Hauptquelle für sedimentäre und umgewandelte Gesteine.

Wir sprachen bisher von den Eruptivgesteinen, die größtenteils aus dem oberen Mantel stammen. Weiter erwähnten wir die Basalte und besonders die alkalischen Basalte und die Andesite der Inselbögen. Auch die Erdkruste, die aus ganz anderen Gesteinen besteht als der Erdmantel, produziert Eruptivgesteine, und zwar solche, die wesentlich niedrigere Schmelztemperaturen haben als der Basalt. Auf den ersten Blick scheint es, daß dadurch unsere im vorangehenden Text aufgestellten Behauptungen widerlegt werden. Wie ist das möglich? In der Erdkruste ist ziemlich viel Wasser vorhanden. Wir sagten bereits, daß das Wasser bei hohem Druck den Schmelzbeginn herabsetzt, d. h. daß das unterschiedliche Material der Erdkruste und der höhere Wassergehalt bewirken können, daß auch in der Erdkruste große Massen geschmolzener Gesteine – Magmen – entstehen. In einigen Kontinentalrändern, z. B. im Westen der USA oder in Südameri-

ka, gelang es zu beweisen, daß die Gesteine, die in Form von vulkanischen Laven an die Erdoberfläche gelangen, aus der Erdkruste stammen. So sind einige Rhyolite und Dazite (sehr helle vulkanische Gesteine) das Schmelzprodukt des Krustenmaterials. Wenn wir ihre chemische Zusammensetzung betrachten, in der Siliziumdioxid vorherrscht (weiter sind größere Mengen von Aluminiumoxid, Natriumoxid und Kaliumoxid anwesend), stellen wir fest, daß diese vulkanischen Gesteine von Graniten, Granodioriten und anderen plutonischen Gesteinen chemisch nicht zu unterscheiden sind.

Der Unterschied besteht nur darin, daß die an die Oberfläche aufgestiegenen Rhyolite und Dazite sehr schnell erkalteten, wovon z. B. das anwesende Glas und die Anordnung der Minerale in diesen Gesteinen zeugen. Die plutonischen Gesteine kristallisierten dagegen langsam, verhältnismäßig tief unter der Oberfläche.

Wenn wir verfolgen, wie schnell Verwitterung und Erosion die Vulkane abschleifen, dann wird uns klar, warum in den älteren Formationen, z. B. in den paläozoischen oder sogar in den präkambrischen, mehr plutonische als vulkanische Gesteine vorkommen. Es genügen einige Millionen Jahre, und ein großer, die Landschaft dominierender Vulkan ist durch die Einwirkung von Wasser und Wind dem Erdboden gleichgemacht. Die große Gebiete bildenden plutonischen Eruptivgesteine sind sehr wahrscheinlich die erodierten Teile früherer vulkanischer Gelände. Häufig jedoch erreichten die Eruptivgesteine die Oberfläche nicht, und die Plutone oder Batholithe stellen nicht nur die

322

Basis der Vulkane, sondern auch selbständige geologische Formen dar, die in keiner Beziehung zum Vulkanismus stehen. Plutone kommen überall in der Welt vor. In Mitteleuropa und in Frankreich, im Westen der USA ebenso wie im Himalaya. Plutonische Erstarrungsgesteine unterscheiden sich von den übrigen Ergußgesteinen – vulkanischen Gesteinen – schon dadurch, daß sie gut auskristallisiert sind, daß die Anteile der einzelnen Minerale gewöhnlich ungefähr gleich sind und daß die einzelnen Bestandteile verhältnismäßig leicht zu unterscheiden sind. Zu ihnen gehören die Granite ebenso wie auch die Abarten, die sich durch kleinere Quarzmengen und größere Mengen sog. dunkler Bestandteile – z. B. Glimmer, Amphibol und manchmal auch Pyroxen – auszeichnen. Außer Kalifeldspat kommt auch noch Anorthit vor. Zu den plutonischen Gesteinen gehören auch Gabbren und Diorite, die dunkler sind als Granite.

Die Geologen befassen sich mit den plutonischen Gesteinen, weil sie häufig von mineralischen Rohstofflagern begleitet werden, so z. B. die Granite von Zinnlagerstätten (einen solchen zinnführenden Granit erkennt der Geologe an seiner Struktur). An anderen Stellen sind in der Umgebung von Graniten Kupfer- und manchmal auch Goldlagerstätten. Plutonische Gesteine – Granit, Diorit und einige andere – sind

gesuchte Baumaterialien für die Verkleidung von Gebäuden, wo sie wegen ihrer Dauerhaftigkeit und ihres schönen Aussehens geschätzt sind.

Der Boden
— das wertvollste Gestein

Das wohl Wertvollste, was die gesamte Menschheit besitzt, ist der Boden. Er läßt die Pflanzen wachsen und ernährt somit die Menschen und Tiere. Der Mensch ist sozusagen ein intelligenter Parasit des Bodens, wie auch alle Landtiere es mehr oder weniger sind. Ohne Boden gäbe es kein Leben. Selbst auf den Paradiesinseln, wo die Menschen in glücklichem Nichtstun dahinleben, gäbe es ohne Boden keine Palmen, die die Menschen zu ihrer Ernährung benötigen. Ein „verwüsteter" oder „fortgeschwemmter" Boden ist für die Generation, die ihn entwertet hat, auf immer verloren.

Der Charakter und die Struktur des Bodens an einem bestimmten Ort der Erde hängen von der geologischen Unterlage (Muttergestein), vom Klima und vielen anderen lokalen Faktoren ab. Unter den klimatischen Verhältnissen Europas entsteht Boden in einem langwierigen, Jahrhunderte oder Jahrtausende dauernden Prozeß. Günstiger ist die Situation nur in humiden (feuch-

322 Auf dem ersten Block sehen wir die Entwicklung der mitteleuropäischen Braunerde. Auf dem zweiten Block das Beispiel eines Podsols, der oft dort entsteht, wo häufige Regenfälle den Boden an mineralischen Rohstoffen verarmen. Auf dem dritten Block verläuft der gegenteilige Prozeß in tropischen Gebieten, wo auf die Regenzeit eine lange Trockenperiode folgt und mit dem hochsteigenden Wasser mineralische Stoffe an die Oberfläche gelangen. (Die Symbole **A, B, C** sind die üblichen Bezeichnungen der Bodenhorizonte)

ten) Gebieten, wo die Bodenbildung schneller geschieht. Auch an Orten, wo ursprünglich nichtbindiges Lockergestein vorhanden war, entsteht Boden verhältnismäßig schnell. So bildete sich beispielsweise auf dem Vulkan Krakatau in Indonesien in nur 45 Jahren eine 35 cm tiefe Bodenschicht, und auf den Hängen anderer Vulkane können die Bauern bereits 5 bis 10 Jahre nach einem Ausbruch die Vulkanasche besäen. Der Boden entwickelt sich auf den Muttergesteinen des Felsuntergrundes durch Verwitterung, an der nicht nur das Klima und die Niederschläge, sondern auch Mikroorganismen beteiligt sind. Und da es sich dabei um einen sehr langsamen Prozeß handelt, müssen wir jedes Stückchen Boden hoch schätzen. In trockenem Wüstenklima dauert es noch länger als in unserem gemäßigten Klimagebiet, bis ein Boden entsteht, und noch schneller wird er − gewöhnlich durch den Wind − wieder fortgetragen.

Der vorangehende Absatz deutete bereits an, was zur Entstehung von fruchtbarem Boden notwendig ist. Wie dieser Boden beschaffen ist, hängt hauptsächlich vom Ausgangsgestein ab. Ein zweiter Faktor ist das Klima, denn für die Schnelligkeit der Verwitterung sind die Niederschlagsmenge und die Temperaturunterschiede maßgebend. Die wichtigsten Bodentypen sind in der Abbildung festgehalten. So sind beispielsweise lateritische Roterden an Orten mit Tropenklima häufig und Schwarzerden Relikte vergangener geologischer Interglazialzeiten.

Für den Bodencharakter nicht weniger wichtige Faktoren gibt es in großer Zahl. Die wichtigste Rolle spielen die Mikroorganismen, die die nichtlöslichen Bestandteile der Gesteine, z. B. Quarz und Feldspat, zerlegen. Für die Natur ist eigentlich nichts unmöglich; mit ihren einfachen Mitteln − Wasser, Wind, Frost und Mikroorganismen − vermag sie, natürlich im Laufe vieler Jahre, die scheinbar so widerstandsfähigen, unverwüstlichen Steine zu zerlegen. Fast alle übrigen Faktoren sind aus dem Bild ersichtlich, das das Profil eines typischen Bodens zeigt. Die sich mit Bodenstudien befassenden Pedologen unterscheiden im Boden mehrere Horizonte, die zusammen das „Bodenprofil" bilden. Auch sie sind auf der Abbildung gut zu sehen. Jeder von uns hat sie sicher schon oftmals beobachtet. Es genügt, in einen tieferen Bodenaushub oder auf die Wand eines Steinbruches zu schauen − über dem harten, nichtverwitterten Felsgestein ist der Fels um so stärker verwittert, je näher er an den Ackerboden heranreicht. Je nachdem, wie im Bodenprofil die Ausgangsgesteine vertreten sind und wie der Gehalt an organischen Komponenten beschaffen ist, unterscheidet man verschiedene Bodentypen. Für

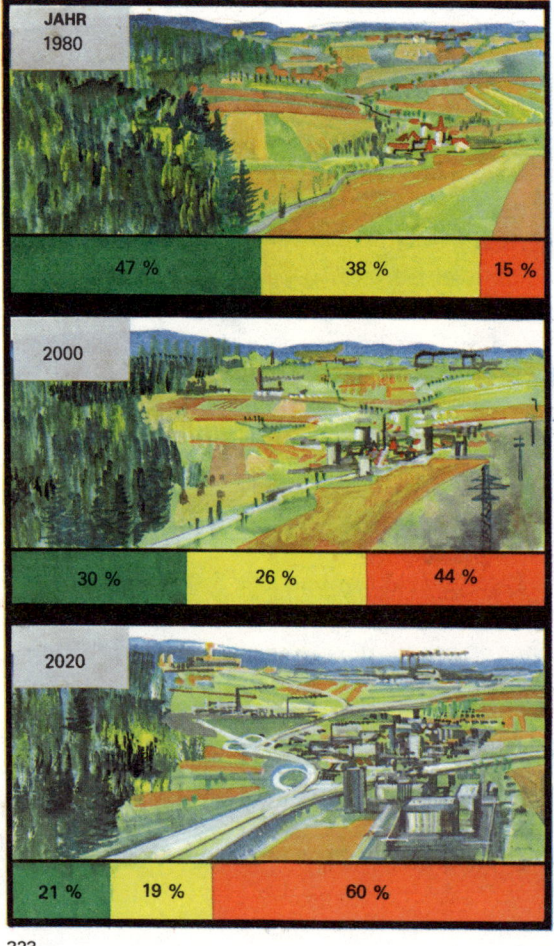

323 Zivilisationseinflüsse können wir im Laufe der Entwicklung der Menschheit in Form von Entwalden und Gewinnung bebaubaren Bodens charakterisieren. Die Industrialisierung verursacht nicht nur Entwaldung, sondern auch Abnahme des landwirtschaftlichen Bodens. Wird es im Jahre 2 000 bzw. 2 020 so aussehen, wie in nebenstehendem Bild gezeigt?

JAHR 1980

47 %   38 %   15 %

2000

30 %   26 %   44 %

2020

21 %   19 %   60 %

323

die Entstehung eines Bodenhorizontes ist auch wichtig, wo sich der Boden bildet. Sicher ist es Ihnen schon aufgefallen, daß der Boden auf einigen abgeholzten Hängen vom Regenwasser sehr schnell fortgetragen wird. Sogar auf Feldern ist nach stärkeren Regengüssen zu erkennen, von wo und wohin der Boden fortgeschwemmt wurde.

Im Wald trägt die Erosion den Boden nicht weg. Auf Wiesen ist der Verlust an Bodenhorizont klein. Aber schon dort, wo ein Hang z.B. mit Mais oder Getreide bepflanzt ist, ist der Bodenverlust bedeutend größer, vor allem bevor die Saat aufgeht.

Bei großen Erosionen kann der Boden nicht mehr zur Nahrungsmittelproduktion genutzt werden.

Jeder Bodentyp erfordert angemessene Bewirtschaftung. Einige Böden vertragen keine Bewässerung (es bildet sich eine Salzschicht). Andere wieder leiden, wenn sie entwässert werden (die Nährstoffe werden leicht fortgetragen). An einigen Stellen muß stärker gedüngt werden, an anderen weniger. In jenen Gebieten der Erde, wo Dünger bisher noch nicht benutzt werden, muß der Boden von Zeit zu Zeit brachliegen, damit er sich wieder erholt und nach einer Zeit wieder Ernten gibt (in tropischen Gebieten dauert das bis zu 15 Jahren).

Die in den vorangegangenen Kapiteln beschriebenen Gesteine wurden nach ihrer chemischen und mineralogischen Struktur charakterisiert. Das gleiche können wir auch mit jedem Boden tun, indem wir die Minerale und ihre chemischen Zusammensetzungen aufzählen, die er enthält. Am wesentlichsten bleibt jedoch die Tatsache, daß der Boden, der als äußerst dünne Schicht, die man Pedosphäre nennt, den größten Teil der Landoberfläche bedeckt, kostbar und unersetzlich ist.

Sedimentgesteine

Die Erstarrungsgesteine, von denen wir bisher sprachen, könnten wir als Primärgesteine bezeichnen. Sie stammen z. B. aus dem oberen Mantel, so vor allem die Basalte, oder sind das Produkt einer teilweisen Schmelzung älterer Gesteine, z. B. von Granit. Das Schmelzen verwischte viele Charakterzüge der Grundmasse, aus der die Basalte entstanden. Besonders sinnreiche Methoden waren erforderlich, um festzustellen, wie die Geschichte einer solchen Masse vor dem Schmelzen ablief. In den weiteren Absätzen werden wir uns mit zwei Gesteinsgruppen befassen, die wir als abgeleitete, sekundäre Gesteine bezeichnen könnten. Es sind die Sediment- oder Absatzgesteine und die umgewandelten oder metamorphen Gesteine. In der Diskussion, was primär und was sekundär ist, könnten wir zu dem bekannten unlösbaren Problem gelangen, was eher da war, die Henne oder das Ei, da viele Sedimentgesteine aus Erstarrungsgesteinen, metamorphe Gesteine dagegen aus Sediment- und Erstarrungsgesteinen hervorgehen, und viele Erstarrungsgesteine Schmelzen von bereits bestehenden Sediment- und metamorphen sowie Erstarrungsgesteinen sind.

Beginnen wir mit einem einfachen Beispiel, das die Entstehungsart der klassischen Gesteine erklärt. Betrachten wir einen Basalt- bzw. Andesitvulkan, der irgendwo am Rand des Stillen Ozeans emporragt. Aus dem Vulkan fließt Lava und fliegt vulkanische Asche. Die Hänge sind zweifellos mit „primärem" Material bedeckt. Auf die Lava

324 Wenn wir einen Wasserlauf vom Hochgebirgsgletscher bis zum Tiefseeboden verfolgen, sehen wir eine bunte Palette der Sedimentgesteine:
1 – glaziale Sedimente,
2 – Gravitations-(Hang-)sedimente,
3 – Seesedimente,
4 – Flußsedimente,
5 – Windsedimente,
6 – Deltasedimente,
7 – Schelfsedimente,
8 – Tiefseesedimente

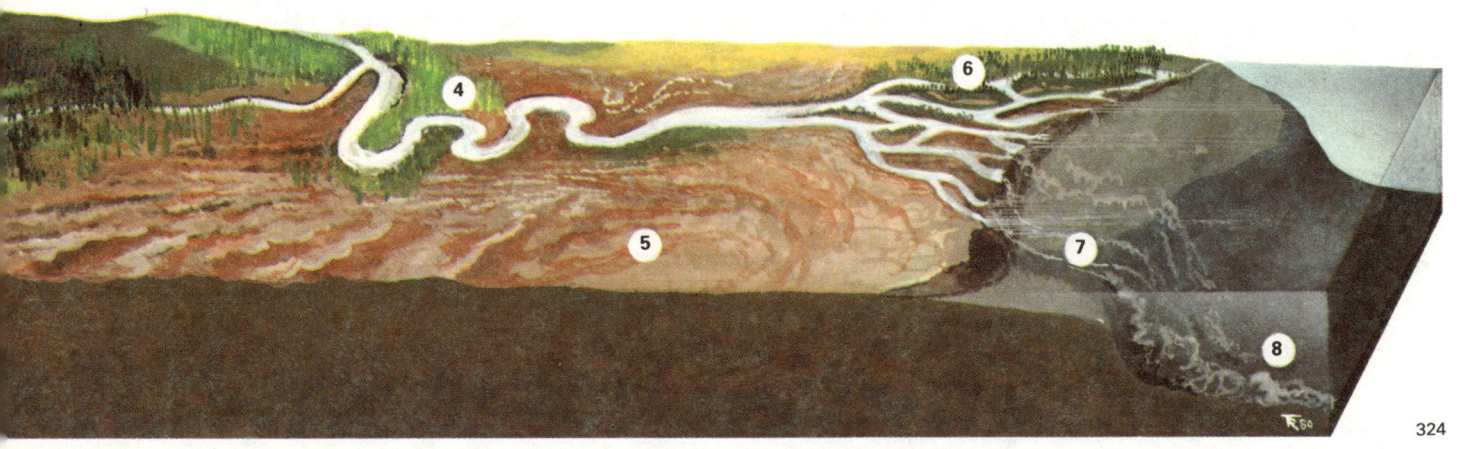

324

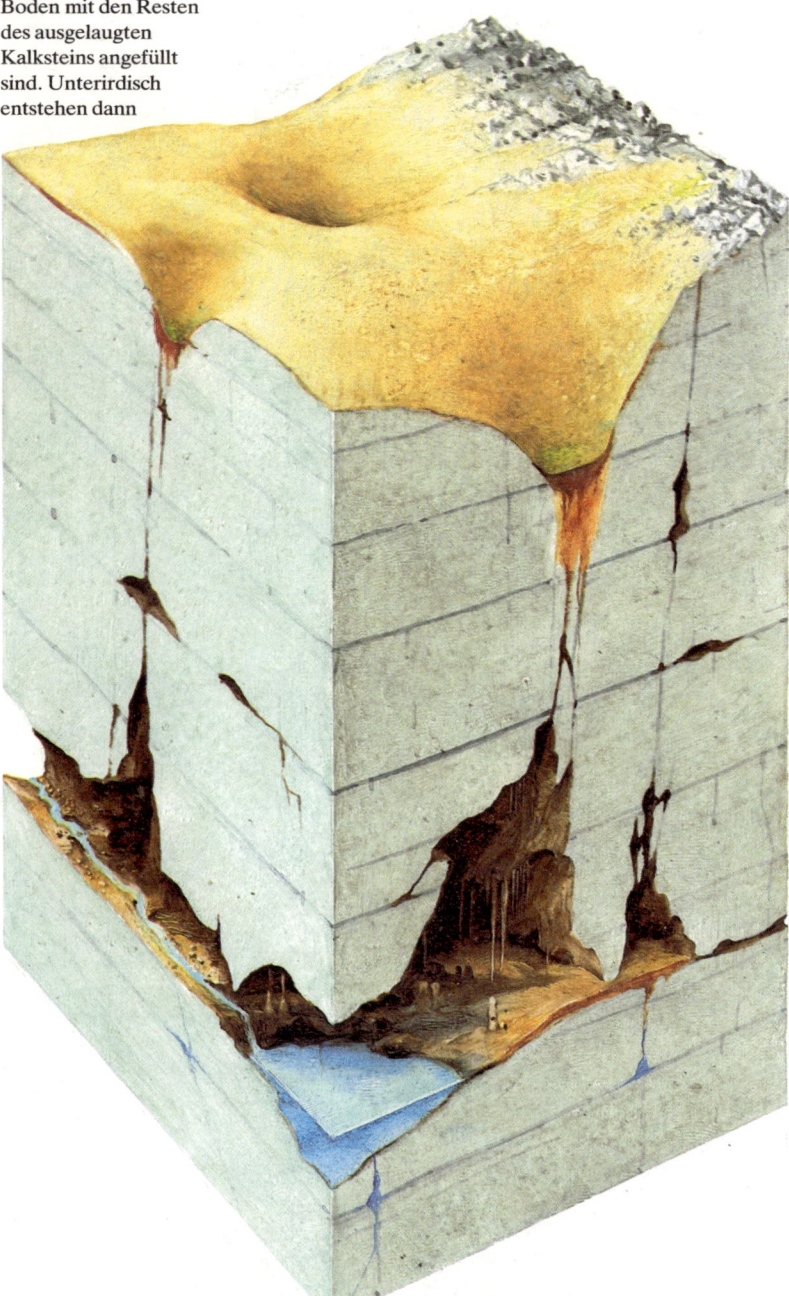

325

und die Asche regnet und schneit es, weht Wind, und die Gesteine verwittern gewöhnlich mechanisch zu kleineren Stücken. Die verwitterten Gesteinstrümmer trägt das Wasser in Bäche und Flüßchen, und mit ihm gelangen sie auf den Boden des nahen Meeres. Dort sammeln und häufen sich die Gesteins- und Mineralbruchstücke an. Es entsteht ein Sedimentgestein. Die Gesteins- und Mineralbruchstücke sowie Kies, Sand und Ton unterliegen einem Verfestigungsprozeß, der Diagenese heißt. Sie führt zu Entstehung fester Sedimentgesteine aus ursprünglich unverfestigten Lockergesteinen. So bildet sich durch Diagenese Sandstein, aus Tonen Tonstein oder Schiefer und aus Kies Konglomerat.

Der Verlauf der Diagenese ist etwa so

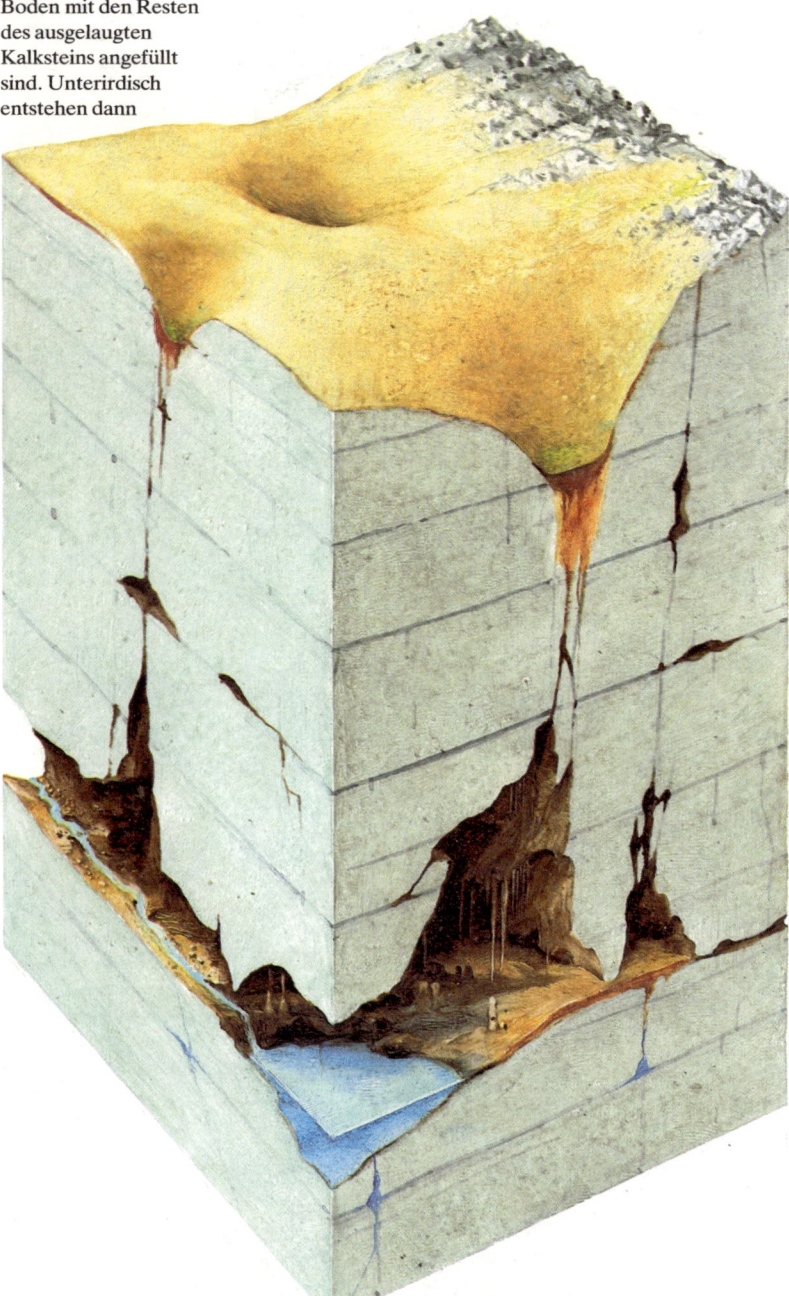

326

326 Unterschied zwischen chemischer (links) und mechanischer Verwitterung (rechts) beim selben Gestein. Bei der mechanischen, z. B. durch Frostrisse, zerfällt das Gestein nur in kleinere Stücke. Bei der chemischen ändert sich die chemische Zusammensetzung der Minerale

vorstellbar: Wenn man einen mit nassem Ton gefüllten Sack mit einem schweren Gewicht belastet, rinnt aus ihm das überschüssige Wasser heraus, und die Teilchen ordnen sich, von uns unbemerkt, parallel zueinander an. Das Gestein verfestigt sich durch den Einfluß der Lösung, die in ihm verbleibt. Im Diagenese-Prozeß entstehen also aus Lockersedimenten bei relativ niedrigem Druck (Auflastdruck) und niedriger Temperatur durch Verfestigung Sedimentgesteine.

Aber kehren wir zu den irgendwo in der Nähe eines Vulkans abgesetzten Gesteins- und Mineralbrocken zurück.

Da die Verwitterung die Hauptursache für die Entstehung von Sedimentgesteinen darstellt, ist ihre Art und ihr Verlauf wichtig dafür, was für ein Gestein entsteht. Natürlich kann jedes bereits bestehende Gestein die Quelle sein. Wenn wir die chemische und die mineralogische Struktur des neuentstandenen Sedimentgesteines mit der Struktur des Vulkangesteins vergleichen, werden wir zwischen ihnen keinen großen

Unterschied feststellen, weil in dem von uns beschriebenen Beispiel nur eine schnelle mechanische Verwitterung und die sofortige Verfrachtung der Gesteinsbruchstücke in den Sedimentationsraum stattfand.

Wenn chemische Verwitterung eintritt, bei der auf das Primärgestein z. B. mit Kohlensäure oder mit bei der Zersetzung organischer Masse entstehenden Huminsäuren angereichertes Wasser einwirkt, ändert sich die chemische Zusammensetzung seiner Bestandteile. Offensichtlich sind einige Gesteinsbestandteile anfälliger für chemische Verwitterung und unterliegen ihr leicht, wie Feldspat und Glimmer, während andere wieder, z. B. Quarz, der normalen Verwitterung widerstehen.

Die chemische Verwitterung verändert die Struktur des Ausgangsgesteins – des ursprünglichen Materials –, und deshalb unterscheiden sich die Ausgangsgesteine so stark von den sedimentierten Sekundärgesteinen. So kann aus dem aus Quarz, Fluß-

Entstehung abgesetzter Gesteine eine Schlüsselstellung ein. Selbstverständlich sollten wir dabei eine weitere Seite nicht außer acht lassen – die Strömungsgeschwindigkeit und die Menge des Wassers sowie das Sedimentationsmilieu. Die reißenden Wasser eines Gebirgsbaches tragen nämlich Dutzende und Hunderte von Kilogramm schwere Gesteinsblöcke fort, während ein mächtiger

327 Vom Wasser oder Wind mitgeführte Teilchen werden nicht geradlinig, sondern parabolisch fortgetragen. Sie fallen häufig zu Boden und werden vom Strom erneut hochgehoben. Diese Bewegung heißt Saltation

327

Strömungsgeschwindigkeit   cm . s⁻¹

200   70   15   0,5   0,1

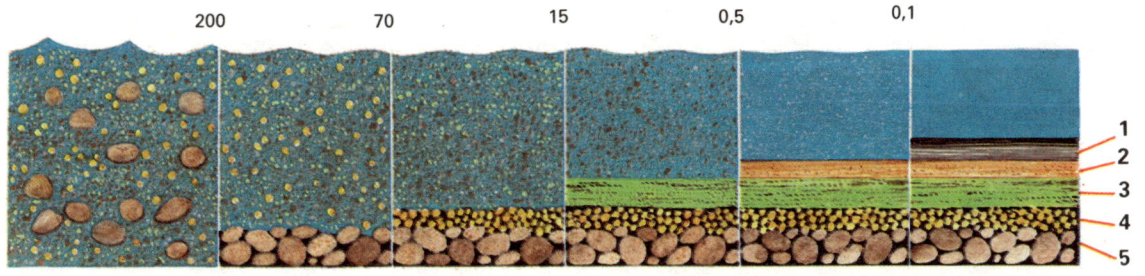

1
2
3
4
5

328

spat und Glimmer gebildeten Granit ganz leicht, durch chemische und mechanische Verwitterung sowie durch Sedimentation, Sandstein entstehen. Flußspat zersetzt sich leicht – er verwittert und verwandelt sich in Tonminerale. Dabei entsteht eine um Flußspatbestandteile, insbesondere Natrium, angereicherte Wasserlösung, durch die besonders das Natrium ins Meer gelangt. Tatsächlich wurde das meiste im Meerwasser vorkommende Natrium durch chemische Verwitterung von Natronflußspat frei. Aber verfolgen wir die Verwitterungsprodukte des Granits weiter. Die tonigen Bestandteile haben in der Wassersuspension ganz andere Eigenschaften als die Quarzkörner. Das Wasser nimmt den Ton auf größere Entfernungen mit, und während sich die Quarzkörner absetzen, bleibt der Ton in der Suspension. Dadurch findet eine Sortierung der Bestandteile nach ihren mechanischen Eigenschaften statt. Diese nehmen bei der

Strömungsgeschwindigkeit
20 cm . s⁻¹

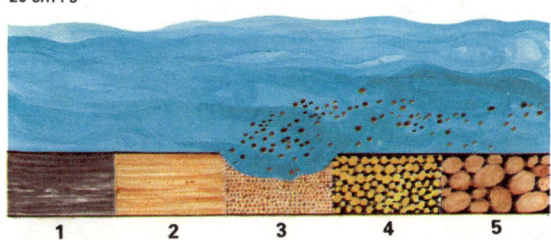

1   2   3   4   5

100 cm . s⁻¹

329

Strom in seinem Unterlauf nicht einmal millimetergroße Körner mitführen kann. Er nimmt nur Ton in feiner Suspension mit. Um eine Vorstellung von den Flüssen lang ver-

328, 329 Wer die Sedimentär-Geologie verstehen will, muß diese Vorgänge kennen. Auf dem ersten Bild ist die Abhängigkeit der Absetzung verschieden großer Körner von der Strömungsgeschwindigkeit dargestellt. Mit der sinkenden Strömungsgeschwindigkeit werden erst der Kies (5), dann der kleinkörnige Kies (4), der Sand (3), Staubkörner (2) und zum Schluß – eigentlich schon im stehenden Wasser – die Tonkörner (1) abgesetzt. Im zweiten, dem Doppelbild, strömt das Wasser über einzelne Fraktionen. Wenn es eine Geschwindigkeit von 20 cm in der Sekunde erreicht, beginnt es, den Sand herauszuspülen, bei einer Geschwindigkeit von 1 m je Sekunde beginnen sich die Staubkörner und kleiner Kies zu heben. Der Ton und der Kies gelangen am spätesten in den Strom

gangener Zeiten sowie von den Meeresströmungen und den Ablagerungen in den Flußdeltas zu gewinnen, bemühten sich die Geologen, die Bedingungen nachzuahmen, die in den Flüssen und den Flußmündungen herrschen, um festzustellen, wie groß die vom Wasser mitgeführten Teilchen sind. Die beiden Bilder 328 und 329 sagen Ihnen mehr darüber.

Ein weiterer wichtiger Faktor der Gesteinsverwitterung sind die klimatischen Bedingungen, die anders im Gebirge bei Einwirkung von Frost und wieder ganz anders in den Tropen sind, wo es ständig regnet und die Gesteine sich leichter auslaugen und auflösen. Auch die Topographie spielt eine wichtige Rolle. Sie beeinflußt nicht nur die Strömungsgeschwindigkeit der Bäche, son-

330

dern auch die Prozesse auf den Hängen. Außerdem kommen hier natürlich auch noch die Einflüsse des Milieus hinzu, in dem das Gestein sedimentiert. Die Sedimentation verläuft anders in Gebirgswasserläufen, anders in breiten Tälern und wieder anders auf Tiefseeböden.

Um das abgesetzte Gestein sortieren zu können, besteht eine Gesteinklassifikation, also „Felder", in die das Gestein nach verschiedensten Gesichtspunkten eingeordnet wird: nach der Größe der Bestandteile, dem Grad ihrer Bearbeitung während des Transports, dem Grad ihrer Sortierung und der Klassifikation nach der chemischen Zusammensetzung der Bestandteile und dergleichen.

Das alles ist aber nicht Selbstzweck. Die abgesetzten Gesteine müssen so sortiert werden, daß sie den Geologen bei der Lösung ihrer praktischen Aufgaben helfen. Man käme kaum darauf, daß die für die Töpferei so notwendigen Tonsedimente in alten Betten der Gebirgsflüsse zu finden seien, und das bei einem kleinen Süßwasserbecken entstandene Kohlenflöz einen anderen Charakter hat als das in größeren Becken am Meeresrand. Aus diesem Grund sortieren die Geologen die abgesetzten Gesteine nach den erwähnten Kriterien. Die Grundeinteilung der Sedimentärgesteine zeigt stark vereinfacht die Tabelle. Man kann in ihrer Umgebung Gesteine finden, die sich nach der Tabelle einordnen lassen und von denen Sie dann wissen werden, wo die einzelnen Gesteine entstanden sind. Aber man muß die Texturcharakteristiken, deren Übersichtsbilder unsere Abbildung gleichfalls enthält, beachten. Kreuzschichtung ist charakteristisch für die Bodenbewegung oder für Deltahangablagerungen. Der feine Streifenwechsel bedeutet die Jahresänderungen der Witterung. Unsortierte Steinbrocken- und Tongemische können dagegen Sedimente an Stellen früherer Gletscher sein.

Die Art, wie das Gestein entstanden ist, ist nur einer der Klassierungsgesichtspunkte für jene, die sich mit Sedimentgesteinen befassen. Wenn wir jedoch einen anderen Gesichtspunkt für die Klassierung benutzen, müssen wir uns klar darüber sein, wo das Gestein entstand und uns dem Studium des Milieus bzw. des Gebietes widmen, in dem die Ablagerungen ihre Gestalt erhielten. So können Meeresablagerungen aus Material entstehen, das vom Festland oder aus dem Festlandsschelf hintransportiert wurde. Dieses Material setzt sich gewöhnlich schon am Kontinentalhang ab. Ähnliche Gesteine können nie in der Mitte des Ozeans entstehen, da das terrigene (Festlands-) Material nicht so weit fortgetragen wird. Tiefsee- oder pelagische Sedimente haben einen ganz anderen Charakter. Sie enthalten gewöhnlich weniger als 30 % terrigenes Material (und das ist gewöhnlich feinster Ton). In der Fachliteratur sind sie unter den Namen grüner, roter oder brauner Schlamm bekannt. Pelagische Ablagerungen entstehen häufig aus in abyssalen (Tiefsee-) Bereichen, weit entfernt von den Festländern auftretenden Lebewesen. In den Flußmündungen oder an brandungsumspülten Orten entstehen Gesteine weit schneller als in Tiefseegebieten, wo für eine 1 bis 10 Zentimeter dicke Gesteinsschicht Tausende von Jahren notwendig sind, während es in den Flußmündungen in einem einzigen Jahr mehrere Meter sein können. Ganz unterschiedlichen Charakter weisen die Stellen der Binnenseesedimentation auf. Charakteristisch für dieses Milieu sind z. B. vom Wasser mitgebrachte, mächtige Materialmengen sowie der Wechsel von Sedimenten aus groben Gesteinsbrocken und feinkörnigem Material. Wenn es in der Nähe eines solchen Sees Gletscher gibt, haben die Sedimente wieder

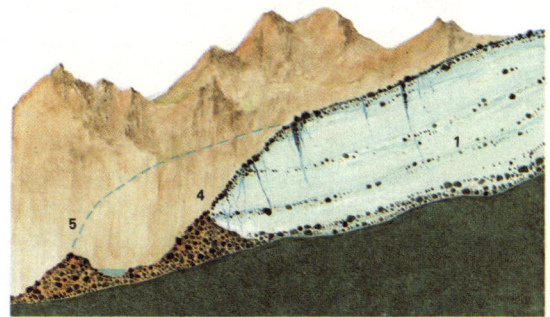

332 Der Hochgebirgsgletscher ist ein sehr wirksames Transportmittel von aus dem Untergrund (2) des Gletschers mitgerissenen oder auf den Gletscher gefallenen (3) Gesteinsbrocken. Dort, wo er schmilzt, an der Stirn (1), entstehen Moränenwälle (4, 5)

333

333 Sedimentgesteine sind geologische Bücher, in denen man fast endlos lesen kann. So weist z. B. Kreuzschichtung der Sedimente im oberen Profil auf eine Absetzung in einem Delta oder auf einem Hang hin. Grobkörnige, nichtklassierte, ebenso wie auch feine Sedimente im Tal im oberen Teil weisen darauf hin, daß sich das Gestein bis zur Gletscherstirn (1) setzte. Die regelmäßige, plattenförmige Lagerung zeugt dagegen von einer ruhigen Sedimentation auf dem Meeresboden, während der Wechsel von grob- und feinkörnigen Sedimenten auf eine rhythmische (4) und zyklische (5) Sedimentation hinweist, die durch die Bewegungen der Kruste hervorgerufen wurden. Sind jedoch die Schichten gegeneinandergeneigt, dann sprechen wir von Kreuz-oder Schrägschichtung (2, 3); tritt eine Schichtlücke (Hiatus) ein, handelt es sich um eine Winkeldiskordanz. Ein allmählicher oder fazialer Übergang (6) weist auf eine Änderung der Sedimentationsbedingungen hin

einen anderen Charakter. Die durch die Bewegung, das Fließen oder das Zurücktreten der Gletscher sich bildenden Gesteine sind unverkennbar, denn neben groben Brocken kommen in ihnen tonige und lehmige Bestandteile vor. Dazu kann es im Wassermilieu bei strömendem Wasser kaum kommen, da die Bestandteile durch die Wasserbewegung leicht sortiert werden: die

In der Beschreibung der Absatzgesteine sprachen wir einstweilen nur von Bruchstükken der Erstarrungsgesteine und kurz von Verwitterungstypen, u. zw. den mechanischen und den chemischen. Alle diese Prozesse verleihen den Gesteinen ein besonderes Aussehen. Erwähnenswert ist noch, daß die biogenen Prozesse bei der Entstehung von Sedimenten eine wichtige Rolle spielen,

334

335

denn auch die Bestandteile — die das klastische Sediment bildenden Bruchstücke — können organischen Ursprungs, u. zw. Schalen und Knochen von Lebewesen oder Pflanzenreste, sein. Wir nennen solche Sedimentgesteine organogen. In den Tiefseeregionen, weit vom Festland entfernt, wohin die Flüsse kein Material mehr verfrachten können, kommen, wie schon erwähnt, nur pelagische Gesteine vor. Der rote Tiefseeschlamm enthält fast ausschließlich organogene Masse, die Schalen der Kieselalgen.

Bei der Beschreibung der klastischen Sedimente erwähnten wir den Kitt, der die Gesteine verfestigt. Es handelt sich um einen aus Lösungen ausgefällten Stoff. Diese Lösungen zirkulieren entweder im Gestein oder waren in ihm zurückgeblieben. Die Lösung mineralischer Bestandteile in Wasser hat in der Natur auch einen entgegengesetzten Mechanismus, ihre Ausfällung. Wenn es nämlich einen solchen Abbau nicht gäbe, stiege der Salzgehalt des Meerwassers im Lauf der geologischen Zeiträume ständig

groben von den feinen, die tonigen von den Sanden usw.

Auch der Windtransport bildet Ablagerungen. Spezifisch für sie ist die Sortierung nach Größe und Zusammensetzung der einzelnen Bestandteile. Typische Vertreter von Windablagerungen sind die Küstensanddünen und die Sande der Wüstengebiete. In Europa und Nordamerika sind lößhaltige Tone die Reste von Windtransport in der Eiszeit.

weiter an. Durch diesen Prozeß, der nicht so ungewöhnlich ist, wie seine Kompliziertheit erwarten ließe, entstehen sog. chemogene Absatzgesteine. Das ist eine große Gesteinsgruppe, deren bekannteste Vertreter die Salz-und Gipssteinlagerstätten sind. Wenn wir die Abbildung betrachten, sehen wir, daß die Löslichkeit der kalkhaltigen Schalen der Meereslebewesen von der Tiefe (d. h. vom Druck) und von der Wassertemperatur abhängt. Aus dem Bild können wir ableiten, wann sich auf chemischem Weg Kalziumkarbonat — in unserem Fall chemogener Kalkstein — bilden oder nicht bilden kann. Wenn wir die Wichtigkeit der Sedimentgesteine vom Gesichtspunkt der menschlichen Erfordernisse betrachten, gelangen wir zu dem Schluß, daß es sich um eine ebenso wichtige Gesteinsgruppe handelt, wie es die Erstarrungsgesteine sind. Es genügt, wenn wir darauf hinweisen, daß alle klassischen Lagerstätten von Energierohstoffen (Kohle) in Sedimentgesteinen liegen und daß selbst die

Metamorphierte Gesteine

Wir sahen bereits, daß Granit durch Schmelzung einiger bereits bestehender, evtl. auch sedimentierter Gesteine entstehen kann, wozu hohe Temperaturen erforderlich sind. Der Schmelzprozeß muß sich in verhältnismäßig großer Tiefe abspielen, und die Gegenwart von Wasser setzt bei großem

frische Ablagerungen

Diagenese

Schmelzung der Gesteine

337

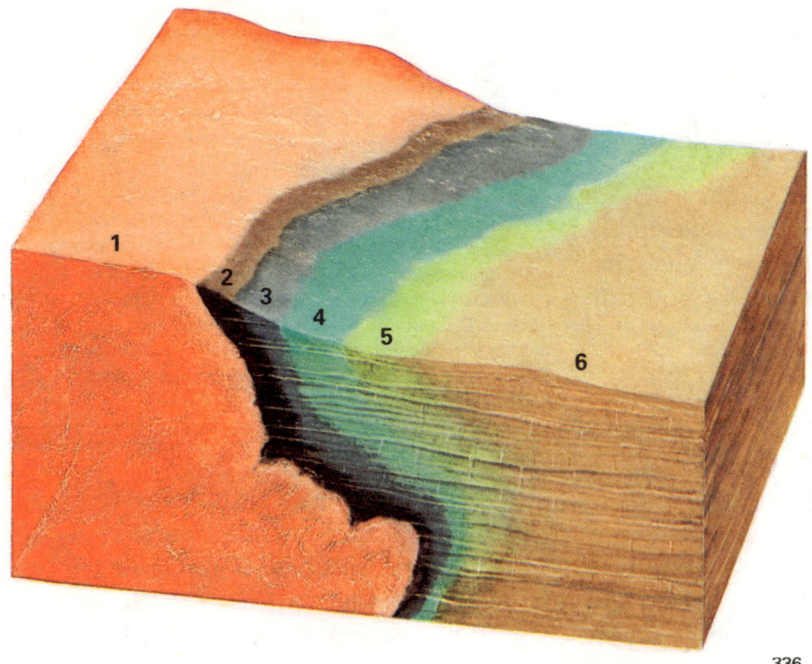

336

336 Die riesige Masse der Ergußgesteine, Pluton oder Batholith, wirkt mit ihrer Wärme auf ihre Umgebung ein, bzw. auf dem Bild auf die Gesteinsfolge der abgesetzten Gesteine. Diese Einwirkung heißt Kontaktmetamorphose. Das Bild hält die durch diesen Prozeß entstandenen charakteristischen Gesteine und Minerale in Sedimentgesteinen fest. 1 – Granitpluton, 2 – Hornstein, 3 – Hornstein mit Sillimanit, 4 – mit Biotit und Andalusit, 5 – mit Chlorit und Muskovit, 6 – unveränderte Gesteine

337 Die Umwandlung der Gesteine durch Temperatur- und Druckeinwirkung heißt Metamorphose. Das Gestein paßt sich mit seiner mineralogischen Zusammensetzung den veränderten Bedingungen an. Durch Verfestigung (Diagenese) der vulkanischen Aschen (1) entsteht Tuff (2). Schiefer (6) ist verfestigter Ton (5). Mit steigender Temperatur und sich verstärkendem Druck verwandeln sich diese Gesteine in grünen Schiefer (3) und Amphibolite (4), Ton in Phyllit (7), Glimmerschiefer (8) oder Gneis (9). In größeren Tiefen findet bereits teilweise oder vollständige Schmelzung der ursprünglichen Gesteine statt, und es entstehen Migmatite (10)

neuen radioaktiven Energierohstoffe aus riesigen Lagerstätten von Sedimentgesteinen stammen. Dasselbe gilt für die Goldvorkommen. Da auch so wichtige Baustoffe, wie Kalkstein für die Kalk- und die Zementerzeugung, Gipsstein, Tone und Sande, Sedimentgesteine sind, gehört ihr Studium zum Arbeitsplan der Sedimentologen.

Druck die Schmelztemperatur herab. Wir beschrieben auch die Bedingungen, unter denen abgesetzte Gesteine durch Diagenese entstehen. Das geschieht in jenen Teilen der Erdkruste, in denen weder erhöhte Temperatur noch gesteigerter Druck herrschen. Wenn wir aber das Diagramm betrachten, in dem die Abhängigkeiten von Temperatur und Druck in der Erdkruste dargestellt sind, sehen wir, daß die Bedingungen sowohl für die Entstehung einer Gesteinschmelze als auch eines Sedimentgesteines außergewöhnlich sind. Sie stellen die beiden Randlagen unseres Diagramms dar. Alle übrigen durch die Temperatur und den Druck charakterisierten Bedingungen decken das Feld der Metamorphose – der Umwandlung ab. Es

druckmodifikation. Wenn wir einen Waggon Graphit dreihundert Kilometer tief versenken oder ihn den Bedingungen dieser Tiefe aussetzen würden, erhielten wir einen Haufen Diamanten. Allerdings werden schon seit längerer Zeit künstliche Diamanten (Durchmesser 0,5 mm) für industrielle Zwecke erzeugt. Viele unserer Erkenntnisse über metamorphe Gesteine stammen aus den La-

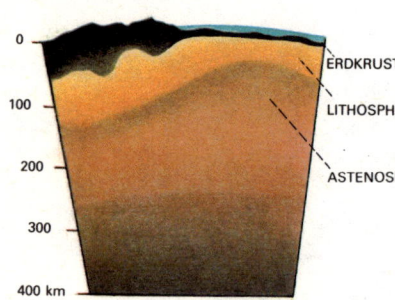

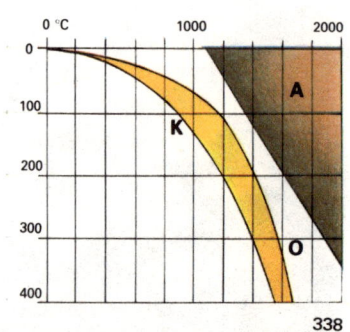

338

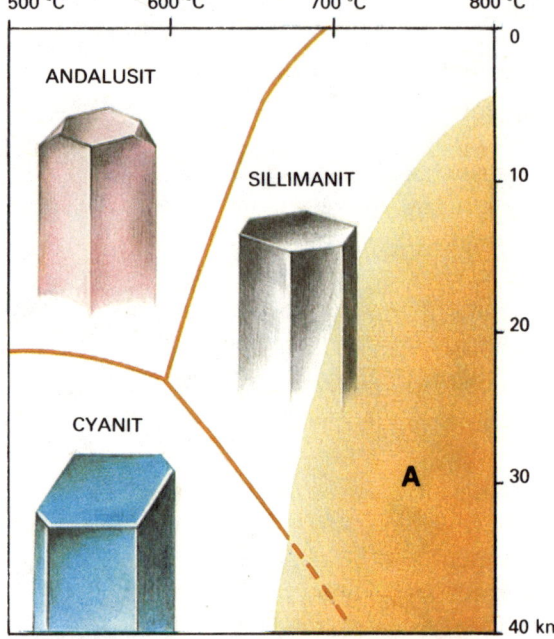

339

unter den Kontinenten, **O** – unter den Ozeanen, **A** – Zone der vollständig geschmolzenen Basaltgesteine. Das Bild zeigt außerdem, daß für das Entstehen eines Basaltmagmas keine Bedingungen vorhanden sind. Deshalb meinen die Wissenschaftler, daß die Basalte größtenteils aus tiefen Teilen der Erde, aus dem Mantel, stammen

sei noch hinzugefügt, daß die meisten Gesteine der Erdkruste gerade in diesem Bereich liegen.

Die Gesteine, und zwar sowohl die Sediment- als auch die Erstarrungsgesteine, die in diesen Teil der Erdkruste gelangten und dort eine geologisch bedeutende Zeit „verweilten", heißen metamorphierte Gesteine.

Jedes metamorphierte Gestein hat seine Vorgänger. Es sind entweder Sediment- oder Erstarrungsgesteine. Auch danach ließen sich die metamorphen Gesteine unterscheiden. Allerdings wäre es eine zwar einfache, aber unpraktische Einteilung. Die Endform und die Eigenschaften der Gesteine sind abhängig von der Temperatur und vom Druck, der auf sie einwirkt. Wir haben bereits erwähnt, daß z. B. der Diamant und der Graphit chemisch gleiche Stoffe sind, u. zw. ganz gewöhnlicher Kohlenstoff. Aber die Anordnung der einzelnen Bauteile dieses Stoffes ist unterschiedlich (und selbstverständlich auch sein Preis). Beim Graphit sind die Kohlenstoffatome blattförmig in Sechsecksymmetrie angeordnet, während die Kohlenstoffatome des Diamanten kompliziertere, räumlich zentrierte, kubische Gitter bilden. Für diese „engere und festere" Anordnung sind die hohe Temperatur und der Druck verantwortlich. Der Diamant und der Graphit sind zwei verschiedene Strukturmodifikationen des Kohlenstoffs, und der Diamant ist die Hochtemperatur- und Hoch-

339 Die die metamorphierten Gesteine studierenden Petrologen kennen die drei Minerale Andalusit, Sillimanit und Cyanit sehr gut. Sie sind eine chemische Verbindung, die in Abhängigkeit von Wärme und Druck, bei denen sie kristallisierte, drei verschiedene Modifikationen aufweist. Andalusit kommt an Stellen mit niedrigerem Druck vor, Sillimanit wiederum ist ein Mineral höheren Druckes und höherer Temperaturen, während Cyanit charakteristisch für Gesteine ist, die unter hohen Drücken kristallisierten. Das Gebiet **A** ist die Stelle, an der der Schmelzprozeß bereits begonnen hat

bors, in denen der Einfluß höherer Temperaturen und Drücke auf die Gesteine geprüft wird. Die Natur legt den Geologen nur fertige Produkte vor. Die Informationen über die Temperatur und den Druck sind in ihnen verborgen und warten auf ihre Enträtselung. Dafür werden Labors zur Nachahmung der für die Metamorphose erforderlichen Bedingungen notwendig sein. Erst dann können wir die natürlichen Gesteine mit den bei genau festgelegten Temperaturen und Drücken auskristallisierten Mineralen vergleichen.

Auf Seite 200, „Die Wärme der Erde",

sprachen wir darüber, daß die Wärme mit der Tiefe in Richtung auf die Erdmitte steigt. Wie bedeutend der Temperaturanstieg für die Kruste und den oberen Mantel ist, zeigt das Diagramm. Die genaue Höhe der Temperatur im Innern unserer Erde ist uns nicht bekannt, wir nehmen aber an, daß sie nicht höher als 5000−6000 °C ist. Der Anstieg der Temperatur mit wachsender Tiefe heißt geothermischer Gradient. Von tiefen Bohrungen ebenso wie aus tiefen Schächten her wissen wir, daß in der Erdkruste die Temperatur nach je 30 Meter Tiefe um etwa 1 °C steigt. Aber die Erde arbeitet nicht nach Schablonen. Es wurde festgestellt, daß dieser Temperaturanstieg nicht an allen Stellen gleich ist. Dort, wo z. B. vulkanische Gesteine auftreten, steigt die Temperatur mit zunehmender Tiefe wesentlich schneller an als in den Gebieten, wo die vulkanischen Gesteine fehlen oder dort, wo sich sehr schnell Sedimentgesteine anhäufen. · Eines der wichtigsten Charakteristika, die beim Studium der metamorphen Gesteine verfolgt werden, ist daher gerade die Verteilung von Temperatur und Druck zu der Zeit, in der das Gestein entstand. Das ist eines der Hauptziele des Studiums metamorpher Gesteine. Erst wenn die Temperatur und der Druck bei der Kristallisierung der Gesteine bekannt sind, können die geologische Geschichte eines bestimmten Gebietes und seine Entwicklung beschrieben werden. Dann läßt sich voraussagen, welche minerali-

schen Rohstoffe in diesem Gebiet vorkommen können. Bei der Entstehung metamorpher Gesteine spielen viele Faktoren mit. Am wichtigsten ist die Struktur des ursprünglichen Materials. Und außerdem sind Temperatur, Druck, Geschwindigkeit und selbstverständlich auch Zeit maßgebend. Metamorphe Prozesse verlaufen in festem Zustand, und zwar niemals schnell. Es findet eine langsame Rekristallisierung, die Umwandlung eines Minerals in ein anderes, unter den gegebenen Umständen stabiles, der Temperatur und dem Druck entsprechendes Mineral statt. Die Schnelligkeit der Reaktion wird außerdem durch das anwesende Wasser sowie weitere flüchtige Stoffe beeinflußt. Einige Minerale haben den Charakter geologischer Thermometer und Druckmesser, weil sie bei genau bestimmbaren Bedingungen erscheinen. Man nennt sie Index-Minerale. Zu ihnen gehören der Granat, der Biotit oder der Kyanit (Disthen). Wenn wir sie finden, können wir mit fast 100 %iger Sicherheit annehmen, daß das Gestein sich unter bestimmten definierten Bedingungen befand. Das Diagramm zeigt die Al_2SiO_5-Modifikation eines der wichtigsten Index-Minerale. Diese Verbindung wird, je nach der Temperatur und dem Druck, entweder Andalusit (hohe Temperatur − niedriger Druck), Kyanit (niedrige Temperatur − hoher Druck) oder Sillimanit (hohe Temperatur und hoher Druck) sein.

VIII DER METABOLISMUS
DER ERDE

Rekapitulation der Anatomie

Wir wissen, daß die Atome sich zu Molekülen verbinden und daß die Moleküle oder Ionen das Grund-Kristallgitter der Minerale bilden. Daß die Minerale zu Gesteinen, die Gesteine zu noch größeren geologischen Komplexen – Einheiten – und diese dann zu ganzen Gebirgen oder Flächen mit lang vergangener geologischer Tätigkeit zusammengeschlossen sind oder aber solche Stellen der Erde bilden, die erst kürzlich entstanden sind. Wir wissen weiter, daß es eine Erdkruste, einen Mantel und einen Kern gibt, daß die Atmosphäre und die Hydrosphäre Teile der obersten Schicht der Erde sind und daß zwischen den einzelnen Teilen ein reger Austausch von Masse und Energie stattfindet. Mehrere Male erwähnten wir bereits, daß die Kontinente in weiter geologischer Vergangenheit ihren Ort und außerdem ihre gegenseitige Lage verändert haben und es noch immer tun. Die Erde ist nämlich ein sehr lebendiger Organismus, und die sog. unbelebte Natur ist voll von Bewegungen und Veränderungen, die sich jedoch in langen Zeitintervallen abspielen.

Unsere bisherige Schilderung erinnert stark an die Beschreibung des menschlichen Körperbaus. Erst, wenn der Arzt alle Organe und ihre Funktionen genau kennt, kann er die Funktion des ganzen Organismus beschreiben. Ähnlich verhält es sich mit unserem Mutterplaneten. Wir schilderten bisher seine einzelnen Teile, die geologischen Einheiten, die Schale sowie die Gesteine und ihre Eigenschaften, erwähnten die Zusammenhänge zwischen den verschiedenen „Organen" und wollen uns in den nachfolgenden Absätzen bemühen, das lückenhafte Wissen zu einem größeren Ganzen zusammenzufügen.

Zu Beginn unseres Jahrhunderts wurde eine neue Hypothese über das geologische Geschehen auf der Erde aufgestellt. Die Hypothese hatten besonders Forscher aus Mitteleuropa und Nordamerika bis in viele Einzelheiten ausgearbeitet. Sie galt bis in die sechziger Jahre und hieß geosynklinale Hypothese. Sie verband die Sedimentationserscheinungen und die Ausdrücke des Magnetismus – die Entstehung der vulkanischen Gesteine – mit den Faltungsprozessen, den gebirgsbildenden Vorgängen und den Verwitterungsprozessen. In den sechziger Jahren unseres Jahrhunderts setzte eine intensive Erforschung des Ozeanbodens ein. Es wurden die magnetischen Eigenschaften des Bodens sowie die Schwerkraft auf den Festländern und in den Ozeanen geprüft und Proben aus dem Ozeanboden entnommen. Alle Beobachtungen erbrachten so viele neue Erkenntnisse, daß die von den Geologen bisher als unwiderleglich betrachteten älteren Konzeptionen zu wanken begannen. Es wurde festgestellt, daß der Ozeanboden sehr jung ist, daß die Gesteine auf dem Boden nicht älter als 200 Millionen Jahre sind und daß dort sogar Gesteine vorhanden sind, die am Ozeanboden in der Gegenwart entstehen.

Sehen wir uns einmal auf der Karte Südamerikas und Afrikas (Seite 196) an, wie die Kontinente ineinander passen. Wie alle diese Erscheinungen miteinander verknüpft werden können, wollen wir Ihnen in den folgenden Kapiteln vor Augen führen. Außerdem werden wir auch die Entstehung seltener Formationen, wie ölführender Sedimente, Kalksteinformationen, unter denen sich Karsthöhlen, vulkanische Gesteine der Kontinentaldriften (Verschiebungen) und erzhaltige Lösungen mitführende plutonische Gesteine befinden, untersuchen. Auch die Zusammensetzung der Atmosphäre steht übrigens in enger Beziehung zu den Gesteinen der Erdoberfläche, ebenso der Rauch der Vulkane sowie ihre Exhalationen, so tödlich und stickig sie auch zu sein scheinen, waren im Lauf der geologischen Zeitalter der Ursprung der Atmosphäre, die wir atmen.

340 Der Planet Erde „lebt" – er befindet sich in ständiger Bewegung und Umwandlung, auch wenn der Mensch manches nicht wahrnehmen kann, da es mikroskopisch klein ist oder über Zeiten verläuft, die viel länger als das Menschenleben sind. Die Erde kennenlernen heißt graben, messen, experimentieren, ins Weltall fliegen…

Die Erschaffung der Welt

Wenn wir die Funktion eines Organismus studieren, müssen wir vor allem wissen, woraus und auf welche Art er enstand und uns auch für sein Alter interessieren.

Und gerade das ist unsere weitere Frage. Aus welchem Material die Erde als Ganzes besteht und durch welche Veränderungen ein so komplizierter riesiger Himmelskörper überhaupt entstand.

Diese Fragen konnten erst in den letzten Jahrzehnten beantwortet werden. Die Menschen stellten sie sich in der Vergangenheit nicht sehr häufig. Sie wußten, daß die Antwort hauptsächlich dort zu finden war, wohin sie nicht vorzudringen vermochten, weil sie durch die Gravitationskraft der Erde gebunden waren.

Das Studium des kosmischen Materials, seiner Zusammensetzung, zum Beispiel der Mondgesteine, zusammen mit dem Studium der Meteorite, trug zur Klärung dieser Probleme bei.

Die Meteoriten sind ganz zweifellos die Grundbausteine der Planeten des Sonnensystems, wie uns die vereinzelten Informationen über den Oberflächenaufbau der Venus und des Mars bestätigen. Sogar der Aufbau unseres Sterns, der Sonne, entspricht dem (wenn wir uns die große Menge von Gasen fortdenken), was in den Meteoriten sowie den Mond- und Erdgesteinen festgestellt wurde. Alle diese Körper haben einen gemeinsamen Nenner, eine gemeinsame „Quelle", aus der sie entstanden sind. Natürlich bietet sich dafür die Erklärung an, daß das ganze Material von einem Ereignis im Weltall stammt, aus welchem das Material für den Bau der Sonne und ihres Planetensystems hervorgegangen ist. Zwischen den einzelnen Planeten bestehen ausgeprägte Unterschiede. So enthalten beispielsweise die großen Planeten Jupiter, Saturn und der Stern Sonne große Mengen Wasserstoff, Helium und weiterer Gase. Bei der Erde, dem Mond und den übrigen Planeten sowie einigen Meteoriten sind die Gehalte an den genannten Gasen unvergleichlich kleiner. Wir sprechen sogar von einer Abreicherung dieser Körper von flüchtigen Komponenten: Edelgasen, Wasser und einigen flüchtigen Metallen, wie Wismut oder Zäsium. Dennoch haben die Planeten des Sonnensystems und die Sonne eine gemeinsame Basis, die man sich vorstellen kann, wenn man die Meteori-

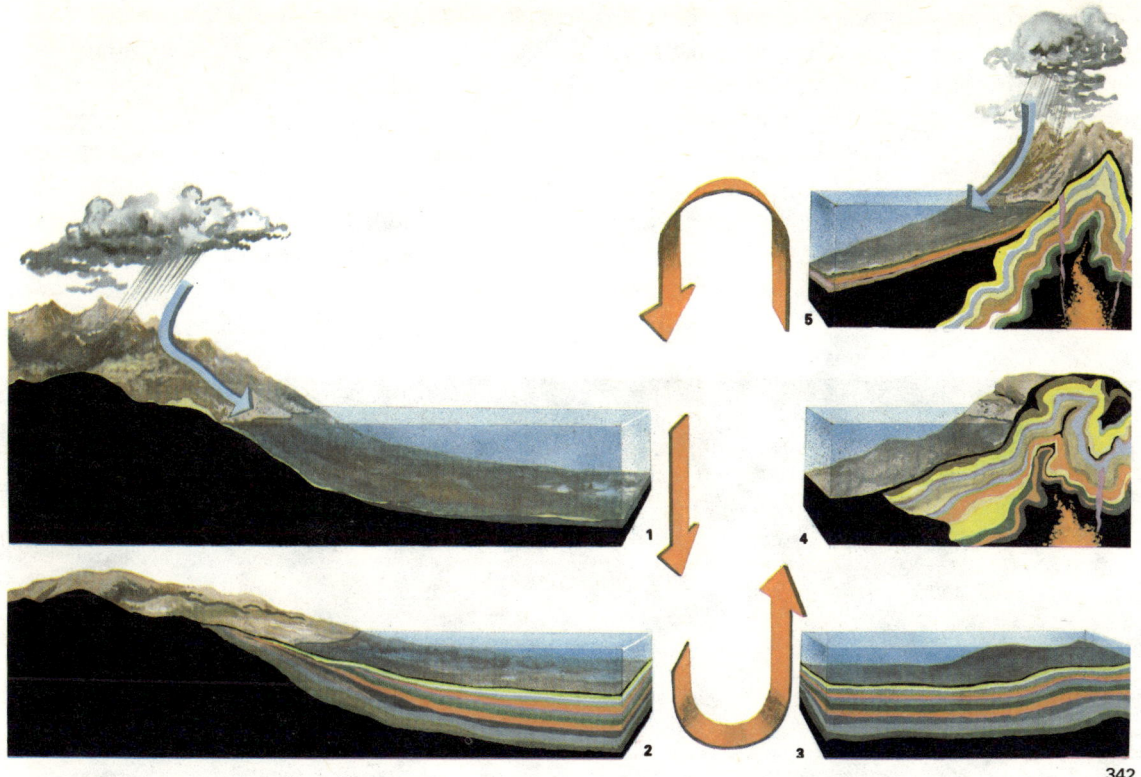

tensammlungen eines Museums betrachtet. Diese Kohlenstoff-Chondrite enthalten alle auf den Planeten anwesenden Stoffe: von Wasser und Kohlenstoff über Silikate bis zu den Metallen der Platingruppe.

Heute können wir über die Entstehung der Erde weit genauere Schlüsse ziehen als vor einigen zwanzig Jahren. Auch auf diesem Gebiet brachte die kosmische Forschung eine Antwort. Auch wenn wir heute in unserer Umgebung keine Planeten entstehen sehen, ermöglicht uns das Studium der Oberflächen der Planetoiden und der Monde sowie das Studium der Meteoriten dennoch, unsere Ansichten darüber zu formulieren, wie sich ein der Erde ähnlicher Körper im Weltall bilden kann. Wir erwähnten bereits, daß die Menschen darauf eine Antwort aus der Zeit kennen, in der der große französische Mathematiker und Astronom Laplace und der deutsche Philosoph Kant (zweite Hälfte des 18. Jahrhunderts und erste Hälfte des 19. Jahrhunderts) lebten, die annahmen, daß die Planeten durch Zusammenschluß der Solarnebelteilchen entstehen. Abgesehen von kleinen Modifikationen gilt diese Hypothese auch heute noch. Die Beweise, die Laplace und Kant damals nicht erbringen konnten, stammen aus dem Studium der Meteoriten und der Oberflächen der Planeten. Den Zusammenschluß dieser kleinsten Teilchen und ihre Kondensation aus dem Weltall-Urgas zu einer festen Masse sehen wir in den Meteoriten, deren Struktur und chemische Zusammensetzung darauf schließen lassen. Die Meteoritenbombardierung planetarischer Oberflächen vermittelt ein Bild, wie der Fusionsprozeß der Planeten, d. h. der Zusammenschluß schon gebildeter kleiner Bruchstücke kosmischer Masse zu größeren Planetkörpern, verlief.

Im Unterschied zu älteren Hypothesen können wir heute auch einige Prozesse bei der Bildung der Planeten bestimmen.

Wir kennen die Kondensationstemperaturen der festen Stoffe aus Gasen solarer Zusammensetzung und wissen, daß die Kondensation in einem weiten Temperaturbereich verlief. Weiter wissen wir, daß der Zusammenschluß größerer Teilchen, die Akkretion, verhältnismäßig rasch verlief. An einem kleinen Gravitationsfeld blieb immer mehr und mehr Materie meteoritischer Zusammensetzung haften. Die auftreffenden Körper wandelten ihre kinetische Energie in Wärmeenergie um. Es trat eine Erwärmung des Planeten ein. Die eigentliche Verdichtung und Zusammendrückung des Planeten setzte eine große Wärmemenge frei, und deshalb ist anzunehmen, daß in den ersten Entwicklungsstadien der Erde ebenso wie der übrigen Planeten die Körper sich so stark erwärmten, daß sich aus der ursprünglichen primitiven Masse reine Metalle und Sulfide in Form von Schmelzen ausscheiden konnten. Da diese Stoffe eine hohe spezifische Masse aufweisen, sanken sie in die Mitte des Körpers und bildeten den metallischen Kern des Planeten. Dabei wurde weitere Wärme frei.

Aus diesem gerade entstandenen und

stickige Atmosphäre, sonst aber bereits alle Charakterzüge der Planeten: Schalenaufbau, Kern, Mantel, Kruste und Atmosphäre. Es fehlte noch die Hydrosphäre, da die Temperatur in diesen Frühzeiten hoch war. Nichtsdestoweniger können wir vom Augenblick der Bildung der Schale und der Entstehung des Kerns von der wirklichen Existenz des Planeten Erde sprechen.

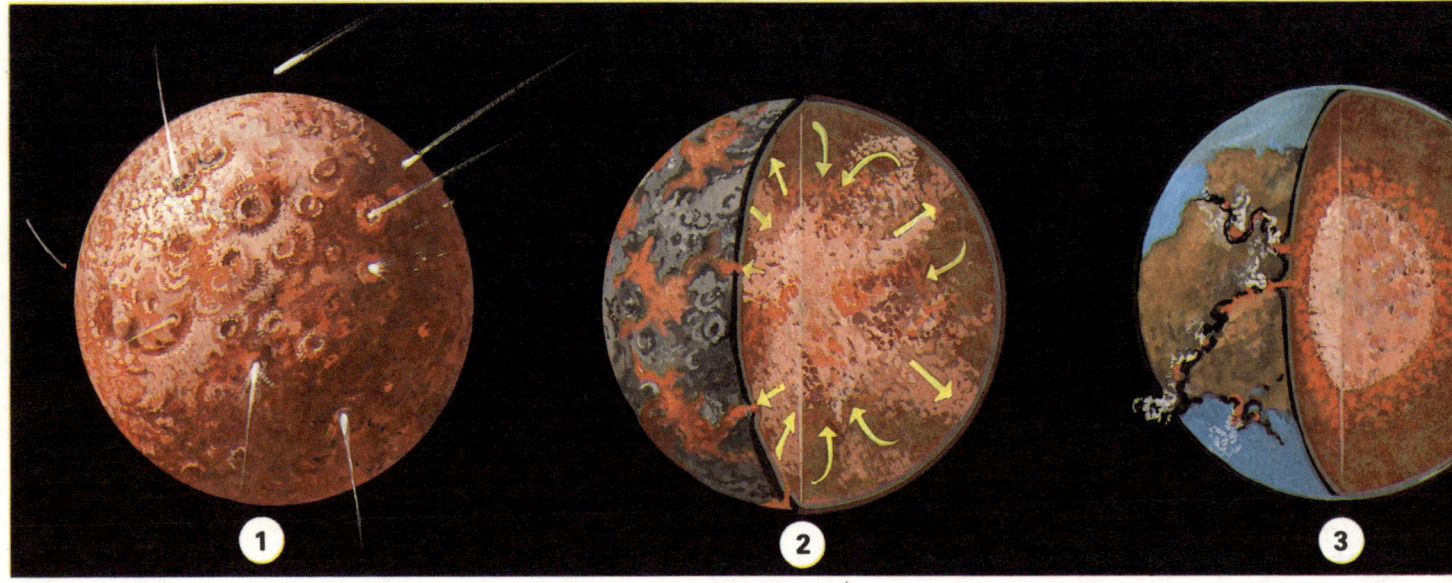

343 Die Frühzeit der Erde ist eines der wichtigsten Kapitel in ihrem Leben. Nach intensiver Bombardierung ihrer Oberfläche durch Meteoriten (1) fand der erste große Umbau dieses Planeten statt (2). Es bildete sich ein Metallkern, ein Silikatmantel, und später die Oberflächenkruste (3). Der Erdmetabolismus, die Verschiebung der lithosphärischen Platten und die Konfiguration der Kontinente, wie sie uns heute bekannt ist, sind noch späteren Datums (4)

eigentlich immer noch entstehenden Körper wurde eine „leicht schmelzbare" Siliziumkomponente, wahrscheinlich Basalt, herausgeschmolzen, aus der dann die erste, primitivste obere Erdschicht entstand. Die Schmelze hatte nämlich eine kleinere spezifische Masse als die Kristalle und stieg deswegen an die Oberfläche empor. In diesem Entwicklungsstadium der Erde wurde ihre Oberfläche sehr intensiv von auftreffenden Meteoriten und Teilchen jener Masse bombardiert, aus der der ganze Planet sich zu bilden begann. Selbstverständlich wurde bei der Trennung der leichtschmelzbaren Komponenten vom Hauptteil der Erde, also bei der Trennung des Eisens und der Silikatschmelze, eine große Menge von Gasen frei. Es entstand die erste Atmosphäre der Erde. In ihrer Zusammensetzung unterschied sie sich von der gegenwärtigen Atmosphäre. Wahrscheinlich ähnelte sie den Gasen, die aus einem ausbrechenden Vulkan in unserer geologischen Gegenwart entweichen. Diese primitive Urerde war noch sehr unwirtlich. Sie hatte eine heiße Oberfläche und eine

Arbeitshypothese

Wenn wir auf irgendeinem Gebiet der menschlichen Tätigkeit, z. B. in der Physik, forschen, welche der Ideen am meisten zur Entwicklung dieses Gebietes beigetragen hat, werden wir feststellen, daß es nicht nur eine einzige war. Dennoch sind bestimmte Marksteine da: die Ideen Newtons und Einsteins oder Becquerels Entdeckung der Radioaktivität. In der Geologie verlief die Entwicklung der Disziplin viel ruhiger, und es gab auf diesem Gebiet keine bahnbrechende Entdeckung, vielleicht schon deshalb, weil die meisten Gedanken oder Hypothesen langzeitig überprüft werden mußten. In der Physik dagegen war es möglich, eine Reihe von Beobachtungen oder Hypothesen bald nach der Entdeckung bzw. nach der Aufstellung experimentell zu überprüfen. Dennoch hat auch die Geologie ihre Wendepunkte, insbesondere in den methodischen Verfahren. Nach dem Scholastizismus des Mittelalters war die Rückkehr zu Beobachtungen direkt in der Natur ein großer philosophischer Fortschritt. Nach dem Streit der Neptunisten, die glaubten, daß die meisten Gesteine aus Wasser hervorgegangen seien, und der Plutonisten, die wiederum das Feuer als den wichtigsten Grund der Entstehung der Gesteine erkannt haben wollten, kristallisierten sich die Ansichten über die Formungsprozesse der Gesteine auf der Oberfläche wie auch im Innern der Erde heraus.

serläufe, des Windes, der Gletscher, für die Entstehung von Sedimentgesteinen am Boden der Flüsse, Seen oder Meere, für die Entstehung von Erzlagerstätten oder für die Wirkung der Anziehungskraft des Mondes und der Sonne auf die Entstehung von Flut und Ebbe. Die „Aktualistische Methode" erscheint uns fast wie eine naive Beobachtung, als etwas, was nicht hervorgehoben

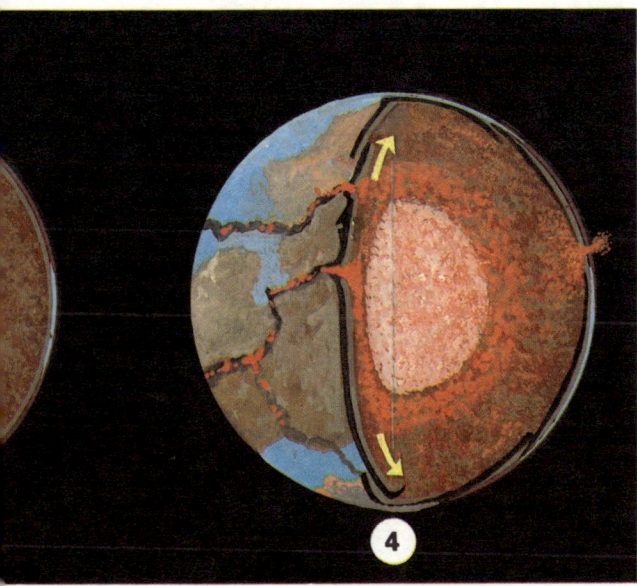

343

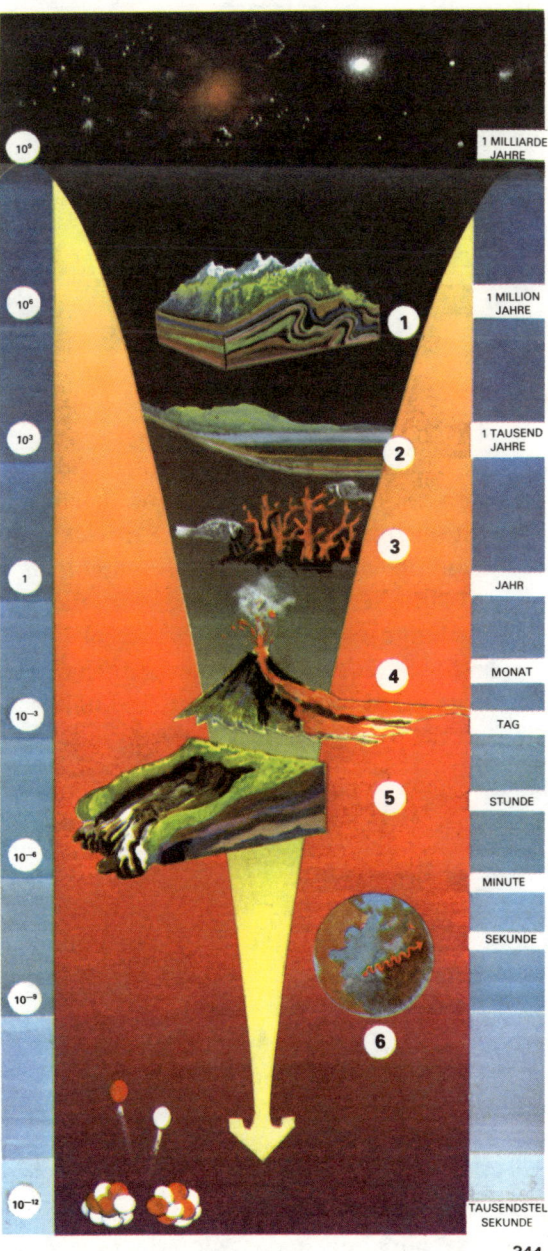

344

344 Eine der wichtigsten Größen in der Geologie ist die Zeit. Die Vorstellung der geologischen Zeit umfaßt Millionen von Jahren. Der Geologe studiert jedoch auch Vorgänge, die wesentlich schneller verlaufen als die Faltung der Gebirge (1) oder die Sedimentation (2). So z. B. wuchsen die Korallenriffe Hunderte, ja Tausende von Jahren (3), Vulkanausbrüche dagegen dauern mehrere Tage (4), Erdrutsche spielen sich während einiger Minuten oder Stunden ab (5), und nach Sekunden wird die Geschwindigkeit der Verbreitung der seismischen Wellen gemessen (6). (Ein Jahr ist die Einheit für die Zeitangabe – links.)

Dennoch besitzt die Geologie eine Arbeitshypothese, die sie zu nichtgeahnter Blüte brachte. Alle modernen oder modernsten Gedanken in der Geologie, die im vergangenen Vierteljahrhundert in dem modernen Wissen über die Erde eine Revolution bedeuteten, haben nämlich die aktualistische Methode zur Grundlage. Sie ist seit der Zeit M. Leylls, F. Huttons und W. M. Lomonossows bekannt und besagt, daß die sich auf der Erdoberfläche und in der Erde heute abspielenden Prozesse auch in der geologischen Vergangenheit geschahen. Oder mit anderen Worten: für die geologische Vergangenheit müssen weder besondere Erklärungen noch außergewöhnliche Vorgänge und Ereignisse gesucht werden — sie alle sollten uns aus der Gegenwart bekannt sein.

Das gilt für die vulkanische Tätigkeit, für die gebirgsbildenden Prozesse ebenso wie für die mechanische, chemische und biogene Verwitterung, für die Verfrachtung der Masse auf der Erdoberfläche durch die Einwirkung der Gravitation dank der Was-

werden muß. Aber vergessen wir nicht, daß die Menschen vor nicht allzu langer Zeit noch nicht glaubten, daß die Versteinerungen Überreste ausgestorbenen Lebens sind, und daß es vieler Jahre bedurfte, ehe sich die Gedanken über die Entwicklung des organischen Lebens von den primitiven Formen zu komplizierten durchsetzten und allgemein anerkannt wurden.

Wir sollten die „Aktualistische Methode" beim Studium der Geschichte der Erde aber nicht zu wörtlich und dogmatisch anwenden. Wir sahen, daß die ersten Entwicklungsstadien der Erde sich durch hohe Temperaturen auf ihrer Oberfläche auszeichneten, daß es keine Hydrosphäre gab, und daß deshalb

345 Die Zerfallshalbwertzeit ist die Zeit, in der die halbe Menge der radioaktiven Isotope zerfällt, und zugleich der wichtigste Wert für die radiometrische Bestimmung des Alters der Gesteine

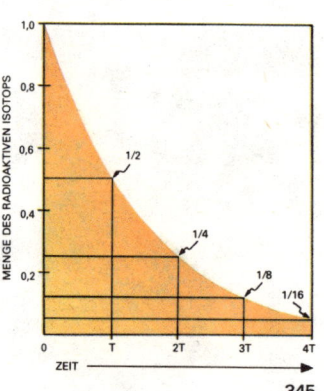

345

einige geologische Vorgänge ganz anderes verliefen als jene, die wir heute beobachten. Das gilt auch für die chemische Entwicklung des Planeten, wie z. B. für die Geschichte des atmosphärischen Sauerstoffes, der sich in zum Atmen geeigneter (molekularer) Form erst im Laufe eines geologischen Zeitraumes, des Proterozoikums, durch den Zerfall komplizierterer Verbindungen bildete.

Das Alter der Erde

Die Entwicklung der Erde ist besser zu verstehen, wenn wir ihre Zusammensetzung, ihren Aufbau und ihr Alter kennen. Nachdem wir wissen, in welchen Zeiträumen die geologischen Prozesse etwa verliefen und wie groß ungefähr die Abschnitte der geologischen Geschichte sind, können wir auch solche Ereignisse in der Entwicklung der Erde einordnen, wie z. B. die Entstehung der Alpen, das Zeitalter der Trilobiten oder der ersten lebenden Organismen auf der Erde.

Es ist nicht einfach, das Alter der Gesteine der Erde genau und zuverlässig zu bestimmen, denn dazu muß eine große Menge von Urelementen und durch radioaktiven Zerfall entstandenen Elementen (Isotopen) bestimmt werden. Erst nach der Entdeckung der Radioaktivität war es den Menschen möglich, das Alter der Gesteine festzulegen.

Auf diesem Prinzip beruhen alle Methoden der Bestimmung des sog. absoluten Alters.

Warum wollen Menschen eigentlich das Alter der Gesteine und der einzelnen geologischen Formationen der Erde, des Mondes wie der Meteoriten wissen? Ist das nicht alles überflüssig?

Natürlich nicht. Wenn man das Bild betrachtet, sieht man, daß das meiste Erdöl in tertiären Gesteinen entstand und 15 Millionen Jahre alt ist und daß die meiste Steinkohle mit ihren ca. 300 Millionen Jahren karbonisches und permisches Alter aufweist. Ähnlich verhält es sich mit den Eisenerzen. Das sind nur die einleuchtendsten Gründe, warum die Geologen und die Geochemiker nach dem Alter der Gesteine forschen.

Die Bestimmung des Alters der Erde ist eines der dramatischsten Kapitel der Geowissenschaften. In der Zeit, als sich die Menschen der Notwendigkeit bewußt wurden, das wirkliche Alter der Erde zu erfahren, waren die meisten gebildeten Forscher von der Vorstellung beeinflußt, die Erde sei durch eine übernatürliche Kraft entstanden. Es wurden sogar Versuche unternommen, ihr Alter aus den biblischen Ereignissen zu errechnen. Natürlich war es jenen, die wenigstens über ein kleines Beobachtungstalent verfügten, klar, daß alle geologischen Formationen in so kurzer Zeit nicht entstehen oder „erschaffen" werden konnten. Die Forscher gelangten allmählich zu der Ansicht, daß die gleichen geologischen Kräfte, die in der Gegenwart die Oberfläche verändern, auch in der Vergangenheit tätig waren, und daß es im geologischen Geschehen nichts Übernatürliches gibt. Sie sahen ein, daß die komplizierten, sehr langsamen geologischen Prozesse sich nicht in ein paar Jahrtausenden abspielen konnten. Mit dem zunehmenden Wissen „wuchs" auch das Alter der Erde. Während man im 17. Jahrhundert glaubte, daß die Erde 4000 Jahre alt sei, wurde ihr Alter in der Mitte des 18. Jahrhunderts auf Zehntausende von Jahren geschätzt. Und heute? Man vermutet, daß die Erde 4,6 Milliarden Jahre alt ist!

Wenn wir also vom Alter der Erde sprechen, ist darunter die Existenz der Erde als selbständiger Körper zu verstehen, wahrscheinlich schon abgetrennt von der übrigen Materie des Sonnensystems. Von jener Zeit an entwickelt sich die Erde selbständig. Deshalb muß jedes Gestein auf der Erde

346 Das Paläozoikum und das Mesozoikum sind die letzten Entwicklungsstadien der Erde. Der Sauerstoff war in der Erdatmosphäre in atembarer Form erst auf dem zwei Milliarden Jahre alten Planeten, und Lebewesen mit festem Gehäuse erschienen erst vor 600 Millionen Jahren. Da uns erst die modernere Geologie gründlicher bekannt ist, sind auch die Diagramme über jene Zeitalter umfangreicher.
1 – Entstehung der Erde, 2 – älteste bekannte Gesteine auf der Erde, 3 – Voraussetzungen für die Entstehung von Leben (1 bis 3 – Archaikum). 4 – In der Atmosphäre erscheint Sauerstoff (Proterozoikum) 5 – Paläozoikum, 6 – Mesozoikum, 7 – Tertiär, 8 – Quartär (7 und 8 – Känozoikum), 9 – Kambrium, 10 – Ordovizium, 11 – Silur, 12 – Devon, 13 – Karbon, 14 – Perm, 15 – Trias, 16 – Jura, 17 – Tertiär, 18 – Kreide, 18 – Tertiär, 19 – Pleistozän, 20 – Holozän.
(Die Daten sind in Millionen Jahren angegeben)

19
20
2
23
18
65
17
149
16
195
15
230
8
7
6
5
14
280
4
13
345
12
395
11
430
10
500
3
9
600
2
1

65
230
600
1700
2000
3000
3700
4600

347

347 Die Folge der einzelnen geologischen Ereignisse ist in diesem geologischen Schnitt durch die Zahlenfolge dargestellt. Die ältesten Gesteine, die Metamorphite (1) sind durch die von tektonischen Bewegungen dislozierten (3) Granit-Intrusionen (2) durchsetzt; es folgt die von Ergußgestein und Intrusionen lakkolithischen Typs (5) begleitete Sedimentation (4). Es treten weitere tektonische Störungen (6), langzeitige Erosionen (7) und Sedimentation (8) auf. Am Ende der Sequenz der geologischen Ereignisse (9, 10, 11) kam es zur vulkanischen Tätigkeit (12)

348 Die Ausdehnungsgeschwindigkeit des Meeresbodens wird nach der Entfernung der Gesteine bestimmt, deren Alter nach dem Mittelozeanischen Rücken genau festgelegt wird. Die einzelnen Linien bedeuten die Ausbreitungsgeschwindigkeiten im Südpazifik (A), im südlichen Atlantischen Ozean (B) und im nördlichen Atlantischen Ozean (C). Die Farbstreifen zeigen die Stellen mit gleicher Magnetisierung an. Die gelben Streifen kennzeichnen eine der heutigen entgegengesetzte magnetische Orientierung (Reversion)

„jünger" als 4,6 Milliarden Jahre sein. Und es ist wirklich so. Die Geologen forschen zwar gewissenhaft nach den ältesten Gesteinen, aber es gibt zwischen den Gesteinen im geologischen Kalender einen langen Zwischenraum — gerade zwischen dem Anfang der Erde und den ältesten Gesteinen, die an der Erdoberfläche gefunden wurden. Diese sind nämlich nur 3,6—3,7 Milliarden Jahre alt; für eine Milliarde Jahre gibt es also keinen geologischen Vermerk. Die alten vulkanischen Gesteine verraten viel über die vulkanische Tätigkeit und ihren Charakter in der Vergangenheit. Die Sedimentgesteine lassen auf die Bedingungen schließen, die in der Vergangenheit auf dem Meeresboden herrschten. Gesteine, die 3,6 Milliarden Jahre alt sind, sind auf der Erdoberfläche eine Ausnahme. Man fand sie in Grönland und in Südafrika. Die meisten Gesteine auf der Erde sind wesentlich jünger als 3 Milliarden Jahre.

Den Geologen fesselt die Tatsache, daß auch die ältesten, beispielsweise die 3 Milliarden Jahre alten Gesteine, ebenso wie die jüngsten, gegenwärtig entstehenden Steine, einander ähnlich sind. Wenn es nicht Methoden zur Bestimmung ihres Alters geben würde, ließen sie sich nur schwer voneinander unterscheiden.

Das bedeutet, daß an ihrer Entstehung ähnliche, wenn nicht gar gleiche geologische Prozesse teilhatten. Ein Beispiel sind die

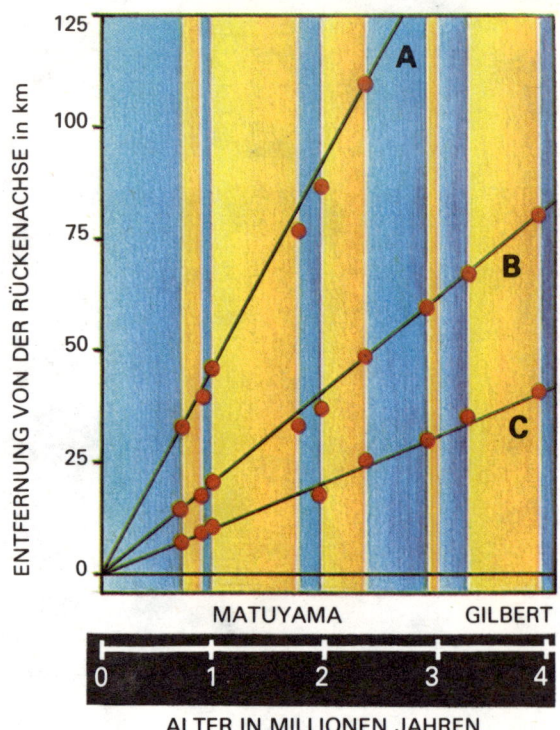

348

vulkanischen Gesteine. Ihre Reste sind in Kanada, in Sibirien und auch anderswo zu finden. Ihre Struktur ist ganz genau die gleiche wie die der vulkanischen Gesteine der Gegenwart. Auch die Deltamündungen von Flüssen, wie sie heute der Nil oder der Amazonas haben, existierten in der geologischen Vergangenheit auf der Erde schon lange bevor Afrika oder Südamerika selbständige Kontinente wurden. Auch dem

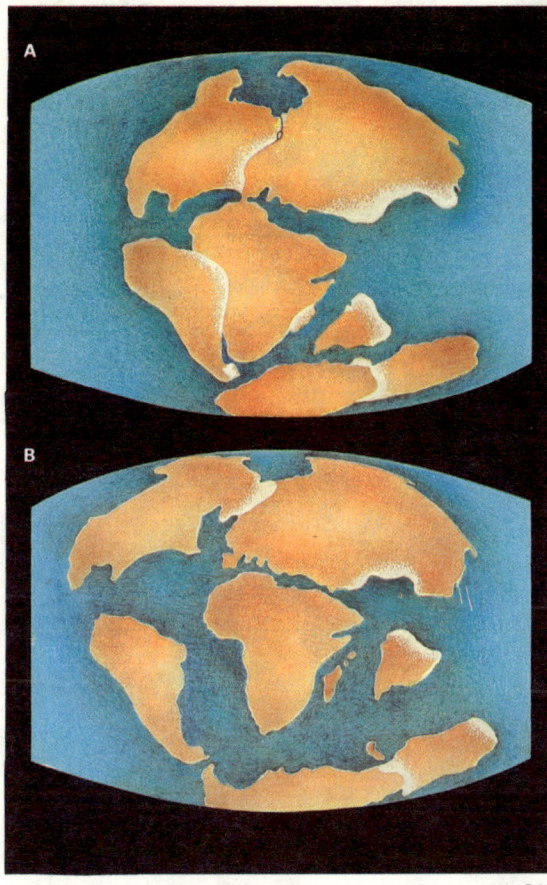

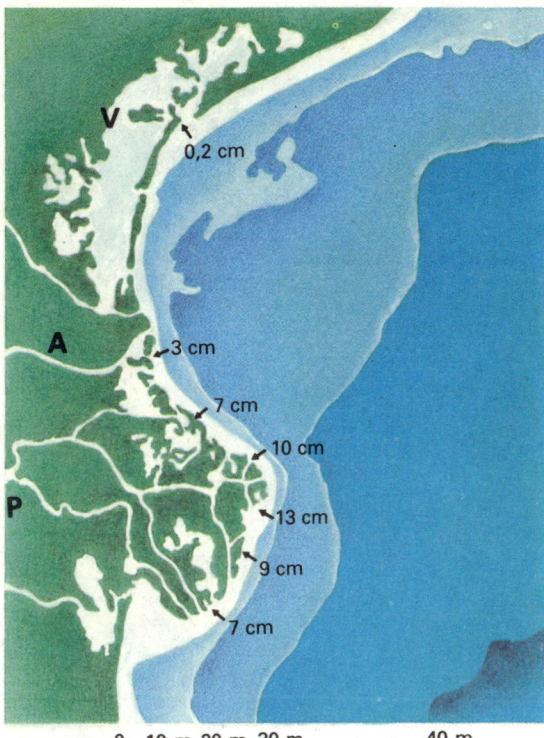

349 Die Gruppierung der Kontinente veränderte sich im Lauf der geologischen Zeiten und wird sich auch in Zukunft verändern. Die heutige Anordnung ist das Ergebnis der letzten Millionen Jahre

350 Das Po-Delta ist ein Beispiel für schöpferische und zugleich auch zerstörende geologische Tätigkeit. Die großen Materialmengen, die der Fluß mitträgt (P – Po, A – Etsch), bilden zahlreiche Inseln, und es scheint hier Festland zu „wachsen". Die ungeheure Masse dieser Ablagerungen bewirken aber auch, daß ein großer Teil des Delta, einschließlich der Umgebung der berühmten Stadt Venedig (V), langsam ins Meer versinkt

349

Kaspischen Meer ähnliche Seen waren in der geologischen Vergangenheit keine Ausnahme.

Bewegung auf der ganzen Erdkugel

Wenn wir die Weltkarte (Abb. 341) betrachten, in der die Gebiete heutiger geologischer Aktivitäten eingezeichnet sind, erscheint uns die Erde in einer anderen Einteilung als wir sie von geographischen oder politischen Karten her kennen.

Auf riesigen Festland- und Ozeangebieten ist keine Spur eines Erdbebens, während andere Gebiete – schmale langgestreckte Zonen, die nur einen kleinen Teil der Erdkugel darstellen, die meisten Bebenherde auf sich konzentrieren. Die Tatsache, daß ein Erdbeben auf weite Entfernungen spürbar ist, muß in dieser Beschreibung unberücksichtigt bleiben. Wir widmen uns nur jenen Gebieten und Orten, von wo die Beben ausgehen. Die wichtigste und für den Laien überraschendste Tatsache ist, daß es die Ozeanböden sind, unter denen die meisten Erdbeben entstehen. Jeder Ozean – der

350

Atlantische, der Indische und der Pazifische – hat eine durch seine Mitte verlaufende Erdbebenzone. Diese Zone stimmt mit den morphologischen Formationen, den sog. Mittelozeanischen Rücken, überein. Dort herrscht höhere Wärmeaktivität, und zwar gerade an jenen Stellen, von denen die Beben ausgehen – dort sind die Tiefseevulkane. Auf den Ozeanboden strömt aus dem Erdinneren die Masse der Basaltlava.

An den Berührungsstellen mit den ihn umgebenden Festländern hat der Pazifische Ozean bedeutende Erdbebenzonen, wo an den Stellen mit erhöhtem Wärmefluß gleichfalls vulkanische Tätigkeit herrscht.

Die sich mit den magnetischen Eigenschaften der Gesteine des Ozeanbodens befassenden Wissenschaftler haben bewiesen, daß die Erstarrungsgesteine lange, linear gleichförmig verlaufende, magnetisierte Streifen bilden, die längs des Mittelozeanischen Rückens symmetrisch angeordnet sind. Das bedeutet, daß diese Gesteinstreifen gleich alt sind und sich aus dem Mittelozeanischen Rücken ergossen haben.

Die Mittelozeanischen Rücken stellen also wichtige Strukturen im Bau der Erdkruste dar. Die gleiche Position von Gebieten mit erhöhter vulkanischer Aktivität sowie Wärme- und Bebenaktivität führte die Geologen zu einer Teilung der Welt in riesige Einheiten – in „Platten". Die Ränder dieser

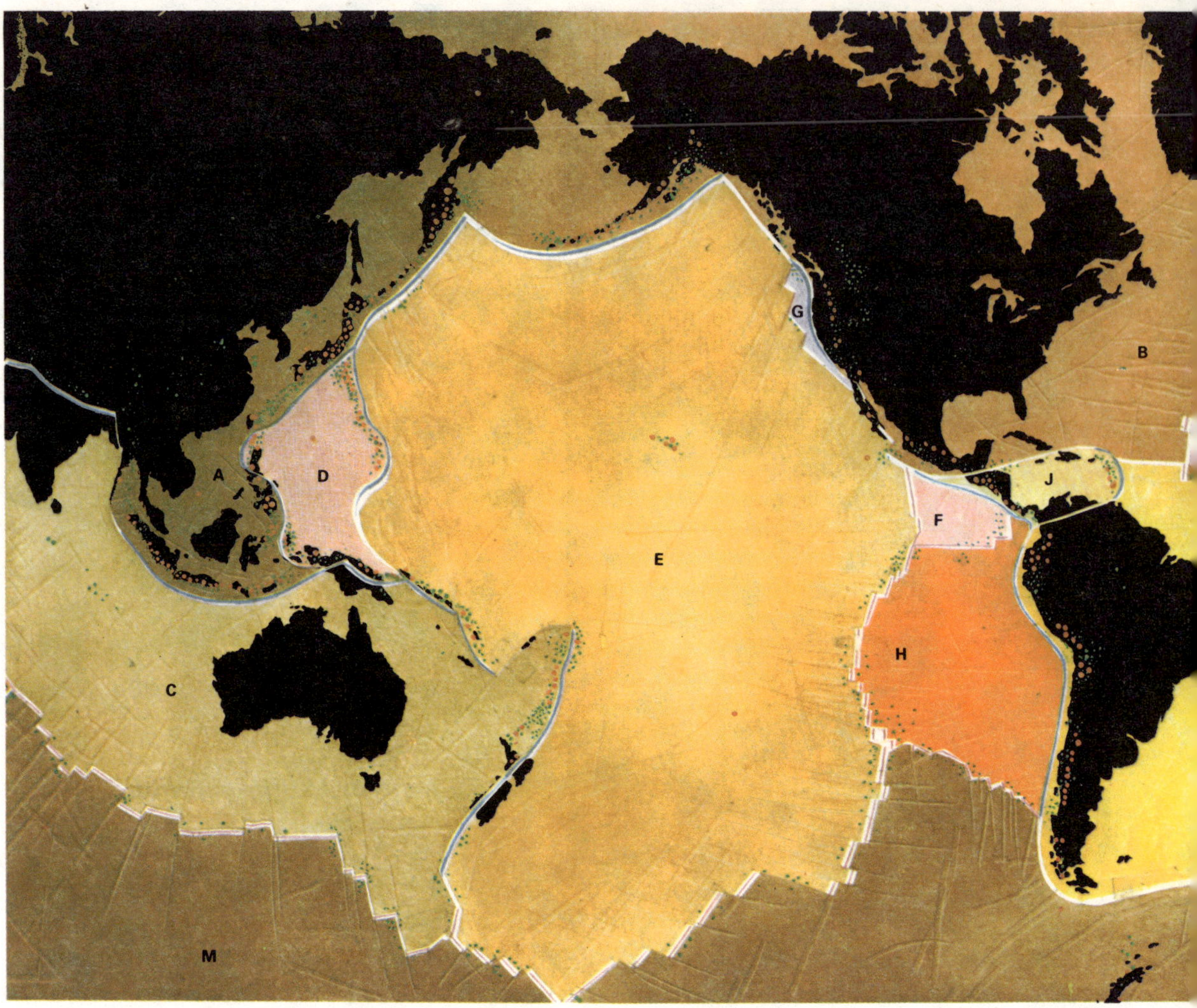

351 Die modernen Geologen teilen die Welt in ein System von lithosphärischen Platten. Ihre Trennungsflächen sind die Hauptgebiete der geologischen Tätigkeit. Die Karte illustriert eine der Varianten der „Plattenteilung“ des Planeten:
1 – Epizentren der Erdbeben, **2** – aktive Vulkane, **3** – alpidisch-himalaiische Kollisionszone,
4 – Subduktionszone,
5 – Mittelozeanische Rücken.
A – Eurasische Platte,
B – Nordamerikanische Platte,
C – Indo-Australische Platte,
D – Philippinenplatte,
E – Pazifische Platte,
F – Kokosplatte,
G – Gorda-Platte (Juan-de-Fuca-Platte)
H – Nazca-Platte, (Ostpazifische Platte)
J – Karibische Platte,
K – Südamerikanische Platte,
L – Afrikanische Platte,
M – Antarktische Platte

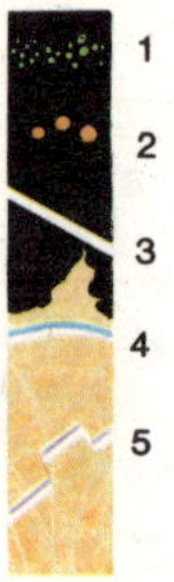

Platten bilden die Erdbebenzonen. Nach den Vorstellungen, die sich in den sechziger und siebziger Jahren unseres Jahrhunderts formten, bewegen sich diese Platten so, als ob sie schwimmen würden.

Die Hypothese über die Bewegung der Kontinente ist nicht neu, denn sie wurde von mehreren Forschern Ende des vergangenen Jahrhunderts aufgestellt. Am bekanntesten ist die schon erwähnte Version des deutschen Forschers Alfred Wegener, der annahm, daß Stücke der Kontinentalkruste – die Kontinente – (das Sial) auf einer plastischen Masse, dem Sima, schwimmen.

Die gegenwärtige Vorstellung der Platten ist jedoch anders: Die Platten sind nicht wie in den Wegenerschen Blöcken (leichteres Sial aus Silikaten, schwereres Sima aus schwereren Silikaten) im chemischen Sinn des Wortes definiert. Die Vorstellung wird mit ihren mechanisch-elastischen Eigenschaften begründet. Die Platten sind starr, fest, und heißen Lithosphäre. Die lithosphärischen Platten können sowohl die Kontinentalkruste als auch die ozeanische Kruste tragen. Während die Mächtigkeit der Kruste gering ist – die Mohorovičić-Diskontinuität befindet sich in einer Tiefe von 35 Kilometern – werden die Platten sowohl von der Kruste als auch vom Mantel gebildet. Die Berührungsstellen der Platten sind deshalb die wichtigsten geologischen Grenzen auf der Erdoberfläche. Die Grenzen der Platten können zweierlei Charakter haben. In den Mittelozeanischen Rücken kommt es, wie die Abbildung zeigt, zu einer Ausdehnung, einer Öffnung und zu einer Zergleitung der Platten. Eine solche Grenze heißt divergent. Es bildet sich eine neue Masse des Ozeanbodens, und es entsteht ein Stückchen lithosphärische Platte, das sich in Richtung von der Mitte symmetrisch zu den Seiten schiebt. Die neuentstandene Masse muß, wenn sich die Erde nicht vergrößern soll, irgendwohin verschwinden. Die Gebiete, in denen sie das tut, heißen Konvergenz-Grenzen. In ihnen berühren sich zwei lithosphärische Platten, von denen sich eine unterschiebt, oder kolli-

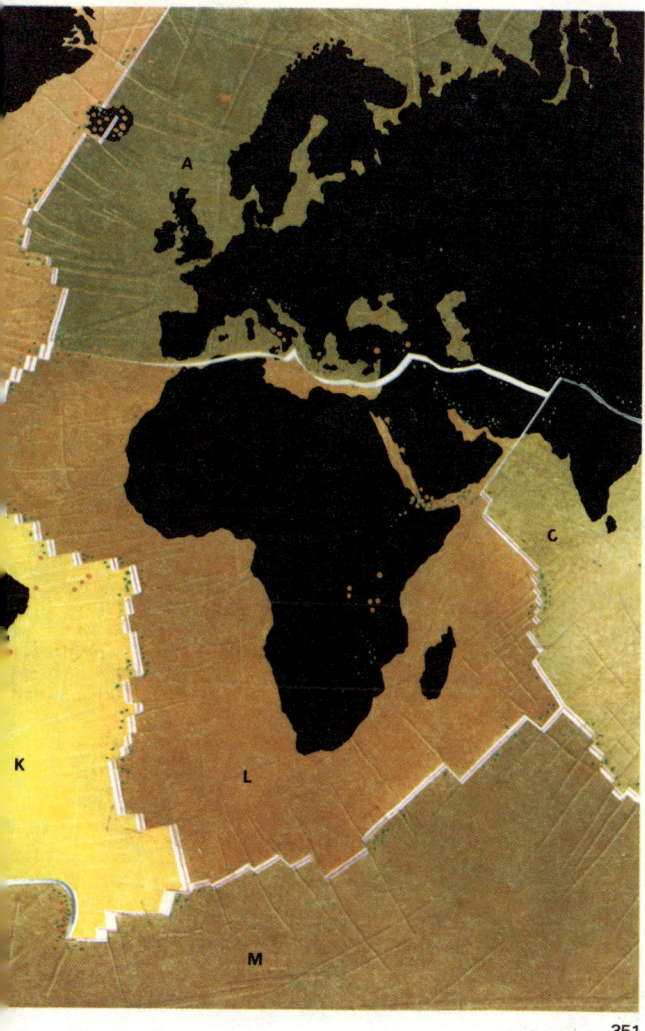

351

352

352 Am Ende der Eiszeit wurde die Erdkruste an den Stellen von Skandinavien um das Gewicht des Gletschers leichter, der sie belastet hatte. Da sich die Erdkruste und der obere Mantel wie extrem viskose Flüssigkeiten verhalten, wölbt sich die Kruste noch heute. Die Zahlen geben an, um wieviele Zentimeter Skandinavien jährlich in die Höhe wächst

Blickwinkel, von einer praktischeren Seite, vom Gesichtspunkt des Kreislaufes der Masse in der Erde an.

Die Mittelozeanischen Rücken sind jene Orte, wo die neue Lithosphäre, d. h. die neue Ozeankruste, entsteht. Die Masse steigt aus den Tiefen des oberen Mantels der Erde empor und differenziert sich. Es ensteht hier Basalt in Form einer Schmelze, die sich auf den Ozeanboden ergießt und die Restphase eines ultrabasischen Gesteins darstellt, das

dieren die Platten miteinander. Auch die Kollisionsgebiete der Platten sind auf der Karte der Bebenherde gut erkenntlich. Es herrscht dort erhöhter Wärmefluß, und es kommen Vulkane vor und es entstehen an den Stellen, wo zwei Platten kollidieren und sich nicht unterschieben, orogonische Kollisionsgebiete, wie z. B. das alpinisch-himalajische Gebirgsmassiv. Außer diesen Zonen, die die Grenzen der Platten andeuten, spielen die sog. Transformbrüche eine wichtige Rolle. Auch längs dieser Brüche finden wichtige Verschiebungen statt, und ihre Bedeutung für den Ausgleich der lithosphärischen Schollen geht aus der Abbildung hervor.

In dieser ziemlich nüchtern geschilderten Bewegung der lithosphärischen Platten ist eigentlich fast das ganze Geheimnis der modernen Geologie − der Plattentektonik − verborgen. Die meisten übrigen geologischen Ereignisse lassen sich mit den Plattenbewegungen in Einklang bringen. Sehen wir uns deshalb diese Theorie aus einem anderen

353

den unteren Teil des Ozeanbodens bildet. Die Gesteine auf dem Ozeanboden unterliegen einer Metamorphose und reagieren mit dem Meerwasser. In einigen Fällen findet eine Auslaugung der fein verteilten Metallteilchen durch die Lösungen statt, die auf dem Ozeanboden zirkulieren, und ihre Ausfällung an anderen Orten. Auf diese Art können z. B. Buntmetallager − Kupfer, Zink und Blei − entstehen.

An den Stellen, wo zwei lithosphärische Platten aufeinander treffen, findet ihre Unterschiebung oder Kollision statt. Dabei spielen sich geologische Prozesse ab. So z. B. sinken die Gesteine der sich unterschieben-

353 Hohe Berge haben in der Regel tiefe Wurzeln. Unter den Hochgebirgen ist die Erdkruste von bedeutender Mächtigkeit. Auf dem Bild ist das isostatische Modell des englischen Geodäten Airy festgehalten

den Platte in einen Bereich höherer Temperatur und höheren Drucks und unterliegen einer Metamorphose. In den Gesteinen verringert sich der Wassergehalt, das Wasser steigt in das Deckgebirge auf, wo es Verwandlungen bis zu örtlicher Aufschmelzung hervorrufen kann. Zusammen mit der Schmelze gelangen an die Oberfläche Wasser und flüchtige Komponenten wie Schwefelwasserstoff, Kohlendioxid usw. Durch die Schmelzung enstehen andere Gesteine als jene, die die Mittelozeanischen Rücken bilden. Auf der Oberfläche erscheinen Vulkane. An den Berührungsstellen der Platten entstehen Formationen, die Inselbögen. Ein Beispiel aus der Gegenwart ist der „Feuerring" um den Pazifischen Ozean. Auch dort, wo die lithosphärische Platte, die die Kontinente trägt, mit einer einfachen lithosphärischen Platte zusammentrifft, wie es bei der Berührung der ozeanischen lithosphärischen Platte und der Kontinentalplatte Südamerikas der Fall ist, treten vulkanische Erscheinungen auf.

Auch solche Vorgänge sind selbstverständlich in den Tiefen von Gesteinen begleitet, die an keiner Stelle die Oberfläche des Planeten in Form von Lava erreichten, sondern als Plutone unter der Oberfläche erstarrten. Im Verlauf weiterer geologischer Prozesse, wie es die durch zwei zusammenstoßende Platten mit darauffolgender Erosion hervorgerufene Faltung ist, können diese Gesteine an die Oberfläche gelangen.

Die Kollision der Platten oder ihr Auseinandertreiben in den Randmeeren stellt den Mechanismus zur Entstehung der Ozeanbassins bzw. kleinerer Sedimentations-Randbecken dar. Dort, wo der Kontinent an den Ozean grenzt, aber keine Plattenkanten sind und es keine Unterschiebung oder Kollision gibt (wie z. B. am Rand des Atlantischen Ozeans), entstehen andere, ruhige Typen von Sedimentbecken, und es bilden sich sogar Bedingungen, die für die Akkumulation von Erdölvorkommen günstig sind.

Die Theorie der lithosphärischen Platten

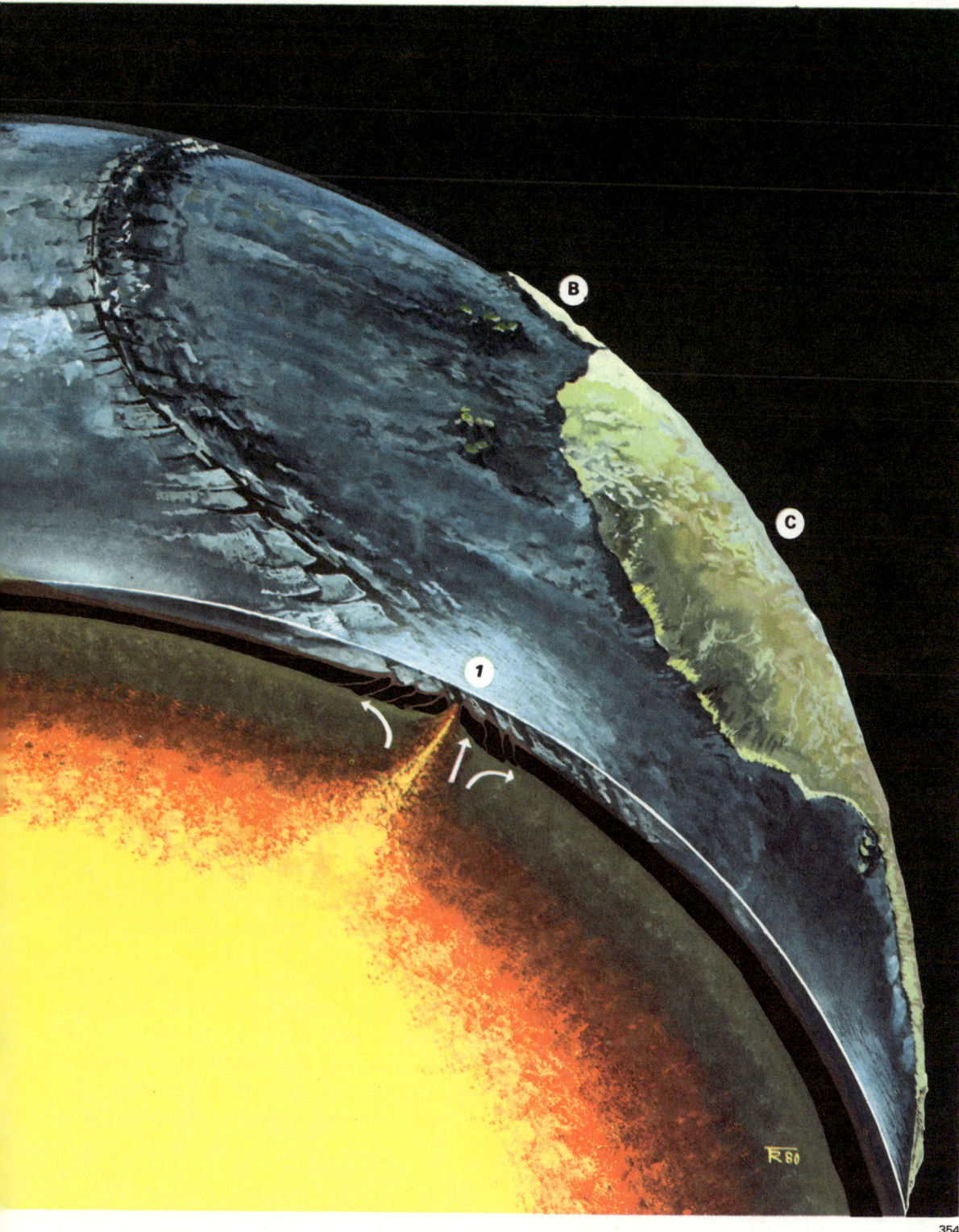

354 Das metabolische System der Erde ist sehr kompliziert. Die Mittelozeanischen Rücken befinden sich an den Stellen des Austritts der Masse des oberen Mantels:
1 – Mittelatlantischer Rücken,
4 – Tonga-Graben
3 – Ostpazifischer Rücken. An den Stellen der Kontinentalränder oder der vulkanischen Inselbögen (2 – Perugraben) findet ein Zurückfallen der Massen in den Erdmantel statt.
A – Nordamerika,
B – Europa,
C – Afrika,
D – Südamerika

354

bietet den Geologen eine Reihe günstiger Lösungen. Wegen ihrer Einfachheit und einer Anzahl von Tatsachen, die erst nach der Voraussage entdeckt wurden, besaß diese Theorie im Vergleich zu älteren Ansichten ihre Vorzüge. Sie wurde sogar für viele Geologen eine Arbeitshypothese beim Aufsuchen von Lagerstätten mineralischer Rohstoffe. Allen jenen, die die Atmosphäre

Die Erde und ihre Nachbarn

Unsere Beschreibung der Veränderungen der Erde, in der wir zeigten, wie die einzelnen Teile der Erde miteinander zusammenhängen, wie sie sich bewegen und wie der Stoff- und Energiewechsel verlaufen, kann weitergehen. Die Erde ist ein Teil einer

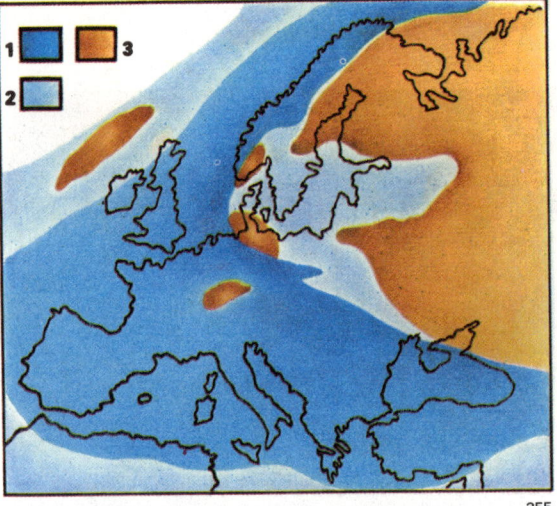

355 Der europäische Kontinent hatte im Paläozoikum eine ganz andere Form als heute.
1 – seichtes Randmeer,
2 – tiefes Meer,
3 – Festland

356 Der geologische Aufbau Europas verrät seine lange Geschichte. Der älteste Teil sind der Baltische und der Ukrainische Schild (P). Durch die kaledonische Faltung zu Beginn des Paläozoikums entstand die erste Festlandschale (K). Die herzynische Faltung in der Mitte des Paläozoikums bildete die weitere Schale H. Der jüngste Teil Europas entstand in der Zeit der alpinen Faltung im Tertiär (A)

und die Hydrosphäre studieren, erklärt diese Theorie den Entstehungsmechanismus der Gas- und Flüssigkeitsschale der Erde, die sog. Entgasung der Erde.

Auch der Mechanismus der Faltung und der Entstehung riesiger Gebirgsmassive, ein Prozeß, der in der Geologie als besonders wichtig gilt, ließ sich in der Vergangenheit schwer erklären. In solchen Massiven wie den Alpen, den Dinarischen Alpen, dem Kaukasus oder dem Himalaja, war es nicht leicht, alle beobachteten Erscheinungen mit den klassischen Theorien zu erklären. Es handelt sich hier um die Faltung riesiger Gesteinskomplexe, die von Aufschiebungen ganzer geologischer Einheiten auf viele Kilometer Entfernung begleitet sind. Wenn wir zur Erklärung dieser Erscheinungen das Prinzip der Plattentektonik heranziehen, die Fälle, wo zwei den Kontinent tragende Platten aufeinanderstoßen, gibt es für die meisten Prozesse dieses Typs logische Gesetzmäßigkeiten. Und so ist der größte Teil der Geologen sich einig, daß der Himalaja durch den Zusammenstoß der Platte der indischen Halbinsel mit der eurasischen Platte entstanden ist.

größeren Einheit, des Planetensystems des Sterns Sonne. Der Energieaustausch zwischen Erde und Sonne ist bedeutend. Wenn es die Sonnenenergie nicht gäbe, würden viele geologische Prozesse stillstehen oder in einer anderen Form vorhanden sein. Die Energiemenge, die die Erde von der Sonne empfängt, ist über sechstausendmal größer als die von der Erde produzierte eigene Energie. Die Erde kommuniziert mit der Außenwelt anders. Die Erdatmosphäre, die oberste Schicht der Erde, verlassen Wasserstoffmoleküle und Ionen, da die Anziehungskraft der Erde sie im Gravitationsfeld nicht zu halten vermag. Auf die Erde fallen aus dem Weltall Meteoriten, kosmischer Staub und energiereiche, geladene Teilchen der kosmischen Strahlung auf. Es ist also offensichtlich, daß ein weiterer Stoffwechsel, ein Austausch von Wärme und Masse, stattfindet.

Die mechanische Einwirkung der Körper des Sonnensystems betrifft auch die Erde. Wir denken hier nicht an undefinierbares und unbestimmtes Einwirken von Himmelskörpern, sondern an meßbare Bewegungen der Erde, Schwankungen des Meeresspiegels und die Bewegungen der obersten Erdrindenschicht durch die Einwirkung der übrigen Mitglieder des Sonnensystems.

Der Mond, der Begleiter der Erde, die Sterne und der Stern Sonne beeinflussen sehr bedeutend die Bewegung aller Massen auf der Erde. Die Bewegungen werden durch die allgemein gültigen Gesetze über die Anziehungskraft gesteuert. Diese Erscheinung ist als Ebbe und Flut bekannt. Schon das Seefahrervolk der Phöniker nutzte Ebbe und Flut, wenn es seine geschützten Häfen erreichen wollte. Heute ersinnen die Menschen Möglichkeiten, wie sich die Kraft, die die Wässer der Ozeane bewegt und die nicht zu unterschätzen ist, für ihre Zwecke bändigen ließe, wie sie die Energie von Ebbe und Flut zur Erzeugung von elektrischer Energie nutzen könnten. Auch für den industriellen Fischfang ist die Kenntnis von Flut und Ebbe von großer Bedeutung. Die Bewohner des Stillen Ozeans wissen die Gezeiten zur Nahrungssuche zu nutzen. Die Größe der Ebbe und der Flut hängt davon ab, wie Sonne und Mond zueinander stehen. An einigen Orten der Erdkugel erreicht der Unterschied zwischen Ebbe und Flut viele Meter. Den Rekord hält die Fundy Bay in Nordamerika bei Neu-Schottland, wo zwischen dem niedrigsten und dem höchsten Wasserstand ein Unterschied von 16 Metern besteht.

Aus den bekannten Gravitationsgesetzen, die vor mehr als einem Vierteljahrhundert Isaac Newton ableitete, geht hervor, daß der Mond auf die Größe von Ebbe und Flut einen doppelt so großen Einfluß ausübt wie die Sonne. Ihre Masse ist zwar viel größer, doch ist sie von der Erde sehr weit entfernt. Außer auf die Bewegung des Meeresspiegels wirkt die Anziehungskraft der Sonne und des Mondes auch auf die feste Erdkruste ein. Dieser Einfluß ist auf den ersten Blick nicht erkenntlich, er läßt sich aber mit empfindlichen Apparaten feststellen. Die ganze Erde schwillt durch den Einfluß der Sonne und des Mondes an, und der Unterschied zwischen „Flut und Ebbe" der Erdkruste beträgt in Europa etwa 20 Zentimeter. Aus der Stellung der Sonne und des Mondes zur Erde geht hervor, daß die Größe der Ebbe und der Flut nicht jeden Tag gleich ist (Abb. 357).

Auf der Erde gibt es eine Reihe von Erscheinungen, die durch die Anziehungskraft des Mondes und der Sonne hervorgerufen werden. Außer den geschilderten Erscheinungen wurde der Einfluß von Ebbe und Flut auf die Länge des Tages infolge Verlangsamung der Umdrehung der Erde um die eigene Achse nachgewiesen. Diese Erscheinung heißt Gezeitenreibung. Sie wirkt unter anderem auf dem Boden der

MOND IN DER DRITTEN PHASE   NEUMOND
357

357 Die Anziehungskraft des Mondes und der Sonne bewirken Flut und Ebbe in den Ozeanen und Meeren. Trotz der ungeheuren Masse der Sonne ist ihre Wirkung auf die Wasserfläche geringer als die des wesentlich kleineren, aber näheren Mondes. Wenn sich jedoch beide Wirkungen verbinden, ist der Effekt maximal

Ozeane zwischen der festen Erdkruste und den Wässern, die sich infolge der Ebbe- und Flutkräfte bewegen. Das bewirkt, daß sich die Geschwindigkeit der Erdrotation im Laufe der geologischen Zeiträume ändert. Das erkennt man nicht von einem Tag zum anderen. In gleichem Maß, wie sich die Drehbewegung verlangsamt, verlängert sich der Tag — allerdings nur um eine einzige Sekunde je hunderttausend Jahre. Die die Reste von Lebewesen lang vergangener Zeiten studierenden Paläontologen fanden sogar Beweise darüber, daß in einem geologischen Zeitraum, z. B. im Paläozoikum — im Devon — der Tag nur 22 Stunden zählte, und daß ein Jahr etwa 400 Tage hatte. Der Beweis dafür wurde aufgrund von Entwicklungsstudien einiger fossiler Lebewesen erbracht, die nicht nur jährliche Zuwachszonen haben, wie sie uns allen von den Jahresringen der Bäume bekannt sind, sondern tägliche „Jahresringe" aufweisen.

IX DER MENSCH UND
DIE ROHSTOFFQUELLEN

Mineralische Rohstoffe

Kein Tag vergeht, an dem wir nicht von den verschiedensten Massenmedien informiert würden: über das Erdöl, dann wieder das Zinn oder den Boden oder aber über den Mangel an geeignetem Trinkwasser. An Problemen fehlt es also nicht. Auf der Erde müssen sich die Menschen mit ihrem Verstand Rat schaffen. Vor allem ist es notwendig, daß sie ihren Mutterplaneten — die Erde — und deren Nachbarn im Weltall, gründlich kennen. Sie müssen die Rolle aller Mechanismen in Lithosphäre und Atmosphäre, Hydrosphäre und Biosphäre, die Entstehung der Gebirge und der ozeanischen Becken verstehen, wenn sie die mineralischen Lagerstätten auffinden wollen. Sie müssen mit den Problemen der Entstehung des Bodens und der Luft vertraut sein und die Möglichkeiten abschätzen können, die ihnen bei der Nahrungsmittelerzeugung die Festländer und die Meere bieten und sich mit der Nutzung der Energiequellen auf der Erde befassen.

Es ist fast unmöglich, all die auftretenden Probleme sofort zu lösen. Dazu müssen sich die Ökonomen, die Politiker und die Techniker gemeinsam äußern. Einige sagen, daß die Vorräte an mineralischen Rohstoffen bald erschöpft sein werden. Die Optimisten werden darauf hinweisen, daß jedes Gestein, z. B. Basalt, eine gewisse Menge metallischer Elemente enthält, so daß wir zur Gewinnung von Metallen in der Zukunft „gewöhnliches Gestein" nutzen können.

Allgemein wurde die Tatsache akzeptiert, daß Luft, Wasser und Boden die wichtigsten natürlichen Ressourcen sind. Man nennt sie erneuerungsfähige Quellen. Weitere solche Quellen sind z. B. die Wälder, obgleich es geschehen kann, und das ist eine Situation, die sich wohl niemand wünscht, daß eine bestimmte Waldart mit einer bestimmten Baumsorte ohne Möglichkeit einer Erneuerung ganz zerstört wird.

Die mineralischen Rohstoffe zählen jedoch zu den nicht erneuerbaren Rohstoffquellen. Ein einmal gewonnenes Kupfererz ist gewonnen, und nach ihm bleibt gewöhnlich ein unschönes Loch in der Gegend und ein Haufen Taubgestein zurück. Eine nichterneuerbare Rohstoffquelle bedeutet aber nicht, daß sie unersetzbar ist.

Zu den unersetzlichen Elementen gehören einige Elemente, die lebensnotwendig für die grundlegenden biologischen Reaktionen sind, wie Wasserstoff, Sauerstoff, Kohlenstoff, Stickstoff, Kalzium, Phosphor, Chlor, Kalium, Schwefel, Natrium und Magnesium. Diese Elemente lassen sich durch nichts ersetzen, und es ist ein Glück für die Menschheit, daß ihre Vorräte eigentlich unerschöpflich sind. Eine Ausnahme bilden Kalzium, das die moderne Landwirtschaft in großen Mengen benötigt, und Phosphor, mit dem es in der Zukunft Probleme geben könnte.

Außer diesen wirklich unersetzlichen, lebenswichtigen Elementen, die sich beim gegenwärtigen Stand der Technik anscheinend nicht ersetzen lassen, wären zu nennen: Kupfer als guter Leiter, ohne das die Entwicklung der Elektronik unvorstellbar ist, weiter Nickel sowie Chrom und Wolfram als Stahlveredlungsmetalle. Diese Metalle sind aber nur einstweilen scheinbar unersetzlich, wie z. B. das Quecksilber zeigte. Quecksilber ist nämlich das einzige Metall, das bei normaler Temperatur flüssig und dabei gut leitend ist. Man würde glauben, daß es gerade dieser Eigenschaften wegen auf seinem Gebiet unersetzlich sei, denn es gäbe kein anderes flüssiges Metall. Nun hat das Quecksilber aber einen großen Nachteil: es ist giftig und in der Natur sehr selten. Im zwanzigsten Jahrhundert waren die meisten guten Quecksilberlagerstätten erschöpft. Ist das eine Katastrophe? Sicher nicht. Die scheinbare Krisensituation haben die Halbleiterbauteile gelöst. Sie ersetzten Quecksilber überall dort, wo man annahm, es gäbe keinen anderen Ausweg. Vielleicht ergibt sich früher oder später die Möglichkeit, alle übrigen scheinbar „unersetzlichen Elemente" ebenso zu ersetzen. Bei einer Reihe von Rohstoffen, wie z. B. Eisen, sind Ersatzmaterialien so gut wie nicht vorstellbar. Aber die Vorräte sind so groß, daß wir einstweilen darüber nicht beunruhigt sein müssen.

358 Die angewandte Geologie richtet ihr Augenmerk vor allem auf die Auffindung und Erschließung von Rohstoff- und Energiequellen, ohne die die Menschheit nicht auskommen kann. Diese aber sind keineswegs unerschöpflich…

Erze

Blicken wir einige Jahrhunderte zurück auf die Bergleute des Mittelalters, und wir werden feststellen, daß die Ansprüche an gutes Erz sich inzwischen sehr geändert haben. Damit es sich bezahlt machte, Erz zu gewinnen, mußte sein Metallgehalt hoch und sein Vorkommen in geringer Tiefe unter der

noch bezahlt. Etwas später begann man Erz mit niedrigerem Kupfergehalt abzubauen, weil mit der Entwicklung der Industrie und der Nutzung der elektrischen Energie der Bedarf an Kupfer gestiegen war. Heute wird, im Weltmaßstab betrachtet, bereits ein Gestein mit etwa 0,7 Prozent Kupfer abgebaut, da der Kupferverbrauch inzwischen um ein Vielfaches angewachsen ist und ebenso wie

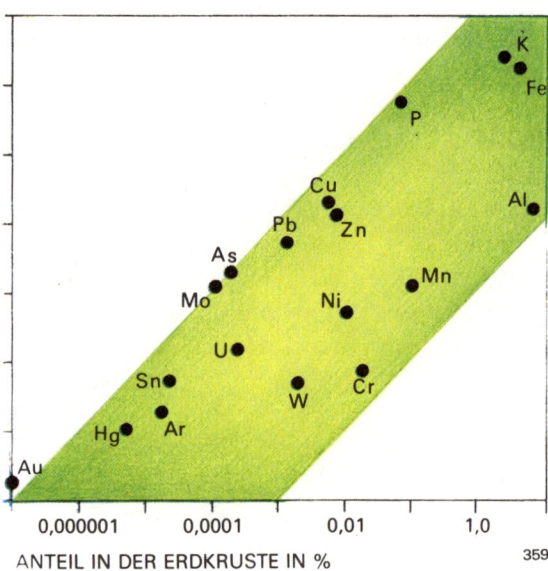

ANTEIL IN DER ERDKRUSTE IN %

359 Die Vorräte an mineralischen Rohstoffen sind begrenzt, und ihre Menge entspricht der des gegebenen Elements in der Erdkruste. Auf der senkrechten Achse sind die Vorräte der einzelnen Metalle in den USA, und auf der waagerechten Achse ihre Menge in der Erdkruste

360 Der Abbau von mineralischen Rohstoffen begleitet die Entwicklung der Gesellschaft vom Anfang bis zum heutigen Tag. Der mittelalterliche Abbau unterstützte im wesentlichen Maß die Entwicklung des städtischen Handwerks. Trotz der primitiven Gewinnungsart war die damals in Mitteleuropa geförderte Menge an Silber und Buntmetallen überraschend groß

Erdoberfläche sein. Ideal für die Bergleute des Mittelalters war ein reicher Erzgang. Das Erz wurde durch einen Stollen abgebaut, durch den ein Mensch kriechen konnte. Die Sortierung fand schon unter der Erde statt, und an die Oberfläche wurden nur die wertvollsten metallreichen Stücke gebracht. Die so gewonnene Metallmenge war jedoch klein. Das Idealerz der zweiten Hälfte des zwanzigsten Jahrhunderts ist ärmer, muß aber in großen Mengen vorkommen. Am günstigsten ist es, wenn es von einem Bagger aufgenommen und mit großen Dumpern von den Abbaustrecken fortgeführt werden kann, die den Durchmesser eines Eisenbahntunnels haben. Aber eine solche Erzwirtschaft ist nicht problemlos.

Betrachten wir einmal näher, was unter der Bezeichnung Erz allein im 20. Jahrhundert verstanden wird, und wie sich der Begriff im Laufe der Zeit änderte. Nehmen wir Kupfer als Beispiel. Unter Erz verstand man 1925 ein Gestein, das durchschnittlich 2,5 Prozent Kupfer enthielt. Der Abbau eines solchen Erzes, die Kupfergewinnung und der Verkauf des Metalls machten sich

sein Preis noch immer weiter ansteigt. Was die Herabsetzung des Kupfergehaltes im Erz bedeutet, zeigt die Abb. 361. Und die Kehrseite der Medaille: Um eine Tonne Metall aus reichem Erz (2,5 %) zu gewinnen, benötigen wir eine bestimmte Energiemenge, aus einem armen Erz (0,7 %), jedoch mehr als die dreifache Energiemenge. Ganz abgesehen davon, daß bei der Nutzung armer Erze eine riesige Materialmenge versetzt und ein neues Kommunikationsnetz gebaut werden muß und riesige Fahrzeuge mit hohem Kraftstoffverbrauch erforderlich sind. Eine solche Kupfergrube bildet in der Landschaft eine ökologische Wunde. Wollten wir andere Beispiele als Vergleich heranziehen, z. B. das Zinnerz, kämen wir zu noch weit dramatischeren Zahlen. Heute werden Erze abgebaut, die fast fünfzigmal ärmer sind als zu Beginn dieses Jahrhunderts. Sind die Preise am Weltmarkt zu hoch? Wenn wir uns die Abbildung ansehen, wird uns klar, wie viele Faktoren an der Preisbildung der Metalle beteiligt sind.

Auf diesem Gebiet treffen häufig die Geologen mit den Volkswirtschaftlern zusammen. Der Handel mit mineralischen Rohstoffen und Brennstoffen ist sehr rege. Und deshalb befassen sich die Geologen mit der Frage, wie die Prognosen für den Verkauf und die Erschöpfung der Vorräte und der Energiequellen aussehen. Bei diesen Schätzungen wird auch mit einer Erzqualität

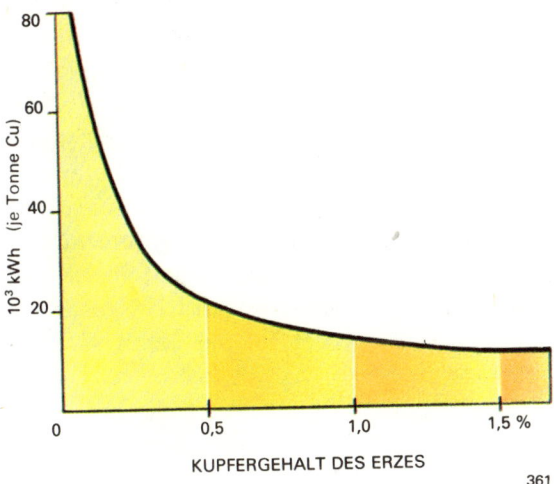

KUPFERGEHALT DES ERZES

361

gerechnet, die die heute gewonnenen Erze aufweisen. Wenn es in Zukunft – wenigstens bei einigen Metallen – noch ärmere Erze sein werden, dann wird sich die Lebensdauer der Vorräte, von denen wir in den weiteren Absätzen sprechen werden, wesentlich verlängern. Dies bedeutet natürlich, daß größere Investitionen und ein größerer Energiebedarf für die Verarbeitung erforderlich sein werden.

Beginnen wir mit dem gewöhnlichsten Metall, dem Eisen. Das Eisen ist der Menschheit schon viele Jahrtausende bekannt und sie wird offensichtlich noch eine lange Zeit nicht ohne Eisen auskommen. Die Geologen kennen heute schon Eisenvorräte für weitere zweihundertfünfzig Jahre, und zweifellos werden noch weitere Vorkommen entdeckt werden. Das Eisen ist zwar ein ganz gewöhnliches Metall, aber seine Produktion, ebenso wie die der übrigen Metalle, ist viel billiger, wenn sekundäre Rohstoffe (Altmetallsammlungen) zur Verfügung stehen.

Während die Voraussage der Eisenerzvorräte günstig aussieht, sind die Stahlzusätze wie Vanadium, Molybdän, Wolfram oder Mangan, seltener, und die bekannten Vorräte dieser Metalle reichen nur für einige Jahrzehnte. Eine Ausnahme bildet Chrom. Die

Chromvorräte sind gegenwärtig bedeutend und genügen für ein halbes Jahrtausend. Dennoch ist die Situation ziemlich schwierig. Die großen Vorkommen sind nämlich an einigen wenigen Stellen der Erde konzentriert. Die übrigen Länder müssen das Chrom einführen, und so kann mit Chrom politischer Druck ausgeübt werden.

Ein weiteres sehr häufiges, vielbenutztes

362

Metall ist das Aluminium. Aluminiumerze sind in fast unerschöpflicher Menge vorhanden. Die Produktion des Aluminiums ist energetisch sehr anspruchsvoll und deshalb auch an billige, zugängliche Energie gebunden.

Alle übrigen Metalle, zu denen die Buntmetalle Blei, Zink, Kupfer und Zinn gehören, sind sehr selten, und die meisten bekannten Vorkommen werden (bei gegebenen abbauwürdigen Gehalten) bis Ende dieses Jahrhunderts erschöpft sein.

Es ist also sehr wahrscheinlich, daß die Abbaugrenze herabgesetzt werden wird und die Energieintensität ebenso wie die Preise dieser Metalle steigen werden. Aber noch eine weitere Frage taucht auf. Wo liegen die Grenzen der Gewinnbarkeit der Metalle aus armen und noch ärmeren Erzen evtl. aus gewöhnlichem Gestein? Eine Tonne Basalt enthält z. B. 70 kg Eisen, 170 kg Aluminiumoxid, 20 kg Natrium, ein halbes Kilogramm Kupfer usw. Können diese Metalle überhaupt gewonnen werden?

Eine technologische Grenze gibt es eigentlich nicht. Die Technologen können aus jedem Kilogramm Gestein alle in ihm enthaltenen Metalle, natürlich für den Preis enormer, vor allem energetischer Kosten, gewinnen. Deshalb ist die Energie eines der brennendsten Probleme bei den Erzrohstoffen für die Herstellung von Baumaterialien,

361 Die Verarbeitung des Erzes zu Metall erfordert eine bestimmte Energiemenge. Das Erz muß gewonnen, gefördert, zerkleinert, aufbereitet und zu Metall verarbeitet werden. Die Menge der aufgewandten Energie wird also steigen, wenn es sich um arme Erze handelt. Das Bild zeigt die für die Herstellung von 1 Tonne Kupfer aus Erzen verschiedener Güte benötigte Energie

362 Die moderne Kupfererzförderung kommt nicht ohne Sprengungen, riesige Maschinen und Transportanlagen sowie große Energieansprüche aus

263

363 Für das
Erdölvorkommen
müssen in der Erdkruste
gute geologische
Bedingungen bestehen.
Man spricht häufig von

Keramik oder Kunstdünger. Die Erzrohstoffe und ihre Nutzung läßt sich von den Energiequellen nicht trennen, und diese wieder nicht von den Erzrohstoffen, wie wir in einem der nächsten Kapitel sehen werden.

Erdölfallen. Es sind die
Sättel der Antiklinalen
mit undurchlässigem
Deckgebirge, die nicht
nur Erdöl (1) und
Wasser (2), sondern
auch Erdgas unter
einem gewissen Druck
zurückhalten.
Erdölfallen sind
gewöhnlich poröse
Sedimentgesteine, die
auf dem Bild zum
besseren Verständnis
herauspräpariert
wurden

363

Fossile Brennstoffe

Kohle oder Rohöl sind konservierte Sonnenenergie. Der Fossilisierungsprozeß verlief sehr langsam, selbst wenn wir als Maßstab die geologische Uhr wählen. Pflanzenreste in mächtigen Schichten waren Druck-, Temperatur- und chemischen Änderungen ausgesetzt. Aus den Pflanzen entwichen große Mengen von Wasser und flüchtigen Verbindungen. Zuerst entstand aus den angehäuften Pflanzenresten Torf, dann Braunkohle, Steinkohle und schließlich Anthrazit. Dabei stieg der Energiegehalt der sich ständig verkleinernden Masse. Die geologischen

Bedingungen zur Entstehung der Kohle mußten jedoch ganz spezifisch sein. So durften die Pflanzenreste beispielsweise nicht verfaulen, sondern mußten sehr schnell mit einer Sedimentschicht bedeckt sein, minimal mit der Luft in Kontakt kommen u. ä. Die Bedingungen für die Entstehung eines weiteren Typs gespeicherter Sonnenenergie, des fossilen Brennstoffs Erdöl, waren noch spezieller als bei den Kohlenlagerstätten. Auch hier mußten die organischen Reste vor Oxydation geschützt werden. Chemische Reaktionen bildeten aus der organischen Masse Gas und Erdöl, aber da beides flüchtige Stoffe sind, mußten sie in günstigen Strukturen, in den Poren von Sedimentgesteinen, gespeichert werden. Eine solche Schichtengruppe durfte sich während der gebirgsbildenden Prozesse nicht mehr viel bewegen. Das Erdöl und das Erdgas, aber auch das Wasser, welches das Erdöl häufig in den Gesteinen zurückhält, wären bei diesen Bewegungen entwichen. Auch die Temperatur durfte in den erdölführenden Schichten nicht zu stark ansteigen, weil sie das Erdöl in eine nicht besonders nützliche kohleartige Masse verwandelt hätte. Und dennoch kommen solche Bedingungen in der Erdkruste vor. Das beweisen Hunderte von Erdöllagern, die in der Erdkruste der Kontinente und besonders in den Kontinentalrändern gefunden wurden.

Es ist klar, daß die Nutzung der Kohle (sie war, wie Marco Polo schrieb, schon im alten China bekannt) die europäische Zivilisation im 19. Jahrhundert zu hoher Blüte brachte. Es war die Kohle, aufgrund derer die Industriestaaten wie Deutschland, Großbritannien oder die USA entstanden. Vor einigen Jahrzehnten schien es, als ob das Erdöl die

364

Kohle ganz verdrängen würde. Recht hat der, der behauptet, daß das Erdöl reiner sei, besser brennt, nicht so viele Verbrennungsprodukte aufweist und sogar selbst aus der Erde fließt. Aber ein Blick auf die Abbildung zeigt, wieviel Energie in den bekannten Erdölvorräten zugänglich ist und wieviel Energie die bisher bekannten Rohölvorräte in sich bergen, sprechen klar für die Kohle. Aus der Kohle stammen 88,8 Prozent der aus fossilen Brennstoffen gewonnenen Energie. Erdöl, Erdgas und alles übrige stellen die restlichen nicht ganz 11,2 Prozent dar.

Wo sucht man mineralische Rohstofflager?

Aus unserer Definition des mineralischen Rohstofflagers ging nicht hervor, welch ausgeprägte Eigenheit ein solches Rohstofflager in der Erdkruste darstellt. Der durchschnittliche Metallgehalt z. B. von Quecksilber, Uran, Silber oder Blei in der Erdkruste ist niedrig. Bei Blei sind es 12 g in einer Tonne Gestein, bei Chrom 110 g, bei Quecksilber 0,09 g und bei Wolfram 1,1 g. Wenn wir aber Bleierz gewinnen wollen, müssen in einer Tonne Fördergut etwa 40 Kilogramm Blei, 1 Kilogramm Quecksilber oder 4,5 Kilogramm Wolfram sein, ganz abgesehen davon, daß das Fördergut in der Grube in einer solchen Menge vorhanden sein muß, daß es ökonomisch vertretbar ist, an dem gegebenen Ort eine Fabrik zu bauen. Eine solche Metallkonzentration ist somit eine ausgeprägte Abweichung vom Gesteinsdurchschnitt.

Das Auffinden von mineralischen Rohstofflagern hat seine logischen Regeln. Selbst ein Laie würde Salz nicht in Granit suchen, denn das wäre eine geologische Sinnlosigkeit. Er wird das Salz am Meeresstrand oder in Gesteinen suchen, die im Meer entstanden sind. Kohle wird niemand dort suchen, wo Erstarrungsgesteine vorkommen. Die Tätigkeit der Prospektoren des Mittelalters und vielleicht noch älterer geologischer Vorgänger lehrten die Menschen, die Gesetzmäßigkei-

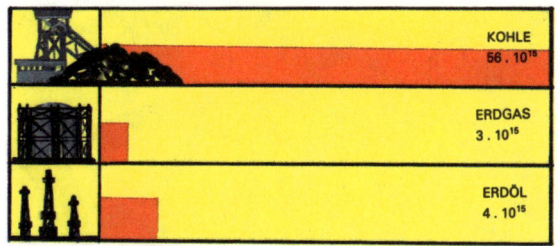

365

ten zwischen dem Vorkommen mineralischer Rohstoffe und Gesteinskomplexen zu erkennen. So sind z. B. Zinnerze bestimmt nie im Basaltgestein zu finden, sondern stehen immer in einer Beziehung zu Granitgesteinen. Chromerze wiederum finden wir nicht in der Umgebung von Granit, sondern ausschließlich zusammen mit Erstarrungsgesteinen von Basaltstruktur.

Das sind empirische Feststellungen. Theoretische Erklärungen für die Entstehung von mineralischen Rohstofflagern sind schon nicht so einfach. Sie umfassen physikalische und chemische Argumente sowie das Verhalten der Elemente während der Schmelzung und der Entstehung der Lösungen in der Erdkruste und im Erdmantel. In einigen Lagerstätten spielen Verwitterungsprozesse und die Metamorphose oder aber das Milieu und seine mechanischen Eigenschaften eine wichtige Rolle.

364 Kohle entstand in Zeiten mit günstigem Klima. Links das Beispiel eines Kohlenbeckens aus dem Ende des Paläozoikums, in das periodisch Meerwasser eindrang. Rechts ein Kohlenbecken aus dem Tertiär, das in einem Süßwassersee entstand. Bedingung für die Entstehung von Kohle aus Pflanzenkörpern ist die schnelle Bedeckung des Beckens mit Ton und Sand. Diese Ablagerungen (schwarz) bilden das Taubgestein, das bei der Gewinnung der Kohle entfernt werden muß. Das, was die Natur in Millionen von Jahren geschaffen hat, fördert eine Grubenmaschine in ein paar Dutzend Jahren

365 Die Energievorräte, die in den „Sonnenkonserven" – den fossilen Brennstoffen – verborgen sind, sind begrenzt. Das Verhältnis der Vorräte an Kohle, Erdgas und Erdöl in der Welt zeigt das Bild (Werte in Wärme-Kilowattstunden

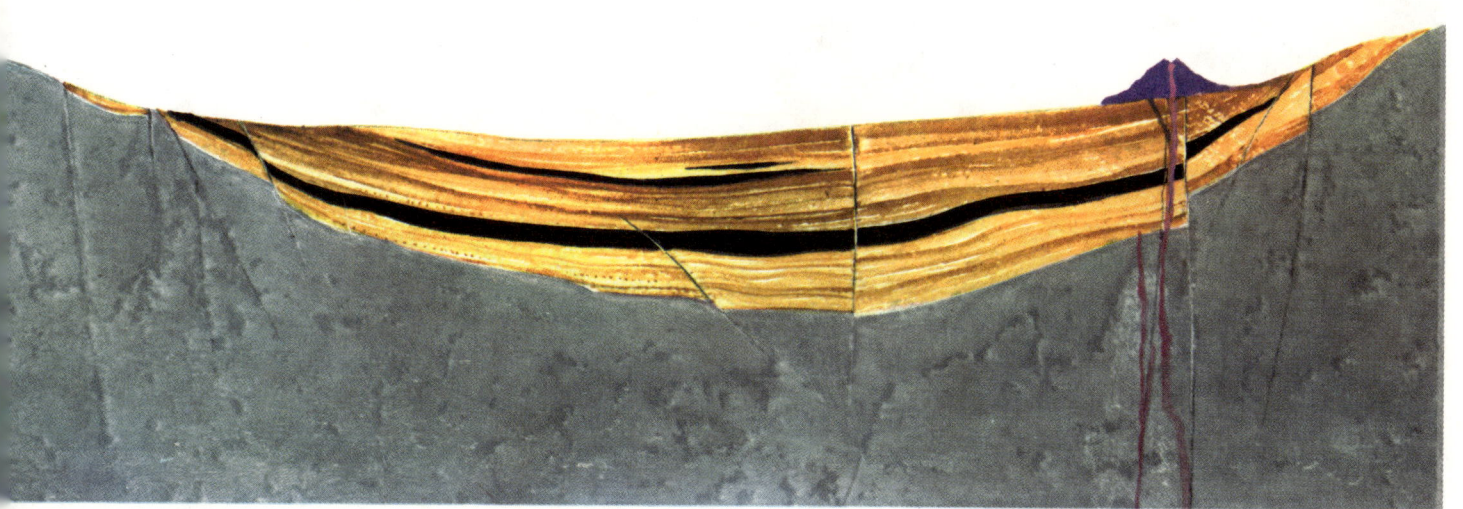

366 Die Hypothese der lithosphärischen Platten beschreibt den Metabolismus des Planeten Erde. Sie sieht sogar die Orte der Vorkommen mineralischer Rohstoffe voraus. Die charakteristischen Gebiete sind auf diesem Bild festgehalten, auf dem der Mittelozeanische Rücken, der aktive Kontinentalrand und die passiven Ränder zu sehen sind

KUPFERSULFIDE
CHROMITE

EISEN

KUPFER
GOLD

ZINK
SILBER
BLEI

ZINN WOLFRAM

SALZDOME
ERDÖL

MANGAN-KONKRETIONEN

SALZDOME
ERDÖL

366

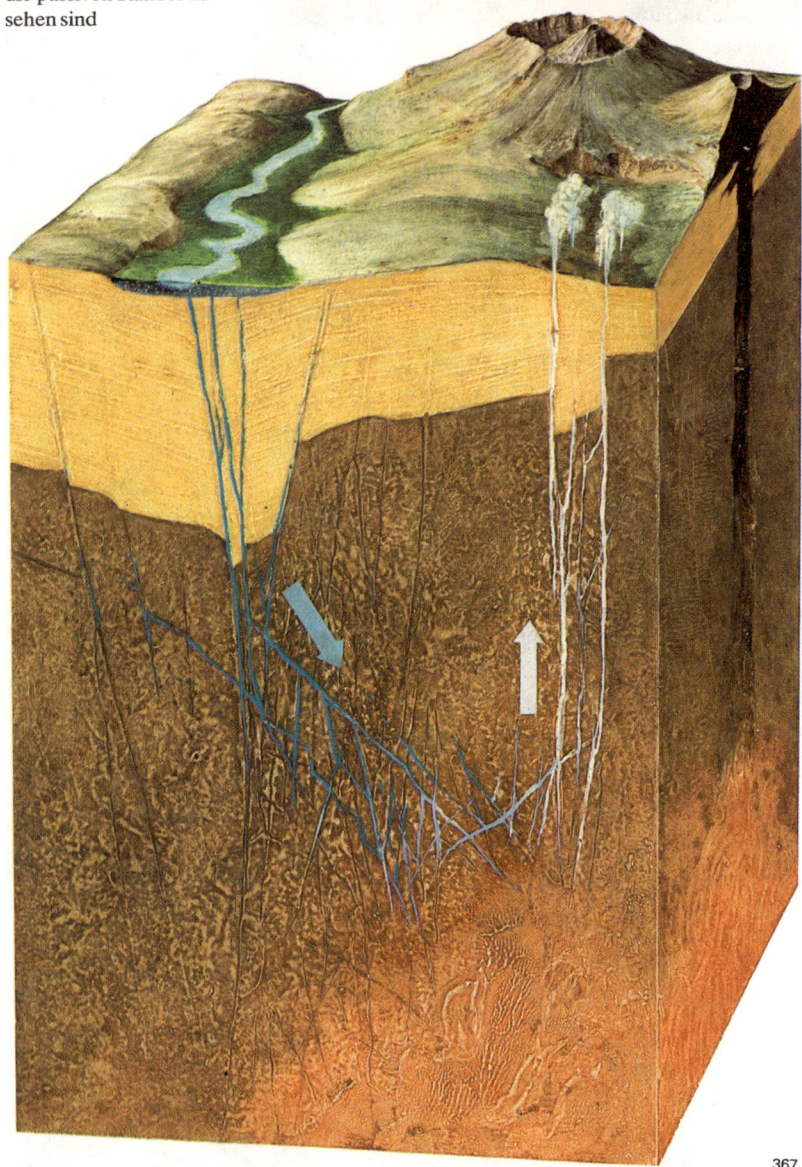

367 Die heißen Quellen in der Umgebung erloschener oder tätiger Vulkane entstanden gewöhnlich aus Regenwasser – meteoritischem Wasser – das zu den magmatischen Herden oder in tiefe Teile der Erde durch ein System von Fugen gelangt

367

Im Mittelalter und auch später spielten Erzgänge und Imprägnationslagerstätten eine wichtige Rolle. Die Erzgänge entstehen durch hydrothermale Tätigkeit. Es ist ein sehr komplizierter Vorgang, den wir uns aber leicht vorstellen können, wenn wir sehen, wie heiße Quellen oder Geysire entstehen. Das Oberflächenwasser – z. B. das Regenwasser – dringt einige hundert Meter bzw. Kilometer in die Tiefe ein, erwärmt sich dort und kommt in Berührung mit heißen magmatischen Gesteinen oder sogar mit Lösungen, die aus dem kristallisierenden Magma frei werden. Das heiße Wasser löst und laugt die Erz- (Metall-) Komponente aus den Gesteinen aus. An einer anderen Stelle, gewöhnlich in seichteren Partien der Erdkruste, wo die heiße Lösung in die Höhe steigt, schlägt sich der im Wasser gelöste Inhalt bei niedrigerer Temperatur und niedrigerem Druck in den Spalten oder in porösen Gesteinen nieder.

Es entsteht eine hydrothermale Lagerstätte. Gegenwärtig werden am Meeresboden in der Umgebung des Mittelatlantischen und des Pazifischen Rückens sowie bei den Galapagosinseln Erzkonzentrierungen beobachtet. Aus dem Meeresboden fließen heiße Wasserquellen mit hohem Schwefelgehalt und hinterlassen Niederschläge von Eisen-, Kupfer- und weiteren Sulfiden. Viele Wissenschaftler sind der Ansicht, und die modernen Forschungen bestätigen sie, daß das heiße Wasser, das hier den Meeresboden verläßt, Meerwasser ist, das in die Gesteine des Meeresbodens eingedrungen ist, aus ihnen die Erzkomponenten ausgelaugt hat und sie an einer anderen Stelle wieder ablagert. Bei anderen hydrothermalen Lagerstätten ist offensichtlich, daß das Wasser zusammen mit den Erzkomponenten direkt aus dem

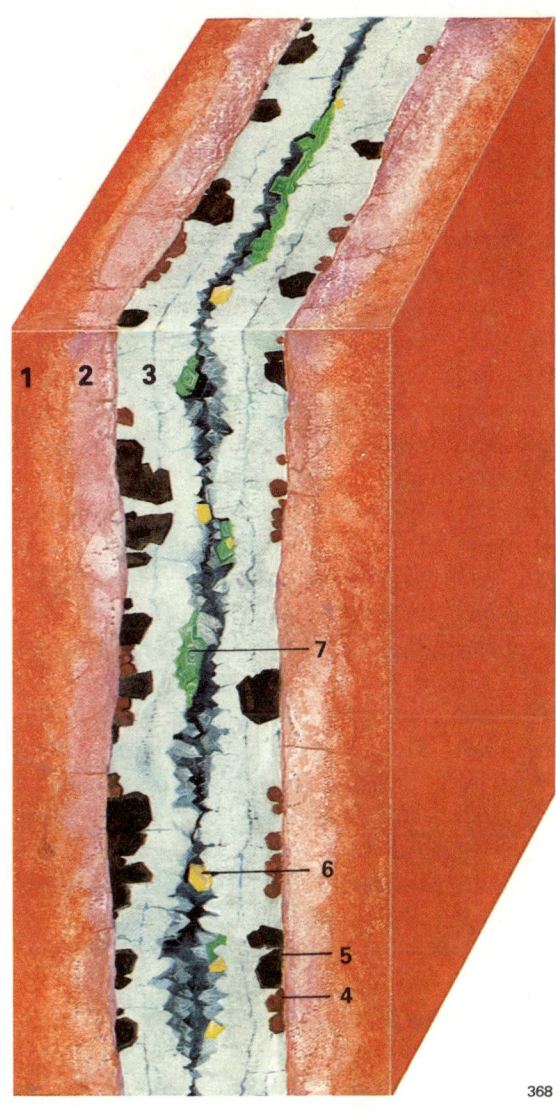

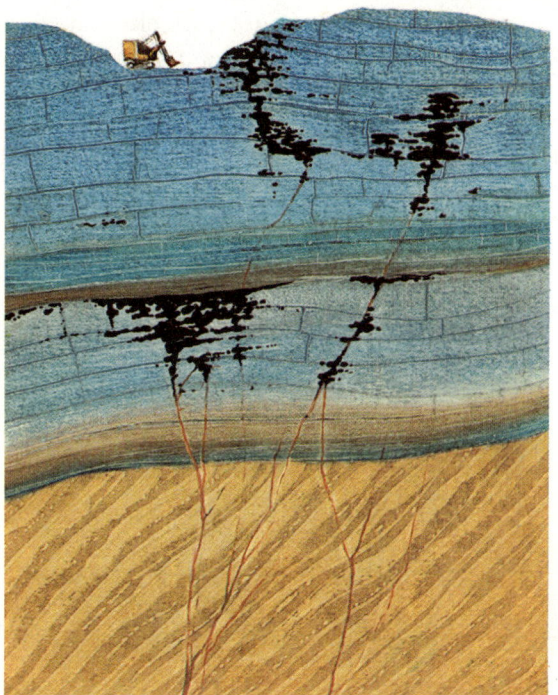

368

369

368 Erzgänge entstehen durch Auskristallisierung der heißen Lösungen in abgeschwächten Zonen oder Rissen. Aus dem Bild ist erkenntlich, wie die Kristallisation verlief. Zuerst entstand das Zinnerz Kassiterit (4) und das Wolframerz Wolframit (5), dann verschloß sich der Riß mit Quarz (3), und erst zum Schluß wuchsen in den verbliebenen Hohlräumen die Kristalle des Fluorits und des Scheelits (6, 7). Interessant ist, daß die heißen Lösungen auch auf den umliegenden Granit (1) einwirkten und ihn in Greisen (2) umwandelten

369 Einige Gesteine unterliegen der Zersetzung oder werden von Erzkomponenten unterdrückt, die aus den tieferen Teilen der Erdkruste stammen. Solche gute Erzkollektoren sind z. B. Karbonatgesteine, wie der Kalkstein. Auf dem Bild sind Zinkerze schwarz dargestellt

Magma frei wird und in seiner Umgebung Gänge und Adern bildet.

Hydrothermale Gänge und Lagerstätten haben gewöhnlich reiche Erzpartien, sind jedoch klein und eignen sich zum Abbau in Stollen. Häufig reichen sie jedoch in große Tiefen. Die Gänge können zentimeter- aber auch meterhoch sein. In hydrothermalen Gängen kommen häufig die Erze von Blei, Zink, Kupfer, Silber, Gold, aber auch Arsen, Bismut, Uran, Wolfram, Zinn und Quecksilber vor. Die Variabilität der Gänge und der hydrothermalen Lagerstätten ist groß, und die Förderungsergebnisse sind nicht immer so, wie es sich die Unternehmer wünschen würden.

Ein den hydrothermalen Lagerstätten verwandter Typ sind die Imprägnationslagerstätten. Auch sie entstehen durch die Beteiligung flüchtiger Komponenten, z. B. von Wasser. Am bekanntesten und gesuchtesten sind die Kupfer-Imprägnationslagerstätten. Sie sind an vulkanische Tätigkeit gebunden und werden von vulkanischen Gesteinen gebildet, die nicht weit entfernt von der Oberfläche kristallisierten und fein verteilte Körnchen von Kupfersulfiden enthalten. Die Lagerstätten sind gewöhnlich sehr ausgedehnt, haben aber verhältnismäßig kleine Metallgehalte. Deshalb muß eine große Menge Material abgebaut, gebrochen und sehr kompliziert aufbereitet werden. Auch heute noch wird die Gewinnung mit Baggern in großen offenen Gruben als die produktivste Art anderer Methoden vorgezogen.

Am günstigsten für die Gewinnung sind Lagerstätten, die durch Sedimentation entstanden sind. Das einfachste Beispiel ist der Kalkstein, der sowohl für die Herstellung von Zement und Kalk als auch in der Landwirtschaft als Düngemittel Verwendung findet. Geschlämmte Tone, die bei der Verwitterung von granitischen Gesteinen entstehen, bilden Lagerstätten von Tonen entweder für die Keramikproduktion oder für die Erzeugung von Porzellan (Kaolin). In Absatzgesteinen sind jedoch auch Kupfer- und vor allem Eisenlagerstätten zu finden. Das meiste heute gewonnene Eisenerz stammt aus sedimentären Lagerstätten, die alle gleich alt sind und sich in präkambrischen Schichten befinden. Über diese Lagerstätten ist in der Literatur schon viel geschrieben worden. Die Prozesse im Prä-

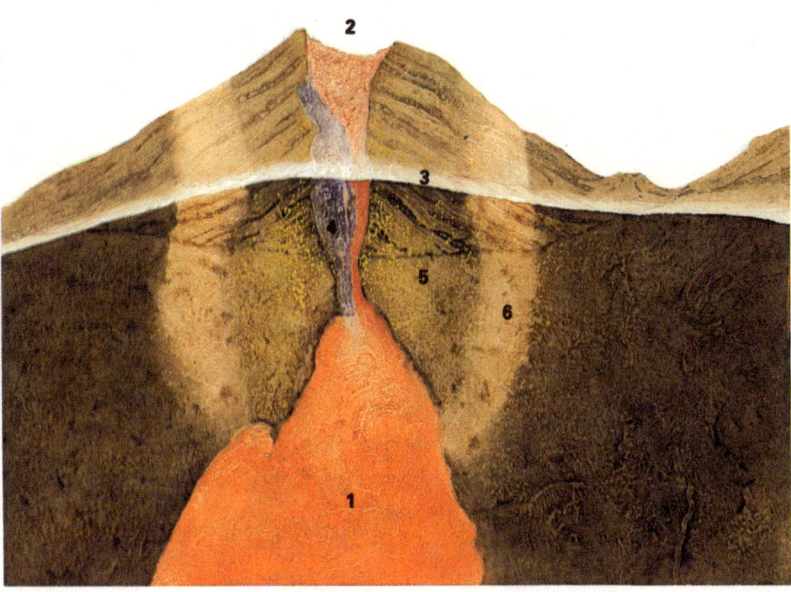

370

370 Der Schnitt durch den Vulkan ist zugleich ein Schnitt durch eine Lagerstätte von „Porphyr-Kupfererzen"; er zeigt die vulkanischen Begleiterscheinungen und die postvulkanische Tätigkeit. Gut sichtbar ist die Zone starker hydrothermaler Veränderungen (5, 6), in der gewöhnlich an Kupfer reiche Lagen vorkommen (4, 5). Erst die Denudation, die langzeitige Abschleifung des Vulkans (2), die durch die weiße Linie (3) der neuen Oberfläche dargestellt ist, deckt das eigentliche Lager auf. Der Vulkan ist mit subvulkanischen (plutonischen) Gesteinen (1) verbunden

371

371 Die Förderung der mineralischen Rohstoffe, z. B. von Glassanden, hinterläßt in der zivilisierten Landschaft nur schwer heilbare Narben

kambrium, als der Sauerstoffgehalt in der Atmosphäre niedriger als heute war, erlaubten den Transport von Eisenoxiden in das damals seichte Meer, in dem das Eisen aus dem Wasser ausgefällt wurde. Die meisten sowjetischen Erze aus der Ukraine sowie die indischen und die brasilianischen Erze stammen aus dieser Entwicklungsepoche der Erde.

Wie sucht man ein mineralisches Rohstofflager?

Die einfachen Beispiele, an denen wir die Beziehung einiger Lagerstätten mineralischer Rohstoffe zu ihrem Muttergestein illustrierten (etwa die Beziehung von Eisenerzen zu den präkambrischen Gesteinen des seichten Meers oder die Beziehung der fein verteilten Kupfererze zu den vulkanischen andesitischen Gesteinen), stellen die Grundlage für das Auffinden von nutzbaren mineralischen Rohstofflagerstätten dar. Es handelt sich also nicht nur um die Kenntnis der wechselseitigen Abhängigkeiten zwischen den sie begleitenden Gesteinen und die genaue Übersicht über die geologischen Bedingungen des Gebietes, sondern auch um die genaue Kenntnis der geologischen Entwicklung. Bei den Eisenerzen müssen wir unter anderem das Alter der Gesteinsfolge kennen, in der wir das Erz suchen, ebenso wie auch aufgrund geologischer und petrographischer Beobachtungen imstande sein zu bestimmen, ob die Gesteine im Tiefsee- oder Flachwassermilieu entstanden sind. Bei vulkanischen Gesteinen müssen wir das Gefüge und die ungefähre Tiefe der Kristallisation der Gesteine kennen. Außer diesem geologischen Allgemeinwissen bestehen noch Methoden, wie sich in einem solchen aussichtsreichen Gebiet ein mineralisches Rohstofflager lokalisieren läßt.

Wir sagten bereits, daß sich die Gesteine durch ihre grundlegenden physikalischen Eigenschaften bemerkbar machen. So z. B. unterscheiden sich Minerale, die eine große Menge von Eisenoxiden enthalten, wie es bei Hämatit und Magnetit der Fall ist, oder sogar Eisensulfide aufweisen, ausgeprägt von den übrigen Mineralen mit magnetischen Eigenschaften. Wenn wir ein solches Gebiet mit magnetischen „Waagen" und Meßgeräten passieren, die die Intensität und die Richtung des Magnetfeldes registrieren, werden wir den Streifen stark magnetischer Gesteine in die geophysikalische Karte der magnetischen Anomalien auch dann eintragen, wenn er mit einer mehrere Meter hohen Sand- und Tonschicht bedeckt ist.

Dann wieder wird die Anziehungskraft der Erde – die Erdschwere – gemessen. Wenn unter der Oberfläche Gesteine mit höherer spezifischer Masse, beispielsweise Gesteine mit großer Konzentration des schweren Minerals Chromit, vorhanden sind, zeigt eine genaue Messung der Schwerebeschleunigung, daß dieses Gebiet eine größere „Anziehungskraft" ausübt. Stellen mit leichten Gesteinen haben eine kleinere Schwerebeschleunigung als Stellen mit schweren Gesteinen. In solchen Fällen kann sogar eine

Lagerstätte in verhältnismäßig großer Tiefe gefunden werden, da auch dort sich Unregelmäßigkeiten des Schwerefeldes bemerkbar machen. Die Geophysiker vermögen sogar die Ausmaße solcher Körper zu errechnen. Mit dieser Methode werden jedoch auch Orte mit niedrigerer spezifischer Masse aufgesucht, besonders in sedimentären Komplexen, denn gerade dort können Erdöl- oder Erdgasvorkommen sein. Die Messung der elektrischen Ströme in der Erdkruste ist eine zwar komplizierte Methode, aber es werden mit ihr häufig hervorragende Ergebnisse bei der Bestimmung von Orten mit Erzvorkommen erzielt. Gesteine mit Sulfiden sind nämlich leitender als Gesteine ohne Sulfide und auch Orte mit höherem Wassergehalt sind leitender als solche mit niedrigerem Wassergehalt. Alle diese Eigenschaften helfen bei der Lokalisierung von Erzen.

Von Nutzen sind dabei auch die chemischen Eigenschaften. Wir erwähnten schon, daß der Metallgehalt einer Erzlagerstätte um ein Vielfaches den von gewöhnlichen Gesteinen übersteigt. Da aber die Gesteine ebenso wie die Erze verwittern, sind sie verschiedenen Änderungen unterworfen, und Elemente mit starker Konzentration gelangen in die Umgebung. Das Wasser vermag auch die Erzkomponente zu lösen, und so weist das Quellwasser und manchmal auch das Bachwasser höhere Gehalte an Metallen und sie begleitenden Verbindungen auf als die Wässer des Gebietes, wo eine solche Erzkonzentration fehlt. Deshalb nehmen die Geochemiker Wasserproben, analysieren die Metallgehalte des Wassers mit sehr empfindlichen Geräten und stellen das Gebiet mit anomaler Metallkonzentration fest. Häufig werden die Metallbestandteile im Bach ausgefällt, besonders dann, wenn Tonminerale anwesend sind. Diese haben die Fähigkeit, in ihre Struktur Ionen oder organische Pflanzenreste aufzunehmen, die dann als Sorbens wirken, ähnlich wie Tierkohle, wenn wir Magenbeschwerden haben.

Die Elemente von Erzlagerstätten-Gängen oder Imprägnationslagerstätten gelangen auch in den Boden, so daß eine Bodenanalyse anomale Gehalte gut lokalisieren kann. Aus dem Boden gelangen diese Erzelemente manchmal in die Vegetation, und einige Pflanzen können in ihren Körpern eine gesteigerte Metallmenge enthalten. Werden diese Pflanzen verbrannt, dann kann eine Analyse ihrer Asche einen höheren

Gehalt dieses oder jenes Elements anzeigen. Natürlich benötigt der die Untersuchung durchführende Geochemiker die Mitarbeit einer Reihe von Fachleuten. Eine in den Bach geworfene Kraftfahrzeugbatterie könnte zur Folge haben, daß der Geologe vergeblich in dieser Gegend nach Blei suchen würde, wenn die Wasseranalyse die einzige Richtlinie für die Untersuchung wäre. Das-

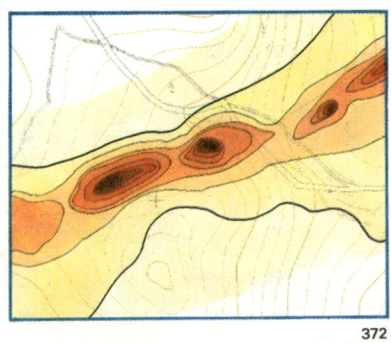

372

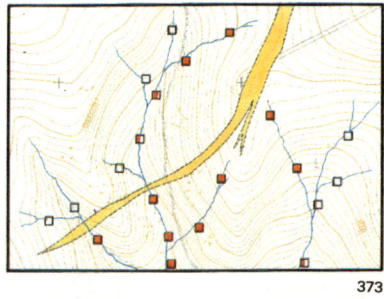

373

selbe gilt für die übrigen Metalle. Er muß deshalb über die geologischen, geochemischen und geophysikalischen Zusammenhänge informiert sein, um sagen zu können: „Versuchen wir es an dieser Stelle, ob hier nicht Erz vorhanden ist". Erst nach gründlichen Laborprüfungen, Auswertungen der geophysikalischen Messungen und genauen geologischen Studien können die Bohranlagen an die Reihe kommen, die die Annahmen des Geologen über das Vorkommen von mineralischen Rohstoffen überprüfen und bestätigen. Von Tausenden vielversprechenden Stellen eignen sich dann etwa hundert für eine genauere Erkundung, und nur zwanzig von ihnen können schließlich abgebaut werden.

Rohstoffquellen
und Vorräte der Meere

Das Meer ist ein Gebiet, das der Mensch in einer historisch langen Zeit zu nutzen weiß. Bis vor kurzem war der Hauptzweck der Fischfang. In den letzten Jahrzehnten spielt die Rohölgewinnung aus dem Meeresboden — dem Kontinentalschelf — eine wichtige Rolle in der Volkswirtschaft einiger Küstenstaaten. Die Menschen nutzen die im Meerwasser gelösten Salze, und gegenwärtig gibt es auch Projekte zur Nutzung der Rohstoffe des Meeresbodens. Die Ozeane durchqueren Dutzende von Forschungsschiffen. Über die Vorräte und Roh-

372 Die moderne Suche nach Erzen kommt nicht ohne geochemische Methoden aus. Das unter Ablagerungen und einer Bodenschicht verborgene Lager macht sich durch den erhöhten Gehalt an Elementen im Boden bemerkbar. Erst aufgrund solcher Angaben kann eine detaillierte Erforschung vorgenommen werden

373 Eine wirksame Methode zur Suche nach Lagerstätten ist die alte Methode des Seifenabbaus. Das unlösliche Mineral — es muß nicht nur Gold sein — hatte sich in Bachablagerungen angesammelt. Mit Hilfe von Pfannen wurde es ausgewaschen, d.h. Sand von Gold getrennt. Auf dem Bild sind die erfolgreichen Fundstätten rot dargestellt, nach denen der erzführende Gang eingezeichnet werden konnte

stoffquellen in den Meeren wird häufig als von der Hoffnung der Menschheit gesprochen. Die mehr als zwei Drittel der Erdoberfläche bedeckenden Meere und Ozeane sollen die Energie-, die Rohstoff- und die Lebensmittelbilanz der sich zahlenmäßig ständig weiter vergrößernden Menschheit retten. Natürlich stellen wir uns die Frage, ob diese Möglichkeit real ist.

chlorids) wird durch Meerwasserverdunstung gewonnen. Das restliche Salz wird bergmännisch abgebaut, oder durch Verdampfen der Solen – der die Erdöllager begleitenden mineralisierten Wasser – gewonnen. Das Meerwasser ist also ein chemischer Rohstoff, dessen wertvollste Bestandteile aber nicht Salz, sondern Brom und Magnesium sind. Von beiden Elementen

375

374

Es scheint selbstverständlich zu sein, daß das von den Menschen benötigte Salz aus den Meeren stammt. Das stimmt aber nicht. Kaum ein Drittel des Salzes (des Natrium-

werden über zwei Drittel des Weltbedarfes aus Meerwasser gewonnen. Das Meerwasser enthält noch eine Reihe anderer in ihm gelöster Verbindungen, und von Zeit zu Zeit können wir lesen, wieviel Uran oder Gold im Meerwasser enthalten sind. Die Metallmengen im Meerwasser sind riesig groß. Leider sind wir energetisch nicht fähig, die Gewinnungsprozesse zu bewältigen. Viele dieser Prozesse erledigt die Natur allein.

Einige Metalle wie Kupfer, Mangan, Kobalt und Nickel müssen aus dem Meerwasser nicht gewonnen werden, denn sie schlagen sich nieder und kristallisieren am Boden der Ozeanbecken in Form von Mangankonkretionen. Es sind größere oder kleinere Stücke von der Größe einer Nuß, einer Faust bis eines Fußballs, die auf dem Ozeanboden zahlreich verstreut sind. Schon vor ca. 100 Jahren wurden sie von dem englischen Schiff Challanger im Atlantischen Ozean gefunden. Diese chemischen Meerwassernieder-

377

376

schläge werden von dünnen Schichten von Eisen- und Manganoxiden gebildet, deren Kristallstruktur sehr leicht schwerere Metalle wie Nickel, Kobalt und Kupfer bindet. Der Gesamtgehalt dieser Metalle in den Mangankonkretionen beläuft sich auf bis 2,5 %. Deshalb kartieren die Forschungsschiffe den Meeresboden, fotografieren die Unterseekammern und die Forscher analysieren die Metallgehalte in diesen kugelförmigen Gebilden. Die Metallgehalte sind einstweilen niedrig und die Kosten für die Gewinnung des Rohstoffes vom Meeresboden sehr hoch. Hoffnungen auf Rohstoffquellen bestehen, aber über die juristische Seite der Gewinnung der Vorräte vom Meeresboden werden sich die Menschen nur schwer einigen. Etwas erfolgreicher als die Gewinnung der Mangankonkretionen vom Meeresboden ist die Gewinnung sog. Schwerminerale in den Küstengebieten. Die Bergleute im Mittelalter ebenso wie auch später die Goldgräber gewannen Gold durch Waschen oder Schlämmen von Geröllablagerungen oder goldhaltigem Sand. Sie wuschen aus den Anschwemmungen den leichteren Quarzsand aus den Pfannen heraus, und auf dem Boden der Pfanne blieben das schwerere Mineral und mit etwas Glück auch Goldstückchen zurück. Die Meeresbrandung und starke Meeresströme haben an einer Reihe

376 Die heutige Erdölgewinnung aus dem Meeresboden ist eine Routineangelegenheit geworden, auch wenn die Kosten für die Gewinnung und

Suche auf dem Meeresboden die Kosten für die Suche auf dem Festland um ein Vielfaches übersteigen. Immerhin löst die Gewinnung aus dem Meeresboden den Ölmangel in vielen Staaten

377 Der verhältnismäßig kleine Zufluß und die starke Verdunstung bewirken die Konzentration des Meerwassers und die Entstehung von Salzlagern. Außer Kochsalz (Natriumchlorid) – (1) werden Magnesium- und Kaliumsalze sowie Gipsstein (2) abgelagert

von Orten diese Arbeit für die Menschen besorgt. Die schwereren Minerale, z. B. Cassiterit (Zinnerz), Zirkon (Zirkonium-Erz), Rutil (Titanoxid), Monazit (kompliziertes Phosphat mit einem Gehalt an Lanthaniden, den sog. seltenen Erden) und schließlich auch Diamanten, die aus dem Gestein bei der Verwitterung frei werden,

378 Nur in den ältesten Gebieten der Erde (dem Brasilianischen, dem Afrikanischen, dem Indischen und dem Sibirischen Schild) treten diamantenführende Gesteine auf (rot markiert)

werden ins Meer geschwemmt. Dort werden sie ähnlich wie in der Pfanne der Goldsucher sortiert: in leichteres – gewöhnlich ist es das Siliziumoxid, also quarzhaltiges – Material, das fortgetragen wird, und auf dem Strand oder am seichten Meeresboden bleiben die schweren, nutzbaren Fraktionen liegen. An vielen Stellen der Welt werden an der Grenze zwischen Meer und Festland Minerale gewonnen.

Nichterzrohstoffe

Der Mangel an nutzbaren mineralischen Bodenschätzen, wie es z. B. die Zinn-, Chrom-, Molybdän- oder Vanadiumerze sind, ruft ähnlich wie die Energierohstoffe Erdöl und Kohle Unruhe und Komplikationen in der Weltwirtschaft hervor. Die Preise der Erzminerale richten sich, wie wir schon sagten, nach ihrer Zugänglichkeit, Verteilung in der Welt, dem Energiebedarf für die Verarbeitung, dem Metallgehalt im Erz usw.

Über den Mangel an nutzbaren Nichterzrohstoffen wird weniger häufig geschrieben als über den Erzmangel. Dabei sind diese Rohstoffe um nichts weniger wichtig. Auch unter den Nichterzen gibt es solche, die Gegenstand intensiver Suche sind. Einige Nichterzrohstoffe sind zum Glück in solchen Mengen vorhanden, daß bei ihrer Gewinnung die wichtigste Rolle die Transportkosten spielen. Zu den seltenen, nur an wenigen Orten der Welt vorkommenden gehören die Diamanten. Allerdings werden sie für industrielle Verwendung auch künstlich erzeugt. Ein überall vorhandener, leicht zugänglicher Rohstoff ist z. B. der Kalkstein für die Erzeugung von Kalk und Zement, der in vielen geologischen Formationen überall dort vorkommt, wo Sedimentgesteine sind. Aber auch mit dem Kalkstein gibt es Probleme für die Geologen. Nicht jeder Kalkstein eignet sich nämlich für den Abbau, und nicht jede Landschaft verträgt die riesige Narbe, die der Abbau hinterläßt. Die geomorphologischen Formationen, die im Kalkstein (im Karst) entstehen, sind landschaftlich interessant, besonders schön und zu Recht Naturschutzgebiete.

Während es bei Erzrohstoffen ganz normal ist, daß das Erz aufbereitet werden muß, ist es bei Nichterzrohstoffen gerade umgekehrt. Die meisten werden gar nicht aufbereitet und in jenem Zustand genutzt, wie sie gefördert werden. Obgleich es, im Weltmaßstab betrachtet, genügend Nichterzrohstoffe gibt, gelten für ihre Verwendung sehr strenge Regeln und Qualitätsanforderungen. Für die Herstellung von Glas ist ausschließlich Quarzsand und nicht ein beliebiger Sand erforderlich. Die Anwesenheit von Eisen-, Mangan- oder Titanoxiden ruft eine unerwünschte Färbung des Glases hervor. Sogar die einzelnen Sandkörner müssen gleich groß sein, da es sonst Komplikationen mit dem Schmelzen gibt. Und das ist bereits ein weiteres Kriterium, das die meisten Quarzsande aus der Rohstoffgruppe für die Glasproduktion ausschließt. Ähnlich ist durch technologische Kriterien die Gruppe der Tone beschränkt. Zu ihnen gehören das Kaolin für die Porzellanerzeugung und die Tone zur Herstellung von Keramik. Bei den Tonen müssen die Normenparameter, wie Wasseraufnahmevermögen, Plastizität, Änderung von Farbe und Form beim Brennen, Brenntemperatur und weitere Eigenschaften, die die Güte des Endprodukts beeinflussen, eingehalten werden.

Auch der Abbau von Baustoffen gehört zu dem Bereich Nichterzrohstoffe. Selbst die Gewinnung von Schotter für den Straßenbau ist keine ganz einfache Angelegenheit, wie es auf den ersten Blick scheinen möchte. Die modernen Bauten benötigen festen Beton, und deshalb ist die Wahl der Gesteine, die ihre Fundamente bilden, wichtig. Ein Gestein kann zwar hart aussehen, ist aber, sobald es auch nur Spuren von Sulfiden enthält, für diese Zwecke ungeeignet. Die Sulfide zerfallen durch die Witterungseinflüsse und bilden Sulfate und Schwefelsäure, die nicht nur die Haltbarkeit des Betons ungünstig beeinflußt, sondern auch das Was-

tig sind. Dagegen sind die Lagerstätten der Stickstoffdüngemittel Salpeter oder Guano Endprodukte und zum Großteil bereits erschöpft. Sie werden durch synthetische Erzeugnisse ersetzt, beispielsweise die Gewinnung von Stickstoff aus der Luft nach dem Haber-Bosch-Verfahren. Auch unter den Nichterzrohstoffen gibt es Arten, die heute sehr selten sind, so ist z. B. der Rohstoff zur

379 Der Salzstock (Diapir) ist eines der eigenartigsten geologischen Gebilde. Seine Form ist durch die Plastizität des Salzes, d. h. seine leichte Deformierbarkeit, bedingt. Charakteristisch für solche Diapire (Salzlagerstätten) sind die Begleitminerialien – Gipsstein (6), Anhydrit (4) oder das Kalisalz Carnallit (3). Den Untergrund bauen Schiefer mit Gipsstein (1), Hauptanteil des Salzstockes ist Steinsalz (2); der Salzstock ist von aufeinander folgenden Sedimentgesteinen umgeben, deren häufigste Salztone (5) oder Sandsteine (7) sind

379

ser ansäuert, das auch die Stahlbewehrung des Betons angreift. Über den Einfluß solcher Gesteine auf die Güte des Wassers und die Umwelt besteht kein Zweifel.

Sehr wichtig sind Nichterzrohstoffe für die chemische Industrie. Beginnen wir mit dem Schwefel. In reiner Form ist er auf der ganzen Welt selten, aber die Mengen der Sulfide, z. B. der Pyrite, in den Gesteinen ist so beachtlich, daß der Bedarf an Schwefel für die Produktion von Kunstdüngern, Schwefelsäure und auch für andere chemisch-technologische Zwecke selbst in der Zukunft leicht gedeckt werden kann. Gleichfalls wird kein Mangel an Salz herrschen, obwohl der Bedarf hoch ist. Das gilt sowohl für das Kochsalz (Natriumchlorid) als auch für die Kaliumsalze, die für die moderne Landwirtschaft als Kunstdünger so wich-

Herstellung von Phosphordüngemitteln, das Mineral Apatit, selten, und seine Vorkommen sind nahezu erschöpft. Nur in einigen Gebieten, z. B. auf der Halbinsel Kola, gibt es einstweilen noch genug Apatit. Da in der Natur für Phosphor kein Ersatz vorhanden ist, muß in Zukunft mit dem Abbau von Rohstoffen gerechnet werden, die heute wegen des niedrigen Phosphorgehalts als unwirtschaftlich gelten. Einige Volkswirtschaftler rechnen damit, daß später auch sekundäre Phosphorrohstoffe, wie die Knochen von Lebewesen, genutzt werden. Der Phosphor ist ein Beispiel dafür, wo sich die Probleme der Erz- und Nichterzrohstoffe berühren. Die Nutzung der sekundären Rohstoffquellen wird zum Modell für die Wahl von sekundären Ersatzrohstoffen.

So läßt sich Asbest, der als Begleitmineral in ultrabasischen Gesteinen vorkommt, auf manchen Gebieten der menschlichen Tätigkeit kaum ersetzen. Er ist ein ausgezeichneter Wärmeisolator, und Asbesterzeugnisse weisen bei sehr niedrigen Herstellungskosten hervorragende Isoliereigenschaften auf.

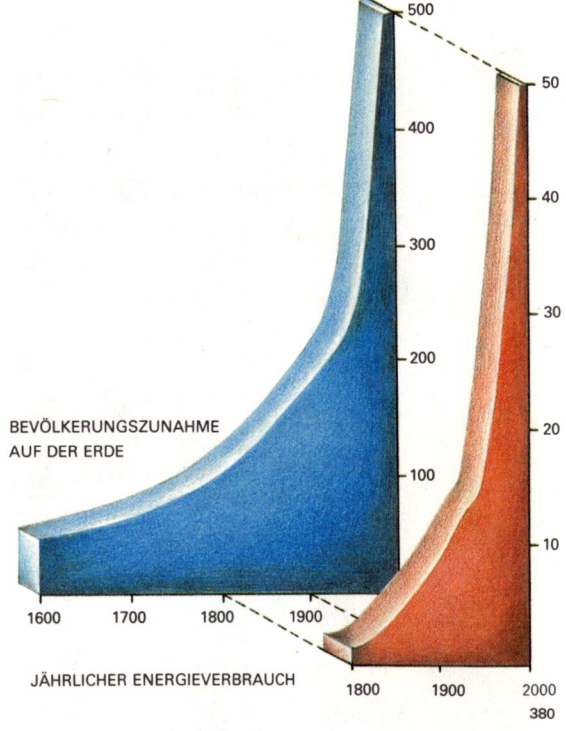

380 Der Energieverbrauch wächst vor allem in den Industriestaaten, obgleich der Populationsanstieg in den Entwicklungsländern höher ist

BEVÖLKERUNGSZUNAHME AUF DER ERDE

JÄHRLICHER ENERGIEVERBRAUCH

Schwer würden wir auch einen einfacheren Ersatz für Gips suchen. Er wird aus dem Gipsstein bzw. aus Anhydrit — Kalziumsulfat — hergestellt. Die Gipssteinvorräte scheinen heute trotz des steigenden Bedarfs fast unerschöpflich.

Selbst die Feststellung vom Vorhandensein genügend großer Nichterz-Rohstofflager sollte uns nicht im Zweifel lassen, daß nach Nichterz-Rohstofflagern gesucht werden muß und die Rohstoffe mit Verstand abgebaut werden sollten.

Das Aufsuchen und die Rohstoffgewinnung müssen mit Rücksicht auf die Umwelt, in der wir leben, vorgenommen werden. Einige heute bekannte Rohstofflager werden wir schützen und sorgfältig hüten müssen, damit sie auch den nach uns kommenden Generationen zugänglich sind.

381 Der Anteil der einzelnen Energiearten, die die Menschen verbrauchen, hat sich im Laufe der letzten Jahre verändert. Der Energiebedarf der Zukunft läßt sich nur schwer abschätzen. Offensichtlich ist nur, daß der Anteil an fossilen Brennstoffen sinken wird.
1 – Muskelenergie,
2 – aus Wasser und Wind gewonnene Energie, 3 – durch Verbrennen von Holz gewonnene Energie,
4 – aus Kohle,
5 – Energie aus Erdöl,
6 – aus Erdgas,
7 – Kernenergie,
8 – Sonnenenergie

Rohstoffe für das einundzwanzigste Jahrhundert

Das zweite Jahrtausend unserer Zeitrechnung geht dem Ende zu. Einige Menschen erwarten mit der Datumsänderung umwälzende Veränderungen. Aber davor müssen wir keine Angst haben. Die geologische Zeit läuft unerbittlich auf die gleiche Art, wie vor vielen Tausenden von Jahren, und es ist sehr unwahrscheinlich, daß gerade an der Wende dieses Jahrtausends irgendwelche großen Naturkatastrophen eintreten werden, wenn sie nicht die Menschen selbst durch unverständige Handlungen und fehlerhafte Wirtschaftsführung auf dem Planeten Erde verursachen.

Vergleichen wir die Entwicklungskurve des Energieverbrauches der letzten fünfzig Jahre in den Ländern der zivilisierten Welt mit der wachsenden Bewohnerzahl auf der Erde (insbesondere in den weniger entwickelten Ländern), sehen wir, daß die Beunruhigung der Volkswirtschaftler sicher begründet ist. Dazu kommen noch die Verringerung der landwirtschaftlichen Nutzfläche, die Verpestung der Luft und die Verunreinigung des Wassers durch industrielle Schadstoffe, und wir haben vor uns das wenig schöne Bild der kommenden Welt. Nähert sich eine Katastrophe oder nicht? Bei unserem Vorausblick in die Zukunft können wir Pessimisten oder Optimisten sein. In wenigen Staaten der Welt gelang es, der Umweltverschmutzung Herr zu werden. Betrachten wir dieses Problem einmal mit den Augen des Geologen. Wir sprachen davon, daß das Haupt- und Endziel ihrer Erkundungen die Kenntnis der Veränderungen des Planeten Erde und die Nutzung seiner natürlichen Rohstoffquellen im Interesse günstiger Lebensbedingungen der Bewohner dieses Planeten ist.

Die erste Forderung, die der Geologe erfüllen muß, ist die Auffindung neuer Energiequellen. Die Vorräte an mineralischen Rohstoffen, also an Kohle, Erdöl und Erdgas, aber auch an radioaktiven Rohstoffen sind definitiv, erschöpfbar und nicht erneuerbar. Deshalb wenden sich die Menschen erneuerbaren Quellen, wie z. B. der Sonnenenergie, dem Wind und der unterirdischen Wärme zu. Es könnte geschehen, daß die Probleme durch die Einführung der Kernenergie gelöst sein werden. Und was sagt der Geologe dazu? Wird er in den kommenden Jahren arbeitslos sein? Wird er nur nach radioaktiven Rohstoffen suchen? Offensichtlich wird es zweckvoller sein, Rohstoffe wie Kohle und Erdöl für die chemische Industrie zu sparen, da beispielsweise die Kunststoffindustrie ganz vom Erdöl abhängig ist, und zahlreiche Chemikalien aus Erdöl oder aus Kohle erzeugt werden. Es ist also verständlich, auf andere energetische Quellen zu setzen. Zur Nutzung dieser Quellen werden neue Werkstoffe notwendig sein. Nehmen wir einmal die Sonnenenergie und ihre Verwandlung in elektrische Energie. Wir benutzen dazu Photovolta-Elemente, doch diese müssen aus etwas hergestellt werden. Die besten Photovolta-Elemente sind aus dem seltenen Element Gallium. Weniger wirksam sind Siliziumverbindungen. Nun kommt aber Gallium in größerer Konzentration nicht vor und bildet daher eigentlich keine abbauwürdigen Lager, sondern muß mühsam bei der Aluminiumproduktion gewonnen werden. In den Aluminiumerzen ist Gallium nur sehr schwach vorhanden, und die Weltproduktion von Gallium beläuft sich daher auch nur auf einige Dutzend Tonnen jährlich. Ein anderes Beispiel: Wenn wir die geothermale Energie nutzen wollen, werden die Ansprüche an die Widerstandsfähigkeit der Rohrleitungen, in denen der Wärmeaustausch stattfindet, steigen, weil die aus dem Erdinnern austretenden „heißen" Wässer häufig korrosiv sind.

Die Energieerzeugung aus Kernbrennstoffen ist gleichfalls nicht problemlos. Es sind dazu Edelstähle erforderlich, die ohne höhere Gehalte an edlen Zusätzen wie Molybdän, Vanadium, Wolfram, Tantal, Niob und eine Reihe weiterer Elemente nicht auskommen, die dem Stahl die gewünschten Eigenschaften verleihen.

Einige Volkswirtschaftler verlassen sich auf verschiedene Kernfaktoren, aber auch dabei werden sich die Geologen vor Probleme gestellt sehen. Es würde der Bedarf an Lithium und einer Reihe anderer Metalle unverhältnismäßig hoch ansteigen. So enthält der Farbbildschirm Europium und weitere seltene Elemente. Ohne sie würde er nicht luminiszieren.

Die steigenden Preise auf dem Weltmarkt, und nicht nur die Preise für Erdöl und Energie, sind von einem Preisanstieg der

übrigen mineralischen Rohstoffe von Lithium über Skandium bis zu den Elementen aus der Gruppe der seltenen Erden, wie Lanthan, Zer, Neodym, Samarium oder Europium, begleitet. Für jedes von ihnen haben die Menschen eine Verwendung und bei allen, die man im Mendelejews Periodensystem der chemischen Elemente sieht, wird bis auf wenige Ausnahmen im einundzwan-

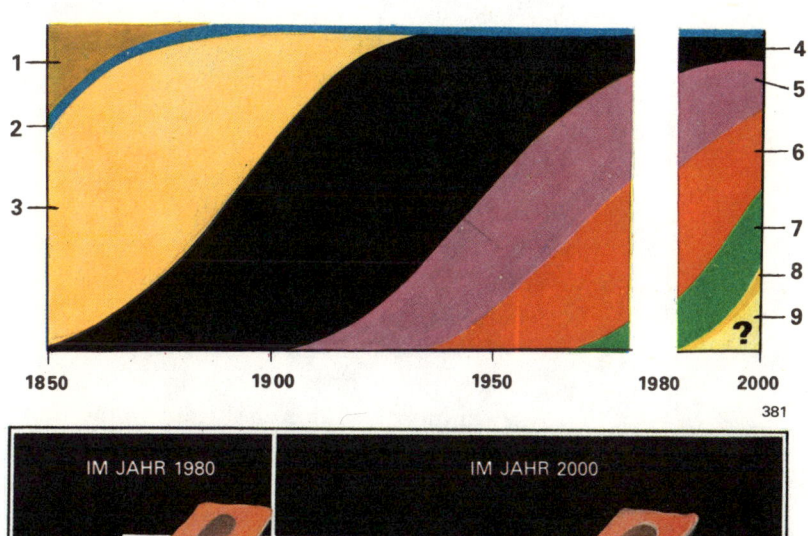

381

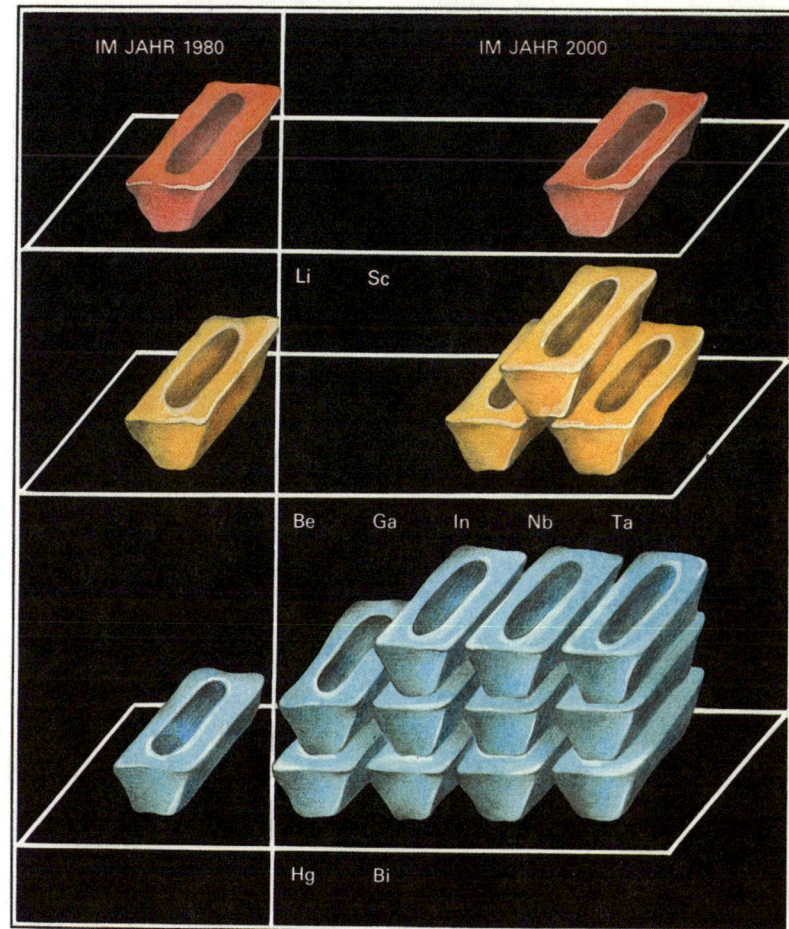

382

382 Wie das Jahr 2 000 und das dritte Jahrtausend aussehen werden, darüber entscheiden die zugänglichen mineralischen Rohstoffe. Der Jahresverbrauch einiger Edelmetalle steigt enorm an, bei anderen dagegen ändert er sich nicht. Der linke Teil des Bildes zeigt den Verbrauch der angeführten Metalle von 1980, und im rechten Teil ist der vorausgesetzte Verbrauch vom Jahr 2 000 dargestellt

zigsten Jahrhundert ein gesteigerter Verbrauch zu verzeichnen sein.

Das vorangegangene Kapitel ließ niemanden im Zweifel, daß das Kennenlernen der Erde ein Beruf der Zukunft ist. Jeder technische Fortschritt, jede hochentwickelte Gesellschaft stellt neue Anforderungen an die mineralischen Rohstoffquellen, an die Energie ebenso wie auch an das Trinkwasser.

Weitere Generationen von Menschen werden nicht ohne die meisten Elemente auskommen. Es ist zwar möglich, z. B. anstatt Kupfer oder Eisen andere Elemente zu wählen, doch ist dieser Ersatz einstweilen noch zu teuer und schwierig erreichbar.

Wo ist ein Ausweg? Wir werden ständig eine solche Menge von Rohstoffen brauchen, von denen wir wissen, daß ihre Lagerstätten in Zukunft erschöpft sein werden. Die Menschen werden sich mit dieser Situation auseinandersetzen müssen. Ein Teil sieht einen Ausweg im Abbau armer Erze, was die Notwendigkeit mit sich bringt, weit mehr Fördererz als heute abzubauen, um die gewünschte Metallmenge zu erhalten. Dieser Prozeß ist energetisch anspruchsvoller, sowohl bei der Gewinnung als auch bei der Aufbereitung armer Erze.

Andere Ökonomen und auch Geologen nehmen an, daß reiche Erze in bisher unerforschten Tiefen liegen. Der Weg dorthin ist jedoch technisch ungemein kompliziert und energetisch sehr anspruchsvoll. Die Lösung dieser schwierigen Situation kann nicht nur eine Angelegenheit jener sein, die nach neuen Rohstoffquellen suchen. In Zukunft gewinnt die Aufgabe der sekundären Rohstoffe — des Abfalls und der Abfallenergie — an Bedeutung. Es liegt am Verständnis und am Verantwortungsgefühl aller Menschen, wie sie mit ihnen wirtschaften lernen. Der Prozeß wird zweifellos langwierig sein, aber die lebende Natur leitet den Menschen in gewissem Maß dazu an, wie er sich auf seinem Mutterplaneten verhalten soll. Nicht nur Beschützer, sondern auch Mitschöpfer des menschlichen Lebensmilieus zu sein, bedeutet bis in die kleinste Einzelheit die Veränderungen des ganzen Planeten und das Verhalten der einzelnen Elemente in der Natur zu verstehen und in dem großen sich ändernden System den natürlichen Platz des Menschen und seiner Bedürfnisse zu finden. Erst in dieser Harmonie kann die Menschheit auf ihrem Planeten überleben.

383 Die Sonne spendet Energie in Form von Strahlung. Die grünen Pflanzen fangen sie auf und lagern sie mit Hilfe der Photosynthese als Zucker, Stärke, Zellulose usw. ein. Sie werden vom menschlichen Organismus übernommen, der sie in Gehirn- und Muskelarbeit verwandelt. Die von den grünen Pflanzen vor urdenklichen Zeiten aufgenommene Sonnenenergie blieb bis zur heutigen Zeit unter der Erde in der Kohle und im Erdöl verborgen

DIE ERDE

X DER MENSCH,
UND DIE SONNE

Die Erde und die Sonne

Die Erde liefert allen lebenden Organismen Atome, damit sie wachsen können, und die Sonne die zum Leben benötigte Energie.

Von aller Energie, die die Sonne in jeder Sekunde in den Weltraum aussendet, fällt auf unsere Erde nur ein Zweimilliardstel. Das ist wie ein einziger Tropfen Wasser in den Niagarafällen. Dieser „Energietropfen" ist aber für die ganze Erde ungeheuer wich-

384

385

384 Der Mond, von einem Erdsatelliten aus fotografiert. Unser blauer Planet ist von einer Atmosphäre umgeben, die alles Leben auf seiner Oberfläche schützt

385 Die Erde, von einem Mondsatelliten aus fotografiert. Es ist das schönste Bild, das je von Menschen geschossen wurde, und zeigt die wahre Natur unserer Heimat

tig. Was würde geschehen, wenn es plötzlich keine Sonne mehr gäbe?

Die Erde ohne Sonne

Versuchen wir uns die düstere und ausweglose Situation vorzustellen, in der sich die Erde und ihre Bewohner befänden, wenn sie auf die lebenspendenden Sonnenstrahlen verzichten müßten.

Niemals würde ein neuer Tag anbrechen und wir würden weder den blauen Himmel noch die Natur um uns sehen. Es gäbe keinen Mond, keine Planeten und keine Kometen, denn es wäre ja keine Sonne da, die die Planeten und ihre Monde beleuchtete. Am Himmel erschiene keine einzige Wolke, da die Sonnenstrahlen fehlten, die die Wolken aus dem Meer herausziehen würden. Ohne Sonne gäbe es auch keinen Wind. Die Pflanzen könnten nicht wachsen, Menschen

Hunger sterben. Die Erde würde die gespeicherte Wärme ausstrahlen, erhielte aber keine neue, deshalb würde es bitter kalt werden. Alle Gewässer frören ein, die Ozeane und die Festländer bedeckten sich mit Eis. Auch die Luft würde flüssig und später zu Eis. Auf dem früher so schönen Planeten Erde wäre jedes Leben erloschen.

386 Die Magnetosphäre der Erde ist ein großer Magnet, dessen Kraftlinien viele tausend Kilometer in den umgebenden Raum hineinreichen. Sie schützen die Erde vor dem Sonnenwind. Unter der Kraft des Sonnenwindes drückt sich die Magnetosphäre zusammen. Dadurch werden Veränderungen im Magnetfeld auf der Erdoberfläche (z. B. magnetische Stürme) hervorgerufen. Ohne Magnetosphäre gäbe es kein Leben

386

und Tiere müßten verhungern, denn in jeder Nahrung ist Sonnenstrahlung verborgen — in Getreide, im Obst, im Gemüse, im Fleisch, in den Eiern... Jedes Lebewesen müßte vor

Ähnliche Visionen erscheinen und werden in der wissenschaftlich-phantastischen Literatur weiter entwickelt. Die Wissenschaftler versichern uns jedoch, daß die Menschheit keine Furcht vor einem derartigen Untergang haben muß. Die Sonne wird der Erde ihre Energie noch mehr als zehn Milliarden Jahre geben.

Die Sonnenenergie auf der Erde

Die Sonne strahlt unserer Erde eine Lei-

schneller als ein Gewehrgeschoß. Sie sind für alle Lebewesen sehr gefährlich. Aber die Erde ist vor ihrer zerstörenden Wirkung durch die Magnetosphäre geschützt, d. h. durch den Raum, in dem das Magnetfeld der Erde wirkt. Der Sonnenwind kann, besonders nach großen Eruptionen, entlang der Feldlinien in die Hochatmosphäre über den Polargebieten der Erde eindringen, wo er in

387 Die Sonnenstrahlung auf der Erde. Die Neutrinos durchdringen sie, die kosmische Strahlung wird von der Atmosphäre teilweise zurückgehalten, die energiereichen Teilchen dringen bis an die Oberfläche vor und in die Oberfläche ein, wo sie absorbiert werden. Die Röntgen-Photonen, die Ultraviolett- und teilweise die Infrarot- und die Radio-Photonen werden in der Atmosphäre (1) absorbiert. Ein Fünftel des Lichtes wird in der Troposphäre (2) absorbiert, ein Drittel wird von den Wolken und der Erdoberfläche (3, 4) zurückgeworfen und eine Hälfte wird von der Oberfläche (5) absorbiert

388 Die elektromagnetische Strahlung von der Sonne. Die **X**-Strahlung wird in Höhen über 60 km absorbiert. Sie ionisiert dort die Luft und bildet so die leitende Ionosphäre. Die Ultraviolettstrahlung wird von dem zwischen 15 km − 50 km dispergierten Ozon (O_3) absorbiert. Das Licht und die Infrarotstrahlung durchdringen die Troposphäre und gelangen auf die Erdoberfläche

387

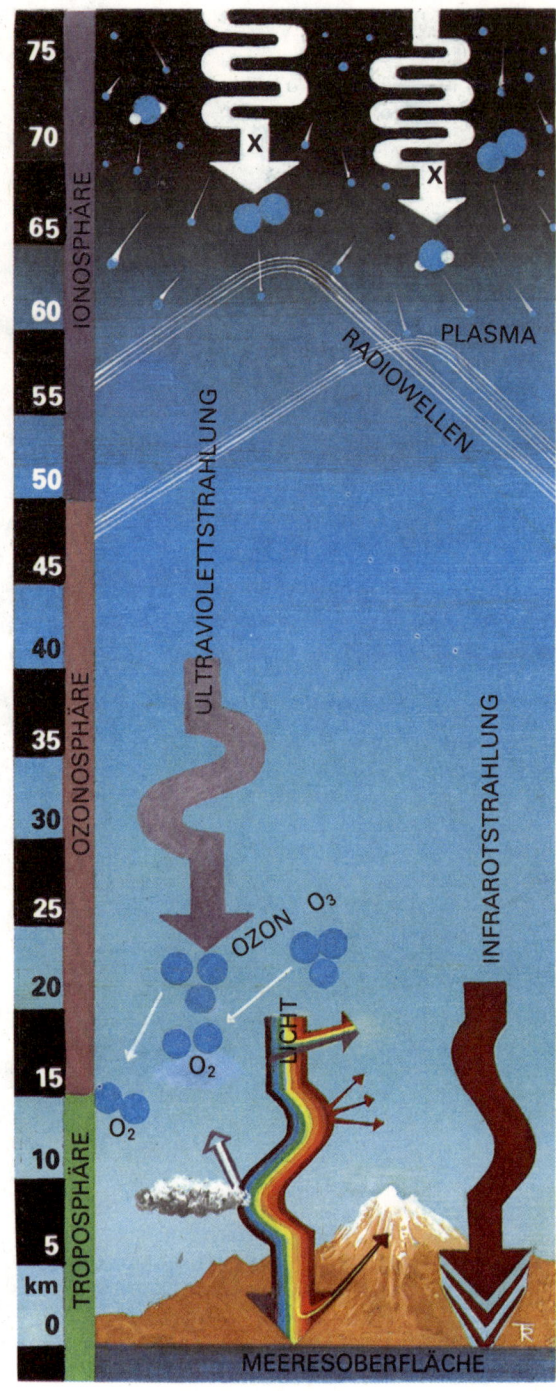

388

stung von $1,8 \cdot 10^{17}$ Watt zu. Die drei Komponenten in der Sonnenstrahlung unterscheiden sich stark voneinander. Wir wissen bereits, daß sich die Neutrinos, die etwa 4 % der gesamten Sonnenenergie tragen, zur Übertragung der Sonnenenergie auf die Erde nicht eignen. Sie durchlaufen die Erde völlig ungehindert. Die elektrisch geladenen Teilchen des Sonnenwindes (Protonen, Elektronen und Atomkerne) bringen viel weniger Energie mit als die Neutrinos − 10^8 kW, das ist ein Millionstel der auffallenden Strahlungsenergie. Die Teilchen des Sonnenwindes bewegen sich tausendmal

389 Der Planet Erde, fotografiert von dem Satelliten Meteosat. Der Äquatorialteil Afrikas ist bewölkt, über der Sahara ist klarer Himmel. Links ist die Küste Südamerikas und oben Europa

389

großen Höhen (über 100 km) Polarlichter hervorruft.

Den Hauptanteil der Sonnenenergie, 180 000 Terawatt, bringen die Photonen auf die Erde (1 TW = 1 Billion Watt = 10^{12} Watt). Sie sind ladungslos und durchlaufen ungehindert die Magnetosphäre bis zur Atmosphäre, die einige Tausend km hoch reicht.

Die Atmosphäre läßt nur einige Photonenarten, z. B. die des sichtbaren und des infraroten Lichtes, durch, während sie andere absorbiert (Abb. 387, 388). Die Luft in Höhen über 60 km absorbiert die Röntgen- und die Ultraviolettstrahlung, die lebensgefährlich sind. Die absorbierten Strahlungen ionisieren dort die Luft und erwärmen den Sauerstoff und den Stickstoff. Die ionisierte Luft leitet die Elektrizität gut und reflektiert die Radiowellen. Die Schicht in der Atmosphäre über 60 km heißt deshalb Ionosphäre.

Unter der Ionosphäre werden in 15 bis 50 km Höhe die Photonen der „nahen" Ultraviolettstrahlung absorbiert (sie haben nur wenig mehr Energie als die Photonen des violetten Lichtes). Die absorbierten ultravioletten Photonen bilden in diesen Höhen das Ozon, dessen Moleküle aus drei Sauerstoffatomen bestehen. Deshalb heißt jene Schicht Ozonosphäre.

Die Lichtphotonen und die infraroten Photonen dringen bis zur Erdoberfläche durch. Die unterste Luftschicht der Erdatmosphäre heißt Troposphäre. Sie reicht bis in eine Höhe von 8 km (an den Polen) bis 16 km (über dem Äquator). In der Troposphäre trifft das Licht auf die Luftmoleküle, die Wassertröpfchen und Eiskristalle sowie auf den in die Troposphäre von der Erdoberfläche eingeschleppten Staub. Bei diesen Begegnungen wird das Licht teilweise zurückgeworfen und teilweise in alle Richtungen zerstreut, es wird gebrochen oder aber absorbiert. Das hat in der Troposphäre verschiedene Erscheinungen zur Folge, wie z. B. den blauen Himmel, die Rotfärbung der untergehenden Sonne, die Nebensonnen, den Regenbogen usw. (Seite 298–301).

Die Photonen, die die ganze Atmosphäre durchdringen, treffen auf die Erdoberfläche

390 Europa und Nordafrika (Meteosat). Solche Satellitenbilder helfen den Meteorologen bei der Wettervorhersage

390

auf. Die Festländer und die Meere werfen einen kleinen Teil von ihnen in den Weltraum zurück − deshalb konnten die Astronauten unseren Planeten fotografieren. Der größere Teil der Photonen wird von der Erdoberfläche verschluckt und in Wärme umgewandelt.

Zusammenfassend wäre ungefähr folgendes zu sagen: Aus dem Photonenstrom von 180 000 TW Leistung wird ungefähr ein Drittel von der Atmosphäre und von der Erdoberfläche wieder zurückgeworfen. Ungefähr ein Fünftel wird von der Atmosphäre absorbiert und fast die Hälfte von den Festlandoberflächen und den Meeren aufgenommen und in Wärme verwandelt.

Sonne, Klima und Wetter

Wir leben am Grunde der Troposphäre, und ihre Eigenschaften sind für uns lebenswichtig. Temperatur, Feuchtigkeit, Bewölkung, Bewegung und Niederschläge beeinflussen unser ganzes Leben. Der momentane Zustand der Troposphäre heißt Wetter, und den Durchschnittszustand der Troposphäre während mehrerer Jahrhunderte nennen wir Klima − z. B. maritimes, kontinentales und tropisches Klima usw. Das Wetter und das Klima werden vor allem durch die Sonnenstrahlung bestimmt.

Die Erdoberfläche wird jedoch nicht überall gleich stark erwärmt. In den äquatorialen Gebieten fällt auf einen Quadratmeter Oberfläche viel mehr Strahlung als auf eine gleichgroße Fläche in den Polargegenden. Die Ursache ist aus Abbildung 391 ersichtlich. In den Polargegenden treffen die Strahlen sehr schräg auf die Erde auf und müssen eine lange Strecke durch die Luft passieren. Dadurch werden sie stark zerstreut und absorbiert, noch ehe sie auf die Erdoberfläche auftreffen, die in den Polargebieten mit Schnee bedeckt ist. Die weiße Decke wirft die schwach auftreffende Strahlung zurück in den Weltraum. Die äquatorialen Gebiete der Erde werden am stärksten erwärmt. Die warme Luft steigt dort auf und an ihre Stelle strömt kühlere Luft in Bodennähe nach. Im oberen Teil der Troposphäre teilt sich der aufsteigende Äquatorialstrom nach Norden und Süden (Abb. 392). Ähnliches geschieht in der gemäßigten Zone und in den Polargebieten. Die Strömungen in der Troposphäre werden von der absorbierten Sonnenstrahlung angetrieben. Sie heißen allgemeine Zirkulation der Troposphäre. Diese allgemeine Zirkulation kühlt die tropischen Gebiete ab und trägt die warme Luft an kühlere Stellen der Erdoberfläche.

Die Absorption der Sonnenstrahlung unterscheidet sich von Gebiet zu Gebiet. Die Ozeane und die Festländer sind auf der Erdoberfläche ungleichmäßig verteilt. Deshalb ist auch die Zirkulation nicht gleichmäßig, wie Abbildung 392 zeigt. Das Festland erwärmt sich schneller als das Meer, kühlt aber in der Nacht eher aus. Deshalb weht der Wind bei Tage vom Meer zum Festland und in der Nacht in umgekehrter Richtung (Abb. 393). Und so werden auch die Winde, die die Regelmäßigkeit der allgemeinen Zirkulation

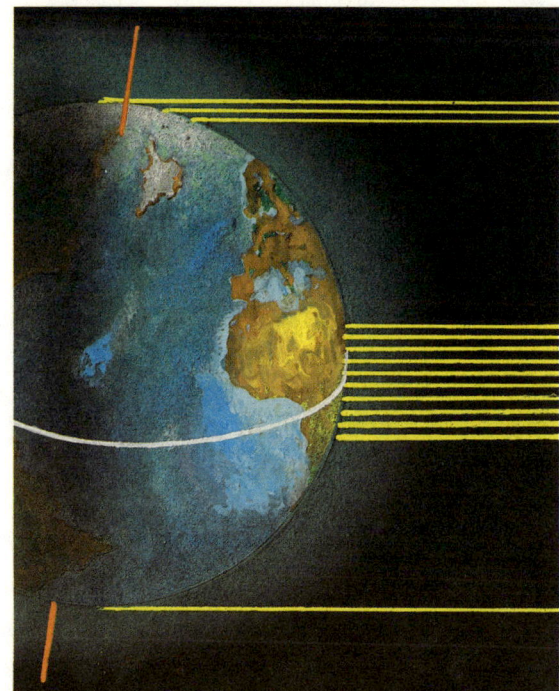

391

392

393

394

stören, von in Wärme verwandelter Sonnenenergie angetrieben. Alle Bewegungen in der Troposphäre stellen riesige Wärmekraftmaschinen dar, die die Sonnenwärme in kinetische Energie der Luft verwandeln. Die Sonne liefert diesem atmosphärischen Motor unaufhörlich etwa tausend Terawatt (1000 TW), d. i. hundertzwanzigmal mehr als der heutige Energieverbrauch der ganzen Menschheit (8 TW).

Das Wasser in der Troposphäre beeinflußt das Klima und das Wetter stark. Die Sonnenstrahlung erwärmt die Oberfläche der Ozeane, Meere, Seen, Flüsse und des feuchten Festlandes. Dabei verwandelt sich die Energie der auffallenden Photonen in Bewegung der Wassermoleküle. Die schnellsten Moleküle lösen sich aus dem erwärmten Wasser und steigen in die Luft auf (Abb. 394). Dort bilden sie ein Gas – den Wasserdampf.

Die Zahl der Wassermoleküle überschreitet selten ein Prozent aller Luftmoleküle. In der ganzen Troposphäre ist etwa ein Hunderttausendstel der Wassermenge, die sich in den Meeren und Ozeanen befindet, in gasförmigem Zustand vorhanden. Wenn sich das gesamte in der Troposphäre befindliche Wasser als Regen niederschlüge, so würde die ganze Erdkugel von einer 2,5 cm hohen Wasserschicht bedeckt sein.

Die erwärmte Luft steigt von der Wasseroberfläche auf und trägt eine große Zahl von Wassermolekülen mit sich. Die aufsteigende Luft kühlt sich ab, und die Wassermoleküle beginnen sich niederzuschlagen. Dadurch bilden sich im aufsteigenden Luftstrom Wolken. Bei der Kondensation von 1 kg Wasser aus Dampf werden 2500 kJ Wärme frei. Dadurch erwärmen sich die höheren Schichten der Troposphäre. Die aufsteigenden Luftströme und Winde tragen das Wasser aus den Ozeanen und Meeren auf das Festland. Dort fällt es aus den Wolken als Regen oder Schnee herab. Ein Teil fließt in die Seen, Bäche und Flüsse, ein Teil sickert in den Boden und eine bestimmte Wassermenge verbrauchen die Pflanzen und die Lebewesen. Der größte Teil des Wassers aber kehrt zurück in die Meere und Ozeane. Dort verdunstet es, wird von den Winden über das Festland getragen, und der Zyklus wiederholt sich. Diese Bewegung heißt Wasserzirkulation. In jeweils etwa 10 Tagen erneuert sich der Wassergehalt der Troposphäre.

391 Auf eine Fläche der Polargegend fällt weit weniger Strahlung als auf eine gleich große Fläche am Äquator

392 Die ungleichmäßige Erwärmung der Erde hat eine Zirkulation der ganzen Atmosphäre zur Folge. Am Äquator steigt die heiße Luft in die Höhe und fließt von dort nach Norden und Süden. Beim 30. Breitengrad sinkt sie hinunter und kehrt in Oberflächennähe zum Äquator zurück. Diese Winde heißen Passate

393 Am Tag ist das Festland wärmer, in der Nacht das Meer. Diese Tatsache bestimmt die Bewegung der Luft, die am Tag vom Meer zum Festland und in der Nacht vom Festland zum Meer strömt

394 Die Sonne verdampft das Wasser aus den Ozeanen und verleiht den Winden Kraft, die es über das Festland tragen

283

Die Wasserzirkulation ist für uns nicht nur vom Gesichtspunkt des Trink- und Nutzwasserbedarfs, sondern auch als Energiequelle wichtig. Eine große Wolke kann bis dreihunderttausend Tonnen (3 . 10^8 kg) Wasser enthalten. Die durchschnittliche Höhe der Wolken über der Erdoberfläche beträgt etwa 4000 Meter. Damit die Sonne eine solche Wolke hochhebt, muß sie eine Arbeit von

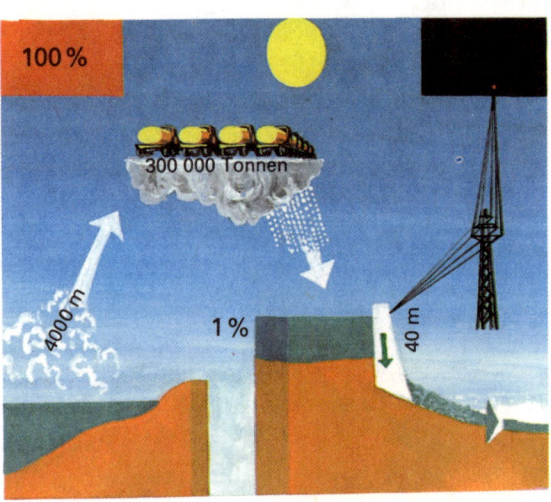

395 Zum Hochheben einer großen Wolke von der Meeresoberfläche ist eine Energie von 12 . 10^13 Joule (33 Millionen Kilowattstunden) erforderlich. Nur ein unbedeutender Teil dieser Energie wird in Talsperren gespeichert (ungefähr 1 %), wo sie in elektrische Energie umgewandelt wird

$3 . 10^8$ kg . 10 m/s^2 . 4 . 10^3 m, d. i. 12 . 10^{13} Joule oder über 33 Millionen Kilowattstunden leisten (die Größe 10 m/s^2 ist die Fallbeschleunigung). So groß ist die Gravitationsenergie einer großen Wolke (Abb. 395). Nur einen kleinen Teil dieser Gravitationsenergie können wir in einer Talsperre festhalten. Bei einer 40 m hohen Staumauer gewinnen wir nur 1 Prozent (denn 40 m ist gleich ein Prozent von 4000 m). In der Druckrohrleitung eines Wasserkraftwerkes am Fuß der Staumauer verwandelt sich die Gravitationsenergie des Wassers in kinetische Energie. Aus dem Wasser wird die kinetische Energie von der Turbine in den Generator übertragen. Der Generator verwandelt die kinetische Energie in Elektrizität. Die vom Wasserkraftwerk gelieferte elektrische Energie ist also nichts anderes als umgewandelte Sonnenenergie. Erwähnenswert ist, daß einstweilen weltweit nur etwa 0,2 TW auf diese Weise gewonnen werden, obwohl sich aus den Wasserläufen 3 TW elektrische Leistung herausholen ließen.

Die ganze Zirkulation der Troposphäre und die Wasserzirkulation werden von der konstanten Komponente der Sonnenstrahlung (Licht, Infrarot- und Ultraviolettstrahlung) angetrieben.

Die veränderliche Komponente der Son-

nenstrahlung (Röntgen-, Ultraviolett- und Radiophotonen) überträgt viel weniger Energie und schwankt stark. Diese Komponente steht in engem Zusammenhang mit der Sonnenaktivität und wirkt sich auf das Wetter und das Klima aus. Die Forschung zeigt, daß durch die Sonnenaktivität Druck und Lufttemperatur, Bewölkung, Zirkulation der Troposphäre, Niederschlagsmenge, Eisbildung, Entstehung und Bewegung von Hoch- und Tiefdruck usw. beeinflußt werden. Hervorzuheben wäre noch, daß diese Einflüsse der Sonnenaktivität auf das Klima und das Wetter sehr kompliziert sind und sich in den verschiedenen Teilen der Erde ganz unterschiedlich bemerkbar machen.

Die Sonne und das Leben auf der Erde

Die Gesamtheit des Lebens auf der Oberfläche unseres Planeten wird Biosphäre genannt. Jeder Organismus braucht zum Leben Energie. Die Pflanzen erhalten sie direkt von der Sonne. Mit Hilfe des Chlorophylls verwandeln sie die Sonnenstrahlung in chemische Energie. Sie speichern sie, indem sie aus Kohlendioxid (CO_2) und Wasser (H_2O) Zucker, Stärke und später Fette, Eiweiße und andere energiereiche Stoffe herstellen. Dieser Prozeß, der Photosynthese heißt, ist das „Eingangstor", durch das die Sonnenenergie in die Biosphäre eintritt.

Das wichtigste Element bei der Photosynthese ist der Kohlenstoff, denn er hat die Fähigkeit, Atomketten zu bilden. Auf dem Festland findet die Photosynthese vor allem in den grünen Pflanzen statt. In den Meeren verläuft sie in den einzelligen Organismen, dem sog. Phytoplankton. Das Phytoplankton nutzt zur Photosynthese das im Meerwasser gelöste Kohlendioxid.

In einem Jahr werden so aus Kohlendioxid insgesamt 200 Milliarden Tonnen Kohlenstoff (2 . 10^{11} t) gebunden. Die Atome dieses Kohlenstoffs werden in komplizierte organische Moleküle, die Biomasse, eingebaut. Eine Tonne organischer Trockenmasse repräsentiert eine chemische Energie von 1,5 . 10^{10} Joule. Das bedeutet, daß die grünen Pflanzen und das Phytoplankton auf der ganzen Welt pro Jahr 3 . 10^{21} Joule durch die Biomasse in chemische Energie umwandeln. Ein Jahr sind etwas mehr als 31 . 10^6 Sekunden. Wenn wir die in einem Jahr verwandelte Energie durch die Zahl der Sekunden eines Jahres dividieren, können wir feststellen, daß durch die Photosynthese mehr als $90 \cdot 10^{12}$ Joule je Sekunde (90 TW) Sonnenstrahlung in chemische Energie der Biomasse umgewandelt wird.

Die Biomasse ist die Materie, aus der die Biosphäre zusammengesetzt ist. In ihr befinden sich insgesamt etwa $8 \cdot 10^{11}$ Tonnen Kohlenstoff, so daß die Biomasse der gesamten Biosphäre rund $12 \cdot 10^{21}$ Joule chemische Energie enthält. Jede Sekunde strömt aus dieser ungeheuren Vorratskammer ein Energiebetrag von $90 \cdot 10^{12}$ Joule ab: durch die Atmung der lebenden Organismen, ihr Absterben und ihren Abfall, durch das Verbrennen von Holz sowie von pflanzlichem und organischem Abfall. Aber die gleiche Menge Sonnenenergie gelangt durch die Photosynthese in die Biosphäre. Interessant ist, daß die grünen Pflanzen auf dem Festland 60 TW, das Phytoplankton dagegen nur 30 TW Strahlungsleistung von der Sonne festhalten, obwohl die Ozeane den größeren Teil der Erdoberfläche einnehmen.

Heute beginnt die Menschheit, die Energie der Biomasse in größerem Maßstab zu nutzen, um die begrenzten Vorräte an Erdöl und Kohle zu ersetzen.

Die Organismen geben Energie aus den organischen Stoffen (der Nahrung) durch die Atmung frei. Dabei wird Luftsauerstoff verbraucht und Kohlendioxid und Wasserdampf werden frei. Die Atmung ist somit der zur Photosynthese entgegengesetzte Vorgang. Die Photosynthese und die Atmung ergänzen und bedingen einander. Sie können einzeln nicht bestehen. Vor etwa zwei Milliarden Jahren entstanden diese beiden Prozesse gleichzeitig.

Die Sonne und der Mensch

Der Mensch ist ein Teil der Biosphäre. Aus ihr schöpft er auch seine Energie in Form von Nahrung, von der er täglich ungefähr $12 \cdot 10^6$ Joule (3000 kcal) benötigt; die Kinder weniger, der schwer arbeitende Mensch mehr. In der Nahrung nehmen wir die in den Molekülen der Eiweiße, Kohlenwasserstoffe und Fette enthaltene chemische Energie auf. Aus der Nahrung nimmt unser Organismus auch das Baumaterial für sein Gewebe.

Ein Tag dauert 86 400 Sekunden. Wenn wir den täglichen Energiebedarf durch die Gesamtzahl der Sekunden dividieren, erhalten wir den Verbrauch in einer Sekunde — 150 Joule. Unser Organismus benötigt also ebenso viel Energie wie eine 150-Watt-Glühlampe. Die in der Nahrung enthaltene Energie ist chemische Energie, während die Glühlampe elektrische Energie aufnimmt

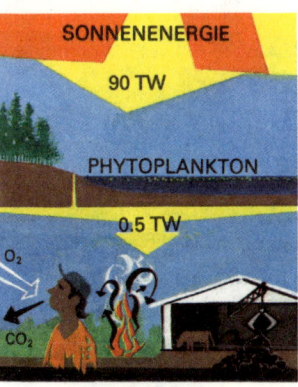

396 Die Photosynthese setzt die Sonnenenergie in chemische Energie um (90 TW auf der ganzen Erde). Aus dieser Energie nimmt die Menschheit nur ein halbes Prozent (0,5 TW) in Form von Nahrung auf

397 Die grünen Pflanzen lagern Sonnenenergie mit Hilfe der Photosynthese ein. Aus Kohlensäure und Wasser bilden sie Zucker, Stärke und andere Stoffe. Von den grünen Pflanzen übernehmen diese Stoffe die Pflanzenfresser, von ihnen die Fleischfresser usw.

und sie in Licht verwandelt. Beide Energiearten sind solaren Ursprungs.

Die grünen Pflanzen setzen die Energie der Sonnenphotonen in chemische Energie komplizierter Moleküle um. Aus den Pflanzen nehmen wir diese Energie entweder direkt (im Obst, im Gemüse, in den Kartoffeln und im Getreide) auf, oder indirekt über Pflanzenfresser (in Form von Milch, Butter und Fleisch) und Allesfresser (Schweinefleisch, Geflügelfleisch, Eier usw.). Zum Abtransport der Nahrung, die ein Mensch während seines ganzen Lebens braucht, wären etwa zwei große Waggons notwendig. Um die Energie für diese Nahrungsmittelmenge liefern zu können, muß die Sonne in ihrem Innern ungefähr ein halbes Gramm Wasserstoff in Helium verwandeln

(Abb. 398). Nur ein halbes Gramm für ein menschliches Leben!

Häufig wird über den Einfluß der Sonnentätigkeit auf den Menschen und andere Mitglieder der Biosphäre gesprochen. Wir denken dabei gerade an den veränderlichen Teil der Sonnenstrahlung. Über den Einfluß der Sonnenaktivität auf die Menschen und die Biosphäre überhaupt wurden Tausende

che Forschungsergebnisse zeigen, daß ein solches Ansteigen der atmosphärischen Störungen auf lebende Organismen, besonders auf den Menschen, nicht ohne Einfluß ist. Durch die Einwirkung der atmosphärischen Störungen befinden wir uns ja in einem wechselnden elektrischen Feld, wodurch die elektrischen Erregungen im Nervensystem gestört sind. Eine der unangenehmsten Fol-

398 Während seines ganzen Lebens bedarf der Mensch einer Nahrungsmittelmenge, die zwei große Eisenbahnwagen füllen würden. In diesen Nahrungsmitteln ist Energie enthalten, für die die Sonne 0,5 g Wasserstoff in Helium umsetzen mußte

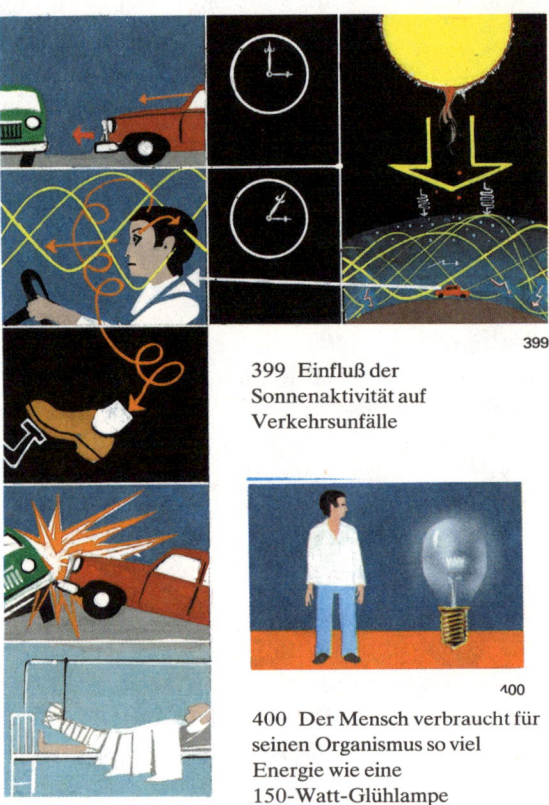

399 Einfluß der Sonnenaktivität auf Verkehrsunfälle

400 Der Mensch verbraucht für seinen Organismus so viel Energie wie eine 150-Watt-Glühlampe

von wissenschaftlichen Arbeiten geschrieben. Es handelt sich hierbei natürlich nicht um eine direkte Einwirkung, denn die veränderliche Komponente der Sonnenstrahlung gelangt durch die Atmosphäre nicht bis an die Erdoberfläche. Bei großen Eruptionen kommt es zu verstärkter Röntgen- und Ultraviolettstrahlung. Beide Strahlungsarten werden jedoch von der Ionosphäre zurückgehalten. Dort rufen sie hohe Ionisierung hervor (die Zahl der freien Elektronen wächst). Die Ionosphäre reflektiert dann die langen Radiowellen (um 10 km) sehr gut. Solche Wellen entstehen in Gewittern bei jedem Blitz. Sie heißen atmosphärische Störungen. Während kräftiger Sonneneruptionen reflektiert die Ionosphäre diese Wellen so gut, daß sie sich bis in Entfernungen von zehntausend Kilometern und mehr ausbreiten. In jedem Augenblick gibt es auf der Erde mehrere Hundert Gewitter und in jeder Sekunde etwa fünfzig Blitze.

In der Zeit starker Sonneneruptionen breiten sich die atmosphärischen Störungen von Gewitterblitzen so gut aus, daß in Europa die atmosphärischen Störungen aus Afrika und aus dem Indischen Ozean, aus dem Südatlantik und sogar aus Indonesien registriert werden können. Das bedeutet, daß wir in Europa in der Zeit der Eruption starken atmosphärischen Störungen ausgesetzt sind. Das Ergebnis ist das gleiche, als ob alle Gewitter der ganzen Halbkugel auf einmal in unserer Nähe niedergehen würden. Zahlrei-

gen ist z. B. die Verlängerung der Reaktionszeit. Das ist die Zeit zwischen dem Erblicken der Gefahr und der Reaktion auf sie – eine Situation, in der sich z. B. ein Kraftfahrer häufig befindet. Gerade bei intensiver atmosphärischer Störungstätigkeit tritt bei den meisten Menschen eine Verlängerung der Reaktionszeit ein, wodurch besonders in den Städten die Zahl der Verkehrsunfälle ansteigt (Abb. 399).

Wiederholen wir nochmals kurz die Kette der Ereignisse, die durch eine Eruption auf der Sonne hervorgerufen wird:

1) In der Sonnenfleckengruppe ändert sich das Magnetfeld. 2) Die freigesetzte magnetische Energie ruft eine Eruption hervor. 3) Die Eruption erwärmt die Korona auf eine hohe Temperatur (bis 50 Millionen Kelvin). 4) Die glühende Korona sendet einen mäch-

tigen Röntgenstrahlungsstrom aus. 5) Die Röntgenstrahlung ionisiert die Ionosphäre, wodurch die Elektronendichte stark ansteigt. 6) Die große Elektronendichte der unteren Ionosphäre erhöht das Reflexionsvermögen für die sehr langen elektromagnetischen Wellen der Blitze (atmosphärische Störungen). 7) Auf uns wirken plötzlich viele atmosphärische Störungen ein. 8) Unsere Reaktionszeit verlängert sich. 9) Verkehrsunfall.

Schon Prof. Čiževský, der das Auftreten der Cholera in Abhängigkeit von der Sonnenaktivität studierte, hat in seinen Arbeiten gezeigt, daß die Sonnenaktivität das Ausbrechen der Cholera stark unterstützt hatte. Es gibt noch eine Reihe weiterer Krankheiten, die offensichtlich mit der Sonnenaktivität zusammenhängen: Hepatitis, Infarkt, Phantomschmerzen, einige geistige Störungen und anderes.

Die Sonne im Dienst des Menschen

Der menschliche Organismus benötigt verhältnismäßig viel Energie. Um zu leben, muß er ständig etwa 150 W Leistung aufnehmen. Gemessen am Energiebedarf im Haushalt, in der Industrie, im Transportwesen, in der Landwirtschaft und anderswo, ist diese Menge sicher sehr klein. Alle Menschen auf der ganzen Welt verbrauchen 8 Milliarden Kilowatt. Da auf der Erde 4 Milliarden Menschen leben, entfallen auf einen Erdbürger durchschnittlich 2 kW. Das ist der Durchschnitt aller Länder, der armen und der reichen, der unterentwickelten und der hochentwickelten. In den höchstentwickelten Ländern steigt der Prokopfverbrauch bis auf 14 kW an, während er in den ärmsten Entwicklungsländern nur bei 200 Watt und weniger liegt. Das Lebensniveau in einem Staat ist, wie wir uns leicht überzeugen können, um so höher, je mehr Energie auf einen Bürger entfällt.

Es ist nur natürlich, daß sich jeder Mensch danach sehnt, besser zu leben. Deshalb wird der Energieverbrauch auf der Erde, besonders in den Entwicklungsländern, weiter wachsen. Die Erde verfügt aber nur über beschränkte Energievorräte, und die nehmen bedenklich ab.

Die heute wichtigste Energiequelle sind die fossilen Brennstoffe – Kohle, Erdöl und Erdgas. Mit Hilfe der Photosynthese haben die grünen Pflanzen und das Phytoplankton in der Vergangenheit eine ungeheure Sonnenenergiemenge gesammelt, die heute in Form von chemischer Energie unter der Erdoberfläche verborgen ist. Wenn wir uns an einer mit Öl oder Kohle befeuerten Heizung wärmen, dann nutzen wir Sonnenenergie lang vergangener Zeiten. Wir kochen, beleuchten unsere Häuser und Straßen und betreiben unsere Verkehrsmittel mit der Energie, die der Erde vor vielen Millionen Jahren von der Sonne zugestrahlt wurde.

Die meiste von den Menschen genutzte Energie ist also fossile Sonnenenergie. Auf unserem Planeten gibt es jedoch noch andere, allerdings nur in beschränktem Maße genutzte Energiearten: a) die Wasserenergie (z. B. in den Talsperren), b) die Windenergie, c) die Wärme der Ozeane (in den OTEC-Einrichtungen – Ocean Thermal Energy Conversion), d) die chemische Energie unserer Biosphäre (Energie der Zugtiere, des Holzes, des pflanzlichen und tierischen Abfalls u. a.). Alle diese Quellen enthalten indirekt Sonnenenergie – in den Fällen a) und b) in Form von kinetischer Energie, bei c) als Wärme und bei d) als chemische Energie. Da sie aus der Sonnenstrahlung ständig ergänzt werden, nennen wir sie regenerierende Quellen. In ihnen wurde Sonnenenergie vor kurzer Zeit gespeichert. Wenn wir beim Holzfeuer sitzen, wärmt uns die in einem Baum vor einigen Jahren eingefangene Sonnenenergie.

In neuester Zeit findet in steigendem Maße die Kernenergie Verwendung. In den Kernkraftwerken wird Uran gespalten und dabei aus all seinen Nukleonen ein Teil ihrer Ruhenergie freigesetzt. Die Kernreaktionen sind bei der Freisetzung von Energie weit wirksamer als die chemischen Reaktionen (z. B. bei der Verbrennung). Woher aber stammt die in den Urankernen verborgene Energie? Die schweren Kerne haben ihren Ursprung in der Zeit vor der Geburt der Sonne, denn sie bildeten sich während des katastrophalen Untergangs früherer Sterne. Ein solcher Untergang heißt, wie wir schon wissen, Supernova, und gerade dabei bildeten sich, bei Temperaturen von vielen Milliarden Kelvin, alle schweren radioaktiven Elemente. Auch die Eigentemperatur der Erde (die geothermale Energie) hat ihren Ursprung im radioaktiven Zerfall der bei der

Explosion der Supernovae gebildeten Elemente. Die Wärme der Vulkane und der Mineralwässer sind der Rest der ungeheuren Hitze der Supernovae, der in Form von Kernenergie in radioaktiven Elementen verborgen blieb.

Die Wissenschaftler der ganzen Welt sind bemüht, einen thermonuklearen Reaktor zu bauen. Er wäre noch besser zur Gewinnung von Energie geeignet als der Kernspaltungsreaktor. Der thermonukleare Reaktor würde die leichten Atomkerne zu schweren Atomkernen verschmelzen, ähnlich wie es die Sonne tut. Für dieses Projekt werden große Summen aufgewandt. Dabei arbeitet in der Natur schon fünf Milliarden Jahre lang ein einwandfrei funktionierender thermonuklearer Reaktor, die Sonne.

Für ihre Vollkommenheit sprechen folgende Gründe:

1) Die Umsetzung des Wasserstoffes in Helium ist im Sonnensystem die wirksamste Art der Energiefreisetzung. Keine andere Kern- oder chemische Umwandlung macht aus einem Stoff so viel Energie frei.

2) Die Sonne ist ein absolut zuverlässig arbeitender Reaktor, denn sie kann niemals explodieren. Sie hat nämlich eine eigene Steuerung. Jede gefährliche Überhitzung führt zur Ausdehnung und damit zur augenblicklichen Abkühlung.

3) Die Sonne ist eine fast unerschöpfliche Energiequelle, denn sie wird noch wenigstens 10 Milliarden Jahre Energie freisetzen.

4) Sie liefert unserer Erde eine enorme Leistung (180 000 TW), viel mehr als der Bedarf der Menschheit. Es erscheint paradox, von einer „Energiekrise" zu sprechen, wenn uns die Sonne zwanzigtausendmal mehr Energie anbietet als alle Menschen zusammen verbrauchen können.

5) Die Energie, die uns die Sonne liefert, ist absolut umweltfreundlich. Sie verseucht unser Lebensmilieu weder chemisch noch durch Radioaktivität.

6) Die Sonnenenergie steht uns völlig kostenlos zur Verfügung.

7) Die Sonne ist so weit entfernt, daß sie niemand zur Zerstörung des Lebens auf der Erde benutzen kann. Sie dient ausschließlich zum Wohle aller Lebewesen. In der Hand des Menschen wurde die Kernenergie ein Werkzeug für Leid und Tod (Hiroshima).

8) Die Sonnenenergie in Form von Photonen ist sehr wertvoll. Sie läßt sich leicht in alle Energieformen umwandeln, die wir im Haushalt, in der Industrie, im Transportwesen und in der Landwirtschaft brauchen.

Die Sonnenwärme

Auf einen dunklen Stoff auffallende Photonen werden absorbiert, d. h. ihre Energie wird in kinetische Energie der Stoffmoleküle verwandelt. Je mehr Photonen von dem Stoff absorbiert werden, um so stärker erwärmt er sich. Dieser Prozeß läuft im großen Maßstab um uns herum ab.

Der Mensch wandelt die Sonnenstrahlung in Wärme für die verschiedensten Zwecke um: zum Züchten von Blumen und Gemüse (in Treibhäusern), für die Warmwasserversorgung der Haushalte, in der Landwirtschaft und in der Industrie, zum Dörren von Obst und Gemüse, Trocknen von Getreide und Futtermitteln (Trockenanlagen), Kochen von Nahrungsmitteln, zur Beheizung der Häuser (Sonnenhäuser), Gewinnung von elektrischem Strom (Wärmegeneratoren), Schmelzen von Metallen, für chemische Reaktionen bei hohen Temperaturen (Sonnenöfen). Für jeden dieser Zwecke kann Wärme durch Umwandlung aus Sonnenstrahlung gewonnen werden. Die Sonnenstrahlung verwandeln wir entweder so, wie sie zu uns gelangt (Abb. 402, 404) oder konzentrieren sie zuerst (Abb. 401). Das hängt von der Temperatur ab, die wir erzielen wollen. Wir unterscheiden danach ebene und fokussierende Kollektoren. In ebenen Kollektoren werden Temperaturen bis 100 °C, in fokussierenden von 150 °C bis 4000 °C erzielt. Hier werden wir nur den ebenen Kollektor beschreiben, der zur Ausnutzung der Sonnenenergie eine der am meisten benutzten Einrichtungen ist.

Ein Sonnenkollektor (Sammler) besteht aus folgenden Hauptteilen: 1) dem Absorber, in dem sich die Sonnenstrahlung in Wärme verwandelt. Er besteht gewöhnlich aus einer schwarzen Platte aus Kupfer-, Eisen-, Aluminium- oder Stahlblech, also einem guten Wärmeleiter;
2) einem isolierten Gehäuse, in dem sich der Absorber befindet, da sonst die Wärme an die kühlere Umgebung abgegeben würde;
3) der Abdeckung, die den Absorber verschließt. Sie läßt zwar die Sonnenstrahlen hinein, die Wärme aber nicht heraus. Das zweckmäßigste Material dafür ist Glas;

4) dem Medium, das die Wärme vom Absorber zum Verbraucher leitet. Dafür eignen sich Wasser, Luft, Öl (Altöl von Kraftfahrzeugen) und verschiedene frostfeste Flüssigkeiten.

Der Wasserwärmer erwärmt Wasser für Haushalte, Industrie und Landwirtschaft. Sein Hauptteil ist der Sonnenkollektor, in dem sich das Wasser erwärmt. Das leichtere

werden zur Beheizung von Häusern benutzt. Ein einfacher und bewährter Kollektortyp ist die Trombe-Wand. Ihr Erfinder, Professor Trombe, war ein weltbekannter französischer Fachmann für die Nutzung der Sonnenenergie. Er konstruierte außerdem auch den Sonnenofen in Odeillo in den Pyrenäen. Die Trombe-Wand ist ein ebener Luftkollektor. Als Absorber dient die Südwand des

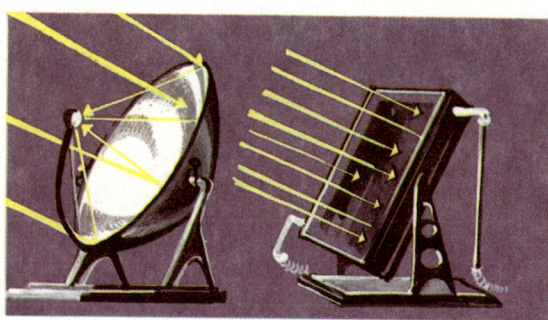

401

402

401 Der fokussierende Kollektor (links) konzentriert zuerst die Sonnenstrahlen in den Brennpunkt, wo sie umgewandelt werden. Der Flächen-Kollektor (rechts) nutzt die Sonnenstrahlung unmittelbar

warme Wasser steigt von allein aus dem Kollektor in den Vorratsbehälter, und an seine Stelle strömt kühleres, schwereres Wasser nach. Das so umlaufende Wasser erwärmt sich immer mehr. Aus dem Vorratsbehälter wird 40 bis 90 °C heißes Wasser (je nach der Wassermenge, der Absorberisolation, der Sonnenstrahlung und der Größe des Kollektors) abgenommen.

Als erwärmter Stoff läßt sich im ebenen Kollektor auch Luft benutzen. Der schwarze Blechabsorber ist gewellt. Dadurch vergrößert sich die Berührungsfläche der strömenden Luft mit dem heißen Absorber. Die Wärmeübertragung aus dem Absorber in die Luft geht deshalb schneller vor sich. Die warme Luft dient in der Landwirtschaft verschiedenen Zwecken, so z. B. zum Trocknen (Sonnentrockner) und Beheizen. Die Luft wird in mehreren Kollektoren erwärmt und steigt in die Trockenkammer auf. Die Trockenkammer ist ein geschlossener Raum, in dem das Trockengut auf Gitterrosten ausgebreitet ist. Die heiße Luft nimmt ihm die Feuchtigkeit, kühlt sich dabei ab, wird schwerer und strömt nach unten. Ihre Feuchtigkeit schlägt sich schließlich im Unterteil der Trockenkammer als Wasser nieder. Die kühle Luft mit einem geringen Wasserdampfanteil strömt erneut in den Kollektor, und der Kreislauf wiederholt sich ganz von allein.

Die ebenen Wasser- und Luftkollektoren

Hauses, die schwarz sein muß. Vor der Wand stehen in Holz- oder Metallrahmen eingesetzte Glastafeln. Die kühle Luft strömt durch eine Öffnung am Boden aus dem Raum, erwärmt sich an der Wand und steigt nach oben. Durch eine bis zwei Öffnungen oben an der Decke dringt die erwärmte Luft in den Raum ein, gibt ihre Wärme an die Wände und die Gegenstände ab, kühlt sich ab und sinkt zu Boden. Durch die untere Öffnung wird sie dann erneut zwischen die heiße Wand und das Glas geleitet, steigt auf usw. Dieser Prozeß erfolgt selbsttätig und erfordert keine Ventilatoren.

Im Sommer wäre ein Haus mit Trombe-Wand unangenehm heiß. Deshalb wird dann die obere Öffnung der Südwand geschlossen. Anstelle heißer Luft strömt kühle Luft durch eine Öffnung in der Nordwand ins Zimmer. Die Nordwand liegt im Schatten, und so ist die Luft im Raum kühl und frisch. Die Trombe-Wand überhitzt die Luft im Raum nicht, sondern kühlt sie. Die Erfahrungen von 1956 bis heute zeigen, daß mit der Trombe-Wand im Jahr etwa 50 % des sonst benötigten Heizmaterials gespart wurden.

402 Das Sonnenhaus bei Aachen. Auf dem Dach sind Sonnenkollektoren montiert, die das Wasser erwärmen, das zur Beheizung des Hauses verwendet wird. Die überschüssige Wärme wird im Keller für die Zeit ungünstigen Wetters gespeichert

Nur bei starker Bewölkung muß geheizt werden.

Mit Hilfe der Sonnenstrahlung läßt sich auch aus Salzwasser oder verunreinigtem Wasser Trinkwasser gewinnen. In der ganzen Welt nimmt die Menge des verfügbaren Trinkwassers ab, und dabei wächst sein Verbrauch ständig. Der Mensch verunreinigt das Wasser durch seine Tätigkeit, und in vielen Gebieten herrscht schon jetzt Wassermangel. Es gibt mehrere Möglichkeiten,

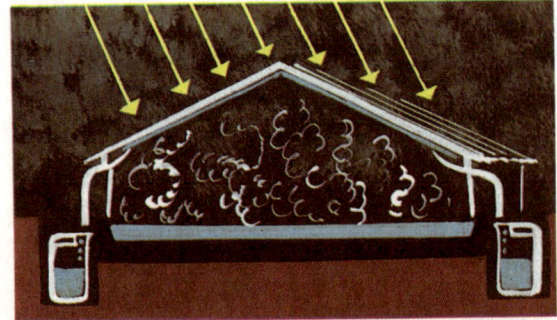

403 Die Sonnendestillieranlage verwandelt Meer- und hygienisch bedenkliches Wasser in Trinkwasser

403

404

404 Die Trinkwassergewinnung in der Wüste mit Hilfe von Folien und Daueranlagen aus Glas (rechts)

Trinkwasser zu gewinnen: aus Meerwasser durch Entsalzung oder Destillation, mit chemischen Mitteln aus Flußwasser, durch Nutzung der in den Gletschern verborgenen riesigen Reserven oder mit Hilfe von Sonnenstrahlung in einer einfachen Anlage – im Sonnendestillator.

Die Natur bietet uns Trinkwasser durch die Verdunstung der Ozeane, zu der es infolge der Sonnenstrahlung kommt. Der Sonnendestillator ist eine Nachahmung der Natur (Abb. 403). Das Salzwasser oder das verunreinigte Wasser wird in einen flachen, breiten Trog geschüttet. Der Boden und die niedrigen Wände des Troges sind schwarz. Die Sonnenstrahlung erwärmt den Trog und das Wasser in ihm. Die Wassermoleküle verdampfen schnell, und zurück bleiben das Salz, die Verunreinigungen und die Krankheitskeime. Das verdampfte Wasser schlägt

sich in Tropfen an dem Glasdach nieder. Das Dach wird durch die Berührung mit der Außenluft gekühlt. Es ist (um mehr als 15°) geneigt, so daß die Tropfen an ihm in die Sammelkanäle zu beiden Seiten des Troges rinnen. Die Kanäle leiten das reine, hygienisch einwandfreie Wasser in Sammelbehälter.

Diese Art der Trinkwassergewinnung mit Hilfe der Sonnenstrahlung wird schon über 100 Jahre lang in den Gruben Las Salinas (Chile) benutzt. Einige Küstenstaaten (z. B. Sri Lanka) gewinnen auf diese Art nicht nur Trinkwasser aus Meerwasser, sondern nutzen zugleich auch das zurückbleibende Salz. Die Verdampfungsrückstände enthalten über 20 Arten verschiedene Salze, die wichtige Rohstoffe für die chemische Industrie sind.

Die Sonne hilft uns, Trinkwasser auch in Gebieten zu gewinnen, in denen großer Wassermangel herrscht. Dazu ist eine Kunststoffolie und ein Gefäß (z. B. eine Konservendose) erforderlich. In der Erde wird eine kleine Grube ausgehoben und das Gefäß hineingesetzt. Dann wird die Folie über das Gefäß gespannt. Ihre Ränder werden mit Erde bedeckt, damit die Luft nicht aus der Grube entweichen kann. Auf die Folie wird ein Stein gelegt. Die Feuchtigkeit in der Grube schlägt sich auf der Folie nieder und tropft in das Gefäß. Auf diese Art kann man mit Hilfe der Sonne sogar in der Wüste in angemessener Zeit bis zu 1 Liter Trinkwasser gewinnen.

Die Sonne und die Elektrizität

Ein Leben ohne elektrische Energie ist für uns fast unvorstellbar. Der elektrische Strom in unseren Wohnungen, in der Industrie usw. ist fast ausschließlich solaren Ursprungs – entweder aus der Kohle oder aus dem fließenden Wasser. Nur einige Prozent der elektrischen Energie stammen heute aus Kernkraftwerken. In Zukunft werden wir jedoch Strom direkt aus Sonnenstrahlung erzeugen.

Es gibt mehrere Arten, wie sich elektrische Energie aus der Sonnenstrahlung gewinnen läßt. (Abb. 405/406).

Direkt in elektrischen Strom wandelt sich die Energie der Photonen in den Solarzellen oder Photoelementen. Die bekannteste Art sind die Zellen aus dünnen Siliziumplättchen. An einer Seite wurden Phosphor- und Bor-Atome so aufgedampft, daß zwischen ihnen ein Übergang entstand. Wenn Sonnenstrahlung auf die Plättchen fällt, trennen sich die negativen Elektronen von den positiven Ionen. Es entsteht ein elektrisches Feld, das die Elektronen wieder mit den

Auf eine waagerechte Fläche von 1 m² fallen in Europa pro Jahr rund 1200 bis 1400 kWh. Auf eine ebenso große, senkrecht zu den Strahlen stehende Fläche über der Erdatmosphäre fallen jährlich 12 000 kWh, also zehnmal mehr. Im Weltraum wechseln Tag und Nacht nicht ab, gibt es keine Wolken, und die Sonnenstrahlung wird von keiner Atmosphäre absorbiert. Die Frage

405 Satellitenkraftzentral (Entwurf). Sie wird einmal in 24 Stunden die Erde über dem Äquator in 36 000 km Höhe umlaufen. Die großen Platten sind mit Sonnenelementen bedeckt. In den Sonnenelementen verwandelt sich die Sonnenstrahlung in elektrischen Strom. Dessen Energie wird in Mikrowellen umgesetzt, die die Antenne auf die Erde entsendet

405

positiven Teilchen vereinigt. Wenn wir die bor- und die phosphordotierte Fläche durch einen leitenden Draht verbinden, kehren die Elektronen zurück, und durch den Draht fließt elektrischer Strom. Von der auffallenden Strahlung wird ungefähr ein Fünftel in elektrische Energie verwandelt (1 dm² Solarzellen liefert etwa 1 Watt). Als Stromquelle bewährten sich diese Zellen in den Satelliten und kosmischen Sonden, auf Leuchttürmen, in Verstärkerstationen, für Telefone an einsamen Orten usw. Es gibt bereits Wohnhäuser, die Strom aus auf dem Dach installierten Solarzellen beziehen. Der bei Tage gewonnene Strom wird in Batterien gesammelt, damit er für die Nacht und für Zeiten ungünstiger Witterung zur Verfügung steht.

liegt nahe, ob es nicht möglich wäre, die Sonnenstrahlung außerhalb der Erdatmosphäre zu sammeln und sie dort mit Hilfe von Sonnenzellen in elektrischen Strom zu verwandeln. Einige Projekte von sog. Satellitenkraftwerken bestehen bereits, und an ihrer Verwirklichung wird gearbeitet. Bekannt ist das Projekt von Peter E. Glazer (Abb. 405).

Die Sonnenzellen sind bei Glazer auf einer Fläche von 5 km . 12 km, d. i. auf 60 km² oder 60 000 000 m², verteilt. Auf sie würde ununterbrochen 60 000 000 m² . 1,4 kW/m², also 84 000 000 kW Strahlung auffallen. Diese Sonnenzellenflächen sollen mit Transportraumschiffen in eine Höhe von 36 000 km über der Erdoberfläche gebracht werden. In dieser Höhe umkreisen die Satelliten einmal in 24 Stunden die Erde. Verläuft die Bahn des Satelliten über dem Erdäquator, bleibt er ständig über derselben Stelle am Äquator. Ein solcher Satellit ist geostationär, denn er ist der Erde gegenüber unbeweglich. Die als geostationäre Satelliten gestalteten solaren Kraftwerke sollen die in Solarzellen gewonnene elektrische Energie in Dezimeter-Radiowellen verwandeln und

hohem Druck und hoher Temperatur gewonnen, der den Turbinen zugeführt wird. Die Dampfturbine treibt einen Generator an, der die kinetische Energie in elektrischen Strom verwandelt.

In kleinerem Maßstab läßt sich die Sonnenstrahlung auf dem Wege über die Wärme auf zwei Arten in elektrischen Strom verwandeln: entweder über eine thermoelektri-

406 Das Sonnen-Wärmekraftwerk. Mit Hilfe vieler drehbarer Spiegel (Heliostaten) wird die Sonnenstrahlung auf den Kessel in vielen Metern Höhe konzentriert. Im Kessel wird aus dem Wasser Dampf gewonnen, der (durch das rote Rohr) in ein klassisches Dampfkraftwerk (ganz links) geleitet wird

406

zur Erdoberfläche senden (Abb. 405). Auf der Erdoberfläche wird die von einer Empfangsantenne aufgefangene Energie in Wechselstrom umgewandelt und an das Netz abgegeben. Nach allen Umwandlungen sollten von den ursprünglich aufgefangenen 84 Millionen kW Sonnenstrahlung etwa 10 Millionen kWh in das Netz gelangen. Einige solcher geostationären Kraftwerke würden genügen, die gesamte für einen mittelgroßen Staat erforderliche elektrische Energie zu liefern.

Indirekt kann elektrische Energie aus der Sonnenstrahlung über Wärme oder über chemische Energie gewonnen werden. Die Gewinnung elektrischer aus Sonnenenergie auf dem Wege über Wärme und mechanische Energie verläuft ähnlich wie bei Wärmekraftwerken. Energiequelle ist hier statt der Kohle die Sonnenstrahlung.

Im Sonnen-Wärmekraftwerk (Abb. 406) wird die Sonnenstrahlung mit Hilfe vieler drehbarer Spiegel (sog. Heliostaten) auf einen in einem Turm angeordneten Kessel konzentriert. Im Kessel wird Dampf von

sche- oder eine Thermoemissionszelle. Die thermoelektrische Zelle besteht aus zwei Drähten aus unterschiedlichen Metallen, die an den Enden miteinander verlötet sind. Eine Lötstelle ist im Brennpunkt des fokussierenden Kollektors angeordnet, die andere wird auf niedrigerer Temperatur gehalten. Durch den Draht fließt elektrischer Strom. Die Thermoemissionszelle besteht aus zwei gleichlaufenden Metallplättchen – den Elektroden. Beide Elektroden sind eng nebeneinander angeordnet (der Abstand beträgt nur den Bruchteil eines Millimeters). Eine Elektrode (die Katode oder der Emitter) erwärmt sich auf eine Temperatur von 1600 K bis 2500 K. Die zweite gegenüberliegende Elektrode (die Anode oder der Kollektor) ist verhältnismäßig kühl – sie hat eine Temperatur von etwa 500 K. Die Elektronen fliegen von der glühenden Katode zur Anode. Dabei übertragen sie nicht nur Wärme, sondern auch elektrische Ladung. Wenn wir beide Elektroden verbinden, bewegen sich die Elektronen durch den äußeren Verbindungsleiter von der Anode zur

Katode, durch den Leiter fließt elektrischer Strom. Die Spannung in den Thermozellen ist niedrig, etwa 0,5 V, und ein Quadratzentimeter ergibt eine Leistung von mehreren Watt.

Schließlich wäre noch die Umwandlung der Sonnenstrahlung auf dem Wege über chemische in elektrische Energie erwähnenswert. Mit Hilfe der Sonnenstrahlung kann Wasser in Wasserstoff und Sauerstoff zerlegt werden. Dadurch wird chemische Energie in den beiden Gasen gespeichert. Bei der Verbindung des Wasserstoffes mit dem Sauerstoff entsteht erneut Wasser, und die gespeicherte Energie wird entweder als Wärme (bei der Verbrennung) oder als elektrischer Strom (im sog. Brennstoffelement) frei. Das Brennstoffelement ist ein Wandler, in dem chemische in elektrische Energie umgesetzt wird. Am bekanntesten ist z. B. ein Brennstoffelement mit Wasserstoff und Sauerstoff. Auf der einen Seite wird Wasserstoff und auf der anderen Seite Sauerstoff zugeführt. Das entstandene Wasser fließt aus der Zelle ab. Der Wasserstoff gibt seine Elektronen an die Katode ab. Von dort bewegen sie sich durch den Außenleiter zur Anode, wo sie vom Sauerstoff übernommen werden. Das negative Sauerstoffion verbindet sich mit dem positiven Wasserstoff zu Wasser.

Die Brennstoffelemente verwandeln chemische Energie direkt in elektrischen Strom. In Zukunft werden sie zweifellos eine wichtige Energiequelle darstellen. Wasserstoff und Sauerstoff lassen sich mittels Sonnenenergie aus Wasser auf mehrere Arten und vor allem in unbeschränktem Maße gewinnen, denn Sonnenstrahlung und Wasser sind reichlich vorhanden. Der Betrieb der Brennstoffelemente ist sauber und geräuschlos. Mit ihrer Hilfe kann elektrische Energie für den Haushalt (bis 12 kW) erzeugt werden. Doch werden auch schon Batterien von Brennstoffelementen mit Leistungen über 10 000 kW hergestellt.

Die Sonne und die mechanische Energie

Die Mechanisierung und Automatisierung heben zwar das Lebensniveau, doch benötigen sie große Energiemengen. Energiequelle für die Mechanisierung sind heutzutage in erster Linie fossile Brennstoffe. Diese stehen jedoch in nur beschränktem Maße zur Verfügung und verunreinigen die Luft. Deshalb sind die Fachleute bestrebt, mechanische Energie aus der Sonnenstrahlung zu gewinnen. Leider ist die Sonnenstrahlung nicht direkt in mechanische Energie verwandelbar. Sie muß zuerst in Wärme und dann durch einen Wärmemotor in mechanische Energie umgesetzt werden. Eine andere Möglichkeit ist, aus der Sonnenstrahlung elektrische Energie zu erzeugen und dann einen Elektromotor zu benutzen.

Die Einrichtung, die Sonnenstrahlung in Wärme und mechanische Energie verwandelt, heißt Sonnenmotor. Es handelt sich hierbei eigentlich um einen Wärmemotor mit Sonnenkollektor. Der Kollektor kann als Flachkollektor oder als fokussierender Kollektor konstruiert sein. Man kann auch direkt die Oberfläche eines tropischen Ozeans als Kollektor nutzen. Die Wärme geht von allein nur aus dem warmen Stoff in den kalten über. Dabei kann ein Teil der strömenden Wärme in mechanische Energie (Arbeit) umgewandelt werden. Jener Teil des Sonnenmotors, in dem der Stoff durch die Sonne erwärmt wird, heißt Verdampfer. Der Teil, in den die Wärme übertritt, ist der Kondensator. Die Erwärmung des Verdampfers wird durch den Sonnenkollektor besorgt, während der Kondensator mit fließendem kaltem Wasser gekühlt wird. Je größer der Unterschied zwischen der Temperatur des Verdampfers und der des Kondensators ist, um so größer ist jener Teil der Wärme, den wir in Arbeit verwandeln können.

Der Sonnenmotor arbeitet folgendermaßen: Die Wärme aus dem Kollektor erwärmt im Verdampfer das Medium (Ammoniak, Propan, Schwefeldioxid u. a.). Die erwärmte Flüssigkeit verdampft und verwandelt sich in Heißdampf von großem Druck. Der Dampf treibt eine Turbine an und führt mechanische Arbeit aus. Durch die Ausdehnung in der Turbine kühlt der Dampf ab; danach wird er in den Kondensator geleitet. Die weitere Abkühlung im Kondensator versetzt ihn in flüssigen Zustand und diese Flüssigkeit wird in den Verdampfer zurückgepumpt.

Die Sonnenpumpe ist ein Sonnenmotor zur Förderung von Wasser aus tiefen Brunnen. Das geförderte Wasser kühlt zugleich den Kondensator. Weltweit arbeiten bereits viele Sonnenpumpen. Sie eignen sich vor allem für Gebiete mit starker Sonnenstrahlung. Sonnenpumpen sind in Wüsten- und Halbwüstengebieten heute schon unentbehrlich.

Die Oberflächenwässer der tropischen Ozeane sind ein natürlicher ebener Kollektor. Sie absorbieren Sonnenstrahlung, erwärmen sich und binden große Wärmemengen. Die Temperatur der Oberflächenwässer der tropischen Ozeane erreicht bis 28 °C. Dagegen beträgt in einer Tiefe um 400 m unter der Oberfläche die Wassertemperatur nur 5 °C. Der Temperaturunterschied von 20 bis 23 °C zwischen der Oberfläche und der Tiefe der tropischen Ozeane kann zum Antrieb von Motoren benutzt werden. Das warme Oberflächenwasser erwärmt den Verdampfer, und das kalte Wasser aus der Tiefe kühlt den Kondensator. Diese Idee des Franzosen J. d'Arsonval von 1881 wurde erstmalig 1929 auf Kuba verwirklicht. Im Jahr 1956 bauten französische Fachleute in Abijan (Elfenbeinküste) ein 3,5 MW leistendes Kraftwerk mit einem ozeanischen Sonnenmotor.

Jeder Kraftwagen wird von Sonnenenergie angetrieben, denn das Benzin bzw. der Dieselkraftstoff wird aus Erdöl destilliert, das fossile Sonnenenergie enthält. Auch die Flugzeuge werden mit fossiler Sonnenenergie betrieben, da auch das Kerosin aus Erdöl gewonnen wird.

Die Rohölpreise sind auf der ganzen Welt angestiegen. Lagerstätten von Erdöl werden nur für zwei bis drei Generationen ausreichen. Außerdem verpesten die Verbrennungsprodukte die Luft, weil sie gesundheitsschädliche Stoffe enthalten. Das alles sind ernste Gründe dafür, das Erdöl durch die Sonnenenergie zu ersetzen. Einige „Sonnenautomobile" wurden bereits geprüft.

1) In Brasilien fahren etwa eine Million Kraftwagen, die am Heck die Aufschrift „movido a alcool" tragen. Es sind Kraftwagen, deren Motor für Äthanol (Äthylalkohol) hergerichtet wurde. Der Äthylalkohol wird durch Gärung aus Zuckerrohr, Maniok und weiteren Pflanzen gewonnen. Die Sonnenautomobile werden also von einer ständig nachwachsenden Energie angetrieben, und ihre Auspuffgase enthalten nur Wasser und Kohlendioxid. Durch Oxydation des Äthanols (C_2H_5OH) kann auch nichts anderes entstehen.

2) Das Wasserstoffautomobil. Wir erwähnten verschiedentlich, daß mit Hilfe der

Sonnenenergie Wasser in Wasserstoff und Sauerstoff zerlegt werden kann. Der Wasserstoff kann anstelle des Benzins zum Antrieb von Kraftfahrzeugen verwendet werden. Da er explosiv ist, wird in den Kraftwagen an Metallen gebundener Wasserstoff (sog. Hydride) benutzt. Daraus wird nach Bedarf gasförmiger Wasserstoff frei.

3) Elektrischer Antrieb. Wasserstoff und

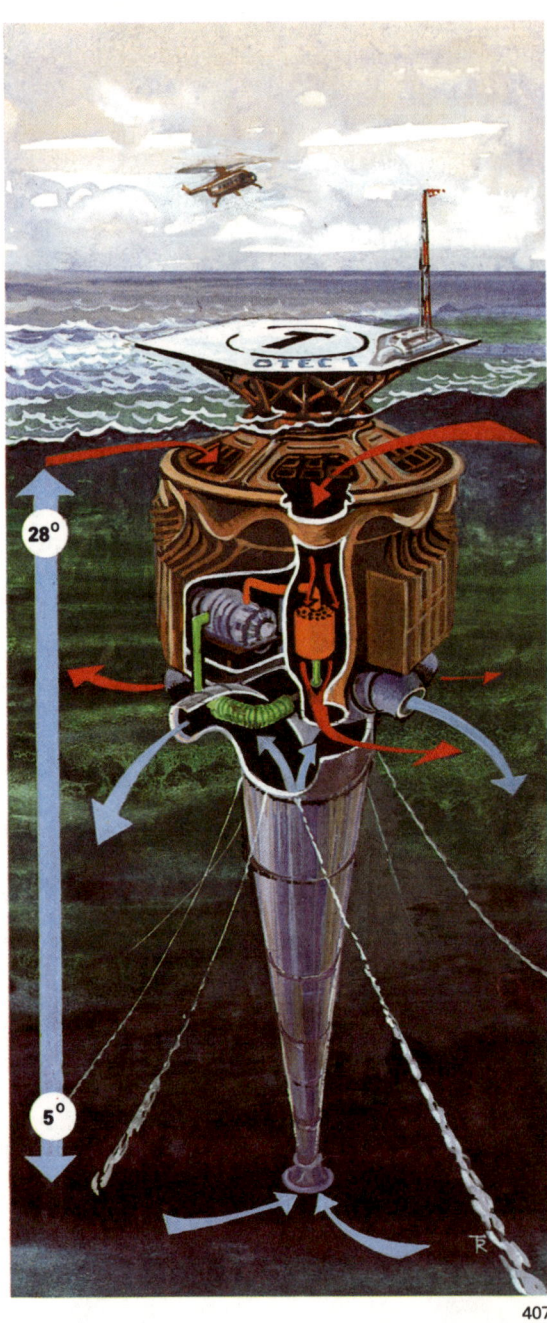

407

Sauerstoff, gewonnen mit Hilfe der Sonnenstrahlung, können in der Brennstoffzelle in elektrische Energie umgewandelt werden (S. 293). Mit dem elektrischen Strom wird dann ein Elektromotor angetrieben. Ein solcher Kraftwagen startet leicht, fährt ge-

407 Die Wärme des Ozeans kann zum Antrieb mächtiger Motoren genutzt werden. OTEC ist eine Art. Von der Wasseroberfläche wird das warme Wasser (25°–28°) abgenommen, und aus der Tiefe kaltes Wasser (5°) gepumpt. Die durch das Temperaturgefälle gewonnene mechanische Energie wird in einem Generator in elektrische Energie umgewandelt

räuscharm und der einzige Verbrennungs-rückstand ist reines Wasser. Auch die von diesem Kraftwagen benutzte Energie ist in unerschöpflicher Menge vorhanden.

Der elektrische Strom für den Antrieb von Kraftfahrzeugen und Sportflugzeugen kann auch mit Solarzellen gewonnen werden. Sie werden auf dem Kraftwagendach oder auf den Tragflächen des Flugzeuges befestigt. Einige derartige Kraftwagen, Karren und Flugzeuge wurden bereits gebaut. Ihre Leistung ist jedoch gering, außerdem fährt das Fahrzeug nur bei Sonnenschein. Wenn aber der in den Solarzellen auf dem Dach eines Hauses gewonnene Strom in einer Batterie gespeichert wird, dann kann das Fahrzeug mit Strom aus dieser Batterie angetrieben werden. Besonders gut eignet sich dieses Sonnenauto für den Betrieb in Städten, wo nicht schnell gefahren wird. Es fährt geräuschlos und verunreinigt die Luft nicht.

Wir konnten nicht alle Veränderungen erwähnen, die durch Sonnenenergie auf der Erdoberfläche möglich sind. Auch konnte nicht in allen Einzelheiten erklärt werden, was die Sonnenenergie dem Menschen alles bietet und ermöglicht. Dennoch zeigen die wenigen Beispiele, wie wichtig die Sonne für den Menschen und für das Leben ist.

XI DER HIMMEL

Wie sehen wir das Weltall von der Erdoberfläche aus

Wir sehen um uns nur ein kleines Stückchen der Erdoberfläche – dieser Gesichtskreis heißt Horizont. Über ihm wölbt sich das Firmament. Das Aussehen des Firmaments hängt davon ab, ob die Sonne über dem Horizont (Tageshimmel), unter dem Horizont (Nachthimmel), oder gerade im Horizont (Sonnenauf- und -untergang) steht. Der Himmel ändert sein Aussehen auch entsprechend der jeweiligen Stellung der Erde auf ihrer Bahn um die Sonne – im Winter sieht das Firmament anders aus als im Sommer.

Die Erde dreht sich um ihre Achse. Jeder Ort auf der Erde ist abwechselnd einmal beleuchtet und einmal im Dunkeln. Am Morgen geht die Sonne am östlichen Horizont auf (Abb. 409). Am Vormittag steigt sie am Himmel hoch und zu Mittag erreicht sie ihre höchste Stellung. Am Nachmittag nähert sie sich langsam dem westlichen Horizont, und am Abend geht sie hinter ihm unter. Über Nacht ist die Sonne unter dem Horizont und für uns unsichtbar. Die Sonne teilt die Zeit in eine helle und eine dunkle Periode – in Tag und Nacht, und den Tag durch ihre Bewegung in Morgengrauen, Morgen, Vormittag, Mittag, Nachmittag, Abenddämmerung und Abend. So sahen es unsere Vorfahren, und dasselbe sehen auch wir, und unsere Nachkommen werden es genauso sehen. Die Astronauten sehen unseren Planeten ganz anders (Abb. 385): halb von den Sonnenstrahlen beleuchtet und halb in Finsternis. Für die auf der beleuchteten Hälfte lebenden Menschen steht die Sonne über ihrem Horizont. Auf der anderen Hälfte, auf die die Sonnenstrahlung nicht auffällt, herrscht Nacht. Die Sonne steht unter ihrem Horizont.

An den Stickstoff- und Sauerstoffmolekülen in der Troposphäre wird die Sonnenstrahlung, vor allem ihr blauer Teil, gestreut. Es ist so, als ob jedes Molekül in der Troposphäre ein schwaches blaues Leuchten ausstrahlen würde. Alle Moleküle zusammen erwecken den Eindruck eines zusammenhängenden blauen Gewölbes über unserem Horizont (Abb. 26). Da die Sterne schwächer als der Himmel strahlen, könnten wir sie bei Tage nur dann sehen, wenn wir uns hoch über der Troposphäre befänden. Bei Tage sehen wir nur unsere nächste Nachbarschaft – die Troposphäre unseres Planeten. Ihr blaues Leuchten überstrahlt alle Sterne und Planeten.

Die Sterne und die übrigen Himmelskörper (die Planeten, Kometen, Nebel, Galaxien usw.) sind nur bei Nacht sichtbar. Dann wird die Sonnenstrahlung nicht in der Troposphäre gestreut, denn die Sonne steht unter dem Horizont. Der Himmel erscheint uns (wenn der Mond nicht scheint) dunkel bis samtschwarz.

Die Erde umläuft auf einer elliptischen Bahn die Sonne, die sich in dem einen Brennpunkt der Ellipse befindet. Unser Planet benötigt für einen Umlauf 365 Tage und sechs Stunden. In dieser Zeit (dem sog. tropischen Jahr) wechseln die Jahreszeiten (Frühling, Sommer, Herbst und Winter) miteinander ab, weil die Erdachse nicht senkrecht zur Erdbahn steht.

Im Juni und Juli ist die nördliche Erdhalbkugel am meisten der Sonne zugeneigt, die zu Mittag hoch über dem Horizont steht und deren Strahlen sehr steil auf den Erdboden auftreffen. Deshalb ist es im Sommer warm, obwohl die Sonne in dieser Zeit von der Erde am weitesten entfernt ist. Im Dezember und im Januar ist die nördliche Halbkugel von der Sonne am stärksten weggeneigt. Zu jener Zeit erscheint uns die Sonne in geringer Höhe am Himmel; ihre Strahlen treffen schräg auf die Erde und wärmen nicht. In der kältesten Zeit sind wir also der Sonne am nächsten. Auf der südlichen Halbkugel ist die Situation umgekehrt.

Während des Jahres ändert sich nicht nur der Tageshimmel, sondern auch, und zwar besonders auffallend, der Nachthimmel. Wir sehen im Sommer andere Sternbilder als im Winter, denn die Nächte sind im Sommer kurz und im Winter lang – die Milchstraße ist anders orientiert.

Von einem anderen Planeten aus würde der Himmel ganz anders aussehen. Auf dem

---

408 Das Weltall, von der Erde aus gesehen, heißt Himmel. Bei Tage sehen wir die Sonne, den blauen Himmel und manchmal auch einen Sonnenhalo (links). Beim Untergang ist die Sonne rot (rechts unten). Das auf dem interplanetaren Staub dispergierte Sonnenlicht erscheint uns abends als Tierkreis- oder Zodiakallicht (links unten). In der Nacht sehen wir auf dem dunklen Himmel zu Sternbildern zusammengefaßte Sterngruppen, Planeten, Monde, Kometen und Nebelhaufen (ganz oben). Hinter der Erde und dem Mond ziehen sich lange Schatten hin (ganz unten), die Sonnen- und Mondfinsternis verursachen

Merkur, der fast keine Atmosphäre hat, wäre der Himmel nicht blau, sondern auch bei Tage schwarz, und die Sonne würde um ein Mehrfaches größer erscheinen als von der Erde aus. Von der Venus aus wären weder die Sonne noch die Sterne zu sehen, denn unsere Nachbarin ist ständig in sehr dichte Wolken eingehüllt. Der Tag ließe sich jedoch von der Nacht gut unterscheiden, denn das

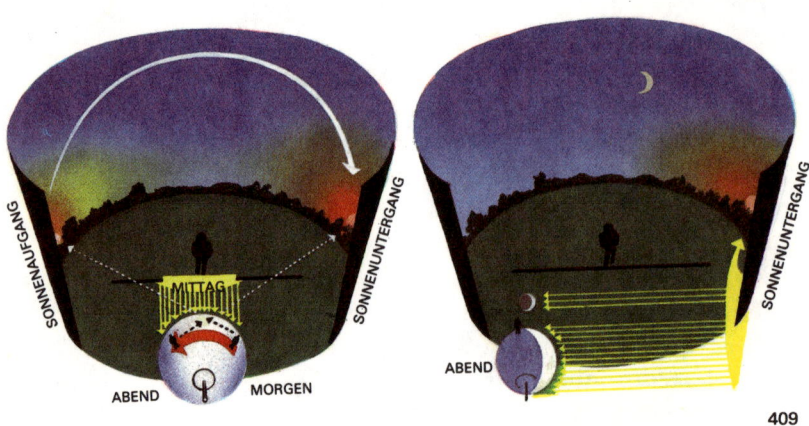

409

409 Der Wechsel von Tag und Nacht wird durch die Drehung der Erde hervorgerufen

Sonnenlicht durchdringt die dichten Wolken der Venus, so daß am Tage die Oberfläche der Venus fotografiert werden könnte. Von den Riesenplaneten Jupiter und Saturn aus würden wir die Sonne weit kleiner sehen als von der Erde aus. Wie der Himmel über der Jupiter- oder Saturnoberfläche aussehen würde, ist eine überflüssige Frage, denn diese beiden Planeten haben keine feste Oberfläche, sondern nur einen festen Kern aus metallischem Wasserstoff. Zu diesem Kern kann von außen kein einziger Sonnenstrahl durchdringen. Von dem am weitesten entfernten Planeten Pluto aus gesehen ist die Sonne nur ganz klein. Auf seine Oberfläche fällt zu Mittag von der Sonne nur so viel Strahlung wie vom Mond auf die Erde in der Nacht bei Vollmond.

Wenn wir uns in der Mitte des Kugelsternhaufens M 13 im Sternbild Herkules befänden, würden wir den Himmel mit leuchtenden Sternen dicht besät sehen. Von der Erde aus ist nur ein Hundertstel davon sichtbar. Aus dem Raum zwischen den Galaxien könnten wir wahrscheinlich mit bloßem Auge keinen Stern sehen. Nur die Galaxien würden als Nebelwolken erscheinen. Kurz und gut: das Aussehen des Himmels hängt von dem Beobachtungsort ab.

Der blaue Himmel

Der Himmel über uns ändert sich ständig. In einer klaren, mondlosen Nacht ist das samtschwarze Himmelsgewölbe mit strahlenden Sternen besät. Steht der Mond am nächtlichen Himmel, so wirft er das Sonnenlicht auf die Nachthälfte der Erde zurück. Wir sehen die Umrisse unserer Umgebung und am Himmel nur die hellsten Sterne.

Bei Tage ist der Himmel häufig mit Wolken verschiedener Formen und Abschattungen bedeckt — von feinen Federwolken bis zu schwarzen Gewitterwolken. Auch der wolkenlose blaue Himmel hat unzählige Schattierungen, die sich an den verschiedenen Stellen am Himmel mit der Tages- und der Jahreszeit verändern. Im Sommer, nach langer Trockenheit, sind viele Staubteilchen in der Luft; die entfernteren Gegenden verschwimmen im Dunst, und der Himmel ist eher weißlich als blau. Nach starken Regengüssen, die den Staub aus der Luft auf die Erde spülen, ist die Luft rein und der Himmel tiefblau.

Die Farbe des Himmels stammt nicht vom Eigenleuchten der Atmosphäre, denn sonst müßte der blaue Himmel auch bei Nacht zu sehen sein. Das blaue Licht des Himmels ist gestreutes Sonnenlicht. Wie wir schon sagten, wird von den Luftmolekülen aus der weißen Sonnenstrahlung vor allem blaues und ultraviolettes Licht gestreut, rote und infrarote Strahlung dagegen nur ganz wenig.

Die auf die Erdoberfläche auffallende Strahlung hat also blaue und ultraviolette Strahlen eingebüßt. Deshalb sehen wir die Sonne nicht weiß, sondern hellgelb. Je niedriger die Sonne am Horizont steht, um so länger ist der Weg, den ihre Strahlen durch die Luft zurücklegen müssen, und um so mehr blaue Strahlung wurde durch die Streuung entfernt. Deshalb ist der Himmel blau und die untergehende Sonne orange bis rot.

Der bewölkte Himmel und das Licht in den Eiswolken

Die Wolken sind verschieden groß, verschieden hoch, verschieden geformt und verschieden gefärbt. Der Wind treibt sie manchmal vom Meer her. Ein anderes Mal erscheinen, wachsen und verändern sie sich

410

vor unseren Augen. Die feinen Federwolken, die höchsten Wolken, zerstreuen die Sonnenstrahlung fast unmerkbar, während die schwarzen schweren Gewitterwolken die Sonne ganz verdecken.

Eine Wolke ist eine große Anhäufung von kleinen Wassertröpfchen oder Eiskristallen. Die Zahl der Tröpfchen in einem Kubikmeter der Wolke kann bis 600 Millionen betragen. Nach ihrer Höhe über der Erde unterscheiden wir drei Gruppen: niedrige, mittelhohe und hohe Wolken (Abb. 300). In den niedrigen Wolken existiert das Wasser in Tröpfchenform. In den hohen Wolken, in denen sehr niedrige Temperaturen herrschen, sind nur Eiskristalle vorhanden. Die höchsten Wolken (5–13 km über der Erde) sind die Feder-, die Schäfchenwolken sowie die feinen Schleierwolken.

Während die Wassertröpfchen kugelförmig sind, weisen die Eiskristalle die verschiedensten regelmäßigen Formen entsprechend der in der Wolke herrschenden Temperatur auf. Die Eiskristalle in den hohen Wolken sind zehn- bis hundertmal größer als die Wassertröpfchen in den niedrigen Wolken. Die Kristalle sind einige Zehntelmillimeter bis einige Millimeter groß. Aus der ungeheuren Vielfalt herrlicher Formen interessieren uns vor allem das sechsseitige Prisma, der sechsseitige Stern und die sechsseitige Säule mit zwei Plättchen. In den aus diesen Kristallen aufgebauten Wolken entstehen um die Sonne verschiedene Lichteffekte, die wir Halo-Erscheinungen nennen. Das Sonnenlicht bricht und spiegelt sich in den Kristallen, was sich in wunderschönen Ringen um die Sonne, helleuchtenden Flecken (sog. Nebensonnen) oder Lichtsäulen und Kreuzen bemerkbar macht.

Die Halos sind einzigartige Naturerscheinungen.

Sehr selten treten alle Halo-Erscheinungen auf einmal auf, wie Abbildung 411 zeigt. Gewöhnlich ist nur ein Teil eines der Kreise, ein Bogen oder eine Säule zu sehen. Einige Halo-Erscheinungen werden auch durch das Mondlicht hervorgerufen. Da die höchsten Wolken am häufigsten im Frühjahr und im Herbst auftreten, sind die Halo-Erscheinungen in jenen Jahreszeiten besonders oft sichtbar.

Je nach der Form und der Lage der Kristalle und auch in Abhängigkeit davon, ob das Licht reflektiert oder gebrochen wird, sehen wir die verschiedenen Halo-Erschei-

410 Die Sonne vom Merkur, von der Venus, der Erde, von einem Saturnmond und vom Pluto aus gesehen

nungen. Am häufigsten kann man den kleinen Halo, einen kleinen farbigen Ring um die Sonne mit einem Halbmesser von 22°, beobachten. Er entsteht an den sechsseitigen Eiskristallen durch Brechung der Sonnenstrahlen. Dabei wird das weiße Sonnenlicht in die Regenbogenfarben zerlegt. Deshalb sehen wir den kleinen Halo auf der Innenseite (in Sonnennähe) rötlich und auf der Außenseite bläulich.

Die Halo-Erscheinungen, besonders der kleine Halo, zeigen Regen an. Das ist verständlich, denn den hohen Wolken folgen häufig mittelhohe und niedrige Wolken, aus denen es regnet.

In den mittelhohen Wolken (rund 3–8 km) aus Wassertröpfchen bilden sich keine Halo-Erscheinungen. Das Licht wird an den feinen Tröpfchen gebeugt. So erklären wir die farbigen Ringe um die Sonne oder den

411 Halo-Erscheinungen

411

Zu beiden Seiten der Sonne zeigen sich in der Nähe des kleinen Halos manchmal Nebensonnen. Sie entstehen durch die Kristalle, die einem sechsseitigen Tisch ähneln.

Der horizontale Kreis entsteht durch Reflexion an den senkrechten Prismen und umfaßt den ganzen Himmel in gleicher Höhe über dem Horizont. Durch Reflexion an den Plättchenkristallen bildet sich die Halo-Säule über der Sonne und unter ihr. Ähnlichen Ursprungs ist die Lichtsäule auf der Wasseroberfläche eines Teiches oder eines Flusses in der Nacht, wenn sich in den Wellen das Licht einer Lampe widerspiegelt. Die horizontalen Kreise und die Lichtsäule bilden zusammen das sog. Sonnenkreuz, eine Erscheinung, die in der Vergangenheit oft abergläubische Angst hervorrief.

Mond. Man sagt: „Die Sonne (oder der Mond) hat einen Hof." Die Ringe sind in Richtung von der Sonne oder vom Mond blau über grün und gelb bis rot gefärbt.

Von den Halo-Ringen unterscheidet sich der Hof durch seine Größe. Der Halbmesser des Hofes ist höchstens 10°, der der Halo-Ringe dagegen 22° oder 45°. Auch die Farbenfolge ist beim Halo entgegengesetzt der des Hofes. Der Hof läßt sich besonders gut beobachten, wenn die Sonne oder der Mond durch eine Wolkenschicht zu sehen sind, die den Himmel teilweise oder ganz bedeckt. Diese Wolke heißt Altostratus, und die Sonne erscheint undeutlich, wie durch mattes Glas (Abb. 300).

Die häufigste optische Erscheinung in der unteren Wolkenschicht (unter 2 km) ist der

Regenbogen. Er entsteht durch Zerlegung des Sonnenlichtes in den Regentropfen (Abb. 412).

Der Regenbogen
— Sonnenstrahlung im Regen

In den unteren Wolkenschichten schließen sich die winzigen Tröpfchen zu großen Trop-

 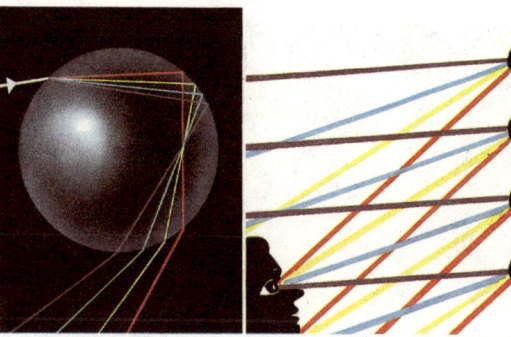

412 Der Regenbogen — Zerlegung der Sonnenstrahlen im Regentropfen

412

fen zusammen, die schwer sind und als Regen auf die Erde fallen. Rund eine Million dieser winzigen Tröpfchen bilden zusammen einen Regentropfen in der Wolke. Der Sonnenstrahl dringt in einen jeden Regentropfen ein, wird gebrochen und in die Spektralfarben zerlegt. Im Inneren des Tropfens wird er reflektiert und tritt als farbiges Strahlenbündelchen in Erscheinung. Diese Lichtzerlegung verläuft in sehr vielen Tropfen, und alle einzelnen farbigen Strahlenbündelchen sehen wir zusammen als Regenbogen (Abb. 412). Von dem auf den Tropfen auffallenden weißen Strahl und dem austretenden farbigen Strahlenbündel wird ein Winkel von ca. 42° eingeschlossen. Den Regenbogen sehen wir auf der der Sonne entgegengesetzten Seite. Wenn sich hinter dem Regenbogen ein Wald, ein Berg oder ein Felsen befindet, erscheint uns der Regenbogen nahe. Der Regen, auf dem er entstand, kann von uns nur wenige Meter oder aber auch bis zu zwei Kilometern entfernt sein. Übrigens, jene von uns, die früh oder abends mit dem Sprühschlauch ihren Garten gesprengt haben, konnten sich „private" Regenbogen herstellen.

Ich sah einmal aus dem Fenster eines Flugzeugs etwas Interessantes. Von der linken Seite schien die Sonne, und auf der rechten Seite regnete es aus einer großen Wolke. Rechts, schräg unter uns, wölbte sich ein großer bunter, runder Streifen, in dessen Mitte sich der Flugzeugschatten bewegte. Der Außenrand des Streifens war rot, der innere blau und dazwischen reihten sich die übrigen Regenbogenfarben. Dieser Regenbogen war kreisförmig. Auf der Erde können wir ihn nur als Bogen sehen, der um so größer ist, je niedriger die Sonne am Horizont steht und je höher unser Standort ist. Wenn wir auf einem hohen Turm stünden und der Regen nahe und der Sonne gegenüber wäre, könnten wir auch dort den Regenbogen als geschlossenen Kreis sehen.

Der geschilderte Regenbogen ist ein sog. Hauptregenbogen. Über dem Hauptregenbogen wölbt sich häufig noch ein Nebenregenbogen. Er ist immer lichtschwächer, und die Reihenfolge seiner Farben ist umgekehrt als beim Hauptregenbogen, d. h. der Innenrand des Nebenregenbogens ist rot und der Außenrand blau. Der Nebenregenbogen entsteht durch doppelte Reflexion im Regentropfen.

Die Dämmerung

In der Nacht befinden sich unser Standort und die Atmosphäre über uns im Erdschatten. Der Übergang zwischen Tag und Nacht erfolgt nicht schlagartig. Nach Sonnenuntergang befindet sich unser Standort zwar schon im Schatten, aber die Atmosphäre über uns ist noch eine Stunde und länger von den Sonnenstrahlen beleuchtet. Auch wenn auf der Erdoberfläche schon Nacht herrscht, scheint in der Atmosphäre über uns noch ein Teil des Tageshimmels übriggeblieben zu sein. Die Grenze zwischen Schatten und Sonnenstrahlen steigt schnell, bis sie die Atmosphäre über uns verläßt. Der Übergang vom Tag zur Nacht heißt Abenddämmerung und der von der Nacht zum Tag Morgendämmerung.

Abenddämmerung

Die Sonnenstrahlen werden nach Sonnenuntergang an den Stickstoff- und Sauerstoffmolekülen gestreut, ehe sie uns erreichen. Längs des westlichen Horizonts, wo die Sonne unterging, zieht sich eine Reihe farbiger, waagerechter Streifen hin. Ihre Farbe verändert sich mit der Höhe – von purpurrot

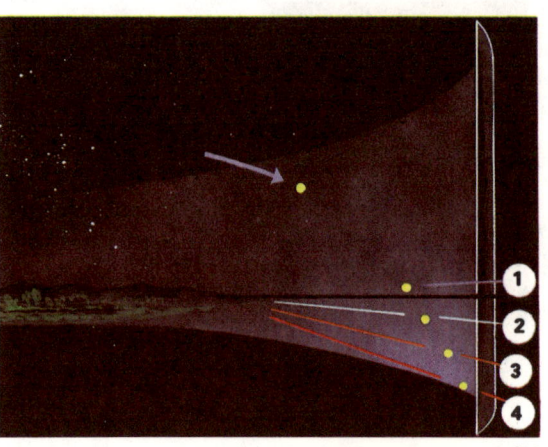

413 Wenn die Sonne am Horizont (1) steht, endet der Tag, und es beginnt die Dämmerung. Je nachdem, wie tief die Sonne unter den Horizont sinkt, unterscheiden wir eine bürgerliche Dämmerung bis 6° (2), eine nautische bis 12° (3) und eine astronomische bis 18° (4)

413

am Horizont über orange, weißgelb, gelb, hellblau bis dunkelblau. Diese ausgedehnten waagerechten Streifen wirken auf uns alle durch ihre ungewöhnliche Ruhe und ihren Frieden. So wie die Sonne unter den Horizont sinkt, ändern sich die Farben der Streifen im Westen und die Streifen verlieren an Helligkeit.

Auf der anderen Seite – am östlichen Horizont – sehen wir den auf die Atmosphäre projizierten Erdschatten. Dieser bläulichgraue Streifen knapp über dem Horizont steigt langsam hoch, ist bis zu einer Höhe von 6 Grad über dem östlichen Horizont sichtbar und verschwindet dann.

Wenn die Sonne am Abend 18° unter den westlichen Horizont gesunken ist, beleuchten ihre Strahlen die Atmosphäre so schwach, daß die Eigenstrahlung des Nachthimmels die gleiche Intensität aufweist. In diesem Moment endet die „astronomische Dämmerung", denn nach ihr beginnt die samtschwarze Nacht, die sich für astronomische Beobachtungen eignet. Wenn die Sonne 0 bis 6 Grad unter dem Horizont steht, setzt die „bürgerliche Dämmerung" ein. Für die Orientierung auf dem Meer wurde die sog. „nautische Dämmerung" eingeführt, d. i. die Zeit, wenn die Sonne zwischen 6 und 12 Grad unter dem Horizont steht (Abb. 413).

Wenn wir uns in der freien Natur befinden, sollten wir uns die Beobachtung des Sonnenunterganges und das Spiel der Farben, des Lichtes und der Dunkelheit bei Dämmerung nicht entgehen lassen.

Der Nachthimmel

Wenn die Sonne 18 Grad unter den Horizont gesunken ist, endet die astronomische Dämmerung und es beginnt die richtige Nacht. Am dunklen Himmel sind jetzt auch sehr schwache Sterne zu sehen, weil die Atmosphäre nicht mehr von der Sonne beleuchtet wird. Und dennoch strahlt der Nachthimmel. Dafür gibt es sechs Ursachen:

1) Das von den Luftmolekülen, den Wassertropfen und von feinem Staub gestreute Licht der Städte. Die Astronomen werden durch dieses Licht künstlichen Ursprungs sehr in ihrer Arbeit behindert. Deshalb werden die Observatorien weit entfernt von Zivilisationszentren gebaut, die Licht, Rauch, chemische Verunreinigungen und Wärme produzieren und Radiostörungen verursachen.

2) In der Atmosphäre verlaufen verschiedene chemische Reaktionen, es finden Rekombinationen der Elektronen mit den Ionen statt, und dabei wird Energie in Form von Licht frei. Diese Strahlung ist sehr schwach und mit bloßem Auge nicht wahrnehmbar. Sie stört aber die Astronomen, wenn sie sehr schwache Objekte am Nachthimmel photographieren und dabei lange belichten müssen.

3) Das zerstreute Mondlicht in der Troposphäre, wenn der Mond am Nachthimmel ist. Es ist das Gegenstück zum blauen Taghimmel. Das Mondlicht ist allerdings viel schwächer als die Sonnenstrahlung bei Tage. In einer Mondnacht können wir nur die hellsten Sterne sehen, schwache sind unsichtbar. In den Eiskristallen in den hohen Wolken wird das Mondlicht gebrochen und bildet um den Mond Halo-Erscheinungen, deren Farben aber nicht so ausgeprägt sind, wie der Halo um die Sonne.

4) Die Polarlichter (Lumineszenz der Atmosphäre in Höhen über 100 km) haben die Form von Draperien, Strahlen, diffusen Flächen usw. Verschiedene Farben, von weißlich-grün bis sattrot verleihen diesen Formen Buntheit und Vielfalt. Polarlichter werden

durch starken Sonnenwind verursacht. Bei mächtigen Eruptionen auf der Sonne zeigt sich das Polarlicht auch in den gemäßigten Zonen, wo es ein ungewöhnlich schönes Schauspiel darstellt.

5) Das Zodiakallicht ist ein hoher schwachleuchtender Kegel. Es ist Sonnenlicht, das von unzähligen Staubkörnchen im interplanetaren Raum zur Erde reflektiert wird. In einer mondlosen Nacht ist es im Februar und März im Westen nach Sonnenuntergang oder im September und Oktober im Osten vor Sonnenaufgang zu sehen. Längs der Ekliptikebene, bis jenseits der Erdbahn, breitet sich eine große Wolke feinen Staubes aus. Jedes Staubkorn in dieser ausgedehnten Wolke ist eigentlich ein ganz kleiner Planet, denn es umkreist die Sonne, ähnlich wie die wirklichen Planeten. Die Wolke ist abgeflacht und besteht hauptsächlich aus Resten des ursprünglichen Materials, aus dem vor viereinhalb Milliarden Jahren die Planeten und ihre Monde entstanden. Das Sonnenlicht wird an feinem Staub reflektiert und gestreut, der dadurch auf dem Nachthimmel für uns sichtbar wird. Besonders gut ist er im Februar und im März nach Sonnenuntergang sowie im September und Oktober vor Sonnenaufgang zu sehen. Zu dieser Zeit steht nämlich der Zodiakallichtkegel fast senkrecht zum Horizont und reicht nahezu bis zum Zenit.

6) Die Teilchen der flachen Staubwolke fallen sehr häufig zur Erde, ohne aber ihre Oberfläche zu erreichen. Sie erwärmen sich beim Durchfliegen der Atmosphäre so stark, daß sie schon in ungefähr 100 km Höhe zu glühen beginnen und verdampfen. Dabei leuchten sie. Dieses Aufleuchten der nur etwa sandkorngroßen Stäubchen in der oberen Atmosphäre heißt Meteor oder Sternschnuppe. Das Licht des Meteors rührt von der kinetischen Energie der Teilchen her, die bedeutend ist, denn die Teilchen bewegen sich in der Atmosphäre sehr schnell (mit 30–70 km/s) fort.

Alle angeführten Strahlungsarten am nächtlichen Himmel kommen aus dem uns nächsten Bereich des Weltalls: aus der Erdatmosphäre (1 bis 4 und 6) oder aus dem nahen, keine ganze Licht-Viertelstunde entfernten interplanetaren Raum (5). Auch die Planeten am Nachthimmel und die manchmal so klar sichtbaren Kometen sind nicht sehr weit von uns entfernt. Ihr Licht, oder genauer gesagt, das von ihnen reflek-tierte Sonnenlicht, läuft zu uns in weniger als einer Stunde. Vom entferntesten, mit bloßem Auge sichtbaren Planeten Saturn, braucht es etwa eine Stunde und zwanzig Minuten.

Einige Photonen des Nachthimmels sind also nur Tausendstelsekunden alt, wenn sie in unser Auge fallen, so z. B. die Photonen des Polarlichtes, eines Meteors usw. Andere Photonen sind einige oder Dutzende Minuten alt, wie die Photonen von den Planeten, den Kometen oder vom Zodiakallicht. Die meisten dieser Photonen stammen von der Sonne und werden von den Planeten bzw. Kometen nur zurückgeworfen.

Der schwarze, mondlose Himmel ist mit Sternen besät. Durch die Drehung der Erde gehen zwar die Sterne auf und unter, aber ihre Lage zueinander ändert sich scheinbar nicht. In Wirklichkeit bewegen sich die Sterne sehr schnell – von einigen Kilometern bis Hunderten von Kilometern in der Sekunde. Wegen der enormen Entfernungen der Sterne scheint uns aber ihre Bewegung sehr langsam: wir müßten sie viele Tausende von Jahren beobachten, um ihren Ortswechsel mit bloßem Auge zu sehen.

Die Photonen der vielen Sterne am Nachthimmel sind einige Jahre bis Tausende von Jahren auf dem Wege, ehe sie unser Auge wahrnimmt. Es sind in der Photosphäre der Sterne geborene und nicht, wie im Fall der Planeten und Kometen, reflektierte Photonen. Die Photonen, die vor vielen Jahren bis Jahrtausenden geboren wurden, erreichen uns aus dem Weltall und informieren uns über Sterne. Wie die Sterne heute aussehen, wissen wir nicht. Der Blick in die Tiefen des Weltalls ist zugleich ein Blick in die Vergangenheit. Sie liegt um so länger zurück, je weiter die Sterne von uns entfernt sind, die wir beobachten.

Die Sternbilder – Sterngruppen am Himmel

Die Namen der Sterne und der Sternbilder entstanden vor rund siebentausend Jahren. Die Griechen, die Chinesen und die Völker am Nil, Euphrat und Indus verbanden die Sterne zu Gruppen und gaben ihnen die Namen ihrer Götter, Helden und Tiere. Ihre Vorstellungen haben sich bis heute erhalten. Damals war die Kenntnis der Sternbilder für das praktische Leben weit wichtiger als heute. Für die Ackerbauern, die Hirten, die Seefahrer und die Karawanen war der Sternhimmel Uhr und Kalender und half bei der Orientierung.

Beim Studium der Sternbilder war die Menschheit nicht nur von praktischen Bedürfnissen, sondern auch von natürlicher Wißbegierde geleitet, die die Griechen, die Ägypter und die Mesopotamier vor mehr als

414 Die Erdachse ändert langsam ihre Lage im Raum (sog. Präzession). Der Nordpol beschreibt am Himmel einmal in 26 000 Jahren einen Kreis. Die Ursache dafür ist die Einwirkung der Gravitationskraft des Mondes und der Sonne auf die Erde. Heute liegt der Nordpol ganz nahe beim Polarstern (2) und in 13 000 Jahren wird er beim Stern Wega im Sternbild Leier (1) stehen

415 Die Bewegung (1) der Pole (0) infolge der Präzession bestimmt, welche Sternbilder unsichtbar sind. Die Sternbilder wurden in einer Zeit benannt und umgrenzt, wo die ältesten Zivilisationen die im Bild rot umrandeten Teile des Himmels nicht sahen. Heute sehen wir in nördlichen Breiten die Sternbilder im gelb angezeigten Teil (2) nicht. Die Verschiebung des roten Kreises an die Stelle des gelben dauerte 7 000 Jahre

414

hundert Generationen besaßen und die auch in uns lebt. Wir wollen gleichfalls wissen, was die Sterne sind, warum sie leuchten, wie sie entstanden und wie sie untergehen, ob sie auch Planeten haben. Auch wir stellen uns viele Fragen, die uns beim Anblick des Sternhimmels in den Sinn kommen. Eine ganze Anzahl dieser Fragen konnte die moderne Astronomie dank der mächtigen Radioteleskope und der neuesten Erkenntnisse über die Elementarteilchen, aus denen das Weltall aufgebaut ist, beantworten.

Achtundvierzig Sternbilder des heutigen Himmels sind dem Katalog des griechischen Astronomen Ptolemäus „Almagest" aus dem Jahre 137 u. Z., der bis in die Mitte des fünfzehnten Jahrhunderts benutzt wurde, entnommen. Dieses Werk wurde im 9. Jh. aus dem Griechischen ins Arabische über-

setzt — der arabische Titel „Almagest" bedeutet „der Größte". Im zwölften Jahrhundert wurde das Werk ins Lateinische übertragen. Das Buch stellt eine Zusammenfassung der Astronomie zur ptolemäischen Zeit dar und enthält außerdem ein Verzeichnis von 1022 Sternen. Aber die Namen der Sternbilder und die Bezeichnung vieler Sterne im ptolemäischen „Almagest" sind viel älter als die griechische Kultur.

Die Fachleute bewiesen, daß alle 48 Sternbilder in einer verhältnismäßig kurzen Zeitspanne von einer Gruppe von Beobachtern, wahrscheinlich in Mesopotamien oder in Kleinasien, am Himmel abgegrenzt wurden. Wie beweisen sie das? Jene 48 Sternbilder bedecken nicht den ganzen Himmel, denn ein kleiner Teil der südlichen Halbkugel enthält keines der im „Almagest" angeführten Sternbilder. Aus der Größe dieses Teils kann geschlossen werden, in welcher geographischen Breite jene alten Beobachter, die die Sternbilder bezeichneten, gelebt haben. Man errechnete 35°. Das Himmelsgebiet ohne die ursprünglichen Sternbilder war für die Bewohner des 35. nördlichen Breitengrades damals unsichtbar. Je kleiner die geographische Breite ist, von wo wir den Himmel beobachten, um so kleiner ist der für uns sichtbare Teil um den Südpol des Himmels. Am Äquator würden wir von Pol zu Pol — also alle Sternbilder — sehen. Wenn wir die Karte betrachten, stellen wir fest, daß der 35. Breitegrad den Gebieten mit den ältesten Kulturen — Naher Osten, Mesopotamien, Persien und Nordindien — entspricht.

Wann wurden die Sternbilder abgegrenzt? Hier hilft uns die Präzession. Der Südpol und der Nordpol bewegen sich langsam an der Himmelsphäre. Sie beschreiben einmal in 26 000 Jahren einen großen Kreis. Zu der Zeit, als die 48 Sternbilder abgegrenzt wurden, befand sich der südliche Himmelspol in der Mitte des unsichtbaren Teils. Wir kennen also auch die Lage, in der sich der südliche Himmelspol in jener Zeit befand (Abb. 415). Heute ist er an einer ganz anderen Stelle. Er hat inzwischen 96 Grad zurückgelegt. Da der Pol infolge der Präzession in 26 000 Jahren einen vollen Kreis zurücklegt, hat er nach unseren Berechnungen für die 96 Grad etwa 7000 Jahre gebraucht, oder mit anderen Worten — die 48 ursprünglichen Sternbilder wurden im Nahen Osten 5000 Jahre vor unserer Zeitrechnung abgegrenzt und benannt.

Die Sternbilder sind ganz zufällige Gruppierungen von Sternen, die heute anders aussehen als vor hunderttausend Jahren und anders als in hunderttausend Jahren, da sich die Sterne am Himmel langsam bewegen. Die Sternbildfigur ändert sich auch deswegen, weil einige Sterne ihr Leben beenden und neue erscheinen. Außerdem gilt die Zusammenstellung der Sterne zu den bekannten Sternbildern nur für uns, nahe der Sonne und in unserer Galaxis. Wenn wir intelligente Bewohner im Planetensystem eines z. B. zehntausend Lichtjahre entfernten Sterns fragen könnten, würden wir erfahren, daß ihre Sternbilder ganz anders aussehen und daß an ihrem Himmel ganz andere Sterne scheinen als an unserem. Sie würden dieselben Galaxien (z. B. die Galaxie M 31) sehen, die auch für uns sichtbar ist, allerdings in, oder besser gesagt, hinter ganz anderen Sternbildern, denn die Galaxien sind viel weiter entfernt als die Sterne.

Unser ganzer Himmel ist heute in 88 Sternbilder eingeteilt. Jedes Sternbild hat einen Namen, z. B. Großer Bär, Fuhrmann, Adler usw. Da aber die Astronomen der ganzen Welt die lateinischen Bezeichnungen, wie Ursa Maior, Auriga, Aquila usw. benutzen, führen wir hier hinter dem deutschen Namen auch den lateinischen (im ersten und im zweiten Fall) an, also Großer Bär, Ursa Maior, Ursae Maioris. Hinter der lateinischen Bezeichnung steht die Abkürzung des Sternbildnamens, z. B. UMa, Aur, Aql usw. Der zweite Fall und die Abkürzungen werden allgemein zur Bezeichnung der Sterne am Himmel benutzt.

Helle oder wichtige Sterne tragen eigene Namen, z. B. Sirius, Polarstern usw. Am häufigsten wählt man jedoch zur Bezeichnung der Sterne in einem Sternbild die Buchstaben des griechischen Alphabets. Die Reihenfolge der Buchstaben entspricht zugleich im allgemeinen der fallenden Helligkeit der Sterne. So ist z. B. α Canis Maioris (Sirius) der hellste Stern im Sternbild Großer Hund. Großbuchstaben des lateinischen Alphabets, beginnend mit dem Buchstaben R, tragen die veränderlichen Sterne, z. B. R Coronae Borealis.

Nebel, Sternhaufen und hellere Galaxien haben entweder eigene Namen (z. B. Schleiernebel und Praesepe), oder sie sind mit der Ordnungszahl im Messier-Katalog (Abkürzung M) bezeichnet. So ist z. B. M 44

Praesepe (die Krippe), M 31 die große Galaxie in der Andromeda usw. Der französische Astronom Charles Messier veröffentlichte 1784 einen Katalog nebeliger Gebilde am Himmel, damit sie nicht mit Kometen verwechselt werden. Viele der 109 Objekte in Messiers Verzeichnis erwiesen sich später als Sternhaufen oder Galaxien, andere wieder waren „echte" Nebel. Ein viel vollständigeres Verzeichnis veröffentlichte hundert Jahre später (1888) der dänische Astronom

J. L. Dreyer im Observatorium Armagh in Irland. Es umfaßt fast achttausend Nebel, Sternhaufen und Galaxien. Sein Katalog heißt New General Catalogue (NGC). Hinter der Abkürzung folgt die Ordnungszahl, z. B. NGC 1976 ist der große Orionnebel. Hellere Objekte haben zwei Bezeichnungen – z. B. NGC 1976 ist dasselbe wie M 42, NGC 224 wie M 31 (die Galaxie in der Andromeda) usw.

Um die Größe der Sternbilder vergleichen zu können, ist auf jeder Karte die Abszisse angegeben, die 10 Grad, das sind etwa 20 Monddurchmesser, entspricht.

Die weiteren Kapitel handeln von den bekanntesten Sternbildern sowie von ihrer Geschichte und den in ihnen befindlichen bekanntesten Objekten. Auf den Karten tragen sie nachstehende Symbole

sehr schwach leuchtender Stern, aber mit bloßem Auge sichtbar ●

schwach leuchtender Stern ✦

mittelheller Stern ✶

heller Stern ✷

sehr heller Stern ✴

veränderlicher Stern, mit bloßem Auge nicht sichtbar ○

veränderlicher Stern, mit bloßem Auge sichtbar ⊙

Sternhaufen ⁘

planetarischer Nebel ◯

diffuser Nebel ▨

Galaxie ⬭

Meteorstromradiant ◯

STERNBILDER UM DEN NORDPOL

Der Pol ist jener Punkt am Himmel, um den sich alle Sterne drehen. Es handelt sich dabei natürlich nur um eine scheinbare Drehung des Himmels, die ihren Ursprung in der Rotation unserer Erde hat. Der nördliche Himmelspol liegt nahe dem Polarstern und die Sterne, die wir ständig über dem Horizont sehen, heißen nördliche Zirkumpolarsterne. Von den Sternbildern, die den Südpol des Himmels umkreisen, sehen wir nichts oder nur einen Teil. Sie sind ständig unter dem Horizont und heißen südliche Zirkumpolarsterne.

Von den nördlichen Zirkumpolarsternen ist das Sternbild Großer Bär, dessen Hauptsterngruppe auch als Großer Wagen bezeichnet wird, das bekannteste. Es ähnelt einem großen Schöpflöffel oder einem Wagen mit geknickter Deichsel. An Mai-Abenden steht es hoch über unserem Kopf. Nach der Karte ist es leicht zu finden und hilft uns beim Suchen weiterer Sternbilder.

Die Deichsel des Großen Wagens ist zum hellen Arktur im Sternbild Ochsentreiber (Bootes) und weiter zur Spica in der Jungfrau (Virgo) gerichtet. Wenn wir die Hinterräder (Merak und Dubhe) verlängern, finden wir den Polarstern und das Sternbild Kleiner Bär (Kleiner Wagen). Der Polarstern weist nach Norden und ist für die Orientierung bei Nacht sehr wichtig. Einfach aufzufinden ist auch die Kassiopeia. Sie liegt in bezug auf den Polarstern auf der gegenüberliegenden Seite des Großen Wagens und hat die Form eines W oder eines breitgezogenen M, je nachdem, wann wir sie betrachten.

Zwischen dem Kleinen Wagen und der Kassiopeia befindet sich der Kepheus (Cepheus). Dieses Sternbild ist nicht auffällig, und um seine Hauptsterne aufzusuchen, müssen wir die Sterne der umliegenden Sternbilder, z. B. α und β der Kassiopeia zur Hilfe nehmen. Wenn wir die Verbindungslinie beider Sterne viermal verlängern, kommen wir zu α Cephei. Mit Hilfe dieser Sterne und der Sternkarte finden wir die näheren und weiteren Sterne des Sternbildes.

Großer Bär (Großer Wagen)
Ursa Maior, Ursae Maioris, UMa

Der Große Wagen ist das bekannteste Sternbild unseres Himmels. Seine sieben hellsten Sterne haben die Form eines Wagens oder eines Schöpflöffels. Die Völker Mesopotamiens, Nordasiens, die Phönizier, die Perser und die Griechen sahen dieses Sternbild als Bären. Eigenartig ist, daß auch die nordamerikanischen Indianer es Bär nannten. Ist es ein Zufall oder brachten die Indianer den Namen mit, als sie von Asien nach Amerika über die Beringstraße zogen?

Die Griechen erklärten die Entstehung des Sternbildes Großer Bär durch folgende Sage. Die arkadische Prinzessin Kallisto erregte durch ihre Schönheit die Eifersucht Heras, der Gattin des höchsten Gottes Zeus. Sie wurde deshalb von der erzürnten Göttin in eine Bärin verwandelt und in den Wald gejagt. Vergeblich bat Kallisto, ihr die menschliche Gestalt zu lassen. Hera ließ sich nicht erweichen, und die Prinzessin mußte im Wald herumirren. Sie fürchtete die wilden Tiere und vergaß ganz, daß sie nun selbst eines war. Bald war ihre Furcht aber vor den Jägern und ihren Hunden noch größer. Einmal erkannte sie unter ihren Verfolgern ihren Sohn Arkas. Sie näherte sich ihm und versuchte ihn zu umarmen. Arkas wollte sich schützen und richtete den Speer auf seine Mutter. Um die frevelhafte Tat zu verhindern, verwandelte Zeus im letzten Moment auch den Sohn in ein Tier — in einen kleinen Bären. Da er aber beide liebte, versetzte er sie an den Himmel — als Großen und Kleinen Bären.

Der mittlere Deichselstern des Großen Wagens heißt Mizar (arabisch Gürtel). Er ist von uns achtundsiebzig Lichtjahre entfernt. In seiner nächsten Nähe befindet sich ein schwächerer Stern, Alkor, der häufig als Augenprüfer benutzt wird. Mit einem kleinen Fernrohr kann man feststellen, daß Mizar ein Doppelstern ist. Es sind also drei Sterne vorhanden: Mizar, sein Begleiter und Alkor. Nun ist aber jeder dieser drei Sterne ein Doppelstern, allerdings mit so geringem Abstand beider Komponenten, daß sie nur spektroskopisch unterscheidbar sind. Deshalb nennen wir sie spektroskopische Doppelsterne. Mizar ist also ein Sechsfachstern. Diese sechs Sterne werden durch die Gravitationskraft zusammengehalten und kreisen auf komplizierten Bahnen um einen gemeinsamen Schwerpunkt. Erwähnenswert ist noch, daß Mizar der erste beobachtete spektroskopische Doppelstern war (1889). Bei einem solchen Stern spalten sich die Spektrallinien in regelmäßigen Zeitabständen in zwei Linien auf.

Die Sterne Merak, die Lende des Bären, und Dubhe, der Rücken des Bären, weisen auf den Polarstern hin. Wir finden diesen, wenn wir die Strecke Merak — Dubhe viermal verlängern.

Die interessanteste Eigenschaft der hellen Sterne des Großen Wagens ist ihre Bewegung. Fünf von ihnen (β, γ, δ, ε, ξ) und Alkor bewegen sich gleich schnell und in der gleichen Richtung (in Richtung der Verbindungslinie β−δ). Dubhe und Benetnash bewegen sich umgekehrt. Die Figur des Sternbildes Großer Wagen (und aller übrigen Sternbilder) ändert sich mit der

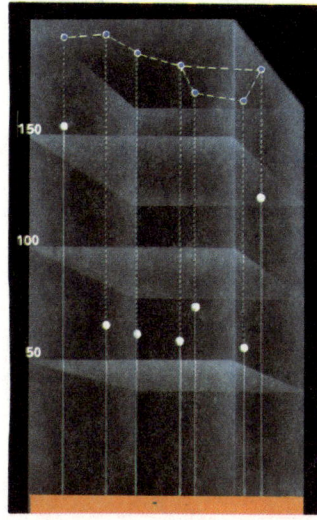

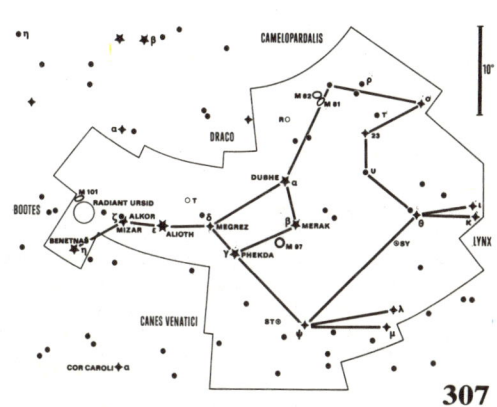

Zeit. Allerdings werden die Veränderungen erst in zehntausenden Jahren sichtbar sein. Die babylonischen und die ägyptischen Astronomen sahen am Himmelsgewölbe die Sternbilder fast in der gleichen Gestalt wie wir heute.

Die Sterne der Sternbilder sind von uns verschieden weit entfernt. Auf der Abbildung ist der Große Wagen, wie er uns von der Erde (unten) erscheint. Die Entfernungen der Sterne von uns sind in Lichtjahren angegeben. Die Anordnung der sieben Sterne des Großen Wagens zeigt uns das Sternbild in ganz anderer Form. So würden wir es aus einer anderen Richtung, und zwar senkrecht zur Verbindungslinie Erde – Großer Wagen, sehen.

Kleiner Bär
(Kleiner Wagen)
Ursa Minor, Ursae Minoris, UMi

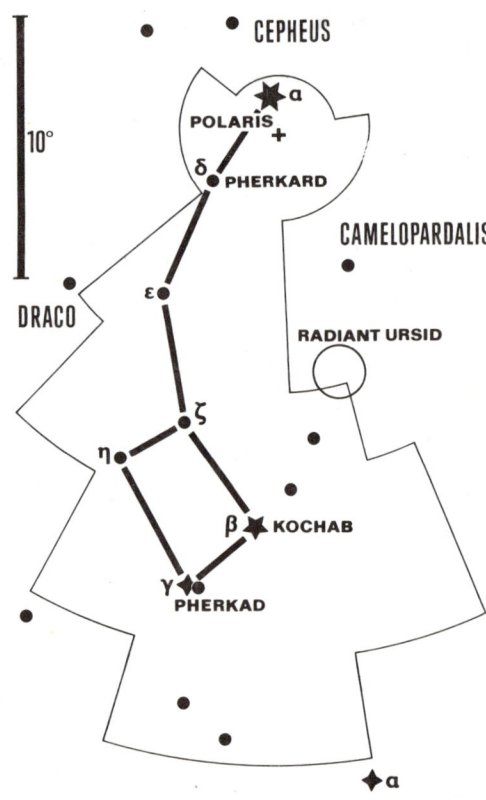

Daß Arkas und die arkadische Prinzessin Kallisto von Zeus in Sterne verwandelt wurden und an den Himmel versetzt worden waren, entrüstete die eifersüchtige Göttin Hera, und sie erwirkte vom Gott der Meere das Versprechen, die beiden nicht mit den anderen Sternbildern hinter dem Horizont in den Meereswellen ausruhen zu lassen. Darum verschwinden die beiden Bären niemals und müssen als Zirkumpolarsterne den Pol ständig umkreisen.

Es gibt aber auch noch andere Sagen darüber, wie der Große und der Kleine Wagen entstanden: Die beiden Bären kümmerten sich angeblich um den kleinen Zeus, als er sich auf Kreta vor seinem Vater Kronos verbarg. Kronos (der Gott der Zeit) herrschte auf dem Olymp und brachte allem Lebenden Vernichtung. Wegen einer Weissagung verschlang er seine eigenen Kinder nach der Geburt. Seine Gemahlin Rhea fürchtete, daß auch ihr neugeborener Sohn Zeus das gleiche Schicksal erleiden könnte. Sie verbarg ihn deshalb in einer Höhle auf der Insel Kreta und übergab ihn der Obhut zweier Bären. Zeus machte die Tiere aus Dankbarkeit unsterblich, indem er sie an den Himmel versetzte.

In diesem Sternbild gibt es nur wenige interessante Objekte. Das wichtigste ist der Polarstern wegen seiner Nähe zum nördlichen Himmelspol. Er wurde zum „Leitstern am Himmel", da er die Nordrichtung anzeigt. Auf dem Meer, in Einöden und in Wüstengebieten war er in alten Zeiten, als die Menschen den Kompaß noch nicht kannten, der einzige Wegweiser.

Der Polarstern ist vom nördlichen Himmelspol um etwas weniger als ein Grad (fast zwei Monddurchmesser) entfernt. Er beschreibt somit nur einen kleinen Kreis um den Pol. Wir können uns davon überzeugen, wenn wir in einer klaren, mondlosen Nacht das Objektiv eines Fotoapparates auf den Polarstern einstellen und mehrere Stunden lang belichten.

Erwähnenswert ist noch, daß sich auch der Pol (der Punkt, um den sich der ganze Himmel scheinbar dreht) im Laufe der Zeit verschiebt. Er beschreibt am Himmel einmal in sechsundzwanzigtausend Jahren einen Kreis. In dreizehntausend Jahren wird der Pol nahe der Wega im Sternbild Lyra stehen. Die Wega wird dann zum Polarstern. In weiteren dreizehn-

tausend Jahren kehrt der Nordpol wieder an die Stelle zurück, die er heute einnimmt. Diese Bewegung des Pols heißt Präzession der Erdachse.

Der Polarstern hat ein ungefähr einmillionenmal größeres Volumen als die Sonne. Seine Helligkeit und Größe ändern sich regelmäßig einmal in vier Tagen (der Stern pulsiert). Er ist von uns über vierhundert Lichtjahre entfernt. Aus dieser Entfernung würde die Sonne mit einem kleinen Fernrohr nicht mehr sichtbar sein. Dieser riesige pulsierende Stern ist ein Doppelstern, doch wurde sein Begleiter bisher noch nicht direkt beobachtet. Er umkreist den Hauptstern einmal in dreißig Jahren und zeigt sich im Spektrum des Polarsterns (spektroskopischer Doppelstern). Der Polarstern und sein

naher Begleiter werden von drei schwächeren Begleitern umkreist. Der Polarstern ist somit ein System von fünf Sternen. Den Umriß des kleinen Wagens, ähnlich wie beim Großen Wagen, bilden sieben Sterne. Die beiden helleren Sterne β und γ, die die Hinterräder darstellen, heißen „Polwächter".

Kassiopeia
Cassiopeia, Cassiopeiae, Cas

Dieses Zirkumpolarsternbild stellt die äthiopische Königin Kassiopeia auf ihrem Thron dar.

Kassiopeia war sehr schön und rühmte sich ihrer Schönheit so, daß die Meeresjungfrauen, die Nereiden, sich verletzt fühlten. Das erzürnte den Meeresgott Poseidon, da seine Gattin auch eine Nereide war.

Auf ihren Rat hin sandte er ein Meeresungeheuer, das das Land des Königs Cepheus, des Gatten der Kassiopeia, verwüsten sollte. Um ihr Reich zu retten, mußten die unglücklichen Eltern nach einem Orakelspruch ihre Tochter, die Prinzessin Andromeda, als Beute des Ungeheuers an ein Felsriff anschmieden. Andromeda wurde aber von Perseus befreit, der sie, von ihrer Schönheit bezaubert, heiratete.

Die Kassiopeia hieß auch „Äthiopische Sternkönigin", weil sie nach ihrem Tod zu den Sternen kam. Ihre Feindinnen, die Nereiden, bewirkten jedoch wenigstens, daß sie nur einen Platz nahe am Pol bekam und jede Nacht die halbe Zeit mit dem Kopf nach unten verbringen mußte, um Bescheidenheit zu lernen und sich die Prahlsucht abzugewöhnen.

Dieses sehr sternreiche Sternbild liegt jenseits des Polarsterns, gegenüber dem Großen Wagen in der Milchstraße. Es leuchtet in den Herbstmonaten über unserem Kopf und ist leicht an seiner W-Form zu erkennen.

Zu den interessantesten Objekten gehört der Weiße Riese Cih, der gelegentlich seine Gashülle von zehn auf achtzehn Sonnendurchmesser ausdehnt. Solcher veränderlichen Sterne gibt es mehrere. Sie heißen Nova-ähnliche Veränderliche.

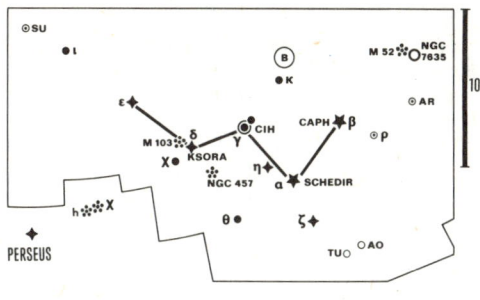

Am 11. November 1572 erschien im Sternbild Kassiopeia ein heller neuer Stern (auf der Karte mit B bezeichnet). Mit seiner Beobachtung befaßte sich besonders der Astronom Tycho Brahe, und deshalb erhielt der Stern den Namen Tychonischer Stern. Er war mehrere Tage lang heller als die Venus und auch bei Tage sichtbar. Dann sank seine Helligkeit. Die Überreste dieser Su-

pernova dehnen sich heute noch mit einer Geschwindigkeit von 4000–5000 km/s aus und stellen eine mächtige Radioquelle dar. Die Radioastronomen studieren sie mit Hilfe von Radioteleskopen und nennen sie die Radioquelle Kassiopeia A. Dieser sich ausdehnende Nebel ist zugleich auch eine starke Quelle von Röntgenstrahlung. In seiner Bewegung liegt so viel Energie, daß er

durch die Zusammenstöße seiner Materie mit dem interstellaren Gas noch wenigstens zwanzigtausend Jahre leuchten wird.

Im Sternbild Kassiopeia sind aber noch andere Objekte, deren Beobachtung sich lohnt. Es sind die offenen Sternhaufen M 52, M 103 und NGC 457 und der nahe Doppelsternhaufen χ und h Persei.

FRÜHLINGSSTERN-BILDER

Zur Orientierung am Frühlingshimmel hilft uns ein Dreieck von drei hellen Sternen: Regulus im Löwen, Spica in der Jungfrau und der orange Arctur im Ochsentreiber.

Die markantesten Sternbilder, die sich leicht im Gedächtnis behalten, sind Ochsentreiber, Löwe und Jungfrau. Unter der Deichsel der Großen Wagens finden wir die Jagdhunde und unter ihnen über der Jungfrau eine Ansammlung schwacher Sterne – Haar der Berenike. Unter Löwe, Jungfrau und

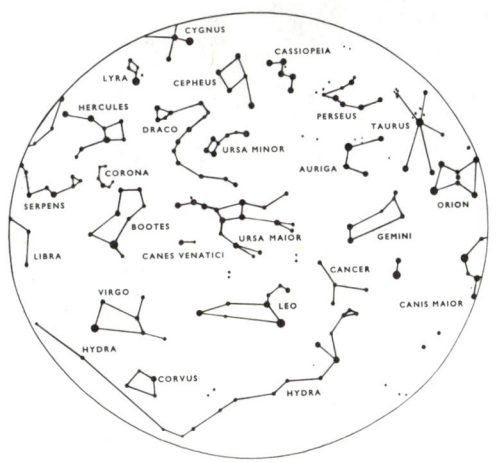

Waage schlängelt sich am Horizont mit nach Norden erhobenem Haupt die langgezogene Hydra (Wasserschlange). Unter der Wasserschlange sind der Kompaß, die Luftpumpe und der nördlichste Teil des Kentaurs zu sehen. Östlich vom Ochsentreiber finden wir die Nördliche Krone, und westlich vom Löwen das Tierkreissternbild Krebs. Nördlich vom Löwen liegt der Kleine Löwe und im Süden der Sextant.

Krebs
Cancer, Cancri, Cnc

Dieses Sternbild erinnert an die große Krabbe, die der Hydra in ihrem Kampf gegen Herakles helfen wollte. Eine von Herakles' Heldentaten war seine Begegnung mit der neunköpfigen Hydra, die in den Sümpfen bei der Stadt Lerna lebte und die Umgebung verwüstete. Die Hydra hatte bei dem Kampf einen Helfer in einer riesigen Krabbe mit scharfen Scheren. Als sich die Krabbe in Herakles' Fuß verbiß, tötete der Hirt Ioláos, der Herakles zu Hilfe geeilt war, mit einem gut gezielten Pfeil die Krabbe. Die Hydra sah nach ihr, und in diesem Moment trennte Ioláos ihren Kopf mit einem brennenden Baum ab. Während abgehackte Köpfe sofort wieder nachwuch-

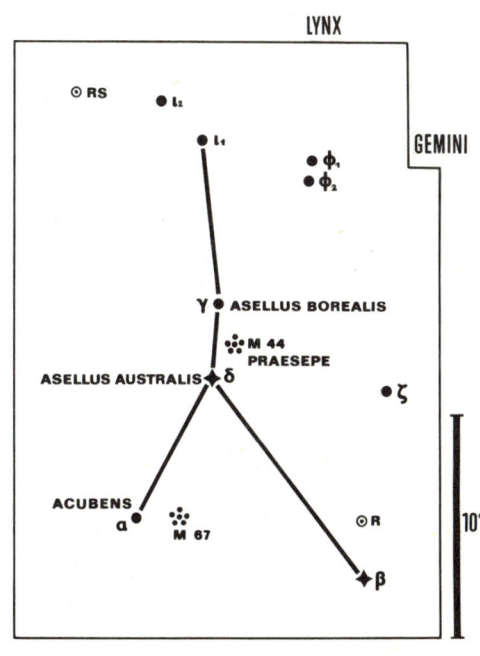

sen, konnte der abgebrannte Kopf das nicht. Und so war die Krabbe, die der Hydra helfen wollte, schließlich schuld an ihrer Vernichtung. Dennoch trug Hera sie an den Himmel, weil sie allen Feinden des Herakles wohlgesinnt war.

Die alten Chaldäer nannten dieses Sternbild „Tor der Menschen". Hier kamen die Seelen angeblich auf die Erde herunter, um menschliche Gestalt anzunehmen. Die Indianer auf Yucatan glaubten, daß die Sonne, wenn sie sich in diesem Sternbild befand, in Gestalt eines Feuervogels auf die Erde kam und auf dem Altar Opfer entgegennahm.

Der Krebs ist ein ausdrucksloses Sternbild im Sterndreieck Pollux, Prokyon und Regulus und zugleich das ärmste der Sternbilder des Tierkreises. In früheren Zeiten war der Krebs das nördlichste Sternbild des Tierkreises, so daß die Sonne zur Zeit der Sommersonnenwende in ihm stand. Der nördlichste Parallelkreis der Erde, wo die Sonne einmal jährlich zur Zeit der Sommersonnenwende im Zenit steht, heißt heute noch Wendekreis des Krebses, obgleich die Sonne heute zum Sommeranfang im Sternbild Zwillinge steht. Diese Verschiebung ist eine Folge der Präzession.

Das interessanteste Objekt im Krebs ist der offene Sternhaufen Praesepe (Krippe). Er ist mit bloßem Auge als leuchtende kleine Nebelwolke zu sehen, die an in einer Krippe locker aufgeschüttetes Heu erinnert. Mit dem Feldstecher unterscheidet man hellere Sterne. Der Sternhaufen ist von uns fünfhundert Lichtjahre entfernt, hat einen Durchmesser von fünfzehn Lichtjahren und umfaßt über hundert Sterne.

Zu beiden Seiten der Praesepe befinden sich die Sterne γ und δ Cnc, die Esel. Der südliche Esel (Asellus australis) liegt genau in der Ekliptik,

so daß die Sonne ihn bei ihrer Wanderung am Himmelsgewölbe einmal jährlich verdeckt. Der zweite Esel (Asellus borealis) befindet sich auf der nördlichen Seite der Krippe.

Löwe
Leo, Leonis, Leo

Die berühmte Pythia des Orakels in Delphi riet einmal dem Helden Herakles, in die Dienste des mykenischen Königs zu treten. (Von der alten Stadt Mykenä auf dem Peloponnes sind heute noch die Mauern des Königsschlosses erhalten). Herakles befolgte den Rat und ging nach Mykenä. Dort erhielt er mehrere schwierige Aufgaben. Zuerst sollte er einen besonders großen Löwen töten, der in den nahen Bergen lebte und das ganze Land terrorisierte. Herakles fand ihn in einer Höhle (auch sie wird heute noch den Touristen gezeigt), betäubte ihn mit einer mächtigen Keule, erwürgte ihn und brachte ihn zum König nach Mykenä. Der König erschrak über den riesigen Löwen und fürchtete die Kräfte des Helden Herakles. Deshalb sandte er Herakles aus, die neunköpfige Hydra zu töten. Der König hoffte, daß Herakles dabei den Tod finden würde. Aber der Held erfüllte auch diese Aufgabe mit Erfolg. Wegen seines großen Mutes war er bald berühmt und wurde unsterblich. Die Götter nahmen ihn im Olymp auf. Er kam an den Himmel (Sternbild Herkules) und mit ihm erschienen

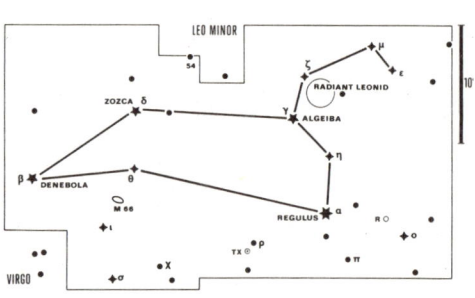

dort zum Gedenken an seine Taten auch seine Feinde: der Löwe, die Hydra und der Krebs.

Der Löwe ist ein Tierkreissternbild, das seiner Figur nach dem liegenden König der Tiere ähnelt. Es liegt südlich vom Großen Wagen. In den Frühjahrsmonaten wird es in den Abendstunden gut sichtbar. Wenn wir es im November sehen wollten, müßten wir zeitig am Morgen aufstehen. Zwischen dem 12. und dem 20. November tritt ein Meteorstrom auf, dessen Radiant nahe

bei dem Stern ζ Leo liegt – die Leoniden. Es ist der Rest des von dem Astronomen Tempel gefundenen Kometen. Jeweils nach 33 Jahren trifft die Erde mit dem Strom seiner Teilchen zusammen. Im Jahr 1833 wurden in einer Stunde sechsundvierzigtausend Leoniden-Meteore – also ein richtiger Meteorregen – beobachtet.

Der helle Regulus ist einer der vier „Hüter des Himmels" oder einer der vier „königlichen Sterne". Das waren Sterne, die in der Morgendämmerung der Geschichte den

Punkt der Sommersonnenwende (Regulus), den Frühlingspunkt (Aldebaran), die Wintersonnenwende (Fomalhaut) und den Herbstpunkt (Antares) bezeichneten. Die königlichen Sterne teilten die Sonnenbahn (Ekliptik) und damit auch das Jahr in vier Teile, die Jahreszeiten. So bedeutete die sich zwischen Regulus und Antares befindliche Sonne Sommer usw. Heute fänden wir auf der Erde kaum noch einen Landwirt, der die Tage des Jahres nach den Sternen bestimmen würde. In früheren Zeiten mußten Hirten, Ackerbauer und Seefahrer die Jahreszeit und den Tag selbst bestimmen. Damit erklärt man sich das allgemeine Interesse am Sternhimmel in früherer Zeit.

Jungfrau
Virgo, Virginis, Vir

Im goldenen Zeitalter der Erde kannte der Mensch noch keine Gesetze und schätzte allein Recht und Treue. Damals kam die Tochter des Zeus und Göttin der Gerechtigkeit und der Ordnung, Astraia, auf die Erde. Sie lehrte die Menschen

Zucht, Ordnung und Gerechtigkeit. Und auf der Erde war alles schön und gut. Später wurden die Menschen selbstsüchtig, dachten nur an ihre persönlichen Interessen und erfanden Waffen, mit denen sie ihre Nächsten erschlugen und Unschuldige beraubten. Die Erde war mit Blut getränkt und die Götter verließen sie. Astraia

war die letzte, denn sie hoffte, daß es ihr gelingen würde, den Zorn des Zeus und den Untergang der Menschheit abzuwenden. Aber schließlich ging auch sie zurück zu den übrigen Göttern. Sie ist heute unter den Sternen das Sternbild Jungfrau.

Für die Bewohner des Zweistromlandes zwischen Euphrat und Tigris stellte dieses Stern-

bild die Göttin Istar, die Tochter des Himmels und die Königin der Sterne dar. In Ägypten hieß das Sternbild Jungfrau Isis, nach der Mutter des Sonnengottes Horus und Gemahlin des Gottes der Unterwelt Osiris.

In dem Augenblick, in dem die Sonne den Herbstpunkt im Sternbild Jungfrau durchläuft, endet der Sommer und beginnt der Herbst. Die Jungfrau ist ein Tierkreissternbild, in dem die Ekliptik und der Äquator sich (im Herbstpunkt) ungefähr in der Mitte zwischen den Sternen β Vir und η Vir schneiden. Unweit von γ Vir (Arich, Porrima) befindet sich ein hübscher Doppelstern.

Das interessanteste Objekt im Sternbild Jungfrau ist der große Galaxienhaufen, der sich von uns infolge der Ausdehnung des Weltalls mit einer Geschwindigkeit von 1200 km/s entfernt. Die Ausdehnungsgeschwindigkeiten sind um so größer, je entfernter die Galaxien sind, die wir beobachten.

Der Galaxienhaufen in der Jungfrau zeichnet sich dadurch aus, daß er ungefähr den Mittelpunkt unserer Supergalaxie darstellt. Er ist etwa 60 Millionen Lichtjahre von uns entfernt. Die lokale Galaxiengruppe, zu der die Milchstraße, die Magellanschen Wolken, die Galaxie M 31 in der Andromeda und andere Galaxien gehören, befinden sich am Südrand unserer Supergalaxie. Wir umkreisen also den Galaxienhaufen in der Jungfrau (Abbildung 142).

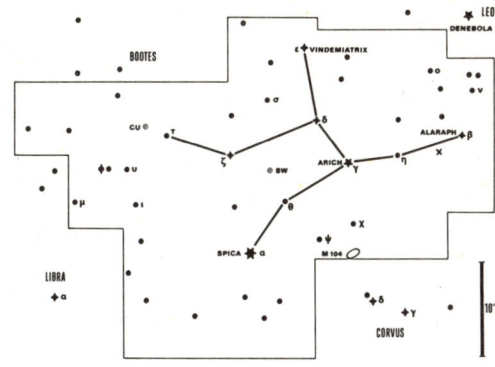

Ein weiteres Objekt in der Jungfrau trägt die Bezeichnung 3C 273. Im Fernrohr erscheint es als schwach leuchtender kleiner Punkt, der sich auf den ersten Blick nicht von der riesigen Menge schwacher Sterne in der Milchstraße unterscheidet. Sein Spektrum jedoch verrät, daß es sich um ein ganz anderes Objekt als einen Stern handelt. Die Radioastronomen stellten von 3C 273 ausgesandte intensive Radiostrahlung fest. Obgleich das Objekt viel kleiner als unsere Galaxis ist, ist seine Strahlung etwa hundertmal stärker als die Strahlung aller

hundertfünfzig Milliarden Sterne der Galaxis zusammen. Heute sind bereits viele Hunderte solcher Objekte bekannt. Wir nennen sie quasistellare Radioquellen oder Quasare. 3C 273 ist der zuerst im Radio- und Röntgenwellenbereich entdeckte Quasar. Die Quasare sind die entferntesten Objekte, die im Weltall bisher beobachtet wurden. Sie existieren nicht mehr in der Gestalt, in der wir sie heute beobachten, denn während der vielen Milliarden Jahre, die die Photonen bis zu uns unterwegs waren, haben sich die Quasare verändert.

Wahrscheinlich entwickelten sich aus den Quasaren Radiogalaxien und später die übrigen Galaxien, die jenen ähneln, welche wir in unserer Nachbarschaft im Weltall beobachten.

DIE STERNBILDER DES SOMMERHIMMELS

Der Sommer ist für die Beobachtung des Himmels sehr günstig. Die Nächte auf der nördlichen Halbkugel sind zwar kurz, aber dafür warm, und die Milchstraße leuchtet in voller Schönheit. Ihr silbriges Band wölbt sich vom Süden hoch über dem Osten und verschwindet hinter dem nördlichen Horizont. In der Milchstraße ist ein markantes Dreieck unübersehbar. Seine Eckpunkte sind drei helle Sterne: Deneb im Schwan, Atair im Adler und Wega in der Leier. Das Sternbild Schwan hat die Form eines Kreuzes und heißt deshalb häufig auch Kreuz des Nordens. Verdoppeln wir die Entfernung Deneb – Wega, dann finden wir das typische Viereck des Herkules. Am Südrand der Milchstraße sind

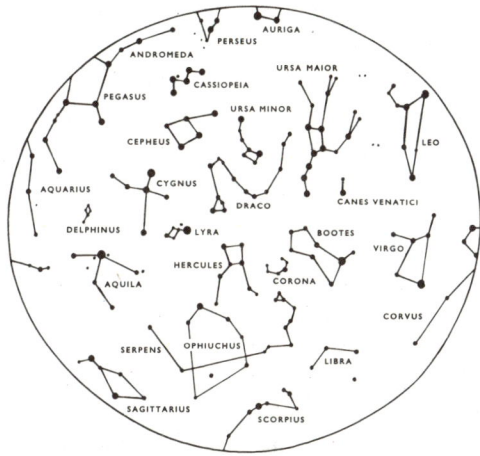

zwei Tierkreissternbilder zu sehen, und zwar der Skorpion mit dem roten Überriesen Antares

und das Sternbild Schütze. Sehr weit hinter den Sternen des Schützen läßt sich mit einem

Radioteleskop das Zentrum unserer Galaxis feststellen. Östlich vom Schützen befindet sich das wenig ausgeprägte Sternbild Steinbock und zwischen dem Skorpion und der Jungfrau die Waage. Zwischen Herkules und Skorpion ziehen sich der ausgedehnte Schlangenträger und die Schlange hin. Hoch über dem westlichen Horizont erstreckt sich der Ochsentreiber (Bootes), der an eine Zwei erinnert, und auf den die Deichsel des Großen Wagens gerichtet ist. Zwischen Bootes und Herkules finden wir das kleine regelmäßige Sternbild Nördliche Krone. Hinter dem westlichen Horizont geht die Jungfrau unter. Im Gebiet zwischen Adler und Schwan sind drei kleine Sternbilder vorhanden: Delphin, Fuchs und Pfeil; zwischen Adler und Schützen befindet sich der Schild.

Waage
Libra, Librae, Lib

Eines der wenigen Sternbilder, die anstelle von Heldentaten die technischen Errungenschaften der alten Völker do-

kumentiert, ist die Waage. Dieses wenig markante Sternbild liegt in der Ekliptik und ist eines der Tierkreissternbilder. Nicht alle der zwölf Sternbilder längs der Ekliptik tragen Tiernamen, obwohl sie Tierkreis-

sternbilder heißen. Zu ihnen zählen: Widder, Stier, Zwillinge, Krebs, Löwe, Jungfrau, Waage, Skorpion, Schütze, Steinbock, Wassermann und Fische (Abb. 105).

Unter Tierkreis verstehen

wir eine die Himmelkugel längs der Ekliptik umspannende Zone, in der sich nicht nur die Sonne, sondern auch die Planeten und der Mond bewegen. Diese Zone dehnt sich in je 9° Breite zu beiden Seiten der

Ekliptik aus und ist in zwölf jeweils 30° lange Abschnitte geteilt. Diese 18° breiten und 30° langen Rechtecke nennen wir Tierkreiszeichen. Vor mehr als 2000 Jahren erhielten sie die Namen der Sternbilder, die sich damals in ihnen befanden. Da sich aber der Frühlingspunkt längs der Ekliptik entgegen der Sonnenbewegung verschiebt, verschieben sich auch die gedachten Rechtecke, die Tierkreiszeichen. In sechsunddreißig Jahren wandert der Frühlingspunkt um ein halbes Grad, d. h. um den Monddurchmesser, weiter. Deshalb haben sich auch die Tierkreiszeichen in den zweitausend Jahren in andere Sternbilder verschoben, und die Tierkreiszeichen decken sich heute nicht mehr mit den Tierkreissternbildern, haben aber deren Namen

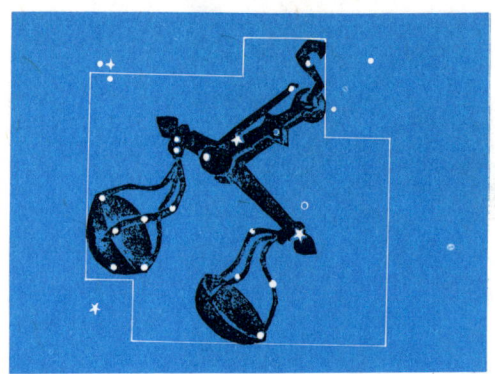

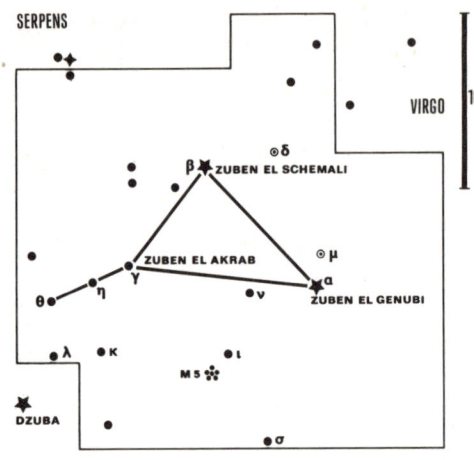

behalten. Wenn also jemand nach dem Kalender „im Zeichen der Waage" geboren wurde, stand die Sonne erst im Sternbild der Jungfrau. Der im Zeichen der Waage geborene griechische Philosoph oder der römische Heerführer wurden jedoch wirklich in der Zeit ge-

boren, als die Sonne im Sternbild Waage stand. Sollte das unklar sein, dann grämen Sie sich nicht. Heute glaubt man sowieso nicht mehr an die

Astrologie. Aber Sie wissen jetzt wenigstens, warum es im Jahrmarktshoroskop heißt „geboren im Zeichen" und nicht „geboren im Sternbild".

Skorpion
Scorpius, Scorpii, Sco

Die Sternfigur zwischen Schütze und Waage erinnert an einen zum Zustechen bereiten Skorpion. Deshalb benannten schon die alten Völker dieses Sternbild so. Es geht dann am Himmel auf, wenn der Orion untergeht. Der Skorpion ist nämlich ein erbitterter Feind des Jägers Orion. Man erzählt, daß die Göttin Hera persönlich aus der Unterwelt einen riesigen Skorpion herausließ, der den Orion stechen und töten sollte, denn Orion hatte sie mit seinen Reden sehr beleidigt. Der Stich war für Orion tödlich, aber auf Fürsprache der Göttin Artemis wurden Orion und sein Hund Sirius gerade dem Skorpion gegenüber an den Himmel versetzt, den Hera aus Dankbarkeit für die geleisteten Dienste gleichfalls unter die Sterne gesetzt hatte.

Dieses Tierkreissternbild bewegt sich immer nahe dem Horizont, und deshalb ist es in Europa nur teilweise sichtbar. Wir finden in ihm eine Reihe interessanter Objekte. Am bedeutendsten ist eine Sternassoziation. Assoziationen sind sehr junge Anhäufungen von Sternen, die gleichzeitig entstanden sind und sogleich begonnen haben, sich unter die übrigen Sterne der Galaxis zu verteilen. Diese Anhäufungen ähneln einem besonders ausgedehnten, sehr wenig kompakten offenen Sternhaufen. Die Lebensdauer

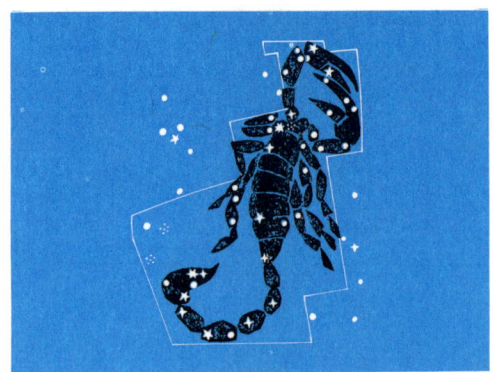

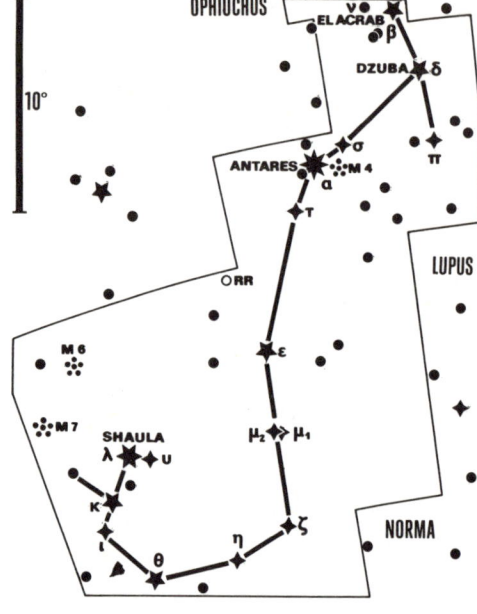

der Assoziation kann zehn bis zwanzig Millionen Jahre kaum übersteigen. Die Assoziation im Skorpion ist etwa vier Millionen Jahre alt. Es wurden in ihr über hundert Sterne gezählt. Sie ist von uns viertausend Lichtjahre entfernt, und ihr Durchmesser beträgt ungefähr hundert Lichtjahre.

Ein sehr auffallender Stern im Skorpion ist der dem Planeten Mars ähnelnde Antares. Daher auch sein Name Anti-Ares (der griechische Gott Ares war wie der römische Gott Mars der Kriegsgott). Er ist ein kalter Überriese fortgeschrittenen Alters. Sein Durchmesser

ist dreihundertmal größer als der Durchmesser unserer Sonne. Wenn wir das Sonnensystem ins Innere des Antares so einordnen könnten, daß die Sonne im Zentrum des Sternes wäre, würde die Erde noch 50 Millionen km unter der Oberfläche dieses Überriesen umlaufen. Um den roten Antares kreist ein weißer Stern, der uns gegenüber dem roten Antares grünlich erscheint. Er ist bereits mit einem kleinen Fernrohr sichtbar. Beide Sterne sind von uns 400 Lichtjahre entfernt.

Im Jahre 134 v. u. Z. leuchte-

te im Sternbild Skorpion eine auch bei Tage sichtbare Supernova auf. Und gerade dieser Stern überzeugte den griechischen Astronomen Hipparch, daß der Himmel und die Sterne an ihm nicht unveränderlich sind, wie damals allgemein geglaubt wurde. Er stellte deshalb ein Verzeichnis der helleren Sterne auf (insgesamt 1080), damit ihre Veränderlichkeit kontrolliert werden konnte. Die Sterne waren in dem Katalog in 48 Gruppen, in Sternbilder, geteilt, die bis heute erhalten geblieben sind.

Schütze
Sagittarius, Sagittarii, Sgr

Außer schönen Göttinnen und tapferen Helden kamen in den

griechischen Mythen auch Monster und Ungeheuer vor.

Zu ihnen gehörten auch die Kentauren — halb Mensch,

halb Pferd —, die bis auf wenige Ausnahmen wie Barbaren lebten. Nur wenige waren den Menschen wohlgesinnt. Ein solcher war der Beschützer der Musen und der Erfinder des Bogenschießens, der für seine Verdienste unter die Sternbilder als Schütze gereiht wurde.

Der Schütze ist ein schönes Tierkreissternbild der Sommernächte, reich an Doppelsternen, Veränderlichen, Sternhaufen und Nebeln. Aus dem unerschöpflichen Reichtum interessanter Objekte führen wir hier drei schöne Nebel an: Trifid, Laguna und Omega oder auch Hufeisen genannt. In zehnfacher Entfernung hinter diesen Nebeln befindet sich das Zentrum der Galaxis.

Das Sternbild Schütze liegt in dem Teil der Milchstraße mit den hellsten Sternwolken. Die leuchtenden Sternwolken im Schützen sind nur ein kleiner Teil eines Galaxienarmes. Dieser Arm, er heißt Sagittariusarm, ist von uns zehntausend Lichtjahre entfernt. Die Mitte der Galaxis liegt zwanzigtausend Lichtjahre hinter den leuchtenden Wolken im Schützen. Leider kann uns das Licht

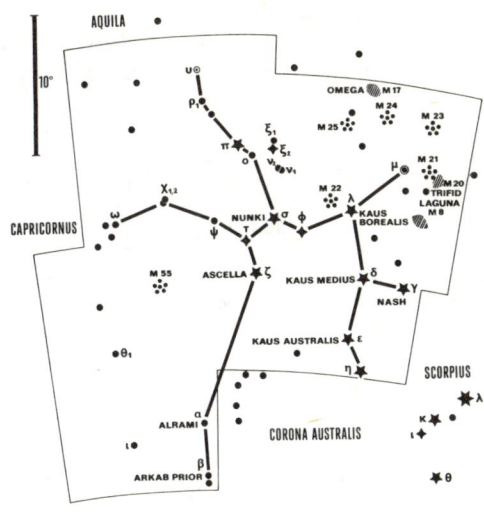

aus der Galaxismitte niemals erreichen, weil es von der interstellaren Materie absorbiert wird. Wir kommen dadurch um einen wunderschönen Anblick, denn der Galaxiskern würde am Himmel so hell leuchten, daß er in der Nacht, ähnlich wie der Mond, Schatten werfen würde.

Unser Wissen über den Kern der Galaxis verdanken wir der Infrarot- und der Radiostrah-

lung, da diese die interstellare Materie weit leichter durchdringen als das Licht. Diese Strahlungen verrieten uns, daß sich im Zentrum der Galaxis ein kleiner Kern mit einem Durchmesser von etwa sieben Lichtjahren befindet. Die Sterndichte dort ist etwa hundertmillionenmal größer als in unserem Teil der Galaxis. Im Kern ist außer den Sternen ein Stoff von einer auf der Erde

unbekannten Zusammensetzung enthalten, der sich im Zustand stürmischer Entwicklung befindet. Von Zeit zu Zeit ereignet sich im galaktischen Kern eine gewaltige Explosion. Welche Kraft sie bewirkt, wissen wir jedoch nicht. Wahrscheinlich ist es die Gravitation, die aus dem Stoff bis zu 50 % seiner Ruhenergie freisetzen kann.

Steinbock
Capricornus, Capricorni, Cap

Der Gott der Wälder, Felder, Herden und Hirten war in Griechenland Pan (im alten Rom Faun). Da er durch seine Gestalt den Menschen Angst einjagte, ging er lieber allein durch die Wälder, in die Berge, und vertrieb sich die Zeit durch Flötenspiel. Er liebte Musik und Tanz. Pan wurde häufig als Steinbock mit Fischschwanz dargestellt. Diese Gestalt nahm er angeblich immer dann an, wenn er an Land und im Wasser vor seinem Erzfeind, dem Riesen Typhon, floh.

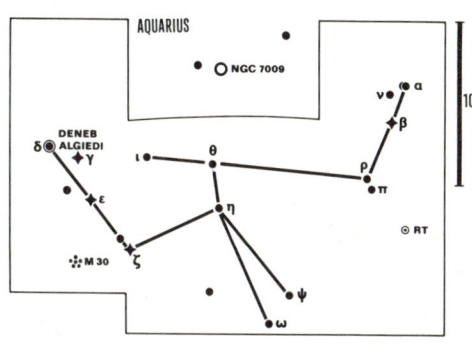

Heute ist der Schütze das südlichste Sternbild des Tierkreises infolge der Präzession. In ihm steht die Sonne zur Zeit der Wintersonnenwende. Frü-

her, vor mehr als zweitausend Jahren, war das südlichste Sternbild der Steinbock. Aber immer noch heißt der Wendekreis auf der südlichen Halbku-

gel Wendekreis des Steinbocks. Die Bezeichnungen von Himmelsobjekten überdauern häufig Jahrtausende.

Schwan
Cygnus, Cygni, Cyg

Nach einer alten Überlieferung verwandelte Zeus sich in einen Schwan, wenn er vom Olymp zu den Menschen herabstieg. In dieser Gestalt suchte er auch Königin Leda von Sparta auf, deren Schönheit es ihm angetan hatte. Um sich ihr nähern zu können, ließ er sich von einem riesenhaften Adler verfolgen, vor dem ihn die Kö-

nigin schützen wollte. Leda wurde dann die Mutter der schönen Helena, bekannt durch den Trojanischen Krieg.

Das Sternbild erinnert an einen in der Milchstraße nach Süden fliegenden Schwan. Der weiße Stern Deneb bildet mit der Wega in der Lyra und mit dem Atair im Adler im Süden ein auffallendes Dreieck am Sommerhimmel. Man kann das Sternbild am Abend von Juni bis Januar sehen. Es wird

auch „Kreuz des Nordens" genannt.

Unser Sonnensystem und die umgebenden Sterne fliegen mit einer Geschwindigkeit von 230 km/s in der Richtung zum Schwan. Die Ursache dafür ist die Rotation der Galaxis. Mit der gleichen Geschwindigkeit umläuft die Sonne einmal in 250 Millionen Jahren den galaktischen Kern (galaktisches Jahr).

Die Überriesen Deneb (aus

dem Arabischen Dhanab — Schwanz) und Sadir haben eine zehntausendmal größere Leuchtkraft als unsere Sonne. Der Stern 61 Cygni, der mit den Sternen α, γ und ε ein Parallelogramm bildet, ist dadurch berühmt, daß er der erste Stern war, dessen Entfernung festgestellt wurde. Das war im Jahre 1837. Er hat einen kleinen Begleiter, dessen Masse etwa ein Hundertstel der Masse der Sonne beträgt. Ein solcher

Körper ähnelt eher dem Jupiter als der Sonne.

Neben dem Stern ε ist ein Schleiernebel, der die Katalognummern NGC 6992-5 und NGC 6960 trägt. Die feinen Fasern dieses Nebels leuchten und dehnen sich immer noch mit einer Geschwindigkeit von etwa 100 km/s aus. Der Nebel ist der Rest einer Supernova, die im Schwan vor ungefähr fünfzigtausend Jahren aufleuchtete. Er ist von uns zweieinhalbtausend Lichtjahre entfernt. Bei seiner schnellen Bewegung stößt er mit dem interstellaren Gas zusammen, wird komprimiert, erhitzt, und leuchtet deshalb auf.

Der neuentdeckte Doppelstern Cygnus X-1 ist eine mächtige Röntgenquelle. Die eine Komponente des Doppelsterns ist ein leuchtender Überriese, die zweite, unsichtbare, wahr-

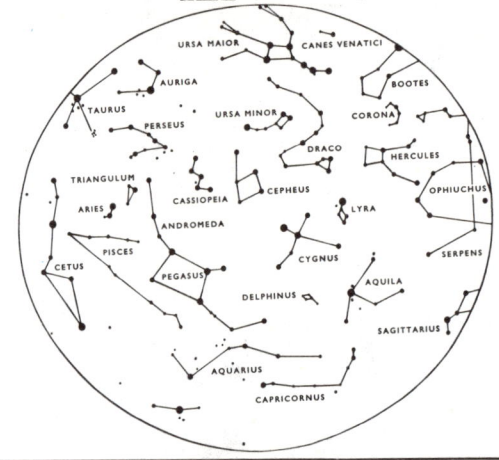

scheinlich ein massives schwarzes Loch mit einer etwa fünfzehnmal größeren Masse im Vergleich zur Sonne. Von dem mächtigen Überriesen stürzt sich eine ungeheure Lawine glühender Gase in das schwarze

Loch. Ehe sie unwiederbringlich verschluckt werden, prallen sie mit großer Geschwindigkeit zusammen und senden

Röntgenstrahlen aus (Abb. 124). Der Durchmesser des Überriesen ist einmillionenmal größer als der des schwarzen Loches.

HERBSTSTERNBILDER

Eine markante Figur, nach der wir uns am Herbsthimmel orientieren, ist das große Pegasus-Viereck mit den Sternen α, β und γ des Pegasus und α der Andromeda. Wenn wir zum Viereck die Sterne β und γ der Andromeda sowie Algol im Perseus dazuzählen, erhalten wir eine dem Großen Wagen ähnliche Figur. Südlich der Andromeda sind das Dreieck

und der Widder zu sehen. Das wenig markante Sternbild Fische sieht wie ein offener Buchstabe V aus. Den Südhimmel nehmen größtenteils die ausgedehnten Sternbilder Walfisch und Wassermann ein.

Wassermann

Aquarius, Aquarii, Aqr

Auf alten babylonischen Baudenkmälern ist der Wassermann als kniender Mann dargestellt, der Wasser aus einer Bütte auf den Schultern ausgießt. In Ägypten war er das Symbol der Nilüberschwemmungen und der Regenzeiten. Die alten Ägypter glaubten, daß die Überschwemmungen des Nils vom Wassermann dadurch hervorgerufen wurden, daß er Wasser mit einer riesigen Bütte aus den Quellen in das Flußbett schüttete.

In der griechischen Mythologie war Zeus der Wassermann, der Wasserströme auf die Erde schüttete, um die sündige Menschheit zu strafen. Anfangs – im goldenen Zeitalter – waren die Menschen gut und glücklich, und auf der Erde herrschte ewiger Frühling. Dann folgte das silberne Zeitalter, wo Zeus das Jahr in die vier Jahreszeiten teilte und die Menschen abwechselnd unter Hitze und Kälte leiden ließ.

Das nächste Zeitalter war die Bronzezeit, und nach ihr kam das schlechteste aller Zeitalter

– die Eisenzeit. Die Menschen waren sehr böse, erschlugen einander in Kriegen, Wahrheit und Tugend waren fast unbekannt und es herrschten Gewalt und Lüge. Das erzürnte Zeus, und er schüttete ungeheure Wassermengen auf die Erde, in denen alle Menschen ertranken. Nur der Sohn des Prometheus, Deukalion, und dessen

Frau Pyrrha, gute und gerechte Menschen, die ein neues Menschengeschlecht gründeten, retteten sich auf dem Parnaß.

Das Sternbild Wassermann nimmt einen großen Raum des Himmels unterhalb des Pegasus ein. Seine Sterne sind jedoch nicht sehr auffällig. Am hellsten ist Sedalmelek (im Arabischen heißt dies Glücklicher Stern des Königs). Er ist ein Überriese mit einer Leuchtkraft von zehntausend Sonnen-

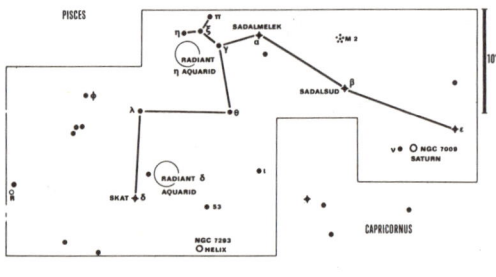

leuchtkräften, und von uns 1100 Lichtjahre entfernt.

Der Berliner Astronom Galle entdeckte 1846 in der Nähe des Sterns einen weiteren Planeten des Sonnensystems, den Neptun. Schon früher hatte der französische Astronom Leverrier dessen Lage aus der unregelmäßigen Bewegung des Planeten Uranus errechnet. Der Neptun zieht nämlich durch seine Gravitation den Uranus an und lenkt ihn von der elliptischen Bahn um die Sonne etwas ab. Aus der Größe und der Richtung der Abweichungen von der errechneten Bahn bestimmte Leverrier die Lage des bis dahin unbekannten Planeten. Da er im Sternbild Wassermann entdeckt wurde, erhielt er den Namen des römischen Meeresgottes Neptun.

In der Nähe des Sternes η befindet sich der Radiant des Meteorstroms der Eta-Aquariden. Diese Meteore werden durch Kleinkörper hervorgerufen, die der Halleysche Komet hinterlassen hat. Die Meteore fallen am häufigsten um den 5. Mai. Zum zweiten Mal kreuzt dieser Schwarm die Erdbahn um den 20. Oktober. In jener Zeit fliegen Meteore häufig aus dem Sternbild Orion und tragen deshalb den Namen Orioniden. Den berühmten Halleyschen Kometen konnten wir Ende 1985 nach Sonnenuntergang und Anfang 1986 vor Sonnenaufgang beobachten.

Der planetarische Nebel Helix ist einer der größten an unserem Himmel. Wir sehen ihn mit einem kleinen Fernglas als abgeflachte Nebelwolke. Der ihn beleuchtende Stern in seiner Mitte ist sehr schwach und zeigt sich uns erst in einem großen Fernrohr. Der Ausbruch des planetarischen Nebels fand vor vielen tausend Jahren beim Untergang eines Sterns, ähnlich unserer Sonne, statt.

Fische
Pisces, Piscium, Psc

Der Sage nach ging die Göttin Aphrodite (in der römischen Mythologie Venus) mit ihrem Sohn Eros am Ufer des Euphrats spazieren. Plötzlich erschien vor ihnen der schreckliche Riese Typhon. Die entsetzte Aphrodite sprang mit Eros in den Euphrat und beide verwandelten sich in Fische. Zur Erinnerung daran, wie geschickt Aphrodite dem zerstörerischen Riesen entkam, wurden beide Fische an den Himmel in die Nähe des Walfisches, des Delphins und des Südlichen Fisches versetzt. Früher hieß das Sternbild Aphrodite und Eros, aber da die alten Babylonier, Assyrer und Perser am Himmel zwei Fische zu sehen glaubten, wurde die Bezeichnung Fische übernommen, und gilt auch heute noch.

Im Sternbild Fische liegt der Frühlingspunkt. Es ist der Schnittpunkt der Ekliptik mit dem Himmelsäquator, ein fiktiver Kreis am Himmel, Schnittlinie der Himmelssphäre und der Ebene des Erdäquators. Der Kreis, der beide Himmelspole verbindet, ähnelt einem Meridian auf der Erde und

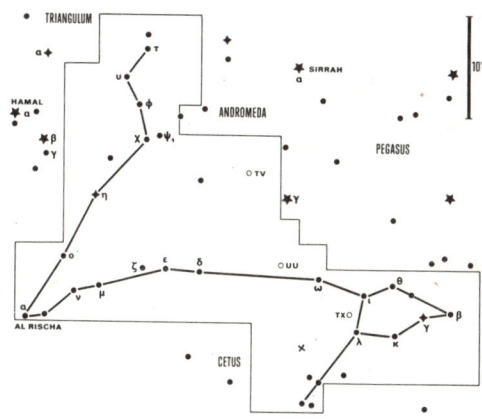

heißt Deklinationskreis. Der durch den Frühlingspunkt führende Deklinationskreis ist für die Bestimmung der Himmelskoordinaten ebenso wichtig, wie der Greenwich-Meridian für die geographische Längenbestimmung. Von ihm aus zählen die Astronomen die sog. Rektaszension (analog der geographischen Länge). Ähnlich wird vom Himmelsäquator aus die Deklination (analog der geographischen Breite) gerechnet, und zwar nach Norden positiv und nach Süden negativ.

Unser Planet verhält sich jedoch wie ein großer in Schwung gesetzter Kreisel. Seine Achse führt eine kreisende Bewegung aus, die wir Präzession nennen. Das hat zur Folge, daß sich die Pole am Himmel verschieben (Abb. 415). Auch der Äquator verschiebt sich und somit auch sein Schnittpunkt mit der Ekliptik – der Frühlingspunkt. Deshalb wandert der Frühlingspunkt längs der Ekliptik nach rechts, entgegen der jährlichen Bewegung der Sonne (d. h. von Westen nach Osten), so daß er sich vom Sternbild Widder entfernt, in dem er sich vor unserer Zeitrechnung noch befand. Der Frühlingspunkt

trägt aber auch heute noch das Widderzeichen γ, obwohl er schon lange in den Fischen steht und sich auf den Wassermann zu bewegt. Mit dem Frühlingspunkt verschiebt sich das ganze Band der Tierkreiszeichen.

Die Fische sind sternarm – wir sehen nämlich in dieser Richtung quer über die Scheibe unserer Galaxis. Deshalb ist in ihr jeder Körper des Planetensystems gut sichtbar. Das Gebiet um ζ, ε und δ Piscium eignet sich deshalb besonders gut zur Entdeckung neuer Planetoiden.

Widder
Aries, Arietis, Ari

Der Überlieferung nach hatte der thebanische König Athamas zwei Kinder. Ihre Stiefmutter haßte und mißhandelte sie. Der Götterbote Hermes erfuhr davon und sandte beide Kinder in das weitentfernte Kolchis am Ostufer des Schwarzen Meeres. Er gab ihnen einen Widder mit goldenem Vlies, der schnell fliegen konnte und wegen dessen goldenen Vlieses die griechischen Helden auf dem Schiff Argo später nach Kolchis fuhren. Nicht nur der Widder, auch einige der Helden (Castor und Pollux) sowie das Schiff Argo wurden später unter die Sterne versetzt.

Der Knabe Phrixos und das

Mädchen Helle setzten sich auf den Widder und hielten sich an seinem goldenen Vlies fest. Aber Helle hatte sich nicht genügend angeklammert und fiel ins Meer. Zu ihrem Gedenken heißt seit jener Zeit jener Meeresteil Hellespont (Helles Meer – die heutigen Dardanellen).

Phrixos erreichte glücklich Kolchis. Er wurde vom dortigen König sehr freundlich aufgenommen. Zum Dank opferte er Zeus den Widder und schenkte das goldene Vlies dem kolchischen König. Der König schätzte das kostbare Geschenk hoch, fürchtete aber, seiner beraubt zu werden. Er verbarg das Vlies in einer von einem nie schlafenden Drachen bewachten heiligen Höhle.

Dennoch kam auf dem Schiff Argo der Held Jason mit seinen Begleitern nach Kolchis und nahm das Vlies nach Griechenland mit.

Bei den alten Griechen war der Widder das erste Sternbild im Tierkreis. In ihm lag der Frühlingspunkt, der sich seit jener Zeit in die benachbarten

Fische (westlich des Widders) verschoben hat. Aber auch heute noch wird der Frühlingspunkt mit dem Widdersymbol ν bezeichnet.

WINTERSTERNBILDER

Am schönsten ist der Himmel in den langen Winternächten. Der Winterhimmel ist dunkler als der Sommerhimmel und weist eine Reihe besonders hübscher Sternbilder auf. Am interessantesten und schönsten ist seiner Symmetrie wegen der Orion. Er ist mit Hilfe der Sternkarte leicht zu finden. Zwischen dem roten Beteigeuze oben und dem blauen Rigel unten führt quer der Oriongürtel mit drei bläulichen Sternen hindurch.

Verlängert man den Gürtel, dann gelangt man auf der einen Seite zum Aldebaran im Stier und auf der anderen Seite zum Sirius im Großen Hund. Die Verbindungslinie Rigel-Beteigeuze weist auf die Zwillinge

(Castor und Pollux). Die verlängerte Verbindungslinie Bellatrix (γ Ori) – Beteigeuze weist auf den Procyon im Kleinen Hund.

Die hellsten Sterne des Win-

terhimmels bilden ein Sechseck, in dessen Mitte Beteigeuze liegt. Die Ecken heißen Rigel, Aldebaran, Capella im Fuhr-

mann, Castor und Pollux in den Zwillingen, Procyon im Kleinen Hund und Sirius im Großen Hund.

Orion
Orion, Orionis, Ori

Das Sternbild Orion ist unzweifelhaft eines der schönsten am Himmel. Es war schon dreitausend Jahre vor der Blüte der griechischen Zivilisation bekannt. Die Bewohner Mesopotamiens nannten es Uru-anna (Licht des Himmels). Aus diesem mesopotamischen Namen wurde später Orion. Und diese Bezeichnung hat sich bis heute erhalten. Ist es nicht eigenartig, daß die Menschen auch jetzt noch Namen benutzen, die schon in der Wiege der Zivilisation bekannt waren?

Die alte Sage erzählt, daß der Gott aller Gewässer, Poseidon, der Vater des stattlichen Orion war. Seine Mutter war eine Jägerin aus dem Gefolge der Jagdgöttin Artemis, und deshalb hatte Orion in Artemis eine mächtige Beschützerin. Von seinem Vater erhielt er als Angebinde die Fähigkeit, sich in den tiefsten Meeren zu bewegen, was ihn zu verschiedenen leichtsinnigen Streichen verführte. So verfolgte er die anmutigen Nymphen, die Plejaden, so lange, bis sie Zeus baten, sie lieber in Tiere zu verwandeln. Zeus erfüllte ihre Bitte und verwandelte sie in Tauben und später in eine Sterngruppe, die bis heute Plejaden heißt. Dann wieder beleidigte Orion die Göttin Hera,

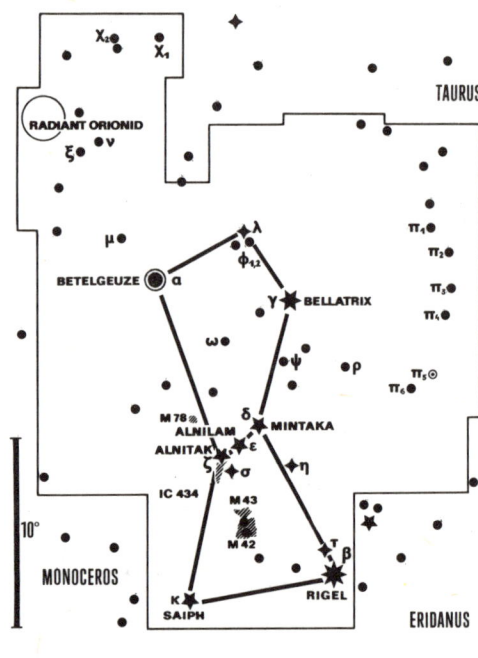

die ihn darauf von einem Skorpion töten ließ. Bis heute vertragen sich Orion und Skorpion nicht; Orion verschwindet am Westhimmel, wenn im Osten der Skorpion auftaucht.

Die meisten Sterne im Orion sind weiß bis bläulich, also relativ jung. Sie bilden eine sog. Sternassoziation. Ein Rest der Urmaterie, aus der die Sterne

der Orionassoziation geboren wurden, ist der mit bloßem Auge sichtbare große Orionnebel (M 42) im Orionschwert. Noch heute entstehen in diesem Nebel neue Sterne (Abb. 148).

In der zweiten Oktoberhälfte begegnet die Erde auf ihrer Bahn um die Sonne einem ausgedehnten Teilchenstrom, der aus dem Kern des Halleyschen

Kometen stammt. Die Bahnen aller dieser Teilchen verlaufen parallel und fallen aus der Richtung des Sternes ξ Ori auf die Erde. Beim Flug durch die Erdatmosphäre beginnen sie zu glühen und verdampfen in einer Höhe von rund 100 km über der Erde. Wir beobachten sie als aus dem Sternbild Orion herausfliegende Meteore und nennen sie deshalb Orioniden. Die meisten fallen um den 20. Oktober, wenn die Erde den dichtesten Teil des Stroms durchläuft.

Beim Stern ζ Ori im Gürtel befindet sich ein leuchtender Gasnebel (IC 434), auf den sich eine Wolke dunkler, unbeleuchteter, interstellarer Materie projiziert, die ihrer Form wegen „Pferdekopfnebel" heißt.

Stier
Taurus, Tauri, Tau

Nach der griechischen Mythologie wollte Zeus Europa, die schöne Tochter des phönikischen Königs entführen. Um sie zu täuschen, verwandelte er sich in einen schneeweißen Stier und mischte sich unter die königlichen Herden. Europa gefiel der junge zahme Stier, und eines Tages setzte sie sich auf ihn. Der Stier verließ mit Europa die Herde, sprang ins Meer und schwamm mit ihr bis zur Insel Kreta. Deshalb sind am Himmel nur Kopf und Brust des Stieres zu sehen, denn der übrige Teil des Körpers ist von den Wellen bedeckt.

Im Stier sind zwei voneinander gesonderte Sterngruppen (Sternhaufen) mit mythischen Namen: die Plejaden und die Hyaden. Es waren Meeresnymphen und Töchter des Riesen Atlas, der den Himmel hielt,

damit er nicht auf die Erde falle.

Die Plejaden sind von uns vierhundert Lichtjahre entfernt. Ihr Alter beträgt fünfzig Millionen Jahre. Sie sind in Wolken interstellarer Materie eingehüllt, die einen Rest der Urmaterie darstellen, aus der

sie vor fünfzig Millionen Jahren entstanden. Nahe dem Stern ζ Tau zeigt sich im Fernrohr der Krebsnebel als schwach leuchtende Wolke. Es sind, wie wir bereits erwähnten, die Reste einer ungeheuren Explosion (einer Supernova). Der Neutronenstern im Krebsnebel

dreht sich etwa dreißigmal in jeder Sekunde und sendet dabei jedesmal einen kurzen Strahlungsstoß aus. Dieser Pulsar im Krebsnebel ist mit dreißig „Blitzen" in der Sekunde der schnellste aller bekannten Pulsare.

Zwillinge
Gemini, Geminorum, Gem

Die Zwillinge Castor und Pollux waren Söhne des Zeus und der Königin Leda von Sparta. Wegen ihrer Schwester Helena entbrannte später der Trojanische Krieg.

Beide Brüder waren sehr mutig und beteiligten sich an dem Feldzug der Argonauten in das weit entfernte Kolchis, um das goldene Vlies zu erbeuten. Beide Brüder verband so starke Liebe, daß, als einer starb, der andere nicht mehr leben wollte. Ihr Vater Zeus versetzte die toten Söhne an den Himmel, wo sie heute noch strahlen.

Das Sternbild Zwillinge liegt teilweise in der Milchstraße, und zwar in Richtung zu ihrem äußeren Rand. Die hellsten Sterne Castor und Pollux ähneln einander gar nicht. Der hellere und nähere Pollux ist

ein vereinzelter orangefarbener Riese, der von uns dreißig Lichtjahre entfernt ist. Es ist der uns nächste Riesenstern. Sein Bruder Castor zählt zu den interessantesten Sternen am Himmel. Im Fernrohr erscheint er als Dreifachstern. Zwei blaue Sterne (Castor A und Castor B) umkreisen einander

einmal in 340 Jahren. Der entferntere rötliche Stern (Castor C) benötigt mehrere Tausend Jahre zum Umlaufen der beiden blauen Sterne. Ein mit einem großen Fernrohr gekoppelter Spektrograph verrät uns jedoch, daß alle drei Sterne Doppelsterne sind. Castor ist also ein Sechsfachstern, beste-

hend aus drei Doppelsternen mit eng benachbarten Komponenten. Wenn auf einem Planeten eines dieser Doppelsterne intelligente Wesen leben würden, dann müßte der Anblick der sechs Sonnen am Himmel — zwei schwachroter und vier hellblauer — wundervoll sein (Abb. 122).

STERNBILDER UM DEN SÜDPOL

Dieses Buch ist für Leser auf der nördlichen Halbkugel geschrieben. Dennoch erwähnen wir auch jene Sternbilder, die von uns aus nicht zu sehen sind. Im Zeitalter der Raumflüge wollen wir vom Himmel mehr wissen als uns unser Horizont

ermöglicht — wir wollen das ganze Weltall und nicht nur einen Teil sehen.

Der Himmel dreht sich scheinbar um den südlichen und den nördlichen Himmelspol wie eine riesige hohle Kugel um zwei Zapfen. Den Nordpol finden wir mit Hilfe des Polarsterns, der sich in seiner unmittelbaren Nähe befindet. In der

Nähe des Südpols gibt es keinen hellen südlichen Polarstern, der helfen würde, die Südrichtung zu bestimmen. Die Lage des Südpols läßt sich ungefähr anhand der Magellanschen Wolken festlegen, mit denen der Südpol ein gleichseitiges Dreieck bildet. Wir können dazu auch die Kleine Magellansche Wolke und das

Kreuz des Südens wählen. Stellen wir uns eine Verbindungslinie zwischen dem Stern γ des Kreuz des Südens und der Kleinen Magellanschen Wolke vor, so liegt in einem Drittel der Entfernung von der Wolke der Südpol.

Wenn unter uns plötzlich unser Planet samt Sonne verschwände, befänden wir uns in einem dunklen Raum und um uns herum wäre nur der Sternenhimmel. Für uns gäbe es kein Oben und Unten, da die Anziehungskraft der Erde fehlen würde. Auch gäbe es weder einen Nordpol noch einen Südpol, denn es fehlte die Erde, die durch ihre Rotation die Achse und beide Pole bestimmt. Dafür würden wir mit einer Kopfwendung alle Sternbilder des Himmels sehen. Wir befänden uns in einer hohlen, samtschwarzen Kugel, an der wir die Sternbilder in allen Richtungen sehen könnten. Die Milchstraße würde die ganze Himmelskugel als leuchtendes Band umspannen. Ein solcher Anblick wird den Astronauten vergönnt sein, die bis hinter die Grenzen unseres Sonnensystems gelangen.

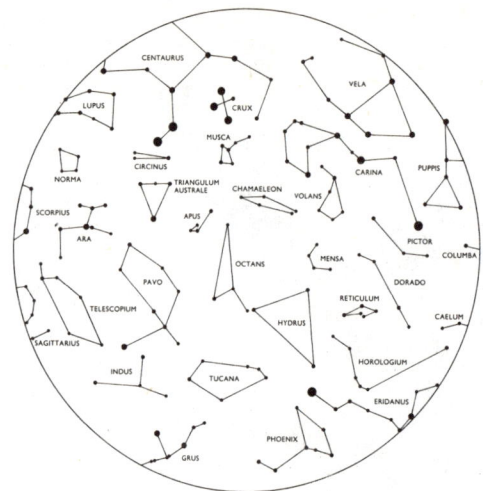

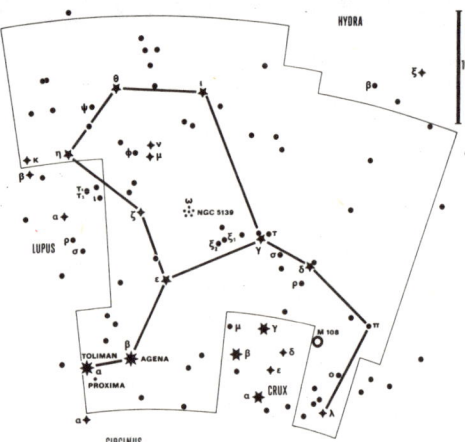

Im südlichen Teil unserer Milchstraße leuchtet das berühmte Kreuz des Südens. Wer einmal auf die südliche Halbkugel der Erde gelangt sollte nicht versäumen, das Kreuz des Südens unter dem Bauch des Kentauren zwischen seinen Vorder- und Hinterfüßen anzusehen. Am Südhimmel gibt es aber auch das Falsche Kreuz (Crux falsa), das in früheren Zeiten, als die Seefahrer nur auf die Sterne angewiesen waren, nicht wenige Schiffskatastrophen verursacht hat. Das Sternbild Kreuz des Südens ist in den Staatsflaggen verschiedener südlicher Länder (Brasilien, Australien, Neuseeland) zu finden.

Nördlich vom Kreuz des Südens erstreckt sich das ausgedehnte Sternbild Kentaur, südlich vom Kreuz des Südens die Fliege. Nahe bei dem hellsten Stern im Kentauren (Toliman oder Rigil Kent – Fuß des Kentauren) liegen zwei unscheinbare Sternbilder, Zirkel und Südliches Dreieck. Der hellste Stern des Kentauren (α Centauri = Toliman = Rigil Kent) ist nach dem Sirius im Großen Hund und Canopus im Kiel des Schiffes der dritthellste Stern am Himmel. Er ist ein Dreifachstern, dessen beide hellen Komponenten (die gelbe und die orangefarbene) unserer Sonne ähneln. Sie sind von uns viereinviertel Lichtjahre entfernt. Die dritte, sehr schwache Komponente, Proxima Centauri, ist etwa um einen Lichtmonat näher als die beiden anderen Sterne. Deshalb ist Proxima Centauri, wie schon sein Name sagt (Proxima – die Nächste), nach der Sonne der uns überhaupt nächste Stern. Er wird sich aber in einigen Tausend Jahren auf die andere Seite der hellen Toliman-Kom-

ponenten entfernen, die er einmal in vielen Tausend Jahren umkreist. Dann wird er nicht mehr der Nächste sein.

Die Entfernung unserer nächsten Nachbaren im Weltall – des Dreifachsterns α Centauri – ist etwa hundertmillionenmal größer als die Entfernung des Mondes von der Erde. Einstweilen ist nicht bekannt, ob α Centauri Planeten hat. Wir können uns gut vorstellen, wie das Weltall von dort aus aussehen würde. Die Sterne würden sich am Himmel nur wenig verschieben – die näheren ein bißchen mehr, die weiteren kaum merkbar. Die Lage der Kugelsternhaufen und der Galaxien würde die gleiche sein wie für die Erdbewohner. Die Sternbilder wären infolge unserer Versetzung auf den Planeten von α Centauri nur unbedeutend verändert. Nur im Sternbild Perseus würden wir einen gelben Stern in der Nähe des Doppelsternhaufens mehr sehen. Wenn wir genügend Geduld zum Nachmessen seiner Eigenbewegung am Himmel hätten, würden wir feststellen, daß er sich nicht geradlinig, sondern wellenförmig fortbewegt. Eine Welle dauert elf Jahre. Wir könnten auch die Masse des unsichtbaren Begleiters dieses gelben Sterns bestimmen. Dieser Stern ist die Sonne, der Begleiter ist Jupiter. Die übrigen die Sonne umkreisenden Planeten könnten wir von α Centauri wahrscheinlich nicht wahrnehmen, denn ihre Masse ist zu klein.

In das Band der südlichen Milchstraße reicht das ausgedehnte Sternbild Schiff Argo hinein. Es ist so groß, daß es in drei Teile geteilt werden

mußte: Kiel des Schiffes (Carina), Achterdeck des Schiffes (Puppis) und Segel des Schiffes (Vela). In der Milchstraße südlich vom Skorpion finden wir die Sternbilder Wolf (Lupus), Winkelmaß (Norma) und Altar (Ara).

Zur leichteren Orientierung am Südhimmel dient die Verbindungslinie der drei hellen Sterne: Canopus (α Carinae), Achernar (α Eridanis) und Fomalhaut (α Piscis austrini). Auf ihr liegen die Sternbilder Maler (Pictor), Schwertfisch (Dorado), Netz (Reticulum), Penduluhr (Horologium), Phönix (Phoenix) und Bildhauer (Sculptor). Um den Südpol herum sind die Sternbilder Oktant (Octans), Paradiesvogel (Apus), Kleine Wasserschlange (Hydrus) mit der Kleinen Magellanschen Wolke, Tafelberg (Mensa) und Chamäleon. Nach dem einzelnstehenden hellen Stern leicht zu finden ist das Sternbild Pfau (Pavo). Es gehört zu den nach Vögeln benannten Sternbildern: Paradiesvogel (Apus), Pfau (Pavo, Kranich (Grus), Phönix (Phoenix) und Tukan (Tucana).

Zu den 48 aus dem Altertum übernommenen Sternbildern kamen in der Neuzeit, besonders am Südhimmel, noch viele weitere dazu. Die Grenzen zwischen den einzelnen Sternbildern waren nicht genau festge-

legt, und häufig wurden auch für wenig markante kleine Sterngruppen neue Sternbildzeichnungen eingeführt. Hier schuf die Internationale Astronomische Union Ordnung, indem sie im Jahre 1930 die genauen Grenzen der einzelnen Sternbildfiguren festlegte. Der ganze Himmel wurde in 88 Sternbilder geteilt und jedes erhielt einen lateinischen Namen, der in der ganzen Welt benutzt wird. Die Sterne eines bestimmten Sternbildes tragen entsprechend ihrer Helligkeit Buchstaben des griechischen Alphabets und die Bezeichnung des Sternbildes im 2. Fall (Genitiv). Einige Sterne haben außer ihrer astronomischen Bezeichnung noch einen aus alter Zeit übernommenen Namen.

Da es am Himmel ungemein viele Sterne gibt, besonders wenn man ein Fernrohr zu Hilfe nimmt, haben die Astronomen umfangreiche Kataloge zusammengestellt, in denen Helligkeit, genaue Lage und weitere Angaben festgehalten sind. Solche bekannten Sternkataloge sind die Bonner Durchmusterung (BD), die 458 000 Sterne umfaßt, die Cordoba-Durchmusterung (CD) mit 614 000 Sternen der südlichen Halbkugel, oder der Henry-Draper-Katalog (HD) mit 225 300 Sternen.